A
History of
Chinese
Philosophy

中国哲学史 上

冯友兰 著

古吴轩出版社

图书在版编目（CIP）数据

中国哲学史. 上 / 冯友兰著. -- 苏州：古吴轩出版社，2021.1（2022.7重印）
ISBN 978-7-5546-1613-0

Ⅰ. ①中… Ⅱ. ①冯… Ⅲ. ①哲学史－中国 Ⅳ. ①B2

中国版本图书馆CIP数据核字(2020)第190020号

责任编辑：李爱华
见习编辑：祝文秀
策　　划：朱　敬
装帧设计：田　松　李超强

书　　名	中国哲学史（上）
著　　者	冯友兰
出版发行	古吴轩出版社
	地址：苏州市八达街118号苏州新闻大厦30F
	电话：0512-65233679　邮编：215123
印　　刷	山东新华印务有限公司
开　　本	880×1230　1/32
印　　张	11.25
字　　数	292千字
版　　次	2021年1月第1版
印　　次	2022年7月第2次印刷
书　　号	ISBN 978-7-5546-1613-0
定　　价	138.00元（全二册）

如有印装质量问题，请与印刷厂联系：0534-2671218

自序一

吾非历史家,此哲学史对于"哲学"方面,较为注重。其在"史"之方面,则似有一点可值提及。

中国近来,史学颇有进步。吾人今日研究中国古代史所持之观点,与前人不同。吾人今日对于中国古代之知识,与前人所知者亦大异。前人对于古代事物之传统的说法,吾人今日已多加以辨正。对于此种"古史辨",王船山、崔东壁即已有贡献;不过近人更有意地向此方向努力耳。

吾于写此哲学史时,对于中国古代史,亦往往有自己之见解。积之既久,乃知前人对于古代事物之传统的说法,亦不能尽谓为完全错误。官僚查案报告中常有"事出有因,查无实据"之语。前人对于古代事物之传统的说法,近人皆知其多为"查无实据"者。然其同时亦多为"事出有因",则吾人所须注意者也。

吾亦非黑格尔派之哲学家,但此哲学史对于中国古代史所持之观点,若与他观点联合观之,则颇可为黑格尔历史哲学之一例证。黑格尔谓历史进化常经"正""反""合"三阶段。前人对于古代事物之传统的说法,"正"也;近人指出前人说法多为"查无实据",此"反"也;若谓前人说法虽多为"查无实据",要亦多"事出有因",此"合"也。顾颉刚先生云:"反"之方面之工作,尚多未做。吾深信之。吾亦非敢妄谓此哲学史中所说之中国古史,即真与事实相合。不过在现在之"古史辨"中,此哲学史,在"史"之方面,似有此一点值提及而已。

此书初稿成名,先在清华印为讲义,分送师友请正。其经改正者,及书中采用师友之说之处,皆随文注明。谨乘此机会,向诸师友致谢。

冯友兰

民国十九年八月十五日清华园

目录

第一篇　子学时代

第一章　绪论

（一）哲学之内容　003

（二）哲学之方法　005

（三）哲学中论证之重要　006

（四）哲学与中国之"义理之学"　006

（五）中国哲学之弱点及其所以　007

（六）哲学之统一　010

（七）哲学与哲学家　011

（八）历史与哲学　012

（九）历史与写的历史　014

（十）叙述式的哲学史与选录式的哲学史　016

（十一）历史是进步的　017

（十二）中国哲学史取材之标准　018

第二章　泛论子学时代

（一）子学时代之开始　020

（二）子学时代哲学发达之原因　021

（三）子学时代之终结　027
（四）古代大过渡时期之终结　028
（五）古代著述体裁　030

第三章　孔子以前及其同时之宗教的哲学的思想

（一）鬼神　032
（二）术数　035
（三）天　038
（四）一部分人较开明之思想　039
（五）人之发现　040

第四章　孔子及儒家之初起

（一）孔子在中国历史中之地位　048
（二）孔子对于传统的制度及信仰之态度　055
（三）正名主义　060
（四）孔子以述为作　063
（五）直、仁、忠、恕　066
（六）义利及性　072

第五章　墨子及前期墨家

（一）关于墨子之考证　075
（二）《经》《经说》及《大取》《小取》六篇之时代　078
（三）墨者为一有组织的团体　079

（四）墨子哲学为功利主义 081

（五）何为人民之大利 084

（六）兼爱 087

（七）宗教的制裁 091

（八）政治的制裁 094

（九）余论 097

第六章 孟子及儒家中之孟学

（一）孟子之抱负及其在中国历史中之地位 099

（二）孟子对于周制之态度 101

（三）孟子之理想的政治及经济制度 103

（四）性善 109

（五）孟子反功利 115

（六）天、性及浩然之气 116

第七章 战国时之"百家之学"

（一）杨朱及道家之初起 120

（二）陈仲子 128

（三）许行、陈相 128

（四）告子及其他人性论者 129

（五）尹文、宋牼 131

（六）彭蒙、田骈、慎到 136

（七）驺衍及其他阴阳五行家言 142

第八章　《老子》及道家中之《老》学

（一）老聃与李耳　149

（二）《老》学与庄学　151

（三）楚人精神　153

（四）道、德　155

（五）对于事物之观察　158

（六）处世之方　161

（七）政治及社会哲学　163

（八）《老子》对于欲及知之态度　165

（九）理想的人格及理想的社会　167

第九章　惠施公孙龙及其他辩者

（一）辩者学说之大体倾向　169

（二）惠施与庄子　171

（三）《天下篇》所述惠施学说十事　174

（四）惠施与庄子之不同　177

（五）公孙龙之"白马论"　179

（六）公孙龙所谓"指"之意义　181

（七）公孙龙之"坚白论"　182

（八）公孙龙之"指物论"　184

（九）公孙龙之"通变论"　186

（十）"合同异"与"离坚白"　188

（十一）《天下篇》所述辩者学说二十一事　189

（十二）感觉与理智　193

第十章 庄子及道家中之庄学

（一）庄子与楚人精神　195

（二）道、德、天　196

（三）变之哲学　199

（四）何为幸福　199

（五）自由与平等　203

（六）死与不死　207

（七）纯粹经验之世界　210

（八）绝对的逍遥　213

（九）庄学与杨朱之比较　214

第十一章　《墨经》及后期墨家

（一）战国时墨家之情形　216

（二）《墨经》中之功利主义　218

（三）论知识　221

（四）论"辩"　226

（五）《墨经》中"同异之辩"　231

（六）《墨经》中"坚白之辩"　233

（七）《墨经》对于其他辩者之辩论　237

（八）《墨经》对于兼爱之说之辩护　239

（九）对于当时其余诸家之辩论　241

第十二章　荀子及儒家中之荀学

（一）荀子之为学　245

（二）荀子对于孔子、孟子之意见　246

　　（三）荀子对于周制之意见　247

　　（四）天及性　249

　　（五）荀子之心理学　252

　　（六）社会国家之起源　256

　　（七）礼论、乐论　258

　　（八）王霸　259

　　（九）正名　262

第十三章　韩非及其他法家

　　（一）法家之学与当时社会政治经济各方面之趋势　269

　　（二）法家之历史观　272

　　（三）法家之三派　273

　　（四）三派与韩非　274

　　（五）法之重要　275

　　（六）正名实　277

　　（七）严赏罚　279

　　（八）性恶　280

　　（九）无为　282

　　（十）法家与当时贵族　285

第十四章　秦汉之际之儒家

　　（一）关于礼之普通理论　287

　　（二）关于乐之普通理论　291

　　（三）关于丧礼之理论　293

（四）关于祭礼之理论　297

（五）关于婚礼之理论　301

（六）关于孝之理论　303

（七）《大学》　307

（八）《中庸》　313

（九）《礼运》　319

第十五章　《易传》及《淮南鸿烈》中之宇宙论

（一）《周易》之起源及《易传》之作者　320

（二）八卦及阴阳　322

（三）宇宙间诸事物之发展变化　327

（四）宇宙间事物变化之循环　328

（五）易象与人事　329

（六）《淮南鸿烈》中之宇宙论　334

第十六章　儒家之六艺论及儒家之独尊

（一）儒家之六艺论　338

（二）儒家所以能独尊之原因　340

附录

审查报告一

审查报告二

第一篇 子学时代

第一篇　大学园外

第一章 绪论

（一）哲学之内容

哲学本一西洋名词。今欲讲中国哲学史，其主要工作之一，即就中国历史上各种学问中，将其可以西洋所谓哲学名之者，选出而叙述之。在做此工作之先，吾人须先明在西洋哲学一名词之意义。

哲学一名词在西洋有甚久的历史，各哲学家对于"哲学"所下之定义亦各不相同。为方便起见，兹先述普通所认为哲学之内容。知其内容，即可知哲学之为何物，而哲学一名词之正式的定义，亦无需另举矣。

希腊哲学家多分哲学为三大部：

物理学（Physics），

伦理学（Ethics），

论理学（Logic）。

此所谓物理学、伦理学与论理学，其范围较现在此三名所指为广。以现在之术语说之，哲学包含三大部：

宇宙论——目的在求一"对于世界之道理"（A Theory of World），

人生论——目的在求一"对于人生之道理"（A Theory of Life），

知识论——目的在求一"对于知识之道理"（A Theory of Knowledge）。

此三分法，自柏拉图以后，至中世纪之末，普遍流行；即至近世，亦多用之。哲学之内容，大略如此。

就以上三分中若复再分，则宇宙论可有两部：

一、研究"存在"之本体及"真实"之要素者，此是所谓"本体论"（Ontology），

二、研究世界之发生及其历史，其归宿者，此是所谓"宇宙论"（Cosmology）（狭义的）。

人生论亦有两部：

一、研究人究竟是什么者，此即心理学所考究，

二、研究人究竟应该怎么者，此即伦理学（狭义的）、政治社会哲学等所考究。

知识论亦有两部：

一、研究知识之性质者，此即所谓知识论（Epistemology）（狭义的），

二、研究知识之规范者，此即所谓论理学（狭义的）。

就上三部中，宇宙论与人生论，相即不离，有密切之关系。一哲学之人生论，皆根据于其宇宙论。如《列子·杨朱篇》以宇宙为物质的，盲目的，机械的，故人生无他希望，只可追求目前快乐。西洋之伊壁鸠鲁学派（Epicureanism）以同一前提，得同一断案，其一例也。哲学家中有以知识论证成其宇宙论者（如贝克莱〔Berkeley〕、康德〔Kant〕以及后来之知识论的唯心派〔Epistemological Idealism〕及佛教之相宗等），有因研究人之是什么而联带及知识问题者（如洛克〔Locke〕、休谟〔Hume〕等）。哲学中各部分皆互有关系也。

〔注〕孟太葛先生（W.P.Montague）亦谓哲学有三部分，即方法论，形上学，与价值论。方法论即上所谓知识论，复分为二部；形上学即上所谓宇宙论，亦复分为二部；皆与上所述同。价值论复分为二部：（一）

伦理学，研究善之性质及若何可以应用之于行为；（二）美学，研究美之性质及若何可以应用之于艺术。（Montague: *The Ways of Knowing*, P.I）

（二）哲学之方法

近人有谓研究哲学所用之方法，与研究科学所用之方法不同。科学的方法是逻辑的，理智的；哲学之方法，是直觉的，反理智的。其实凡所谓直觉，顿悟，神秘经验等，虽有甚高的价值，但不必以之混入哲学方法之内。无论科学、哲学，皆系写出或说出之道理，皆必以严刻的理智态度表出之。凡著书立说之人，无不如此。故佛家之最高境界，虽"不可说，不可说"而有待于证悟，然其"不可说，不可说"者，非是哲学；其以严刻的理智态度说出之道理，方是所谓佛家哲学也。故谓以直觉为方法，吾人可得到一种神秘的经验（此经验果与"实在"符合否是另一问题）则可，谓以直觉为方法，吾人可得到一种哲学则不可。换言之，直觉能使吾人得到一个经验，而不能使吾人成立一个道理。一个经验之本身，无所谓真妄；一个道理，是一个判断，判断必合逻辑。各种学说之目的，皆不在叙述经验，而在成立道理，故其方法，必为逻辑的，科学的。近人不明此故，于科学方法，大有争论；其实所谓科学方法，实即吾人普通思想之方法之较认真、较精确者，非有若何奇妙也。惟其如此，故反对逻辑及科学方法者，其言论仍须依逻辑及科学方法。以此之故，吾人虽承认直觉等之价值，而不承认其为哲学方法。科学方法，即是哲学方法，与吾人普通思想之方法，亦仅有程度上的差异，无种类上的差异。

(三)哲学中论证之重要

自逻辑之观点言之,一哲学包有二部分,即其最终的断案,与其所以得此断案之根据,即此断案之前提。一哲学之断案固须是真的,然并非断案是真即可了事。对于宇宙人生,例如神之存在及灵魂有无之问题,普通人大都各有见解;其见解或与专门哲学家之见解无异。但普通人之见解乃自传说或直觉得来。普通人只知持其所持之见解,而不能以理论说明何以须持之。专门哲学家则不然,彼不但持一见解,而对于所以持此见解之理由,必有说明。彼不但有断案,且有前提。以比喻言之,普通人跳进其所持之见解;而专门哲学家,则走进其所持之见解。(参看 William James: *A Pluralistic Universe*, P. 13—14)

故哲学乃理智之产物;哲学家欲成立道理,必以论证证明其所成立。荀子所谓"其持之有故,其言之成理"(《非十二子篇》,《荀子》卷三,《四部丛刊》本,页十二)是也。孟子曰:"余岂好辩哉?余不得已也。"(《滕文公下》,《孟子》卷六,《四部丛刊》本,页十四)辩即以论证攻击他人之非,证明自己之是;因明家所谓显正摧邪是也。非惟孟子好辩,即欲超过辩之《齐物论》作者,亦须大辩以示不辩之是。盖欲立一哲学的道理以主张一事,与实行一事不同。实行不辩,则缄默即可;欲立一哲学的道理,谓不辩为是,则非大辩不可;既辩则未有不依逻辑之方法者。其辩中或有逻辑的误谬,然此乃能用逻辑之程度之高下问题,非用不用逻辑之问题也。

(四)哲学与中国之"义理之学"

吾人观上所述哲学之内容,可见西洋所谓哲学,与中国魏晋人所谓玄学，宋明人所谓道学，及清人所谓义理之学，其所研究之对象，颇可谓约略相当。若参用孟太葛先生之三分法（见本章第一节注），吾人可将哲学分为宇宙论、人生论及方法论三部分。《论语》云"夫子之言性与天道"（《公冶长》，《论语》卷三，《四部丛刊》本，页五），此一语即指出后来义理之学所研究之对象之二部分。其研究天道之部分，即约略相当于西洋哲学中之宇宙论。其研究性命之部分，即约略相当于西洋哲学中之人生论。惟西洋哲学方法论之部分，在中国思想史之子学时代，尚讨论及之；宋明而后，无研究之者。自另一方面言之，此后义理之学，亦有其方法论。即所讲"为学之方"是也。不过此方法论所讲，非求知识之方法，乃修养之方法，非所以求真，乃所以求善之方法。

吾人本亦可以中国所谓义理之学为主体，而作中国义理之学史。并可就西洋历史上各种学问中，将其可以义理之学名之者，选出而叙述之，以成一西洋义理之学史。就原则上言，此本无不可之处。不过就事实言，则近代学问，起于西洋，科学其尤著者。若指中国或西洋历史上各种学问之某部分，而谓为义理之学，则其在近代学问中之地位，与其与各种近代学问之关系，未易知也。若指而谓为哲学，则无此困难。此所以近来只有中国哲学史之作，而无西洋义理之学史之作也。

以此之故，吾人以下即竟用中国哲学及中国哲学家之名词。所谓中国哲学者，即中国之某种学问或某种学问之某部分之可以西洋所谓哲学名之者也。所谓中国哲学家者，即中国某种学者，可以西洋所谓哲学家名之者也。

（五）中国哲学之弱点及其所以

中国哲学家之哲学，在其论证及说明方面，比西洋及印度哲学家之哲学，大有逊色。此点亦由于中国哲学家之不为，非尽由于中国哲学家之不能，所谓"乃折枝之类，非携泰山以超北海之类"也。盖中国哲学家多未有以知识之自身为自有其好，故不为知识而求知识。不但不为知识而求知识也，即直接能为人增进幸福之知识，中国哲学家亦只愿实行之以增进人之幸福，而不愿空言讨论之，所谓"吾欲托之空言，不如见之行事之深切著明也"。故中国人向不十分重视著书立说。"太上有立德，其次有立功，其次有立言。"中国哲学家，多讲所谓内圣外王之道。"内圣"即"立德"，"外王"即"立功"。其最高理想，即实有圣人之德，实举帝王之业，成所谓圣王，即柏拉图所谓哲学王者。至于不能实举帝王之业，以推行其圣人之道，不得已然后退而立言。故著书立说，中国哲学家视之，乃最倒霉之事，不得已而后为之。故在中国哲学史中，精心结撰，首尾贯串之哲学书，比较少数。往往哲学家本人或其门人后学，杂凑平日书札语录，便以成书。成书既随便，故其道理虽足自立，而所以扶持此道理之议论，往往失于简单零碎，此亦不必讳言也。

[注] 按中国古代用以写书之竹简，极为夯重。因竹简之夯重，故著书立言务求简短，往往仅将其结论写出。及此办法，成为风尚，后之作者，虽已不受此物质的限制，而亦因仍不改，此亦可备一说。

总之，中国哲学家多注重于人之是什么，而不注重于人之有什么。如人是圣人，即毫无知识亦是圣人；如人是恶人，即有无限之知识，亦是恶人。王阳明以精金喻圣人，以为只须成色精纯，即是圣人，至于知识才器，则虽有大小不同，如八千镒之金，与九千镒之金，分量虽不同，然其为精金一也。金之成色，属于"是什么"之方面；至其分量，则属于"有什么"之方面。中国人重"是什么"而不重"有什么"，故不重知识。中国仅有科学萌芽，而无正式的科学，其理由一部分亦在于此。（参观拙著 Why China Has No Science etc, The International Journal of

Ethics, Vol.32, No. 3）。

中国哲学亦未以第一节所述之知识问题（狭义的）为哲学中之重要问题。其所以，固由于中国哲学家之不喜为知识而求知识，然亦以中国哲学迄未显著的将个人与宇宙分而为二也。西洋近代史中，一最重要的事，即是"我"之自觉。"我"已自觉之后，"我"之世界即中分为二："我"与"非我"。"我"是主观的，"我"以外之客观的世界，皆"非我"也。"我"及"非我"既分，于是主观客观之间，乃有不可逾之鸿沟，于是"我"如何能知"非我"之问题，乃随之而生，于是知识论乃成为西洋哲学中之一重要部分。在中国人之思想中，迄未显著的有"我"之自觉，故亦未显著的将"我"与"非我"分开，故知识问题（狭义的）未成为中国哲学上之大问题。

哲学家不辩论则已，辩论必用逻辑，上文已述。然以中国哲学家多未竭全力以立言，故除一起即灭之所谓名家者外，亦少人有意识地将思想辩论之程序及方法之自身，提出研究。故知识论之第二部，逻辑，在中国亦不发达。

中国哲学家，又以特别注重人事之故，对于宇宙论之研究，亦甚简略。故上列哲学中之各部分，西洋哲学于每部皆有极发达之学说；而中国哲学，则未能每部皆然也。不过因中国哲学家注重"内圣"之道，故所讲修养之方法，即所谓"为学之方"，极为详尽。此虽或未可以哲学名之，然在此方面中国实甚有贡献也。

［注］近人有谓："吾国哲学略于方法组织，近人多以此为病，不知吾国哲学之精神，即在于此。盖哲学之微言大义，非从悟入不可……文字所以载道，而道且在文字之外，遑论组织？遑论方法？"（陆懋德：《周秦哲学史》，页四）此言可代表现在一部分人之意见。吾人亦非不重视觉悟，特觉悟所得，乃是一种经验，不是一种学问，不是哲学。哲

学必须是以语言文字表出之道理，"道"虽或在语言文字之外，而哲学必在语言文字之中。犹之科学所说之事物，亦在语言文字之外；然此等事物，只是事物，不是科学；语言文字所表之原理公式等，方是科学。依此原理公式所做成之事物，例如各种工业产品，亦是东西，不是科学。

（六）哲学之统一

由上述宇宙论与人生论之关系，亦可见一哲学家之思想皆为整个的。凡真正哲学系统，皆如枝叶扶疏之树，其中各部，皆首尾贯彻，打成一片。如一树虽有枝叶根干各部分，然其自身自是整个的也。威廉·詹姆士谓哲学家各有其"见"（Vision）；又皆以其"见"为根本意思，以之适用于各方面；适用愈广，系统愈大。孔子曰："吾道一以贯之。"（《里仁》，《论语》卷二，页十四）其实各大哲学系统，皆有其一以贯之。黄梨洲曰："大凡学有宗旨，是其人之得力处，亦是学者之入门处。天下之义理无穷，苟非定以一二字，如何约之使其在我？故讲学而无宗旨，即有嘉言，是无头绪之乱丝也。学者而不能得其人之宗旨，即读其书，亦犹张骞初至大夏，不能得月氏要领也。杜牧之曰：'丸之走盘，横斜圆直，不可尽知；其必可知者，知是丸不能出于盘也。'夫宗旨亦若是而已矣。"（《明儒学案·发凡》）

中国哲学家中荀子善于批评哲学。荀子以为哲学家皆有所见；故曰："慎子有见于后，无见于先。老子有见于诎，无见于信（同伸）。墨子有见于齐，无见于畸。宋子有见于少，无见于多。"（《天论篇》，《荀子》卷十一，页二十四）荀子又以为哲学家皆有所蔽；故曰："墨子蔽于用而不知文，宋子蔽于欲而不知得，慎子蔽于法而不知贤，申子蔽于势而不知智，惠子蔽于辞而不知实，庄子蔽于天而不知人。"（《解蔽篇》，《荀子》卷十五，页五）威廉·詹姆士谓：若宇宙之一方面，引起一哲学家之特别注意，彼即执此一端，以概其全。（见所著 *Pluralistic Universe*）故哲学家之有所蔽，正因其有所见。惟其如此，所以大哲学家之思想，不但皆为整个的，而且各有其特别精神，特别面目。

中国哲学家之书，较少精心结撰，首尾贯串者，故论者多谓中国哲学无系统。上文所引近人所谓"吾国哲学略于方法组织"者，似亦指此。然所谓系统有二，即形式上的系统与实质上的系统。此两者并无连带的关系。中国哲学家的哲学，虽无形式上的系统；但如谓中国哲学家的哲学无实质上的系统，则即等于谓中国哲学家之哲学不成东西，中国无哲学。形式上的系统，希腊较古哲学亦无有。苏格拉底本来即未著书。柏拉图之著作，用对话体。亚里士多德对于各问题皆有条理清楚之论文讨论。按形式上的系统说，亚里士多德之哲学，较有系统。但在实质上，柏拉图之哲学，亦同样有系统。依上所说，则一个哲学家之哲学，若可称为哲学，则必须有实质的系统。所谓哲学系统之系统，即指一个哲学之实质的系统也。中国哲学家之哲学之形式上的系统，虽不如西洋哲学家；但实质上的系统，则同有也。讲哲学史之一要义，即是要在形式上无系统之哲学中，找出其实质的系统。

（七）哲学与哲学家

由上所述，亦可知一哲学家之哲学，与其自己之人格（即一人之性情气质经验等之总名）或个性有大关系。在此点，哲学与文学宗教相似。盖一切哲学问题，比于各科学上之问题，性质皆较广泛，吾人对之，尚不能作完全客观的研究。故其解决多有待于哲学家之主观的思考及其"见"。故科学之理论,可以成为天下所承认之公言,而一家之哲学则只能成为一家之言也。威廉·詹姆士谓:依哲学家之性情气质,可将其分为二类。一为软心的哲学家;其心既软,不忍将宇宙间有价值的事物归纳于无价值者,故其哲学是唯心论的,宗教的,自由意志论的,一元论的。一为硬心的哲学家;其心既硬,不惜下一狠手,将宇宙间有价值的事物概归纳于无价值者,故其哲学是唯物论的,非宗教的,定命论的,多元论的。(见所著 *Pluralistic Universe*)海佛定亦谓哲学中诸问题皆在吾人知识之边境上,为精确的方法(Exact methods)所不能及之地,故研究者之人格,乃决定其思想之方向,而或不自知。不特此也,有时哲学中一问题之发生,或正以其研究者之人格为先决条件。有些思想,只能在某种心理状况中发生。其次则研究者所引以为解决问题之根据,于其解决问题,亦有关系。故吾人对于一人之哲学,作历史的研究时,须注意于其时代之情势,及各方面之思想状况。(Harald Höffding: *History of Modern Philosophy*, P. XVI)此皆研究哲学史者所宜注意者也。孟子曰:"诵其诗,读其书,不知其人,可乎?是以论其世也。"(《万章》下,《四部丛刊》本,卷十,页十五)宋儒最注意于古圣人之"气象";虽其动机在于修养方面,然对于一人之哲学作历史的研究时,实亦须注意于其"气象"也。

(八)历史与哲学史

历史有二义:一是指事物之自身;如说中国有四千年之历史,说者此时心中,非指任何史书,如《史记》,如《通鉴》等。不过谓中国在过去时代,已积有四千年之事情而已;此所谓历史,当然是指事情之自身。历史之又有一义,乃是指事情之记述;如说《通鉴》、《史记》是历史,即依此义。总之,所谓历史者,或即是其主人翁之活动之全体;或即是历史家对于此活动之记述。若欲以二名表此二义,则事情之自身可名为历史,或客观的历史;事情之记述可名为"写的历史",或主观的历史。

上谓一时代之情势及其各方面之思想状况,能有影响于一哲学家之哲学。然一哲学家之哲学,亦能有影响于其时代及其各方面之思想。换言之,即历史能影响哲学;哲学亦能影响历史。"英雄造时势,时势造英雄",本互为因果也。一时代有一时代之时代精神;一时代之哲学即其时代精神之结晶也。研究一哲学家之哲学,固须"知其人,论其世";然研究一时代或一民族之历史,亦须知其哲学。培根曾说:许多人对于天然界及政治宗教,皆有记述;独历代学术之普通状况,尚无有人叙述记录,此部分无记录,则世界历史,似为无眼之造像,最能表示其人之精神与生活之部分,反阙略矣。(见培根之《学术之进步》〔The Advancement of Learning〕)叙述一时代一民族之历史而不及其哲学,则如"画龙不点睛",如培根所说。研究一时代一民族之历史而不研究其哲学,则对于其时代其民族,必难有彻底的了解。"人之相知,贵相知心";吾人研究一时代一民族,亦当知其心。故哲学史之专史,在通史中之地位,甚为重要;哲学史对于研究历史者,亦甚为重要。

各哲学之系,皆有其特别精神,特殊面目;一时代一民族亦各有其哲学。现在哲学家所立之道理,大家未公认其为是;已往哲学家所立之道理,大家亦未公认其为非。所以研究哲学须一方面研究哲学史,以观各大哲学系对于世界及人生所立之道理;一方面须直接观察实际的世界及人生,以期自立道理。故哲学史对于研究哲学者更为重要。

（九）历史与写的历史

依上所说，已可知"历史"与"写的历史"，乃系截然两事。于写的历史之外，超乎写的历史之上，另有历史之自身，巍然永久存在，丝毫无待于吾人之知识。写的历史随乎历史之后而记述之，其好坏全在于其记述之是否真实，是否与所记之实际相合。

近人多说写的历史，宜注重寻求历史中事情之因果。其实所谓一事之原因，不过一事之不能少的先行者（Antecedent）；所谓一事之结果，不过一事之不能少的后起者（Consequent）。凡在一事之前所发现之事，皆此事之先行者；凡在一事之后所发现之事，皆此事之后起者。一事不能孤起，其前必有许多事，其后必有许多事。写的历史叙述一事，必须牵连叙其前后之事，然其前后之事又太多不能尽叙，故必择其不能少之先行者与后起者，而叙述之。自来写的历史，皆是如此，固不必所谓"新历史"，乃始注重因果也。不过写的历史，所叙一事之不能少的先行者或后起者，有非不能少者。如叙战事之前，先说彗星见；叙帝王无道之后即说日蚀之类。然此乃由于各时代史家对于一般事物之见解不同，非其写的历史之目的或方法不同也。写的历史之目的，在求与所写之实际相合，其价值亦视其能否做到此"信"字。

历史之活动的事情，既一往而永不再现，写的历史所凭之史料，不过亲见或身与其事者之述说，及与其事情有关之文卷及遗迹，即所谓"文献"是也。此等材料因与所叙之历史直接有关，名曰"原始的史料"（Original Source）。其有对于一事物之正式的或非正式的记录，本为写的历史，但因其对于其事物之发生或存在之时较近，后来史家，即亦引为根据，用作史料。此等史料，名曰"辅助的史料"（Secondary Source）。

历史家凭此史料，果能写出完全的"信"史与否，颇为疑问。世有史家，或为威劫，或为利诱，或因有别种特别的目的，本无意于作信史，如此之流，当然可以不论。即诚意作信史之人，其所写历史，似亦难与历史之实际完全符合。马克斯·诺都有言：客观的真实之于写历史者，正如康德所说"物之自身"之于人的知识。写的历史永不能与实际的历史相合。（见所著《史释》〔Nordau: *The Interpretation of History*〕，P.12）此言虽或未免过当，然历史家欲作完全的信史，实有许多困难。《易·系辞》云："书不尽言，言不尽意。"（《易经》卷七，《四部丛刊》本，页十一）《庄子》云："古之人与其不可传者死矣。然则君之所读者，古人之糟粕已夫。"（《天道》，《庄子》卷五，《四部丛刊》本，页三十五）言尚不能尽意，即使现在两人对面谈话，尚有不能互相了解之时，况书又不能尽言，又况言语文字，古今不同，吾人即有极完备之史料，吾人能保吾人能完全了解之而无误乎？吾人研究古史，固不全靠书籍，然即金石文字，亦为"书不尽言，言不尽意"者。研究历史，惟凭古人之糟粕，而此糟粕亦非吾人所能完全了解。此其困难一也。即令吾人能完全了解古书，又有好学深思之士，心知作书者之意，然古书不可尽信。孟子云："尽信书则不如无书，吾于《武成》，取二三策而已矣。"（《尽心》下，《孟子》卷十四，页二）历史家固可以科学方法，审查史料，取其可信者，而去其不可信者，所谓对于史料加以分析工作者；或于书籍文字之外，历史家另有其他可靠的史料。然史料多系片段，不相连属，历史家分析史料之后，必继之以综合工作，取此片段的史料，运以想像之力，使连为一串。然既运用想像，即搀入主观分子，其所叙述，即难尽合于客观的历史。此其困难二也。研究自然科学，若有假设，可以实验定其真伪。而历史家对于史事之假设，则绝对不能实验。韩非子所谓："孔子墨子俱道尧舜，而取舍不同，皆自谓真尧舜。尧舜不复生，将谁使定儒墨之诚乎？"（《显学》，《韩非子》卷十九，《四部丛刊》本，页七）所谓"人死无对证"。此其困难三也。有此诸困难，故历史家只能尽心写其信史，至其史之果信与否，则不能保证也。

历史有"历史"与"写的历史"之分；哲学史亦有"哲学史"与"写的哲学史"之分。写的历史，与历史既难符合，则写的哲学史，亦难与哲学史符合。且写的哲学史所凭借之史料，纯为书籍文字；则上述三种困难，尤为难免。所以西洋哲学史只有一个，而写的西洋哲学史，则何止百部，其中无有两个完全相同。中国哲学史亦只有一个，而写的中国哲学史，则有日渐加多之势。然此人所写，彼以为非，彼之所写，复有人以为非，古之哲学家不可复生，究竟谁能定之？若究竟无人能定，则所谓写的历史及写的哲学史，亦惟须永远重写而已。

（十）叙述式的哲学史与选录式的哲学史

写的哲学史约有两种体裁：一为叙述式的；一为选录式的。西洋人所写之哲学史，多为叙述式的。用此方式，哲学史家可尽量叙述其所见之哲学史。但其弊则读者若仅读此书，即不能与原来史料相接触，易为哲学史家之见解所蔽；且对于哲学史家所叙述亦不易有明确的了解。中国人所写此类之书几皆为选录式的；如《宋元学案》《明儒学案》，即黄梨洲所著之宋、元、明哲学史；《古文辞类纂》《经史百家杂钞》，即姚鼐、曾国藩所著之中国文学史也。用此方式，哲学史家文学史家选录各哲学家各文学家之原来著作；于选录之际，选录者之主观的见解，自然亦须搀入，然读者得直接与原来史料相接触，对于其研究之哲学史或文学史，易得较明确的知识。惟用此方式，哲学史家或文学史家之所见，不易有有系统的表现，读者不易知之。本书试为兼用上述两种方式，或者可得较完善之结果。

（十一）历史是进步的

社会组织，由简趋繁；学术由不明晰至于明晰。后人根据前人已有之经验，故一切较之前人，皆能取精用宏。故历史是进步的。即观察中国哲学史，亦可见此例之不诬。中国汉以后之哲学所研究之问题及范围，自不如汉以前哲学所研究之多而广。然汉以后哲学中之理论，比汉以前之哲学，实较明晰清楚。论者不察，见孔子讲尧、舜；董仲舒、朱熹、王阳明讲孔子；戴东原、康有为仍讲孔子，遂觉古人有一切，而今人一切无有。但实际上，董仲舒只是董仲舒，王阳明只是王阳明。若知董仲舒之《春秋繁露》只是董仲舒之哲学，若知王阳明之《大学问》只是王阳明之哲学，则中国哲学之进步，便显然矣。社会组织之由简趋繁，学术之由不明晰进于明晰，乃是实然的，并非当然的。凡当然者，可以有然有不然，实然者则不能有然有不然也。

或者以为董仲舒、王阳明等所说，在以前儒家书中，已有其端，董仲舒、王阳明不过发挥引申，何能为其自己之哲学？有何新贡献之可言？不过即使承认此二哲学家真不过发挥引申，吾人亦不能轻视发挥引申。发挥引申即是进步。小儿长成大人；大人亦不过发挥引申小儿所已潜具之官能而已。鸡卵变成鸡，鸡亦不过发挥引申鸡卵中所已有之官能而已。然岂可因此即谓小儿即是大人，鸡卵即是鸡？用亚里士多德的名辞说，潜能（Potentiality）与现实（Actuallity）大有区别。由潜能到现实便是进步。欲看中国哲学进步之迹，我们第一须将各时代之材料，归之于各时代；以某人之说话，归之于某人。如此则各哲学家之哲学之真面目可见，而中国哲学之进步亦显然矣。

从前研究中国学问者，或不知分别真书伪书，或知分别而以伪书为无价值，此亦中国哲学之所以在表面上似无进步之一原因。吾人研究哲学史，对于史料所以必须分别真伪者，以非如此不能见各时代思想之真面目也。如只为研究哲学起见，则吾人只注重某书中所说之话之本身之是否不错。至于此话果系何人所说，果系何时代所有，则丝毫不关重要。某书虽伪，并不以其为伪而失其价值，如其本有价值。某书虽真，并不以其为真而有价值，如其本无价值。即就哲学史说，伪书虽不能代表其所假冒之时代之思想，而乃是其产生之时代之思想，正其产生之时代之哲学史之史料也。如《列子·杨朱篇》虽非杨朱学说，而正魏晋间一种流行思想之有系统的表现，正魏晋时代哲学史之史料也。故以《杨朱篇》为伪者，非废《杨朱篇》，不过将其时代移后而已。其所以必须将其时代移后者，亦不过欲使写的历史与实际相合，做到一信字而已。

（十二）中国哲学史取材之标准

哲学一名词，中国本来无有。一般人对于哲学之范围及内容，无明确的观念，几以为凡立言有近于旧所谓"经""子"者，皆可为哲学史之材料[注]。但依以上所说，吾人对于哲学之内容，既已有明确的观

[注] 日本高濑武次郎所著《支那哲学史》颇可代表此一般人之意见。其书竟为兵家书各作提要，于《孙子》云："《孙子》之文，精到而简约，曲折而峻洁，不愧春秋杰作。……而其文亦虚虚实实，简尽渊通，不能增减一字。……故《孙子》一书，不但为兵家之秘宝，亦为文字上不可多得之一大雄篇也。"（赵正平译本卷上，二八六页）读之诚令人疑所读为兵学史，为文学史矣。

念，则吾人作哲学史于选取史料，当亦有一定的标准。古人著述之可为哲学史史料者：

（一）上所说哲学之内容已确定哲学之范围，并已指明哲学中所有之问题。古人著述之有关于此诸问题者，其所讨论在上述范围之内者，方可为哲学史史料。否则不可为哲学史史料，如上述兵家著述之类。

（二）依以上所说，哲学家必有其自己之"见"，以树立其自己之系统。故必有新"见"之著述，方可为哲学史史料。如只述陈言者，不可为哲学史史料。黄梨洲云："学问之道，以各人自用得著者为真，凡依门傍户，依样葫芦者，非流俗之士，则经生之业也。……以水济水，岂是学问？"（《明儒学案·发凡》）正此意也。

（三）依上所说，一哲学必有其中心观念（即哲学家之见）。凡无中心观念之著述，即所谓杂家之书，如《吕氏春秋》、《淮南子》之类，不可为哲学史之原始的史料；但以其记述别家之言，有报告之价值，可以作为辅助的史料。

（四）依上所说，哲学家之哲学，须以理智的辩论出之，则凡片语只句，如《诗》云"民之秉彝，好是懿德"之言，不可为哲学史之原始的史料；但依上所述，一时代之哲学与其时代之情势及各方面之思想状况，有互为因果之关系，故此等言论，可搜集以见一时流行之思想，以见哲学系统之背景。

（五）依上所述，一哲学家之哲学与其人格有关系。故凡对于一哲学家之叙说，能表现其人格者，亦可为哲学史史料。

依上标准，以搜集中国哲学史之史料，则"虽不中，不远矣"。

第二章　泛论子学时代

（一）子学时代之开始

中国之文化，至周而具规模。孔子曰："周监于二代，郁郁乎文哉！吾从周。"在孔子心目中，周之典章制度，实可以"上继往圣，下开来学"。孔子一生，以能继文王周公之业为职志。此《论语》所明言者也。（详第四章第二节）

周之文化（即所谓文）、周之典章制度（即所谓礼）虽有可观，然自孔子以前，尚无有私人著述之事。（今所传孔子以前之私人著述皆伪书，《老子》一书亦系晚出，详下。）章实斋云：

> 古未尝有著述之事也。官师守其典章，史臣录其职载。文字之道，百官以之治，万民以之察，而其用已备矣。是故圣王书同文以平天下，未有不用之于政教典章，而以文字为一人之著述者也。道不行而师儒立其教，我夫子之所以功贤尧舜也。（《文史通义·诗教上》，《章氏遗书》卷一，页二三）

此言虽有理想化古代之嫌，然若除去其理想化之部分，则亦似近于事实。盖古代本为贵族政治，有政权者即有财产者，即有知识者；政治上经济上之统治阶级即智识阶级，所谓官师不分者，即此而已。贵族既须执政任事，自少工夫以著书，且既执有政权，即有理想，亦可使之见诸行事，发为"政教典章"，亦无需要而必著书，著书乃不得已而后为之事，中国哲学家固多抱此见解（详上文）也。哲学为哲学家之有系统的思想，须于私人著述中表现之。孔子以前无私人著述之事，有无正式哲学，不得而知。孔子本人虽亦未"以文字为一人之著述"，然一生竟有未做官不做他事而专讲学之时；此在今虽为常见，而在古实为创例。就其门人所记录者观之，孔子实有有系统的思想[注一]。由斯而言，则在中国哲学史中，孔子实占开山之地位。后世尊为惟一师表，虽不对而亦非无由也。以此之故，此哲学史自孔子讲起，盖在孔子以前，无有系统的思想，可以称为哲学也。

（二）子学时代哲学发达之原因

在中国哲学史各时期中，哲学家派别之众，其所讨论问题之多，范围之广，及其研究兴趣之浓厚，气象之蓬勃，皆以子学时代为第一。其所以能有此特殊之情形，必有其特殊之原因。[注二]兹分述之。

自春秋迄汉初，在中国历史中，为一大解放之时代。于其时政治制度，社会组织，及经济制度，皆有根本的改变。盖上古为贵族政治，诸国有为周室所封者，有为本来固有者。国中之卿大夫亦皆公族，皆世其官；所谓庶人皆不能参与政权。《左传·昭七年》谓："天有十日，人有

[注一] 战国以前所为私人著述，本非必本人亲手所写，详本章第五节。

[注二] 胡适之先生论老、孔以前之时势，归结于"政治那样黑暗，社会那样纷乱，贫富那样不均，民生那样困苦。有了这种形势，自然会生出种种思想的反动"。《中国哲学史大纲》，页四二）此种形势在中国史中几于无代无之，对于古代哲学之发生，虽不必无关系，要不能引以说明古代哲学之特殊情形。梁任公先生所论是矣。然梁先生所举"当注意"各事，亦多为后世所通有者，兹均不及之。（参看《梁任公学术讲演集》第一辑，页十一、十六）

十等，下所以事上，上所以共神也。故王臣公，公臣大夫，大夫臣士，士臣皂，皂臣舆，舆臣隶，隶臣僚，僚臣仆，仆有台，马有圉，牛有牧，以待百事。"古代政治上为贵族世家世禄之制，故社会组织上亦应有此种种阶级也。贵族政治破坏，上古之政治及社会制度遂起根本的变化。赵翼曰：

盖秦汉间为天地一大变局。自古皆封建，诸侯各君其国，卿大夫亦世其官，成例相沿，视为固然。其后积弊日甚，暴君荒主，既虐用其民，无有底止。强臣大族，又篡弑相仍，祸乱不已。并而为七国，益务战争，肝脑涂地，其势不得不变，而数千年世侯世卿之局，一时亦难遽变。于是先从在下者起，游说则范雎、蔡泽、苏秦、张仪等，徒步而为相。征战则孙膑、白起、乐毅、廉颇、王翦等，自身而为将。此已开后世布衣将相之例，而兼并之力，尚在有国者。天方借其力以成混一，固不能一旦扫除之，使匹夫而有天下也。于是纵秦皇尽灭六国，以开一统之局。使秦皇当日发政施仁，与民休息，则祸乱不兴，下虽无世禄之臣，而上犹是继体之主也。惟其威虐毒痛，人人思乱。四海鼎沸，草泽竞奋。于是汉祖以匹夫起事，角群雄而定一尊。其君既起自布衣，其臣亦自多亡命无赖之徒，立功以取将相，此气运为之也。天之变局，至是始定。然楚汉之际，六国各立后，尚有楚怀王心、赵王歇、魏王咎、魏王豹、韩王成、韩王信、齐王田儋、田荣、田广、田安、田市等。即汉所封功臣，亦先裂地以王彭、韩等，继分国以侯绛、灌等。盖人情习见前世封建故事，不得而遽易之也。乃不数年而六国诸王皆败灭。汉所封异姓王八人，其七人亦皆败灭。则知人情犹狃于故见，而天意已另换新局，故除之易易耳。而是时尚有分封子弟诸国，迨至七国反后，又严诸侯王禁制，除吏皆自天朝，诸侯王惟得食租衣税，又多以事失侯。于是三代世侯世卿之遗法，始荡然净尽，而成后世征辟选举科目杂流之天下

矣，岂非天哉！(《廿二史札记》卷二，《广雅丛书》本，页九)

吾人对于赵翼所谓天意，虽不同意，然贵族政治之崩坏实当时大势之所趋。此在春秋之时已见其端，故宁戚以饭牛而得仕于齐，百里奚以奴隶而仕于秦；此庶人之升而为官者也。《诗》有黎侯之赋《式微》，《左传》谓："栾、郤、胥、原、狐、续、庆、伯，降为皂隶。"(昭三年，《左传》卷二十，《四部丛刊》本，页十六) 孔子本宋之贵族，而"为贫而仕"，"尝为委吏矣"，"尝为乘田矣"；此贵族之降而为民者也。如是阶级制度，遂渐消灭，至汉高遂以匹夫而为天子，此政治制度及社会组织之根本的变动也。

与贵族政治相连带之经济制度，即所谓井田制度。《诗》云："普天之下，莫非王土；率土之滨，莫非王臣。"《左传·昭七年》芈尹无宇曰："天子经略，诸侯正封，古之制也。封略之内，何非君土？食土之毛，谁非君臣？"(《左传》卷二十一，页十六) 所谓王土王臣，在后世视之，只有政治的意义，然在上古封建制度下，实兼有经济的意义。上所述社会上之诸阶级，亦不只是政治的、社会的，而亦且是经济的也。盖在上古封建制度下，天子、诸侯及卿大夫，在政治上及经济上皆为人民之主。例如周以土地封其子弟为诸侯，即使其子弟为其地之君主兼地主也。诸侯再以其地分与其子弟，其子弟再分与庶人耕种之。庶人不能自有土地，故只能为其政治的经济的主人做农奴而已。《左传》《国语》中所载当时之政治，皆不过有数几家贵族之活动；所谓人民者，但平时为贵族工作，战时为贵族拼命而已。王船山曰：

三代之国，幅员之狭，直今一县耳。仕者不出于百里之中，而卿大夫之子恒为士，故有世禄者有世田，即其所世营之业也。名为卿大夫，实则今乡里之豪族而已。世居其土，世勤其畴，世修其陂池，世治其助耕之氓。(《读通鉴论》卷十九，《船山遗书》本，页十六)

"其助耕之氓",即系农奴,夏曾佑曰:

井田之制,为古今所聚讼。据汉唐儒者所言,则似古人真有此事,且为古人致治之根本。以近人天演学之理解之,则似不能有此。社会之变化,千因万缘,互为牵制,安有天下财产,可以一时匀分者?井田不过儒家之理想。此二说者,迄今未定。兹据秦汉间非儒家之载籍证之,似古人实有井田之制,而为教化之大梗。其实情盖以土地为贵人所专有,而农夫皆附田之奴,此即民与百姓之分也。至秦商君,乃克去之。此亦为社会进化之一端。(《中国历史》第一册,页二五八)

史谓商鞅"坏井田,开阡陌……王制遂灭,僭差无度,庶人之富者累巨万"(《食货志》,《前汉书》卷二十四上,同文影殿刊本,页七)。此农奴解放后"民"之能崛起占势力为大地主者也。所谓井田制度之崩坏,亦当时之普通趋势,不过商鞅特以国家之力,对之作有意识的、大规模的破坏而已。

其次则商人阶级亦乘时而占势力。《汉书》曰:

及周室衰,礼法堕。……其流至乎士庶人莫不离制而弃本,稼穑之民少,商旅之民多,谷不足而货有余。……于是商通难得之货,工作无用之器,士设反道之行,以追时好而取世资。……富者土木被文锦,犬马余肉粟。……其为编户齐民,同列而以财力相君。……(《货殖传》,《前汉书》卷九十一,页三)

此谓因"王制灭""礼法堕",故庶人崛起而营私产,致富豪。然若就经济史观之观点言之,亦可谓因农奴及商人在经济上之势力日益增长,故贵族政治破坏,而"王制灭""礼法堕"。商人阶级崛起,弦高以商人而却秦存郑,吕不韦以大贾而为秦相,此资本家之与当时政治外交发生直接关系者。总之,世禄井田之制破,庶民解放,营私产,为富豪,此上古经济制度之一大变动也。

[注]《左传·昭公十六年》:"宣子(韩起)有环,其一在郑商。宣子谒诸郑伯。子产弗与。……曰:'昔我先君桓公,与商人皆出自周。庸次比耦,以艾杀此地。斩之蓬蒿藜藋,而共处之。世有盟誓,以相信也。曰:'尔无我叛,我无强贾。毋或匄夺。尔有利市宝贿,我勿与知。'恃此质誓,故能相保,以至于今。今吾子以好来辱,而谓敝邑强夺商人,是教敝邑背盟誓也。毋乃不可乎?"(《左传》卷二十三,页十四至十五)按誓词所约,在以后皆为不成问题之事,而乃信誓旦旦。可知贵族之欺压商人,在当时为常事,而商人原来地位之低,亦可见矣。

此种种大改变发动于春秋,而完成于汉之中叶。此数百年为中国社会进化之一大过渡时期。此时期中人所遇环境之新,所受解放之大,除吾人现在所遇所受者外,在中国已往历史中,殆无可以比之者。即在世界已往历史中,除近代人所遇所受者外,亦少可以比之者。故此时期诚中国历史中一重要时期也。

在一社会之旧制度日即崩坏之过程中,自然有倾向于守旧之人,目睹"人心不古,世风日下",遂起而为旧制度之拥护者,孔子即此等人也。不过在旧制度未摇动之时,只其为旧之一点,便足以起人尊敬之心;若其既已动摇,则拥护之者,欲得时君世主及一般人之信从,则必说出其所以拥护之之理由,予旧制度以理论上的根据。此种工作,孔子已发其端,后来儒家者流继之。儒家之贡献,即在于此。

然因大势之所趋,当时旧制度之日即崩坏,不因儒家之拥护而终止。继孔子而起之士,有批评或反对旧制度者,有欲修正旧制度者,有欲另立新制度以替代旧制度者,有反对一切制度者。此皆过渡时代,旧制度失其权威,新制度尚未确定,人皆徘徊歧路之时,应有之事也。儒家既以理论拥护旧制度,故其余方面,与儒家意见不合者,欲使时君世主及一般人信从其主张,亦须说出其所以有其主张之理由,予之以理论上的根据。荀子所谓十二子之言,皆"持之有故,言之成理"者也。人既有注重理论之习惯,于是所谓名家"坚白同异"等辩论之只有纯理论的兴趣者,亦继之而起。盖理论化之发端,亦即哲学化之开始也。

孟子曰:

圣王不作,诸侯放恣,处士横议。(《滕文公下》,《孟子》卷六,《四部丛刊》本,页十三)

庄子《天下篇》曰:

天下大乱,贤圣不明,道德不一,天下多得一察焉以自好。……天下之人,各为其所欲焉以自为方。(《庄子》卷十,《四部丛刊》本,页二十五至二十六)

《汉书·艺文志》曰:

诸子十家,其可观者,九家而已。皆起于王道既微,诸侯力政,时君世主,好恶殊方。是以九家之术,蜂出并作,各引一端,崇其所善。以此驰说,取合诸侯。(《前汉书》卷三十,页三十)

所谓"圣王不作""贤圣不明""王道既微",即指原有制度组织之崩坏也。因此崩坏,故"道德不一",故"时君世主,好恶殊方";而"天下之人各为其所欲焉以自为方"。上古时代哲学之发达,由于当时思想言论之自由;而其思想言论之所以能自由,则因当时为一大解放时代,一大过渡时代也。

[注]《艺文志》所谓"时君世主,好恶殊方"一点,本亦为战国时代思想发达之一因。吾人试看后来皇帝显宦及富商巨贾对于学术之关系,便可知矣。但春秋战国时代时君世主,及当时社会所提倡之学术,与后来皇帝等所提倡者,何以不同,则不能不以春秋战国时之政治社会经济的背景说明之。时君世主及社会之提倡学术,非春秋战国时代所特有之情形,故未多论及之。

（三）子学时代之终结

世多以战国之末，为古代哲学终结之时期。盖一般人以为秦始皇焚书，禁天下藏"诗书百家语"，故觉秦时如一野蛮时代，以前学说，至此悉灭。其实秦始皇"第烧民间之书，不烧官府之书；第禁私相授受，可诣博士受业"（崔适《史记探源》卷三。参看郑樵《通志·校雠略》，康有为《新学伪经考》）。秦皇李斯之意，盖欲统一思想，非欲尽灭当时之学说也[注一]。故秦始皇所立博士中有各家学者。（王国维《汉魏博士考》，《观堂集林》卷四）虽在整齐划一制度之下，思想言论，失其自由，学术发展诚受相当阻碍，然秦亡极速，不致有大影响。故在汉初，诸家之学仍盛。文帝好黄老家言，为政以慈俭为宗旨。窦太后亦好黄帝老子言。盖公教曹参以清净治国家。汲黯修黄老术，治民主清净。淮南王延客著书，杂取各家之说。[注二] 司马谈叙六家以道家为最高。贾谊明申商。晁错尝学申商刑名。韩安国受韩子杂说。主父偃学长短纵横术。《史记》《汉书》，均明言之。刘歆《移让太常博士书》云："至孝文皇帝，天下众书，往往颇出。皆诸子传说，犹广立于学官，为置博士。"（《汉书》本传）可见汉文帝时之博士中亦有各家学者也。至于《礼记》及所谓《易十翼》，为儒家重要典籍，其中亦有为汉初儒家者流所著

[注一] 关于秦皇李斯焚书之事，其所焚之范围及焚书之用意，现在史家尚无定论。然即秦皇、李斯果真欲尽灭当时学说，"以愚黔首"，如传统的说法，然自秦下焚书令至汉兵入关，不过数年之间，尽灭当时学说，事实上亦不可能。

[注二] 《盐铁论·晁错篇》曰："日者淮南衡山，修文学，招四方游士。山东儒墨，皆聚于江淮之间。讲义集论，著书数十篇。"（《四部丛刊》本，卷二，页六）可见此时墨家亦尚存。

作者。《春秋·公羊》家言，亦至汉始为显学。故儒家哲学，亦在汉初始完备也。观董仲舒对策之词，亦可见当时之情形矣。董仲舒对策曰：

《春秋》大一统者，天地之常经，古今之通谊也。今师异道，人异论，百家殊方，指意不同。是以上无以持一统，法制数变；下不知所守。臣愚以为诸不在六艺之科，孔子之术者，皆绝其道，勿使并进，邪辟之说灭息，然后统纪可一，而法度可明，民知所从矣。(《董仲舒传》，《前汉书》卷五十六，页二十至二十一)

又曰：

养士之大者，莫大乎太学。太学者，贤士之所关也，教化之本原也。……臣愿陛下兴太学，置明师，以养天下之士。(《前汉书》卷五十六，页十三)

"自武帝初，立魏其武安侯为相，而隆儒矣。及仲舒对册，推明孔氏，抑黜百家，立学校之官，州郡举茂材孝廉，皆自仲舒发之。"（同上）自此以后，以利禄之道，提倡儒学，而儒学又须为上所定之儒学。于是"天下英雄，尽入彀中"；春秋以后，言论思想极端自由之空气于是亡矣。

董仲舒之主张行，而子学时代终；董仲舒之学说立，而经学时代始。盖阴阳五行家言之与儒家合，至董仲舒而得一有系统的表现。自此以后，孔子变而为神，儒家变而为儒教。至所谓古文学出，孔子始渐回复为人，儒教始渐回复为儒家。详见第二篇中。

（四）古代大过渡时期之终结

汉武、董仲舒统一思想之政策，即秦皇、李斯之政策也。秦皇何以行之而失败，汉武何以行之而成功？此中原因，固甚复杂，然有可得言者，则自春秋时代所开始之政治社会经济的大变动，至汉之中叶渐停止；此等特殊之情形既去，故其时代学术上之特点，即"处士横议""各为其所欲焉以自为方"之特点，自亦失其存在之根据。上文谓春秋战国时代所起各方面之诸大变动，皆由于旧文化旧制度之崩坏。旧文化旧制度愈崩坏，思想言论愈自由。秦灭六国，成一统，除皇室而外，其余原有之贵族，皆夷为平民。在表面上可谓将春秋以来之变局，作一结束。然实则贵族之余孽，尚有一部分之势力，故秦皇一死，贵族复起，"楚汉之际，六国各立后"。不过此次贵族之复兴，为一种"回光返照"，等于强弩之末，故平民出身之汉高，终灭群雄而定一尊。汉高虽犹封建子弟功臣，然此时及以后之封建，只有政治上的意义，而无经济上的意义。及汉之中叶，政治上社会上之新秩序，已渐定。在经济方面，人亦渐安于由经济自然趋势而发生之新制度。《汉书》曰："其为编户齐民，同列而以财力相君，虽为仆虏，犹亡愠色。"（《货殖传》，《汉书》卷九十一，页三）由贵族政治之眼光观之，编户齐民，何能同列以财力相君！然以经济自然之趋势，竟至如此。"虽为仆虏，犹亡愠色"，可见人已安于此等新经济秩序矣。汉虽行重农抑商政策，然对于此等社会的经济的秩序，亦并未有根本的变动也。自春秋时代所开始之大过渡时期至是而终结；一时蓬勃之思想，亦至是而衰。自此而后，至现代以前，中国之政治经济制度及社会组织，除王莽以政治的力量，强改一时外，皆未有根本的变动，故子学时代思想之特殊状况，亦未再现也。

（五）古代著述体裁

　　上文谓欲看中国哲学进步之迹，吾人第一须将各时代之材料，归之于各时代；以某人之说话，归之于某人（第一章第十节）。此固为理想的办法，但讲上古哲学史，则行之颇有困难。譬如执此标准以分别普通所认为春秋战国时代之书籍，则如《列子》乃魏晋时人所著，须以之代表魏晋一部分人之思想。此固吾人所认为伪书，应将其移后者。不过即吾人所认为真书，如《墨子》《庄子》等，固可归之于上古时代，然现在《墨于》《庄子》书中之思想，何部分果真为墨子、庄子个人所有，则颇难断定。关于此点，吾人不可不明古代著述之体裁。章实斋曰：

　　……诸子思以其学易天下。固将以其所谓道者争天下之莫可加，而语言文字，未尝私其所出也。……辑其言行，不必尽其身所论述者，管仲之述其身死后事，韩非之载其李斯驳议是也。《庄子》《让王》《渔父》之篇，苏氏谓之伪托；非伪托也，为庄氏之学者所附益尔。《晏子春秋》，柳氏以谓墨者之言；非以晏子为墨，为墨学者述晏子事以名其书，犹孟子之《告子》《万章》，名其篇也。……诸子之奋起，由于道术既裂，而各以聪明才力之所偏，每有得于大道之一端，而遂欲以之易天下。其持之有故而言之成理者，故将推衍其学术，而传之其徒焉。苟足显其术而立其宗，而援述于前，与附衍于后者，未尝分居立言之功也。（《文史通义·言公上》，《章氏遗书》卷四，页五）

　　此言仍不免有理想化古代之嫌，不过其所述古人著述之体裁，则似合事实。盖古人之历史观念及"著作者"之观念不明，故现在所有题为战国以前某某子之书，原非必谓系某某子所亲手写成。其中"援述于前，与附衍于后者"，在古固视为不必分，在今则多似为不能分也。[注]故现在所有多数题为战国以前某某子之书，当视为某某子一派之书，不当视为某某子一人之书。如现在题曰《墨子》《庄子》之书，当视为墨学丛书及庄学丛书，不当视为一人之著作。近人对于此等书籍，固已试加分析之功，如《墨子》中之《经》及《经说》，可认为非墨子本人之言，然即《天志》《尚同》诸篇，其"援述于前，与附衍于后者"，果可绝对的分别乎？此哲学史述上古时代诸家之学说，意但谓上古时代有此学说，有此思想系统，至此系统果为代表此系统之人之一人所立，抑或曾经其"后世"修正补充，则不敢必定也。

古代哲学，大部即在旧所谓诸子之学之内。故在中国哲学史中，上古时代可谓为子学时代。此时代之诸子，司马谈将其分为阴阳、儒、墨、名、法、道德六家。（《史记·太史公自序》）名为家者，以诸子皆以私人讲学故也。刘歆则于六家之外，又加农、纵横、杂、小说四家，共为十家。曰："其可观者，九家而已。"（《汉书·艺文志》）然即此九家，亦有与哲学无关者。今择其与哲学有关者，就其发生之先后，依次论之。

[注] 此点前人多已言之。孙星衍云："凡称子书，多非自著。"（《晏子春秋序》，《问字堂集》卷三，《四部丛刊》本，页十一）严可均云："先秦诸子，皆门弟子，或宾客，或子孙，撰定，不必手著。"（《书管子后》，《铁桥漫稿》，蒋氏刊本，卷八，页七）大约今所传先秦之书，皆经汉人整理编次。例如《墨子》《庄子》等书，如现在所传者，本先秦所无有。先秦所有者仅为不相连属之各篇，如《尚同》《兼爱》《齐物论》《逍遥游》等。汉人于整理先秦典籍之时乃取同一学派之各篇，聚而编为一书，题曰某子，意谓此某学派之著作耳。此例亦有一例外，即《吕氏春秋》虽亦为先秦之著作，而原来即是一部整书。此书成后，吕不韦悬之国门，以自夸耀，可见其在当时为希有之成就也。

第三章　孔子以前及其同时之宗教的哲学的思想

孔子以前，无私人著作，今搜集《诗》《书》《左传》《国语》中所说，足以代表孔子以前及其同时之宗教的、哲学的思想者，以见孔子以前及其同时人智之大概。

（一）鬼神

人在原始时代，当智识之初开，多以为宇宙间事物，皆有神统治之。《国语》云：

昭王问于观射父曰："《周书》所谓重黎实使天地不通者，何也？若无然，民将能登天乎？"对曰："非此之谓也。古者民神不杂，民之精爽不携贰者，而又能齐肃衷正，其知能上下比义，其圣能光远宣朗，其明能光照之，其聪能听彻之，如是则明神降之，在男曰觋，在女曰巫。是使制神之处、位、次主，而为之牲、器、时服。……于是乎有天、地、神、民、类物之官，谓之五官，各司其序，不相乱也。民是以能有忠信，神是以能有明德，民神异业，敬而不渎。故神降之嘉生；民以物享，祸灾不至，求用不匮。及少皞之衰也，九黎乱德，民神杂糅，不可方物。夫人作享，家为巫史，无有要质。民匮于祀而不知其福。烝享无度，民神同位。民渎齐盟，无有严威。神狎民则，不蠲其为。嘉生不降，无物以享。祸灾荐臻，莫尽其气。颛顼受之，乃命南正重司天以属神，命火正黎司地以属民。使复旧常，无相侵渎。是谓绝地天通。"

(《楚语下》,《国语》卷十八,《四部丛刊》本,页一至二)

此所说虽不尽系历史的事实,然古代人之迷信状况,大约类此。觋巫尚须为神"制处、位、次主",则神之多可知。神能降福、受享、能凭降于人,则系有人格的可知,及乎"民神杂糅"之际,"民神"且"同位","神"且"狎民则",则神之举动行为,且与人无异矣。此时人有迷信而无知识,有宗教而无哲学。此时人之所信,正如希腊人所信之宗教,其所信之神,正如希腊人之神。至于夏、商以后,则有"天""帝"之观念起,似一神论渐有势力,然多神论亦并未消灭。《左传》《国语》除"天"外,尚多言及神。周厉王时芮良夫曰:

夫王人者,将导利而布之上下者也。使神人百物,无不得其极。(《周语上》,《国语》卷一,页六)

《左传·桓公六年》,季梁云:

所谓道,忠于民而信于神也。上思利民,忠也;祝史正辞,信也。(《左传》卷二,《四部丛刊》本,页七)

又庄公十年,曹刿曰:

小惠未遍,民弗从也。……小信未孚,神弗福也。(《左传》卷三,页六)

《国语·惠王十五年》,有神降于莘。内史过曰:

国之将兴,其君齐明衷正,精洁惠和。其德足以昭其馨香,其惠足以同其民人。神飨而民听,民神无怨,故明神降之。观其政德,而均布福焉。国之将亡,其君贪冒辟邪,淫佚荒怠。……民神怨痛,无所依怀。故神亦往焉,观其苛慝,而降之祸。……若由是观之,其丹朱之神乎?(《周语上》,《国语》卷一,页十二至十四)

《左传·僖公五年》,宫之奇云:

鬼神非人实亲,惟德是依。……如是则非德,民不和,神不享矣。

若晋取虞，而明德以荐馨香，神其吐之乎？（《左传》卷五，页七）

《国语·晋语·文公四年》，胥臣曰：

亿宁百神而柔和万民，故《诗》云："惠于宗公，神罔时恫。"（《晋语》四，《国语》卷十，页二十五）

《国语·周襄王十八年》，王曰：

昔我先王之有天下也，规方千里，以为甸服，以供上帝山川百神之祀。（《周语中》，《国语》卷二，页五）

《左传·襄公十四年》师旷曰：

夫君，神之主，而民之望也。（《左传》卷十五，页十六）

又昭公元年，刘定公曰：

……其赵孟之谓乎？……弃神人矣。神怒民叛，何以能久。（《左传》卷二十，页六）

以上所引，屡言百神，可知神之众。神人并称，而执政者之最大责任，在于"亿宁百神而柔和万民"，否则"神怒民叛"，必不能久。周襄王又以上帝与百神并称，则上帝不在百神之内。内史过以神降于莘之神为丹朱之神，则至少所谓神之一部分，即是人鬼。关于鬼之记载，《左传》中有数处。《墨子·明鬼篇》亦多述古代关于鬼之传说。此对于鬼神之信仰以后渐衰。孔子"敬鬼神而远之"（《雍也》，《论语》卷三，《四部丛刊》本，页十七）；"祭如在，祭神如神在"（《八佾》，《论语》卷二，页四至五）。又曰："未能事人；焉能事鬼？"（《先进》，《论语》卷六，页四）盖孔子对于鬼神之存在，已持怀疑之态度，姑存而不论；墨子则太息痛恨于人之不信鬼神，以致天下大乱，故竭力于"明鬼"。

（二）术数

宇宙间事物，古人多认为与人事互相影响。故古人有所谓术数之法，以种种法术，观察宇宙间可令人注意之现象，以预测人之祸福。《汉书·艺文志》曰：

> 数术者，皆明堂羲和史卜之职也。史官之废久矣，其书既不能具，虽有其书而无其人。《易》曰："苟非其人，道不虚行。"春秋时，鲁有梓慎，郑有裨灶，晋有卜偃，宋有子韦。六国时，楚有甘公，魏有石申夫。汉有唐都，庶得粗粗。……序数术为六种。（《前汉书》卷三十，同文影殿刊本，页五十）

六种者，一天文。《艺文志》曰：

> 天文者，序二十八宿，步五星日月，以纪吉凶之象，圣王所以参政也。《易》曰："观乎天文，以察时变。"（《前汉书》卷三十，页四十三）

二历谱，《艺文志》曰：

> 历谱者，序四时之位，正分至之节，会日月五星之辰，以考寒暑杀生之实。故圣王必正历数以定三统服色之制，又以探知五星日月之会。凶阨之患，吉隆之喜，其术皆出焉。此圣人知命之术也。（《前汉书》卷三十，页四十四）

三五行，《艺文志》曰：

> 五行者，五常之形气也。《书》云："初一曰五行；次二曰羞用五事。"言进用五事以顺五行也。貌言视听思心失而五行之序乱，五星之变作，皆出于律历之数而分为一者也。其法亦起五德终始，推其极则无不至。（《前汉书》卷三十，页四十六）

四蓍龟，《艺文志》曰：

> 蓍龟者，圣人之所用也。《书》曰："女则有大疑，谋及卜筮。"

《易》曰:"定天下之吉凶,成天下之亹亹者,莫善于蓍龟。是故君子将有为也,将有行也,问焉而以言,其受命也如响。无有远近幽深,遂知来物,非天下之至精,其孰能与于此?"(《前汉书》卷三十,页四十七)

五杂占,《艺文志》曰:

杂占者,纪百事之象,候善恶之征。《易》曰:"占事知来。"众占非一,而梦为大。故周有其官,而《诗》载熊罴虺蛇众鱼旐旟之梦,著明大人之占,以考吉凶,盖参卜筮。(《前汉书》卷三十,页四十八)

六形法,《艺文志》曰:

形法者,大举九州之势,以立城郭室舍形。人及六畜骨法之度数,器物之形容,以求其声气贵贱吉凶。犹律有长短,而各征其声,非有鬼神,数自然也。然形与气相首尾,亦有有其形而无其气,有其气而无其形;此精微之独异也。(《前汉书》卷三十,页四十九至五十)

此六种术数中,蓍龟杂占之见称述于《左传》者甚多。《左传》中屡言"卜之""筮之",卜者,龟也;筮者,蓍也。"众占非一,而梦为大。"《左传》中所述占梦之事,皆用杂占之法也。《左传》谓周内史叔服"能相人"。荀子中有《非相篇》,谓:"古者有姑布子卿,今之世梁有唐举,相人之形状颜色,而知其吉凶妖祥,世俗称之。"(《荀子》卷三,《四部丛刊》本,页一)即"形法"之术也。其天文历谱五行三术,《左传》中可见者,如昭公八年:

楚……灭陈。……晋侯问于史赵曰:"陈其遂亡乎?"对曰:"未也。……陈,颛顼之族也。岁在鹑火,是以卒灭,陈将如之。今在析木之津,犹将复由。"(《左传》卷二十二,页三)

又昭公九年:

夏四月,陈灾。郑裨灶曰:"五年陈将复封,封五十二年,而遂亡。……陈,水属也。火,水妃也,而楚所相也。今火出而火陈,逐楚而建陈也。妃以五成,故曰五年。岁五及鹑火而后陈卒亡,楚克有之,天之道也。故曰五十二年。"(《左传》卷二十二,页四至五)

又昭公十年:

春,王正月,有星出于婺女。郑裨灶言于子产曰:"七月戊子,晋君将死。"(《左传》卷二十二,页六)

又昭公十五年:

春,将禘于武公,戒百官。梓慎曰:"禘之日,其有咎乎!吾见赤黑之祲,非祭祥也,丧氛也,其在莅事乎?"(《左传》卷二十三,页十一)

又昭公十七年:

冬,有星孛于大辰,西及汉。申须曰:"彗所以除旧布新也。天事恒象,今除于火,火出必布焉。诸侯其有火灾乎?"梓慎曰:"……若火作,其四国当之。……在宋卫陈郑乎?……其以丙子若壬午作乎?……"郑裨灶言于子产曰:"……若我用瓘斝玉瓒,郑必不火。"(《左传》卷二十三,页十八至十九)

又昭公十八年:

春王二月,乙卯,周毛得杀毛伯过而代之。苌弘曰:"毛得必亡,是昆吾(昆吾侈恶积熟,以乙卯日与桀同诛)稔之日也。……"(《左传》卷二十四,页一)

又昭公三十二年:

夏,吴伐越。……史墨曰:"不及四十年。越其有吴乎?越得岁而吴伐之,必受其凶。"(《左传》卷二十六,页十四)

就此所引观之,史赵、裨灶、梓慎、申须、苌弘、史墨,皆即天然现象,及其他"天之道"以预测人事。其所用之术,有显然为"天文"

者,有似杂"历谱""五行"者。要之所谓"天文""历谱""五行",皆注意于所谓"天人之际",以为"天道"人事,互相影响。以后所谓阴阳五行家,皆即此推衍,于中古哲学史中,有甚大势力。

(三) 天

于百神之外,又有天、帝。《尚书·汤誓》云:

有夏多罪,天命殛之。……予畏上帝,不敢不正。……致天之罚。(《尚书》卷四,《四部丛刊》本,页一)

在不足一百五十字之演说辞中,言天至于三次。《诗·商颂》云:

天命玄鸟,降而生商。……古帝命武汤。……方命厥后,……受命不殆,……殷受命咸宜。……(《玄鸟》,《诗》卷二十,《四部丛刊》本,页十二至十三)

在不满百字之颂辞中,而言天、帝,及受命至于五次。《国语》云:

虢公梦在庙,有神人面白毛虎爪执钺立于西阿。公惧而走。神曰:"无走。帝命曰:'使晋袭于尔门。'"公拜稽首,觉,召史嚚占之。对曰:"如君之言,则蓐收也,天之刑神也,天事官成。"(《晋语二》,《国语》卷八,页五至六)

《诗》《书》《左传》《国语》中,言天、帝之处甚多,多指有人格的上帝。兹不能具引。据史嚚之言,则天与神之关系,可以概见。大约上帝为至高无上之权威,亦设官任职。诸神地位权力,次于上帝,而服从之。此正中国一般平民之宗教的信仰,盖在古而已然者也。

在中国文字中,所谓天有五义:曰物质之天,即与地相对之天。曰主宰之天,即所谓皇天上帝,有人格的天、帝。曰运命之天,乃指人生中吾人所无奈何者,如孟子所谓"若夫成功则天也"之天是也。曰自然之天，乃指自然之运行，如《荀子·天论篇》所说之天是也。曰义理之天，乃谓宇宙之最高原理，如《中庸》所说"天命之为性"之天是也。《诗》《书》《左传》《国语》中所谓之天，除指物质之天外，似皆指主宰之天。《论语》中孔子所说之天，亦皆主宰之天也。

（四）一部分人较开明之思想

但至春秋时，有一部分较开明之士，渐不信鬼神及所谓天道。如《左传·庄公三十二年》，史嚚云：

国将兴，听于民；将亡，听于神。（《左传》卷三，页二十一）

昭公十八年，子产云：

天道远，人道迩，非所及也。何以知之？（《左传》卷二十四，页一）

定公元年，士弥牟曰：

薛征于人，宋征于鬼，宋罪大矣。（《左传》卷二十七，页一至二）

此虽未否认所谓天道及鬼神之存在，然对之已取"敬而远之"之态度矣。

此外则即在甚早之时，亦已有试以阴阳之说，解释宇宙间现象者。《国语·幽王三年》西周三川皆震，伯阳父曰：

周将亡矣。夫天地之气，不失其序。若过其序，民乱之也。阳伏而不能出，阴迫而不能烝，于是有地震。今三川实震，是阳失其所而镇阴也。阳失而在阴，川源必塞。（《周语上》，《国语》卷一，页十一）

《左传·僖公十六年》，"六鹢退飞过宋都，风也。"周内史叔兴曰：

是阴阳之事，非吉凶所生也。吉凶由人。（《左传》卷六，页一）

《国语·越王勾践三年（鲁哀公元年）》，范蠡曰：

天道盈而不溢，盛而不骄，劳而不矜其功。夫圣人随时以行，是谓守时。天时不作，弗为人客。人事不起，弗为之始。……惟地能包万物以为一，其事不失。生万物，容畜禽兽。然后受其名而兼其利。美恶皆成以养其生。时不至，不可强生。事不究，不可强成。……必有以知天地之恒制，乃可以有天下之成利。……因阴阳之恒，顺天地之常。柔而不屈，强而不刚。……天因人，圣人因天。人自生之，天地形之，圣人因而成之。(《越语下》,《国语》卷二十一，页一至三)

以阴阳解释宇宙现象，虽仍不免笼统混沌之讥，然比之以天帝鬼神解释者，则较善矣。范蠡所说之天，为自然之天，其言颇似《老子》，恐即《老》学之先河也。

（五）人之发现

至于社会中之种种制度，人初亦以为系天帝所制作,《书》曰：

无旷庶官，天工人其代之。天叙有典，敕我五典五惇哉。天秩有礼。自我五礼有庸哉。……天命有德，五服五章哉。天讨有罪，五刑五用哉。(《皋陶谟》,《尚书》卷二，页八)

又曰：

天降下民，作之君，作之师。(《孟子》引，见《梁惠王》下,《四部丛刊》本，卷二，页五)

又曰：

皇帝清问下民，……乃命三后，恤功于民。伯夷降典，折民惟刑。禹平水土，主名山川。稷降播种，农殖嘉谷。三后成功，惟殷于民。(《吕刑》,《尚书》卷十二，页八)

《诗》云：

天生烝民，有物有则。(《大雅·烝民》，《诗》卷十八，页十七)

又云：

不识不知，顺帝之则。(《大雅·皇矣》，《诗》卷十六，页十五)

"帝之则"即上帝所制之礼教制度也。古时希腊诸国之制度，其人亦以为系神所制作，盖古人大都有此种见解也。

及春秋之世，渐有人试与各种制度以人本主义的（Humanistic）解释。以为各种制度皆人所设，且系为人而设。郑桓公时，史伯云：

夫和实生物，同则不继。以他平他谓之和，故能丰长而物归之。若以同裨同，尽乃弃矣。故先王以土与金木水火杂以成百物。是以和五味以调口，刚四支以卫体，和六律以聪耳，正七体以役心，平八索以成人，建九纪以立纯德，合十数以训百体，出千品，具万方，计亿事，材兆物，收经入，行姟极。故王者居九畡之田，收经入以食兆民。周训而能用之，和乐如一。夫如是，和之至也。于是乎先王聘后于异姓，求财于有方，择臣取谏工，而讲以多物，务和同也。声一无听，物一无文，味一无果，物一不讲。(《郑语》，《国语》卷十六，页五至六)

"以他平他谓之和"；如以咸味加酸味，即另得一味。酸为咸之"他"；咸为酸之"他"，"以他平他"，即能另得一味；此所谓"和实生物"也。若以咸味加咸味，则所得仍是咸味。咸与咸为"同"，是则"以同裨同"，"同则不继"也。推之若只一种声音，则无论如何重复之，亦不能成音乐。如只一种颜色，则无论如何重复之，亦不能成文彩。必以其"他"济之，方能有所成。此提出"和""同"之异，以说明礼乐及各种制度之所以须丰繁。后来晏子亦有类此之议论。《左传·昭公二十年》云：

齐侯至自田，晏子侍于遄台。子犹驰而造焉。公曰："唯据与我和夫。"晏子对曰："据亦同也。焉得为和？"公曰："和与同异乎？"对曰:"异。和如羹焉,水火醯醢盐梅,以烹鱼肉,燀之以薪,宰夫和之,齐之以味,济其不及,以泄其过。君子食之,以平其心。君臣亦然。君所谓可而有否焉,臣献其否以成其可。君所谓否而有可焉,臣献其可以去其否。是以政平而不干,民无争心。故《诗》曰:'亦有和羹,既戒既平,鬷嘏无言,时靡有争。'先王之济五味,和五声也,以平其心,成其政也。声亦如味。一气,二体,三类,四物,五声,六律,七音,八风,九歌,以相成也。清浊,大小,短长,疾徐,哀乐,刚柔,迟速,高下,出入,周疏,以相济也。君子听之,以平其心,心平德和,故《诗》曰:'德音不瑕。'今据不然。君所谓可,据亦曰可。君所谓否,据亦曰否。若以水济水,谁能食之?若琴瑟之专壹,谁能听之。同之不可也如是。"(《左传》卷二十四,页十一)

此外说礼乐政刑之起源及其功用者,《左传·桓公二年》,臧哀伯曰:

君人者将昭德塞违,以临照百官,犹惧或失之。故昭令德以示子孙。是以清庙茅屋,大路越席,大羹不致,粢食不凿,昭其俭也。衮冕黻珽,带裳幅舄,衡紞纮綖,昭其度也。藻率鞞鞛,鞶厉游缨,昭其数也。火龙黼黻,昭其文也。五色比象,昭其物也。锡鸾和铃,昭其声也。三辰旂旗,昭其明也。夫德俭而有度,登降有数,文物以纪之,声明以发之,以临照百官,百官于是乎戒惧,而不敢易纪律。(《左传》卷二,页二至三)

此说人君所以用礼乐,乃欲以使"百官戒惧而不敢易纪律"。又昭公六年,叔向诒子产书曰:

昔先王议事以制,不为刑辟,惧民之有争心也,犹不可禁御。是故闲之以义,纠之以政,行之以礼,守之以信,奉之以仁。制为禄位以劝其从,严断刑罚以威其淫。惧其未也,故诲之以忠,耸之以行,教之以务,使之以和,临之以敬,莅之以强,断之以刚。犹求圣哲之上,明察之官,忠信之长,慈惠之师,民于是乎可任使也,而不生祸乱。民知有辟,则不忌于上,并有争心,以征于书,而侥幸以成之,弗可为矣。夏有乱政而作禹刑,商有乱政而作汤刑,周有乱政而作九刑。三辟之兴,皆叔世也。今吾子相郑国,作封洫,立谤政,制参辟,铸刑书,将以靖民,不亦难乎?(《左传》卷二十一,页十二至十三)

此反对子产之公布刑法,虽为守旧的见解,然固能与刑法以人本主义的解释也。又昭公二十五年,子太叔曰:

吉也闻诸先大夫子产曰:"夫礼,天之经也,地之义也,民之行也。天地之经,而民实则之。则天之明,因地之性,生其六气,用其五行。气为五味,发为五色,章为五声,淫则昏乱,民失其性。是故为礼以奉之。为六畜,五牲,三牺,以奉五味;为九文,六采,五章,以奉五色;为九歌,八风,七音,六律,以奉五声;为君臣,上下,以则地义;为夫妇,外内,以经二物;为父子,兄弟,姑姊,甥舅,昏媾,姻亚,以象天明;为政事,庸力,行务,以从四时;为刑罚,威狱,使民畏忌,以类其震曜杀戮;为温慈,惠和,以效天之生殖长育。民有好恶,喜怒,哀乐,生于六气,是故审则宜类,以制六志。哀有哭泣,乐有歌舞,喜有施舍,怒有战斗。喜生于好,怒生于恶。是故审行信令,祸福赏罚,以制死生。生,好物也;死,恶物也;好物,乐也;恶物,哀也。哀乐不失,乃能协于天地之性,是以长久。"(《左传》卷二十五,页七至八)

此言礼乐刑罚之功用,在于使民不昏乱;而其来源,则由于人之能摹仿天地。

即祭祀,亦有人与以人本主义的解释。观射父曰:

祀所以昭孝息民,抚国家,定百姓也,不可以已。夫民气纵则底,底则滞，滞久不震，生乃不殖，是用不从。其生不殖，不可以封。是以古者先王日祭，月享，时类，岁祀。诸侯舍日，卿大夫舍月，士庶人舍时。天子遍祀群神品物，诸侯祀天地三辰及其土之山川，卿大夫祀其礼，士庶人不过其祖。日月会于龙虢，土气含收，天明昌作，百嘉备舍，群神频行，国于是乎蒸尝，家于是乎尝祀。百姓夫妇，择其令辰，奉其牺牲，敬其粢盛，絜其粪除，慎其采服，禋其酒醴，帅其子姓，从其时享，虔其宗祝，道其顺辞，以昭祀其先祖。肃肃济济，如或临之。于是乎合其州乡朋友婚姻，比尔兄弟亲戚；于是乎弭其百苛，殄其谗慝，合其嘉好，结其亲昵，亿其上下，以申固其姓。上所以教民虔也，下所以昭事上也。天子禘郊之事，必自射其牲，王后必自舂其粢。诸侯宗庙之事，必自射牛刲羊击豕，夫人必自舂其盛。况其下之人，其谁敢不战战兢兢，以事百神。天子亲舂禘郊之盛，王后亲缲其服。自公以下，至于庶人，其谁敢不齐肃恭敬，致力于神。民所以摄固者也，若之何其舍之也。(《楚语》下，《国语》卷十八，页四至五)

"肃肃济济，如或临之"，是不必有临之者也。知不必有神临之，而犹祭祀者，盖欲借此机会，使乡党亲族，得一聚会，并训练其虔敬之心。故祭祀之用，在"民所以摄固者也"。以此观点观之，则祭祀即荀子所谓君子以为"人道"而百姓以为"鬼事"也(《荀子·礼论篇》，参看本书本篇第十四章第四节)。又《国语》展禽曰：

　　夫祀，国之大节也，而节，政之所成也；故慎制祀以为国典。……夫圣王之制祀也，法施于民则祀之，以死勤事则祀之，以劳定国则祀之，能御大灾则祀之，能扞大患则祀之；非是族也，不在祀典。昔烈山氏之有天下也，其子曰柱，能殖百谷百蔬。夏之兴也，周弃继之，故祀以为稷。共工氏之伯九有也，其子曰后土，能平九土，故祀以为社。黄帝能成命百物，以明民共财。颛顼能修之。帝喾能序三辰以固民。尧能单均刑法以仪民。舜勤民事而野死。鲧鄣洪水而殛死。禹能以德修鲧之功。契为司徒而民辑。冥勤其官而水死。汤以宽治民而除其邪。稷勤百谷而山死。文王以文昭。武王去民之秽。故有虞氏禘黄帝而祖颛顼，郊尧而宗舜。夏后氏禘黄帝而祖颛顼，郊鲧而宗禹。商人禘舜而祖契，郊冥而宗汤。周人禘喾而郊稷，祖文王而宗武王。幕，能帅颛顼者也，有虞氏报焉。杼，能帅禹者也，夏后氏报焉。上甲微，能帅契者也，商人报焉。高圉，大王，能帅稷者也，周人报焉。凡禘郊祖宗报，此五者，国之典祀也；加之以社稷山川之神，皆有功烈于民者也；及前哲令德之人，所以为明质也；及天之三辰，民所以瞻仰也；及地之五行，所以生殖也；及九州名山川泽，所以出财用也。非是，不在祀典。(《鲁语》上，《国语》卷四，页七至九)

此以报恩之义为祭祀之根据。由此观点观之，祭祀亦"人道"而非"鬼事"也。

各种制度，既皆受人本主义的解释，则所谓君者，亦失其圣神不可侵犯之尊严。《国语·鲁语》云：

晋人杀厉公，边人以告。成公在朝。公曰："臣杀其君，谁之过也？"大夫莫对。里革曰："君之过也。夫君人者，其威大矣。失威而至于杀，其过多矣。且夫君也者，将牧民而正其邪者也。若君纵私回而弃民事，民旁有慝，无由省之，益邪多矣。若以邪临民，陷而不振，用善不肯专，则不能使。至于殄灭而莫之恤也，将安用之？"(《鲁语》上，《国语》卷四，页十五)

《左传·昭公三十二年》曰：

赵简子问于史墨曰："季氏出其君，而民服焉，诸侯与之。君死于外，而莫之或罪，何也？"对曰："物生有两，有三，有五，有陪贰。故天有三辰，地有五行，体有左右，各有妃耦。王有公，诸侯有卿，皆有贰也。天生季氏，以贰鲁侯，为日久矣。民之服焉，不亦宜乎？鲁君世从其失，季氏世修其勤。民忘君矣，虽死于外，其谁矜之！社稷无常奉，君臣无常位，自古以然。故《诗》曰：'高岸为谷，深谷为陵。'三后之姓，于今为庶。主所知也。"（《左传》卷二十六，页十五至十六）

此以臣弑其君为可，在当时实一种革命的言论也。虽"左氏浮夸"，其所述此诸人之言，难免无增加文饰，然此诸人之言之根本意思，则固皆有人本主义之倾向也。希腊"智者"普鲁太哥拉斯（Protagoras）有言："人为一切事物之准则（Man is the measure of all things）。"上所引诸人之言，亦有此意。不过人或为世业之史官，或为从政之贵族，不能如希腊"智者"之聚徒讲学，宣传主张。所以中国思想史上权威之地位，不得不让孔、墨等后起诸子占据也。

第四章　孔子及儒家之初起

《史记》曰：

孔子生鲁昌平乡陬邑，其先宋人也。……鲁襄公二十二年而孔子生。……孔子之时，周室微而礼乐废，《诗》《书》缺。追述三代之礼，序《书传》。上纪唐虞之际，下至秦缪，编次其事。曰："夏礼吾能言之，杞不足征也；殷礼吾能言之，宋不足征也；足则吾能征之矣。"观殷夏所损益，曰："后虽百世可知也。以一文一质。周监于二代，郁郁乎文哉，吾从周。"故《书传》《礼记》自孔氏。孔子语鲁太师："乐其可知也。始作，翕如；纵之，纯如。皦如，绎如也，以成。""吾自卫反鲁，然后乐正，《雅》《颂》各得其所。"古者《诗》三千余篇，及至孔子去其重，取可施于礼义。上采契后稷，中述殷周之盛。至幽厉之缺，始于衽席。故曰"《关雎》之乱，以为风始，《鹿鸣》为《小雅》始，《文王》为《大雅》始，《清庙》为《颂》始"。三百五篇，孔子皆弦歌之，以求合《韶》《武》《雅》《颂》之音。礼乐自此可得而述，以备王道，成六艺。孔子晚而喜《易》，序《彖》《系》《象》《说卦》《文言》。读《易》，韦编三绝。曰："假我数年，若是，我于《易》则彬彬矣。"孔子以诗书礼乐教，弟子盖三千焉。身通六艺者，七十有二人。……其于乡党，恂恂似不能言者。其于宗庙朝廷，辩辩言，唯谨尔。朝，与上大夫言，闇闇如也；与下大夫言，侃侃如也。入公门，鞠躬如也；趋进，翼如也；君召使傧，色勃如也；君命召，不俟驾行矣。鱼馁，肉败，割不正，不食；席不正，不坐。食于有丧者之侧，未尝饱也；是日哭，则不歌。见齐衰、瞽者，虽童子必变。三人行，必得我师。"德之不修，学之不讲；闻义不能徙，不善不能改；是吾忧也。"使人歌，善，则使复之，然后和之。子不语怪力乱神。……乃因史记，作《春秋》；上至隐公，下讫哀公十四年，十二公。据鲁，亲周，故殷，运之三代，约其文辞而指博。故吴楚之君自称王。而《春秋》贬之曰"子"。践土之会，实召周天子，而《春秋》讳之曰"天王狩于河阳"。推此类以绳当世。贬损之义，后有王者举而开之，《春秋》之义行，则天下乱臣贼子惧焉。……孔子年七十三，以鲁哀公十六年四月己丑卒。(《孔子世家》，《史记》卷四十七，同文影殿刊本，页一至二，二十二至二十七)

此数千年来大部分人心目中之孔子也。由今视之，《孔子世家》所说有许多不合事实处；但在西汉时，一般人方以孔子为神，而司马迁仍以孔子为人，不可谓无特识也。在上节所引文中，其根据《论语》者，大略可信，其成为问题者，即孔子与"易""诗""书""礼""乐""春秋"，即所谓六艺或六经者之关系。兹于下节论之。

（一）孔子在中国历史中之地位

向来所谓经学今文家以六艺为孔子所作，古文家以六艺为孔子所述。其说虽不同，要皆以为孔子与六艺有密切关系也。今谓所谓六艺乃春秋时固有之学问，先孔子而存在，孔子实未制作之。

关于孔子未尝制作六艺之证据，前人及时人已举许多。余于另文中亦已言之（见《燕京学报》第二期），兹不具论。但孔子虽未曾制作六艺，而却曾以六艺教弟子。故后人以六艺为特别与孔子有密切关系，亦非毫无根据。以六艺教人，并不必始于孔子，据《国语》，士亹教楚太子之功课表中,已即有"诗""礼""乐""春秋""故志"等。《左传》《国语》中所载当时人物应答之辞,皆常引"诗""书",他们交接用"礼",卜筮用"易"。可见当时至少一部分的贵族人物,皆受过此等教育。不过孔子却是以六艺教一般人之第一人。此点下文再详提。现在我们只说,孔子之讲学,与其后别家不同。别家皆注重其自家之一家言,如《庄子·天下篇》所说,墨家弟子诵《墨经》。但孔子则是教育家。他讲学的目的,在于养成"人",养成为国家服务之人,并不在于养成某一家的学者。所以他教学生读各种书,学各种功课。所以颜渊说:"博我以文,约我以礼。"(《子罕》,《论语》卷五,四部丛刊本,页五)《庄子·天下篇》讲及儒家,即说:"诗"以道志,"书"以道事,"礼"以道行,"乐"以道和,"易"以道阴阳,"春秋"以道名分。此六者正是儒家教人之六种功课。

惟其如此,所以孔子弟子之成就,亦不一律。《论语》谓:"德行:颜渊、闵子骞、冉伯牛、仲弓;言语:宰我、子贡;政事:冉有、季路;文学:子游、子夏。"(《先进》,《论语》卷六,页一)又如子路之"可使治赋";冉有之"可使为宰";公西华之"可使与宾客言";皆能"为千乘之国"办事。(《公冶长》,《论语》卷三,页三)可见孔子教弟子,完全欲使之成"人",不是教他做一家的学者。

孔子以其时已有之成书教人,教之之时,略加选择,或亦有之。教之之时,更可随时引申,如下节所说。如以此等随时选择讲解,"为删正六经",则孔子实可有"删正"之事;不过此等"删正"实无非常的意义而已。后来儒家因仍旧贯,仍继续用六艺教人,恰又因别家只讲自家新学说,不讲旧书,因之六艺遂似专为儒家所有,为孔子所制作,而删正(如果有删正)亦即似有重大意义矣。

《汉书·艺文志》以为诸子皆六艺之"支流余裔"。《庄子·天下篇》，似亦同此见解。此言亦并非毫无理由，因所谓六艺本来是当时人之共同知识。自各家专讲其自己之新学说后，而六艺乃似为儒家之专有品，其实原本是大家共有之物也。但以为各家之学说，皆六艺中所已有，则不对耳。

就儒家之名言之，《说文》云："儒，柔也。术士之称。"《论语》云："子谓子夏曰：'女为君子儒，毋为小人儒。'"（《雍也》，《论语》卷三，页十四）儒本为有知识材艺者之通称，故可有君子小人之别。儒家先起，众以此称之。其后虽为一家之专名，其始实亦一通名也。

总之，孔子是一教育家。"述而不作，信而好古"（《述而》，《论语》卷四，页一），"学而不厌，诲人不倦"（同上），正孔子为其自己所下之考语。

由此观之，孔子只是一个"老教书匠"；但在中国历史中，孔子仍占一极高地位。吾人以为：

（一）孔子是中国第一个使学术民众化的、以教育为职业的"教授老儒"；他开战国讲学游说之风；他创立，至少亦发扬光大，中国之非农非工非商非官僚之士之阶级。

（二）孔子的行为，与希腊之"智者"相仿佛。

（三）孔子的行为及其在中国历史之影响，与苏格拉底之行为及其在西洋历史上之影响，相仿佛。

上文已说，士亹教楚太子之功课表中，已有"诗""礼""乐""春秋""故志"等。但此等教育，并不是一般人所能受。不但当时之平民未必有机会受此等完全教育，即当时之贵族亦未必尽人皆有受此等完全教育之机会。韩宣子系晋世卿，然于到鲁办外交之时，"观太史氏书"，始得"见《易》象与鲁《春秋》"（昭公二年，《左传》卷二十，《四部丛刊》本，页十二）；季札亦到鲁方能见各国之诗与乐（《襄公》二十九年,《左传》卷十九,页三至五),可见"易""春秋""乐""诗"等,在当时乃是极名贵的典籍学问。

孔子则抱定"有教无类"(《卫灵公》,《论语》卷八,页九)之宗旨,"自行束脩以上,吾未尝无诲焉"(《述而》,《论语》卷四,页二)。如此大招学生,不问身家,凡缴学费者即收,一律教以各种功课,教读各种名贵典籍,此实一大解放也。故以六艺教人,或不始于孔子;但以六艺教一般人,使六艺民众化,实始于孔子。

说孔子是第一个以六艺教一般人者,因在孔子以前,在较可靠的书内,吾人未闻有人曾经大规模地号召许多学生而教育之;更未闻有人有"有教无类"之说。在孔子同时,据说有少正卯,"其居处足以撮徒成党,其谈说足以饰褒荣众,其强御足以反是独立"(《孔子家语》,《四部丛刊》本,卷一,页五)。据说少正卯也曾大招学生,"孔子门人三盈三虚,惟颜渊不去"(《心隐篇》,刘勰《新论》卷四,涵芬楼影印《汉魏丛书》本,页八)。庄子说:"鲁有兀者王骀,从之游者与仲尼相若。"(《德充符》,《庄子》卷二,《四部丛刊》本,页二十九)不过孔子诛少正卯事,昔人已谓不可靠;少正卯之果有无其人,亦不可知。《庄子》寓言十九。王骀之"与孔子中分鲁",更不足信。故大规模招学生而教育之者,孔子是第一人。以后则各家蜂起,竞聚生徒,然此风气实孔子开之。

孔子又继续不断游说于君,带领学生,周游列国。此等举动,前亦未闻,而以后则成为风气;此风气亦孔子开之。

再说孔子以前,未闻有不农不工不商不仕,而只以讲学为职业,因以谋生活之人。古时除贵族世代以做官为生者外,吾人亦尝闻有起于微贱之人物。此等人物,在未仕时,皆或为农或为工或为商,以维持其生活。孟子说:

舜发于畎亩之中；傅说举于版筑之间；胶鬲举于鱼盐之中；管夷吾举于士；孙叔敖举于海；百里奚举于市。（《告子下》，《孟子》卷十二，《四部丛刊》本，页十六）

孟子之言，虽未必尽可信，但孔子以前，不仕而又别不事生产者，实未闻有人。《左传》中说冀缺未仕时，亦是以农为业（僖公三十三年，《左传》卷七，页十五）。孔子早年据孟子说，亦尝为贫而仕，"尝为委吏矣""尝为乘田矣"（《万章下》，《孟子》卷十，页十）。但自"从大夫之后"，大收学生以来，即纯以讲学为职业，为谋生之道。不但他自己不治生产，他还不愿教弟子治生产。樊迟"请学稼""请学为圃"；孔子说："小人哉樊须也。"（《子路》，《论语》卷七，页三）子贡经商，孔子说："赐不受命而货殖焉；亿则屡中。"（《先进》，《论语》卷六，页六）他这种不治生产的办法，颇为其时人所诟病。据《论语》所说，荷蓧丈人谓孔子："四体不勤，五谷不分。"（《微子》，《论语》卷九，页十五）此外晏婴亦说：

夫儒者滑稽而不可轨法；倨傲自顺，不可以为下；崇丧遂哀，破产厚葬，不可以为俗；游说乞贷，不可以为国。（《孔子世家》，《史记》卷四十七，页五）

《庄子》亦载盗跖谓孔子：

尔作言造语，妄称文武。……多辞缪说，不耕而食，不织而衣，摇唇鼓舌，擅生是非，以迷天下之主，使天下学士，不反其本，妄作孝弟，而侥幸于封侯富贵者也。（《盗跖》，《庄子》卷九，页三十四）

此等批评，未必果是晏婴、盗跖所说，《庄子》中所说，尤不可认为实事。但此等批评，则是当时可能有者。

战国时之有学问而不仕者，亦尚有自食其力之人。如许行，"其徒数十人，皆衣褐，捆屦，织席，以为食"（《滕文公上》，《孟子》卷五，页九），陈仲子"身织屦，妻辟纑"（《滕文公下》，《孟子》卷六，页十五）以自养。但孟子则不以为然。孟子自己是"后车数十乘，从者数百人，以传食于诸侯"；此其弟子彭更即以为"泰"（《滕文公下》，《孟子》卷六，页五），他人当更有批评矣。孟子又述子思受"养"的情形，说：

缪公之于子思也，亟问亟馈鼎肉。子思不悦，于卒也，摽使者出诸大门之外，北面稽首再拜而不受，曰："今而后知君之犬马畜伋。"……曰："敢问国君欲养君子，如何斯可谓养矣？"曰："以君命将之，再拜稽首而受。其后廪人继粟，庖人继肉，不以君命将之。子思以为鼎肉使已仆仆尔亟拜也，非养君子之道也。"（《万章下》，《孟子》卷十，页十一至十二）

观此可知儒家之一种风气。惟其风气如此，于是后来即有一种非农、非工、非商、非官僚之"士"，不治生产而专待人之养己。此士之阶级，孔子以前，似亦无有。以前所谓士，多系大夫士之士，或系男子军士之称，非后世所谓士农工商之士也。

[注] 按《国语·齐语》中所谓士农商之士，似指军士，详见《燕京学报》第二期拙作文中。

此种士之阶级只能做两种事情，即做官与讲学。直到现在，各学校毕业生，无论其学校为农业学校或工业学校，仍只有当教员做官两条谋生之路；此所谓：

仕而优则学；学而优则仕。（《子张》，《论语》卷十，页四）

孔子即是此阶级之创立者，至少亦是其发扬光大者。

此种阶级，为后来法家所痛恶，韩非子说：

博习辩智如孔墨；孔墨不耕耨，则国何得焉？修孝寡欲如曾史；曾史不战攻，则国何利焉？（《八说》，《韩非子》卷十八，《四部丛刊》

本，页五）

又曰：

儒以文乱法，侠以武犯禁。……今修文学，习言谈，则无耕之劳而有富之实，无战之危而有贵之尊，则人孰不为也？（《五蠹》，《韩非子》卷十九，页三至四）

孔子与希腊"智者"，其行动颇相仿佛。他们都是打破以前习惯，开始正式招学生而教育之者。"智者"向学生收学费，以维持其生活；此层亦大为当时所诟病。孔子说："自行束脩以上，吾未尝无诲焉。"（《述而》，《论语》卷四，页二）他虽未必收定额学费，但如"贽"之类，必一定收，孔子虽可靠国君之养，未必专靠弟子之学费维持生活，但其弟子之多，未尝不是其有受养资格之一。在中国历史中，孔子始以讲学为职业，因以维持生活。此言并不损害孔子之价值；因为生活总是要维持的。

孔子还有一点与"智者"最相似。"智者"都是博学多能之人，能教学生以各种功课，而其主要目的，在使学生有作政治活动之能力。孔子亦博学多能，所以：

达巷党人曰："大哉孔子，博学而无所成名。"（《子罕》，《论语》卷五，页一）

太宰问于子贡曰："夫子圣者与，何其多能也？"子贡曰："固天纵之将圣，又多能也。"（同上）

孔子教人亦有各种功课，即所谓六艺是也。至于政治活动，亦为孔子所注意；其弟子可在"千乘之国""治赋""为宰"。季康子问仲由、赐、求，"可使从政也与？"孔子说："由也果"，"赐也达"，"求也艺"，"于从政乎何有？"（《雍也》，《论语》卷三，页十二至十三）此即如现在政府各机关之向各学校校长要人，而校长即加考语荐其毕业生一样。

孔子颇似苏格拉底。苏格拉底本亦是"智者"。其不同在他不向学生收学费，不卖知识。他对于宇宙问题，无有兴趣；对于神之问题，接受传统的见解。孔子亦如此，如上文所说。苏格拉底自以为负有神圣的使命，以觉醒希腊人为己任。孔子亦然，所以有"天生德于予"（《述而》，《论语》卷四，页六），"天之未丧斯文，匡人其如予何"（《子罕》，《论语》卷五，页二）之言。苏格拉底以归纳法求定义（亚里士多德说），以定义为吾人行为之标准。孔子亦讲正名，以名之定义，为吾人行为之标准。苏格拉底注重人之道德的性质。孔子亦视人之"仁"较其"从政"之能力，为尤重。故对于子路、冉有、公西华，虽许其能在"千乘之国""治赋""为宰""与宾客言"，而独不许其为"仁"（《公冶长》，《论语》卷三，页三）。苏格拉底自己未著书，而后来著书者多假其名（如柏拉图之对话）。孔子亦不著书，而后来各书中"子曰"极多。苏格拉底死后，其宗派经柏拉图、亚里士多德之发挥光大，遂为西洋哲学之正统。孔子之宗派，亦经孟子、荀子之发挥光大，遂为中国哲学之正统。此但略说，下文另详。

即孔子为中国苏格拉底之一端，即已占甚高之地位。况孔子又为使学术普遍化之第一人，为士之阶级之创立者，至少亦系其发扬光大者；其建树之大，盖又超过苏格拉底矣。

（二）孔子对于传统的制度及信仰之态度

上文谓中国文化至周而具规模；周之典章制度虽不必尽为文王、周公所制作，如经学古文家所说；然文王、周公，为创造周代文化之主要人物，似可认为事实。鲁为周公后，宗周文物，在鲁者较他国为独多，祝佗曰：

周公相王室以尹天下，于周为睦，分鲁公以大路大旂，……以昭周公之明德，分之土田陪敦，祝宗卜史，备物典策，官司彝器。（定公四年，《左传》卷二十七，页五至六）

季札聘鲁"观于周乐"（襄公二十九年，《左传》卷十九，页三至五）。韩宣子聘鲁，"观书于太史，见《易》象与鲁《春秋》，曰：'周礼尽在鲁矣，吾乃今知周公之德与周之所以王也。'"（昭公二年，《左传》卷二十，页十二）观此诸人所称述，可知在文物方面，鲁本为宗周之缩影。及乎"赫赫宗周，褒姒灭之"，平王东迁，文物必多丧失，于是宗周文物，或必在鲁乃可尽见也。

孔子平生以好学自负，故曰：

吾非生而知之者，好古敏以求之也。（《述而》，《论语》卷四，页六）

又曰：

十室之邑，必有忠信如丘者焉，不如丘之好学也。（《公冶长》，《论语》卷三，页十）

又曰：

夏礼吾能言之，杞不足征也；殷礼吾能言之，宋不足征也。文献不足故也，足则吾能征之矣。（《八佾》，《论语》卷二，页三至四）

孔子生于鲁国，周礼之文献足征，故孔子对于周礼知之深而爱之切。故曰：

周监于二代，郁郁乎文哉，吾从周。（《八佾》，《论语》卷二，页五）

惟其"从周"，故孔子一生以能继文王、周公之业为职志，其畏于匡，则曰：

文王既没，文不在兹乎？天之将丧斯文也，后死者不得与于斯文也；天之未丧斯文也，匡人其如予何！(《子罕》，《论语》卷五，页二)

自述其志，则曰：

如有用我者，吾其为东周乎？(《阳货》，《论语》卷九，页三)

为东周者，使宗周之文化，完全实现于东土也。及孔子自叹其衰，则曰：

久矣吾不复梦见周公。(《述而》，《论语》卷四，页一)

后世经学家主古文者，谓六艺为周公所作而孔子述之，主今文者谓孔子作《春秋》自比文王。虽皆未必合事实，要之孔子自己所加于自己之责任，为继文王周公之业，则甚明也。

惟其如此，故后之儒家，皆以周公、孔子并称。孟子曰：

陈良楚产也，悦周公、仲尼之道，北学于中国。(《滕文公上》，《孟子》卷五，页十三)

荀子曰：

孔子仁知且不蔽，故学乱术足以为先王者也。一家得周道，举而用之。不蔽于成积也。故德与周公齐，名与三王并。(《解蔽》，《荀子》卷十五，《四部丛刊》本，页六)

汉人亦谓孔子继周公之道，《淮南子》曰：

孔子修成康之道，述周公之训。(《要略》，刘文典先生《淮南鸿烈集解》卷二十一，页八)

司马迁曰：

周公卒五百岁而有孔子。(《太史公自序》，《史记》卷百三十，页八)

孔子"述而不作，信而好古"，其所述者，即周礼也。

孔子对于周礼，知之深而爱之切，见当时周礼之崩坏，即不禁太息痛恨。故见季氏八佾舞于庭，谓为"不可忍"。见"季氏旅于泰山"，曰："呜呼，曾谓泰山，不如林放乎？"管仲"有反坫"，孔子谓为"不知礼"。（以上见《八佾》，《论语》卷二，页一至九）"陈成子弑简公，孔子沐浴而朝，告于哀公曰：'陈恒弑其君，请讨之。'"（《宪问》，《论语》卷七，页十九）至孔子自身行事，则自以"从大夫之后，不可徒行"（《先进》，《论语》卷六，页三）；《乡党》所纪，起居饮食，俨然贵族。非必孔子之好阔，盖不如是则"非礼也"。

至对于传统的信仰之态度，孔子亦是守旧的。《论语》中言及天者：

王孙贾问曰："与其媚于奥，宁媚于灶，何谓也？"子曰："不然，获罪于天，无所祷也。"（《八佾》，《论语》卷二，页五）

子见南子，子路不悦。夫子矢之曰："予所否者，天厌之！天厌之！"（《雍也》，《论语》卷三，页十八）

子疾病，子路使门人为臣。病间，曰："久矣哉！由之行诈也，无臣而为有臣，吾谁欺，欺天乎？"（《子罕》，《论语》卷五，页五）

颜渊死，子曰："噫！天丧予！天丧予！"（《先进》，《论语》卷六，页三）

子曰："不怨天，不尤人；下学而上达。知我者其天乎！"（《宪问》，《论语》卷七，页十二）

据上所引，可知孔子之所谓天，乃一有意志之上帝，乃一"主宰之天"也。《论语》中之言及命者：

子曰："吾十有五，而志于学；三十而立；四十而不惑；五十而知天命……"（《为政》，《论语》卷一，页十）

伯牛有疾，子问之，自牖执其手，曰："亡之命矣夫！斯人也而有斯疾也！斯人也而有斯疾也！"（《雍也》，《论语》卷三，页十三至十四）

子曰:"道之将行也与? 命也。道之将废也与? 命也。公伯寮其如命何!"(《宪问》,《论语》卷七,页十二至十三)

孔子曰:"君子有三畏:畏天命,畏大人,畏圣人之言。"(《季氏》,《论语》卷八,页十六)

若天为有意志之上帝,则天命亦应即上帝之意志也。孔子自以为所负神圣的使命,即天所命。故曰:"天之未丧斯文也,匡人其如予何。"孔子同时之人,亦有以孔子为受有天命者。如仪封人曰:"天下之无道久矣。天将以夫子为木铎。"(《八佾》,《论语》卷二,页九)

[注]或引《论语》"天何言哉"之言,以证孔子所言之天为自然之天。然此但谓天"无为而治"耳,不必即以天为自然之天。且以天不言为一命题,即含有天能言而不言之意。否则此命题为无意义。如吾人不说石头不言,桌子不言,因石头桌子,本非能言之物也。

惟孔子对于鬼神,则似有较新的见解,《论语》中言及鬼神者:

祭如在,祭神如神在。(《八佾》,《论语》卷二,页四至五)

子曰:"务民之义,敬鬼神而远之,可谓知矣。"(《雍也》,《论语》卷三,页十六至十七)

季路问事鬼神,子曰:"未能事人,焉能事鬼?"曰:"敢问死?"曰:"未知生,焉知死?"(《先进》,《论语》卷六,页四)

以"敬鬼神而远之"为知,则不远之者为不知矣。既以不远之者为不知,又何必敬之? 后来儒家,答此问题,遂成一有系统的"祭祀观"。(详下第十四章中)今所须注意者,则孔子于此提出一知字。则对于当时之迷信,必有许多不信者。故"子不语怪力乱神"(《述而》,《论语》卷四,页六)。

（三）正名主义

孔子目睹当时各种制度之崩坏，以为"天下无道"，而常怀想"天下有道"之时。故曰：

天下有道，则礼乐征伐，自天子出。天下无道，则礼乐征伐，自诸侯出。自诸侯出，盖十世希不失矣。自大夫出，五世希不失矣。陪臣执国命，三世希不失矣。天下有道，则政不在大夫。天下有道，则庶人不议。（《季氏》，《论语》卷八，页十三）

又曰：

禄之去公室，五世矣。政逮于大夫，四世矣。故夫三桓之子孙微矣。（《季氏》，《论语》卷八，页十四）

孔子以为政治上社会上各种阶级之破坏皆自上始。"礼乐征伐，自诸侯出"，则十世以后，必又降而"自大夫出"。"自大夫出"，则五世以后，必"陪臣执国命"，而"三桓之子孙微矣"。"陪臣执国命"，则三世以后，庶人必有起者。此即孟子所谓"苟为后义而先利，不夺不餍"者也。

处此情形之下，孔子以为苟欲"拨乱世而反之正"，则莫如使天子仍为天子，诸侯仍为诸侯，大夫仍为大夫，陪臣仍为陪臣，庶人仍为庶人。使实皆如其名，此即所谓正名主义也。孔子认此为极重要，故《论语》云：

子路曰："卫君待子而为政，子将奚先？"子曰："必也正名乎！"（《子路》，《论语》卷七，页一）

齐景公问政于孔子，孔子对曰："君君，臣臣，父父，子子。"公曰："善哉！信如君不君，臣不臣，父不父，子不子，虽有粟，吾岂得而食诸？"（《颜渊》，《论语》卷六，页十七）

盖一名必有一名之定义，此定义所指，即此名所指之物之所以为此物者，亦即此物之要素或概念也。如"君"之名之定义之所指，即君之所以为君者。"君君，臣臣，父父，子子"，上君字乃指事实上之君，下君字乃指君之名，君之定义。臣父子均如此例。若使君臣父子皆如其定义，皆尽其道，则"天下有道"矣。孔子目睹当时之"君不君，臣不臣，父不父，子不子"，故感慨系之，而借题发挥曰：

觚不觚。觚哉！觚哉！（《雍也》，《论语》卷三，页十七至十八）

孔子以为当时因名不正而乱，故欲以正名救时之弊也。

孔子以为当时名之不正皆自上始，故"反正"亦须自上始。《论语》云：

季康子问政于孔子，孔子对曰："政者，正也，子率以正，孰敢不正。"（《颜渊》，《论语》卷六，页十八）

季康子患盗，问于孔子，孔子对曰："苟子之不欲，虽赏之不窃。"（同上）

季康子问政于孔子曰："如杀无道，以就有道，何如？"孔子对曰："子为政。焉用杀？子欲善而民善矣。君子之德风，小人之德草，草上之风必偃。"（《颜渊》，《论语》卷六，页十九）

盖在贵族政治时代，人民毫无知识，"君子"即贵族之行为，对于小人即庶人，固有甚大影响也。

普通以为孔子欲实行其正名主义而作《春秋》。据孟子说，孔子作《春秋》之目的及功用在使"乱臣贼子惧"；然《左传·宣公二年》，赵穿弑晋灵公。

太史书曰"赵盾弑其君"，以示于朝。宣子曰："不然。"对曰："子为正卿，亡不越竟，反不讨贼，非子而谁？"……孔子曰："董狐，古之良史也，书法不隐。"（《左传》卷十，页四）

又《左传·襄公廿五年》，崔杼弑齐庄公。

> 太史书曰"崔杼弑其君"，崔子杀之。其弟嗣书而死者二人。其弟又书，乃舍之。南史氏闻太史尽死，执简以往，闻既书矣，乃还。(《左传》卷十七，页十一)

据此则至少春秋时晋齐二国太史之史笔，皆能使"乱臣贼子惧"，不独《春秋》为然。盖古代史官，自有其纪事之成法也。孟子说：

> 晋之《乘》，楚之《梼杌》，鲁之《春秋》，一也。其事则齐桓晋文，其文则史。孔子曰："其义则丘窃取之矣。"(《离娄下》，《孟子》卷八，页七)

"其义"不止是《春秋》之义，实亦是《乘》及《梼杌》之义，观于董狐史笔，亦可概见。孔子只"取"其义，而非"作"其义。孟子此说，与其孔子作《春秋》之说不合，而却似近于事实。

但亦或因鲁是周公之后，"礼义之邦"，所以鲁之《春秋》，对于此等书法，格外认真。韩宣子聘鲁观书于太史氏，特注意于"鲁《春秋》"，或"鲁《春秋》"果有比"晋之《乘》"、"楚之《梼杌》"较特别之处；所以在孔子以前，已有人以《春秋》为教人之教科书。楚庄王使士亹傅太子箴；士亹问于申叔时。叔时曰：

> 教之《春秋》而为之耸善而抑恶焉，以戒劝其心。(《楚语上》，《国语》卷十七，《四部丛刊》本，页一)

可见《春秋》早已成教人之一种课本。但此皆在孔子成年以前，所以皆与孔子无干。

《春秋》之"耸善抑恶"，诛乱臣贼子，"《春秋》以道名分"(《天下篇》，《庄子》卷十，页二十五)，孔子完全赞成。不过按之事实，似乎不是孔子因主张正名而作《春秋》，如传说所说；似乎是孔子取《春秋》等书之义而主张正名，孟子所说其义则丘"窃取"者是也。

[注] 刘师培云:"《孟子·滕文公篇》云:'孔子惧,作《春秋》。'后儒据之,遂谓《春秋》皆孔子所作。然作兼二义:或训为始;或训为为。训始见《说文》,即创作之作,乃《乐记》所谓'作者之为圣'也。训为见《尔雅》,与创作之作不同。《书》言'汝作司徒',言以契为司徒,非司徒之官始于契。《论语》言'如作翕如',《左传》言'金奏作于下';则奏乐亦言作乐,与'作乐崇德'之作殊。《左传》言'召穆纠合宗族于成周而作诗曰:"棠棣之华,鄂不韡韡"';则歌诗亦言作诗,与'寺人孟子,作为此诗'之作殊。盖创作谓之作;因前人之意而为,亦谓之作。孟子言孔子作《春秋》,即言孔子因古史以为《春秋》也。故又言'其事则齐桓晋文,其文则史'。至于《诗》亡然后《春秋》作,则作为始义,与作《春秋》之作殊。言《春秋》所记之事,始于东周也。"(《左庵集》卷二)若以奏乐可言作乐,歌诗可言作诗之例言之,则作《春秋》即讲《春秋》耳。孔子讲《春秋》特别注重于正名之一点,所谓"其义则丘窃取之",所以使"乱臣贼子惧也"。

(四)孔子以述为作

孔子"述而不作",《春秋》当亦不能例外。不过孔子能将《春秋》中及其他古史官之种种书法归纳为正名二字,此实即将《春秋》加以理论化也。孔子对于中国文化之贡献,即在于开始试将原有的制度,加以理论化,予以理论的根据,《论语》云:

宰我问:"三年之丧,期已久矣。君子三年不为礼,礼必坏;三年不为乐,乐必崩。旧谷既没,新谷既升,钻燧改火,期可已矣。"子曰:"食夫稻,衣夫锦,于女安乎?"曰:"安"。"女安则为之。夫君子之居丧,食旨不甘,闻乐不乐,居处不安,故不为也。今女安则为之。"

宰我出，子曰："予之不仁也。子生三年，然后免于父母之怀。夫三年之丧，天下之通丧也。予也有三年之爱，于其父母乎？"（《阳货》，《论语》卷九，页九）

此孔子将三年之丧之制度，加以理论的根据也。

[注] 或谓三年之丧之制，乃孔子所定。然《左传》谓："叔向曰：'王一岁而有三年之丧二焉。……三年之丧，虽贵遂服，礼也。王虽弗遂，宴乐以早，亦非礼也。'"（昭公十五年，《左传》卷二十三，页十三）观此则三年之丧，本"天下之通丧也"。不过在孔子时，行者已不多，故王亦"弗遂"。孔子又提倡之，且予以理论的根据。

即孔子之以六艺教人，亦时有新意。正名主义即孔子自《春秋》及其他古史官之书法中所归纳而得之理论，上文已述。此外子贡因《诗》之"巧笑倩兮，美目盼兮"，而悟及"礼后乎"。孔子许为"可与言诗"（《八佾》，《论语》卷二，页三）。又云：

诗三百，一言以蔽之；曰："思无邪。"（《为政》，《论语》卷一，页九）

诗可以兴，可以观，可以群，可以怨。迩之事父，远之事君。多识于鸟兽草木之名。（《阳货》，《论语》卷九，页五）

可见孔子讲《诗》，注重于其中之道德的意义，不是只练习应对，只求"使于四方，不辱君命"矣。《论语》又云：

或谓孔子曰："子奚不为政？"子曰："《书》云：'孝乎惟孝，友于兄弟，施于有政。'是亦为政，奚其为为政？"（《为政》，《论语》卷一，页十四至十五）

此以"齐家"为"治国"之本，可见孔子讲《书》，已注重于引申其中之道德的教训，不只记其中之言语事迹矣。《论语》又云：

林放问礼之本，子曰："大哉问，礼与其奢也宁俭，丧与其易也宁

戚。"(《八佾》,《论语》卷二,页二)

又云:

礼之用,和为贵,先王之道斯为美。(《学而》,《论语》卷一,页七)

孔子云:

礼云礼云,玉帛云乎哉!乐云乐云,钟鼓云乎哉!(《阳货》,《论语》卷九,页六)

又云:

乐其可知也,始作翕如也,从之纯如也,皦如也,绎如也,以成。(《八佾》,《论语》卷二,页八)

可见孔子讲礼乐,已注重"礼之本"及乐之原理,不只讲其形式节奏矣。《论语》又云:

子曰:"南人有言曰:'人而无恒,不可以作巫医。'善夫!""不恒其德,或承之羞。"子曰:"不占而已矣。"(《子路》,《论语》卷七,页九)

"不恒其德,或承之羞",为《易·恒》卦爻辞,可见孔子讲《易》,已注重于引申卦爻辞之意义,不只注重于筮占矣。此非只"述而不作",实乃以述为作也。此种精神,此种倾向,传之于后来儒家,孟子、荀子及所谓七十子后学,大家努力于以述为作,方构成儒家思想之整个系统。所以《易》是本有,是儒家所述,而《系辞》《文言》等,则儒家所作,而《易》在思想史上的价值,亦即在《系辞》《文言》等。《春秋》是本有,是儒家所述,而《公羊传》等则是儒家所作,而《春秋》在思想史上的价值,亦即在《公羊传》等。《仪礼》是本有,是儒家所述,而《礼记》则儒家所作,而《礼记》在思想史上的价值,则又远在《仪礼》之上。由此言之,所谓古文家以为六经皆史,孔子只是述而不作，固然不错；而所谓今文家以为孔子只是作而不述，亦非毫无根据。由此言之，后来之以孔子为先圣兼先师，即所谓至圣先师，亦非无因。因为若使《周易》离开《系辞》《文言》等，不过是卜筮之书；《春秋》离开《公羊传》等，不过是"断烂朝报"；《仪礼》离开《礼记》，不过是一礼单；此等书即不能有其在二千年间所已有之影响。在中国历史中，自汉迄清，有大影响于人心者，非《周易》，而乃带《系辞》《文言》等之《周易》；非《春秋》，而乃带《公羊传》等之《春秋》；非《仪礼》，而乃有《礼记》为根据的《仪礼》。不过所谓今文家及以孔子为至圣先师者，应知其所谓孔子，已非历史的孔子，而乃是理想的孔子，儒家之理想的代表。

（五）直、仁、忠、恕

上文谓孔子讲礼，注重"礼之本"。《论语》云：

子夏问曰："《诗》云'巧笑倩兮，美目盼兮，素以为绚兮，'何谓也？"子曰："绘事后素。"曰："礼后乎？"子曰："起予者商也，始可与言诗已矣。"（《八佾》，《论语》卷二，页三）

子夏以"绘事后素"而悟及"礼后"，盖人必有真性情，然后可以行礼，犹美女之必先有巧笑美目，然后可施脂粉也。否则礼为虚伪形式，非惟不足贵，且亦甚可贱矣。故孔子曰：

人而不仁如礼何！人而不仁如乐何！（《八佾》，《论语》卷二，页一）

不仁之人，无真性情，虽行礼乐之文，适足增其虚伪耳。孔子云：

君子义以为质，礼以行之，孙以出之，信以成之。（《卫灵公》，《论语》卷八，页五）

盖礼"质"须相副而行也。

孔子注重人之有真性情，恶虚伪，尚质直；故《论语》中屡言直。孔子曰：

> 人之生也直；罔之生也，幸而免。（《雍也》，《论语》卷三，页十六）

直者内不以自欺，外不以欺人，心有所好恶而如其实以出之者也。《论语》又云：

> 叶公语孔子曰："吾党有直躬者，其父攘羊，而子证之。"孔子曰："吾党之直者异于是，父为子隐，子为父隐，直在其中矣。"（《子路》，《论语》卷七，页七）

直者由中之谓，称心之谓。其父攘人之羊，在常情其子决不愿其事之外扬，是谓人情。如我中心之情而出之，即直也。今乃至证明其父之攘人羊。是其人非估名买直，即无情不仁，故不得为真直也。《论语》又云：

> 子曰："孰谓微生高直？或乞醯焉，乞诸其邻而与之。"（《公冶长》，《论语》卷三，页八至九）

直者内忖诸己者也，曲者外揣于人者也。家自无醯，则谢之可矣。今惟恐人之不乐我之谢，而必欲给其求，是不能内忖诸己，而已不免揣人意向为转移，究其极将为巧言令色，故不得直也。孔子曰：

> 巧言令色足恭，左丘明耻之，丘亦耻之。（《公冶长》，《论语》卷三，页九）

耻之者，耻其不直也。《论语》又云：

> 子贡问曰："乡人皆好之，何如？"子曰："未可也。""乡人皆恶之，何如？"子曰："未可也。不如乡人之善者好之，其不善者恶之。"（《子路》，《论语》卷七，页九）

夫至乡人皆恶之，是必不近人情之人也。然至乡人皆好之，此难免专务人人而悦之，为乡愿之徒，亦虚伪无可取矣。

然直虽可贵，尚须"礼以行之"。《论语》云：

子曰："恭而无礼则劳，慎而无礼则葸，勇而无礼则乱，直而无礼则绞。"（《泰伯》，《论语》卷四，页十一）

又曰："好直不好学，其蔽也绞。"（《阳货》，《论语》卷九，页五）学即学礼也。古时所谓礼之义极广，除现在礼字所有之意义外，古时所谓礼，兼指一切风俗习惯，政治社会制度。子产谓："夫礼，天之经也，地之义也，民之行也。"（见第三章引）《庄子·天下篇》谓："礼以道行。"（《庄子》卷十，页二十五）盖凡关于人之行为之规范，皆所谓礼也。孔子为周礼之拥护者，故其教育弟子，除教以知识外，并以礼约束之。颜渊所谓"博我以文，约我以礼"是也。惟孔子同时又注重"礼之本"，故又言直。言直则注重个人性情之自由，言礼则注重社会规范对于个人之制裁。前者为孔子之新意，后者乃古代之成规。孔子理想中之"君子"，为能以真性情行礼者，故曰：

质胜文则野；文胜质则史；文质彬彬，然后君子。（《雍也》，《论语》卷三，页十六）

又曰：

不得中行而与之，必也狂狷乎！狂者进取，狷者有所不为也。（《子路》，《论语》卷七，页八）

又云：

乡愿，德之贼也。（《阳货》，《论语》卷九，页六）

"文质彬彬"，即中行也。狂狷之行为，虽不合中行，要皆真性情之流露，故亦可取。若乡愿则为伪君子，尤劣于真小人矣。

[注] 自上文孔子"屡言直"起至此，选抄钱穆先生《论语要

略》并采美国学者德效骞（Homer H.Dubs）所作之"The Conflict of Authority and Freedom in Ancient Chinese Ethics"文之意，该文见Open court杂志第四十卷第三号。

上文谓不仁之人无真性情。《论语》中言仁处甚多，总而言之，仁者，即人之性情之真的及合礼的流露，而即本同情心以推己及人者也。《论语》云：

子曰："巧言令色，鲜矣仁。"（《学而》，《论语》卷一，页四）

又云：

子曰："刚毅木讷近仁。"（《子路》，《论语》卷七，页十）

巧言令色矫饰以媚悦人，非性情之真的流露，故"鲜矣仁"。"刚毅木讷"之人，质朴有真性情，故"近仁"也。《论语》又云：

樊迟问仁。子曰："爱人。"（《颜渊》，《论语》卷六，页二十）

仁以同情心为本，故爱人为仁也。《论语》又云：

宪问："克，伐，怨，欲，不行焉，可以为仁矣？"子曰："可以为难矣，仁则吾不知也。"（《宪问》，《论语》卷七，页十一）

焦循曰："孟子称公刘好货，太王好色，与百姓同之，使有积仓而无怨旷。孟子之学，全得诸孔子。此即己达达人，己立立人之义。必屏妃妾，减服食，而于百姓之饥寒仳离，漠不关心，则坚瓠也。故克伐怨欲不行，苦心洁身之士，孔子所不取。不如因己之欲，推以知人之欲。即己之不欲，推以知人之不欲。洁矩取譬不难，而仁已至矣。绝己之欲而不能通天下之志，非所以为仁也。"（《论语补疏》）

孔子又云：

人之过也，各于其党，观过斯知仁矣。（《里仁》，《论语》卷二，页十二）

人之性情之真的流露或有所偏而为过，然要之为性情之真的流露，

故"观过斯知仁矣"。《论语》又云:

> 颜渊问仁,子曰:"克己复礼为仁。一日克己复礼,天下归仁焉。为仁由己,而由人乎哉?"颜渊曰:"请问其目。"子曰:"非礼勿视,非礼勿听,非礼勿言,非礼勿动。"(《颜渊》,《论语》卷六,页十二至十三)

"好直不好学,其蔽也绞",故仁为人之性情之真的,而又须为合礼的流露也。《论语》又云:

> 仲弓问仁。子曰:"出门如见大宾,使民如承大祭。己所不欲,勿施于人,在邦无怨,在家无怨。"仲弓曰:"雍虽不敏,请事斯语矣。"(《颜渊》,《论语》卷六,页十三)

又云:

> 子贡曰:"如有博施于民,而能济众,何如?可谓仁乎?"子曰:"何事于仁?必也圣乎!尧舜其犹病诸!夫仁者,己欲立而立人,己欲达而达人,能近取譬,可谓仁之方也已。"(《雍也》,《论语》卷三,页十九)

"为仁之方"在于"能近取譬",即谓为仁之方法在于推己以及人也。"因己之欲,推以知人之欲",即"己欲立而立人,己欲达而达人",即所谓忠也[注]。"因己之不欲,推以知人之不欲",即"己所不欲,勿施于人",即所谓恕也。实行忠恕即实行仁。《论语》云:

[注] 恕为"己所不欲,勿施于人",见《论语·卫灵公》孔子答子贡问。但忠之为义,《论语》中未有确切明文,后人遂以忠为"尽己"之义。按《论语》云:"为人谋而不忠乎?"(《学而》,《论语》卷一,页四)又云:"与人忠。"(《子路》,《论语》卷七,页七)又云:"臣事君以忠。"(《八佾》,《论语》卷二,页七)又云:"孝慈则忠。"(《为政》,《论语》卷一,页十四)又云:"忠焉能勿诲乎?"(《宪问》,《论语》卷七,页十三)忠有积极为人之义;此则《论语》中有明文者。若尽己之义,则《论语》未有明文,似非必孔子言忠之义。

子曰:"参乎,吾道一以贯之。"曾子曰:"唯!"子出,门人问曰:"何谓也?"曾子曰:"夫子之道忠恕而已矣。"(《里仁》,《论语》卷二,页十四)

孔子一贯之道为忠恕,亦即谓孔子一贯之道为仁也。为仁之方法如此简易。故孔子曰:"仁远乎哉,吾欲仁斯仁至矣。"

宋明道学家陆王一派,假定人本有完全的良知,假定"满街都是圣人",故以为人只须顺其良知而行,即万不致误。孔子初无此意。人之性情之真的流露,本不必即可顺之而行而无不通。故孔子注重"克己复礼为仁"。然礼犹为外部之规范,除此外部之规范外,吾人内部尚自有可为行为之标准者。若"能近取譬"推己及人。己之所欲,即施于人;"己所不欲,勿施于人"。则吾人之性情之流露,自合乎适当的分际。故"直"尚有行不通处,而仁则无行不通处。故仁为孔子"一贯"之道,中心之学说。故《论语》中亦常以仁为人之全德之代名词。曰:"求仁而得仁,又何怨?"(《述而》,《论语》卷四,页四)曰:"若圣与仁,则吾岂敢?"(《述而》,《论语》卷四,页九)曰:"无求生以害仁。有杀身以成仁。"(《卫灵公》,《论语》卷八,页三)此所谓仁皆指人之全德而言也。

[注]《论语》中所言之仁,实有上述两重意义。向来对此两重意义,不加分别。此即近人著述中种种辩论所由起也。

惟仁亦为全德之名,故孔子常以之统摄诸德,宰予以三年之丧为期已久,孔子谓为不仁,是仁可包孝也。以后孟子言:"未有仁而遗其亲者"(《梁惠王上》,《孟子》卷一,页二);《中庸》言:"所求乎子以事父",皆谓仁人或行忠恕之人自然孝也[注]。孔子以"微子去之,箕

[注]《论语》中所言孝如服从、养志、几谏等,皆为孝之方法,非孝之原理,故未论及。

子为之奴,比干谏而死",为"殷有三仁"(《微子》,《论语》卷九,页十一),是仁可包忠也。以后孟子言:"未有仁而后其君者"(《梁惠王上》,《孟子》卷一,页二);《中庸》言:"所求乎臣以事君",皆谓仁人或行忠恕之人自然忠也。孔子谓令尹子文及陈文子:"未知焉得仁?"(《公冶长》,《论语》卷三,页七)是仁可包智也。"仁者必有勇"(《宪问》,《论语》卷七,页十二),是仁可包勇也。"颜渊问仁。子曰:'克己复礼为仁。'"(《颜渊》,《论语》卷六,页十二)是仁可包礼也。"子张问仁于孔子。孔子曰:'能行五者于天下为仁矣。'请问之。曰:'恭,宽,信,敏,惠。恭则不侮;宽则得众;信则人任焉;敏则有功;惠则足以使人。'"(《阳货》,《论语》卷九,页三)是仁可包信等也。

(六)义利及性

观上所述,可知孔子亦注重人之性情之自由。人之性情之真的流露,只须其合礼,即是至好,吾人亦即可顺之而行矣。《论语》曰:

子绝四:毋意,毋必,毋固,毋我。(《子罕》,《论语》卷五,页二)

又曰:

子曰:"可与共学,未可与适道。可与适道,未可与立。可与立,未可与权。"(《子罕》,《论语》卷五,页十)

逸民伯夷、叔齐、虞仲、夷逸、朱张、柳下惠、少连。子曰:"不降其志,不辱其身,伯夷、叔齐与?"谓柳下惠、少连,"降志辱身矣。言中伦,行中虑,其斯而已矣"。谓虞仲、夷逸,"隐居放言,身中清,废中权。我则异于是,无可无不可。"(《微子》,《论语》卷九,页十六至十七)

盖依上所述，吾人行为之标准，至少一部分是在内的而非在外的，是活的而非死的，是可变的而非固定的。故吾人之行为，可因时因地，随吾人性情之所之，而有相当的不同。此所谓"毋意，毋必，毋固，毋我"也。此所谓"我则异于是，无可无不可"也。若对于一切，皆执一定之规则，则即所谓"可与立，未可与权"者也。

人之性情之真的流露，只须其合礼，即是至好。至其发于行为，果得有利的结果与否，不必问也。事实上凡人性情之真的及合礼的流露之发于行为者，对于社会多有利，或至少亦无害，但孔子则不十分注意于此。如三年之丧之制，本可以曾子所谓"慎终追远，民德归厚"（《学而》，《论语》卷一，页六）之说，予以理论的根据；但孔子则只谓不行三年之丧，则吾心不安，行之则吾心安。此制虽亦有使"民德归厚"之有利的结果，但孔子不以之作三年之丧之制之理论的根据也。孔子不注重行为之结果，其一生行事，亦是如此。子路为孔子辩护云：

君子之仕也，行其义也。道之不行也，已知之矣。（《微子》，《论语》卷九，页十六）

"道之不行也，已知之矣"，而犹席不暇暖。以求行道，所以石门、晨门谓孔子为"知其不可而为之者也"（《宪问》，《论语》卷七，页十三）。董仲舒谓："正其谊不谋其利，明其道不计其功。""君子之仕也，行其义也"，即"正其谊""明其道"也；至于道之果行与否，则结果也，"利"也，"功"也，不必"谋"，不必"计"矣。《论语》云：

子罕言利。（《子罕》，《论语》卷五，页一）

孔子云：

君子喻于义，小人喻于利。（《里仁》，《论语》卷二，页十四）

此孔子及孟子一贯之主张，亦即其与墨家根本不同处也。

［注］论者多谓孔子论治国之道："既庶矣"，"富之"；"既富矣"，

"教之"(《子路》,《论语》卷七,页四);孟子所说王政,亦注重人民生活之经济方面,故儒家非不言利。不知儒家不言利,乃谓各事只问其当否,不必问其结果,非不言有利于民生日用之事。此乃儒家之非功利主义,与墨家之功利主义相反对。参看下文讲墨子及孟子章更明。

观上所述,又可知孔子之哲学,极注重人之心理方面。故后来儒家皆注重心理学。孔子云:

性相近也,习相远也。(《阳货》,《论语》卷九,页一)

对于性虽未有明确的学说,然以注重心理学之故,性善性恶,遂成为后来儒家之大问题矣。

第五章　墨子及前期墨家

（一）关于墨子之考证

墨子为中国历史中一甚大人物。由战国至汉初，人多以孔墨并称。但《史记》对于墨子之记载，则极简略。盖司马迁作《史记》时，思想界已成为儒家之天下。故孔子跻于世家，而墨子不得一列传。直至清末以后，研究墨学之兴趣，始渐兴起；关于墨子之考证，亦始渐加多。

《史记》谓："盖墨翟宋之大夫，善守御，为节用。或曰并孔子时；或曰在其后。"（《孟子荀卿列传》，《史记》卷七十四，同文影殿刊本，页六）墨子在孔子后，今已为定论。孙诒让作《墨子年表》，起周贞定王元年（西历纪元前468年），迄安王二十六年（西历纪元前376年）（《墨子后语》卷上）。钱穆先生作《墨子年表》，起周敬王四十一年（西历纪元前479年）即孔子卒年，迄安王二十一年（西历纪元前381年），即吴起死年（《墨子》，商务印书馆《国学小丛书》内，第一章）。钱表起迄年代，比孙表略早。依《吕氏春秋》所记，吴起死时，墨家巨子，已为孟胜（详下第三节引），则墨子必死于吴起前。由此则钱表较近是。表中所包时间，几及百年。此非谓墨子必有如此大寿，只谓墨子一生，大约在此百年内耳。

墨子或云宋人，或云鲁人。孙诒让考定为鲁人（《墨子后语》卷上），似亦可为定论。至其学之来源，则《吕氏春秋》谓："鲁惠公使宰让请郊庙之礼于天子。桓公使史角往；惠公止之。其后在于鲁，墨子学焉。"(《当染篇》，《吕氏春秋》卷二，《四部丛刊》本，页十)《汉书·艺文志》谓："墨家者流，盖出于清庙之守。"(《前汉书》卷三十，同文影殿刊本，页二十五)似即本此。但此说无他证，只可备一说而已。《淮南王书》谓："孔丘、墨翟修先圣之术，通六艺之论。"(《主术训》卷九，刘文典先生《淮南鸿烈集解》，商务铅印本，页二十四)又谓："墨子学儒者之业，受孔子之术。以为其礼烦扰而不说，厚葬靡财而贫民，久（据王校补）服伤生而害事。故背周道而用夏政。"(《要略》，《淮南子》卷二十一，页八)《墨子》书中，引《诗》《书》处不少。孔子聚徒讲学，开一时之风气。墨子既为鲁人，则其在此风气中，学《诗》《书》，受孔子之影响，乃当然应有之事。且孔子本亦有尚俭节用之主张。如云："道千乘之国，敬事而信，节用而爱人。"(《学而》，《论语》卷一，《四部丛刊》本，页四至五)又云："礼，与其奢也宁俭。"(《八佾》，《论语》卷二，页二)又云："禹，吾无间然矣。菲饮食而致孝乎鬼神，恶衣服而致美乎黻冕，卑宫室而尽力乎沟洫。禹，吾无间然矣。"(《泰伯》，《论语》卷四，页十八)然则谓墨子尚俭、节用、明鬼、尊禹之主张，乃就孔子之教之此方面发挥，亦一可通之说也。

据此则墨学起源于鲁，与儒学同。然亦有谓墨子之学为与宋有关者。俞正燮云：

《管子》书《立政》云："兼爱之说胜，则士率不战。"《立政·九败解》云："不能令彼无攻我，彼以教士，我以驱众，彼以良将，我以无能。其败必覆军杀将。"如此正宋襄公之谓。《左传》公子目夷谓襄公未知战："若爱重伤，则如勿伤；爱其二毛，则如服焉。"兼爱非攻，盖宋人之蔽。《吕氏春秋·审应》云："偃兵之意，兼爱天下之心也。"据

《左传》，襄公殁后，华元向戌皆以止兵为务。墨子出，始讲守御之法，不如《九败解》所讥。墨子实宋大夫。其后宋牼亦墨徒，欲止秦楚之兵，言战不利。……《公孟篇》云："墨子谓公孟曰：'子法周而未法夏，子之古非古也。'"……荀子言儒者法后王，所以为儒。墨以殷后，多感激不法周而法古，所以为墨。（《癸巳类稿》卷十四）

宋人以愚著称。诸子中言及愚人，常以宋人为代表。如《庄子》谓："宋人资章甫而适诸越，越人断发文身，无所用之。"（《逍遥游》，《庄子》卷一，《四部丛刊》本，页十四）孟子谓："宋人有闵其苗之不长，而揠之者。"（《公孙丑》上，《孟子》卷三，《四部丛刊》本，页七）韩非子谓宋人守株待兔（《韩非子·五蠹》），皆谓宋人之愚也。墨子之道，"其生也勤，其死也薄，其道太觳"，"以自苦为极"（《天下篇》，《庄子》卷十，页二十八、二十九），所谓"其智可及也，其愚不可及也"，亦有宋人之风。或者墨子先在鲁受孔子上述数点之影响。及后为宋大夫，又合宋人兼爱非攻之教，遂成墨学欤？

旧说墨子姓墨名翟。近人始有谓："古之所谓墨者，非姓氏之称，乃学术之称也。"（江瑔《读子卮言》，《论墨子非墨姓》）墨乃古代刑法之一，刑徒乃奴役之流（钱穆先生《墨子》第一章）。盖墨子节用、短丧、非乐等见解，皆趋于极端，与当时大夫君子之行事相反，其生活刻苦，又与劳工同。故从其学者，当时称之谓墨者，意谓此乃刑徒奴役之流耳。《墨子·贵义篇》谓楚献惠王"使穆贺见子墨子。子墨子说穆贺。穆贺大说，谓子墨子曰：'子之言则诚善矣。而君王，天下之大王也，毋乃曰：贱人之所为，而不用乎？'"（《墨子》卷十二，孙诒让《墨子间诂》，涵芬楼影印本，页二）墨子所主张者为"贱人之所为"；此其所以称为墨道也。然墨子即乐于以墨名其学派。此犹希腊安提斯塞尼斯（Antisthenes）之学之见称为犬学，而安氏亦乐于以此名其学，死后其墓上并刻一石犬以为墓表也。

墨子反贵族而因及贵族所依之周制。故其学说，多系主张周制之反面，盖对于周制之反动也。因儒家以法周相号召，故墨子自以其学说为法夏以抵制之。盖当时传说中之禹，本有节俭勤苦之名，观《论语》所说可知；故墨子乐以此相号召也。若必谓墨子法古或法夏，则"非愚则诬"。汪中曰：

墨子者，盖学焉而自为其道者也。故其《节葬》曰："圣王制为节葬之法。"又曰："墨子制为节葬之法"，则谓墨子自制者是也。（《墨子后序》，汪中《述学》卷二，阮氏汇印《文选楼丛书》本，页六）

墨子之学说，盖就平民之观点，以主张周制之反面者也。

（二）《经》《经说》及《大取》《小取》六篇之时代

《墨子》书中《经》及《经说》等篇，乃战国后期墨者所作。战国后期游学之风极盛，诵习简编，求简练易记，所以各家作"经"。墨家有《墨经》，《荀子》中引有《道经》，《韩非子》中有《内外储说》之经。若战国前期，则尚无此体裁之著作也。（顾颉刚先生说，见《古史辨》第一册上编，页五六）

古书之为私人著作者，据现在所知，最早为《论语》。《论语》为记言体，其记言体又极简约。及《孟子》《庄子》书，遂由简约的记言进而为铺排的记言，更有设寓的记言，此乃战国诸子文体之初步。及此以后，则有舍去记言之体而据题抒论者，如《荀子》之一部分是也。舍记言体而据题为论，此乃战国诸子文体演进之第二步。（傅斯年先生说）《墨子》书中如《大取》《小取》篇皆为据题抒论之著述体裁，亦非墨子时代所有也。

且《经》《经说》及《大取》《小取》等篇中所说,"坚白同异""牛马非牛"等辩论,皆以后所有,故孟子虽好辩,而对于此等问题,皆毫未谈及也。由此诸方面观察,可知此六篇为战国后期之作品矣。故本章讲墨子及前期墨家不及此六篇,而于后另章论之(见下第十一章)。

(三)墨者为一有组织的团体

《墨子·公输篇》云:

公输般为楚造云梯之械成,将以攻宋。子墨子闻之……见公输般。……子墨子解带为城,以牒为械,公输般九设攻城之机变,子墨子九距之。公输般之攻械尽,子墨子之守圉有余。……子墨子曰:"……臣之弟子禽滑釐等三百人,已持臣守圉之器在宋城上而待楚寇矣。虽杀臣不能绝也。"楚王曰:"善哉,吾请无攻宋矣。"(《墨子》卷十三,页十一至十六)

于此故事中,可见二事,一者墨子非攻,固反对一切攻势的战争,主张兼爱,固应各国皆爱。但当时强侵弱,众暴寡之事甚多,而墨子实际救护被攻之国,则只闻有此一事,此亦或可见墨子与宋有特别关系也。二者墨者为一有组织的团体,故救宋之举,能为有组织的行动,墨子往楚见公输般,其弟子三百人即在宋守城也。《耕柱篇》云:

子墨子使管黔滶游高石子于卫,卫君致禄甚厚,设之于卿。高石子三朝必尽言,而言无行者。去而之齐,见子墨子曰:"卫君以夫子之故,致禄甚厚,设我于卿,石三朝必尽言,而言无行,是以去之也,卫君无乃以石为狂乎?"子墨子曰:"去之苟道,受狂何伤。……"高石子曰:"石去之,焉敢不道也。……"子墨子说。(《墨子》卷十一,页二十一至二十二)

又曰：

子墨子游荆（苏云："荆字疑衍"）耕柱子于楚。二三子过之，食之三升，客之不厚。二三子复于子墨子曰："耕柱子处楚无益矣。二三子过之，食之三升，客之不厚。"子墨子曰："未可知也。"毋几何而遗十金于子墨子曰："后生不敢死，有十金于此，愿夫子之用也。"子墨子曰："果未可知也。"（《墨子》卷十一，页十八）

《鲁问篇》云：

子墨子使胜绰事项子牛，项子牛三侵鲁地，而胜绰三从。子墨子闻之，使高孙子请而退之。（《墨子》卷十三，页十）

据此则墨子弟子之出处行动，皆须受墨子之指挥。弟子出仕后如所事之主，不能行墨家之言，则须自行辞职，如高石子之例是也。如弟子出仕之后，曲学阿世，则墨子可"请"于其所事之主"而退之"，如胜绰之例是也。弟子出仕后之收入，须分以供墨者之用，如荆耕柱子之例是也。《淮南子》谓："墨子服役者百八十人，皆可使赴火蹈刃，死不旋踵"（《泰族训》，《淮南子》卷二十，页十四）。可见墨子弟子对于其师之绝对服从矣。

墨者之首领，名曰"巨子"。《庄子·天下篇》谓墨者"以巨子为圣人，皆愿为之尸，冀得为其后世"（《庄子》卷十，页九）。墨者之第一任"巨子"当为墨子。此外见于《吕氏春秋》者，有孟胜、田襄子、腹䵍三人。《吕氏春秋》云：

墨者巨子孟胜，善荆之阳城君。阳城君令守于国，毁璜以为符。约曰："符合听之。"荆王薨，群臣攻吴起兵于丧所，阳城君与焉。荆罪之，阳城君走；荆收其国。孟胜曰："受人之国，与之有符；今不见符而力不能禁，不能死，不可。"其弟子徐弱谏孟胜曰："死而有益阳城君也，死之可矣。无益也，而绝墨者于世，不可。"孟胜曰："不然，吾于阳城君也,非师则友也,非友则臣也。不死,自今以来,求严师必不于墨者矣,求贤友必不于墨者矣,求良臣必不于墨者矣。死之,所以行墨者之义而继其业者也。我将属巨子于宋之田襄子。田襄子贤者也,何患墨者之绝世也。"徐弱曰:"若夫子之言,弱请先死以除路。"还殁头前于孟胜。因使二人传巨子于田襄子。孟胜死,弟子死之者百八十。三人已致令于田襄子,欲反死孟胜于荆。田襄子止之曰:"孟子已传巨子于我矣,当听。"不听,遂反死之。(《上德篇》,《吕氏春秋》卷十九,页八至九)

据此则墨者之行为,与所谓侠者相同,《史记·游侠列传》所谓"其言必信,其行必果,已诺必诚,不爱其躯,赴士之厄困"者也。《吕氏春秋》又云:

墨者巨子,有腹䵍,居秦,其子杀人。秦惠王曰:"先生之年长矣,非有他子也,寡人已令吏弗诛矣。先生之以此听寡人也。"腹䵍对曰:"墨者之法,杀人者死,伤人者刑,此所以禁杀伤人也。夫禁杀伤人者,天下之大义也。王虽为之赐而令吏弗诛,腹䵍不可不行墨者之法。"不许惠王,而遂杀之。(《去私篇》,《吕氏春秋》卷一,页十二)

据此可知墨者之团体内,纪律极严。巨子对于犯墨者之法者,且有生杀之权矣。

(四)墨子哲学为功利主义

尚俭节用,及兼爱非攻,虽为其时人原有之主张,但墨子则不但实行之,且予之以理论的根据,使成为一贯的系统。此墨子对于哲学之贡献也。

墨子书中反对儒家之处甚多,盖墨家哲学与儒家哲学之根本观念不同。儒家"正其谊不谋其利,明其道不计其功"。而墨家则专注重

"利",专注重"功"。试就孔子个人及墨子个人之行为考之,"孔席不暇暖,墨突不暇黔",二人皆栖栖皇皇以救世之弊。然二人对于其自己行为之解释,则绝不相同。子路为孔子解释云:

> 君子之仕也,行其义也;道之不行,已知之矣。(《微子》,《论语》卷九,页十六)

此谓孔子之所以欲干预政治,乃以"应该"如此。至于如此之必无结果,"道之不行",则"已知之矣"。但墨子对于其自己之行为之意见则不然。《墨子·贵义篇》云:

> 子墨子自鲁即齐,遇故人谓子墨子曰:"今天下莫为义。子独自苦而为义,子不若已。"子墨子曰:"今有人于此,有子十人,一人耕而九人处,则耕者不可以不益急矣。何故?食者众而耕者寡也。今天下莫为义,则子如劝我者也,何故止我?"(《墨子》卷十二,页一)

《公孟篇》云:

> 公孟子谓子墨子曰:"……今子遍从人而说之,何其劳也?"子墨子曰:"……且有二生于此,善筮。一行为人筮者,一处而不出者。行为人筮者,与处而不出者,其糈孰多?"公孟子曰:"行为人筮者其糈多。"子墨子曰:"仁义均,行说人者其功善亦多,何故不行说人也?"(《墨子》卷十二,页八至九)

此谓为义者虽少,然有一二人为之,其"功"犹胜于无人为之。"遍从人而说仁义",虽不能使尽听,然其结果终胜于"不行说人"。其结果终是天下之利也。孔子乃无所为而为,墨子则有所为而为。

"功""利"乃墨家哲学之根本意思。《墨子·非命上》云:

> 子墨子言曰:"必立仪。言而毋仪,譬犹运钧之上而立朝夕者也;是非利害之辨,不可得而明知也。故言必有三表。"何谓三表?子墨子言曰:"有本之者,有原之者,有用之者。于何本之?上本之于古者圣王之

事。于何原之？下原察百姓耳目之实。于何用之？发以为刑政，观其中国家百姓人民之利。此所谓言有三表也。"（《墨子》卷九，页一至二）

此三表中，最重要者乃其第三。"国家百姓人民之利"，乃墨子估定一切价值之标准。凡事物必有所用，言论必可以行，然后为有价值。《公孟篇》云：

子墨子问于儒者曰："何故为乐？"曰："乐以为乐也。"子墨子曰："子未我应也。今我问曰：'何故为室？'曰：'冬避寒焉，夏避暑焉，室以为男女之别也。'则子告我为室之故矣。今我问曰：'何故为乐？'曰：'乐以为乐也。'是犹曰：'何故为室？'曰：'室以为室也。'"（《墨子》卷十二，页十四至十五）

《耕柱篇》云：

叶公子高问政于仲尼，曰："善为政者若之何？"仲尼对曰："善为政者，远者近之，而旧者新之。"子墨子闻之曰："叶公子高未得其问也；仲尼亦未得其所以对也。叶公子高岂不知善为政者之远者近之而旧者新之哉？问所以为之若之何也。不以人之所不知告人，以所知告之。故叶公子高未得其问也；仲尼亦未得其所以对也。"（《墨子》卷十一，页二十）

又云：

子墨子曰："言足以复行者常之；不足以举行者勿常。不足以举行而常之，是荡口也。"（《墨子》卷十一，页二十一）

"何为乐？"及"何所为而需乐？"此二问题，自墨子视之，直即是一。儒家说乐以为乐；墨子不承认乐可为一种用处；盖为乐乃求目前快乐，不能有将来有利的结果也。不可行及不告人以行之之道之言论，不过为一种"理知的操练"，虽可与吾人以目前的快乐，而对于将来，亦为无用，所以亦无有价值也。

[注]《非命中》云:"使言有三法。三法者何也?有本之者,有原之者,有用之者。于其本之也,考之天鬼之志,圣王之事。于其原之也,征以先王之书。用之奈何?发而为刑(毕云:据上篇有政字)此言之三法也。"(《墨子》卷九,页七)此以天鬼之志加于三表中,亦主张天志者应有之说也。

(五)何为人民之大利

凡事物必中国家百姓人民之利,方有价值。国家百姓人民之利,即是人民之"富"与"庶"。凡能使人民富庶之事物,皆为有用,否者皆为无益或有害;一切价值,皆依此估定。《节用上》云:

圣人为政一国,一国可倍也;大之为政天下,天下可倍也。其倍之,非外取地也;因其国家,去其无用之费,足以倍之。……故孰为难倍?唯人为难倍,然人有可倍也。昔者圣王为法曰:"丈夫年二十,毋敢不处家;女子年十五,毋敢不事人。"此圣王之法也。圣王既没,于民恣也。其欲早处家者,有所二十年处家;其欲晚处家者,有所四十年处家。以其早与其晚相践,后圣王之法十年。若纯三年而字,子生可以二三年矣。此不惟使民早处家而可以倍与?(《墨子》卷六,页一至三)

据此节亦可见功利主义之注重算账。人民之富庶,既为国家百姓人民之大利。故凡对之无直接用处或对之有害者,皆当废弃。所以吾人应尚节俭,反对奢侈。《节用中》云:

是故古者圣王制为节用之法,曰:"凡天下群百工,轮车鞼匏,陶冶梓匠,使各从事其所能。"曰:"凡足以奉给民用,则止;诸加费不加于民利者,圣王弗为。"……古者圣王制为衣服之法,曰:"冬服绀緅之衣,轻且暖;夏服絺绤之衣,轻且清,则止。诸加费不加于民利者,圣王弗为。"古者圣人为猛禽狡兽，暴人害民，于是教民以兵行。日带剑，为刺则入，击则断，旁击而不折，此剑之利也。甲为衣则轻且利，动则兵且从，此甲之利也。车为服重致远，乘之则安，引之则利；安以不伤人，利以速至，此车之利也。古者圣王为大川广谷之不可济，于是制（本作利，依王校改）为舟楫，足以将之，则止。虽上者三公诸侯至，舟楫不易，津人不饰，此舟之利也。古者圣王制为节葬之法，曰："衣三领足以朽肉，棺三寸足以朽骸，堀穴深不通于泉，流不发泄，则止。死者既葬，生者毋久丧用哀。"古者人之始生，未有宫室之时，因陵丘堀穴而处焉。圣王虑之，以为堀穴，曰："冬可以辟风寒，逮夏，下润湿，上熏烝，恐伤民之气。"于是作为宫室而利。然则为宫室之法将奈何哉？子墨子言曰："其旁可以围风寒，上可以围雪霜雨露，其中蠲洁可以祭祀，宫墙足以为男女之别，则止。诸加费不加民利者，圣王弗为。"（《墨子》卷六，页四至六）

据此则墨子并不反对"加费"；但"加费不加民利者"，则应禁止耳。以同一理由，吾人应节葬短丧。《节葬下》云：

上士之操丧也，必扶而能起，杖而能行，以此共三年。若法若言，行若道，使王公大人行此，则必不能早朝。……使农夫行此，则必不能早出夜入，耕稼树艺。使百工行此，则必不能修舟车，为器皿矣。使妇人行此，则必不能夙兴夜寐，纺绩织纴。计厚葬为多埋赋财者也；计久丧为久禁从事者也。财已成者，挟而埋之，后得生者而久禁之。以此求富，此譬犹禁耕而求获也。富之说无可得焉，是故求以富家而既已不可矣。欲以众人民意者可邪？其说又不可矣。今唯无以厚葬久丧者为政，君死，丧之三年；父母死，丧之三年；妻与后子死者，五皆丧之三年；然后伯父，叔父，兄弟，孽子，期；族人五月；姑，姊，甥，舅，皆有月数；则毁瘠必有制矣。使面目陷隊，颜色黧黑，耳目不聪明，手足不劲强，不可用也。又曰：上士操丧也，必扶而能起，杖而能行，以此共三年。若法若言，行若道，苟其饥约又若此矣。是故百姓冬不忍寒，夏不忍暑，作疾病死者，不可胜计也。此其为败男女之交多矣；以此求众，譬犹使人负剑而求其寿也。（《墨子》卷六，页十一至十三）

儒家所主张厚葬久丧之制，对于"求富""求众"，均有甚大妨碍；故须主张节葬短丧。

以同一理由吾人应反对音乐。《非乐上》云：

舟用之水，车用之陆，君子息其足焉，小人休其肩背焉。故万民出财，赍而予之，不敢以为戚恨者何也？以其反中民之利也。然则乐器反中民之利亦若此，即我弗敢非也。然则当用乐器，譬之若圣王之为舟车也，即我弗敢非也。民有三患：饥者不得食，寒者不得衣，劳者不得息。三者民之巨患也。然即当为之撞巨钟，击鸣鼓，弹琴瑟，吹竽笙而扬干戚，民衣食之财，将安可得乎？即我以为未必然也。意舍此。今有大国即攻小国，有大家即伐小家，强劫弱，众暴寡，诈欺愚，贵傲贱，寇乱盗贼并兴，不可禁止也。然即当为之撞巨钟，击鸣鼓，弹琴瑟，吹竽笙而扬干戚，天下之乱也，将安可得而治与？即我以为未必然也。是故子墨子曰：姑尝厚措敛乎万民，以为大钟鸣鼓琴瑟竽笙之声，以求兴天下之利，除天下之害，而无补也。是故子墨子曰：为乐非也。（《墨子》卷八，页二十二至二十三）

乐既为无用而可废，则他诸美术，亦当然在被摈斥之列矣。音乐美术，皆系情感之产物，亦只能动情感，墨子以为无用而摈斥之；其对于情感之态度，于此可见。由墨子极端功利主义之观点观之，人之许多情感，皆为无用，且亦无意义；须压抑之，勿使为吾人行为之障碍。如儒家所说居丧之道，颜色之戚，哭泣之哀，本为人之情感之表现，但自墨子极端功利主义之观点观之，此不惟无用，亦且无意义。《公孟篇》曰：

公孟子曰:"三年之丧,学吾子(依俞校增)之慕父母。"子墨子曰:"夫婴儿子之知,独慕父母而已。父母不可得也,然号而不止,此其故何也?即愚之至也。然则儒者之知,岂有以贤于婴儿子哉?"(《墨子》卷十二,页十四)

儒家不执有鬼神,而又注重祭祀,盖亦为求情感之满足也。由墨子极端功利主义之观点观之,儒家所主张之祭祀亦同一无意义。《公孟篇》云:

公孟子曰:"无鬼神。"又曰:"君子必学祭祀。"子墨子曰:"执无鬼而学祭祀,是犹无客而学客礼也,是犹无鱼而为鱼罟也。"(《墨子》卷十二,页十三)

又《贵义篇》云:

子墨子曰:"必去六辟,默则思,言则诲,动则事,使三者代御,必为圣人。必去喜,去怒,去乐,去悲,去爱,去恶(去恶二字,据俞校增),而用仁义。手足口鼻耳,从事于义,必为圣人。"(《墨子》卷十二,页三)

喜、怒、乐、悲、爱、恶,皆属于情感方面,墨子以为"六辟",皆须去之。必使吾人"默则思,言则诲,动则事",使吾人一举一动,皆在理智用事之状态中。此墨子排除情感之明文也。

(六)兼爱

一切奢华文饰,固皆不中国家人民之利,然犹非其大害。国家人民之大害,在于国家人民之互相争斗,无有宁息;而其所以互相争斗之原因,则起于人之不相爱。《兼爱下》云:

仁人之事者,必务求兴天下之利,除天下之害。然当今之时,天下之害孰为大？曰："若大国之攻小国也，大家之乱小家也。强之劫弱，众之暴寡，诈之谋愚，贵之傲贱，此天下之害也。又与为人君者之不惠也，臣者之不忠也，父者之不慈也，子者之不孝也，此又天下之害也。又与今人之贱人，执其兵刃毒药水火以交相亏贼，此又天下之害也。"姑尝本原若众害之所自生，此胡自生？此自爱人利人生与？即必曰："非然也。"必曰："从恶人贼人生。"分名乎天下恶人而贼人者，兼与？别与？即必曰："别也。"然即之交别者，果生天下之大害者与？是故别非也。……非人者必有以易之。……是故子墨子曰："兼以易别。"然即兼之可以易别之故何也？曰："藉为人之国，若为其国，夫谁独举其国以攻人之国者哉？为彼者犹为己也。为人之都，若为其都，夫谁独举其都以伐人之都者哉？为彼犹为己也。为人之家若为其家，夫谁独举其家以乱人之家者哉？为彼犹为己也。"然即国都不相攻伐，人家不相乱贼，此天下之害与，天下之利与？即必曰："天下之利也。"姑尝本原若众利之所自生，此胡自生？此自恶人贼人生与？即必曰："非然也。"必曰："从爱人利人生。"分名乎天下爱人而利人者，别与兼与？即必曰："兼也。"然即之交兼者果生天下之大利者与？是故子墨子曰："兼是也。"且乡吾本言曰："仁人之事者，必务求兴天下之利，除天下之害。"今吾本原兼之所生天下之大利者也，吾本原别之所生天下之大害者也。是故子墨子曰"别非而兼是者"，出乎若方也。今吾将正求兴天下之利而取之，以兼为正，是以聪耳明目，相与视听乎；是以股肱毕强，相为动宰乎。而有道肆相教诲，是以老而无妻者，有所侍养以终其寿；幼弱孤童之无父母者，有所放依以长其身。今唯毋以兼为正，即若其利也。不识天下之士所以皆闻兼而非者，其故何也？然而天下之士非兼者之言，犹未止也。曰："即善矣，虽然，岂可用哉？"子墨子曰："用而不可，虽我亦将非之；且焉有善而不可用者？"姑尝两而进之，设以为二士，使其一士者执别,使其一士者执兼,是故别士之言曰:"吾岂能为吾友之身,若为吾身;为吾友之亲,若为吾亲?"是故退睹其友,饥即不食,寒即不衣,疾病不侍养,死丧不葬埋,别士之言若此,行若此。兼士之言不然,行亦不然。曰:"吾闻为高士于天下者,必为其友之身若为其身,为其友之亲若为其亲,然后可以为高士于天下。"是故退睹其友,饥则食之,寒则衣之,疾病侍养之,死丧葬埋之,兼士之言若此,行若此。若之二士者,言相非而行相反与?当使若二士者,言必信,行必果,使言行之合犹合符节也,无言而不行也。然即敢问:"今有平原广野于此,被甲婴胄将往战,死生之权,未可识也;又有君大夫之远使于巴越齐荆,往来及否,未可识也。"然即敢问:"不识将恶从也,家室奉承亲戚,提挈妻子,而寄托之,不识于兼之有是乎?于别之有是乎?"我以为当其于此也,天下无愚夫愚妇,虽非兼之人,必寄托之于兼之有是也。此言而非兼,择即取兼,即此言行拂也。不识天下之士,所以皆闻兼而非之者,其故何也?然而天下之士,非兼者之言,犹未止也。曰:"意可以择士而不可以择君乎?"姑尝两而进之。设以为二君;使其一君者执兼,使其一君者执别。是故别君之言曰:"吾恶能为吾万民之身若为吾身,此泰非天下之情也。人之生乎地上之无几何也,譬之犹驷驰而过隙也。"是故退睹其万民,饥即不食,寒即不衣,疾病不侍养,死丧不葬埋,别君之言若此,行若此。兼君之言不然,行亦不然。曰:"吾闻为明君于天下者,必先万民之身,后为其身,然后可以为明君于天下"。是故退睹其万民,饥即食之,寒即衣之,疾病侍养之,死丧葬埋之。兼君之言若此,行若此。然即交兼交别若之二君者,言相非而行相反与?常使若二君者,言必信,行必果,使言行之合,犹合符节也,无言而不行也。然即敢问:"今岁有疠疫,万民多有勤苦冻馁,转死沟壑中者,既已众矣。不识将择之二君者将何从也?"我以为当其于此也，天下无愚夫愚妇，虽非兼者，必从兼君是也。言而非兼，择即取兼，此言行拂也。不识天下所以皆闻兼而非之者，其故何也？（《墨子》卷四，页十一至十六）

天下之大患，在于人之不相爱，故以兼爱之说救之。兼爱之道，不惟于他人有利，且于行兼爱之道者亦有利；不惟"利他"，亦且"利自"。此纯就功利方面证兼爱之必要。此墨家兼爱之说所以与儒家之主张仁不同也。

天下之大利，在于人之兼爱；天下之大害，在于人之互争；故吾人应非攻。《非攻中》云：

今师徒唯毋兴起；冬行恐寒，夏行恐暑，此不可以冬夏为者也。春则废民耕稼树艺，秋则废民获敛；今唯毋废一时，则百姓饥寒冻馁而死者，不可胜数。今尝计军出，竹箭，羽旄，幄幕，甲盾拨劫，往而靡弊腑冷不反者，不可胜数。又与矛戟，戈剑，乘车，其往则碎折靡弊而不反者，不可胜数。与其牛马肥而往，瘠而反，往死亡而不反者，不可胜数。与其涂道之修远，粮食辍绝而不继，百姓死者，不可胜数也。与其居处之不安，食饭之不时，饥饱之不节，百姓之道疾病而死者，不可胜数。丧师多不可胜数，丧师尽不可胜计，则是鬼神之丧其主后，亦不可胜数。国家发政夺民之用，废民之利，若此甚众，然而何为为之？曰："我贪伐胜之名，及得之利，故为之。"子墨子言曰："计其所自胜，无所可用也；计其所得，反不如所丧者之多。"……饰攻战者言曰："南则荆吴之王，北则齐晋之君，始封于天下之时，其土地之方，未至有数百里也；人徒之众，未至有数十万人也。以攻战之故，土地之博，至有数千里也；人徒之众，至有数百万人。故当攻战而不可非也。"子墨子言曰："虽四五国则得利焉，犹谓之非行道也。譬若医之药人之有病者然。今有医于此，和合其祝药之于天下之有病者而药之，万人食此，若医四五人得利焉，犹谓之非行药也。故孝子不以食其亲，忠臣不以食其君。古者封国于天下，尚者以耳之所闻，近者以目之所见，以攻战亡者，不可胜数。……"（《墨子》卷五，页二至五）

边沁（Jeremy Bentham）以为道德及法律之目的，在于求"最大多数之最大幸福"；墨子亦然。墨子非攻，孟子亦曰："善战者服上刑。"但墨子之非攻，因其不利。孟子之反对战争，则因其不义。观孟子与宋牼辩论之言可见矣（《告子》下，《孟子》卷十二，页四至六）。宋牼欲见秦楚之王，说构兵之"不利"，而使之"罢之"。孟子则主张以仁义说秦楚之王。宋牼不必即一墨者，但此点实亦孟子与墨子所以不同也。

（七）宗教的制裁

墨子虽以为兼爱之道乃惟一救世之法，而却未以为人本能相爱。《所染篇》云：

子墨子见染丝者而叹曰："染于苍则苍，染于黄则黄；所入者变，其色亦变；五入而已则为五色矣；故染不可不慎也！"（《墨子》卷一，页八）

墨子以人性为素丝，其善恶全在"所染"。吾人固应以兼爱之道染人，使交相利而不交相害；然普通人民，所见甚近，不易使其皆有见于兼爱之利，"交别"之害。故墨子注重种种制裁[注]，以使人交相爱。

墨子注重宗教的制裁，以为有上帝在上，赏兼爱者而罚交别者。

[注] 边沁谓人之快乐苦痛，有四来源，即物质的，政治的，道德的，宗教的。法律及行为规则，皆利用此四者所生之苦痛快乐，以为劝惩，而始有强制力。故此四者，名曰制裁（Sanction）（边沁《道德立法原理导言》，页二十五）。

《天志上》云：

故天子者，天下之穷贵也，天下之穷富也。故欲富且贵者，当天意而不可不顺。顺天意者，兼相爱，交相利，必得赏；反天意者，别相恶，交相贼，必得罚。然则是谁顺天意而得赏者？谁反天意而得罚者？子墨子言曰："昔三代圣王禹、汤、文、武，此顺天意而得赏者；昔三代之暴王，桀、纣、幽、厉，此反天意而得罚者也。"然则禹、汤、文、武，其得赏何以也？子墨子言曰："其事上尊天，中事鬼神，下爱人；故天意曰：'此之我所爱，兼而爱之；我所利，兼而利之；爱人者，此为博焉；利人者此为厚焉。'故使贵为天子，富有天下，业万世，子孙传称其善，方施天下，至今称之，谓之圣王。"然则桀、纣、幽、厉，其得罚何以也？子墨子言曰："其事上诟天，中诟鬼，下贼人；故天意曰：'此之我所爱，别而恶之；我所利，交而贼之；恶人者此为博也；贼人者此为厚也。'故使不得终其寿，不殁其世，至今毁之，谓之暴王"。然则何以知天之爱天下之百姓？以其兼而明之。何以知其兼而明之？以其兼而有之。何以知其兼而有之？以其兼而食焉。何以知其兼而食焉？四海之内，粒食之民，莫不犓牛羊，豢犬彘，洁为粢盛酒醴，以祭祀于上帝鬼神。天有邑人，何用弗爱也？且吾言杀一不辜者，必有一不祥。杀不辜者谁也？则人也。予之不祥者谁也？则天也。若以天为不爱天下之百姓，则何故以人与人相杀而天予之不祥？此我所以知天之爱天下之百姓也。（《墨子》卷七，页三至四）

墨子以此证明上帝之存在及其意志之如何；其论证之理论，可谓浅陋。不过墨子对于形上学本无兴趣，其意亦只欲设此制裁，使人交相爱而已。《天志中》云：

天之意不欲大国之攻小国也，大家之乱小家也，强之暴寡，诈之谋愚，贵之傲贱；此天之所不欲也。不止此而已；欲人之有力相营，有道相教，有财相分也；又欲上之强听治也，下之强从事也。上强听治，则国家治矣；下强从事，则财用足矣。若国家治，财用足，则内有以洁为酒醴粢盛，以祭祀天鬼；外有以为环璧珠玉以聘挠四邻，诸侯之冤不兴矣，边境兵甲不作矣。内有以食饥息劳，持养其万民，则君臣上下惠忠，父子弟兄慈孝。故唯毋明乎顺天之意，奉而光施之天下，则刑政治，万民和，国家富，财用足，百姓皆得暖衣饱食，便宁无忧，是故子墨子曰："今天下之君子，中实将欲遵道利民，本察仁义之本，天之意不可不慎也。"（《墨子》卷七，页七）

上帝之外，又有鬼神，其能"赏善罚暴"，与上帝同。《明鬼篇》云：

逮至昔三代圣王既没，天下失义，诸侯力征，是以存夫为人君臣上下者之不惠忠也，父子弟兄之不慈孝弟长贞良也，正长之不强于听治，贱人之不强于从事也。民之为淫暴寇乱盗贼，以兵刃毒药水火，御无罪人乎道路术径，夺人车马衣裘，以自利者，并作。由此始是以天下乱。此其故何以然也？则皆以疑惑鬼神之有与无之别，不明乎鬼神之能赏贤而罚暴也。今若使天下之人，偕若信鬼神之能赏贤而罚暴也，则夫天下岂乱哉？（《墨子》卷八，页一至二）

虽有鬼神，人亦须"自求多福"，不可但坐而祈神佑。《公孟篇》云：

子墨子有疾；跌鼻进而问曰："先生以鬼神为明，能为祸福。为善者赏之，为不善者罚之。今先生圣人也，何故有疾？意者先生之言有不善乎？鬼神不明知乎？"子墨子曰："虽使我有疾，鬼神何遽不明？人之所得于病者多方：有得之寒暑，有得之劳苦；百门而闭一门焉，则盗何遽无从入？"（《墨子》卷十二，页十八）

墨子既以诸种制裁，使人交相爱而不交相别，故非命。上帝鬼神及国家之赏罚，乃人之行为所自招，非命定也。若以此为命定，则诸种赏罚，皆失其效力矣。《非命上》云：

是故古之圣王，发宪出令，设以为赏罚以劝贤沮暴。是以入则孝慈于亲戚，出则弟长于乡里，坐处有度，出入有节，男女有辨。是故使治官府则不盗窃，守城则不崩叛，君有难则死，出亡则送。此上之所赏，而百姓之所誉也。执有命者之言曰："上之所赏，命固且赏，非贤故赏也。"是故入则不慈孝于亲戚，出则不弟长于乡里，坐处不度，出入无节，男女无辨。是故治官府则盗窃，守城则崩叛，君有难则不死，出亡则不送。此上之所罚，百姓之所非毁也。执有命者言曰："上之所罚，命固且罚，不暴故罚也。"以此为君则不义，为臣则不忠，为父则不慈，为子则不孝，为兄则不良，为弟则不弟；而强执此者，此特凶言之所自生，而暴人之道也。（《墨子》卷九，页四至五）

（八）政治的制裁

于宗教的制裁之外，墨子又注重政治的制裁。他以为欲使世界和平，人民康乐，吾人不但需有一上帝于天上，且亦需有一上帝于人间，《尚同上》云：

古者民始生未有刑政之时，盖其语人异义；是以一人则一义，二人则二义，十人则十义，其人兹众，其所谓义者亦兹众。是以人是其义，以非人之义，故交相非也。是以内者父子兄弟作怨恶，离散不能相和合。天下之百姓，皆以水火毒药相亏害，至有余力不能以相劳；腐朽余财不以相分；隐匿良道，不以相教。天下之乱，若禽兽然。夫明乎天下之所以乱者，生于无政长。是故选天下之贤可者，立以为天子。……正长既已具；天子发政于天下之百姓，言曰："闻善而不善，皆以告其

上；上之所是，必皆是之；上之所非，必皆非之。"（《墨子》卷三，页一至二）

在西洋近代哲学史中，霍布士（Thomas Hobbes）以为人之初生，无有国家，在所谓"天然状态"之中；于其时人人皆是一切人之仇敌，互相争夺，终日战争。人不满意于此状态，故不得已而设一绝对的统治者而相约服从之。国家之起源如此，故其威权，应须绝大；不然则国家解体而人复返于"天然状态"中矣。国家威权之绝对，有如上帝，不过上帝永存，而国家有死而已（Leviathan, Pt.ii.Chap.17.）。墨子之政治哲学，可谓与霍布士所说极相似。

［注］《尚同中》云："则此语古者上帝鬼神之建设国都，立政长也，非高其爵，厚其禄，富贵佚而错之也。将以为万民兴利，除害，富贫，众寡，安危，治乱也。"（《墨子》卷三，页十）此又以为国家乃上帝鬼神所设，亦主张天志者应有之说也。

在未有国家刑政之时，既因是非标准之无定而大乱；故国家既立之后，天子之号令，即应为绝对的是非标准。除此之外，不应再有任何标准。故除政治的裁制外，不应再有社会的制裁。《尚同下》云：

今此何为人上而不能治其下，为人下而不能事其上；则是上下相贼也。何故以然？则义不同也。若苟义不同者有党，上以若人为善，将赏之；若人虽使得上之赏，而避百姓之毁，是以为善者必未可使劝，见有赏也。上以若人为暴，将罚之；若人虽使得上之罚，而怀百姓之誉，是以为暴者必未可使沮，见有罚也。故计上之赏誉不足以劝善，计其毁罚不足以沮暴；此何故以然？则义不同也。（《墨子》卷三，页十五）

霍布士以为"国家之病"，盖有多端，其一即起于"煽惑人之学说之毒；此种学说以为每一私人，对于善恶行为，皆可判断"（Leviathan, Pt.ii.Chap.29.）。墨子之见，正与相同。故墨子以为天下一切人皆应

"上同而不下比"。《尚同下》云：

然则欲同一天下之义，将奈何可？……然胡不尝试用家君发宪布令其家，曰："若见爱利家者必以告，若见恶贼家者必以告。"若见爱利家以告，亦犹爱利家者也；上得且赏之，众闻则誉之。若见恶贼家者不以告，亦犹恶贼家者也；上得则罚之，众闻则非之。是以遍若家之人，皆欲得其长上之赏誉，避毁罚，是以善言之，不善言之。家君得善人而赏之，得暴人而罚之。善人之赏，而恶人之罚，则家必治矣。然计若家之所以治者何也？唯以尚同一义为政故也。……故又使家君总其家之义，以尚同于国君。……故又使国君选其国之义，以尚同于天子。天子亦为发宪布令于天下之众曰："若见爱利天下者必以告，若见恶贼天下者亦以告。"若见爱利天下以告者，亦犹爱利天下者也；上得则赏之，众闻则誉之。若见恶贼天下不以告者，亦犹恶贼天下者也；上得则罚之，众闻则非之。是以遍天下之人，皆欲得其长上之赏誉，避其毁罚，是以见善不善者告之。天子得善人而赏之，得暴人而罚之。善人赏而暴人罚，天下必治矣。然计天下之所以治者何也？唯而以尚同一义为政故也。天下既已治，天子又总天下之义，以尚同于天。（《墨子》卷三，页十五至十七）

在下者既皆须同于上，而在上者又惟以兼相爱交相利为令，如此则天下之人，必皆非兼相爱交相利不可矣。然"尚同"之极，必使人之个性，毫无发展余地，荀子云："墨子有见于齐，无见于畸。"（《荀子·天论篇》）其所以"无见于畸"，止因其太"有见于齐"也。所尤可注意者，墨子虽谓人皆须从天志，然依"尚同"之等级，则惟天子可上同于天。天子代天发号施令，人民只可服从天子。故依墨子之意，不但除政治的制裁外无有社会的制裁，即宗教的制裁，亦必为政治的制裁之附庸。此意亦复与霍布士之说相合。霍布士亦以为教会不能立于国家之外而有独立的主权；否则国家分裂，国即不存。他又以为若人民只奉个人的信仰而不服从法律，则国亦必亡（Leviathan, Pt.ii.Chap.29）。依墨子天子上同于天之说，则上帝及主权者之意志，相合为一，无复冲突；盖其所说之天子，已君主而兼教皇矣。

（九）余论

墨子以为吾人宜牺牲一切以求富庶；此说亦极有根据。依生物学所说。凡生物皆求保存其自我及其种族。依析心术（Psychoa-nalysis）派之心理学所说，吾人诸欲中之最强者，乃系自私之欲及男女之欲。中国古亦有云："食、色，性也。"墨子之意，亦欲世上之人，皆能维持生活，而又皆能结婚生子，使人类日趋繁荣而已。兼爱之道，国家之制，以及其他方法，皆所以达此目的者也。

此根本之义，本无可非；不过此学说谓吾人应牺牲一切目前享受，以达将来甚远之目的，则诚为过于算账。《庄子》云：

不侈于后世，不靡于万物，不晖于数度，以绳墨自矫，而备世之急。古之道术有在于是者，墨翟禽滑釐闻其风而说之。为之大过，已之大循，作为《非乐》，命之曰"节用"，生不歌，死无服。墨子泛爱兼利而非斗，其道不怒，又好学而博，不异，不与先王同，毁古之礼乐。黄帝有《咸池》，尧有《大章》，舜有《大韶》，禹有《大夏》，汤有《大濩》，文王有《辟雍》之乐，武王周公作《武》。古之丧礼，贵贱有仪，上下有等；天子棺椁七重，诸侯五重，大夫三重，士再重。今墨子独生不歌，死不服，桐棺三寸而无椁，以为法式。以此教人，恐不爱人；以此自行，固不爱己；未败墨子道。虽然，歌而非歌，哭而非哭，乐而非乐，是果类乎？其生也勤，其死也薄，其道大觳；使人忧，使人悲，其行难为也，恐其不可以为圣人之道。反天下之心，天下不堪；墨子虽独能任，奈天下何？离于天下，其去王也远矣。(《天下篇》，《庄子》卷十，《四部丛刊》本，页二十六至二十八)

此批评可谓正当，墨学不行于后世，此或亦一故也。

荀子谓"墨子蔽于用而不知文"(《解蔽篇》，《荀子》卷十五，《四部丛刊》本，页五)。然刘向《说苑》云：

禽滑釐问于墨子曰："锦绣絺纻，将安用之。"墨子曰："……今当凶年，有欲予子随侯之珠者，不得卖也，珍宝而以为饰；又欲予子一钟粟者。得珠者不得粟，得粟者不得珠，子将何择？"禽滑釐曰："吾取粟耳；可以救穷。"墨子曰："诚然，则恶在事夫奢也？长无用，好末淫，非圣人之所急也。故食必常饱，然后求美；衣必常暖，然后求丽；居必常安，然后求乐；为可长，行可久；先质而后文：此圣人之务。"(《反质篇》，《四部丛刊》本，卷二十，页三至五)

若此报告果真，则墨子亦非认奢侈文饰等为本来不好。"文"亦系一种好，但须"先质而后文"耳。吾人必须能生活，然后可有好的生活；此亦一真实义。不过欲使世上人人皆能生活，诚亦甚难。故墨子以为世上人人皆须勤苦节用；非不知"文"之为一种好，特无暇于为"文"耳。

第六章　孟子及儒家中之孟学

（一）孟子之抱负及其在中国历史中之地位

《史记》曰：

自孔子卒后，七十子之徒，散游诸侯，大者为师傅卿相；小者友教士大夫，或隐而不见。故子路居卫，子张居陈，澹台子羽居楚，子夏居西河，子贡终于齐。如田子方、段干木、吴起、禽滑釐之属，皆受业于子夏之伦，为王者师。是时独魏文侯好学，后陵迟以至于始皇，天下并争于战国，儒术既绌焉。然齐鲁之间，学者独不废也。于威宣之际，孟子荀卿之列，咸遵夫子之业而润色之，以学显于当世。(《儒林传》，《史记》卷百二十一，同文影殿刊本，页一至二)

盖孔子开以讲学为职业之风气，其弟子及以后儒者，多以讲学为职业，所谓"大者为师傅卿相，小者友教士大夫"也。然能"以学显于当世"者，则推孟子荀卿。二人实孔子后儒家大师也。孔子在中国历史中之地位，如苏格拉底之在西洋历史，孟子在中国历史中之地位，如柏拉图之在西洋历史，其气象之高明亢爽亦似之；荀子在中国历史之地位如亚里士多德之在西洋历史，其气象之笃实沈博亦似之。

《史记》曰：

孟轲，邹人也。受业子思之门人。道既通，游事齐宣王；宣王不能用。适梁，梁惠王不果所言，则见以为迂远而阔于事情。当是之时，秦用商君，富国强兵，楚魏用吴起，战胜弱敌。齐威王宣王用孙子田忌之徒，而诸侯东面朝齐。天下方务于合从连衡，以攻伐为贤。而孟轲乃述唐虞三代之德。是以所如者不合。退而与万章之徒，序《诗》《书》，述仲尼之意，作《孟子》七篇。(《孟子荀卿列传》，《史记》卷七十四，页一)

孟子生卒年，《史记》不详。元程复心《孟子年谱》谓：孟子生于周烈王四年（西历纪元前372年），卒于赧王二十六年（西历纪元前289年）。孟子邹人，邹与鲁极近，皆为儒家之根据地。故儒家者流，《庄子·天下篇》称之为"邹鲁之士，搢绅先生"(《庄子》卷十，《四部丛刊》本，页二十五)也。孔子一生之职志为继文王周公之业，孟子一生之职志为继孔子之业。故曰：

昔者禹抑洪水而天下平，周公兼夷狄驱猛兽而百姓宁，孔子成《春秋》而乱臣贼子惧。……我亦欲正人心，息邪说，距诐行，放淫辞，以承三圣者。予岂好辩哉，予不得已也。(《滕文公》下，《孟子》卷六，《四部丛刊》本，页十四)

又曰：

由尧、舜，至于汤，五百有余岁。若禹、皋陶，则见而知之，若汤则闻而知之。由汤至于文王，五百有余岁。若伊尹、莱朱，则见而知之，若文王则闻而知之。由文王至于孔子，五百有余岁。若太公望、散宜生，则见而知之，若孔子则闻而知之。由孔子而来，至于今百有余岁。去圣人之世，若此其未远也；近圣人之居，若此其甚也。然而无有乎尔，则亦无有乎尔。(《尽心》下，《孟子》卷十四，页十九)

"去圣人之世，若此其未远；近圣人之居，若此其甚"；即孟子所处之时地也。"然而无有乎尔，则亦无有乎尔"，见无他人继孔子而起，隐然以继孔子之业为自己之责任，无旁贷也。故曰："如欲平治天下，当今之世，舍我其谁也？"（《公孙丑》下，《孟子》卷四，页十六）又曰："乃所愿则学孔子也。"（《公孙丑》上，《孟子》卷三，页十）宋儒所谓道统之说，孟子似持之。

（二）孟子对于周制之态度

孔子以六艺教人，后来儒家继之。《史记》云："孟子序《诗》《书》，述仲尼之意。"赵岐《孟子题辞》云："孟子通六经，尤长于《诗》《书》。"今孟子书中，引《诗》者三十，论《诗》者四；引《书》者十八，论《书》者一，又有但引《书》而不言"书曰"者；礼及《春秋》，亦时言及（陈澧《东塾读书记》卷三，页九至十）。孟子之讲《诗》《书》，尤注重于引申其中之意义，如孟子云：

《诗》曰："天生烝民，有物有则；民之秉彝，好是懿德。"孔子曰："为此诗者，其知道乎！故有物必有则，民之秉彝也，故好是懿德。"（《告子》上，《孟子》卷十一，页六）

又曰：

《小弁》之怨，亲亲也；亲亲仁也，固矣夫高叟之为诗也。（《告子》下，《孟子》卷十二，页三至四）

"为诗"不能"固"，即孟子所说：

故说《诗》者，不以文害辞，不以辞害志；以意逆志，是为得之。（《万章》上，《孟子》卷九，页八）

孟子讲《书》之态度亦如此。故曰：

尽信《书》则不如无《书》，吾于《武成》，取二三策而已矣。仁人无敌于天下，以至仁伐至不仁，而何其血之流杵也。（《尽心》下，《孟子》卷十四，页二）

以自己之意见自由解释《诗》《书》,此儒家对于六艺所以以述为作也。

孟子以继孔子之业为职志,故对于其时之传统的制度,大端仍持拥护态度。《孟子》云:

北宫锜问曰:"周室班爵禄也,如之何?"孟子曰:"其详不可得闻也。诸侯恶其害己也,而皆去其籍。然而轲也,尝闻其略也。天子一位,公一位,侯一位,伯一位,子男同一位,凡五等也。君一位,卿一位,大夫一位,上士一位,中士一位,下士一位,凡六等。天子之制,地方千里,公侯皆方百里,伯七十里,子男五十里,凡四等。不能五十里,不达于天子,附于诸侯,曰附庸。天子之卿受地视侯,大夫受地视伯,元士受地视子男。大国地方百里,君十卿禄,卿禄四大夫,大夫倍上士,上士倍中士,中士倍下士,下士与庶人在官者同禄,禄足以代其耕也。次国地方七十里。君十卿禄,卿禄三大夫。大夫倍上士,上士倍中士,中士倍下士,下士与庶人在官者同禄,禄足以代其耕也。小国地方五十里,君十卿禄,卿禄二大夫。大夫倍上士,上士倍中士,中士倍下士,下士与庶人在官者同禄,禄足以代其耕也。耕者之所获,一夫百亩。百亩之粪,上农夫食九人,上次食八人,中食七人,中次食六人,下食五人。庶人在官者,其禄以是为差。"(《万章》下,《孟子》卷十,页三至五)

此所说之政治经济制度,虽不必为历史上的周制,历史上的周制,在详细节目上,在诸国亦不能如此之整齐划一;然周制之普通原理,与此所说,当相差不远。孟子云:

离娄之明,公输子之巧,不以规矩,不能成方圆。师旷之聪,不以六律,不能正五音。尧舜之道,不以仁政,不能平治天下。今有仁心仁闻,而民不被其泽,不可法于后世者,不行先王之道也。……《诗》

云:"不愆不忘,率由旧章。"遵先王之法而过者,未之有也。(《离娄》上,《孟子》卷七,页一)

所谓仁政,即是上述之政治经济制度。孟子云:

夫仁政必自经界始。经界不正,井地不均,谷禄不平。……经界既正,分田制禄,可坐而定也。(《滕文公》上,《孟子》卷五,页七)

"不愆不忘,率由旧章","遵先王之法"以"分田制禄",其结果必与"周室班爵禄"大致相同。就此方面观之,孟子对于当时之传统的制度之态度,为守旧的。

(三)孟子之理想的政治及经济制度

在此方面观之,孟子仍是"述而不作"。不过儒家之"述而不作",非真不作,乃以述为作,第四章已详。此种以述为作之倾向及精神,孔子已发其端,孟子乃益向此方向发展。故孟子所主张之政治经济制度,虽表面上仍为"率由旧章","遵先王之法",而实际上已将"先王之法"理想化、理论化矣。

孟子虽仍拥护"周室班爵禄"之制,但其在政治上经济上之根本的观点,则与传统的观点,大不相同。依传统的观点,一切政治上经济上之制度,皆完全为贵族设(参看第二章)。依孟子之观点,则一切皆为民设。此一切皆为民设之观点,乃孟子政治及社会哲学之根本意思。孟子贵王贱霸,以为"仲尼之徒,无道桓文之事者"(《梁惠王》上,《孟子》卷一,页九)。其实孔子颇推崇齐桓公及管仲,曰:"桓公九合诸侯,不以兵车,管仲之力也。如其仁!如其仁!"(《宪问》,《论语》卷七,《四部丛刊》本,页十七)又曰:"管仲相桓公,霸诸侯,一匡天下,民到于今受其赐。微管仲,吾其被发左衽矣。"(同上)盖王、霸,乃孟子政治理想中二种不同的政治。中国后来之政治哲学，皆将政治分为此二种。王者之一切制作设施，均系为民，故民皆悦而从之；霸者则惟以武力征服人强使从己。故曰：

以力假仁者霸……以德行仁者王。……以力服人者，非心服也，力不赡也。以德服人者，中心悦而诚服也，如七十子之服孔子也。（《公孙丑》上，《孟子》卷三，页十一至十二）

又王者之为民，乃系出于其"不忍人之心"；"以不忍人之心"，"发为不忍人之政"，即王政也（详下）。霸者之制作设施，虽亦有时似乎为民，然其意则不过以之为达其好名好利好尊荣之手段，故曰："以力假仁者霸也。"孟子又曰：

尧、舜，性之也；汤、武，身之也；五霸，假之也。久假而不归，恶知其非有也。（《尽心》上，《孟子》卷十三，页十二）

孟子以一切政治的经济的制度皆为民设，所谓君亦为民设。故曰：

民为贵，社稷次之，君为轻。是故得乎丘民为天子，得乎天子为诸侯，得乎诸侯为大夫。（《尽心》下，《孟子》卷十四，页五）

观此则孟子虽仍主有天子、诸侯、大夫，诸治人者之存在，如"周室班爵禄"然；但诸治人者所以存在之理由，则完全在其能"得乎丘民"。如所谓君者不"得乎丘民"，则即失其所以为君者，即非君矣。故孟子曰：

贼仁者谓之贼，贼义者谓之残。残贼之人，谓之一夫。闻诛一夫纣矣，未闻弑君也。（《梁惠王》下，《孟子》卷二，页十二）

此亦正名主义也。古史家及孔子正名而"乱臣贼子惧"；至孟子则正名而乱君亦惧矣。

［注］孟子以为此等办法不能施于父，如瞽瞍虽不慈，而舜则仍孝，故舜为大孝。盖孟子以其"民为贵"之根本意思施于政治，当然须有上

述之主张；至对于父子兄弟方面，则仍可依照传统的见解也。

孟子虽以为社会中仍应有君子野人，治人者及治于人者之区分，但此区分乃完全以分工互助为目的。孟子驳许行"君臣并耕"之说云：

然则治天下，独可耕且为与？有大人之事，有小人之事。且一人之身，而百工之所为备，如必自为而后用之，是率天下而路也。故曰：或劳心，或劳力。劳心者治人，劳力者治于人。治于人者食人，治人者食于人。天下之通义也。……尧舜之治天下，岂无所用其心哉？亦不用于耕耳。(《滕文公》上，《孟子》卷五，页十至十三)

又曰：

无君子莫治野人，无野人莫养君子。(《滕文公》上，《孟子》卷五，页七)

在社会中，一人之生活，需用许多工艺之出产，所谓"一人之身，而百工之所为备也"。"必自为而后用之"，乃不可能之事，故必分工互助。治人者治于人者，其所事虽不同，要皆互相需要，彼此皆不可以相无也。

根据此分工互助之原则，人中谁应为治人者，谁应为治于人者？孟子以为：

天下有道，小德役大德，小贤役大贤。天下无道，小役大，弱役强。斯二者，天也。顺天者存，逆天者亡。(《离娄上》，《孟子》卷七，页五)

此谓在治世，小德役于大德，小贤役于大贤；在乱世，小役于大，弱役于强。不过乱世之强吞弱，众暴寡，乃人与人相竞争，非人与人相互助，与分工互助之原则不合。若根据分工互助之原则，必使能治人者治人，犹之使能陶冶者陶冶。孟子谓齐宣王曰：

为巨室则必使工师求大木。工师得大木，则王喜，以为能胜其任矣。匠人斫而小之，则王怒，以为不胜其任矣。夫人幼而学之，壮而欲行之。王曰"姑舍女所学而从我"，则何如？今有璞玉于此，虽万镒，必使玉人雕琢之。至于治国家，则曰"姑舍女所学而从我"，则何以异于教玉人雕琢玉哉？（《梁惠王》下，《孟子》卷二，页十二至十三）

国家社会，犹大木也，玉也。治之者亦须为"幼而学之"之专家。所谓大德大贤，即能治国家社会之专家也。

推此理也，则政治上至高之位，必以最大之德居之。所谓天子，必圣人乃可为之。故尧舜禅让，成为孟子之理想的政治制度。《孟子》曰：

万章曰："尧以天下与舜，有诸？"孟子曰："否。天子不能以天下与人。""然则舜有天下也，孰与之？"曰："天与之。""天与之者，谆谆然命之乎？"曰："否。天不言，以行与事示之而已矣。"曰："以行与事示之者如之何？"曰："天子能荐人于天，不能使天与之天下。诸侯能荐人于天子，不能使天子与之诸侯。大夫能荐人于诸侯，不能使诸侯与之大夫。昔者尧荐舜于天，而天受之。暴之于民，而民受之。故曰，天不言，以行与事示之而已矣。"曰："敢问荐之于天，而天受之；暴之于民，而民受之，如何？"曰："使之主祭，而百神享之，是天受之。使之主事而事治，百姓安之，是民受之也。天与之，人与之；故曰，天子不能以天下与人。舜相尧，二十有八载，非人之所能为也，天也。尧崩，三年之丧毕，舜避尧之子于南河之南。天下诸侯朝觐者，不之尧之子而之舜。讼狱者，不之尧之子而之舜。讴歌者，不讴歌尧之子而讴歌舜。故曰，天也。夫然后之中国，践天子位焉。而居尧之宫，逼尧之子，是篡也，非天与也。《泰誓》曰：'天视自我民视，天听自我民听，'此之谓也。"万章问曰："人有言，至于禹而德衰，不传于贤而传于子，有诸？"孟子曰："否，不然也，天与贤，则与贤；天与子，则与子。昔者舜荐禹于天。十有七年，舜崩，三年之丧毕，禹避舜之子于阳城。天下之民从之，若尧崩之后，不从尧之子而从舜也。禹荐益于天，七年，禹崩，三年之丧毕。益避禹之子于箕山之阴。朝觐讼狱者，不之益而之启。曰：'吾君之子也。'讴歌者，不讴歌益而讴歌启，曰：'吾君之子也。'丹朱之不肖，舜之子亦不肖。舜之相尧，禹之相舜也，历年多，施泽于民久。启贤，能敬承继禹之道。益之相禹也，历年少，施泽于民未久。舜、禹、益相去久远，其子之贤不肖，皆天也，非人之所能为也。莫之为而为者，天也。莫之致而至者，命也。匹夫而有天下者，德必若舜禹，而又有天子荐之者。故仲尼不有天下。继世以有天下，天之所废，必若桀纣者也。故益、伊尹、周公不有天下。"（《万章》上，《孟子》卷九，页九至十二）

据此则孟子之理想的政治制度，为以有圣人之德者君天子之位。此圣人既老，则在其死以前预选一年较少之圣人，先使为相以试之。及其成效卓著，则荐之于天，以为其自己之替代者。及老圣人既死，此少圣人即代之而为天子。然天之意不可知，可知者民意而已。民果归之，即天以天下与之；故荐之于天，即荐之于民也。"匹夫有天下，德必若舜禹，而又有天子荐之者"；盖无天子荐之，则不能先为相以自试，不能施泽于民，民不归之也。此理想与柏拉图《共和国》之主张极相似；但儒家以述为作，故必托为史事，以代表其理想。又以依附周制及宗奉文王、周公之故，对于"继世以有天下"者，亦不攻击。此则在逻辑上不能自圆其说，只可归之"莫之为而为者天也，莫之致而至者命也"。

孟子之理想的经济制度，《孟子》中所述亦甚详。孟子云：

请野九一而助，国中什一使自赋。卿以下必有圭田，圭田五十亩，余夫二十五亩。死徙无出乡，乡田同井。出入相友，守望相助，疾病相扶持，则百姓亲睦。方里而井，井九百亩，其中为公田。八家皆私百亩，同养公田。公事毕，然后敢治私事。所以别野人也。（《滕文公》

上,《孟子》卷五,页七至八)

又云:

不违农时,谷不可胜食也。数罟不入洿池,鱼鳖不可胜食也。斧斤以时入山林,材木不可胜用也。谷与鱼鳖不可胜食,材木不可胜用,是使民养生丧死无憾也。养生丧死无憾,王道之始也。五亩之宅,树之以桑,五十者可以衣帛矣。鸡豚狗彘之畜,无失其时,七十者可以食肉矣。百亩之田,勿夺其时,数口之家,可以无饥矣。谨庠序之教,申以孝悌之义,颁白者不负戴于道路矣。七十者衣帛食肉,黎民不饥不寒,然而不王者,未之有也。(《梁惠王》上,《孟子》卷一,页四至五)

此就原有之井田制度,转移观点,将其变为含有社会主义性质的经济制度也。所谓转移观点者,盖古代土地为国君及贵族所私有,农民受土地于贵族,为之做"助耕之氓",为之做农奴。故原有之井田制度,乃为贵族之利益。依孟子之理想,乃土地为国家所公有,人民受土地于国家而自由耕种之。其每井中公田之出产,虽仍可为国君卿大夫之禄,"以代其耕";但农民之助耕公田,乃如纳税于国家之性质,非如农奴为地主服役之性质。此理想中之制度,乃使民"养生丧死无憾",乃为人民之利益。故谓孟子所说之井田制度,即古代所实行者,非也。谓孟子所说之井田制度,纯乎为理想,为创造,亦非也。二者均有焉,此所谓以述为作也。墨子就平民之观点,以主张周制之反面。孟子则就平民之观点,与周制以新解释新意义。此孟子与墨子在此方面之不同也。

依孟子之意,国家不但须使人有恒产,解决其生活问题;且应设教育机关,教育人民。孟子曰:

设为庠序学校以教之。庠者,养也。校者,教也。序者,射也。夏曰校,殷曰序,周曰庠,学则三代共之。皆所以明人伦也。人伦明于上;小民亲于下。(《滕文公》上,《孟子》卷五,页六)

人人皆能生活,"养生丧死无憾",不过为"王道之始"。必人人皆受教育,"明人伦",然后方为王道之完成。此亦孔子"富之教之"之意也。

(四)性善

以上所述之各种理想的制度,即孟子所谓王道,王政,或仁政也。仁政何以必须行?仁政何以能行?孟子曰:

人皆有不忍人之心;先王有不忍人之心,斯有不忍人之政矣。(《公孙丑》上,《孟子》卷三,页十四)

"不忍人之政",即仁政也。"人皆有不忍人之心",不忍见人之困苦,此即仁政之所以必须行也。人既皆有此心为仁政之根据,此即仁政之所以能行也。孟子因齐宣王不忍一牛之"觳觫而就死地",断其必能行王政。曰:

老吾老以及人之老,幼吾幼以及人之幼,天下可运于掌。《诗》云:"刑于寡妻,至于兄弟,以御于家邦。"言举斯心加诸彼而已。故推恩,足以保四海;不推恩,无以保妻子。古之人所以大过人者无他焉,善推其所为而已矣。(《梁惠王》上,《孟子》卷一,页十二)

齐宣王谓己好货好色,不能行王政。孟子言:"王如好货","王如好色","与百姓同之,于王何有?"(《梁惠王》下,《孟子》卷二,页九至十)因己之好货好色,即推而与百姓同之,即"举斯心加诸彼"也。若实现此心于政事,则其政事即仁政矣。"善推其所为",即仁也,即忠恕也。孔子讲仁及忠恕,多限于个人之修养方面。孟子则应用之于政治及社会哲学。孔子讲仁及忠恕,只及于"内圣";孟子则更及于"外王"。

"人皆有不忍人之心",即所谓人性皆善也。孟子曰:

人皆有不忍人之心。……今人乍见孺子将入于井,皆有怵惕恻隐之心,非所以内交于孺子之父母也,非所以要誉于乡党朋友也,非恶其声而然也。由是观之,无恻隐之心,非人也;无羞恶之心,非人也;无辞让之心,非人也;无是非之心,非人也;恻隐之心,仁之端也;羞恶之心,义之端也;辞让之心,礼之端也;是非之心,智之端也。人之有是四端也,犹其有四体也。有是四端,而自谓不能者,自贼者也。谓其君不能者,贼其君者也。凡有四端于我者,知皆扩而充之矣。若火之始然,泉之始达。苟能充之,足以保四海;苟不充之,不足以事父母。(《公孙丑》上,《孟子》卷三,页十四至十六)

陈澧曰:"孟子所谓性善者,谓人人之性皆有善也,非谓人人之性皆纯乎善也。"(《东塾读书记》卷三,页一)孟子所谓性善,只谓人皆有仁义礼智之四"端";此四"端"若能扩而充之,则为圣人。人之不善,皆不能即此四"端"扩而充之,非其性本与善人殊也。故曰:

乃若其情,则可以为善矣;乃所谓善也。若夫为不善,非才之罪也。恻隐之心,人皆有之;羞恶之心,人皆有之;恭敬之心,人皆有之;是非之心,人皆有之。恻隐之心,仁也;羞恶之心,义也;恭敬之心,礼也;是非之心,智也。仁义礼智,非由外铄我也,我固有之也,弗思耳矣。故曰,求则得之,舍则失之。或相倍蓰而无算者,不能尽其才者也。(《告子》上,《孟子》卷十一,页五至六)

俞正燮曰:"情者,事之实也。《大学》:'无情者'。郑注云:'情犹实也'是也。"(《癸巳存稿》卷二,页三十)朱熹曰:"才犹材质。"(《孟子集注》)才即材料之意;即不善之人,按之实际,亦岂无"可以为善"之材质?亦岂无上述之四端?不过不能扩而充之,或且压抑而丧失之,然此"非才之罪"也。

人何以必须扩充此善端？此亦一问题也。若依功利主义说，则人之扩充善端于社会有利，否则有害，此即墨子主张兼爱之理由也。惟依孟子之意，则人之必须扩充此善端者，因此乃人之所以为人也。孟子曰：

人之所以异于禽兽者几希，庶民去之，君子存之。（《离娄》下，《孟子》卷八，页六）

人之所以为人，即人之要素，人之名之定义，亦即人之所以别于禽兽者也。人之所以为人者，即人之有人心，《孟子》云：

公都子问曰："钧是人也，或为大人，或为小人，何也？"孟子曰："从其大体为大人，从其小体为小人。"曰："钧是人也，或从其大体，或从其小体，何也？"曰："耳目之官，不思而蔽于物，物交物则引之而已矣。心之官则思，思则得之，不思则不得也。此天之所与我者，先立乎其大者，则其小者不能夺也。此为大人而已矣。"（《告子》上，《孟子》卷十一，页十五）

亚里士多德《伦理学》谓饮食及情欲乃人与禽兽所共有，人之所以别于禽兽者，惟在其有理性耳。"心之官则思"，能思即有理性也。能思之心为人所特有，乃"天之所以与我"者，所以为大体也。耳目之官，乃人与禽兽所同有，所以为小体也。若只"从其小体"，则不惟为小人且为禽兽矣（见下）。"耳目之官，不思而蔽于物，物交物则引之而已。"若听其自然，则能"陷溺其心"（《告子》上，《孟子》卷十一，页七），人之所以有不善者，即以此也。能思之心，所好者为理义。孟子云：

故凡同类者，举相似也。何独至于人而疑之？圣人与我同类者。故龙子曰："不知足而为屦，我知其不为蒉也。"屦之相似，天下之足同也。口之于味，有同嗜也。易牙先得我口之所嗜者也。如使口之于味也，其性与人殊，若犬马之与我不同类也，则天下何嗜皆从易牙之于味也？至于味，天下期于易牙，是天下之口相似也。惟耳亦然，至于声，天下期于师旷，是天下之耳相似也。惟目亦然。至于子都，天下莫不知其姣也。不知子都之姣者，无目者也。故曰：口之于味也，有同嗜焉；耳之于声也，有同听焉；目之于色也，有同美焉。至于心独无所同然乎？心之所同然者，何也？谓理也，义也。圣人先得我心之所同然耳。故理义之悦我心，犹刍豢之悦我口。（《告子》上，《孟子》卷十一，页七至八）

故人必依理义而行，乃为"从其大体"。从其大体，乃得保人之所以为人，乃合乎人之定义。否则人即失其所以为人，而与禽兽同。孟子云：

虽存乎人者，岂无仁义之心哉？其所以放其良心者，亦犹斧斤之于木也，旦旦而伐之，可以为美乎？其日夜之所息，平旦之气，其好恶与人相近也者几希。则其旦昼之所为，有梏亡之矣。梏之反覆，则其夜气不足以存；夜气不足以存，则其违禽兽不远矣。人见其禽兽也，而以为未尝有才焉者，是岂人之情也哉？（《告子》上，《孟子》卷十一，页九）

"夜气"即人"仁义之心"之未完全受摧残者。人若"夜气不存"，即失其"所以为人者"，当然即为禽兽矣。孟子所以主张"求放心"及"不失本心"者，盖必如此方能为人也。

人皆有人心，即人性之所以为善也。孟子言性善时，亦特别使人注意于其所说之性为"人之性"。《孟子》云：

告子曰："生之谓性。"孟子曰："生之谓性也，犹白之谓白欤？"曰："然""白羽之白也，犹白雪之白；白雪之白，犹白玉之白欤？"曰："然。""然则犬之性犹牛之性，牛之性犹人之性欤？"（《告子》上，《孟子》卷十一，页二至三）

天下之白同，而性不同。牛不与人同类，故其性亦与人异。人之性包含"人之所以为人者"。失其性则与禽兽相同矣。孟子又云：

仁，人心也；义，人路也。(《告子》上，《孟子》卷十一，页十二)

仁即"人"所应有之心；义即"人"所应由之路。若不"居仁由义"，则即非人矣。

[注] 若人之性专指人之所以为人，人之所以异于禽兽者而言，则谓人性全然是善，亦无不可。盖普通所谓人性中与禽兽相同之部分，如孟子所谓小体者，严格言之，非人之性，乃人之兽性耳。若只就人性言，则固未有不善也。

据此则知孟子所谓：

杨氏为我，是无君也。墨氏兼爱，是无父也。无父无君，是禽兽也。(《滕文公》下，《孟子》卷六，页十三)

亦非随便谩骂。盖儒家以为人之四端之表现于社会组织者，即所谓人伦。故云：

仁之实，事亲是也。义之实，从兄是也。智之实，知斯二者弗去是也。礼之实，节文斯二者是也。乐之实，乐斯二者。(《离娄》上，《孟子》卷七，页十六)

又曰：

圣人，人伦之至也。(《离娄》上，《孟子》卷七，页三)

若杨墨之道，废弃人伦，则失其"所以为人者"，不合人之定义，故为禽兽也。亚里士多德以为人为政治动物。人性若能充分发展，即须有国家社会。否则不成其为人。儒家以为人须有君父，亦此意也。

人皆有善端，所谓圣人，不过将此善端扩而充之，至于"人伦之至"而已。故人人皆可以为圣人。孟子引颜渊曰：

舜何人也，予何人也，有为者亦若是。(《滕文公》上，《孟子》卷

五，页一）

若自以为"吾身不能居仁由义"，则即"谓之自弃矣"。

孟子极重视个人，故亦注重个人之自由。至于所谓礼者，若人认为不合，可以否认之，改革之。《孟子》云：

孟子告齐宣王曰："君之视臣如手足，则臣视君如腹心；君之视臣如犬马，则臣视君如国人；君之视臣如土芥，则臣视君如寇仇。"王曰："礼，为旧君有服，何如斯可为服矣？"曰："谏行言听，膏泽下于民。有故而去，则君使人导之出疆，又先于其所往。去三年不返，然后收其田里。此之谓三有礼焉。如此则为之服矣。今也为臣，谏则不行，言则不听，膏泽不下于民。有故而去，则君搏执之，又极之于其所往。去之日，遂收其田里。此之谓寇仇。寇仇，何服之有！"（《离娄》下，《孟子》卷八，页二）

此孟子否认旧礼之言论也。孟子又曰：

非礼之礼，非义之义，大人弗为。（《离娄》下，《孟子》卷八，页三）

此亦谓个人判断之权威，可在世俗所谓礼义之上。上文谓孔子注重个人性情之自由，同时又注重人之行为之外部规范。前者为孔子之新意，后者为古代之成规（见第四章第五节）。孟子则较注重于个人性情之自由。盖孟子既主性善之说，以为"仁义礼智，非由外铄我也，我固有之也"。则个人之道德判断，当然可重视矣。

人人皆可以为圣人，此人所皆可以自期许者也。至于人生中他方面之成败利钝，则不能计，亦不必计。孟子曰：

若夫成功则天也，君如彼何哉，强为善而已矣。（《梁惠王》下，《孟子》卷二，页十六）

又曰：

哭死而哀，非为生者也。经德不回，非以干禄也。言语必信，非以正行也。君子行法以俟命而已矣。(《尽心》下，《孟子》卷十四，页十四）

此所谓天所谓命，皆指人力所无奈何之事，所谓"莫之为而为者天也，莫之致而致者命也"。吾人行事，只问其当否。当行则行，所谓"强为善"也。至其成败利钝，则依各方面之环境为转移。此非尽为人力所能统治者；此所谓天也，命也。所谓命运之天即指此。墨家立非命之说，以与儒家对峙。实则儒家所谓之命，至少孟、荀所谓之命，并无迷信在内，与墨家所非者，并非一事。

（五）孟子反功利

于此亦可知孟子所以反对利之故矣。孟子以为人皆有恻隐、羞恶、辞让、是非之四端。扩而充之，则为仁、义、礼、智之四德。四德为人性发展之自然结果，而人之所以须发展人性，因必如此方为尽"人之所以为人者"，非因四德为有利而始行之也。四德之行，当然可生于社会有利之结果，此结果虽极可贵，然亦系附带的。犹之艺术家之作品，固可使人愉悦，然此乃附带的结果；彼艺术家之创作，则所以表现其理想与情感，非为求人悦乐愉快也。

不过孟子虽主张义，反对利，然对于义利之辨，未有详细说明，亦未将公利私利，分开辩论，故颇受后人之驳诘。惟孟子与墨者夷之辩薄葬之说，颇可显其非功利主义之主要意义。彼云：

盖上世尝有不葬其亲者，其亲死则举而委之于壑。他日过之，狐狸食之，蝇蚋姑嘬之。其颡有泚，睨而不视。夫泚也，非为人泚，中心达于面目。盖归反虆梩而掩之，掩之诚是也。则孝子仁人之掩其亲，亦必

有道矣。(《滕文公》上,《孟子》卷五,页十七)

又曰:

古者棺椁无度。中古棺七寸,椁称之。自天子达于庶人。非直为观美也,然后尽于人心。(《公孙丑》下,《孟子》卷四,页八)

墨家之攻击儒家厚葬久丧,主节葬短丧,纯从功利主义立论。而孟子则纯不从功利主义立论。厚葬久丧,对社会固亦有利。"慎终追远,民德归厚矣。"此从功利主义立论以主张厚葬久丧者也。然孟子则但谓厚葬为"尽于人心",此儒家之精神也。

(六)天、性及浩然之气

孟子之所谓天,有时似指主宰之天,如"尧荐舜于天"之天。有时似指运命之天,如上所说者。有时则指义理之天。孟子因人皆有仁、义、礼、智之四端而言性善。人之所以有此四端,性之所以善,正因性乃"天之所与我者",人之所得于天者。此性善说之形上学的根据也。孟子云:

尽其心者,知其性也。知其性则知天矣。存其心,养其性,所以事天也。夭寿不贰,修身以俟之,所以立命也。(《尽心》上,《孟子》卷十三,页一)

心为人之"大体";故"尽其心者""知其性"。此乃"天之所与我者";故"尽其心""知其性",亦"知天"矣。孟子又云:

夫君子所过者化,所存者神,上下与天地同流,岂曰小补之哉?(《尽心》上,《孟子》卷十三,页五)

又云:

万物皆备于我矣。反身而诚,乐莫大焉。强恕而行,求仁莫近焉。

(《尽心》上,《孟子》卷十三,页二)

"万物皆备于我""上下与天地同流"等语,颇有神秘主义之倾向。其本意如何,孟子所言简略,不能详也。

［注］神秘主义一名,有种种不同的意义。此所谓神秘主义,乃专指一种哲学承认有所谓"万物一体"之境界。在此境界中,个人与"全"(宇宙之全)合而为一,所谓人我内外之分,俱已不存。普通多谓此神秘主义必与唯心论的宇宙论相关连。宇宙论必为唯心论的,宇宙之全体,与个人之心灵,有内部底关系;个人之精神,与宇宙之大精神,本为一体,特以有后起的隔阂,以致人与宇宙,似乎分离。一部分佛家所说之无明,宋儒所说之私欲,皆指此后起的隔阂也。若去此隔阂,则个人与宇宙复合而为一,佛教所说之证真如,宋儒所说"人欲尽处,天理流行",皆指此境界也。不过此神秘主义,亦不必与唯心论的宇宙论相连。如庄子之哲学,其宇宙论非必为唯心论的,然亦注重神秘主义也。中国哲学中,孟子派之儒家,及庄子派之道家,皆以神秘境界为最高境界,以神秘经验为个人修养之最高成就。但两家之所用以达此最高境界、最高目的之方法不同。道家所用之方法,乃以纯粹经验忘我;儒家所用之方法,乃以"爱之事业"(叔本华所用名词)去私。无我无私,而个人乃与宇宙合一。如孟子哲学果有神秘主义在内,则万物皆备于我,即我与万物本为一体也。我与万物本为一体,而乃以有隔阂之故,我与万物,似乎分离,此即不"诚"。若"反身而诚",回复与万物为一体之境界,则"乐莫大焉"。如欲回复与万物为一体之境界,则用"爱之事业"之方法。所谓"强恕而行,求仁莫近焉"。以恕求仁,以仁求诚。盖恕与仁皆注重在取消人我之界限;人我之界既消,则我与万物为一体矣。此解释果合孟子之本意否不可知,要之宋儒之哲学,则皆推衍此意也。

如孟子哲学中果有神秘主义，则孟子所谓浩然之气，即个人在最高境界中之精神状态。故曰：

其为气也，至大至刚，以直养而无害，则塞于天地之间。(《公孙丑》上，《孟子》卷三，页六)

至于养此气之方法，孟子云：

其为气也，配义与道，无是馁也；是集义所生者，非义袭而取之也。行有不慊于心，则馁矣。我故曰："告子未尝知义，以其外之也。"必有事焉。而勿正，心勿忘，勿助长也。(《公孙丑》上，《孟子》卷三，页七)

此所谓义，大概包括吾人性中所有善"端"。是在内本有，故曰："告子未尝知义，以其外之也。"此诸善"端"皆倾向于取消人我界限。即将此逐渐推扩，亦勿急躁求速，亦勿停止不进（"而勿正"，焦循《孟子正义》引《〈诗·终风〉序笺》及《〈庄子·应帝王篇〉释文》谓"正之义通于止"），"集义"既久，则行无"不慊于心"，而"塞乎天地之间"之精神状态，可得到矣。至此境界，则

居天下之广居，立天下之正位，行天下之大道。得志与民由之，不得志独行其道。富贵不能淫，贫贱不能移，威武不能屈。此之谓大丈夫。(《滕文公》下，《孟子》卷六，页三)

第七章　战国时之"百家之学"

就地域言，孟子所处之环境，与孔子大致相同。但就时代言，则自孔子至孟子百余年间，一般时势及人之思想已大有变动。就人之思想方面言之，在孔子时，除孔子及其所遇之三五消极的"隐者"之流外，尚无其他有势力的学派，与孔子对抗。即在墨子时，亦只有儒、墨二派，互相攻击辩论。及至孟子时，则思想派别，已极复杂。《庄子·天下篇》所谓"百家之学"是也。孟子所谓"圣王不作，诸侯放恣，处士横议"，即其时代之情形也。

当孟子时，齐之稷下，为学术思想之一中心点。《史记》云：

自驺衍与齐之稷下先生，如淳于髡、慎到、环渊、接子、田骈、驺奭之徒，各著书，言治乱之事。……慎到，赵人。田骈，接子，齐人。环渊，楚人。皆学黄老道德之术，因发明序其指意。故慎到著十二论，环渊著上下篇，而田骈、接子，皆有所论焉。……自如淳于髡以下，皆命曰列大夫，为开第康庄之衢，高门大屋，尊宠之。览天下诸侯宾客，言齐能致天下贤士也。（《孟子荀卿列传》，《史记》卷七十四，同文影殿刊本，页三至五）

又云：

宣王喜文学游说之士，自如驺衍、淳于髡、田骈、接予、慎到、环渊之徒七十六人，皆赐列第，为上大夫，不治而议论。是以齐稷下学士复盛，且数百千人。（《田完世家》，《史记》卷四十六，页十二至十三）

《史记》谓孟子"游事齐宣王"。《孟子》书中，记孟子与齐宣王问答之词，孟子盖亦曾居稷下，"不治而议论"也。稷下诸先生所著书，今皆佚。孟子所谓"处士横议"之议论，今亦不可全闻。兹就《孟子》《庄子》《荀子》《吕氏春秋》《史记》等书中所可见者述之。

（一）杨朱及道家之初起

孟子谓其时，"天下之言，不归杨，则归墨"（《滕文公》下，《孟子》卷六，《四部丛刊》本，页十三），孟子心目之大敌为杨、墨；其所自加之责任之最大者，亦为"距杨、墨"（《滕文公》下，《孟子》卷六，页十四）。杨为杨朱，墨为墨翟。墨翟之学，上已述之。杨朱之学，则除孟子大为宣传外，其后言及之者甚少。今《列子》中《杨朱篇》，乃魏晋时人所作。其中所言极端的快乐主义，亦非杨朱所持。杨朱之主张，据孟子云：

杨子取为我，拔一毛而利天下不为也。（《尽心》上，《孟子》卷十三，页十一）

《吕氏春秋》云：

阳生贵己（《不二篇》，《吕氏春秋》卷十七，《四部丛刊》本，页十八）

《韩非子》云：

今有人于此，义不入危城，不处军旅，不以天下大利，易其胫一毛。世主必从而礼之，贵其智而高其行，以为轻物重生之士也。（《显学篇》，《韩非子》卷十九，《四部丛刊》本，页八）

《淮南子》云：

夫弦歌鼓舞以为乐，盘旋揖让以修礼，厚葬久丧以送死，孔子之所立也，而墨子非之。……全性保真，不以物累形，杨子之所立也，而孟子非之。(《氾论训》，刘文典先生《淮南鸿烈集解》卷十三，页十)

《吕氏春秋》所说"阳生贵己"，高诱即引孟子谓杨子之言注之。毕沅云："李善注《文选·谢灵运述祖德诗》引作杨朱。阳杨古多通用。"是阳生即杨朱也。孟子所说"为我"，即《吕氏春秋》所谓"贵己"之义，亦即《淮南子》所说"全性保真，不以物累形"之义也。此为杨朱学说之主要意思。知此则知《韩非子》所说"轻物重生之士"，亦指杨朱之徒言也。依韩非所说，则杨朱之徒，虽拔其一毛而以天下与之，彼亦不为[注]。此所谓"轻物重生"，所谓"不以物累形"也。盖天下虽大，外物也；一毛虽小，亦己之形、己之生之一部分；故前者可轻，而后者可重也。《淮南子》所说，尤可见孔、墨、杨、孟四人学说发生之次序。盖自孔子至孟子，中间已插入墨、杨二家之学说。在孟子时儒、墨、杨已成为鼎足三分之势力。孟子欲上继孔子，故致力于"距杨、墨"也。

由上可知，在先秦人书中，未有言杨朱以如现所有《杨朱篇》所说之极端纵欲为理想生活者。如《杨朱篇》所说之学说，战国时似已有之（详下）。但非杨朱之学说耳。不过杨朱之学说，在孟子时既如此之盛，何以以后少人提及之？在表面上观之，似乎杨朱之学，前无源，后无流，仅如昙花一现。于是有疑杨朱即为庄周者。然其说缺乏证据，不能成立。且杨朱之学，亦非无源流可考者。

[注] 顾颉刚先生以为，孟子谓杨朱"利天下不为"，亦应解为"虽利之以天下而不肯为"。(《从吕氏春秋推测老子之成书年代》，《史学年报》第四期）但与下文"墨子兼爱，摩顶放踵利天下为之"同文异解，似不甚妥。利之以天下而欲拔其一毛，杨朱不为，此乃杨朱之学说；拔其一毛可以利天下，而杨朱不为，乃孟子对于杨朱学说之解释；二者不必同。

在孔子时已有一种"避世"之人。此等人有知识学问，但见时乱之难于挽救，遂皆持消极态度，不肯干预世事。孔子云：

贤者避世，其次避地，其次避色，其次避言。……作者七人矣。（《宪问》，《论语》卷七，《四部丛刊》本，页十三）

据《论语》所载，孔子一生颇受此等避世之人之讥评。如：

子路宿于石门，晨门曰："奚自？"子路曰："自孔氏。"曰："是知其不可而为之者与？"（同上）

子击磬于卫，有荷蒉而过孔氏之门者，曰："有心哉！击磬乎。"既而曰："鄙哉硜硜乎，莫己知也，斯已而已矣。深则厉，浅则揭。"（同上）

楚狂接舆歌而过孔子曰："凤兮凤兮，何德之衰。往者不可谏，来者犹可追。已而已而，今之从政者殆而。"（《微子》，《论语》卷九，页十二至十三）

此外桀溺谓子路云：

滔滔者天下皆是也，而谁以易之。且而与其从辟人之士也，岂若从辟世之士哉。（《微子》，《论语》卷九，页十三至十四）

《论语》又云：

子路从而后，遇丈人以杖荷蓧。子路问曰："子见夫子乎？"丈人曰："四体不勤，五谷不分，孰为夫子。"植其杖而芸。子路拱而立。止子路宿，杀鸡为黍而食之，见其二子焉。明日，子路行，以告。子曰："隐者也。"使子路反见之，至则行矣。子路曰："不仕无义，长幼之节，不可废也。君臣之义，如之何其废之。欲洁其身，而乱大伦。君子之仕也，行其义也。道之不行，已知之矣。"（《微子》，《论语》卷九，页十四至十五）

石门、晨门讥孔子为"知其不可而为之者"，其自己即知其不可而不为也。"莫己知也，斯已而已"，以"今之从政者殆而"而不从政。

以"滔滔者天下皆是也",即不欲"易之"。正此等消极的"隐者",独善其身之人,对世事之意见,亦正即孟子所说"杨氏为我,拔一毛而利天下不为"者也。子路谓荷蓧丈人"欲洁其身而乱大伦",孟子谓"杨氏为我,是无君也"。"为我"即只"欲洁其身","无君"即"而乱大伦"。此等消极的"隐者",即杨朱之徒之前驱也。

然在孔子之时,此等消极的"隐者"亦只消极的独善其身而已,对于其如此之行为,未闻有一贯的学说,以作其理论的根据也。杨朱似始有一贯的学说,以为此等独善其身之行为之理论的根据。孟子云:"杨朱、墨翟之言盈天下。天下之言,不归杨,则归墨。"(《滕文公》下,《孟子》卷六,页十三)杨、墨之言,即杨、墨所持之理论也。杨、墨有理论,孟子亦须有理论与之辩论,所以孟子云:"予岂好辩哉?予不得已也。"(《滕文公》下,《孟子》卷六,页十一)

然自孟子之后,何以杨朱之"言",又似消灭?岂孟子之"距"之真已完全成功乎?盖杨朱之后,老、庄之徒兴。老、庄皆继杨朱之绪,而其思想中,却又卓然有杨朱所未发者。于是杨朱之名,遂为老、庄所掩。所以杨朱之言似消灭而实未消灭也。杨朱之传统的学说,《吕氏春秋》中尚多记述。如《吕氏春秋·重己篇》云:

今吾生之为我有,而利我亦大矣。论其贵贱,爵为天子,不足以比焉。论其轻重,富有天下,不可以易之。论其安危,一曙失之,终身不复得。此三者有道者之所慎也。有慎之而反害之者,不达乎性命之情也。不达乎性命之情,慎之何益?……世之人主贵人,无贤不肖,莫不欲长生久视,而日逆其生,欲之何益?凡生长也,顺之也。使生不顺者,欲也。故圣人必先适欲。(《吕氏春秋》卷一,页七至八)

此即杨朱"轻物重生"之说,重生非纵欲之谓,盖纵欲能伤生。故"肥肉厚酒"为"烂肠之食","靡曼皓齿"为"伐性之斧"(《本生篇》,

《吕氏春秋》卷一，页六）。以纵欲为重生者，是"慎之而反害之者"也。故圣人重生，"必先适欲"。高诱云："适犹节也。"《本生篇》云：

是故圣人之于声色滋味也，利于性则取之，害于性则舍之，此全性之道也。(《吕氏春秋》卷一，页五)

又《贵生篇》云：

圣人深虑天下，莫贵于生。夫耳目鼻口，生之役也。耳虽欲声，目虽欲色，鼻虽欲芬香，口虽欲滋味，害于生则止。在四官者不欲，利于生者则弗为。(《吕氏春秋》卷二，页三)

又《情欲篇》云：

天生人而使有贪有欲；欲有情；情有节。圣人修节以止欲，故不过行其情也。故耳之欲五声，目之欲五色，口之欲五味，情也。此三者贵贱愚智贤不肖，欲之若一。虽神农、黄帝，其与桀、纣同。圣人之所以异者，得其情也。由贵生动，则得其情矣。不由贵生动，则失其情也。(《吕氏春秋》卷二，页六)

此皆贵生必先节欲之说也。然生之可贵，正以其能享受声色滋味。所以节欲者，欲使生之久存，可以多享耳。非以享受为不应该，欲为不好也。故云：

耳不乐声，目不乐色，口不甘味，与死无择。古人得道者，生以寿长，声色滋味，能久乐之。奚故？论早定也。论早定则知早啬，知早啬则精不竭。(《情欲篇》,《吕氏春秋》卷二，页七)

耳须能乐声，目须能乐色，生方有意义；不然，是非贵生，乃贵死也。然为欲久乐，须于甚早之时，即不太乐，此所谓"早啬"也。

《吕氏春秋》又引子华子云：

全生为上，亏生次之，死次之，迫生为下。故所谓尊生者，全生之谓。所谓全生者，六欲皆得其宜也。所谓亏生者，六欲分（高诱注：

"半也")得其宜也。亏生则于其尊之者薄矣。其亏弥甚者也,其尊弥薄。所谓死者,无有所以知,复其未生也。所谓迫生者,六欲莫得其宜也,皆获其所甚恶者,服(屈也)是也,辱是也。辱莫大于不义。故不义,迫生也,而迫生非独不义也。故曰,迫生不若死。奚以知其然也?耳闻所恶,不若无闻。目见所恶,不若无见。故雷则掩耳,电则掩目,此其比也。凡六欲者,皆知其所甚恶,而必不得免,不若无有所以知。无有所以知者,死之谓也。故迫生不若死。嗜肉者,非腐鼠之谓也。嗜酒者,非败酒之谓也。尊生者,非迫生之谓也。(《贵生篇》,《吕氏春秋》卷二,页五)

此亦杨朱一派之说。"六欲皆得其所宜",则为"全生";六欲皆得其所恶,则为"迫生","迫生"尚不如死,盖死不过"无有所以知"而已,而迫生则为"活受罪",诚不如死也。"六欲皆得其宜",亦节欲之义;然节欲非即无欲,亦贵生非贵死之义也。(《吕氏春秋》又曰:

韩魏相与争侵地。子华子见昭厘侯。昭厘侯有忧色。子华子曰:"今使天下书铭于君之前,书之曰:'左手攫之,则右手废;右手攫之,则左手废;然而攫之必有天下。'君将攫之乎?亡其不与?"昭厘侯曰:"寡人不攫也。"子华子曰:"甚善。自是观之,两臂重于天下也,身又重于两臂。韩之轻于天下远,今之所争者,其轻于韩又远,君固愁身伤生以忧之,戚不得也。"……中山公子牟谓詹子曰:"身在江海之上,心居乎魏阙之下,奈何?"詹子曰:"重生。重生则轻利。"中山公子牟曰:"虽知之犹不能自胜也。"詹子曰:"不能自胜则纵之。神无恶乎?不能自胜而强不纵者,此之谓重伤。重伤之人,无寿类矣。"(《审为篇》,《吕氏春秋》卷二十一,页七)

子华子与昭厘侯之言即"重生则轻利"之说也。中山公子牟、高诱、司马彪及杨倞皆谓即魏牟,荀子云:

纵情性，安恣睢，禽兽行。不足以合文通治，然而其持之有故，其言之成理，足以欺惑愚众，是它嚣魏牟也。（《非十二子篇》，《荀子》卷三，《四部丛刊》本，页十二）

据此则魏牟似持如列子《杨朱篇》所说之极端纵欲主义者。故詹子以"重生则轻利"告之。公子牟谓知之而不能行之。詹子谓不能行则随便可也。盖杨朱一派，虽主节欲，而究以欲之满足为人生意义之所在，贵生非贵死也。

在现在之《老子》中，亦有许多处只持"贵生轻利"之说，如《老子》云：

贵以身为天下，若可寄天下；爱以身为天下，若可托天下。（十三章，《老子》上篇，武英殿《聚珍版丛书》本，页十一）

又云：

名与身孰亲？身与货孰多？（四十四章，《老子》下篇，页十）

"贵以身为天下"者，即以身为贵于天下，即"不以天下大利，易其胫一毛"，"轻物重生"之义也。

现有之《庄子》中亦有许多处只持"全形葆真，不以物累形"之说。如《人间世》设为栎社树、"不材之木"之言曰：

夫柤梨橘柚果蓏之属，实熟则剥，剥则辱。大枝折，小枝泄，此以其能苦其生者也。故不终其天年而中道夭，自掊击于世俗者也。物莫不若是。且予求无所可用久矣，几死，乃今得之，为予大用。使予也而有用，且得有此大也邪？（《庄子》卷二，《四部丛刊》本，页二十三）

《人间世》又云：

支离疏者，颐隐于齐，肩高于顶，会撮指天，五管在上，两髀为胁。挫针治繲，足以糊口；鼓筴播精，足以食十人。上征武士，则支离攘臂而游于其间。上有大役，则支离以有常疾不受功。上与病者粟，则

受三钟与十束薪。夫支离其形者，犹足以养其身，终其天年，又况支离其德者乎？（《庄子》卷二，页二十六至二十七）

又云：

孔子适楚。楚狂接舆游其门，曰："凤兮凤兮，何如德之衰也。来世不可待，往世不可追也。天下有道，圣人成焉。天下无道，圣人生焉。方今之时，仅免刑焉。福轻乎羽，莫之知载。祸重乎地，莫之知避。已乎已乎，临人以德。殆乎殆乎，画地而趋。迷阳迷阳，无伤吾行。吾行却曲，无伤吾足。山木自寇也，膏火自煎也。桂可食故伐之，漆可用故割之。人皆知有用之用，而莫知无用之用也。"（《庄子》卷二，页二十七至二十九）

凡此皆"贵己""重生"之义也。

此可见在老、庄书中，杨朱绪余之论，依然存在；然此非老、庄最高之义也。盖杨朱所说，多吾人不自伤其生之道。然处此世界中，吾人即不自伤其生，而他人他物，常有来伤我者。吾人固须不自伤，亦须应付他人他物之伤我。杨朱在此方面之办法，似只有一避字诀。如"隐者"之"避世"，是其例也。然人事万变无穷，害尽有不能避者。老子之学，乃发现宇宙间事物变化之通则，知之者能应用之，则可希望"没身不殆"。《庄子》之《人间世》，亦研究在人世中，吾人如何可入其中而不受其害。然此等方法，皆不能保吾人以万全。盖人事万变无穷，其中不可见之因素太多故也。于是老学乃为打穿后壁之言曰：

吾所以有大患者，为吾有身。及吾无身，吾有何患？（十三章，《老子》上篇，页十一）

此真大彻大悟之言。庄学继此而讲"齐死生，同人我"。不以害为害，于是害乃真不能伤。由此言之，则老子之学，盖就杨朱之学更进一层；庄子之学，则更进二层也。

（二）陈仲子

陈仲子，亦当时特立独行之士也。孟子曰：

于齐国之士，吾必以仲子为巨擘焉。……仲子，齐之世家也。兄戴盖禄万钟。以兄之禄为不义之禄，而不食也。以兄之室为不义之室，而不居也。避兄离母，处于於陵。（《滕文公》下，《孟子》卷六，页十五至十六）

荀子曰：

忍情性，綦溪利跂（王先谦云："犹言极深离企"），苟以分异人为高。不足以合大众，明大分。然而其持之有故，其言之成理，足以欺惑愚众，是陈仲史䲡也。（《非十二子篇》，《荀子》卷三，页十三）

《战国策》赵威后问齐使者曰：

於陵仲子尚存乎？是其为人也，上不臣于王，下不治其家，中不索交诸侯，此率民而出于无用者，何为至今不杀乎？（《齐策》，《战国策》四，《四部丛刊》本，页六五）

陈仲子弃富贵而居於陵，"身织屦，妻辟纑"，以兄之禄及室"为不义"。吾人虽不知其何以以之为不义，要必"持之有故，言之成理，足以欺惑愚众"。且名闻诸侯，为当时统治阶级所深恶，必亦一时名人也。

（三）许行、陈相

许行、陈相为《汉书·艺文志》所谓农家者流。《孟子》曰：

有为神农之言者许行，自楚之滕，踵门而告文公曰："远方之人，闻君行仁政，愿受一廛而为氓。"文公与之处，其徒数十人，皆衣褐捆屦织席以为食。陈良之徒陈相，与其弟辛，负耒耜而自宋之滕，曰："闻君行圣人之政，是亦圣人也。愿为圣人氓。"陈相见许行而大悦，尽弃其学而学焉。陈相见孟子，道许行之言曰："滕君则诚贤君也。虽然，未闻道也。贤者与民并耕而食，饔飧而治。今也滕有仓廪府库，则是厉民而以自养也，恶得贤！"……从许子之道，则市价不贰，国中无伪，虽使五尺之童适市，莫之或欺。布帛长短同，则价相若；麻缕丝絮轻重同，则价相若；五谷多寡同，则价相若；屦大小同，则价相若。（《滕文公》上，《孟子》卷五，页八至十五）

《汉书·艺文志》谓农家者流，"无所事圣王，欲使君臣并耕，悖上下之序"。此派学者对政治社会，均有极新理想制度，虽其言不多传，然据孟子所述，亦可见其大概矣。

［注］钱穆先生以为许行即墨子之再传弟子许犯，农家出于墨家。（见所著《墨子》第三章）

（四）告子及其他人性论者

孔子曰："性相近也，习相远也。"孟子"道性善"。于是人性与道德之关系，成为当时一问题。当时与孟子辩论此问题，而与孟子持不同意见者，以告子为最显。《孟子》云：

告子曰："性犹杞柳也，义犹杯棬也，以人性为仁义，犹以杞柳为杯棬。"（《告子》上，《孟子》卷十一，页一）

告子曰："性犹湍水也，决诸东方则东流，决诸西方则西流。人性之无分于善不善也，犹水之无分于东西也。"（《告子》上，《孟子》卷十一，页一至二）

告子曰："生之谓性。"（《告子》上，《孟子》卷十一，页二）

告子曰："食色，性也。仁内也，非外也；义外也，非内也。……彼长而我长之，非有长于我也。犹彼白而我白之，从其白于外也，故谓之外也。……吾弟则爱之，秦人之弟则不爱也，是以我为悦者也；故谓之内。长楚人之长，亦长吾之长，是以长为悦者也；故谓之外也。"（《告子》上，《孟子》卷十一，页三）

孟季子问公都子曰："何以谓义内也？"曰："行吾敬，故谓之内也。""乡人长于伯兄一岁，则谁敬？"曰："敬兄。""酌则谁先？"曰："先酌乡人。""所敬在此，所长在彼。果在外，非由内也。"（《告子》上，《孟子》卷十一，页四）

告子曰："性无善无不善也。"（《告子》上，《孟子》卷十一，页五）

告子以为性只是人生来如此之性质，所谓"生之谓性"也。此性乃天然之产品，犹水与杞柳然，无所谓善，亦无所谓不善，所谓"性无善无不善也"。其后来之善恶，乃教育习惯之结果。犹杞柳可制为杯棬，亦可制为别物；水"决诸东方则东流，决诸西方则西流"也。仁内义外者，告子以为如爱人乃我爱人，故爱在我不在彼，为主观的，为内；如长人乃因其年长而长之，如以物为白，乃因其色白而白之，年长在彼而不在我，故为客观的，为外。告子此说盖误将人年长之长，与我从而长之长相混。人年长之长固为其人所有之性质，在其人而不在我；但我从而长之之长，则固仍在我也。故孟子曰："且谓长者义乎？长之者义乎？"（《告子》上，《孟子》卷十一，页三）言义不在长者，在长之者也。且"长之"含有尊敬之之意，与物白而我白之又不同。故公都子曰"行吾敬，故谓之内也"是矣。再则"仁内"之说，亦与"以人性为仁义，犹以杞柳为杯棬"之说有冲突。吾人所知告子之学说，不过东鳞西爪，不知其于此等处另有解释否？又《孟子》言："告子先我不动心。……告子曰：'不得于言，勿求于心；不得于心，勿求于气。'"

《公孙丑》上，《孟子》卷三，页四至五）孟子就此点指出告子之不动心与其自己之不动心不同。大约告子之不动心，乃强制之使不动。而孟子之不动心，乃涵养之结果，"集义所生"，自然不动。告子主义外，故不能明孟子所谓"集义所生"之义。故孟子曰："我故曰：告子未尝知义，以其外之也。"（《公孙丑》上，《孟子》卷三，页七）

《孟子》又云：

或曰："性可以为善，可以为不善。是故文武兴则民好善，幽厉兴则民好暴。"或曰："有性善有性不善。是故以尧为君而有象，以瞽瞍为父而有舜。以纣为兄之子且以为君而有微子启、王子比干。"（《告子》上，《孟子》卷十一，页五）

此二或说，《孟子》中公都子与告子之"性无善无不善"说并举，盖当时有此三种性说也。王充《论衡》谓："周人世硕以为人性有善有恶，举人之善性养而致之则善长；恶性养而致之则恶长。……故世子作《养性书》一篇。宓子贱、漆雕开、公孙尼子之徒，亦论情性，与世子相出入。"（《本性篇》）此第一或说，不知果即世硕之说否？至第二或说则以为人生而或善或恶，固定不移，亦不知是否即宓子贱等之说也？

［注］此第一或说，事实上与孟子之说似无异；但就逻辑上言则不同。因孟子可不以普通所谓人性中之与禽兽同之部分，即所谓小体者，亦即可以为恶者，为人性也。

（五）尹文、宋钘

《庄子·天下篇》曰：

不累于俗，不饰于物；不苟于人，不忮于众。愿天下之安宁，以活民命；人我之养，毕足而止；以此白心。古之道术有在于是者，宋钘、尹文，闻其风而悦之，作为华山之冠以自表，接万物以别宥为始，语心之容，命之曰心之行，以聏合欢，以调海内。请欲置之以为主，"见侮不辱"，救民之斗。"禁攻寝兵"，救世之战。以此周行天下，上说下教；虽天下不取，强聒而不舍者也。故曰："上下见厌而强见也。"虽然，其为人太多，其自为太少，曰："请欲固置；五升之饭足矣。先生恐不得饱，弟子虽饥，不忘天下。"日夜不休，曰："我必得活哉。"图傲乎救世之士哉！曰："君子不为苛察，不以身假物"，以为无益于天下者，明之不如已也。以"禁攻寝兵"为外，以"情欲寡浅"为内，其小大精粗，其行适至是而止。（《庄子》卷十，页三十至三十一）

《孟子》曰：

宋牼将之楚，孟子遇于石丘，曰："先生将何之？"曰："吾闻秦楚构兵，我将见楚王说而罢之。楚王不悦，我将见秦王说而罢之。二王我将有所遇焉。"曰："轲也请无问其详，愿闻其指。说之将何如？"曰："我将言其不利也。"（《告子下》，《孟子》卷十二，页四至五）

庄子曰：

故夫知效一官，行比一乡，德合一君，而征一国者，其自视也亦若此矣。而宋荣子犹然笑之。且举世誉之而不加劝，举世非之而不加沮，定乎内外之分，辨乎荣辱之境，斯已矣。彼其于世，未数数然也；虽然，犹有未树也。（《逍遥游》，《庄子》卷一，页七至八）

荀子曰：

宋子有见于少，无见于多。（《天论篇》，《荀子》卷十一，页二十五）

又曰：

子宋子曰："明见侮之不辱，使人不斗。人皆以见侮为辱，故斗也。知见侮之为不辱，则不斗也。"（《正论篇》，《荀子》卷十二，页十八）

又曰：

子宋子曰："人之情欲寡而皆以己之情欲为多，是过也。"故率其群徒，辨其谈说，明其譬称，将使人知情欲之寡也。"（《正论篇》，《荀子》卷十二，页二十二）

又曰：

宋子蔽于欲而不知得。（《解蔽篇》，《荀子》卷十五，页五）

韩非子曰：

漆雕之议，不色挠，不目逃，行曲则违于臧获，行直则怒于诸侯，世主以为廉而礼之。宋荣子之议，设不斗争，取不随仇，不羞囹圄，见侮不辱，世主以为宽而礼之。夫是漆雕之廉，将非宋荣之恕也。是宋荣之宽，将非漆雕之暴也。（《显学》，《韩非子》卷十九，页八）

刘向曰：

（尹文子）与宋钘俱游稷下。（《汉书·艺文志》《尹文子》一篇颜师古注引，《汉书》卷三十，页二十四）

宋钘、宋牼、宋荣乃一人（说见唐钺先生《尹文和尹文子》）。现在吾人对于尹文、宋牼之知识，略尽于此。

《荀子·非十二子篇》以宋钘与墨翟为一派。盖宋牼主张"禁攻寝兵"，"其为人太多，其自为太少"。学说行事，均有与墨家同处。然《天下篇》谓其"以禁攻寝兵为外，以情欲寡浅为内"；是"禁攻寝兵"乃尹文、宋牼一派之学之一方面；其他"情欲寡浅"之一方面，则墨学所未讲也。尹文、宋牼此一方面之学，似受杨学之影响。由此言之，则尹文、宋牼实合杨墨为一（此点顾颉刚先生说，见所著《从吕氏春秋推测老子之成书年代》）。而又各与之以心理学的根据（此点钱穆先生说，见所著《墨子》。惟钱先生仅言宋牼与墨学以心理学的根据）也。

就《庄子·天下篇》，及上所引他书，所说观之，则尹文、宋牼之学说，有六要点：

（一）"接万物以别宥为始"；

（二）"语心之容，命之曰心之行"；

（三）"情欲寡"；

（四）"见侮不辱，救民之斗"；

（五）"禁攻寝兵，救世之战"；

（六）"愿天下之安宁，以活民命；人我之养，毕足而止"。

第六点为尹文、宋牼"周行天下，上说下教"之究竟目的。其中"愿天下之安宁，以活民命"，乃其所取于墨学者；"人我之养，毕足而止"，则其所取于杨学者也。天下所以不安宁者，乃因有"民之斗"与"世之战"。斗者个人与个人间之武力冲突；战者乃国与国间之武力冲突也。为"救世之战"，故"禁攻寝兵"。此完全墨家之主张；尹文、宋牼继续推行。且据《孟子》所说，宋牼将见秦楚之王，说令罢兵。其所持理由，为战之"不利"，是亦墨家之说也。

为"救民之斗"，尹文、宋牼倡"见侮不辱"之说。"见侮不辱"，是尹文、宋牼一派之重要标语。所以《庄子》、《荀子》、《韩非子》、《吕氏春秋》，皆沿用此四字。荀子《正论篇》驳见侮不辱，使人不斗之说，以为人见侮而斗，乃由于恶见侮，不必由于以见侮为辱。所以虽信见侮非辱，但因不喜见侮，所以仍斗。此驳甚有力；但宋子"见侮不辱"之言，并非全无理由。因"恶"或只是个人心中不喜，但"辱"则有关所谓面子问题。许多人不是因为实际所受之不快而与人争斗，而是因为要保全面子去争气，所以宣传"见侮不辱"，总可算是救民之斗手段之一种。且尹文、宋牼所说"心之容"之义，似亦可为荀子此驳之答复。

尹文、宋牼又"语心之容，命之曰心之行"。荀子谓宋牼"诎容为己","容"即"诎容"之意。尹文、宋牼以为争强好胜,非人心之自然趋向;诎屈宽容方是。故曰:"语心之容,命之曰心之行。""心之行",即心之自然的趋向也。《韩非子》所谓"宋荣之恕","宋荣之宽",亦即指此(此点钱穆先生说,见所著《墨子》)。人若能知此,则自不恶见辱,而人与人不斗,国与国不战。此尹文、宋牼所予墨学此方面之心理学的根据也。

《荀子·正论篇》:"情欲为多","情欲之寡"。依下文应作"情为欲多","情之欲寡"。"欲"在此为动词。"情欲寡浅",意谓人类本性要少不要多。盖人虽"目欲綦色,耳欲綦声,口欲綦味……"但一人在一时内,所能实在享用者,极为有限,所谓"鹪鹩巢于深林,不过一枝;偃鼠饮河,不过满腹"。再则"五色令人目盲,五音令人耳聋,五味令人口爽……"享用太多,无益反损。如人知此理,大约即情不欲多矣。尹文、宋牼谓人情本欲寡,固不合事实,其本意盖欲使各人之享用皆适可而止,不求赢余;所谓"人我之养,毕足而止"也。杨学教人节欲,此则谓人情本欲寡,人若能知此,则人自能节欲。此尹文、宋牼所予杨学之心理学的根据也。

"接万物以别宥为始";"别宥"者,《吕氏春秋·去宥篇》云:

有与人邻者,有枯梧树,其邻之父言梧树之不善也,其人遽伐之。邻父因请而以为薪。其人不悦曰:"邻者若此其险也,岂可为之邻哉!"此有所宥也。夫请以为薪与弗请,此不可以疑枯树之善与不善也。齐人有欲得金者,清旦被衣冠往鬻金者之所,见人操金,攫而夺之。吏搏而束缚之,问曰:"人皆在焉,子攫人之金,何故?"对吏曰:"殊不见人,徒见金耳。"此真大有所宥也。夫人有所宥者,固以昼为昏,以白为黑,以尧为桀;宥之所败亦大矣。亡国之主,其皆甚有所宥邪?故凡人必别宥然后知。别宥则能全其天矣。(《吕氏春秋》卷十六,页十八)

"此有所宥也",毕沅疑"宥"与囿同,谓有所拘碍而识不广也。以下文观之,犹言"蔽"耳。此所谓"囿",即《庄子·秋水篇》所谓"拘于虚","笃于时","束于教"之类。《去宥篇》所谓"凡人必别宥然后知",意谓凡人必能看透自己由地域、时代、政教、风俗以及其他来源所养成之偏见,方能知事物之真相。盖尹文、宋牼之意,以为人之见侮为辱,以情为欲多,皆风俗习惯使然,非人之性本如此也。人之所以如此,皆由于有所宥。假如能识别此等囿,即知见侮本无可辱,情本不欲多。人皆知此,则自无竞争战斗,即"天下"可"安宁","民命"可"活",而"人我之养",亦可"毕足而止"矣。此所以"接万物以别宥为始"也(此点唐钺先生说,见所著《尹文和尹文子》一文。原文见《清华学报》第四卷第一期。现有之《尹文子》,乃后人假托,说详唐先生文中)。

(六)彭蒙、田骈、慎到

《庄子·天下篇》曰:

公而不党(本作当,依《释文》改),易而无私。决然无主,趣物而不两。不顾于虑,不谋于知。于物无择,与之俱往。古之道术有在于是者,彭蒙、田骈、慎到,闻其风而悦之。齐万物以为首,曰:"天能覆之而不能载之,地能载之而不能覆之,大道能包之而不能辩之。"知万物皆有所可,有所不可。故曰:"选则不遍,教则不至,道则无遗者矣。"是故慎到弃知去己,而缘不得已,泠汰于物,以为道理。曰:"知不知。"将薄知而后邻伤之者也。謑髁无任,而笑天下之尚贤也。纵脱无行,而非天下之大圣。椎拍輐断,与物宛转。舍是与非,苟可以免。不师知虑,不知前后,魏然而已矣。推而后行,曳而后往,若飘风之还,若落羽之旋,若磨石之隧。全而无非,动静无过,未尝有罪。是何故?夫无知之物,无建己之患,无用知之累,动静不离于理,是以终身无誉。故曰:"至于若无知之物而已,无用贤圣,夫块不失道。"豪杰相与笑之曰:"慎到之道,非生人之行而致死人之理,适得怪焉。"田骈亦然,学于彭蒙,得不教焉。彭蒙之师曰:"古之道人,至于莫之是莫之非而已矣。"其风窢然,恶可而言?常反人,不见观,而不免于魭断。其所谓道非道,而所言之韪,不免于非。彭蒙、田骈、慎到不知道,虽然,概乎皆尝有闻者也。(《庄子》卷十,页三十二至三十四)

荀子曰:

尚法而无法,下修而好作。上则取听于上,下则取从于俗,终日言成文典,及纠察之,则倜然无所归宿,不可以经国定分。然而其持之有故,其言之成理,足以欺惑愚众,是慎到、田骈也。(《非十二子篇》,《荀子》卷三,页十三至十四)

又曰:

慎子有见于后,无见于先。(《天论篇》,《荀子》卷十一,页二十四)

《吕氏春秋》曰:

田骈以道术说齐王。王应之曰:"寡人所有者,齐国也。道术难以除患(《吕氏春秋》无此句,据《淮南子》补)。愿闻齐国之政。"田骈对曰:"臣之言无政而可以得政,譬若林木无材而可以得材。……骈犹浅言之也。博言之,岂独齐国之政哉?变化应来而皆有章,因性任物而莫不当。彭祖以寿,三代以昌。五帝以昭,神农以鸿。"(《执一篇》,《吕氏春秋》卷十七,页十九)

又曰:

客有见田骈者,被服中法,进退中度,趋翔闲雅,辞令逊敏。田子听之毕而辞之。客出，田骈送之以目。弟子谓田骈曰："客士与？"田骈曰："殆乎非士也。今者客所飨敛，士所术施也。士所飨敛，客所术施也。客殆乎非士也。故火烛一隅，则室偏无光。骨节早成，空窍哭历，身必不长。众无谋方，乞谨视见，多故不良。志必不公，不能立功。好得恶予，国虽大不能为王，祸灾日至。故君子之容，纯乎其若钟山之玉；桔乎其若陵上之木；淳淳乎慎谨畏化，而不肯自足；乾乾乎取舍不悦，而心甚素朴。"（《士容篇》，《吕氏春秋》卷二十六，页二）

所谓《慎子》逸文曰：

鸟飞于空，鱼游于渊，非术也。故为鸟为鱼者，亦不自知其能飞能游。苟知之，立心以为之，则必坠必溺。犹人之足驰手捉，耳听目视，当其驰捉听视之际，应机自至，又不待思而施之也。苟须思之而后可施之，则疲矣。是以任自然者久，得其常者济。（《慎子》，《守山阁丛书》本，页十三）

就《天下篇》所说观之，彭蒙等之学说有五要点：

（一）"齐万物以为首"；

（二）"公而不党，易而无私，决然无主"；

（三）"弃知去己，而缘不得已"；

（四）"无用贤圣"；

（五）"块不失道"。

"齐万物以为首"者，以齐万物为其学说中之第一义也。"万物皆有所可，有所不可。"故物虽万殊，就此方面言之，则固无不齐也。就"大道"之观点，以观万物，则见平等齐一，无所谓贵贱好坏之分。所谓"大道能包之而不能辩之"也。"辩"者，即对事物加以种种区别也。若对事物加以区别，而有所选择取舍于其间，则必顾此失彼，得一端而遗全体。所谓"选则不遍，教则不至。"盖有所选，则必有所不选；有所教，则必有所不教。《庄子·齐物论》所谓"有成与亏，故昭氏之鼓琴也；无成与亏，故昭氏之不鼓琴也"（《庄子》卷一，页三十一），即此意也。"大道"既视万物为平等齐一，"包"之而不"辩"之；故曰"道则无遗者矣"。

以此道理应用于人生，则吾人之处理事物也，因其自然，任其自尔而已。吾人之自处也，"弃知去己，而缘不得已"而已。盖各事物既一律平等，无所谓贵贱好坏之区别，则吾人对之，当然无所用其选择。所谓"于物无择"也。既"于物无择"，则"与之俱往而已"。《庄子·大宗师》所谓"浸假而化予之左臂以为鸡，予因以求时夜。浸假而化予之右臂以为弹，予因以求鸮炙。浸假而化予之尻以为轮，以神为马，予因而乘之，岂更驾哉？"（《庄子》卷三，页十六）即"于物无择，与之俱往"之意也。此亦即所谓"公而不党，易而无私，决然无主"也。亦即所谓"因性任物而莫不当"也。亦即所谓"任自然者久"也。

欲达此境界，则必"弃知去己，而缘不得已"。盖知识专对事物作区别，"弃知"则不对事物作区别而"于物无择"矣。"己"执一事物为"己"，则不能"决然无主"，"去己"则能随顺万物，而"与物俱往矣"。无知无己，"泠汰（郭象云："犹听放也"）于物，以为道理"，即所谓"缘不得已"也。

"知不知，将薄知而后邻伤之也。""邻"宜读为"怜"。（顾实《庄子天下篇讲疏》）吾人须知"不知"，即至于无知之境界。盖有知之人，局促于有分别之域，《庄子·齐物论》所谓"君乎，牧乎，固哉！"（《庄子》卷一，页四十四）固实可薄而亦复可怜伤也。然而此等有知识之人，正世俗所谓圣贤也。世俗以为人之知识愈大，则其为圣贤也亦愈大。若"知不知"则"謑髁无任，而笑天下之尚贤"，"纵脱无行，而非天下之大圣"矣。

能至此境界，则"无建己之患，无用知之累"，而成一"无知之物"矣。"无知之物"之行动，"不师知虑，不知前后，魏然而已矣。推而后行，曳而后往，若飘风之还，若落羽之旋，若磨石之隧"。完全"缘不得已"而"与物俱往"。真正无知之物之行动，亦不过如此。故曰"块不失道"。"块"者，真正无知之物也。

彭蒙等之学说如此。自一方面观之，此学说与老、庄，尤与《庄子·齐物论》之旨，颇多相同之点。然其不同之处，即在"块不失道"之一点。老子言"知其雄，守其雌……知其白，守其黑……知其荣，守其辱"（二十八章，《老子》上篇，页二十九至三十）。《庄子·齐物论》之宗旨，在于"得其环中，以应无穷"（《庄子》卷一，页二十八），在于"和之以是非，而休乎天钧"（《庄子》卷一，页三十一），在于"忘年忘义，振于无竟，故寓诸无竟"（《庄子》卷一，页四十六）。比诸言之意义，下文讲老子、庄子章中详说。今但谓老子、庄子虽亦"薄知而怜伤之"，虽亦讲"知不知"；但老、庄却以为"不知"之境界，非即如真正"无知之物"之无知。《老子》屡言婴儿，婴儿虽无智识的知识（Intellectual Knowledge），然固非如真正"无知之物"也。"守其雌"而"知其雄"，"守其黑"而"知其白"，固非完全无知也。《庄子·齐物论》所言纯粹经验之世界中（详下），虽无智识的知识，然固有经验。有经验者，亦非真正无知之物也。庄子言"忘年忘义"，"忘"字最可注意。忘者，非无有也，特忘之而已。此《老子》、庄子之理想人格之所以异于"块"也。《天下篇》批评慎到，谓其道"非生人之行，而至死人之理，适得怪焉"。使人如真正"无知之物"，即使人"至死人之理"也。《天下篇》对于老、庄二派，皆极赞扬，而于慎到特提出此点，可见慎到与老、庄之不同在此矣。依老、庄之观点，彭蒙等"所谓道非道，而所言之趣不免于非，彭蒙、田骈、慎到，不知道"。然彭蒙等之学说，固与老、庄之学，多相同处。故《天下篇》谓彭蒙等，"虽然，概乎皆尝有闻者也"[注]。由今观之，老、庄之学，盖即彭蒙等学说之又更进一步者。

彭蒙等之学，注意于全生免祸之方法。如云："舍是与非，苟可以免"；"动静无过，未尝有罪"；"动静不离于理，是以终身无誉"。是其学亦出于杨朱也。然其所说，多注意于如何可免世之害我，是即杨朱学说更进一步者。

慎到之书，原本今不得见。《汉书·艺文志》列之于法家，谓"申、韩多称之"。《荀子·非十二子篇》谓慎到、田骈"上则取听于上，下则取从于俗"。当即"与物宛转"之义。又谓其"尚法而无法"，又谓其"蔽于法而不知贤"（《解蔽篇》，《荀子》卷十五，页五），则慎到实有"尚法"之说。《韩非子·难势篇》亦引有慎子言"势"之文。但其"齐物"之说，与其"尚法"之说，其间逻辑的关系如何，"文献不足"，不必强为牵引附会。今但以《天下篇》所说为主；他书所说，与《天下篇》所说相近者亦录之。至于慎子论"势"之言，俟下第十三章中附述之。

[注] 有广义之知识，有狭义之知识。广义之知识，与经验同其广泛；狭义之知识，则专指知识的知识。如知识论中所讲之知识，广义的知识也；如逻辑中所说之知识，狭义的知识也。老、庄所说无知，乃无狭义的知识；慎到等所说无知，乃无广义的知识，故使人"至死人之理"也。"概乎皆尝有闻"，即一甚推崇之辞。《天下篇》对墨子许为才士，对尹文、宋钘许为救世之士，皆不许其为"有闻"。

（七）驺衍及其他阴阳五行家言

上文（第三章）谓古代所谓术数中之"天文"、"历谱"、"五行"，皆注意于所谓"天人之际"，以为天道人事互相影响。及乎战国，人更将此等宗教的思想，加以推衍，并将其理论化，使成为一一贯的宇宙观。并骋其想像之力，对于天然界及人事界，作种种推测。此等人即汉人所称为阴阳家者。此派在战国末年之首领为驺衍。《史记》曰：

齐有三驺子，其前驺忌，以鼓琴干威王，因及国政，封为成侯，而受相印，先孟子。其次驺衍，后孟子。驺衍睹有国者益淫侈，不能尚德，若大雅整之于身，施及黎庶矣。乃深观阴阳消息，而作怪迂之变，《终始》《大圣》之篇，十余万言。其语闳大不经，必先验小物，推而大之，至于无垠。先序今以上至黄帝，学者所共术，大并世盛衰，因载其机祥度制，推而远之，至天地未生，窈冥不可考而原也。先列中国名山，大川，通谷，禽兽，水土所殖，物类所珍，因而推之及海外，人之所不能睹。称引天地剖判以来，五德转移，治各有宜，而符应若兹。以为儒者所谓中国者，于天下乃八十一分居其一分耳。中国名曰赤县神州，赤县神州内，自有九州，禹之序九州是也，不得为州数。中国外如赤县神州者九，乃所谓九州也。于是有裨海环之，人民禽兽莫能相通者；如一区中者，乃为一州。如此者九，乃有大瀛海环其外，天地之际焉。其术皆此类也。然要其归，必止乎仁义节俭，君臣上下六亲之施，始也滥耳。王公大人，初见其术，惧然顾化，其后不能行之。是以驺子重于齐。适梁，惠王郊迎，执宾主之礼。适赵，平原君侧行撇席。如燕，昭王拥彗先驱，请列弟子之座而受业。筑碣石宫，身亲往师之，作《主运》。其游诸侯见尊礼如此。……驺奭者，齐诸驺子，亦颇采驺衍之术以纪文。……驺衍之术，迂大而闳辩。奭也文具难施。……故齐

人颂曰:"谈天衍,雕龙奭。"(《孟子·荀卿列传》,《史记》卷七十四,页二至五)

所谓"五德转移,治各有宜"者,《吕氏春秋》曰:

凡帝王之将兴也,天必先见祥乎下民。黄帝之时,天先见大螾大蝼。黄帝曰:"土气胜。"土气胜,故其色尚黄,其事则土。及禹之时,天先见草木秋冬不杀。禹曰:"木气胜。"木气胜,故其色尚青,其事则木。及汤之时,天先见金刃生于水。汤曰:"金气胜。"金气胜,故其色尚白,其事则金。及文王之时,天先见火,赤乌衔丹书集于周社。文王曰:"火气胜。"火气胜,故其色尚赤,其事则火。代火者必将水;天且先见水气胜。水气胜,故其色尚黑,其事则水。水气至而不知,数备,将徙于土。(《有始览·应同》,《四部丛刊》本,卷十三,页四)

《吕氏春秋》此文,虽未谓系驺衍之说,然李善引《七略》云:"邹子终始五德,从所不胜,木德继之,金德次之,火德次之,水德次之。"(《文选》左思《魏都赋》注引) 李善又引《邹子》云:"五德从所不胜,虞土,夏木,殷金,周火。"(《文选》沈约《故安陆昭王碑文》注引) 与《吕氏春秋》所说相合,故可知其即为驺衍之说也。此说以五行为五种天然的势力,即所谓五德也。每种势力,皆有盛衰之时。在其盛而当运之时,天道人事,皆受其支配。及其运尽而衰,则能胜而克之者,继之盛而当运。木能胜土,金能胜木,火能胜金,水能胜火,土能胜水。如是循环,无有止息。所谓"自天地剖判以来,五德转移,治各有宜"也。吾人历史上之事变,亦皆此诸天然的势力之表现,每一朝代,皆代表一"德",其服色制度,皆受此"德"之支配焉。依此观点,则所谓天道人事,打成一片,历史乃一"神圣的喜剧"(Divine Comedy);汉人之历史哲学,皆根据此观点也。

[注]如秦始皇以秦得水德,于是"改年始朝贺皆自十月朔。衣服

旄旌节旗皆上黑。数以六为纪。符法冠皆六寸，而舆六尺。六尺为步。乘六马。更名河曰德水，以为水德之始。刚毅戾深，事皆决于法。刻削毋仁恩和义，然后合五德之数。"(《秦始皇本纪》，《史记》卷六，页十一至十二）其一例也。

邹衍对于历史之意见如此，对于地理之意见，则有大九州之说，皆极想像之能事，宜"其游诸侯见尊礼"也。

《尚书》中之《洪范》，《吕氏春秋》及《礼记》中之《月令》，不知为何人所作，要之皆战国时阴阳五行家之言也。《洪范》托为箕子之言曰：

我闻在昔，鲧陻洪水，汩陈其五行，帝乃震怒，不畀洪范九畴，彝伦攸斁。鲧则殛死，禹乃嗣兴，天乃锡禹洪范九畴，彝伦攸叙。初一曰五行。次二曰敬用五事。次三曰农用八政。次四曰协用五纪。次五曰建用皇极。次六曰乂用三德。次七曰明用稽疑。次八曰念用庶征。次九曰向用五福，威用六极。(《尚书》卷七，《四部丛刊》本，页一至二)

五行者，《洪范》曰：

一曰水，二曰火，三曰木，四曰金，五曰土。水曰润下，火曰炎上，木曰曲直，金曰从革，土爰稼穑。润下作咸，炎上作苦，曲直作酸，从革作辛，稼穑作甘。(《尚书》卷七，页二)

五事者，《洪范》曰：

一曰貌，二曰言，三曰视，四曰听，五曰思。貌曰恭，言曰从，视曰明，听曰聪，思曰睿。恭作肃，从作乂，明作晳，聪作谋，睿作圣。(同上)

庶征者，《洪范》曰：

曰雨，曰旸，曰燠，曰寒，曰风，曰时。五者来备，各以其叙，庶草蕃庑。一极备凶，一极无凶。曰休征：曰肃时雨若，曰乂时旸若，曰皙时燠若,曰谋时寒若,曰圣时风若。曰咎征:曰狂恒雨若,曰僭恒旸若,曰豫恒燠若,曰急恒寒若,曰蒙恒风若。(《尚书》卷七,页五至六)

人君之举动措施,如有不合,则能影响及天时,此历史所以为"神圣的喜剧"也。

[注]《洪范》为战国时作品,说详刘节先生之《洪范疏证》;原文见《东方杂志》第二十五卷第二号。

《月令》亦不知何人所作;依《月令》之说,所谓"五德",在一年之四时中,各有其"盛"时,如春时"盛德在木",夏时"盛德在火",秋时"盛德在金",冬时"盛德在水"。天子每月所居皆有定处,所衣皆有定色,所食皆有定味,所行政事皆有一定,所谓"月令"也。如每月所行之令有误,则影响天时而使之起非常的变化。如:

孟春行夏令,则雨水不时,草木早落,国时有恐。行秋令,则民大疫,猋风暴雨总至,藜莠蓬蒿并兴。行冬令,则水潦为败,雪霜大挚,首种不入。(《月令》,《礼记》卷五,《四部丛刊》本,页三至四)

此亦谓人君之举动措施不合,则能影响及天时。但《洪范》中言有上帝之存在,帝并能"震怒",以施赏罚。《月令》中言每月皆有"其帝""其神"。如"孟春之月","其帝太皞,其神句芒"。受人事影响之天时变动,其为天道机械的受感后机械的发生之反动欤?抑因人君之举动措施不当,"帝乃震怒",故向之作一种示威举动欤?依前之说,则为一种机械论的宇宙观;依后之说,则为一种目的论的宇宙观。阴阳五行家盖未觉此二观点之不相容,似常依违于二者之间。故吾人观其言论,常觉其时如此时如彼也。

[注]《月令》未言土德盛在何时;盖一年只有四季,故五德之中,必有一无可配者。《淮南子·时则训》以"季夏之月"为"盛德在土";

此后来阴阳家补充之说也。

《管子·四时篇》曰：

是故阴阳者，天地之大理也。四时者，阴阳之大经也。刑德者，四时之合也。刑德合于时则生福，诡则生祸。然则春夏秋冬将何行？东方曰星，其时曰春，其气曰风。风生木与骨。其德喜嬴，而发出节时。其事号令，修除神位，谨祷弊梗，宗正阳，治堤防，耕耘树艺，正津梁，修沟渎，甃屋行水，解怨赦罪，通四方。然则柔风甘雨乃至，百姓乃寿，百虫乃蕃，此谓星德。……南方曰日，其时曰夏，其气曰阳。阳生火与气。其德施舍修乐。……此谓日德。中央曰土，土德实辅四时入出，以风雨节土益力。土生皮肌肤，其德和平用均。中正无私（戴望《管子校正》云："丁云：'中正上脱其事二字。'"），实辅四时。春嬴育，夏养长，秋聚收，冬闭藏。……此谓岁德。……西方曰辰，其时曰秋，其气曰阴。阴生金与甲。其德忧哀，静正严顺，居不敢淫佚。……此谓辰德。……北方曰月，其时曰冬，其气曰寒。寒生水与血。其德淳越温怒周密。……此谓月德。……是故春凋，秋荣，冬雷，夏有霜雪，此皆气之贼也。刑德易节失次，则贼气速至。贼气速至，则国多灾殃。是故圣王务时而寄政焉，作教而寄武焉，作祀而寄德焉。此三者，圣王所以合于天地之行也。（《管子》卷十四，《四部丛刊》本，页四至六）

政教必"合于天地之行"，此亦阴阳家之言也。

《管子·水地篇》曰：

地者，万物之本原，诸生之根菀也。美恶贤不肖愚俊之所生也。水者，地之血气，如筋脉之流通者也。故曰：水具材也。……集于天地，而藏于万物，产于金石，集于诸生。故曰水神。集于草木，根得其度，华得其数，实得其量。鸟兽得之，形体肥大，羽毛丰茂，文理明著。万物莫不尽其几，反其常者，水之内度适也。……人，水也。男女精气合而水流形。……是以水集于玉,而九德出焉;凝寒而为人,而九窍五虑出焉;此乃其精也。……是故具者何也(戴望《管子校正》云:"丁云:'具下当有材字。上文云:水具材也。'")?水是也。万物莫不以生,惟知其托者,能为之正。……夫齐之水道躁而复,故其民贪粗而好勇。楚之水淖弱而清,故其民轻果而贼。越之水浊重而洎,故其民愚疾而垢。秦之水泔最而稽,埃滞而杂,故其民贪戾罔而好事。……是以圣人之化世也,其解在水。故水一则人心正,水清则民心易。一则欲不污(安井衡云:"当作人心正则欲不污"),民心易则行无邪。是以圣人之治于世也,不人告也,不户说也,其枢在水。(《管子》卷十四,页一至三)

此以水为万物之本原,又以治水为治世之枢要。欲治世,须改良人心;欲改良人心,即改良水可耳。立说甚奇,似亦为阴阳家言。

《吕氏春秋·有始篇》谓:"天有九野,地有九州,土有九山,山有九塞,泽有九薮,风有八等,水有六川。"(《吕氏春秋》卷十三,页一)又曰:

凡四海之内,东西二万八千里,南北二万六千里,水道八千里,受水者亦八千里。通谷六,名川六百,陆注三千,小水万数。凡四极之内,东西五亿有九万七千里,南北亦五亿有九万七千里;极星与天俱游,而天枢不移。冬至日行远道,周行四极,命曰玄明;夏至日行近道,乃参于上,当枢之下,无昼夜;白民之南,建木之下,日中无影,呼而无响,盖天地之中也。天地万物,一人之身也,此之谓大同。众耳目鼻口也,众五谷寒暑也,此之谓众异,则万物备也。天斟万物,圣人览焉,以观其类,解在乎天地之所以形,雷电之所以生,阴阳材物之精,人民禽兽之所安平。(《吕氏春秋》卷十三,页三至四)

此亦驺衍大九州之说之类,似亦阴阳家言也。

阴阳五行家以齐为根据地。盖齐地滨海,其人较多新异见闻,故齐人长于为荒诞之谈。战国诸子，谈及荒诞之谈，每谓为齐人之说。咸丘蒙谓："舜南面而立，尧帅诸侯北面而朝之。"孟子曰："此齐东野人之语也。"(《万章上》，《孟子》卷九，页六至七)《庄子·逍遥游》曰："《齐谐》者，志怪者也。"(《庄子》卷一，页二) 盖宋人之愚，齐人之夸，皆当时人所熟知者也。《汉书·地理志》曰：

齐地虚危之分野也。……至今其土好经术，矜功名，舒缓阔达而足智；其失夸奢朋党，言与行谬，虚诈不情。……(《前汉书》卷二十八下，同文影殿刊本，页三十二至三十三)

盖齐人之夸，至汉时犹然也。惟其人夸，好为荒诞之言，故有驺衍诸人之学说出也。《史记》云：

自齐威宣之时，驺子之徒，论著终始五德之运。及秦帝，而齐人奏之。故始皇采用之，而宋毋忌，正伯侨，充尚，羡门子高，最后皆燕人，为方仙道，形解销化，依于鬼神之事。驺衍以阴阳《主运》，显于诸侯。而燕齐海上之方士，传其术，不能通。然则怪迂阿谀苟合之徒自此兴，不可胜数也。(《封禅书》，《史记》卷二十八，页十)

《史记》谓驺衍至燕，大见尊礼，盖阴阳五行家之说，由齐至燕。自后怪迂之徒，"不可胜数"，而阴阳五行家之空气，遂笼罩秦汉之世矣。

第八章 《老子》及道家中之《老》学

（一）老聃与李耳

《老子》一书，相传为系较孔子为年长之老聃所作。其书之成，在孔子以前。今以为《老子》系战国时人所作，关于此说之证据，前人已详举（参看崔东壁《洙泗考信录》，汪中《老子考异》，梁启超《评胡适之中国哲学史大纲》），兹不赘述。就本书中所述关于上古时代学术界之大概情形观之，亦可见《老子》为战国时之作品。盖一则孔子以前，无私人著述之事，故《老子》不能早于《论语》（参看第二章第一节）。二则《老子》之文体，非问答体，故应在《论语》《孟子》后。三则《老子》之文，为简明之"经"体，可见其为战国时之作品（参看第五章第二节）。此三端及前人所已举之证据，若只任举其一，则不免有为逻辑上所谓"丐词"（begging the question）之嫌。但合而观之，则《老子》之文体，学说及各方面之旁证，皆指明其为战国时之作品，此则必非偶然矣。

司马谈曰：

道家使人精神专一，动合无形，赡足万物。其为术也，因阴阳之大顺，采儒墨之善，撮名法之要。与时推移，应物变化。立俗施事，无所不宜。指约而易操，事少而功多。（《太史公自序》，《史记》卷百三十，同文影殿刊本，页四）

此明谓道家后起，故能采各家之长。而后世乃谓各家皆出于道家，亦可谓不善读司马谈之《论六家要旨》矣。

[注]胡适之先生谓此道家乃谓汉初之道家，即《汉书·艺文志》所谓杂家，非谓老、庄。然《汉书·艺文志》于杂家外另有道家，故杂家不包老、庄。司马谈所谓道家，则包老、庄。

后世所以有此种错误，盖由于司马迁作《史记》，误以李耳及传说中之老聃为一人。其实《老》学（即现在《老子》书中所讲之学）之首领，战国时之李耳也。传说中之"古之博大真人"，乃老聃也。老聃之果为历史的人物与否不可知，但李耳之籍贯家世，则司马迁知之甚确。《史记·老庄申韩列传》云：

老子者，楚苦县厉乡曲仁里人也。名耳，字聃，姓李氏。（据《索隐》本）……老子修道德，其学以自隐无名为务。……老子，隐君子也。老子之子名宗，宗为魏将，封于段干。宗子注，注子宫。宫玄孙假，仕于汉孝文帝。而假之子解，为胶西王卬太傅，因家于齐焉。（《史记》卷六十三，页一至四）

据此则李耳实有其人，不过司马迁误以为与传说中之老聃为一人，故于此李耳传中，夹杂许多飘缈恍惚之谈，曰："老子……莫知其所终。或曰，老莱子，亦楚人也。……盖老子百有六十余岁，或言二百余岁。……自孔子死之后，百二十九年，而史记周太史儋见秦献公。……或曰，儋即老子；或曰，非也。世莫知其然否。"于是所谓《老子传》，乃首尾是历史，中间是神话。于是所谓老聃乃如一神而戴人帽，着人鞋，亦一喜剧矣。（此段大意采刘汝霖先生《周秦诸子考》）

然司马迁之致此误，亦非无故。盖李耳既为"隐君子"，"其学以自隐无名为务"，则其讲学必不愿标自己之名。其时传说中恰有一"古之博大真人"之老聃，故李耳即以其学为老聃之学。既可隐自己之名，又可收庄子所谓"重言"之效。故《荀子》、《吕氏春秋》、《庄子·天下篇》，皆以《老》学为老聃之学。及司马迁知李耳为《老》学首领，而又狃于世人之以《老》学为老聃之学之说，故遂误将老聃及李耳合为一人矣。吾人今当依司马迁认李耳为战国时《老》学首领，但认李耳为历史的人物，而老聃则为传说中的人物，二者是二非一也。

然"书缺有间"，"文献不足征"，以上所说，亦难执为必定无误。今所有之《老子》，亦曾经汉人之整理编次，不能必谓成于一人之手。故本章题为《老子》，明以书为本位也。

（二）《老》学与庄学

《老子》之学说，《荀子》批评之，《庄子·天下篇》称述之，《韩非子》"解"之"喻"之；《战国策》中，游说之士亦引用之[注]；故可知其在战国时已为"显学"矣。

汉以前，无道家之名，《老子》之学说与庄子亦不同。上文谓《老》学为杨朱之学之更进一步者，而庄学则为其更进二步者（第七章第一节），已略言之矣。《庄子·天下篇》，凡学说之相同者。如宋钘、尹文，皆列为一派。而老聃、庄周，则列为二派。《天下篇》云：

以本为精，以物为粗，以有积为不足，澹然独与神明居。古之道术有在于是者，关尹、老聃，闻其风而悦之。建之以常无有，主之以太一，以懦弱谦下为表，以空虚不毁万物为实。关尹曰："在己无居，形物自著。其动若水，其静若镜，其应若响。芴乎若亡，寂乎若清。同焉

[注] 如《齐策》：颜斶云："老子曰：'虽贵必以贱为本；虽高必以下为基。是以侯王称孤寡不谷。'"（《战国策》，《四部丛刊》本，卷四，页十四）

者和,得焉者失。未尝先人而常随人。"老聃曰:"知其雄,守其雌,为天下谿。知其白,守其辱,为天下谷。"人皆取先,己独取后,曰,"受天下之垢"。人皆取实,己独取虚。无藏也,故有余,岿然而有余。其行身也,徐而不费,无为也而笑巧。人皆求福,己独曲全,曰,"苟免于咎"。以深为根,以约为纪。曰:"坚则毁矣,锐则挫矣。"常宽容于物,不削于人,可谓至极。关尹,老聃乎,古之博大真人哉!(《庄子》卷十,《四部丛刊》本,页三十六)

又云:

寂漠无形,变化无常,死与?生与?天地并与?神明往与?芒乎何之?忽乎何适?万物毕罗,莫足以归。古之道术有在于是者,庄周闻其风而悦之。以谬悠之说,荒唐之言,无端崖之辞,时恣纵而不傥,不以觭见之也。以天下为沈浊不可与庄语,以卮言为曼衍,以重言为真,以寓言为广,独与天地精神往来,而不傲倪于万物。不谴是非,以与世俗处。其书虽瓌玮,而连犿无伤也。其辞虽参差,而諔诡可观。彼其充实不可以已,上与造物者游,而下与外死生、无终始者为友。其于本也,弘大而辟,深闳而肆。其于宗也,可谓调适而上遂矣。虽然,其应于化而解于物也,其理不竭,其来不蜕,芒乎昧乎,未之尽者。(同上)

据此所述,老、庄之学之不同,已显然可见矣。此二段中,只"澹然独与神明居"一语,可与"独与天地精神往来"之言,有相同的意义。除此外,吾人可见《老》学犹注意于先后、雌雄、荣辱、虚实等分别。知"坚则毁"、"锐则挫",而注意于求不毁不挫之术。庄学则"外死生,无终始"。《老》学所注意之事,实庄学所认为不值注意者也。

战国以后,《老》学盛行于汉初;庄学盛行于汉末。陈澧云:

洪稚存云:自汉兴,黄老之学盛行。文景因之以致治。至汉末,祖尚玄虚,于是始变黄老而称老庄。陈寿《魏志·王粲传》末言,嵇康好言老、庄。《老》庄并称，实始于此。即以注二家者而论，为《老子》解义者，邻氏、傅氏、徐氏、河上公、刘向、毋丘望之、严遵等，皆西汉以前人也，无有言及庄子者。注《庄子》实自晋议郎清河崔𫍯始；而向秀、司马彪、郭象、李颐等继之。(《东塾读书记》卷十二)

司马谈谓道家"与时迁移，应物变化。立俗施事，无所不宜。指约而易操，事少而功多"。《汉书·艺文志》谓道家为"君人南面之术"。大约汉人所谓道家，实即《老》学也。《老》学述应世之方法，庄学则超人事而上之。"汉兴，黄老之学盛行"，主以清静无为为治，此《老》学也。"至汉末祖尚玄虚"，始将《老子》庄学化而并称《老》庄焉。实则《老》自《老》，庄自庄也。

道家之名，乃汉人所立，其以《老》庄皆为道家者，则因《老》学庄学虽不同，而同为当时一切传统的思想制度之反对派。再则《老》学与庄学所说道德之二根本观念亦相同。此汉人所以统名之曰道家之理由也。司马谈称道家为道德家，可见其以此二观念为道家之根本观念矣。

（三）楚人精神

李耳为楚人。而《论语》中所记"隐者"之流，据《史记》亦多孔子在楚时所遇。上文所引范蠡之言亦多似《老子》处（第三章第四节）。盖楚人为新兴民族，本无较高文化，孟子所谓"南蛮鴃舌之人，非先王之道"(《滕文公》上，《孟子》卷五，《四部丛刊》本，页十四)者也。孟子又谓："陈良，楚产也，悦周公仲尼之道，北学于中国。北方之学者，未能或之先也。"(《滕文公》上，《孟子》卷五，页十三)可见楚人慕周之文化者，须至北方留学，方能得之。然楚人虽不沾周之文化之利益，亦不受周之文化之拘束；故其人多有极新之思想。《汉书·地理志》谓:"楚有江汉川泽山林之饶,民……食物常足。故呰窳偷生,而亡积聚。饮食还给,不忧冻饥,亦亡千金之家。信巫鬼,重淫祀。"(《前汉书》卷二十八下,同文影殿刊本,页三十六)然《离骚》中,屈原远游,驱使鬼神,其对于鬼神之态度,为诗的而非宗教的。至于《天问》一篇,则更对于一切人神之传说,皆加质问;对于宇宙之所以发生,日月之所以运行,亦提出问题。或者一般人过于"信巫鬼,重淫祀",故激起有思想人之反动也。

所谓"隐者"之流,对于当时政治,皆持反对态度。而许行之徒,不但反对当时政治,且反对传统的政治社会制度。及后所谓道家者流,在周秦之际,乃一切传统的思想制度之反对者。而《老子》、《庄子》二书,乃其二重要代表也。

[注] 日人小柳司气太云:"道家渊源的鬻子及发挥光大道家思想的老子、庄子,皆为楚人。更据《汉志》,蜎子、长卢子、老莱子、鹖冠子,亦皆楚人。至于其他传说中的隐逸,有狂接舆、长沮、桀溺(见《论语》)、詹何(见《列子·汤问》、《列子·说符》及《韩非子·解老》)、北郭先生(见《韩诗外传》卷九)、江上老人(见《吕览·异宝篇》)、缯封人(见《荀子·尧问》),皆楚人。屈原《远游》云:'曰道可受兮而不可传,其小无内兮其大无垠,毋滑而魂兮彼将自然',与《庄子·大宗师》'道可传而不可受'相通。又曰:'载营魄兮登遐',与《老子》'载营魄抱一,能无离乎'相通。《渔父辞》云:'圣人不凝滞于物,而能与世推移',与《老子》'和光同尘'相通。"(《文化史上所见之古代楚国》,《东方学报》,东京第一册,东方文化学院东京研究所昭和六年三月出版)

（四）道、德

古代所谓天，乃主宰之天。孔子因之，墨子提倡之。至孟子则所谓天，有时已为义理之天。所谓义理之天，常含有道德的唯心的意义，特非主持道德律之有人格的上帝耳。《老子》则直谓"天地不仁"，不但取消天之道德的意义，且取消其唯心的意义。古时所谓道，均谓人道，至《老子》乃予道以形上学的意义。以为天地万物之生，必有其所以生之总原理，此总原理名之曰道。故《韩非子·解老》云：

道者，万物之所然也，万理之所稽也。理者，成物之文也。道者，万物之所以成也。故曰：道，理之者也。物有理不可以相薄。……万物各异理，而道尽稽万物之理，故不得不化。不得不化，故无常操。（《韩非子》卷六，《四部丛刊》本，页七）

此谓各物皆有其所以生之理，而万物之所以生之总原理，即道也。《老子》云：

有物混成，先天地生。寂兮寥兮，独立而不改，周行而不殆，可以为天下母。吾不知其名，字之曰道，强为之名曰大。（二十五章，《老子》上篇，武英殿《聚珍版丛书》本，页二十四至二十五）（本章以下所引《老子》，作者均未注篇名和版本——编者）

又云：

大道泛兮其可左右，万物恃之而生而不辞，功成不名有，衣养万物而不为主。（三十四章，上篇，页三十五）

道之作用，并非有意志的，只是自然如此。故曰：

人法地，地法天，天法道，道法自然。（二十五章，上篇，页二十六）

道即万物所以生之总原理，道之作用，亦即万物之作用。但万物所以能成万物，亦即由于道。故曰：

道常无为而无不为。（三十七章，上篇，页三十七）

由此而言，道乃万物所以生之原理，与天地万物之为事物者不同。事物可名曰有；道非事物，只可谓为无。然道能生天地万物，故又可称为有。故道兼有无而言；无言其体，有言其用。故《老子》云：

道可道，非常道；名可名，非常名。无，名天地之始；有，名万物之母。常无，欲以观其妙；常有，欲以观其徼。此二者，同出而异名，同谓之玄。玄之又玄，众妙之门。（一章，上篇，页一）

"此二者"，即有无也。有无同出于道，盖即道之两方面也。《老子》又云：

道生一，一生二，二生三，三生万物。万物负阴而抱阳，冲气以为和。（四十二章，下篇，页八）

又云：

天地万物生于有，有生于无。（四十章，下篇，页六）

《庄子·天下篇》云："建之以常无有，主之以太一。"（《庄子》卷十，页三十五）常无常有，道之两方面也。太一当即"道生一"之一，"天地万物生于有"，"有"或即"太一"乎？二者，天地也。三者，阴气、阳气、和气也。《庄子·田子方篇》曰："至阴肃肃，至阳赫赫。肃肃出乎天，赫赫发乎地（天地二字，疑当互易）。两者交通成和而物生焉。"（《庄子》卷七，页三十三）即此意也（"二者天地也"以下至此，高亨先生《老子正诂》说）。

谓道即是无。不过此"无"乃对于具体事物之"有"而言，非即是零。道乃天地万物所以生之总原理，岂可谓为等于零之"无"。《老子》曰：

道之为物，惟恍惟惚。惚兮恍兮，其中有象。恍兮惚兮，其中有

物。窈兮冥兮，其中有精。其精甚真，其中有信。（二十一章，上篇，页二十一）

"恍，惚"言其非具体的事物之有；"有象"、"有物"、"有精"，言其非等于零之无。第十四章"无状之状，无物之象"，王弼注云："欲言无耶，而物由以成；欲言有耶，而不见其形"，即此意。

道为天地万物之所以生之总原理，非具体的事物；故难以指具体的事物，或形容具体的事物之名，指之或形容之。盖凡名皆有限制及决定之力；谓此物为此，则即决定其是此而非彼。而道则"周行而不殆"，在此亦在彼，是此亦是彼也。故曰：

道常无名。（三十二章，上篇，页三十三）

又曰：

道隐无名。（四十一章，下篇，页八）

"道尽稽万物之理，故不得不化，故无常操"，本不可以名名之，"字之曰道"，亦强字之而已。

道为天地万物所以生之总原理，德为一物所以生之原理，即《韩非子》所谓"万物各异理"之理也。《老子》曰：

孔德之容，惟道是从。（二十一章，上篇，页二十）

又曰：

道生之，德畜之，物形之，势成之。是以万物莫不尊道而贵德。道之尊，德之贵，夫莫之命而常自然。（五十一章，下篇，页十六）

《管子·心术上》云："德者道之舍，物得以生，生得以职道之精。故德者，得也，其谓所得以然也。以无为之谓道，舍之之谓德。故道之与德无间，故言之者无别也。"（《管子》卷十三，《四部丛刊》本，页三）"德者道之舍。"舍当是舍寓之意，言德乃道之寓于物者。换言之，德即物之所得于道，而以成其物者。此解说道与德之关系，其言甚精。

《老子》所云"道生之，德畜之"，其意中道与德之关系，似亦如此，特未能以极清楚确定的话说出耳。"物形之，势成之"者，吕吉甫云："及其为物，则特形之而已。……已有形矣，则裸者不得不裸；鳞介羽毛者，不得不鳞介羽毛；以至于幼壮老死，不得不幼壮老死；皆其势之必然也。"（焦竑《老子翼》卷五引，渐西村舍刊本，页二）形之者，即物之具体化也。物固势之所成，即道德之作用，亦是自然的。故曰："道之尊，德之贵，夫莫之命而常自然。"

（五）对于事物之观察

《老子》以为宇宙间事物之变化，于其中可发现通则。凡通则皆可谓之为"常"，《韩非子·解老篇》云：

夫物之一存一亡，乍死乍生，初盛而后衰者，不可谓常。唯夫与天地之剖判也俱生，至天地之消散也不死不衰者，谓常。（《韩非子》卷六，页七）

常有普遍永久之义。故道曰常道。所谓：

道可道，非常道。（一章，上篇，页一）

自常道内出之德，名曰常德。所谓：

常德不忒，复归于无极。……常德乃足，复归于朴。（二十八章，上篇，页二十九至三十）

言道之为"无"，则曰"常无"；言道之为"有"，则曰"常有"（一章）。言道之不可形容，则曰：

道常无名。（三十二章，上篇，页三十三）

言道之功用，则曰：

道常无为而无不为。（三十七章，上篇，页三十七）

言道德之尊贵，则曰：

夫莫之命而常自然。（五十一章，下篇，页十六）

至于人事中可发现之通则，则如：

取天下常以无事。（四十八章，下篇，页十三）

民之从事，常于几成而败之。（六十四章，下篇，页三十一）

常有司杀者杀。（七十四章，下篇，页三十九）

天道无亲，常与善人。（七十九章，下篇，页四十二）

凡此皆为通则，永久如此。吾人贵能知通则；能知通则为"明"。《老子》曰：

夫物芸芸，各复归其根。归根曰静，是谓复命。复命曰常，知常曰明。（十六章，上篇，页十四）

《老子》中数言"知常曰明"，可知明之可贵。故《老子》云：

知常，容。容乃公。公乃王（马夷初先生《老子核诂》云："王本王字作周"）。王乃天（《老子核诂》）云："疑天字乃大字之讹"）。天乃道。道乃久。殁身不殆。（十六章，上篇，页十五）

容当即《庄子·天下篇》所说："常宽容于物"（见上第二节引）之容。知常之人，依常而行，不妄逞己之私意，故为公也。道"周行而不殆"，"疆为之名曰大"（二十五章，上篇，页二十五）。知常之人，依常而行，亦可周行而不殆。故曰，"公则周，周则大，没身不殆"也。"知常"即依之而行，则谓之"袭明"（《老子核诂》云："袭、习古通"）。所谓：

是以圣人常善救人，故无弃人；常善救物，故无弃物：是谓袭明。（二十七章，上篇，页二十八）

或谓为"习常"，所谓：

见小曰明，守柔曰强。……无遗身殃，是为习常。（五十二章，下

篇，页十八）

若吾人不知宇宙间事物变化之通则，而任意作为，则必有不利之结果。所谓：

不知常，妄作，凶。（十六章，上篇，页十四）

事物变化之一最大通则，则一事物若发达至于极点，则必一变而为其反面。此即所谓"反"，所谓"复"。《老子》云：

反者道之动。（四十章，下篇，页五）

又云：

大曰逝，逝曰远，远曰反。（二十五章，上篇，页二十五至二十六）

又云：

万物并作，吾以观复。（十六章，上篇，页十四）

惟"反"为道之动，故"祸兮福之所倚，福兮祸之所伏"。"正复为奇，善复为妖"（五十八章，下篇，页二十四）。惟其如此，故"曲则全，枉则直，洼则盈，敝则新，少则得，多则惑"（二十二章，上篇，页二十二）。惟其如此，故"飘风不终朝，骤雨不终日"（二十三章，上篇，页二十三）。惟其如此，故"以道佐人主者，不以兵强天下，其事好还"（三十章，上篇，页三十一）。惟其如此，故"天之道其犹张弓欤，高者抑之，下者举之。有余者损之，不足者补之"（七十七章，下篇，页四十）。惟其如此，故"天下之至柔，驰骋天下之至坚"（四十三章，下篇，页九）。"天下莫柔弱于水，而攻坚强者莫之能胜"（七十八章，下篇，页四十一）。惟其如此，故"物或损之而益，或益之而损"（四十二章，下篇，页八）。凡此皆事物变化自然之通则，《老子》特发现而叙述之，并非故为奇论异说。而一般人视之，则以为非常可怪之论。故曰："正言若反。"（七十八章，下篇，页四十一）故曰："玄德深矣远矣，与物反矣，然后乃至大顺。"（六十五章，下篇，页

三十三）故曰："下士闻道大笑之，不笑不足以为道。"（四十一章，下篇，页六）

（六）处世之方

事物变化既有上述之通则，则"知常曰明"之人，处世接物，必有一定之方法。大要吾人若欲如何，必先居于此如何之反面，南辕正所以取道北辙。故，

将欲歙之，必固张之；将欲弱之，必固强之；将欲废之，必固兴之；将欲夺之，必固与之。（三十六章，上篇，页三十七）

甚爱必大费，多藏必厚亡。（四十四章，下篇，页十）

此非《老子》之尚阴谋，《老子》不过叙述其所发现耳。反之，则将欲张之，必固歙之；将欲强之，必固弱之。故，

圣人后其身而身先，外其身而身存。非以其无私耶？故能成其私。（七章，上篇，页七）

不自见故明，不自是故彰；不自伐故有功，不自矜故长；夫惟不争，故天下莫能与之争。（二十二章，上篇，页二十二至二十三）

以其终不自为大，故能成其大。（三十四章，上篇，页三十六）

贵以贱为本，高以下为基，是以侯王自谓孤寡不谷。（三十九章，下篇，页五）

大国以下小国，则取小国；小国以下大国，则取大国。（六十一章，下篇，页二十八）

是以欲上民，必以言下之；欲先民，必以身后之。……以其不争，故天下莫能与之争。（六十六章，下篇，页三十三）

慈故能勇，俭故能广，不敢为天下先，故能成器长。（六十七章，

下篇，页三十四）

夫惟病病，是以不病。（七十一章，下篇，页三十七）

凡此皆"知常曰明"之人所以自处之道也。一事物发展至极点，必变为其反面。其能维持其发展而不致变为其反面者，则其中必先包含其反面之分子，使其发展永不能至极点也。故，

明道若昧，进道若退，夷道若纇，上德若谷，大白若辱。广德若不足，建德若偷。质真若渝，大方无隅。……（四十一章，下篇，页六至七）

大成若缺，其用不弊；大盈若冲，其用不穷；大直若屈，大巧若拙，大辩若讷。（四十五章，下篇，页十至十一）

"知常曰明"之人，知事物真相之如此，故，

知其雄，守其雌，为天下谿。……知其白，守其黑，为天下式。……知其荣，守其辱，为天下谷。（二十八章，上篇，页二十九至三十）

总之：

圣人去甚，去奢，去泰。（二十九章，上篇，页三十一）

其所以如此，盖恐事物之发展若"泰""甚"，则将变为其反面也。故曰：

持而盈之，不如其已。揣而锐之，不可常保。金玉满堂，莫之能守。富贵而骄，自遗其咎。功遂身退，天之道。（九章，上篇，页七至八）

又曰：

保此道者不欲盈。（十五章，上篇，页十三至十四）

黑格尔谓历史进化，常经"正"、"反"、"合"三阶级。一事物发展至极点必变而为其反面，即由"正"而"反"也。"大直若屈，大巧

若拙。"若只直则必变为屈，若只巧则必"弄巧成拙"。惟包含有屈之直，有拙之巧，是谓大直大巧，即"正"与"反"之"合"也。故大直非屈也，若屈而已。大巧非拙也，若拙而已。"知常曰明"之人，"知其雄，守其雌"，常处于"合"，故能"殁身不殆"矣。

[注]按一哲学系统之各部分之发生的程序，与其逻辑的程序，不必相同。本章叙述《老子》哲学，注重于其逻辑的程序。故先述其所谓道、德；次述其所谓反、复。但若就《老子》哲学之发生的程序说，则或《老子》之作者，先有见于"法令滋彰，盗贼多有"等反、复之事实，乃归纳为所谓反、复之理论也。

（七）政治及社会哲学

上述物极则反之通则，无论在何方面，皆是如此。如五色本以悦目，而其极能"令人目盲"。五音本以悦耳，而其极能"令人耳聋"（见十二章，上篇，页十）。本此推之，则社会上政治上诸制度，往往皆足以生与其原来目的相反之结果。故曰：

天下多忌讳而民弥贫。民多利器，国家滋昏。人多伎巧，奇物滋起。法令滋彰，盗贼多有。（五十七章，下篇，页二十三）

法令本所以防盗贼，法令滋彰，盗贼反而多有。又如人之治天下，本欲以有所为，然以有为求有所为，则反不足以有所为，故曰：

天下神器，不可为也；为者败之，执者失之。（二十九章，上篇，页三十）

又曰：

民之难治，以其上之有为，是以难治。（七十五章，下篇，页三十九）

又如民之求生太过者，往往适足以求死。故曰：

人之生动之死地亦十有三，夫何故？以其生生之厚。（五十章，下篇，页十五）

又曰：

益生曰祥。（五十五章，下篇，页二十一）

又曰：

民之轻死，以其求生之厚，是以轻死。（七十五章，下篇，页三十九）

故圣人之治天下，注重于取消一切致乱之源。法令仁义，皆排除之。以无为为之，以不治治之；无为反无不为，不治反无不治矣。故曰：

我无为而民自化，我好静而民自正，我无事而民自富，我无欲而民自朴。（五十七章，下篇，页二十三）

圣人之养生，亦以不养养之，故曰：

夫惟无以生为者，是贤于贵生。（七十五章，下篇，页三十九）

"人法地，地法天，天法道，道法自然"（二十五章，上篇，页二十六），是人亦法自然。以上所说，亦与人法自然之理相合也。

然人在天地间，若欲维持生活，亦不可无相当之制作，特不可使其发展达于极点而生其反面之结果耳。故曰：

朴散则为器，圣人用之，则为官长。（二十八章，上篇，页三十）

又曰：

道常无名，朴虽小，天下莫能臣也。……始制有名。名亦既有，夫亦将知止。知止可以不殆。（三十二章，上篇，页三十三）

就宇宙之发生言，则道为无名，万物为有名。就社会之进化言，则社会原始为无名，所谓"朴"也；制作为有名，所谓"朴散则为器，圣人用之，则为官长也"。"名亦既有"，惟"知止可以不殆"，即不使制作太多而生其反面之结果也。

（八）《老子》对于欲及知之态度

《老子》中屡言及欲。盖人生而有欲，又设种种方法以满足其欲。然满足欲之方法愈多，欲愈不能满足，而人亦愈受其害，所谓"益生曰祥"，"物或益之而损"也。故与其设种种方法以满足欲，不如在根本上寡欲。欲愈寡即愈易满足，而人亦愈受其利，所谓"物或损之而益"，"夫惟无以生为者，是贤于贵生"也。寡欲之法，在于减少欲之对象，《老子》曰：

不尚贤，使民不争。不贵难得之货，使民不为盗。不见可欲，使民心不乱。是以圣人之治，虚其心，实其腹，弱其志，强其骨，常使民无知无欲。（三章，上篇，页三至四）

又曰：

绝圣弃智，民利百倍。绝仁弃义，民复孝慈。绝巧弃利，盗贼无有。此三者以为文不足，故令有所属。见素抱朴，少私寡欲。（十九章，上篇，页十八）

又曰：

化而欲作，吾将镇之以无名之朴。无名之朴，夫亦将无欲。不欲以静，天下将自定。（三十七章，上篇，页三十八）

三章及三十七章皆言无欲，然无欲实即寡欲。盖《老子》之意，仍欲使民"实其腹"，"强其骨"。人苟非如佛家之根本绝灭人生，即不能绝对无欲也。故即在《老子》之理想社会中，尚须"甘其食，美其服，安其居，乐其俗"。则其民非绝对无欲明矣。《老子》之意，只使

人"去甚，去奢，去泰"。其所以如此者，盖

  知足不辱，知止不殆，可以长久。（四十四章，下篇，页十）

  祸莫大于不知足，咎莫大于欲得。故知足之足常足矣。（四十六章，下篇，页十二）

《老子》曰：

  治人事天莫若啬。（五十九章，下篇，页二十五）

  寡欲亦即啬也。

为欲寡欲，故《老子》亦反对知识。盖（一）知识自身本即一欲之对象。（二）知识能使吾人多知欲之对象因而使吾人"不知足"。（三）知识能助吾人努力以得欲之对象因而使吾人"不知止"，所谓"为学日益"也。（四十八章，下篇，页十二）《老子》云：

  知慧出，有大伪。（十八章，上篇，页十七）

又曰：

  民之难治，以其智多；故以智治国国之贼，不以智治国国之福。（六十五章，下篇，页三十二至三十三）

  惟"不以智治国国之福"，故"绝圣弃智，民利百倍"；"绝学无忧'（二十章，上篇，页十八）也。

《老子》曰：

  是以圣人欲不欲，不贵难得之货；学不学，复众人之所过。（六十四章，下篇，页三十二）

  "欲不欲"即欲达到无欲或寡欲之地步，即以"不欲"为"欲"也。"学不学"即欲达到无知之地步，即以"不学"为学也。以学为学，乃众人之过；以不学为学，乃圣人之教也。

（九）理想的人格及理想的社会

婴儿之知识欲望皆极简单，故《老子》言及有修养之人，常以婴儿比之，如云：

我独泊兮其未兆，如婴儿之未孩。（二十章，上篇，页十九）

又曰：

常德不离，复归于婴儿。（二十八章，上篇，页二十九）

又曰：

专气致柔，能婴儿乎？（十章，上篇，页八）

又曰：

含德之厚，比于赤子。（五十五章，下篇，页二十）

圣人治天下，亦欲使天下之人皆如婴儿，故曰：

圣人在天下，歙歙为天下浑其心，圣人皆孩之。（四十九章，下篇，页十四）

《老子》又以愚形容有修养之人，盖愚人之知识欲望亦极简单也。故曰：

我愚人之心也哉。沌沌兮，俗人昭昭，我独昏昏。俗人察察，我独闷闷。澹兮其若海，飂兮若无止。众人皆有以，而我独顽似鄙。（二十章，上篇，页十九至二十）

圣人治天下，亦欲使天下之人皆能如此，故曰：

古之善为道者，非以明民，将以愚之。（六十五章，下篇页三十二）

"不以智治国"，即欲以"愚"民也。然圣人之愚，乃修养之结果，乃"大智若愚"之愚也。"大智若愚"之愚，乃智愚之"合"，与原来之愚不同。《老子》所谓"圣人之治，虚其心，实其腹，弱其志，强其骨。常使民无知无欲"，（三章，上篇，页三至四）此使民即安于原来之愚也。此民与圣人之不同也。

"为道日损",若使人之"知"与"欲",皆"损之又损,以至于无为"。(四十八章,下篇,页十三)则理想的社会,即可成立矣。《老子》云:

小国寡民,使有什伯之器而不用,使民重死不远徙。虽有舟舆,无所乘之;虽有甲兵,无所陈之。使人复结绳而用之。甘其食,美其服,安其居,乐其俗。邻国相望,鸡犬之声相闻。民至老死不相往来。(八十章,下篇,页四十二)

此即《老子》之理想的社会也。此非只是原始社会之野蛮境界;此乃包含有野蛮之文明境界也。非无舟舆也,有而无所乘之而已。非无甲兵也,有而无所陈之而已。"甘其食,美其服",岂原始社会中所能有者?可套《老子》之言曰:"大文明若野蛮。"野蛮的文明,乃最能持久之文明也。

[注]一民族若只仅有文明而无野蛮,则即为其衰亡之先兆。中国人文采彬彬,以弱不胜衣为可贵,此即仅有文明而无野蛮。中国民族若真衰老,则即因其太文明也。

第九章　惠施公孙龙及其他辩者

（一）辩者学说之大体倾向

汉人所谓名家，战国时称为"刑名之家"（《战国策·赵策》，"刑名"即"形名"，说见王鸣盛《十七史商榷》卷五），或称为"辩者"。《庄子·天地篇》谓："辩者有言曰：'离坚白，若县寓。'"（《庄子》卷五，《四部丛刊》本，页九）《天下篇》谓："惠施以此为大观于天下，而晓辩者。天下之辩者，相与乐之。……桓团，公孙龙，辩者之徒。"（《庄子》卷十，页四十至四十二）于此可见"辩者"乃当时之"显学"，而"辩者"亦当时此派"显学"之通名也。

辩者之书，除《公孙龙子》存一部分外，其余均佚。今所知惠施及其他辩者之学说，仅《庄子·天下篇》所举数十事。然《天下篇》所举，仅其辩论所得之断案，至所以达此断案之前提，则《天下篇》未言及之。自逻辑言，一同一之断案，可由许多不同之前提推来。吾人若知一论辩之前提，则可推知其断案。若仅知其断案，则无由定其系由何前提推论而得，其可能的前提甚多故也。故严格言之，《天下篇》所举惠施等学说数十事，对之不能作历史的研究，盖吾人可随意为此等断案，加上不同的前提而皆可通，注释者可随意予以解释，不易断定何者真合惠施等之说也。但中国哲学史中之只有纯理论的兴趣之学说极少，若此再不讲，则中国哲学史更觉畸形。若欲讲此数十事，而又不欲完全瞎猜，则必须先明辩者学说之大体倾向。欲明辩者学说之大体倾向，须先看较古书中对于辩者学说之传说及批评。

《庄子·天地篇》曰：

夫子问于老聃曰："有人治道若相放，可不可，然不然。辩者有言曰：'离坚白，若县寓。'若是则可谓圣人乎？"（《庄子》卷五，页九）

又《秋水篇》曰：

公孙龙问于魏牟曰："龙少学先王之道，长而明仁义之行。合同异，离坚白。然不然，可不可。困百家之知，穷众口之辩，吾自以为至达已。"（《庄子》卷六，页二十四）

《天下篇》曰：

桓团、公孙龙，辩者之徒，饰人之心，易人之意。能胜人之口，不能服人之心，辩者之囿也。……然惠施之口谈，自以为最贤。……以反人为实，而欲以胜人为名，是以与众不适也。（《庄子》卷十，页四十二至四十三）

《荀子·非十二子篇》曰：

不法先王，不是礼义。而好治怪说，玩琦辞。甚察而不惠（王念孙曰："惠当为急之误。"），辩而无用。多事而寡功，不可以为治纲纪。然而其持之有故，其言之成理，足以欺惑愚众，是惠施邓析也。（《荀子》卷三，《四部丛刊》本，页十四）

又《解蔽篇》曰：

惠子蔽于辞，而不知实。……由辞谓之道，尽论矣。（《荀子》卷十五，页五）

司马谈曰：

名家苛察缴绕，使人不得反其意，专决于名，而失人情。故曰：使人俭而善失真。若夫控名责实，参伍不失，此不可不察也。（《太史公自

序》,《史记》卷百三十,同文影殿刊本,页五）

《汉书·艺文志》曰：

名家者流,盖出于礼官。古者名位不同,礼亦异数。孔子曰："必也正名乎？名不正则言不顺,言不顺则事不成。"此其所长也。及警者为之,则苟钩鈲析乱而已。（《前汉书》卷三十,同文影殿刊本,页二十五）

此当时及以后较早学者对于辩者学说之传说及批评也。此等批评虽未尽当,传说虽未必尽可信,然于其中可见辩者学说之大体倾向。换言之,即此等传说批评,可指示吾人以推测辩者学说之方向。本此指示以解释现所有关于辩者学说之材料,或可不致大失真也。

《庄子》书中除《天下篇》外,"寓言十九",上所引《天地篇》及《秋水篇》二事,固不能断其为真。不过《庄子》书中所述历史上的人物之言行,虽不必真,然与其人之真言行,必为一类。如《庄子》书中述孔子之言,必为讲礼义经典者；其所述虽非必真为孔子所说,要之孔子之主张,自亦在此也。故认《庄子》书中所述历史上的人物之言行为真固不可；认其可以表示其人言行之大体倾向,则无不可也。

即以上所引观之,可见辩者之学说必全在所谓名理上立根据,所谓"专决于名"也。故汉人称之为名家。吾人解释现所有辩者之言,亦宜首注意于此方面。

（二）惠施与庄子

荀子以惠施、邓析并举；然据《吕氏春秋》所说,邓析只以教人讼为事,盖古代一有名之讼师也。大约其人以诡辩得名,故后来言及辩者多及之。其实辩者虽尚辩而不必即尚诡也。

惠施姓惠名施,相传为宋人(《淫辞篇》高注,《吕氏春秋》,《四部丛刊》本,卷十八,页十三)。与庄子为友。庄子及见惠施之死(见《庄子·徐无鬼》),则惠施似较庄子为年长。《吕氏春秋》谓惠施"去尊"(《爱类篇》,《吕氏春秋》卷二十一,页九)。《韩非子》谓惠施"欲以齐、荆偃兵"(《内储说上》,《韩非子》,《四部丛刊》本,卷九页四)。《庄子·天下篇》谓惠施谓"泛爱万物,天地一体也"(《庄子》卷十,页三十九)。是惠施亦主张兼爱非攻,与墨家同。故胡适之先生归之于"别墨"。然《庄子·天下篇》不以惠施为墨家。盖墨家为一有组织的团体,须加入其团体,"以巨子为圣人,皆愿为之尸,冀得为其后世"(《天下篇》,《庄子》卷十,页二十九)者,方可为墨;非随便以兼爱非攻为说,即为墨也。且惠施"去尊"之说,其详虽不可考,要之"去尊"亦与墨家尚同之说相违也。大约战国之时,战事既多而烈,非兵之说甚盛。故孟子反对战争,公孙龙亦主张偃兵,此自是当时之一种普通潮流。惠施、公孙龙固不以此名家也。

《庄子·天下篇》中虽未明言惠施为辩者,然谓:"惠施以此为大观于天下,而晓辩者。""惠施日以其知与人之(俞云:'衍之字。')辩,特与天下之辩者为怪。"(《庄子》卷十,页四十二)"惠施之口谈,自以为最贤。"(同上)此可见惠施实以辩名家者。故《庄子·德充符》谓:庄子谓惠子曰:"今子外乎子之神,劳乎子之精。倚树而吟,据槁梧而瞑,天选子之形,子以坚白鸣。"(《庄子》卷二,页四十四)《齐物论》亦言:"惠子之据梧也,……故以坚白之昧终。"(《庄子》卷一,页三十二)荀子谓惠施"蔽于辞而不知实"(《解蔽篇》,《荀子》卷十五,页五),《天下篇》所谓"惠施卒以善辩为名"(《庄子》卷十,页四十三)也。

《天下篇》曰:

南方有倚人焉，曰黄缭，问天地所以不坠不陷，风雨雷霆之故。惠施不辞而应，不虑而对，遍为万物说。说而不休，多而无已，犹以为寡，益之以怪。（《庄子》卷十，页四十三）

惠施之万物说，今不可得见；其学说之尚可考者，略见于《天下篇》所说之十事。此十事之解释，各家不相同。由吾人之意见观之，庄子之学说似受惠施之影响极大。《齐物论》谓"方生方死，方死方生"（《庄子》卷一，页二十七），与惠施十事中"日方中方睨，物方生方死"（《庄子》卷十，页三十八）之说同。又谓"天下莫大于秋毫之末，而泰山为小"（《庄子》卷一，页三十四），与惠施"天与地卑，山与泽平"（《庄子》卷十，页三十八）之说同。又谓"天地与我并生，而万物与我为一"（《庄子》卷一，页三十四），与惠施"泛爱万物，天地一体也"（《庄子》卷十，页三十九）之说同。《庄子·徐无鬼》谓庄子伤惠施之死曰：

郢人垩慢其鼻端若蝇翼，使匠石斫之。匠石运斤成风，听而斫之，尽垩而鼻不伤；郢人立不失容。宋元君闻之，召匠石曰："尝试为寡人为之。"匠石曰："臣则尝能斫之。虽然，臣之质死久矣。"自夫子之死也，吾无以为质矣，吾无与言之矣。（《庄子》卷八，页三十）

《庄子》书中"寓言十九"，此亦不能即认为真庄子之言。《庄子》书中屡记庄子与惠施谈论之事，亦不能即认为历史的事实。然庄子思想，既与惠施有契合者，如上所引《齐物论》三事，《庄子》书中此等记载，固亦可认为可能，可引为旁证也。吾人得此指示为线索，则知欲了解《天下篇》所述惠施十事，莫如在《庄子》书中，寻其解释，此或可不致厚诬古人也。

（三）《天下篇》所述惠施学说十事

《天下篇》曰：

惠施……历物之意曰：至大无外，谓之大一；至小无内，谓之小一。（《庄子》卷十，页三十八）

此所谓惠施十事中之第一事也。《庄子·秋水篇》云："河伯曰：'然则吾大天地而小毫末可乎？'北海若曰：'否。……计人之所知，不若其所不知。其生之时，不若未生之时。以其至小，求穷其至大之域，是故迷乱而不自得也。由此观之，又何以知毫末之足以定至细之倪，又何以知天地之足以穷至大之域。'河伯曰：'世之议者皆曰：至精无形，至大不可围，是信情乎？'"（《庄子》卷六，页十三至十四）《则阳篇》谓："精至于无伦，大至于不可围。"（《庄子》卷八，页五十九）"至精无形（或无伦），至大不可围"，与"至大无外，至小无内"意同。"世之议者"当即指惠施也。普通人皆以天地为大，毫末为小。然依逻辑推之，则必"无外"者，方可谓之至大；"无内"者，方可谓之至小。由此推之，则毫末不足以"定至细之倪"，天地不足以"穷至大之域"。

惠施之第二事为：

无厚不可积也，其大千里。（《庄子》卷十，页三十八）

《庄子·养生主》曰："刀刃者无厚。"（《庄子》卷二，页四）无厚者，薄之至也。薄之至极，至于无厚，如几何学所谓"面"。无厚者不可有体积。然可有面积，故可"其大千里"也。

惠施之第三事为：

天与地卑，山与泽平。（《庄子》卷十，页三十八）

《庄子·秋水篇》曰："以差观之，因其所大而大之，则万物莫不大；因其所小而小之，则万物莫不小。知天地之为稊米也，知毫末之为丘山也，则差数睹矣。"（《庄子》卷六，页十六）惟"无外"者为"至大"，以天地与"至大"比，"因其所小而小之"，则天地为稊米矣。惟"无内"者为"至小"，以毫末与"至小"比，"因其所大而大之"，则毫末为丘山矣。推此理也，因其所高而高之，则万物莫不高；因其所低而低之，则万物莫不低。故"天与地卑，山与泽平"也。

惠施之第四事为：

日方中方睨，物方生方死。（《庄子》卷十，页三十八）

郭象《庄子·大宗师》注曰："夫无力之力，莫大于变化者也。故乃揭天地以趋新，负山岳以舍故；故不暂停，忽已涉新；则天地万物，无时而不移也。"（《庄子》卷三，页九）"天地万物，无时不移"，故"日方中方睨，物方生方死"。

惠施之第五事为：

大同而与小同异，此之谓小同异；万物毕同毕异，此之谓大同异。（《庄子》卷十，页三十八至三十九）

《庄子·德充符》曰："自其异者视之，肝胆楚越也。自其同者视之，万物皆一也。"（《庄子》卷二，页三十）郭象注曰："因其所异而异之，则天下莫不异。……因其所同而同之，则万物莫不同。"（同上）此观点即《秋水篇》中所说者。天下之物，若谓其同，则皆有相同之处，谓万物毕同可也；若谓其异，则皆有相异之处，谓万物毕异可也。至于世俗所谓同异，乃此物与彼物之同异，乃小同异，非大同异也。

惠施之第六事为：

南方无穷而有穷。（《庄子》卷十，页三十九）

《庄子·秋水篇》曰："井蛙不可以语于海者，拘于虚（同墟，谓为地域所限）也。"（《庄子》卷六，页十一）普通人所至之处有限，故以南方为无穷。然此井蛙之见也。若从"至大无外"之观点观之，则南方之无穷，实有穷也。

惠施之第七事为：

今日适越而昔来。(《庄子》卷十，页三十九)

《秋水篇》云："夏虫不可以语于冰者，笃于时也。"(《庄子》卷六，页十一) 若知"故不暂停，忽已涉新；则天地万物，无时而不移也"。假定"今日适越"，明日到越；而所谓明日者，忽焉又为过去矣。故曰"今日适越而昔来"也。此条属于诡辩，盖所谓今昔，虽无一定之标准，然在一辩论范围内，所谓今昔，须用同一之标准。"昔来"之昔，虽可为昔，然对于"今日适越"之"今"，固非昔也。庄子对于此条似不以为然；故《齐物论》曰："未成乎心而有是非，是今日适越而昔至也。是以无有为有；无有为有，虽有神禹，且不能知，吾独且奈何哉？"(《庄子》卷一，页二十五至二十六)

［注］金岳霖先生云：此条亦或系指出所谓去来之为相对的。如吾人昨日自北平起程，今日到天津。自天津言，吾人系今日到天津。自北平言，吾人系昨日来天津。但观《庄子》"今日适越而昔至"之言，此条之意，似系指出所谓今昔之为相对的。

惠施之第八事为：

连环可解也。(《庄子》卷十，页三十九)

《庄子·齐物论》曰："其分也，成也；其成也，毁也。"(《庄子》卷一，页三十) "日方中方睨，物方生方死。"连环方成方毁；现为连环，忽焉而已非连环矣。故曰："连环可解也。"

惠施之第九事为：

我知天下之中央，燕之北，越之南是也。(《庄子》卷十，页三十九)

《庄子·秋水篇》曰："计四海之在天地之间也，不似礨空之在大泽乎？计中国之在海内，不似稊米之在太仓乎？"（《庄子》卷六，页十二）然人犹执中国为世界之中，以燕之南越之北为中国之中央，复以中国之中央为天下之中央，此真《秋水篇》所谓井蛙之见也。若就"至大无外"之观点言之，则"天下无方，故所在为中，循环无端，故所在为始也"。（《释文》引司马注）

惠施之第十事为：

泛爱万物，天地一体也。（《庄子》卷十，页三十九）

"自其异者视之，肝胆楚越也；自其同者视之，万物皆一也"。"泛爱万物，天地一体"，自万物之同者而观之也。《庄子·齐物论》曰："天下莫大于秋毫之末，而泰山为小。莫寿于殇子，而彭祖为夭。天地与我并生，而万物与我为一。"（《庄子》卷一，页三十四）亦此意也。

（四）惠施与庄子之不同

惠施之十事，若照上文所解释，则惠施处处从"至大无外"之观点，指出普通事物之为有限的，相对的。与《庄子》——《齐物论》、《秋水篇》等中所说，极相近矣。然《庄子·齐物论》甫言"天地与我并生，而万物与我为一"；下文即又言"既已为一矣，且得有言乎？"（《庄子》卷一，页三十四）此一转语，乃庄子与惠施所以不同之处。盖惠施只以知识证明"万物毕同毕异"，"天地一体"之说，而未言若何可以使吾人实际经验"天地一体"之境界。庄子则于言之外，又言"无言"；于知之外，又言不知；由所谓"心斋""坐忘"，以实际达到忘人我，齐死生，万物一体，绝对逍遥之境界。故《天下篇》谓庄子"上与造物者游，而下与外死生无终始者为友"（《庄子》卷十，页三十七）；至谓惠施，则"弱于德，强于物，其涂隩矣"（《庄子》卷十，页四十三）。由此观之，庄子之学，实自惠施又进一步。故上文虽用庄子之书解释惠施之十事，然惠施终为惠施，庄子终为庄子也。

《庄子·秋水篇》述公子牟谓公孙龙曰：

> 且夫知不知是非之竟，而犹欲观于庄子之言，是犹使蚊负山，商蚷驰河也，必不胜任矣。且夫知不知论极妙之言，而自适一时之利者，是非陷井之蛙欤？且彼方跐黄泉而登大皇，无南无北，奭然四解，沦于不测。无东无西，始于玄冥，反于大通。子乃规规然而求之以察，索之以辩，是直用管窥天，用锥指地也，不亦小乎？（《庄子》卷六，页二十六）

此用庄学之观点，以批评辩者，虽不必尽当，然庄学实始于言而终于无言，始于辩而终于无辩。超乎"是非之竟"而"反于大通"。与辩者之始终于"察""辩"者不同。故《天下篇》批评惠施，注重于其好辩；谓其"以反人为实，而欲以胜人为名"，"特与天下之辩者为怪"。至于叙述庄子学说则特别注重于其不好辩。曰：

> 庄周……以谬悠之说，荒唐之言，无端崖之词，时恣纵而不傥，不以觭见之也。……以卮言为曼衍，以重言为真，以寓言为广。……不谴是非以与世俗处。其书虽瑰玮，而连犿无伤也。其辞虽参差，而諔诡可观。……（《庄子》卷十，页三十七）

"不以觭见之也"，"不谴是非以与世俗处"，"连犿无伤也"，皆似对惠施之"以反人为实，而欲以胜人为名，是以与众不适也"而言。《天下篇》叙庄子学术不过二百余字，而言及其言论之方法者，约占半数，盖欲于此点别庄子与惠施也。《韩非子》引慧子（即惠施）曰：

> 往者东走，逐者亦东走；其东走则同，其所以东走之为则异。故曰同事之人之不可不审察也。（《说林上》，《韩非子》卷七，《四部丛刊》本，页十四）

庄子与惠施之不同，亦犹是矣。

然庄子之学，在其"言"与"知"之方面，与惠施终有契合。故惠施死，庄子有无与言之叹。故《庄子·天下篇》曰：

夫充一尚可，曰愈贵道几矣。惠施不能以此自宁，散于万物而不厌，卒以善辩为名。惜乎惠施之才，骀荡而不得，逐万物而不反；是穷响以声，形与影竞走也。悲夫！（《庄子》卷十，页四十三）

此谓惠施之学，本可"几"于"道"；但"惠施不能以此自宁"，故散漫无归，"卒以善辩为名"；深惜其才而叹曰"悲夫"。盖自庄学之观点言之，惠施之学，可谓一间未达，而入于歧途者也。

[注]《天下篇》对于墨子，称为"才士也夫"；对于尹文、宋牼，称为"救世之士"。虽亦致推崇，究非甚佳考语。但于慎到、田骈，则推为"概乎皆尝有闻"；于惠施，则推为"愈贵道几矣"。盖此二派，对于庄学，实有同处。庄子言"言"，又言"无言"；言"知"，又言"无知"。慎到仅注重"不知"，所得为"块不失道"。惠施仅注重"言"，所得为"卒以善辩为名"。盖皆仅有庄学之一方面也。

（五）公孙龙之"白马论"

公孙龙，赵人。（《史记·孟子荀卿列传》）《庄子·天下篇》云："辩者以此与惠施相应，终身无穷。桓团、公孙龙，辩者之徒。"（《庄子》卷十，页四十二）据此言，公孙龙略在惠施后。然庄子已与其指物白马之说相辩论（见下），则亦与庄子同时也。公孙龙尝说燕昭王、赵惠王偃兵，曰："偃兵之意，兼爱天下之心也。"（《审应篇》，《吕氏春秋》，《四部丛刊》本，卷十八，页二）然偃兵乃当时一般人之意见，非公孙龙所以名家。《公孙龙子·迹府篇》曰：

公孙龙，六国时辩士也。疾名实之散乱，因资材之所长，为守白之论。假物取譬，以守白辩。……欲推是辩以正名实，而化天下焉。（《公孙龙子》卷上，双鉴楼缩印道藏六子本）

又曰：

龙之所以为名者，乃以白马之论耳。今使龙去之，则无以教焉。（同上）

《庄子·天下篇》曰：

桓团、公孙龙辩者之徒，饰人之心，易人之意；能胜人之口，不能服人之心，辩者之囿也。（《庄子》卷十，页四十二）

公孙龙之所以名家在于"辩"，故当时以"辩士"、"辩者"称之。

公孙龙"所以为名者，乃以白马之论"。《公孙龙子·白马论》曰：

白马非马。……马者，所以命形也；白者，所以命色也；命色者，非命形也，故曰白马非马。……求马，黄黑马皆可致；求白马，黄黑马不可致。……故黄黑马一也，而可以应有马，而不可以应有白马，是白马之非马审矣。……马固有色，故有白马。使马无色，有马如已耳；安取白马？故白者，非马也。白马者，马与白也，马与白马也；故曰白马非马也。……白者不定所白，忘之而可也。白马者，言白定所白也。定所白者，非白也。马者无去取于色，故黄黑皆所以应；白马者有去取于色，黄黑马皆所以色去，故惟白马独可以应耳。无去者非有去也；故曰白马非马。（《公孙龙子》卷上）

马之名所指只一切马所共有之性质，只一马 as such，所谓"有马如已耳"。（已似当为己，如己即 as such 之意）其于色皆无"所定"，而白马则于色有"所定"，故白马之名之所指，与马之名之所指，实不同也。白亦有非此白物亦非彼白物之普通的白；此即所谓"不定所白"之白也。若白马之白，则只为白马之白，故曰"白马者，言白定所白也。

定所白者,非白也"。言已为白马之白,则即非普通之白。白马之名之所指,与白之名之所指,亦不同也。

(六)公孙龙所谓"指"之意义

马、白,及白马之名之所指,即《公孙龙子·指物论》所谓之"指"。指与物不同。所谓物者,《名实论》云:

> 天地与其所产焉,物也。物以物其所物而不过焉,实也。实以实其所实,不旷焉,位也。……正其所实者,正其名也。……夫名,实谓也。知此之非此也,知此之不在此也,则不谓也(原作"知此之非也,明不为也。"依俞樾校改)。知彼之非彼也,知彼之不在彼也,则不谓也。(《公孙龙子》卷下)

由此段观之,则物为占空间时间中之位置者,即现在哲学中所谓具体的个体也。如此马,彼马,此白物,彼白物,是也。指者,名之所指也。就一方面说,名之所指为个体,所谓"名者,实谓也"。就又一方面说,名之所指为共相。如此马彼马之外,尚有"有马如己耳"之马。此白物彼白物之外,尚有一"白者不定所白"之白。此"马"与"白"即现在哲学中所谓"共相"或"要素"。此亦名之所指也。公孙龙以指物对举,可知其所谓指,即名之所指之共相也。

[注]严格言之,名有抽象与具体之分。抽象之名,专指共相;具体公共之名,指个体而包涵共相。指所指之个体,即其外延(Denotation);其所涵之共相,即其内涵(Connotation)也。但中国文字,形式上无此分别;中国古哲学家亦未为此文字上之分别。故指个体之马之"马",与指马之共相之"马",谓此白物之"白",与指白之共相之"白",未有区别。即"马""白"兼指抽象的共相与具体的个体,

即兼有二种功用也。

［又注］余第一次稿云："共相"或"要素"，公孙龙未有专用名词以名之。"马""白"在文字语言上之代表，即此《名实论》所谓名也。吾人对于此白马、彼白马之知识谓之"知见"（Percept）。对于"马""白"及"白马"之知识，谓之概念（Concept）。公孙龙所谓"指"，即概念也（陈钟凡先生谓指与旨通，旨训意，指亦训意。说详陈先生所著《诸子通谊》）。公孙龙未为共相专立名词，即以"指"名之，犹柏拉图所说之概念（Idea），即指共相也。此说亦可通。但不如直以指为名之所指之共相之为较直截耳。

（七）公孙龙之"坚白论"

公孙龙之《白马论》指出"马""白"及"白马"乃独立分离的共相。《庄子·秋水篇》称公孙龙"离坚白"；"离坚白"者，即指出"坚"及"白"乃两个分离的共相也。《公孙龙子·坚白论》曰：

坚、白、石，三，可乎？曰，不可；曰，二，可乎？曰，可。曰，何哉？曰，无坚得白，其举也二；无白得坚，其举也二。……视不得其所坚，而得其所白者，无坚也；拊不得其所白，而得其所坚，得其坚也，无白也。……得其白，得其坚，见（此见字据俞樾校补）与不见离，一一不相盈故离。离也者藏也。（《公孙龙子》卷下）

此所谓"无坚"，"无白"，皆指具体的石中之坚白而言。视石者见白而不见坚，不见坚则坚离于白矣。拊石者得坚而不得白，不得白则白离于坚矣。此可见"坚"与"白""不相盈"；所谓"不相盈"者，即此不在彼中也。此就知识论上证明坚白之为两个分离的共相也。《坚白论》中又设为难者驳词云：

目不能坚，手不能白，不可谓无坚，不可谓无白。其异任也，其无以代也，坚白域于石，恶乎离？（同上）

此谓目手异任，不能相代；故目见白不见坚，手拊坚不得白。然此自是目不见坚，手不得白而已，其实坚白皆在石内，何能相离也？公孙龙答曰：

物白焉，不定其所白；物坚焉，不定其所坚。不定者兼，恶乎其（原作甚，依陈澧校改）石也。（同上）

谢希深曰："万物通有白，是不定白于石也。夫坚白岂惟不定于石乎？亦兼不定于万物矣。万物且犹不能定，安能独与石同体乎？"白"不定其所白"，坚"不定其所坚"，岂得谓"坚白域于石"。天下之物有坚而不白者。有白而不坚者；坚白为两个分离的共相更可见矣。此就形上学上证明坚白之"离"也。《坚白论》又曰：

坚未与石为坚而物兼。未与物为坚而坚必坚。其不坚石物而坚，天下未有若坚而坚藏。白固不能自白，恶能白石物乎？若白者必白，则不白物而白焉。黄黑与之然，石其无有，恶取坚白石乎？故离也，离也者因是。（同上）

谢希深注曰："坚者不独坚于石，而亦坚于万物，故曰：'未与石为坚而物兼也'。亦不与万物为坚而固当自为坚，故曰：'未与物为坚而坚必坚也。'天下未有若此独立之坚而可见，然亦不可谓之无坚，故曰：'而坚藏也。'"（同上）独立之白，虽亦不可见，然白实能自白。盖假使白而不能自白，即不能使石与物白。若白而能自白，则不借他物而亦自存焉。黄黑各色亦然。白可无石，白无石则无坚白石矣。由此可见坚白可离而独存也。此就形上学上言"坚"及"白"之共相皆有独立的潜存。"坚"及"白"之共相，虽能独立地自坚自白，然人之感觉之则只限于其表现于具体的物者，即人只能感觉其与物为坚、与物为白者。然即其不表现于物，亦非无有，不过不能使人感觉之耳。此即所谓"藏"也。其"藏"乃其自藏，非有藏之者；故《坚白论》曰：

有自藏也，非藏而藏也。（同上）

柏拉图谓个体可见而不可思，概念可思而不可见，即此义也。于此更可见"坚""白"之"离"矣。岂独"坚""白"离，一切共相皆分离而有独立的存在，故《坚白论》曰：

离也者，天下故独而正。（同上）

（八）公孙龙之"指物论"

现代新实在论者谓个体之物存在（exist）；共相潜存（subsist）。所谓潜存者，即不在时空中占位置，而亦非无有。如坚虽不与物为坚，然仍不可谓无坚。此即谓坚"藏"，即谓坚潜存也。知"坚藏"之义，则《公孙龙子·指物篇》可读矣。《指物篇》曰：

物莫非指，而指非指。天下无指，物无可以谓物。非指者，天下无（原作而，据俞樾校改）物，可谓指乎？指也者，天下之所无也；物也者，天下之所有也；以天下之所有，为天下之所无，未可。天下无指，而物不可谓指也；不可谓指者，非指也；非指者，物莫非指也。天下无指，而物不可谓指者，非有非指也。非有非指者，物莫非指也。物莫非指者，而指非指也。天下无指者，生于物之各有名，不为指也。不为指，而谓之指，是兼不为指。以有不为指，之无不为指，未可。且指者，天下之所兼。天下无指者，物不可谓无指也。不可谓无指者，非有非指也。非有非指者，物莫非指，指非非指也，指与物，非指也。使天下无物指，谁径谓非指？天下无物，谁径谓指？天下有指无物指，谁径谓非指？径谓无物非指？且夫指固自为非指，奚待于物，而乃与为指？

(《公孙龙子》卷中)

天下之物，若将其分析，则惟见其为若干之共相而已。然共相则不可复分析为共相，故曰："物莫非指而指非指，天下无指，物无可以为物"也。然共相必"有所定"，有所"与"，即必表现于物，然后在时空占位置而为吾人所感觉；否则不在时空，不为吾人所感觉；故曰："天下无物，可谓指乎？"又曰："指也者，天下之所无也；物也者，天下之所有也。"盖共相若"无所定"，不"与物"，则不在时空而"藏"，故为"天下之所无也"。物有在时空中之存在，而为"天下之所有"。故物虽可分析为若干共相，而物之自身则非指。故一方面言"物莫非指"，一方面又言"物不可谓指"也。谓"天下无指"，即谓共相之自身，不在时空内。然天下之物，皆有其名。"名，实谓也。"名所以谓实，实亦为个体，名则代表共相。然名亦只为共相之代表，非即共相。天下虽有名，而仍无共相。故曰："天下无指者，生于物之各有名，不为指也。"名不为指，则不可谓之为指。故曰："以有不为指，之无不为指，未可。"一共相为其类之物之所共有，如"马"之共相为马之类之物所共有，"白"之共相为白物之类之物所共有。故谓天下无指，非谓天下之物无指也。故曰："且指者，天下之所兼。天下无指者，物不可谓无指也。"按一方面言，物莫非指，盖具体的物皆共相之聚合而在时空占位置者也。按又一方面言，则物为非指，盖在时空占位置者乃个体，非共相也。故按一方面言，"不可谓无指者，非有非指也，非有非指者，物莫非指"；按又一方面言，"指非非指，指与物非指也"。"指与物非指"者，若干共相联合现于时空中之"位"而为物。现于物中之指，即"与物"之指，即所谓"物指"。若使无指，则不能有物。若使无物指，亦不能有物。若使有指无物，则仅有"藏"而不现之共相，而讲物指之人亦无有矣。故曰："天下无物指，谁径谓非指？天下无物，谁径谓指？天下有指无物指，谁径谓非指，径谓无物非指？"然共相联合而现于时空之位以为物，亦系自然的，非有使之者。故曰："且夫指固自为非指，奚待于物，而乃与为指？""非指"即物也。

（九）公孙龙之"通变论"

共相，不变者也；个体，常变者也。或变或不变，《公孙龙子·通变论》即讨论此问题者。《通变论》曰：

曰，二有一乎？曰，二无一。曰，二有右乎？曰，二无右。曰，二有左乎？曰，二无左。曰，右可谓二乎？曰，不可。曰，左可谓二乎？曰，不可。曰，左与右可谓二乎？曰，可。（同上）

二之共相只是二，非他一切。故非一，非左，非右。但左加右则其数二，故"左与右可谓二"。《通变论》曰：

曰，谓变非不变可乎？曰，可。曰，右有与，可谓变乎？曰，可。曰，变奚（原作只，据俞樾校改）。曰，右。（同上）

共相不变，个体常变，变非不变也。"右有与"之"与"，即《坚白论》"坚未与石为坚"之"与"。盖共相之自身虽不变，然表现共相之个体，则固可变。故右之共相不变，而"有与"之右则可变。如在此物之右之物可变而为在此物之左也。问者问："何者变？"答言："右变。"不过此右乃指具体的事例中之右，即"有与"之右，非右之共相而已。

［注］此点经金岳霖先生指正。如此解释，则公孙龙以为共相不变，个体常变之旨可见。余原稿云：盖共相之自身虽不变，然若表现于个体，则可谓为有变矣。故右之共相，若"有与"即"可谓变"也。变谓何？仍变为右？不过此乃指具体的事例中之右（如此物之右），非右之

共相而已。亦可通。不过谓共相可谓为有变，依现在哲学观点言之，此言有语病。

《通变论》曰：

曰，右苟变，安可谓右？苟不变，安可谓变？曰，二苟无左又无右，二者左与右，奈何？（同上）

问者不达可变之右乃具体的事例中之右，此右虽变，而右之共相仍不变；故问：右若变，何以仍谓右？若不变，何以谓之变？问者又不达左与右加其数为二，故称为二，故又问：二既非左又非右，何以谓"二者左与右"？《通变论》曰：

羊合牛非马，牛合羊非鸡。曰：何哉？（同上）

此谓左与右加其数为二，故称为二。非谓左之共相与右之共相，聚合为一，而成为二也。左之共相与右之共相不能聚合而为二，犹羊之共相与牛之共相不能聚而为马，牛之共相与羊之共相不能聚合而为鸡也。《通变论》曰：

曰：羊与牛唯异；羊有齿，牛无齿，而牛之非羊也，羊之非牛也（原作"而牛羊之非羊也，之非牛也"，依孙诒让校改），未可。是不俱有，而或类焉。羊有角，牛有角，牛之而羊也，羊之而牛也，未可。是俱有，而类之不同也。羊牛有角，马无角；马有尾，羊牛无尾，故曰：羊合牛非马也。非马者，无马也。无马者，羊不二，牛不二，而羊牛二；是而羊而牛，非马可也。若举而以是，犹类之不同。若左右，犹是举。（同上）

此历举牛、羊、马之共相，内容不同，故羊之共相与牛之共相，不能聚合而为马也。然羊之共相与牛之共相，虽不能合而为马，而羊之共相与牛之共相相加，其数为二，故曰"羊不二，牛不二，而牛羊二"也。羊牛虽不一类，然不害其相加为二，左右之为二，亦犹是已。故

曰:"若举而以是,犹类之不同。若左右,犹是举。"《通变论》曰:

牛羊有毛,鸡有羽。谓鸡足一,数足二;二而一,故三。谓牛羊足一,数足四;四而一,故五。羊牛足五,鸡足三,故曰,牛合羊非鸡,非有以非鸡也。与马以鸡,宁马。材不材,其无以类审矣。举是,谓乱名,是狂举。(同上)

此谓牛羊与鸡更不同。鸡足之共相,或"谓鸡足"之言,及实际的鸡之二足为三。若牛或羊足之共相或"谓牛羊足"之言,及实际的牛或羊之四足则数五。[注]故牛之共相与羊之共相不能聚合而为鸡。与其谓牛之共相与羊之共相可合而为鸡,则尚不如谓其可合而为马,盖与鸡比,马犹与牛羊为相近也。故曰"与马以鸡,宁马"也。若必谓羊牛可为鸡,则是"乱名",是"狂举"也。此篇下文不甚明了;然其大意谓青与白不能为黄,白与青不能为碧,犹"羊合牛非马,牛合羊非鸡。"故曰:"黄其马也,碧其鸡也。"盖另举例以释上文之意,所谓"他辩"也。

(十)"合同异"与"离坚白"

《庄子·德充符》曰:"自其异者视之,肝胆楚越也;自其同者视之,万物皆一也。"盖或自物之异以立论,则见万物莫不异;或自物之同以立论,则见万物莫不同。然此特就个体的物言之耳。一个体本有许多性质,而其所有之性质又皆非绝对的。故泰山可谓为小,而秋毫可谓为大。若共相则不然。共相只是共相,其性质亦是绝对的。如大之共

[注] 鸡足之共相及实际的鸡足,实不能相加。不过公孙龙派之"辩者"有此说。故《庄子·天下篇》谓辩者有"鸡三足""黄马骊牛三"之说。

相只是大，小之共相只是小。惠施之观点注意于个体的物，故曰："万物毕同毕异"，而归结于"泛爱万物，天地一体"也。公孙龙之观点，则注重于共相，故"离坚白"而归结于"天下皆独而正"。二派之观点异，故其学说亦完全不同。战国时论及辩者之学，皆总而言之曰："合同异，离坚白。"或总指其学为"坚白同异之辩"。此乃笼统言之。其实辩者之中，当分二派：一派为"合同异"；一派为"离坚白"。前者以惠施为首领；后者以公孙龙为首领。

庄子之学，一部分与惠施有契合处。故庄子赞成"合同异"，而不赞成"离坚白"。《齐物论》曰：

以指喻指之非指，不若以非指喻指之非指也。以马喻马之非马，不若以非马喻马之非马也。天地一指也；万物一马也。(《庄子》卷一，页二十八)

公孙龙谓"物莫非指，而指非指"；此"以指喻指之非指"也。公孙龙又谓"白马非马"；此"以马喻马之非马"也。然若"自其同者视之"，则指与非指之万物同，而指为非指；马与非马之万物同，而马为非马。如此则"天地一指也，万物一马也"。如此则"天地与我并生，而万物与我为一"矣。

(十一)《天下篇》所述辩者学说二十一事

《庄子·天下篇》举"天下之辩者"之辩二十一事。(《庄子》卷十，页四十至四十二)其中有就惠施之观点立论者，有就公孙龙之观点立论者。今将此二十一事，分为二组：一名为"合同异"组，一名为"离坚白"组。

其属于"合同异"组者：

卵有毛。

郢有天下。

犬可以为羊。

马有卵。

丁子有尾。

山出口。

龟长于蛇。

白狗黑。

《荀子·不苟篇》曰:"山渊平,天地比,齐秦袭,入乎耳,出乎口,钩有须,卵有毛,是说之难持者也。而惠施、邓析能之。"(《荀子》卷二,页一)可见此类之说,皆惠施一派之说也。

鸟类之毛谓之羽;兽类之毛谓之毛。今曰"卵有毛",是卵可以出有毛之物也。犬非羊也,而曰"犬可以为羊"。马为胎生之物,而曰"马有卵",是马可以为卵生之物。成玄英云:"楚人呼虾蟆为丁子。"(《庄子疏》)丁子本无尾,而曰"丁子有尾",是丁子可以为有尾之物。山本无口也,而曰"山出口",是山亦可为有口之物也。《荀子》所说"入乎耳,出乎口。"杨倞注谓:"或曰,即山出口也,言山有口耳也。"《荀子》谓:"钩有须。"俞樾曰:"钩疑姁之假字。"姁有须,即谓妇人有须也。此皆就物之同以立论。因其所同而同之,则万物莫不同,故此物可谓为彼,彼物可谓为此也。

惠施曰:"天与地卑,山与泽平。""我知天下之中央,燕之北,越之南,是也。"依同理,亦可谓"郢有天下","齐秦袭"矣。

语云:"尺有所短,寸有所长。"因其所长而长之,则"龟可长于蛇"。《释文》引司马彪云:"白狗黑目,亦可为黑狗。"谓白狗白者,因其毛白,因其所白而白之也。若因其所黑而黑之,则"白狗黑"矣。

其属于"离坚白"组者：

鸡三足。

火不热。

轮不辗地。

目不见。

指不至，物不绝。

矩不方，规不可以为圆。

凿不围枘。

飞鸟之影，未尝动也。

镞矢之疾，而有不行不止之时。

狗非犬。

黄马骊牛三。

孤驹未尝有母。

一尺之棰，日取其半，万世不竭。

"鸡三足"，"黄马骊牛三"者，《公孙龙子·通变论》云："谓鸡足一，数足二，二而一，故三。谓牛羊足一，数足四，四而一，故五。"（《公孙龙子》卷中）《庄子·齐物论》云："一与言为二。"（《庄子》卷一，页三十五）"谓鸡足"即言也。鸡足之共相或"谓鸡足"之言为一，加鸡足二，故三。依同理，谓黄马骊牛一，数黄马骊牛二。"黄马与骊牛"之共相或谓"黄马骊牛"之言，与一黄马，一骊牛，为三。

"火不热"者，公孙龙"离坚白"之说，从知识论及形上学两方面立论。此条若从形上学方面立论，则火之共相为火，热之共相为热。二者绝对非一。具体的火虽有热之性质，而火非即是热。若从知识论方面立论，则可谓火之热乃由于吾人之感觉。热是主观的，在我而不在火。

"轮不辗地"者，轮之所辗者，地之一小部分耳。地之一部分非地，犹之白马非马。亦可谓：辗地之轮，乃具体的轮；其所辗之地，乃具体的地。至于轮之共相则不辗地；而地之共相，亦不为轮所辗也。

"目不见"者，《公孙龙子·坚白论》曰："白以目以火见，而火不见，则火与目不见，而神见，神不见而见离。"（《公孙龙子》卷下）吾人之能有见，须有目及光及神经作用。有此三者，吾人方能有见，若只目则不能见也。此就知识论方面言也。若就形上学方面言，则目之共相自是目，火之共相自是火，神之共相自是神，见之共相自是见。四者皆"离"，更不能混之为一。

"指不至，物不绝"者，今本《庄子》作"指不至，至不绝"。《列子·仲尼篇》引公孙龙云："有指不至，有物不绝。"（《列子》，《四部丛刊》本，卷四，页七）"至不绝"当为"物不绝"。盖公孙龙之徒以"指""物"对举，如《公孙龙子·指物论》所说。柏拉图谓概念可知而不可见。盖吾所能感觉者乃个体，至共相只能知之而不能感觉之；故曰："指不至也。"共相虽不可感觉，而共相所"与"现于时空之物，则继续常有；故曰："物不绝。"

"矩不方，规不可以为圆"者，绝对之方，为方之共相；绝对之圆，为圆之共相。事实上之个体的方物圆物，皆不绝对的方或圆。即个体的矩与规，亦非绝对的方或圆。故若与方及圆之共相比，则"矩不方，规不可以为圆"矣。

"凿不围枘"者，围枘者，事实上个体之凿耳。至于凿之共相，则不围枘也。

"飞鸟之影，未尝动也。镞矢之疾，而有不行不止之时"者，《释文》引司马彪云："形分止，势分行。形分明者行迟，势分明者行疾。"谓飞鸟之影动及飞矢不止者，就其势分而言也。谓飞鸟之影不动及飞矢不行者，就其形分而言也。谓"镞矢之疾，而有不行不止之时"者，兼就其形分与势分而言也。亦可谓动而有行有止者，事实上之个体的飞矢及飞鸟之影耳。若飞矢及飞鸟之影之共相，则不动而无行无止，与一切共相同也。亦可谓：一物于一时间内在两点谓为动。一物于两时间内在一点谓为止。一物于一时间内在一点谓为不动不止。谓"飞鸟之影，未尝动也"者，就飞鸟之影不于一时间内在两点而言也。谓"镞矢之疾，而有不行不止之时"者，就飞矢之于一时间内在一点而言也。此亦指思想中之飞鸟之影与思想中之镞矢而言，与下"一尺之棰"同。（末段金岳霖先生说）

"狗非犬"者，《尔雅》谓："犬未成豪曰狗。"是狗者，小犬耳。小犬非犬，犹白马非马。

"孤驹未尝有母"者，《释文》引李颐云："驹生有母，言孤则无母，孤称立则母名去也。母尝为驹之母，故孤驹未尝有母也。"此亦就孤驹之共相言。孤驹之义，即为无母之驹，故孤驹无母。然事实上之个体的孤驹，则必有一时有母，不得言"孤驹未尝有母"也。

"一尺之棰，日取其半，万世不竭。"此谓物质可无限分割。"一尺之棰"，今日取其半，明日取其半之半，再明日取其半之半之半。如是"日取其半"，则虽"万世不竭"可也。然此分割只能对思想中之棰，于思想中行之。若具体的"棰"则不能"日取其半，万世不竭"。盖具体的物，事实上不能将其无限分割也。

（十二）感觉与理智

就上所述，可知惠施之观点，注重于个体。个体常变；故惠施之哲学，亦可谓为变之哲学。公孙龙之观点，注重于共相。共相不变；故公孙龙之哲学亦可谓为不变之哲学。二人之学说虽不同，然皆用理智观察世界所得之结果也。辩者所持之论，皆与吾人感觉所见不合。辩者盖用理智以观察世界，理智所见之世界，固可与感觉所见者不合也。

吾人之常识，皆以吾人由感觉所得之知识为根据。就常识之观点，辩者之言为"然不然，可不可"。凡常识之以为不然者，彼然之；常识之以为然者，彼不然之。常识之以为不可者，彼可之；常识之以为可者，彼不可之。此所谓"以反人为实而以胜人为名"也。此所谓"苛察缴绕，使人不得反其意，专决于名而失人情"也。此所谓"钩釽析乱"也。此公孙龙所以"困百家之知，穷众口之辩也"。此诸家批评辩者之言，皆就吾人常识之观点以立论者也。惟辩者之所以"治怪说，玩琦辞"，是否果只为"以反人为实，而以胜人为名"，或为发现真理，此则吾人所不知。然一学说之价值，与其人之所以立此学说之动机，固无关系也。

第十章　庄子及道家中之庄学

（一）庄子与楚人精神

《史记》曰：

> 庄子者，蒙人也。名周。周尝为蒙漆园吏，与梁惠王、齐宣王同时。其学无所不窥，然其要本归于老子之言。其著书十余万言，大抵率寓言也。……善属书离辞，指事类情，用剽剥儒墨；虽当世宿学，不能自解免也。言其洸洋自恣以适己，故自王公大人不能器之。楚威王闻庄周贤，使使厚币迎之，许以为相。庄周笑谓楚使者曰："千金，重利；卿相，尊位也。子独不见郊祭之牺牛乎？养食之数岁，衣以文绣，以入太庙；当是之时，虽欲为孤豚，岂可得乎？子亟去，无污我。我宁游戏污渎之中自快，无为有国者所羁。终身不仕，以快吾志焉。"（《老庄申韩列传》，《史记》卷六十三，同文影殿刊本，页四至五）

蒙为宋地，庄子为宋人。然庄子之思想，实与楚人为近。《史记》谓屈原《离骚》："濯淖污泥之中，蝉蜕于浊秽，以浮游尘埃之外，不获世之滋垢，皭然泥而不滓者也。"所谓楚词，皆想像丰富，情思飘逸。此等文学，皆与《诗》三百篇之专歌咏人事者不同。《庄子》书中，思想文体，皆极超旷。《天运篇》谓：

> 天其运乎？地其处乎？日月其争于所乎？孰主张是？孰维纲是？孰居无事推而行是？意者其有机缄而不得已耶？意者其运转而不能自止

耶？云者为雨乎？雨者为云乎？孰隆施是？孰居无事淫乐而劝是？风起北方，一西一东，有上彷徨，孰嘘吸是？孰居无事而披拂是？敢问何故？巫咸䄍曰："来，吾语汝。……"（《庄子》卷五，《四部丛刊》本，页三十五至三十六）

此段形式内容，皆与《天问》一致。此虽不必为庄子所自作，要之可见庄学与楚人之关系也。庄学对于传统的思想制度，皆持反对态度。"剽剥儒墨"，而独推尊老聃。《庄子·天下篇》虽不以老聃为与庄周同派，而对于老聃则极致推崇。盖宋与楚近，庄子一方面受楚人思想之影响，一方面受辩者思想之影响。故能以辩者之辩论，述超旷恍惚之思，而自成一系统焉。

据《史记》所说，庄子与梁惠王、齐宣王同时，似亦与孟子同时。马夷初先生作《庄子年表》，起周烈王七年（西历纪元前369年），迄赧王二十九年（西历纪元前286年）。（见《天马山房丛著》）孟子与庄子同时，然二人似均未相辩驳，似甚可疑。然庄子之学为杨朱之学之更进步者，则自孟子之观点言之，庄子亦杨朱之徒耳。庄子视孟子，亦一孔子之徒。孟子之"距杨、墨"，乃笼统"距"之；庄子之"剽剥儒墨"，亦笼统"剽剥"之。故孟子但举杨朱，庄子但举孔子。孟子、庄子二人，必各不相知也。

（二）道、德、天

庄学之哲学，与《老子》不同，但其所谓"道""德"，则与《老子》同；前已言之。兹述《庄子》书中所谓道。《知北游》云：

东郭子问于庄子曰："所谓道恶乎在？"庄子曰："无所不在。"东郭子曰："期而后可。"庄子曰："在蝼蚁。"曰："何其下耶？"曰："在稊稗。"曰："何其愈下耶？"曰："在瓦甓。"曰："何其愈甚耶？"曰："在屎溺。"东郭子不应。庄子曰："夫子之问也，固不及质。正获之问于监市履狶也，每下愈况。汝唯莫必，无乎逃物；至道若是，大言亦然。周、遍、咸三者，异名同实，其指一也。"（《庄子》卷七，页四十九至五十）

道即天地万物所以生之总原理，有物即有道，故道"无所不在"也。《大宗师》云：

夫道有情有信，无为无形；可传而不可受，可得而不可见。自本自根，未有天地，自古以固存；神鬼神帝，生天生地。在太极之先而不为高，在六极之下而不为深，先天地生而不为久，长于上古而不为老。（《庄子》卷三，页十）

道为天地万物所以生之总原理，故"自本自根"，无始无终而永存，天地万物皆依之生生不已也。

道之作用，亦系自然的；故曰：

技兼于事，事兼于义，义兼于德，德兼于道，道兼于天。（《天地》，《庄子》卷五，页二）

天即自然之义，故曰：

无为为之之谓天。（同上）

又曰：

天在内，人在外。……牛马四足是谓天；落（同络）马首，穿牛鼻，是谓人。（《秋水》，《庄子》卷六，页二十一）

"道兼于天"即《老子》所说"道法自然"之义也。

道即天地万物所以生之总原理，此原理即表现于万物之中。《天道》云：

吾师乎！吾师乎！鳌万物而不为戾，泽及万世而不为仁，长于上古

而不为寿,覆载天地,刻雕众形而不为巧:此之谓天乐。(《庄子》卷五,页二十四)

所以者何?道即表现于万物之中,故万物之自生自长,自毁自灭,一方面可谓系道所为,而一方面亦可谓系万物之自为也。"吾何为乎?何不为乎?夫固将自化。"(《秋水》,《庄子》卷六,页二十)《齐物论》云:

夫吹万不同,而使其自己也,咸其自取,怒者其谁耶?(《庄子》卷一,页二十一)

万物之所以如此,"咸其自取",所谓"夫固将自化"也。惟其如此,故道可"无为而无不为"。如《老子》所说。

道非事物,故可称之为"无"。《天地》云:

泰初有"无",无有无名。一之所起,有一而未形。物得以生谓之德。未形者有分,且然无间谓之命。流动而生物,物生成理谓之形。形体保神,各有仪则,谓之性。(《庄子》卷五,页八至九)

泰初有"无",无即道也。《老子》云:"道生一"。庄子亦以道为"一之所起,有一而未形"。德者,得也;"物得以生谓之德"。由此而言,则天地万物所以生之总原理,即名曰道;各物个体所以生之原理,即名曰德。故曰:

形非道不生;生非德不明。(《天地》,《庄子》卷五,页四)

惟因道德同是物之所以生之原理,所以老、庄书中,道德二字,并称列举。江袤云:

道德实同而名异。……无所不在之谓道,自其所得之谓德。道者,人之所共由;德者,人之所自得也。试以水为喻。夫湖海之涵浸,与坳堂之所畜,固不同也;其为水有异乎?江河之流注,与沟浍之湍激,自其所得如是也。谓之实同名异,讵不信然?(焦竑《老子翼》卷七引,渐西村舍刊本,页三十八)

江氏谓道者人之所共由；德者人之所自得。颇能说明道德之所以同，及其所以异。不过依庄学之意，则应云：道者物（兼人言）之所共由，德者物之所自得耳。物之将生，由无形至有形者，谓之命。及其成为物，则必有一定之形体。其形体与其精神，皆有一定之构造与规律，所谓"各有仪则"；此则其性也。

（三）变之哲学

然物之形体，非一成不变者。依庄学所见，天地万物，无时不在变化中。故曰：

一受其成形，不亡以待尽，与物相刃相靡，其行尽如驰，而莫之能止，不亦悲乎！（《齐物论》，《庄子》卷一，页二十四）

又《秋水篇》云：

物之生也，若骤若驰。无动而不变，无时而不移。（《庄子》卷六，页二十）

又《寓言篇》云：

万物皆种也，以不同形相禅。始卒若环，莫得其伦。是谓天均；天均者，天倪也。（《庄子》卷九，页十三）

"天均"《齐物论》作"天钧"。谓之钧者，喻其运行不息也。上文谓惠施之哲学，可谓为变之哲学；庄学亦变之哲学也。

（四）何为幸福

凡物皆由道，而各得其德，凡物各有其自然之性。苟顺其自然之性，则幸福当下即是，不须外求。《庄子·逍遥游篇》，故设为极大极小之物，鲲鹏极大，蜩鸠极小。"鹏之徙于南冥也，水击三千里，抟扶摇而上者九万里，去以六月息者也。"（《庄子》卷一，页二）蜩与学鸠笑之曰："我决起而飞，枪榆枋，时则不至而控于地而已矣，奚以之九万里而南为？"（《庄子》卷一，页四）此所谓"故极小大之致，以明性分之适。……苟足于其性，则虽大鹏无以自贵于小鸟，小鸟无羡于天池，而荣愿有余矣。故小大虽殊，逍遥一也"（郭象《注》，《庄子》卷一，页一至四）。物如此，人亦然。《逍遥游》云：

故夫知效一官，行比一乡，德合一君，而征一国者，其自视也，亦若此矣。（《庄子》卷一，页七）

笛卡儿曰："在人间一切物中，聪明之分配，最为平均；因即对于各物最难满足之人，皆自以其自己之聪明为甚丰而不求再多。"（《方法论》第一页）盖各人对于其自己所得于天者，皆极满足也。《马蹄篇》云：

彼民有常性，织而衣，耕而食。是谓同德。一而不党，命曰天放。故至德之世，其行填填，其视颠颠。当是时也，山无蹊隧，泽无舟梁。万物群生，连属其乡。禽兽成群，草木遂长。是故禽兽可系羁而游，鸟鹊之巢，可攀援而窥。夫至德之世，同与禽兽居，族与万物并，恶乎知君子小人哉？同乎无知，其德不离。同乎无欲，是谓素朴。素朴而民性得矣。（《庄子》卷四，页十二）

又《天道篇》，老聃谓孔子云：

夫子若欲使天下无失其牧乎？则天地固有常矣，日月固有明矣，星辰固有列矣，禽兽固有群矣，树木固有立矣。夫子亦放德而行，循道而趋，已至矣。又何偈偈乎揭仁义，若击鼓而求亡子焉？噫！夫子乱人之性也！（《庄子》卷五，页三十至三十一）

"天地固有常"等，乃自然的、天然的，即所谓"天"也。"放德而

行,循道而趋",即随顺人及物之性也。《天道篇》云:

夫明白于天地之德者此之谓大本大宗,与天和者也。……与天和者,谓之天乐。(《庄子》卷五,页二十三)

随顺人及物之性,即与天和,即天乐也。

政治上社会上各种制度,由庄学之观点观之,均只足以予人以痛苦。盖物之性至不相同,一物有一物所认为之好,不必强同,亦不可强同。物之不齐,宜即听其不齐,所谓以不齐齐之也。一切政治上社会上之制度,皆定一好以为行为之标准,使人从之,此是强不齐以使之齐,爱之适所以害之也。《至乐篇》云:

昔者海鸟止于鲁郊。鲁侯御而觞之于庙,奏九韶以为乐,具太牢以为膳。鸟乃眩视忧悲,不敢食一脔,不敢饮一杯,三日而死。此以己养养鸟,非以鸟养养鸟也。夫以鸟养养鸟者,宜栖之深林,游之坛陆,浮之江湖,食之鳅鲦,随行列而止,委蛇而处,彼唯人言之恶闻,奚以夫说说为乎?咸池、九韶之乐,张之洞庭之野,鸟闻之而飞,兽闻之而走,鱼闻之而下入,人卒闻之,相与环而观之。鱼处水而生,人处水而死。彼必相与异,其好恶故异也。故先圣不一其能,不同其事;名止于实,义设于适;是之谓条达而福持。(《庄子》卷六,页三十五)

"不一其能,不同其事;名止于实,义设于适。"故无须定一一定之规矩准绳,而使人必从之也。圣人作规矩准绳,制定政治上及社会上各种制度,使天下之人皆服从之。其用意虽未尝不善,其用心未尝不为爱人,然其结果则如鲁侯爱鸟,爱之适所以害之。故庄学最反对以治治天下,以为欲使天下治,则莫如以不治治之。《应帝王篇》云:

汝游心于淡,合气于漠,顺物自然而无容私焉,而天下治矣。(《庄子》卷三,页三十)

《在宥篇》云:

闻在宥天下，不闻治天下也。在之也者，恐天下之淫其性也。宥之也者，恐天下之迁其德也。天下不淫其性，不迁其德，有治天下者哉。（《庄子》卷四，页二十六）

所以不治天下而天下自治者，盖天下之人，其所好虽不同，而莫不愿治；故曰：

以为一世蕲乎乱（治也），孰弊弊焉以天下为事？（《逍遥游》，《庄子》卷一，页十三）

又曰：

天下均治之为愿，而何计以有虞氏为？（《天地》，《庄子》卷五，页十七）

既"天下均治之为愿"，故听其自然而自治矣。庄学亦主张以不治治天下，然其立论之根据，则与《老》学不同也。

如不随顺人之性，而强欲以种种制度治之，则如络马首、穿牛鼻，以人为改天然，其结果适足以致苦痛，此各种人为之通弊也。《骈拇篇》云：

是故凫胫虽短，续之则忧。鹤胫虽长，断之则悲。故性长非所断，性短非所续。……（《庄子》卷四，页四）

人为之目的，多系截长补短，改造天然。故自有人为，而人随顺天然之幸福失。既无幸福，亦无生趣。譬犹中央之帝，名曰混沌，本无七窍；若强凿之，则七窍开而混沌已死矣（见《应帝王》）。《秋水篇》云：

无以人灭天，无以故灭命。（《庄子》卷六，页二十一）

以人为改天然，即"以人灭天"，"以故灭命"也。

（五）自由与平等

由上观之，可知庄学中之社会政治哲学，主张绝对的自由，盖惟人皆有绝对的自由，乃可皆顺其自然之性而得幸福也。主张绝对的自由者，必主张绝对的平等，盖若承认人与人、物与物间，有若何彼善于此，或此善于彼者，则善者应改造不善者使归于善，而即亦不能主张凡物皆应有绝对的自由矣。庄学以为人与物皆应有绝对的自由，故亦以为凡天下之物，皆无不好，凡天下之意见，皆无不对。此庄学与佛学根本不同之处。盖佛学以为凡天下之物皆不好，凡天下之意见皆不对也。《齐物论篇》云：

且吾尝试问乎女。民湿寝则腰疾偏死，鳅然乎哉？木处则惴栗恂惧，猿猴然乎哉？三者孰知正处？民食刍豢，麋鹿食荐，蝍蛆甘带，鸱鸦耆鼠，四者孰知正味？猿，猵狙以为雌，麋与鹿交，鳅与鱼游。毛嫱、丽姬，人之所美也，鱼见之深入，鸟见之高飞，麋鹿见之决骤，四者孰知天下之正色哉？（《庄子》卷一，页三十八至三十九）

若必执一以为正色，则"四者孰知天下之正色哉"？若不执一以为正色，则四者皆天下之正色也。犹之海鸟之"浮江湖"，"食鳅鲦"，与鲁君之"奏九韶"，"具太牢"，其养虽绝不相同，然皆为天下之正养也。

人之意见，万有不齐，如有风时万窍之怒号，如《齐物论》开端所说者，究孰为是，孰为非？果能以当时所谓"辩"者"明是非"乎？《齐物论篇》云：

既使我与若辩矣，若胜我，我不若胜，若果是也，我果非也邪？我胜若，若不吾胜，我果是也，而果非也邪？其或是也，其或非也邪？其俱是也，其俱非也邪？我与若不能相知也，则人固受其黮暗。吾谁使正之？使同乎若者正之，既与若同矣，恶能正之？使同乎我者正之，既同乎我矣，恶能正之？使异乎我与若者正之，既异乎我与若矣，恶能正之？使同乎我与若者正之，既同乎我与若矣，恶能正之？然则我与若与人，俱不能相知也，而待彼也邪？（《庄子》卷一，页四十四至四十五）

此明"辩"不能定是非也。盖若必执一以为是，则天下人之意见，果孰为是？正与上述之孰为正处正味正色，同一不能决定也。若不执一以为是，则天下人之意见皆是也。惟其皆是，故听其自尔，而无须辩矣。《齐物论篇》云：

是不是，然不然。是若果是也，则是之异乎不是也，亦无辩；然若果然也，则然之异乎不然也，亦无辩。化声之相待，若其不相待。和之以天倪，因之以曼衍，所以穷年也。忘年忘义，振于无竟，故寓诸无竟。（《庄子》卷一，页四十五至四十六）

视天下之意见，皆如自然之"化声"，皆如《齐物论》所谓之"鷇音"。鸟鸣风响，未闻人欲争其是非，而何独对于人之言论斤斤评论其是非哉？故听其自尔可矣。

执此原理以应付当时学术界中之争辩，《齐物论篇》云：

夫言非吹也，言者有言，其所言者，特未定也。果有言邪？其未尝有言邪？其以为异于鷇音，亦有辩乎，其无辩乎？道恶乎隐而有真伪？言恶乎隐而有是非？道恶乎往而不存？言恶乎存而不可？道隐于小成，言隐于荣华。故有儒墨之是非，以是其所非，而非其所是。欲是其所非而非其所是，则莫若以明。物无非彼，物无非是。自彼则不见，自知则知之。故曰，彼出于是，是亦因彼。彼是，方生之说也。虽然，方生方死，方死方生，方可方不可，方不可方可；因是因非，因非因是。是以圣人不由，而照之于天，亦因是也。是亦彼也，彼亦是也。彼亦一是非，此亦一是非。果且有彼是乎哉？果且无彼是乎哉？彼是莫得其偶，

谓之道枢。枢始得其环中，以应无穷。是亦一无穷，非亦一无穷也。故曰，莫若以明。(《庄子》卷一，页二十六至二十八)

此所说"彼是"，似亦驳公孙龙之说。公孙龙《名实论》以为彼只是彼，此只是此。（见上第九章第六节引）庄学则以为彼是乃相对的。故曰："彼出于是，是亦因彼，彼是方生之说也。"彼是互相谓为彼是。儒墨之互相是非，亦犹是也。若于"儒墨之是非"，必执一以为是，则"彼亦一是非，此亦一是非"，如环无端，不可穷矣。惟知"道恶乎往而不存，言恶乎存而不可"者，视"儒墨之是非"，与"鷇音"同为天然之"化声"，故听其自尔，所谓"是以圣人不由，而照之于天"也。此所谓"以明"也。有所是则有所非，有所非则有所是；故是非乃相对待的，所谓"偶"也；彼是亦然。若听是非彼是之自尔而无所是非彼是，则无偶矣。故曰："彼是莫得其偶，谓之道枢"也。彼此互相是非，"是亦一无穷，非亦一无穷"，如一环然。不与有所是非者为循环之辩论，而立于环中以听其自尔。则所谓"枢始得环中，以应无穷"也。《齐物论篇》又曰：

是以圣人和之以是非，而休乎天钧；是之谓两行。(《庄子》卷一，页三十一)

"天钧"者，《寓言篇》亦言"天钧"、"天倪"。"天钧"、"天倪"皆谓万物自然之变化；"休乎天钧"，即听万物之自然也。圣人对于物之互相是非，听其自尔。故其态度，即是不废是非而超过之，"是之谓两行"。

用此观点以观物，即以道之观点观物也。《秋水篇》曰：

以道观之，物无贵贱。以物观之，自贵而相贱。以俗观之，贵贱不在己。以差观之，因其所大而大之，则万物莫不大；因其所小而小之，则万物莫不小。知天地之为稊米也，知毫末之为丘山也，则差数等矣。

以功观之，因其所有而有之，则万物莫不有；因其所无而无之，则万物莫不无。知东西之相反而不可以相无，则功分定矣。以趣观之，因其所然而然之，则万物莫不然；因其所非而非之，则万物莫不非。知尧桀之自然而相非，则趣操睹矣。……以道观之，何贵何贱，是谓反衍。无拘而志，与道大蹇。何少何多，是谓谢施。无一而行，与道参差。严乎若国之有君，其无私德。繇繇乎若祭之有社，其无私福。泛泛乎其若四方之无穷，其无所畛域。兼怀万物，其孰承翼？是谓无方，万物一齐，孰短孰长。道无终始，物有死生。不恃其成，一虚一满，不位乎其形。年不可举，时不可止。消息盈虚，终则有始。是所以语大义之方，论万物之理也。（《庄子》卷六，页十六至二十）

世俗以人在政治上社会上之阶级，分别贵贱，是"贵贱不在己"也。就物之本身言，则皆"自贵而相贱"，如《逍遥游》所说小鸟之笑大鹏是也。然此皆依有限之观点，以观物也。若能超越有限，自无限之点以观物，即所谓"以道观之"也。以道之观点观物，即见物无不齐矣。若更能与道合一，则不作一切分别，而达"万物与我为一"之境界。此点下文另详。

或曰：庄学以"两行"为是，是仍有所是非也。此点《齐物论》亦已言之。《齐物论篇》曰：

今且有言于此，不知其与是类乎？其与是不类乎？类与不类，相与为类，则与彼无以异矣。……今我则已有谓矣，而未知吾所谓之其果有谓乎？其果无谓乎？天下莫大于秋毫之末，而泰山为小；莫寿于殇子，而彭祖为夭。天地与我并生，而万物与我为一。既已为一矣，且得有言乎？既已谓之一矣，且得无言乎？一与言为二，二与一为三。自此以往，巧历不能得，而况其凡乎？故自无适有，以至于三，而况自有适有乎？无适焉，因是已。（《庄子》卷一，页三十三至三十五）

庄学以"两行"为是，亦有所是非，是亦与别人之有所是非者为同类；然以"两行"为是，是欲超出是非，则又与别人之有所是非者不类；故曰："今我则已有谓矣，而未知吾所谓之其果有谓乎？其果无谓乎？"以超出是非为是，尚不免有有所是非之嫌，况真有所是非乎？故曰，"自无适有，以至于三，而况自有适有乎"？故"无适焉，因是已"。

（六）死与不死

凡物皆无不好，凡意见皆无不对，此《齐物论》之宗旨也。推而言之，则一切存在之形式，亦皆无不好。所谓死者，不过吾人自一存在之形式转为别一存在之形式而已。如吾人以现在所有之存在形式为可喜，则死后吾人所得之新形式，亦未尝不可喜。《大宗师篇》曰：

特犯（同逢）人之形而犹喜之。若人之形者，万化而未始有极也。其为乐可胜计耶？（《庄子》卷三，页九）

《齐物论篇》曰：

予恶乎知悦生之非惑邪？予恶乎知恶死之非弱丧而不知归者邪？丽之姬，艾封人之子也。晋国之始得之也，涕泣沾襟。及其至于王所，与王同筐床，食刍豢，而后悔其泣也。予恶乎知夫死者不悔其始之蕲生乎？梦饮酒者旦而哭泣，梦哭泣者旦而田猎。方其梦也，不知其梦也，梦之中又占其梦焉。觉而后知其梦也。且有大觉而后知此其大梦也。（《庄子》卷一，页四十三至四十四）

《秋水篇》云："道无终始；物有死生。"郭象注云："死生者，无穷之变耳，非终始也。"（《庄子》卷六，页二十）知此理也，则可齐生死矣。《大宗师篇》曰：

浸假而化予之左臂以为鸡,予因以求时夜。浸假而化予之右臂以为弹,予因以求鸮炙。浸假而化予之尻以为轮,以神为马,予因而乘之,岂更驾哉?且夫得者,时也(郭云:"当所遇之时,世所谓得。");失者,顺也(郭云:"时不暂停,随顺而往,世谓之失。")。安时而处顺,哀乐不能入也。此古之所谓悬解也。(《庄子》卷三,页十六)

哀乐不能入,即以理化情也。斯宾诺莎(Spinoza)以情感为"人之束缚"(Human bondage)。若有知识之人,知宇宙之真相,知事物之发生为必然,则遇事不动情感,不为所束缚,而得"人之自由"(Human freedom)矣。譬如飘风坠瓦,击一小儿与一成人之头。此小儿必愤怒而恨此瓦;成人则不动情感,而所受之痛苦亦轻。盖成人之知识,知瓦落之事实之真相,故"哀乐不能入"也。《养生主篇》谓秦失谓哭老聃之死者云:

是遁天倍情,忘其所受,古者谓之遁天之刑。(《庄子》卷二,页六)

死为生之天然的结果,对此而有悲痛愁苦,是"遁天倍情"也。"遁天"者必受刑,即其悲哀时所受之痛苦是也。若知"得者时也,失者顺也,安时而处顺",则"哀乐不能入",不受"遁天之刑"而如悬之解矣。其所以能如此者,则以理化情也。《至乐篇》谓庄子妻死,鼓盆而歌,答惠子问曰:

是其始死也,我独何能无慨然!察其始而本无生。非徒无生也,而本无形。非徒无形也,而本无气。杂乎芒芴之间,变而有气;气变而有形;形变而有生;今又变而之死;是相与为春秋冬夏四时行也。人且偃然寝于巨室,而我噭噭然随而哭之,自以为不通乎命,故止也。(《庄子》卷六,页三十二)

庄子始亦不能"无慨然",此情也。"后察其始"云云,即以理化情也。以理化情，则"哀乐不能入"矣。

自又一方面言之，则死生不但可齐，吾人实亦可至于无死生之地位。《德充符篇》云：

自其异者视之，肝胆楚越也；自其同者视之，万物皆一也。（《庄子》卷二，页三十）

《田子方篇》曰：

草食之兽，不疾易薮；水生之虫，不疾易水，行小变而不失其大常也，……夫天下者，万物之所一也。得其所一而同焉，则四肢百体将为尘垢，而死生终始将为昼夜，而莫之能滑，而况得丧祸福之所介乎？（《庄子》卷七，页三十四）

《大宗师篇》云：

夫藏舟于壑，藏山于泽，谓之固矣。然而夜半有力者负之而走，昧者不知也。藏大小有宜，犹有所遁，若夫藏天下于天下，而不得所遁，是恒物之大情也。……故圣人将游于物之所不得遁而皆存。善夭善老，善始善终，人犹效之，又况万物之所系而一化之所待乎？（《庄子》卷三，页八至十）

宇宙间之物，无论吾人如何藏之，终有失之之可能。但若以整个的宇宙藏于整个的宇宙之中，则更无地可以失之。故吾人之个体如能与宇宙合一，"得其所一而同焉"，则宇宙无终始，吾亦无终始；宇宙永久，吾亦永久矣。此所谓"游于物之所不得遁而皆存"也。《大宗师篇》曰：

吾犹守而告之，三日而后能外天下。已外天下矣，吾又守之，七日而后能外物。已外物矣，吾又守之，九日而后能外生。已外生矣，而后能朝彻。朝彻而后能见独。见独而后能无古今。无古今而后能入于不死不生。杀生者不死，生生者不生。其为物无不将也，无不迎也，无不毁也，无不成也。其名为撄宁。撄宁也者，撄而后成者也。（《庄子》卷

三，页十三至十四）

成玄英云："外，遗忘也。"（《庄子疏》）先忘天下，次忘所用之物，次并己之生而忘之。于此时则所处为另一境界，一切一新，如晨起时所经验者，所谓"朝彻"也。此时惟见有"得其所一而同焉"之一，所谓"见独"也。既同于此一，则"无古今"而"入于不死不生"，即超时间而永存也。由此可知，忘生则得不死；若不忘生，则不能也。所谓"杀生者不死，生生者不生"也。至此境界者，不作一切分别，故"无不将也，无不迎也"。在此情形中所有之经验，即纯粹经验也。

（七）纯粹经验之世界

由上述可知在纯粹经验中，个体即可与宇宙合一。所谓纯粹经验（Pure experience）即无知识之经验。在有纯粹经验之际，经验者，对于所经验，只觉其是"如此"（詹姆士所谓"that"），而不知其是"什么"（詹姆士所谓"what"）。詹姆士谓纯粹经验，即是经验之"票面价值"（Face value），即是纯粹所觉，不杂以名言分别（见詹姆士《急进的经验主义》〔Essays in Radical Empiricism〕，页三十九），佛家所谓现量，似即是此。庄学所谓真人所有之经验，即是此种。其所处之世界，亦即此种经验之世界也。《齐物论篇》云：

古之人其知有所至矣。恶乎至？有以为未始有物者，至矣尽矣，不可以加矣。其次以为有物矣，而未始有封也。其次以为有封矣，而未始有是非也。是非之彰也，道之所以亏也。道之所以亏，爱之所以成。果且有成与亏乎哉？果且无成与亏乎哉？有成与亏，故昭氏之鼓琴也；无成与亏，故昭氏之不鼓琴也。（《庄子》卷一，页三十一）

有经验而不知有物，不知有封（即分别），不知有是非，愈不知则其经验愈纯粹。在经验之中，所经验之物，是具体的；而名之所指，是抽象的。所以名言所指，实只经验之一部。譬如"人"之名之所指，仅系人类之共同性质。至于每个具体的人之特点个性，皆所不能包括。故一有名言，似有所成而实则有所亏也。郭象注云：

夫声不可胜举也。故吹管操弦，虽有繁手，遗声多矣。而执籥鸣弦者，欲以彰声也。彰声而声遗，不彰声而声全。故有成而亏之者，昭文之鼓琴也。不成而无亏者，昭文之不鼓琴也。（同上）

凡一切名言区别，皆是如此。故吾人宜只要经验之"票面价值"而不须杂以名言区别。《齐物论篇》云：

可乎可，不可乎不可。道行之而成，物谓之而然。恶乎然？然于然。恶乎不然？不然于不然。物固有所然，物固有所可。无物不然，无物不可。故为是举莛与楹，厉与西施，恢诡谲怪，道通为一。其分也，成也。其成也，毁也。凡物无成与毁，复通为一。唯达者知通为一，为是不用而寓诸庸。庸也者，用也。用也者，通也。通也者，得也。适得而几矣。因是已。已而不知其然谓之道。（《庄子》卷一，页二十九至三十）

凡物可即可、然即然，不必吾有意识的可之或然之也。莛即莛、楹即楹、厉即厉、西施即西施，不必我有意识的区别之也。有名言区别即有成，有成即有毁。若纯粹经验，则无成与毁也。故达人不用区别，而止于纯粹经验，则庶几矣。其极境虽止而又不知其为止。至此则物虽万殊，而于吾之知识上实已无区别。至此则真可觉"天地与我并生，而万物与我为一"矣。

《庄子》书中所谓"心斋""坐忘"，盖即指此境界。所谓"心斋"者，《人间世篇》云：

若一志，无听之以耳，而听之以心。无听之以心，而听之以气。耳

止于听（本作听止于耳，依俞樾校改），心止于符，气也者，虚而待物者也。惟道集虚。虚者，心斋也。（《庄子》卷二，页十三）

《大宗师篇》曰：

颜回曰："回益矣。"仲尼曰："何谓也？"曰："回忘仁义矣。"曰："可矣，犹未也。"他日，复见，曰："回益矣。"曰："何谓也？"曰："回忘礼乐矣。"曰："可矣，犹未也。"他日，复见，曰："回益矣。"曰："何谓也？"曰："回坐忘矣。"仲尼蹴然曰："何谓坐忘？"颜回曰："堕肢体，黜聪明。离形去智，同于大通。此谓坐忘。"（《庄子》卷三，页二十六）

所谓"心斋""坐忘"，皆主除去思虑知识，使心虚而"同于大通"，在此情形中所有之经验，即纯粹经验也。上节所讲"外天下""外物"，意亦同此。《天地篇》曰：

性修反德，德至同于初。同乃虚，虚乃大，合喙鸣（郭云："无心于言而自言者，合于喙鸣"）。喙鸣合，与天地为合。其合缗缗，若愚若昏。是谓玄德，同乎大顺。（《庄子》卷五，页九）

所谓玄德，亦即真人在纯粹经验中之状况也。《大宗师篇》中所说真人所处之境界，即是如此。故曰：

古之真人，其寝不梦，其觉无忧，其食不甘，其息深深。……古之真人，不知悦生，不知恶死。其出不䜣，其入不距。翛然而往，翛然而来而已矣。不忘其所始，不求其所终。受而喜之，忘而复之。是之谓不以心捐道，不以人助天。是之谓真人。（《庄子》卷三，页三至四）

真人无思虑知识，"心虚"而"同于大通"，故能有"其寝不梦"等诸德也。上节所讲"无不将也，无不迎也"，意亦同此。

［注］上文谓庄学于言之外，又言无言；于知之外，又言不知（第九章第四节）；于此可见矣。然庄学所说之无知，乃经过知之阶级，实

即知与原始的无知之合也。此无知经过知之阶级，与原始的无知不同。对于纯粹经验，亦应作此分别。如小儿初生，有经验而无知识。其经验为纯粹经验；此乃原始的纯粹经验也。经过有知识的经验，再得纯粹经验。此再得者，已比原始的纯粹经验高一级矣。"玄德""若愚""若昏"，非"愚""昏"也，"若"愚"若"昏而已。不过庄学于此点，似未十分清楚。

（八）绝对的逍遥

人至此境界，始可绝对的逍遥矣。盖一切之物，苟顺其性，虽皆可以逍遥，然一切物之活动，皆有所倚赖，即《逍遥游篇》中所谓"待"。《逍遥游篇》曰：

列子御风而行，泠然善也。旬有五日而后返。彼于致福者，未数数然也。此虽免乎行，犹有所待者也。（《庄子》卷一，页八）

列子御风而行，无风则不得行，故其逍遥有待于风。推之世上一般人，或必有富贵而后快，或必有名誉而后快，或必有爱情而后快，是其逍遥有待于富贵、名誉或爱情也。有所待则必得其所待，然后逍遥；故其逍遥亦为其所待所限制，而不能为绝对的。若夫"心斋""坐忘"之人，既已"以死生为一条，可不可为一贯"（《德充符篇》中语），其逍遥即无所待，为无限制的，绝对的。《逍遥游篇》曰：

若夫乘天地之正，御六气之辩，以游无穷者，彼且恶乎待哉？故曰：至人无己；神人无功；圣人无名。（同上）

"乘天地之正，御六气之辩，以游无穷者"，即与宇宙合一者也。其所以能达此境界者，则因其无己，无功，无名，而尤因其无己。

如此之人，谓之至人。《齐物论篇》曰：

至人神矣。大泽焚而不能热；河汉沍而不能寒；疾雷破山，飘风振海，而不能惊（郭云："夫神全形具而体与物冥者，虽涉至变，而未始非我，故荡然无芥介于胸中也"）。若然者，乘云气（郭云："寄物而行，非我动也"），骑日月（郭云："有昼夜而无死生也"），而游乎四海之外（郭云："夫唯无其知而任天下之自为，故驰万物而不穷也"），死生无变于己（郭云："与变为体，故死生若一。"），而况利害之端乎（郭云："况利害于死生，愈不足以介意。"）？（《庄子》卷一，页四十）

至人无入而不自得，此逍遥之极致也。

此庄学中之神秘主义也。神秘主义一名词之意义，在第六章中已详。第六章谓如孟子哲学中有神秘主义，其所用以达到神秘主义的境界之方法，为以"强恕""求仁"，以至于"万物皆备于我矣，反身而诚，乐莫大焉"之境界。庄学所用之方法，乃在知识方面取消一切分别，而至于"天地与我并生，而万物与我为一"之境界。此二方法，在中国哲学史中，分流并峙，颇呈奇观。不过庄学之方法，自魏晋而后，即无人再讲。而孟子之方法，则有宋明诸哲学家，为之发挥提倡，此其际遇之不同也（详见拙著《中国哲学中之神秘主义》，见《燕京学报》第一期）。庄学尤可异者，即其神秘主义不需要唯心论的宇宙。此点庄学亦与斯宾诺莎之哲学合。

（九）庄学与杨朱之比较

观乎此可知"隐者"及杨朱等之拘拘于以隐居避世为"全生葆真"之法之陋也。《山木篇》云：

庄子行于山中，见大木，枝叶盛茂，伐木者止其旁而不取也。问其故，曰："无所可用。"庄子曰："此木以不材得终其天年。"夫子出于山，舍于故人之家。故人喜，命竖子杀雁而烹之。竖子请曰："其一能鸣，其一不能鸣，请奚杀？"主人曰："杀不能鸣者。"明日，弟子问于庄子曰："昨日山中之木，以不材得终其天年；今主人之雁，以不材死。先生将何处？"庄子笑曰："周将处乎材与不材之间。似之而非也；故未免乎累。若夫乘道德而浮游，则不然。无誉无訾，一龙一蛇。与时俱化，而无肯专为。一上一下，以和为量。浮游乎万物之祖，物物而不物于物，则胡可得而累邪？此神农、黄帝之法则也。若夫万物之情，人伦之传，则不然。合则离，成则毁，廉则挫，尊则议，有为则亏，贤则谋，不肖则欺，胡可得而必乎哉？悲夫！弟子志之，其唯道德之乡乎！"（《庄子》卷七，页十五至十六）

　　盖吾人若不能"以死生为一条，以可不可为一贯"，则在人间世，无论如何巧于趋避，终不能完全"免乎累"。所谓"万物之情，人伦之传，合则离，成则毁，廉则挫，尊则议，有为则亏，贤则谋，不肖则欺，胡可得而必乎哉？"无论材与不材，皆不能必其只受福而不受祸也。若至人则"死生无变于己，而况利害之端乎"？不以利害为利害，乃利害所不能伤而真能"免乎累"者也。此"乘道德而浮游"之人所以能"物物而不物于物"也。"物物而不物于物"者，即对于一切皆为主动而不为被动也。

第十一章 《墨经》及后期墨家

（一）战国时墨家之情形

《韩非子·显学篇》曰：

自墨子之死也，有相里氏之墨，有相夫氏之墨，有邓陵氏之墨。（《韩非子》卷十九，《四部丛刊》本，页七）

《庄子·天下篇》曰：

相里勤之弟子，五侯之徒，南方之墨者，苦获、已齿、邓陵子之属，俱诵《墨经》，而倍谲不同，相谓别墨。以坚白同异之辩相訾，以觭偶不仵之辞相应。以巨子为圣人，皆愿为之尸，冀得为其后世，至今不决。（《庄子》卷十，《四部丛刊》本，页二十九）

此战国时墨家之情形也。此时有《墨经》。《墨经》之作，亦辩者之学之反动。盖辩者所持之论，皆与吾人之常识违反。儒墨之学，皆注重实用，对于宇宙之见解，多根据常识。见辩者之"然不然，可不可"，皆以为"怪说觭辞"而竞起驳之。然辩者立论，皆有名理的根据，故驳之者之立论，亦须根据名理。所以墨家有《墨经》，儒家有《荀子》之《正名篇》，皆拥护常识，驳辩者之说。儒墨不同，而对于反辩者则立于同一观点。盖儒墨乃从感觉之观点以解释宇宙；而辩者则从理智之观点以解释宇宙也。

在另一方面，儒墨俱受辩者之影响，故于发挥其自己学说之时，立论亦均较前精确；壁垒均较前森严。试以本章所论《墨子》六篇与《墨子》中之他篇比，以《荀子》与《论语》《孟子》比，便可见矣。

《墨经》之成就，比《荀子·正名篇》为高；盖原来墨家本较儒家重辩。《墨子》云："以其言非吾言者，是犹以卵投石也。尽天下之卵，其石犹是也。不可毁也。"（《贵义篇》，《墨子》卷十二，孙诒让《墨子间诂》，涵芬楼影印本，页七）又云："言无务为多而务为智，无务为文而务为察。"（《修身篇》，《墨子》卷一，页四至五）言有三表，皆"务为智"，"务为察"也。又《墨子·贵义篇》谓："子墨子南游使卫，关中载书甚多。"（《墨子》卷十二，页四）《耕柱篇》云：

公孟子曰："君子不作。术（同述）而已。"子墨子曰："不然。……吾以为古之善者则诛（即述之误）之；今之善者则作之。欲善之益多也。"（《墨子》卷十一，页二十二至二十三）

《庄子·天下篇》亦谓"墨子好学而博，不异，不与先王同"。即《墨经》亦可见墨子后之墨者之"好学而博"也。

汪中《墨子序》谓："《经上》至《小取》六篇，当时谓之《墨经》。庄周称相里勤之弟子，五侯之徒，南方之墨者，苦获、已齿、邓陵子之属，以坚白同异之辩相訾，以觭偶不仵之辞相应者也。"（《述学》）此说别无证据，但《大取》《小取》二篇，亦为战国时作品，其内容与《经》及《经说》大致相同。兹亦以之附于《墨经》中。

晋人鲁胜，称《经》上下，《经说》上下，为"墨辩"。胡适之先生因之，称《经》上下，《经说》上下，《大取》《小取》为"墨辩"；又以作"墨辩"者为"别墨"。按《墨经》中虽亦有"坚白同异之辩"，"觭偶不仵之辞"，然其主要目的，在于阐明墨学，反对辩者。"墨辩"之名，鲁胜以前无有也。墨家各派，"倍谲不同"，"相谓别墨"，即互相指为非墨学正统，非自谓"别墨"也。然皆"以巨子为圣人，皆愿为之尸，冀得为其后世"，则纷乱之中，仍有统一存焉。盖墨者之铁的组织，尚未崩溃也。

（二）《墨经》中之功利主义

功利主义为墨子哲学之根本，但墨子虽注重利，而未言何以须重利。《墨经》则更进一步，与功利主义以心理的根据。《经上》云：

利，所得而喜也。（《墨子》卷十，页五）《经说》云："得是而喜，则是利也；其害也，非是也。"（《墨子》卷十，页二十）

害，所得而恶也。（《墨子》卷十，页五）《经说》云："得是而恶，则是害也；其利也，非是也。"（《墨子》卷十，页二十）

吾人之所喜者为利，吾人之所恶者为害。趋利避害，乃人性之自然，故功利主义，为吾人行为之正当标准也。边沁云：

"天然"使人类为二种最上威权所统治；此二威权，即是快乐与苦痛。只此二威权，能指出人应做什么，决定人将做什么。功利哲学，即承认人类服从此二威权之事实，而以之为哲学之基础。此哲学之目的，在以理性法律，维持幸福。（边沁《道德立法原理导言》〔An Introduction to the Principles of Morals and Legislation〕，页一）

《墨经》正是如此主张。边沁所谓快乐苦痛，《墨经》谓之利害，即可以致快乐苦痛者也。边沁所谓理性，《墨经》谓之智。欲是盲目的，必须智之指导，方可趋将来之利而避将来之害。《经说上》云：

为欲斲（斫也，本作䱉，依孙校改）指，智不知其害，是智之罪也。若智之慎之（本作文，依孙校改）也，无遗于其害也，而犹欲斲之，则离之。是犹食脯也，骚之利害（孙云："疑言臭之善恶"），未可知也；欲而骚，是不以所疑止所欲也。墙外之利害，未可知也；趋之而

得刀（本作力，依孙校改），则弗趋也，是以所疑止所欲也。（《墨子》卷十，页二十六）

智之功用，在于逆睹现在行为之结果。结果既已逆睹，智可引导吾人，以趋利避害，以舍目前之小利而避将来之大害，或以受目前之小害而趋将来之大利。此即所谓"权"。《大取篇》云：

于所体之中而权轻重之谓权。权非为是也；亦（本作非，依孙校改）非为非也；权，正也。断指以存腕，利之中取大，害之中取小也。害之中取小也，非取害也，取利也；其所取者，人之所执也。遇盗人而断指以免身，利也；其遇盗人，害也。……利之中取大，非不得已也。害之中取小，不得已也。所未有而取焉，是利之中取大也。于所既有而弃焉，是害之中取小也。（《墨子》卷十一，页二）

《经上》云：

欲正权利，恶正权害。（恶上原有且字，依孙校删）（《墨子》卷十，页六）《经说》云："权（原作仗，依孙校改）者，两而无偏。"（《墨子》卷十，页二十六）

权"于所体之中而权轻重"，"两而无偏"。盖"功利哲学"以为人所取及所应取之利，非目前之小利，乃将来之大利，人所避及所应避之害，非目前之小害，乃将来之大害。故可欲者不必即为利，必吾人依"正权"所以为之可欲者乃为利。可恶者不必即为害，必吾人依"正权"所以为可恶者，乃为害也。

[注] 案《荀子·不苟篇》曰："欲恶取舍之权，见其可欲也，则必前后虑其可恶也者；见其可利也，则必前后虑其可害也者；而兼权之，孰计之，然后定其欲恶取舍。如是，则常不失陷矣。凡人之患，偏伤之也。见其可欲也，则不虑其可恶也者；见其可利也，则不顾其可害也者；是以动则必陷，为则必辱；是偏伤之患也。"（《荀子》卷二，《四部

丛刊》本，页九）荀子所说，正与《墨经》意同。

本此观点，《墨经》为诸道德下定义，指出道德之要素为"利"。《经上》云：

义，利也。（《墨子》卷十，页二）《经说》云："义，志以天下为爱（原作芬，依孙校改），而能能利之，不必用。"（《墨子》卷十，页十八）

忠，利君（原作以为利而强低，依张纯一校改）也。（《墨子》卷十，页三）《经说》云："忠，以君为强，而能能利君，不必容（原作忠不利弱子亥足将入止容，依张纯一校改）。"（《墨子》卷十，页十八至十九）

孝，利亲也。（《墨子》卷十，页三）《经说》云："孝，以亲为爱（原作芬，依孙校改），而能能利亲，不必得。"（《墨子》卷十，页十九）

功，利民也。（《墨子》卷十，页六）《经说》云："功不待时，若衣裘。"（《墨子》卷十，页二十一）

"义，志以天下为爱而能能利之，不必用"。"下能字，善也。能能利之，言能善利之也。不必用，言不必人之用其义也"（孙诒让说）。"忠，以君为强。""即《荀子·臣道篇》'强君'之义，不必容，谓不必见容于君也"（张纯一说）。"能能利亲，亦谓能善而利之也。不必得，谓不必中亲之意。"（孙诒让说）墨家之道，"反天下之心"（《庄子·天下篇》），墨者自知之矣。"功不待时"者，《公孟篇》云："乱则治之，譬犹噎而穿井也，死而求医也。"（《墨子》卷十二，页十三）乱则治之，乃"待时"之功，不若"不待时"之功之为利更大也。此皆以利为诸道德之要素也。

（三）论知识

《墨经》为欲拥护常识，反对辩者，特立论就知识论（Epistemology）方面说知识之性质及其起源。《经上》云：

知，材也。（《墨子》卷十，页一）《经说》云："知材，知也者，所以知也，而不必知（原作'而必知'，依胡适之先生校改），若明。"（《墨子》卷十，页十七）

此知乃吾人所以能知之才能。有此才能，不必即有知识。如眼能视物，乃眼之"明"；但眼有此"明"，不必即有见。盖能见之眼须有所见，方可有见；能知之知须有所知，方可有知也。《经上》云：

知，接也。（《墨子》卷十，页二）《经说》云："知，知也者，以其知遇（原作过，依孙校改）物而能貌之，若见。"（《墨子》卷十，页十七）

此知乃能知遇所知所生之知识，人之能知即"所以知"之官能，遇外物即所知，即可感觉其态貌。如能见之眼，见所见之物，即可有见之知识。《经上》云：

恕（今毕本作恕，《道藏》本，吴钞本，明嘉靖本均作恕），明也。（《墨子》卷十，页二）《经说》云："恕，恕（原皆作恕）也者，以其知论物而其知之也著，若明。"（《墨子》卷十，页十七）

吾人能知，即"所以知"之官能，遇外物即所知，不但能感觉其态貌，且能知其为何物。如见一树，不但感觉其态貌，且知其为树。知其为树，即将此个体的物列于吾人经验中之树之类中，此所谓"以知论物"也。如此则凡树所有之性质，吾虽尚未见此树有，亦敢断其必有。于是吾人对于此个体的物之知识乃明确，所谓"其知之也著"也。

此外尚有一种知识，吾人不从感觉得来。《经下》云：

知而不以五路，说在久。（《墨子》卷十，页九）《经说》云："知

（旧作智，下同），以目见，而目以火见，而火不见，惟以五路知。久，不当以目见，若以火见。"（《墨子》卷十，页四十七）

五路者，五官也。官而名以路者，谓感觉所经由之路也。人之得知识多恃五路；《荀子》所谓"缘天官"是也。例如"见"之成须有目及火（即光），若无目则不能成见也。所谓"惟以五路知"也。然亦有不以五路知而得之知识，如对于"久"之知识是也。久者，《经上》云：

久，弥异时也。（《墨子》卷十，页六）《经说》云："久，合古今旦莫（即暮字。原作今久古今且莫，依胡适之先生校改）。"（《墨子》卷十，页二十一）

宇，弥异所也。（《墨子》卷十，页六）《经说》云："宇，冢（即蒙）东西南北（原作东西家南北，依胡适之先生校改）。"（《墨子》卷十，页二十一）

久即时间，宇即空间。吾人对于时间之知识，固非由五官得来也。《经上》云：

虑，求也。（《墨子》卷十，页一）《经说》云："虑也者，以其知有求也，而不必得之，若睨。"（《墨子》卷十，页十七）

此条所说，为有目的之知识活动。吾人运用知识，以求达到一目的。此知识活动即谓之虑，即"知之有求"者。睨为目之斜视。张目见物，不必有目的。若睨而斜视，则必为"知之有求"者也。但此等知不必即得其所求；所谓"而不必得之"也。

人之能知之才能，《墨经》认为吾人生命之要素。《经上》云：

生，刑（同形）与知处也。（《墨子》卷十，页五）《经说》云："生，形（原作楹，依毕校改）之生，常（原作商，依孙校改）不可必也。"（《墨子》卷十，页十九至二十）

又云：

卧，知无知也。(《墨子》卷十，页五)

形之有知者为生，否则为死。有知而无知（有知之才能而无知之事实）为卧；无知而无知为死。

此外《墨经》又就逻辑方面，论吾人知识之来源及其种类。《经上》云：

知，闻，说，亲，名，实，合，为。(《墨子》卷十，页五)《经说》云："知，传受之，闻也。方不障，说也。身观焉，亲也。所以谓，名也。所谓，实也。名实耦，合也。志行，为也。"(《墨子》卷十，页二十八)

"闻，说，亲"谓吾人知识之来源。"名，实，合，为"谓吾人知识之种类。今分论之。

"闻"谓吾人由"传受"而得之知识。在历史方面，吾人所有之知识，多属此类。

"说"谓吾人所推论而得之知识。《经下》云：

闻所不知若所知，则两知之。(《墨子》卷十，页十五)《经说》曰："闻在外者所不（邓高镜先生云："衍不字。"）知也。或曰：'在室者之色，若是其色。'是所不知若所知也。犹白若黑也，谁胜？是若其色也，若白者必白。今也知其色之若白也，故知其白也。夫名以所明正所不知，不以所不知疑（同拟）所明。若以尺度所不知长。外，亲知也；室中，说知也。"(《墨子》卷十，页五十四)

吾人见室外之白物，而不知室内之物为何色。或曰："室内之物之色，与室外之物之色同。"吾人即知室内之物之色之为白而非黑。盖天下之白物无穷，而皆在白物之名所指之类中。犹天下之马无穷，而皆在马之名所指之类中。吾人已知某物之可名为白物，则不必见之而即知其色之何似；吾人已知某物之可名为马，则不必见之而即知其形貌之何若。此所谓"方不障"也。盖吾人之知识，至此可不受时空之限制矣。

名能使吾人就所已知推所未知。所谓"夫名以所明正所不知；不以所不知疑所明"也。

"亲"谓吾人亲身经历所得之知识，即吾人能知之才能与所知之事物相接而得之知识也。所谓"身观焉"是也。一切知识，推究其源，皆以亲知为本。如历史上所述诸事情，吾人对之，惟有闻知而已。然最初"传"此知识之人，必对于此事有"身观焉"之亲知也。虽吾人未见之物，若知其名，即可推知其大概有何性质，为何形貌，然吾人最始必对此名所指之物之有些个体，有"身观焉"之亲知也。知识论所论之知识即此等知识也。

次论吾人知识之种类有四。"名"谓对于名之知识。名所以谓实也；所谓"所以谓"也。《经上》云：

名，达，类，私。(《墨子》卷十，页五)《经说》云："名，物，达也。有实必待之（原作文，依孙校改）名（原作多，依孙校改）也。命之马，类也。若实也者，必以是名也。命之臧，私也。是名也，止于是实也。声出口俱有名，若姓字丽（原作洒，依梁校改）。"(《墨子》卷十，页二十七)

物之名指一切物，为最高类（Summum Genus）之名，即所谓"达名"。凡有个体，必用此名；故曰："有实必待之名也。"马则指一类之物，为"类名"。仅此类之个体用此名；故曰："若实也者，止于是名也。""臧"为指一人之固有名词，即所谓私名也。此名仅一个体可用；故曰："是名也止于是实也。"

[注]《大取篇》谓名有"以形貌命者"，有"以居运命者"，有"以举量数命者"。"诸以形貌命者，若山丘室庙者皆是也。""诸以居运命者，若乡里齐荆者皆是也。""以举量数命者"无说；望文生义，当系指数量诸名也。此三分法，甚不完备，疑有脱误。

"实"谓吾人对于实之知识。实为名之"所谓",即名之所指之个体也。

"合"谓吾人对于名实相合即所谓"名实耦"之知识。《墨经》谓以名谓实之谓有三种。《经上》云:

> 谓,移,举,加。(《墨子》卷十,页五)《经说》云:"谓,命狗,犬,移也。(原作谓狗犬,命也。依伍非百校改)狗犬,举也。叱狗,加也。"(《墨子》卷十,页二十八)

狗为犬之未成豪者,即犬之一种,谓"狗,犬也"。犹谓"白马,马也"。此移犬之名以谓狗,移马之名以谓白马也。此所谓"移"也。"举,拟实也。"(《经上》,《墨子》卷十,页五)"举告以之(原作文,依孙校)名举彼实也。"(《经说上》,《墨子》卷十,页二十)举狗及犬之名,以泛指狗及犬之实,此所谓"举"也。指一个体之狗而叱之曰:"狗!"意谓"此是狗",是加此狗之名于此个体,即所谓"加"也。吾人谓"狗是犬",狗果是犬否?吾人谓"此是狗",此果是狗否?换言之,即吾人所用之名,是否与实合,此吾人所须注意者。知吾人所用之名是否与实相合之知识,即此所谓"合"也。

"为"谓吾人知所以作一事情之知识。"志,行,为也。"吾人作一事情,必有作此事情之目的,及作此事情之行为;前者谓之"志",后者谓之"行"。合"志"与"行",总名曰"为"。"为"有六种。《经上》云:

> 为,存,亡,易,荡,治,化。(《墨子》卷十,页六)《经说》云:"为,甲(原作早,依孙校改)台,存也。病,亡也。买鬻,易也。消(原作霄,依孙校改)尽,荡也。顺长,治也。蛙鼠(原作买,依孙校改),化也。"(《墨子》卷十,页二十八至二十九)

此依行为之目的,即所谓"志",之不同,将"为"分类也。《经上》又云："已，成，亡。"《经说》云："已，为衣，成也。治病，亡也。"谓为衣以成衣为止，治病以无病为止也。制甲筑台，以使其"存"为目的，即衣以成为止之意，是以"存"为"为"也。治病以使无病为目的，是以"亡"为"为"也。买卖以交易为目的，是以"易"为"为"也。消灭除尽谓之荡，吾人对于事物有时欲消灭除尽之，是以"荡"为"为"也。顺成长养谓之治，吾人有时对于事物欲顺成长养之，是以"治"为"为"也。《经上》云："化，征易也。"(《墨子》卷十，页六)《经说》云："化，若蛙为鹑。"(《墨子》卷十，页二十二)《列子·天瑞篇》云："田鼠之为鹑。"盖古说蛙鼠皆可化为鹑也。吾人有时对于事物欲使其逐渐变化，是以"化"为"为"也。吾人欲达吾人之"志"，必有相当之"行"。知如何"行"之知识，亦名之曰"为"。

墨子注重实用之观念，《墨经》尚保存之，于此可见矣。《经下》云：

知其所以不知，说在以名取。(《墨子》卷十，页九)《经说》云："知，杂所知与所不知而问之。则必曰，是所知也，是所不知也。取去俱能之，是两知之也。"(《墨子》卷十，页四十七)

《贵义篇》云："钜(俞云："当作旹，皓之叚字。")者，白也。黔者，黑也。虽明目者无以易之。兼白黑使瞽取焉，不能知也。故我曰：瞽不知白黑者，非以其名也，以其取也。"(《墨子》卷十二，页四)能以名取者，即能以知识应用于行为也。

(四) 论"辩"

吾人之知识之以言语表出者谓之"言"。《经上》云：

言，出举也。……言，口之利也。……执所言而意得见，心之辩也。(《墨子》卷十，页五至六)《经说》云："故言也者，诸口能之，出名（原作民，依孙校改）者也。名（原亦作民），若画俿也。言也，谓言犹石致也。"(《墨子》卷十，页二十)

《贵义篇》谓墨子云："以其言非吾言者，是犹以卵投石也。"(《墨子》卷十二，页八)墨者主张"言无务为多而务为智，无务为文而务为察"。故谓言须精坚如石，所谓"言犹石致"也。欲达此目的，则吾人之言，须遵守一定之法则，即《小取篇》所说"辩"之诸法则也。辩有广义狭义。《经》及《经说》所说之辩，为狭义之辩，依此说"辩"与"说"不同。《经上》云：

说，所以明也。……攸不可，两不可也。……辩，争彼也。辩，胜当也。(《墨子》卷十，页五)《经说》云："彼，凡牛枢非牛，两也，无以非也。辩，或谓之牛，或谓之非牛，是争彼也。是不俱当，不俱当，必或不当，不当若犬。"(《墨子》卷十，页二十五至二十六)

《经说下》又云：

辩也者，或谓之是，或谓之非；当者胜也。(《墨子》卷十，页四十四)

此以辩为彼此争辩之辩，若只有一说（此说与上"说知"之说不同），此有所可，彼亦可之。此有所不可，即有"攸不可"，彼亦不可之。是"两不可也"。如此以牛枢（孙云："疑木名"）为非牛，彼亦以牛枢为非牛，是"两无以非"，何辩之有？若此以牛枢为牛，彼以为非牛，是即有彼此之争而辩，辩则"当者胜也"。此专以辩为争辩之辩，是狭义之辩也。《小取篇》所说之"辩"，则较此范围为大。《小取篇》云：

夫辩者，将以明是非之分，审治乱之纪，明同异之处，察名实之理，处利害，决嫌疑。焉摹略万物之然，论求群言之比，以名举实，以

辞抒意，以说出故，以类取，以类予。有诸己，不非诸人；无诸己，不求诸人。(《墨子》卷十一，页九)

此谓辩之用有六：(一)明是非，(二)审治乱，(三)明同异，(四)察名实，(五)处利害，(六)决嫌疑。其方法为"以名举实，以辞抒意，以说出故"。所谓"以名举实"，上文已详。辞即今人所谓"命题"，合二名以表一意，乃谓之辞，所谓"以辞抒意"。亦即《荀子·正名篇》所谓"兼异实之名以论一意"是也。《经上》云：

故，所得而后成也。(《墨子》卷十，页一)《经说》曰："故，小故有之不必然，无之必不然。体也，若有端。大故有之必然，无之必不然，若见之成见也。"("大故"下依孙诒让校)(《墨子》卷十，页十七)

《经上》云："端，体之无厚（原作序，依王校改）而最前者也。"有端不必即能成体；所谓"有之不必然，无之必不然也"。此所谓小故，今逻辑中称为必要原因。此所谓大故，今逻辑中称为充足及必要原因。尚有充足原因，即有之必然，无之不必不然之故，《墨经》未言。故为一事之原因，"以说出故"，即以言语说出一事之原因，亦即以言语说明吾人所以持一辞之理由。所谓"说，所以明"也。

立说之方法有七。《小取篇》云：

或也者，不尽也。假也者，今不然也。效也者，为之法也。所效者，所以为之法也。故中效则是也；不中效则非也。此效也。辟也者，举也物而以明之也。侔也者，比辞而俱行也。援也者，曰，子然，我奚独不可以然也。推也者，以其所不取之同于其所取者予之也。是犹谓也者同也，吾岂谓也者异也。(《墨子》卷十一，页十)

"或也者，不尽也。"《经上》云："尽，莫不然也。"一类事物对于一性质，有时非"莫不然"。如马不必皆白。吾人于此只可谓马或白，不能谓马是白。有时吾人对于一事物之知识不完全，则对之亦只能作或然判断。如彼马是白，但吾人不知其果是白与否，亦只可谓彼马或白。

"假也者，今不然也。"吾人对于事物，可虚拟条件而断其在此条件下当有如何情形。如孔子曰："如有用我者，期月而已可矣；三年有成。""如有用我者"，非孔子为此言时之事实，乃孔子所虚拟之条件，所谓"今不然也"。

"效也者，为之法也。"法者，《经上》云：

法，所若而然也。（《墨子》卷十，页五）《经说》云："法，意，规，圆，三也，俱可以为法。"（《墨子》卷十，页二十五）

《经下》云：

一法者之相与也尽类（此类字依王校改），若方之相合也，说在方。（《墨子》卷十，页十四）《经说》云："一方尽类，俱有法而异，或木或石，不害其方之相合也。尽类犹方也。物俱然。"（《墨子》卷十，页五十一）

法为公式，对于一类事物之公式，可适用于此一类之任何个体。如方物之类，有方木方石，木石虽异，然不害其为方也。引申之，凡仿效一物而能成类此之物，则所效者为"法"，而仿效所成之物为"效"。譬之为圆，或以意象中之圆，或以作圆之规，或以已成之圆，皆可为为圆之法。法定则效此法者皆成圆形。"故中效"之故，即上文"以说出故"之故。故即是成事之原因，立论之理由。欲知所出之故，是否为真故，是否为"有之必然，无之必不然"之故，莫如用此"故"作"法"，观其是否"中效"。"中效"者，谓效之而亦然也。能证明其为"所若而然"之法，然后知其即是"所得而后成"之故。故曰"故中效则是也，不中效则非也"（自"凡仿效一物"以下至此，选录胡适之先生《小取篇新诂》）。墨子谓"言有三表"。此所说与墨子所说之第三表相同，不过此不专就政治上社会上诸理论言耳。

"辟也者，举也物而以明之也。"孙诒让云："王云：'也与他同。举他物以明此物谓之譬。'《潜夫论·释难篇》云：'夫譬喻也者，生于直告之不明，故假物之然否以彰之。'（卷七，《四部丛刊》本，页五）《荀子·非相篇》云：'谈说之术，分别以喻之，譬称以明之。'"（《荀子》卷三，《四部丛刊》本，页十）

"侔也者，比辞而俱行也。"辟是以此物说明彼物，侔是以此辞比较彼辞。例如《公孙龙子·迹府篇》载公孙龙谓孔穿曰：

龙闻楚王……丧其弓，左右请求之，王曰："止。楚王遗弓，楚人得之，又何求乎？"仲尼闻之曰："……亦曰'人亡之，人得之'而已，何必楚？"若此仲尼异"楚人"于所谓"人"。夫是仲尼异"楚人"于所谓"人"，而非龙异"白马"于所谓"马"，悖。（《公孙龙子》卷上，双鉴楼缩印《道藏》六子本）

此即是"比辞而俱行"也。

"援也者，曰子然，我奚独不可以然也。"援即今人所谓"援例"。上所引公孙龙之言，亦有援例之意。

"推也者，以其所不取之同于其所取者予之也。是犹谓也者同也，吾岂谓也者异也。""也者同也"，"也者异也"，上两"也"字皆当作"他"字。譬如吾人谓凡人皆有死。人若询其理由，吾人当谓，因见过去之人皆死，现在之人及将来之人与过去之人同类，故可"推"知现在及将来之人，亦须死也。吾人已观察若干个体的事物，知其如此，遂以为凡与所已观察之诸例同类者，亦必如此。其所已观察之诸例，即是"其所取者"。其所未观察之同类事物，即是"其所不取"。因其"所不取"之事物与其"所取者"相同。故可下一断语，谓凡类此者皆如此。此即所谓"以类取，以类予"也。（自"侔也者"至此，胡适之先生说）

《大取篇》亦有所谓"语经"。"语经"者，言语之常经也。（孙诒让说）《大取篇》云：

　　语经，……三物必具，然后足以生。……夫辞（此二字依孙校增）以故生，以理长，以类行者也。立辞而不明于其所生，妄（原作忘，依顾校改）也。今人非道无所行，唯有强股肱而不明于道，其困也可立而待也。夫辞以类行者也。立辞而不明于其类，则必困矣。（《墨子》卷十一，页三至八）

　　此与《小取篇》所说大意相同，惜其详不可知矣。

（五）《墨经》中"同异之辩"

　　辟，侔，援，推，四法皆就物之同点，以吾人对于所已知之物之知识，展至于吾人所未知之物。然物之同有多种；故此等论断，易陷于误谬。《小取篇》云：

　　夫物有以同而不率遂同。辞之侔也，有所至而正（孙诒让云："疑当作止。"）。其然也，有所以然也；其然也同，其所以然不必同。其取之也，有所以取之；其取之也同，其所以取之不必同。是故辟、侔、援、推之辞，行而异，转而危，远而失，流而离本，则不可不审也，不可常用也。故言多方，殊类，异故，则不可偏（孙诒让云："与遍同。"）观也。（《墨子》卷十一，页十）

　　物之异亦常不同。《墨经》对于同异，有详细讨论。《经上》云：

　　同，异而俱于之一也。（《墨子》卷十，页六）《经说》云："同（原作侗），二人而俱见是楹也。"（《墨子》卷十，页二十一）

　　同，重，体，合，类。（《墨子》卷十，页六）《经说》云："同，二名一实，重同也。不外于兼，体同也。俱处于室，合同也。有以同，类同也。"（《墨子》卷十，页二十九）

异，二，不体，不合，不类。(《墨子》卷十，页六)《经说》云："异，二必（孙诒让云："读为毕，古通用。"）异，二也。不连属，不体也。不同所，不合也。不有同，不类也。"(《墨子》卷十，页二十九)

同异交得，放有无。(《墨子》卷十，页六)《经说》云："同异交得，于福家良恕，有无也。比度，多少也。免蚓还园，去就也。鸟折用桐，坚柔也。剑尤早，死生也。处室子，子母，长少也。两绝胜，白黑也。中央，旁也。论行行行学实，是非也。难宿，成未也。兄弟俱适也。身处志往，存亡也。霍为姓，故也。贾宜，贵贱也。"(《墨子》卷十，页二十九至三十)

此指出所谓同及异，均有四种。故谓此物与彼物同，彼物与此物同，其同同而所以同不必同也。如墨子与墨翟，二名俱指一实，是重同也。凡相"连属"者，如手足头目，同为一人之一体，是体同也。凡"同所"，"俱处于室"，即同在一处者，如同室之人，同在一室之中，是合同也。同类之物，皆有相同之性质，是类同也。异亦有四种。必先知所谓同物之同，果为何种之同；所谓异物之异，果为何种之异，然后方可对之有所推论而不致陷于误谬也。

此外不同类之物，有时亦可以同一名谓之。此亦吾人所应注意者也。《经下》云：

异类不吡，说在量。(《墨子》卷十，页九)《经说》云："异，木与夜孰长；智与粟孰多；爵，亲，行，价，四者孰贵。……"(《墨子》卷十，页三十四)

木与夜为异类而均可以长短谓之，智与粟为异类而均可以多寡谓之，若因此而认为同类，"则必困矣"。

此即《墨经》中之"同异之辩"也。此"同异之辩"与"合同异"一派辩者之"同异之辩"，宗旨不同。此虽不必为驳彼而发，然依《墨经》之观点,则惠施与庄子"合同异"之说,实为误谬。惠施谓"万物毕同毕异"。盖因万物虽异,皆"有以同";万物虽同,皆"有以异"也。然万物"有以同",谓为类同可也。因此而即曰"万物一体",是以类同为体同也,其误甚矣。异亦有四种。谓万物毕异,亦应指出其异为何种,不能混言之也。"同异交得"一节,《经说》不甚明了。其大要似谓诸事物皆可有相反的性质,如有无、多少、去就、坚柔、死生、长少、白黑、中央与旁、是非、存亡、贵贱等,要视吾人从何方面观察之耳。如一女子先为"处室女",后为"子之母",是一人而亦长亦少也。一人对其弟为兄,对其兄为弟,是一人而亦兄亦弟,所谓"兄弟俱适"也。一人可身在此而志在彼,所谓"身处志往,存亡也"。"合同异"一派之辩者,利用此点,遂谓"白狗黑","龟长于蛇"。实则白狗虽亦可谓为黑,龟亦可谓为长,蛇亦可谓为短,所谓黑白长短,虽无一定之标准,然在一辩论范围内,所谓黑白长短,须用同一之标准。如龟固亦可谓为长,但对于蛇则普通终为短也。惠施、庄子之学,虽另有其立足点,然其所用以"合同异"之辩论,实可受上述之攻击也。

(六)《墨经》中"坚白之辩"

辩者"合同异","离坚白",《墨经》则主张离同异,合坚白。其离同异之说,已如上述。《经上》云:

坚白不相外也。(《墨子》卷十,页四)《经说》云:"得二,坚白(此白字据孙校补),异处不相盈,相非,是相外也。"(《墨子》卷十,页二十五)

《经下》云:

坚白,说在因。(《墨子》卷十,页十二)《经说》云:"坚得白,必

相盈也。"(《墨子》卷十，页三十七）

　　于一，有知焉有不知焉，说在存。(《墨子》卷十，页十六）《经说》云："于石一也，坚白二也，而在石，故有智焉有不智焉。可。"(《墨子》卷十，页四十四）

　　不可偏去而二，说在见与俱，一与二，广与修（原作循，据俞校改）。(《墨子》卷十，页八）《经说》云："见不见离，一二不相盈，广修坚白。"(《墨子》卷十，页三十四）

　　此主张合坚白，即"坚白不相外"，以驳公孙龙"离坚白"，即坚白必相外之说也。《公孙龙子·坚白论》谓："视不得其所坚，而得其所白者，无坚也。拊不得其所白，而得其所坚。得其坚也，无白也。……得其白，得其坚，见与不见离，见不见离，一一不相盈，故离。"(《公孙龙子》卷下）此公孙龙就知识论证明坚与白为二独立的共相，上文已详（见第八章）。《坚白论》中又述难者之言曰："目不能坚，手不能白，不可谓无坚，不可谓无白。……坚白域于石，恶乎离？""石之白，石之坚，见与不见，二与三，若广修而相盈也，其非举乎？"（同上）《墨经》此处所说，正彼难者之言，以为坚白相盈，不相外，同在于石，所谓"存"也。吾人视石，得白不得坚；吾人拊石，得坚不得白；然此自是吾人之知与不知耳，非关石之有无坚与白也。坚一也，白二也，因见不见离，而谓一二不相盈。然见与不见，与石之有无坚白无关。坚白在石，实如广修之纵横相涵也。所谓"不可偏去而二"也。此驳公孙龙就知识论证明坚白为二之说。坚白若不在一处，如白雪中之白，与坚石中之坚，则"异处不相盈"，坚非白，白亦非坚，坚白"相非"，可谓为"相外"。若坚白石，则坚白俱"域于石"，合而同体，则坚内有白，白内有坚；《经说》上所谓"坚白之撄相尽"；所谓"无坚得白，必相盈也"，是"坚白不相外也"。此驳公孙龙就形上学证明坚白为二之说。

[注]《经下》云:"不坚白,说在无久与宇。"(《墨子》卷十,页十一至十二)《经说》中无无久与宇之说。吾人可推想,此条系谓:若无时空,则亦无坚白。似驳公孙龙"天下未有若坚而坚藏"之说。

《经下》云:

有指于二而不可逃,说在以二累。(《墨子》卷十,页十六)《经说》云:"有指,子智是,有(同又)智是吾所无(原作先,依孙校改)举,重。则子智是而不智吾所无(原亦作先)举也,是一谓,有智焉,有不智焉,可。若智之,则当指之(同此)智告我,则我智之。兼指之,以二也。衡指之,参直之也。若曰,必独指吾所举,毋指(原作举,依梁校改)吾所不举。则者(犹此也)固不能独指。所欲指(原作相,依孙校改)不传,意若未恔(原作校,依梁校改)。且其所智是也,所不智是也。则是智是之不智也。恶得为一谓,而有智焉,有不智焉?"(《墨子》卷十,页四十四至四十五)

又云:

所知而弗能指,说在春也。(《墨子》卷十,页十六)《经说》曰:"所,春也,其执固不可指也。"(《墨子》卷十,页四十五)

此似系对于公孙龙所谓指之辩论。公孙龙所谓指,乃名之所指之共相(见第八章)。然名本一方面指共相,一方面指个体,如"坚"一方面指"坚"之共相,一方面指诸坚物。所谓"有指于二而不可逃"也。所谓"兼指之以二"也。公孙龙一派谓"一谓,有智焉,有不智焉,可"。一谓即一名,言共相时,吾人只知其名所指之共相,不知其所指之个体,所谓"必独指吾所举,毋指吾所不举"也。然《墨经》以为共相即在个体之中,共相不能独为名所指,名独指共相,则其义不备,所谓"此固不能独指,所欲指不传,意若未恔"也。故"恶得为一谓,而有智焉,有不智焉?"且名所专指之共相,能指而示人否?公孙龙一派之辩者，所说无所"与"之坚白，若果有，当指而示人。所谓"若智之，则当指之智告我，则我智之"也。然个体可指而示人，共相本可知而不可见者，不可指以示人；故《墨经》攻之曰："所指而弗能指，说在春也。"春，蠢也。（邓高镜先生说）公孙龙一派所说之共相，本不可指以示人；故曰："其执固不可指也。"公孙龙一派，对于共相之学说，为西洋古代哲学中所谓之实在论，而《墨经》则近于唯名论。

［注］"有指于二"一条，有数句不可解，"参直"，亦系《墨经》中专门名词。《经上》云："直参也"（《墨子》卷十，页二）。惜无说。若有说，则此条意义或当更明显。

《经下》云：

牛马之非牛，与可之，同；说在兼。（《墨子》卷十，页十四）《经说》云："故曰，牛马，非牛也，未可。牛马，牛也，未可。则或可或不可。而曰牛马，牛也，未可亦不可。且牛不二，马不二，而牛马二。则牛不非牛，马不非马，而牛马非牛非马无难。"（《墨子》卷十，页五十二）

此言若以"牛马"为一词，则谓"牛马"为牛不可。因"牛马"中之牛固是牛，而牛马中之马则非牛也。但谓"牛马"非牛亦不可，因"牛马"之中固有牛也。然"牛不二，马不二，而牛马二"，故牛固不可谓为非牛，马固不可谓为非马，而"牛马"则可谓为非牛非马也。此与公孙龙"白马非马"之说，有相同处。但公孙龙断言"白马非马"。此则言牛马，就一方面说，谓之非牛亦未可。盖公孙龙就共相，即名之内涵立论；此则就个体，即名之外延立论，此二派之观点本不同也。

《墨经》与公孙龙一派辩者，对于共相之问题，虽意见不同；然对于"正名实"之一点，则主张相合。《墨经下》"狂举不可以知异"（《墨子》卷十，页十四）一条，与《公孙龙子·通变论》中所谓狂举相合。

《经下》又云：

彼（原作循）此；彼此，与彼此同，说在异。(《墨子》卷十，页十四)《经说》云："彼，正名者，彼此。彼此可，彼彼止于彼，此此止于此。彼此不可，彼且此也（孙云："疑当云，彼且此也，此亦且彼也。"）彼此亦可，彼此止于彼此，若是而彼此也，则彼亦且此此也（孙云："疑当作，则彼亦且此，此亦且彼也。"）(《墨子》卷十，页五十三)

此正名之主张，与公孙龙合。此条之文，亦与《公孙龙子·名实论》之文大致相同。若彼只为彼，此只为此，是正也。所谓"彼此可"也。若彼此之义不定，彼之义有时为此，此之义有时为彼，则不正。所谓"彼此不可"也。然即正名之后，彼此之名之意义虽定，而彼此之名所指之物则不必一定不移。自一方面观之，此物为彼；自又一方面观之，彼物为此。此以彼为彼，彼亦以此为彼。盖彼此本为对待之名也。此所谓"彼此亦可"也。《庄子·齐物论》之论"彼是"，即依此点以立论。《齐物论》曰："物无非彼，物无非是。……故曰：'彼出于是，是亦因彼。彼是方生之说也。'"(《庄子》卷一，页二十七)专就物之个体言，诸物固互相彼此；其为彼此，固不一定。然彼此之共相，固常确定不移，彼此之名之意义，固亦可使之确定不移也。使彼此之名之意义，确定不移，即正名之事也。

（七）《墨经》对于其他辩者之辩论

《经下》云：

火（原作必，依孙校改）热，说在顿。(《墨子》卷十，页九)《经说》云："火，谓火热也，非以火之热我有。若视白（原作日，依梁校改）。"(《墨子》卷十，页四十七)

此似为驳当时辩者"火不热"之说。火不热之说，亦可有一知识论的论据，以为火之热，乃由于吾人之感觉；热是主观的，在我而不在火。此谓火热乃火之热，其热在火而不在我。若视白，白亦在白物而不在我也。

《经下》云：

非半不斱则不动，说在端。(《墨子》卷十，页十三)《经说》云："非，斱半，进前取也。前，则中无为半，犹端也。前后取，则端中也。斱必半，毋与非半，不可斱也。"(《墨子》卷十，页五十)

此驳当时辩者"一尺之棰，日取其半，万世不竭"之说也。端，点也。《经上》云："端，体之无厚（原作序，依王校改）而最前者也。"(《墨子》卷十，页三) 其说云："端，是无间（原作同，依梁校改）也。"(《墨子》卷十，页二十四) 言端至小极微，故其中无间而不可分析也。"一尺之棰，日取其半"，取之不已，至所余者为不可复分之一点，则不可斱半而取之矣。凡可斱者，必其可分为半者也。若无半与非半，则俱不可斱也。此亦就具体的个体言之。

《经下》云：

可无也，有之而不可去，说在尝然。(《墨子》卷十，页十三)《经说》云："可无也，已然（原作给，依孙校改）则尝然（原作当给，依孙校改），不可无也。"(《墨子》卷十，页五十一)

言天下之事物，若其未有，本亦可无。但既已尝有之事物，则即永为尝有，不可去也。此条虽非必即以驳当时辩者"孤犊未尝有母"之说，然实可与彼参看。盖就孤犊之个体言，若始即无母，此个体何来？若果昔有母，虽今无母，亦不可谓其未尝有母也。

《经下》云：

行修（原作循，依张校改）以久，说在先后。(《墨子》卷十，页

十四)《经说》云:"行者,行者必先近而后远。远近,修也。先后,久也。民行修,必以久也。"(《墨子》卷十,页五十一)

此言行远必经时间,可与辩者"今日适越而昔至"之说参看。

[注]《经下》云:"景不徙,说在改为。"(《墨子》卷十,页十二)《经说》云:"景,光至景亡。若在,尽古息。"(《墨子》卷十,页三十七)说者皆以为此即《庄子·天下篇》"飞鸟之影,未尝动也"之意。其实《天下篇》所说,乃"飞鸟之影",此则但为影。谓飞鸟之影不动,乃与常识相违之说;谓"影不徙"则否。譬如一日规上指午时之影,吾人皆知其为非指巳时之影。何者?生此影之针不动,故其影亦不动。指巳时之影,因光至而亡。指午时之影,乃新生之影也。指巳时之影,若在,当尽古停留,因其本为一不动之影也。若"飞鸟之影",本为动影,故与此绝不相同。

(八)《墨经》对于兼爱之说之辩护

后来墨家对于"辩"如此讲究,故当时之批评墨家兼爱之说者,墨家皆以辩驳之。就《经》及《小取》等篇观之,当时对于墨家兼爱之说,有二种批评。一为"无穷害兼",谓天下之人无穷,如何能尽爱之?一为"杀盗即杀人",谓墨家既主兼爱,何以又主罚有罪者。墨家对于此二说俱有辩护。《经下》云:

无穷不害兼,说在盈否。(《墨子》卷十,页十五)《经说》云:"无,南者有穷则可尽,无穷则不可尽,有穷无穷未可知,则可尽不可尽不可尽(毕云:"此三字疑衍。")未可知。人之盈之否未可知,而必人可尽不可尽亦未可知,而必人之可尽爱也,悖。人若不盈无(原作先,依孙校改)穷,则人有穷也。尽有穷无难。盈无穷,则无穷尽也。

尽有穷，无难。"(《墨子》卷十，页五十五）

不知其数，而知其尽也，说在问（原作明，依孙校改）者。(《墨子》卷十，页十五）《经说》云："不，不（邓高镜先生云："旧作二，即不字。"）智其数，恶智爱民之尽之（旧作文）也？或者遗乎其问也，尽问人则尽爱其所问。若不智其数而智爱之尽之也，无难。"(《墨子》卷十，页五十五）

逃臣狗犬，遗（原作贵，依孙校改）者不知其所处，不害爱之，说在丧子者。(《墨子》卷十，页十五至十六）《经说》云："逃臣不智其处，狗犬不智其名也，遗者巧，弗能两也。"(《墨子》卷十，页四十五）

此答"无穷害兼"之说也。难者曰：南方有穷，则可尽，无穷则不可尽，有穷无穷，尚不可知，则可尽不可尽，更不可知，而子必人之可尽爱，岂不悖哉？答曰：彼无穷之南方，人不能盈满，是人数有穷矣。人数既有穷，尽爱之何难？人若竟能盈满此无穷之南方，则无穷有时而尽矣。地既有穷，尽爱人何难？难者曰：子不知其人数，焉知爱民之尽之耶？答曰：如有疑惑者，尽问人，必尽爱其所问。虽遗其所问之数，又何害哉？难者又谓：不知尽人之所处，又焉能尽爱之。答曰："不知其所处，不害爱之。"譬如逃臣狗犬，其遗失者，既不知其何在，又不知其今改何名，藉使巧求，弗能两合。此正如失子者，其父虽不知子之所在，而不害爱之也。（"难者曰，南方有穷"以下，邓高镜先生说）

《小取篇》云：

白马，马也。乘白马，乘马也。骊马，马也。乘骊马，乘马也。获，人也。爱获，爱人也。臧，人也。爱臧，爱人也。此乃是而然者也。获之亲，人也。获事其亲，非事人也。其弟，美人也。爱弟，非爱美人也。车，木也。乘车，非乘木也。船，木也。入船，非入（原入字皆作人，依苏时学校改）木也。盗人，人也。多盗，非多人也。无盗，非无人也。奚以明之？恶多盗，非恶多人也。欲无盗，非欲无人也。世相与共是之，若若是，则虽盗人，人也；爱盗，非爱人也；不爱盗，非不爱人也；杀盗人，非杀人也；无难（原衍盗无难三字，依孙校改）矣。此与彼同类，世有彼而不自非也。墨者有此而非之，无也（即他字）故焉。所谓内胶外闭与？心毋空乎内，胶而不解也。此乃是而不然者也。（《墨子》卷十一，页十一至十二）

此证明杀盗为非杀人。故杀盗无害于兼爱人也。当时驳墨家非命之说之言，《小取篇》下文亦有反驳之辞，不具引。

（九）对于当时其余诸家之辩论

此外《墨经》中尚有许多论证，似为墨家以"辩"攻击当时其余诸家者，兹分述之。《经下》云：

在诸其所然未者（同诸）然，说在于是推之。（《墨子》卷十，页十二）《经说》云："在，尧善治，自今在诸古也，自古在之（同诸）今，则尧不能治也。"（《墨子》卷十，页三十七）

尧之义也，生于今而处于古而异时。说在所义二（《墨子》卷十，页十）。《经说》云："尧霍，或以名视（借为示）人，或以实视人。举友富商也，是以名视人也。指是霍也，是以实视人也。尧之义也，是声也于今；所义之实处于古。"（《墨子》卷十，页四十八）

此驳儒家祖述尧舜之说也。如尧善治天下，自今言在诸古也。若自古言在诸今，则尧未必能治也。盖治天下之所以然不同也。（"如尧善治天下"以下，邓高镜先生说）《经下》云：

物之所以然，与所以知之，与所以使人知之，不必同。说在病。（《墨子》卷十，页九）《经说》云："物或伤之，然也。见之，智也。告

之，使智也。"(《墨子》卷十，页三十五）

盖儒家所说尧治天下之所以然，自是儒家之所知耳，未必果真即尧治天下之所以然也。"尧之义也"一条，谓：义，善也。尧之义名生于今，所义之实乃在于古。古今异时，则知义名义实必二也。如举某友富商，是以名示人。如指此是霍某，是以实示人。称尧善名在于今，而其善实在于古，名实何得为一耶。（义善也以下，邓高镜先生说）盖谓儒家所与尧之义名，未必即合于尧之义实也。

《经下》云：

仁义之为外内也，非（旧作内，从孙校改），说在仵颜（颜字有误。孙云："当作颉。《吕氏春秋·明理篇》云：'其民颉卼。'高注云：'颉犹大，卼逆也。'"）(《墨子》卷十，页十五至十六）。《经说》云："仁，仁爱也。义，利也。爱利，此也。所爱所利，彼也。爱利不相为内外；所爱利亦不相为外内。其为（谓也）仁内也，义外也，举爱与所利也，是狂举也。若左目出，右目入。"(《墨子》卷十，页五十五至五十六）

仁内义外为告子一派之说（见第七章）。《管子·戒篇》亦云："仁从中出；义从外作。"(《管子》卷十，《四部丛刊》本，页一）此谓能爱能利者，我也。所爱所利者，彼也。能爱能利俱内，不能谓能爱为内，能利为外。所爱所利俱外，亦不能谓所爱为内，所利为外。今谓仁内义外者，于爱则举能，于利则举所。是犹谓左目司出，而右目司入也，非狂举而何？（"能爱能利者我也"以下，邓高镜先生说）

《经下》云：

五行毋常胜，说在宜。(《墨子》卷十，页八）《经说》云："五，金（旧作合）水土火木（旧作火）。离然火铄金，火多也。金靡炭，金多也。金之府（同腐）木，木离水。"（此条据邓高镜先生校。(《墨子》卷十，页四十六）

此驳驺衍等阴阳五行家之说也。金木水火土，多者胜少者，何胜之有？此亦就具体的金木水火土说。

《经下》云：

学之益也，说在诽者。(《墨子》卷十，页十六)《经说》云："学也，以为不知学之无益也，故告之也。是使智学之无益也，是教也。以学为无益也，教悖。"(《墨子》卷十，页五十六)

无不必待有，说在所谓。(《墨子》卷十，页九)《经说》云："无，若无马（原作焉，依孙校改），则有之而后无。无天陷，则无之而无。"(《墨子》卷十，页四十七至四十八)

此驳《老子》之说也。《老子》谓"绝学无忧"(《老子》二十章)，以学为无益。然既以学为无益，又何必以学无益为教。有教必有学，是仍谓学有益也。《老子》又谓"有无相生"(《老子》二章)，此所谓"无不必待有"。如云"无马"之"无"，有待于有，因世界必有马，然后可言"无马"也。若言"无天陷"之无，则不必待有，因不必真有天陷之事，而后可言"无天陷"也。

《经下》云：

谓辩无胜，必不当。说在辩。(《墨子》卷十，页十五)《经说》云："谓，所谓，非同也，则异也。同则或谓之狗，其或谓之犬也。异则或谓之牛，牛（孙诒让云：'疑当为其'）或谓之马也。俱无胜，是不辩也。辩也者，或谓之是，或谓之非。当者，胜也。"(《墨子》卷十，页四十四)

以言为尽悖，悖。说在其言。(《墨子》卷十，页十五)《经说》云："以悖，不可也。之人（原作出入，依孙校改）之言可，是不悖，则是有可也。之人之言不可，以当，必不审。"(《墨子》卷十，页五十四)

知知之否之是同（原作足用，依伍非百校改）也，悖（原作谆，依

张校改），说在无以也。(《墨子》卷十，页十五)《经说》云："智，论之，非智无以也。"(《墨子》卷十，页四十四)

非诽者悖（原作谆，依张校改），说在弗非。(《墨子》卷十，页十六)《经说》云："非（原作不，依孙校改）诽，非己之非也。不非诽，非可非也。不可非也，是不非诽也。"(《墨子》卷十，页五十六)

此皆驳庄子之说也。庄子之学，以为一切事物及人之意见，万有不齐。若必执一以为是，则究竟以何者为是？若不执一以为是，则皆是也。故因其自尔，"和之以天倪，因之以曼衍，忘年忘义，振于无竟，故寓诸无竟"。自其积极方面观之，彼主张不废是非而超过之。自其消极方面观之，则惟见彼之不执一以为是，主张"辩无胜"及"知之否之是同"而已。《齐物论》曰："辩也者，有不见也"，"大辩不言"，"言辩而不及"。若专即此等处观之，则庄子以"言为尽悖"，以人之互相诽为非，即所谓"非诽"也。《墨经》主张人所是非不同则辩，辩则当者胜。上文已详。又以为"以言为尽悖"之言，是悖言也。盖若此言为是，则至少此言非悖，何得谓"言尽悖"？若此言为非，则言仍非尽悖也。"知之否之是同也"，亦悖言也。盖此言即代表一知，此知不同于不知也。此言即是一论；有知则可论，无知则无以论也。以言为非之言，即是一诽。以诽为非者，是亦以己为非也。若不以己之诽为非，是诽"非可诽也"。

第十二章　荀子及儒家中之荀学

（一）荀子之为学

荀子，名况，字卿，《史记》曰：

> 荀卿，赵人，年五十，始来游学于齐。……田骈之属皆已死，齐襄王时，而荀卿最为老师。齐尚修列大夫之缺，而荀卿三为祭酒焉。齐人或谗荀卿。荀卿乃适楚，而春申君以为兰陵令。春申君死而荀卿废，因家兰陵。李斯尝为弟子，已而相秦。荀卿嫉浊世之政，亡国乱君相属，不遂大道，而营于巫祝，信机祥。鄙儒小拘，如庄周等，又滑稽乱俗。于是推儒墨道德之行事兴坏，序列著数万言而卒，因葬兰陵。（《孟子·荀卿列传》，《史记》卷七十四，同文影殿刊本，页五）

当时人"营于巫祝，信机祥"。盖所谓阴阳家者说，已为当时之显学矣。孟子以后，儒者无杰出之士。至荀卿而儒家壁垒，始又一新。上文谓中国哲学家中，荀子最善于批评哲学。西汉经师，亦多得荀子传授。盖其用力甚勤，学问极博。《荀子·劝学篇》曰：

> 百发失一，不足谓善射；千里跬步不至，不足谓善御。伦类不通，仁义不一，不足谓善学。学也者，固学一之也。……全之尽之，然后学者也。君子知夫不全不粹之不足以为美也，故诵数以贯之，思索以通之，为其人以处之。（《荀子》卷一，《四部丛刊》本，页十四至十五）

此荀子所以教人，亦即荀子自己为学之精神也。

汪中作《荀卿子年表》，起赵惠文王元年（西历纪元前298年），迄赵悼襄王七年（西历纪元前238年），云："凡六十年，庶论世之君子，得其梗概云尔。"（《述学》补遗，《四部丛刊》本，页十三）荀子生卒年不可考；然其一生之重要活动，则大约在此六十年中也。

（二）荀子对于孔子、孟子之意见

孟子尊孔子，荀子亦尊孔子。荀子以为孔子，乃最能"全"能"尽"能"粹"者。《非十二子篇》曰：

若夫总方略，齐言行，壹统类，而群天下之英杰，而告之以大古，教之以至顺。奥窔之间，簟席之上，敛然圣王之文章具焉，佛然平世之俗起焉。……仲尼、子弓是也。（《荀子》卷三，页十五）

《解蔽篇》曰：

夫道者，体常而尽变，一隅不足以举之。曲知之人，观于道之一隅，而未之能识也，故以为足而饰之，内以自乱，外以惑人，上以蔽下，下以蔽上，此蔽塞之祸也。孔子仁智且不蔽，故学乱术足以为先王者也。一家得周道，举而用之，不蔽于成积也。故德与周公齐，名与三王并，此不蔽之福也。（《荀子》卷十五，页五至六）

荀子以为当时诸家，皆有所见而同时亦有所蔽（见第一章第五节），盖皆不"全"不"尽"不"粹"者也。孔子"仁智且不蔽"，知"道"之全体，故异于"曲知之士"之只"观于道之一隅"也。孟子谓孔子为"集大成"，荀子所说亦此意。不过孟子较注重于孔子之德，荀子则较注重于孔子之学耳。

荀子虽宗孔子，而对于孟子，则攻击甚力。《非十二子篇》曰：

略法先王而不知其统，然而犹材剧志大，闻见杂博，案往旧造说，谓之五行，甚僻违而无类，幽隐而无说，闭约而无解，案饰其词，而祇敬之，曰，此真先君子之言也。子思唱之，孟轲和之。世俗之沟犹瞀儒，谨嚄嚄然不知其非也，遂受而传之，以为仲尼、子游，为兹厚于后世。是则子思、孟轲之罪也。(《荀子》卷三，页十四至十五）

西人谓人或生而为柏拉图，或生而为亚里士多德。詹姆士谓：哲学家，可依其气质，分为硬心的及软心的两派（见第一章第六节）。柏拉图即软心派之代表，亚里士多德即硬心派之代表也。孟子乃软心的哲学家，其哲学有唯心论的倾向。荀子为硬心的哲学家，其哲学有唯物论的倾向。今所传《中庸》，未必全为子思所作。即孟子观之，如尽性则知天，"及万物皆备于我"之言，由荀子之近于唯物论的观点视之，诚为"僻违而无类，幽隐而无说，闭约而无解"也。荀子攻孟子，盖二人之气质学说，本不同也。战国时儒家中有孟荀二学派之争，亦犹宋明时代新儒家中有程朱、陆王二学派之争也。

（三）荀子对于周制之意见

荀子对于周制，自一方面言，亦持拥护态度。《王制篇》曰：

王者之制，道不过三代，法不贰后王。道过三代谓之荡；法贰后王谓之不雅。衣服有制；宫室有度；人徒有数；丧祭械用，皆有等宜。声则凡非雅声者举废；色则凡非旧文者举息；械用则凡非旧器者举毁。夫是之谓复古，是王者之制也。(《荀子》卷五，页八至九）

后王之法，即指周道。《非相篇》曰：

人道莫不有辨，辨莫大于分，分莫大于礼，礼莫大于圣王。圣王有百，吾孰法焉？故曰，文久而息，节族久而绝，守法数之有司，极礼（俞樾云："疑礼字衍文。"）而褫。故曰，欲观圣王之迹，则于其粲然者矣，后王是也。彼后王者，天下之君也，舍后王而道上古，譬之是犹舍己之君而事人之君也。故曰，欲观千岁，则数今日；欲知亿万，则审一二；欲知上世，则审周道，欲知周道，则审其人，所贵君子。（《荀子》卷三，页六）

孟、荀皆尊崇孔子，自一方面言，亦皆拥护周制。荀子言法后王，孟子言法先王，其实一也。

荀子所以以"周道"为后王之法者，本书上文谓当春秋战国之时，旧制度日即崩坏。当时贤哲有拥护旧制度者，有批评或反对旧制度者，有欲另立新制度，以替代旧制度者。（第二章第二节）此诸贤哲于发表其主张之时，一方面言之有故，持之成理，一方面又各托为古贤圣之言以自重，庄子所谓重言是也。孔子拥护周制，故常言及文王、周公。墨子继起，自以为法夏而不法周，特抬出一较古之禹以压文王、周公。孟子继起，又抬出更古之尧、舜以压禹。老、庄之徒继起，则又抬出传说中尧、舜以前之人物，以压尧、舜。在孟子时，文王、周公尚可谓为先王，"周道"尚可谓为"先王之法"。至荀子时，则文王、周公只可谓为后王，"周道"只可谓为后王之法矣。

当时老、庄之徒，谓古今时势大异，故周制不可复行。《庄子·天运篇》曰：

夫水行莫如用舟，而陆行莫如用车。以舟之可行于水也，而求推之于陆，则没世不行寻常。古今非水陆与？周、鲁非舟车与？今蕲行周于鲁，是犹推舟于陆也。劳而无功，身必有殃。（《庄子》卷五，《四部丛刊》本，页四十二）

荀子曰：

故千人万人之情，一人之情是也。天地始者，今日是也。百王之道，后王是也。君子审后王之道，而论于百王之前，若端拜而议。推礼义之统,分是非之分,总天下之要,治海内之众,若使一人。故操弥约而事弥大。五寸之矩,尽天下之方也。故君子不下室堂,而海内之情举积此者,则操术然也。(《不苟篇》,《荀子》卷二,页七至八)

又曰:

夫妄人曰,古今异情,其以治乱者异道,而众人惑焉。彼众人者,愚而无说,陋而无度者也。其所见焉,犹可欺也,而况于千世之传也。妄人者,门庭之间,犹可诬欺也,而况于千世之上乎。圣人何以不欺?曰,圣人者,以己度者也。故以人度人,以情度情,以类度类,以说度功,以道观尽。古今一度也,类不悖,虽久同理。故乡乎邪曲而不迷,观乎杂物而不惑,以此度也。(《非相篇》,《荀子》卷三,页七)

所谓妄人即如《天运篇》作者之人也。"天地始者,今日是也"。今日之天地,犹是昔日之天地。今日之人类,犹是昔日之人类。"类不悖,虽久同理",周制何以不可复行也?

(四)天及性

孔子所言之天为主宰之天;孟子所言之天,有时为主宰之天,有时为运命之天,有时为义理之天;荀子所言之天,则为自然之天,此盖亦由于《老》庄之影响也。《庄子·天运篇》谓天地日月之运行,"其有机缄而不得已","其运转而不能自止",即持自然主义的宇宙观者之言也。荀子之宇宙观,亦为自然主义的。荀子曰:

天行有常,不为尧存,不为桀亡。应之以治则吉,应之以乱则凶。……故明于天人之分,则可谓至人矣。不为而成,不求而得,夫是之谓天职。如是者,虽深,其人不加虑焉。虽大,不加能焉。虽精,不加察焉。夫是之谓不与天争职。天有其时,地有其财,人有其治,夫是之谓能参。舍其所以参，而愿其所参，则惑矣。列星随旋，日月递炤，四时代御，阴阳大化，风雨博施。万物各得其和以生，各得其养以成。不见其事，而见其功，夫是之谓神。皆知其所以成，莫知其无形，夫是之谓天。唯圣人为不求知天。(《天论篇》，《荀子》卷十一，页十五至十七)

"列星随旋，日月递炤"，皆自然之运行；其所以然之故，圣人不求知之也。"不求知天"，而但尽人力以"自求多福"。人力能"自求多福"，"能治天时地财而用之"（杨倞注语），此人之所以能与天地参也。故曰：

大天而思之，孰与物畜而制之。从天而颂之，孰与制天命而用之。望时而待之，孰与应时而使之。因物而多之，孰与骋能而化之。思物而物之，孰与理物而勿失之也。愿于物之所以生，孰与有物之所以成。故错人而思天，则失万物之情。(《天论篇》，《荀子》卷十一，页二十三)

此所谓"治天时地财而用之"也。

孟子言义理之天，以性为天之部分，此孟子言性善之形上学的根据也。荀子所言之天，是自然之天，其中并无道德的原理，与孟子异。其言性亦与孟子正相反对，《性恶篇》曰：

人之性恶，其善者伪也。(《荀子》卷十七，页一)

所谓性及伪者，《性恶篇》曰：

不可学，不可事，而在人者谓之性。可学而能，可事而成之在人者，谓之伪。是性伪之分也。(《荀子》卷十七，页三)

又曰：

性者，本始材朴也；伪者，文礼隆盛也。无性则伪之无所加；无伪则性不能自美。(《礼论篇》，《荀子》卷十三，页十五至十六)

"生之所以然者谓之性"（《正名篇》，《荀子》卷十六，页一），性乃属于天者。天既自有其"常",其中无理想,无道德的原理,则性中亦不能有道德的原理。道德乃人为的,即所谓伪也。《性恶篇》曰:

今人之性,生而有好利焉,顺是故争夺生,而辞让亡焉。生而有疾恶焉,顺是故残贼生,而忠信亡焉。生而有耳目之欲,有好声色焉,顺是故淫乱生而礼义文理亡焉。然则从人之性,顺人之情,必出于争夺,合于犯分乱理,而归于暴。故必将有师法之化,礼义之道,然后出于辞让,合于文理,而归于治。用此观之,然则人之性恶明矣,其善者伪也。(《荀子》卷十七,页一)

人性虽恶,而人人可以为善。《性恶篇》曰:

涂之人可以为禹,曷谓也?曰:凡禹之所以为禹者,以其为仁义法正也。然则仁义法正,有可知可能之理。然而涂之人也,皆有可以知仁义法正之质,皆有可以能仁义法正之具,然则其可以为禹明矣。……今使涂之人,伏术为学,专心一志,思索孰察,加日县久,积善而不息,则通于神明,参于天地矣。故圣人者,人之所积而致矣。(《荀子》卷十七,页十至十一)

陈澧曰:"戴东原曰:'此与性善之说,不惟不相悖,而且若相发明。'(《孟子字义疏证》)澧谓涂之人可以为禹,即孟子所谓人皆可以为尧舜,但改尧舜为禹耳。如此则何必自立一说乎?"(《东塾读书记》卷三,页二)然孟子所谓性善,乃谓人性中本有善端,人即此善端,"扩而充之",即为尧舜。荀子谓人之性恶,乃谓人性中本无善端。非但无善端,且有恶端。但人性中虽无善端,人却有相当之聪明才力。人有此才力,若告之以"父子之义","君臣之正",则亦可学而能之。积学既久,成为习惯,圣即可积而致也。荀子曰:

涂之人百姓,积善而全尽,谓之圣人。彼求之而后得,为之而后成,积之而后高,尽之而后圣。故圣人也者,人之所积也。人积耨耕而

为农夫，积斫削而为工匠，积反（同贩）货而为商贾，积礼义而为君子。(《儒效篇》,《荀子》卷四，页二十）

涂之人"皆有可以知仁义法正之质，皆有可以能仁义法正之具"，乃就人之聪明才力方面说，非谓人原有道德的性质也。人之积礼义而为君子，与其积耨耕而为农夫等同，盖皆知识习惯方面事也。孟子言人之所以异于禽兽者，在人有是非之心等善端。荀子则以为人所以异于禽兽者，在于人之有优秀的聪明才力。故荀子性恶之说，实与孟子性善之说不同也。

（五）荀子之心理学

此点观荀子之心理学，更可了然。《荀子·正名篇》曰：

生之所以然者谓之性。性（王先谦云："当作生。"）之和所生，精合感应，不事而自然，谓之性。性之好恶喜怒哀乐，谓之情。情然而心为之择，谓之虑。心虑而能为之动，谓之伪。虑积焉，能习焉，而后成，谓之伪。正利而为谓之事。正义而为谓之行。所以知之在人者谓之知。知有所合谓之智。智（卢文弨云："智字衍。"）所以能之在人者谓之能。能有所合谓之能。性伤谓之病。节遇谓之命。(《荀子》卷十六，页一至二）

又曰：

凡语治而待去欲者，无以道欲，而困于有欲者也。凡语治而待寡欲者，无以节欲，而困于多欲者也。……欲不待可得，而求者从所可。欲不待可得，所受乎天也。求者从所可，所受乎心也（"所"字据俞樾校说补）。天性有欲，心为之制节。（此九字据久保爱所据宋本增）……人之所欲生甚矣，人之所恶死甚矣。然而人有从生成死者，非不欲生而欲死也，不可以生而可以死也。故欲过之而动不及，心止之也。……欲不及而动过之，心使之也。……性者，天之就也。情者，性之质也。欲者，情之应也。以所欲为可得而求之，情之所必不免也。以为可而道之，知所必出也。……凡人之取也，所欲未尝粹而来也。其去也，所恶未尝粹而往也。故人无动而不可以不与权俱。衡不正，则重县于仰，而人以为轻。轻县于俯，而人以为重。此人所以惑于轻重也。权不正，则祸托于欲，而人以为福。福托于恶，而人以为祸。此亦人所以惑于祸福也。道者，古今之正权也。离道而内自择，则不知祸福之所托。易者以一易一，人曰无得亦无丧也。以一易两，人曰无丧而有得也。以两易一，人曰无得而有丧也。计者取所多，谋者从所可。以两易一，人莫之为，明其数也。从道而出，犹以一易两也，奚丧？离道而内自择，是犹以两易一也，奚得？（《荀子》卷十六，页十三至十七）

人有情欲，又有心，欲不必去，只以心节之可矣。心能"虑""知"而节欲。心之所以节欲者，心知纵欲而行，必将得人所不欲之结果也。人之所欲者，往往与人之所恶者相关连；所恶者往往与所欲者相关连。"凡人之取也，所欲未尝粹而来也；其去也，所恶未尝粹而往也"。故人于去取之际，必以心之虑知，权衡各方面之利害，而不致"惑于祸福"。"道者，古今之正权"也。此道即所谓"道者，非天之道，非地之道，人之所以道也"。（《儒效篇》，《荀子》卷四，页五）"礼仪文理"，"仁义法正"皆"人之所以道也"。皆所以使人得遂其生，得遂其欲者也。《解蔽篇》曰：

圣人知心术之患，见蔽塞之祸，故无欲无恶，无始无终，无近无远，无博无浅，无古无今，兼陈万物，而中县衡焉。是故众异不得相蔽以乱其伦也。何谓衡？曰，道。……人何以知道？曰，心。心何以知？曰，虚壹而静。心未尝不臧也，然而有所谓虚。心未尝不满也，然而有所谓一。心未尝不动也,然而有所谓静。人生而有知,知而有志;志也者,臧也;然而有所谓虚。不以所已臧害所将受,谓之虚。心生而有知,知而有异;异也者,同时兼知之;同时兼知之,两也;然而有所谓一。不以夫一害此一,谓之壹。心卧则梦,偷则自行,使之则谋,故心未尝不动也;然而有所谓静。不以梦剧乱知谓之静。未得道而求道者,谓之虚壹而静,作之则。将须道者虚之,虚则入。将事道者壹之,壹则尽。将思道者静之,静则察。(自"未得道"以下至此,据胡适之先生校)知道察,知道行,体道者也。虚壹而静,谓之大清明。万物莫形而不见,莫见而不论,莫论而失位。……夫恶有蔽矣哉?(《荀子》卷十五,页六至九)

总观以上所引,可见在荀子之心理学中,只有能虑能知之心,及有求而须满足之情欲。心节情欲,立"权""衡"以于"利之中取大,害之中取小"焉。荀子学说在此方面,盖与墨家之功利主义完全相同矣。[注]心何以知道?"曰,虚壹而静。"虚静乃《老》庄所常用之名词。《老子》言:"致虚极,守静笃。"(《老子》十六章)《庄子·天道篇》曰:

圣人之静也,非曰静也善,故静也。万物无足以铙心者,故静也。水静则明烛须眉,平中准,大匠取法焉。水静犹明,而况精神。圣人之心静乎。天地之鉴也,万物之镜也。夫虚静恬淡,寂漠无为者,天地之平,而道德之至,故帝王圣人休焉。休则虚,虚则实,实则伦矣。虚则静,静则动,动则得矣。静则无为,无为也,则任事者责矣。无为则俞俞;俞俞者,忧患不能处,年寿长矣。(《庄子》卷五,页二十二)

荀子亦讲静虚。但谓心之虚,乃"不以所已臧害所将受";心之

[注] 荀子哲学中,亦有功利主义,故其驳墨子亦多就功利主义立论,观《富国篇》及《礼论篇》中驳墨子之言可见。此亦孟、荀异点之一也。

静，乃"不以梦剧乱知"。心之主要功用为知虑，"使之则谋"。"梦剧"者，"偷则自行"之随便胡思乱想也。不使胡思乱想妨碍知谋，即是静也。故荀子虽讲静虚，但不以庄子所说"至人之用心若镜"，为心之静虚状态。此荀子采《老》庄之说，而加以修正变化也。

荀子亦言诚。《荀子·不苟篇》曰：

> 君子养心莫善于诚，致诚则无它事矣。唯仁之为守，唯义之为行。诚心守仁则形，形则神，神则能化矣。诚心行义则理，理则明，明则能变矣。变化代兴，谓之天德。天不言而人推高焉，地不言而人推厚焉，四时不言而百姓期焉。夫此有常以至其诚者也。君子至德，嘿然而喻，未施而亲，不怒而威。夫此顺命以慎其独者也。善之为道者，不诚则不独，不独则不形，不形则虽作于心，见于色，出于言，民犹若未从也。虽从必疑。天地为大矣，不诚则不能化万物。圣人为知矣，不诚则不能化万民。父子为亲矣，不诚则疏。君上为尊矣，不诚则卑。夫诚者，君子之所守也，而政事之本也。唯所居以其类至，操之则得之，舍之则失之。操而得之则轻，轻则独行。独行而不舍，则济矣。济而材尽，长迁而不反其初，则化矣。（《荀子》卷二，页六至七）

"诚"有真实之义，"独"有专一之义。人若能对于一事物真实求之，自能对于其事物，专一求之。能"诚心守仁"，"诚心行义"，则自能"唯仁之为守，唯义之为行"。所谓"致诚则无它事矣"。如此则自有显著之结果可得，所谓"形""神""化""理""明""变"皆"守仁""行义"之结果之表现于外者也。若对于一事物不能真实求之，则亦不能对于其事物专一求之。若不能专一求之，则自亦无显著之结果可得，所谓"不诚则不独，不独则不形"也。人对于仁义必"独行而不舍"，乃能有济。盖道德仁义，本人性中所无有。其学之也，乃化性起伪，如逆水之行舟。故非专精极勤，不能使性化于道德仁义。性化于道德仁义,即习惯于道德仁义。而道德仁义,亦即成人之第二天性。所谓"长迁而不反其初则化矣"。主性善者教人复其初,主性恶者教人"长迁而不反其初"。此孟、荀之不同也。

(六)社会国家之起源

荀子曰:"人之欲善者,其性恶也。"黄百家驳之云:"如果性恶,安有欲为善之心乎?"(《宋元学案》卷一)观以上所说,亦可知黄百家此驳,不足以难荀子。所谓善者,礼仪文理也,仁义法正也,人本不欲此,不过不得不欲此耳。荀子曰:

万物同宇而异体,无宜而有用为(同于)人,数也。人伦并处,同求而异道,同欲而异知,生也。皆有可也,知愚同。所可异也,知愚分。势同而知异,行私而无祸,纵欲而不穷,则民心奋而不可说也。……无君以制臣,无上以制下,天下害生纵欲,欲恶同物,欲多而物寡,寡则必争矣。故百技所成,所以养一人也。而能不能兼技,人不能兼官。离居不相待则穷;群而无分则争。穷者,患也;争者,祸也。救患除祸,则莫若明分使群矣。强胁弱也,知惧愚也,民下违上,少陵长,不以德为政,如是则老弱有失养之忧,而壮者有分争之祸矣。事业,所恶也。功利,所好也。职业无分,如是则人有树事之患,而有争功之祸矣。男女之合,夫妇之分,婚姻聘内,送逆无礼,如是则人有失合之忧,而有争色之祸矣。故知者为之分也。(《富国篇》,《荀子》卷六,页一至三)

此以功利主义说明社会国家之起源,而与一切礼教制度以理论的根据;与《墨子·尚同篇》所说同。盖人有聪明才知,知人无群之不能生存,又知人无道德制度之不能为群,故知者制为道德制度,而人亦受之。"故知者为之分也","知者"二字极可注意。盖人之为此,乃以其有知识之故,非以其性中本有道德之故也。

荀子又曰:

水火有气而无生,草木有生而无知,禽兽有知而无义,人有气有生有知亦且有义,故最为天下贵也。力不若牛,走不若马,而牛马为用,何也?曰,人能群,彼不能群也。人何以能群?曰分。分何以能行?曰义。故义以分则和,和则一,一则多力,多力则强,强则胜物,故宫室可得而居也。故序四时,裁万物,兼利天下。无它故焉,得之分义也。故人生不能无群,群而无分则争,争则乱,乱则离,离则弱,弱则不能胜物,故宫室不可得而居也。不可少顷舍礼义之谓也。(《王制篇》,《荀子》卷五,页十二至十三)

此言似以"有义"为"人之所以异于禽兽",似从"人之所以为人者"立论,以证明分义之为必要。然归结于"和则一,一则多力,多力则强,强则胜物,故宫室可得而居也";则仍从功利主义立论。

荀子又曰:

人之所以为人者,何已也?曰,以其有辨也。饥而欲食,寒而欲暖,劳而欲息,好利而恶害,是人之所生而有也,是无待而然者也,是禹桀之所同也。然则人之所以为人者,非特以二足而无毛也,以其有辨也。今夫狌狌形笑,亦二足而无毛也,然君子啜其羹,食其胾。故人之所以为人者,非特以其二足而无毛也,以其有辨也。夫禽兽有父子而无父子之亲,有牝牡而无男女之别。故人道莫不有辨,辨莫大于分,分莫大于礼,礼莫大于圣王。(《非相篇》,《荀子》卷三,页五至六)

此就"人之所以为人者"立论,以证明礼之必要。此点与孟子同。然以为"人之所生而有"者,惟"好利而恶害"等,仍与孟子异。

（七）礼论、乐论

荀子于《礼论篇》又论礼之起源，曰：

礼起于何也？曰：人生而有欲；欲而不得，则不能无求；求而无度量分界，则不能不争。争则乱，乱则穷。先王恶其乱也，故制礼义以分之，以养人之欲，给人之求，使欲必不穷乎物，物必不屈于欲，两者相持而长，是礼之所起也。（《荀子》卷十三，页一）

此谓礼定分以节人之欲。上文谓孔子讲学，一方面注重个人性情之自由，一方面又注重人之行为之外部规范。（第四章第五节）孟子较注重于个人性情之自由，盖孟子既主性善之说，当然亦重视个人之道德判断也。（第六章第五节）荀子较注重于人之行为之外部规范，较注重礼。荀子曰：

学恶乎始？恶乎终？曰，其数则始乎诵经，终乎读礼。（《劝学篇》，《荀子》卷一，页十一）

又曰：

凡用血气志意知虑，由礼则治通，不由礼则勃乱提侵。食饮衣服居处动静，由礼则和节，不由礼则触陷生疾。容貌态度进退趋行，由礼则雅，不由礼则夷固僻违，庸众而野。故人无礼则不生，事无礼则不成，国家无礼则不宁。《诗》曰："礼仪卒度，笑语卒获。"此之谓也。（《修身篇》，《荀子》卷一，页十七）

盖荀子以为"人之性恶，其善者伪也"；故不能不注重礼以矫人之性也。

礼之用除定分以节人之欲外，又为文以饰人之情。此方面荀子言之甚精。荀子亦重功利，与墨子有相同处。但荀子对于情感之态度，与墨子大不相同。墨子以其极端的功利主义之观点，以人之许多情感为无用无意义而压抑之,其结果为荀子所谓"蔽于用而不知文"。荀子虽亦主功利,然不如墨子之极端,故亦重视情感,重用亦重文;此可于荀子论丧祭礼中见之。丧祭礼之原始,皆起于人之迷信。荀子以其自然主义的哲学;与丧祭礼以新意义,此荀子之一大贡献也。荀子言乐亦多精义。《礼记》中言丧祭礼及乐诸篇,多与荀子同。大约非钞《荀子》即荀派后学所作也,为叙述方便起见,《荀子》中之《礼论》《乐论》二篇,本章不论,俟于第十四章中与《礼记》中别篇综合论之。

(八)王霸

"人道莫不有辨,辨莫大于分,分莫大于礼,礼莫大于圣王。"荀子曰:

圣也者,尽伦者也。王也者,尽制者也。两尽者足以为天下极矣。(《解蔽篇》,《荀子》卷十五,页十六)

荀子之政治哲学,亦以为必圣人为王,方能有最善之国家社会。故曰:

故天子唯其人。天下者,至重也,非至强莫之能任;至大也,非至辨莫之能分。至众也,非至明莫之能和。此三至者,非圣人莫之能尽,故非圣人莫之能王。(《正论篇》,《荀子》卷十二,页四至五)

圣人为王,所行之政,即为王政。荀子论王霸之别曰:

然而仲尼之门人,五尺之竖子,言羞称乎五伯,是何也?曰,然,彼非本政教也,非致隆高也,非綦文理也,非服人之心也。乡方略,审劳佚,畜积修斗而能颠倒其敌者也。诈心以胜矣。彼以让饰争,依乎仁而蹈利者也。小人之杰也,彼固曷足称乎大君子之门哉!彼王者则不然。致贤而能以救不肖;致强而能以宽弱。战必能殆之,而羞与之斗。

委然成文，以示之天下，而暴国安自化矣。有灾缪者，然后诛之，故圣王之诛也綦省矣。（《仲尼篇》，《荀子》卷三，页二十三至二十四）

圣人为王，所行之政为王政。否则即非乱政，亦只霸政耳。此与孟子所说王霸之区别同。不过孟子说王霸之区别，同时又就动机立论。如谓王者之王政，乃自其"不忍人之心"发出。荀子不主性善，故不即此以区别王霸也。

荀子述在王政下人民之生活状况云：

王者之法，等赋政事，所以财万物，养万民也。田野什一，关市几而不征，山林泽梁以时禁发而不税，相地而衰政。理道之远近而致贡，通流财物粟米，无有滞留，使相归移也。四海之内若一家，故近者不隐其能，远者不疾其劳，无幽闲隐僻之国，莫不趋使而安乐之。夫是之谓人师，是王者之法也。（《王制篇》，《荀子》卷五，页九至十）

又曰：

君者，善群也。群道当则万物皆得其宜，六畜皆得其长，群生皆得其命。故养长时则六畜育，杀生时则草木殖，政令时则百姓一，贤良服，圣王之制也。草木荣华滋硕之时，则斤斧不入山林，不夭其生，不绝其长也。鼋鼍鱼鳖鳅鳣孕别之时，网罟毒药不入泽，不夭其生，不绝其长也。春耕夏耘，秋收冬藏，四者不失其时，故五谷不绝，而百姓有余食也。污池渊沼川泽，谨其时禁，故鱼鳖优多而百姓有余用也。斩伐养长，不失其时，故山林不童而百姓有余材也。（《王制篇》，《荀子》卷五，页十三至十四）

此所说与孟子同，惟未提及井田之制耳。

荀子论汤武征诛之说曰：

世俗之为说者曰：桀纣有天下，汤武篡而夺之。是不然。……汤武非取天下也，修其道，行其义，兴天下之同利，除天下之同害，而天下归之也。桀纣非去天下也，反禹汤之德，乱礼义之分，禽兽之行，积其凶，全其恶，而天下去之也。天下归之之谓王，天下去之之谓亡。故桀纣无天下，而汤武不弑君，由此效之也。（《正论篇》，《荀子》卷十二，页二至四）

荀子论尧舜禅让之说曰：

世俗之为说者曰：尧舜擅（同禅）让。是不然。……圣王已没，天下无圣，则固莫足以擅天下矣。天下有圣而在后子（原无此字，据俞校增）者，则天下不离，朝不易位，国不更制，天下厌然，与乡无以异也。以尧继尧，夫又何变之有矣。圣不在后子，而在三公，则天下如归，犹复而振之矣，天下厌然，与乡无以异也。以尧继尧，夫又何变之有矣。唯其徙朝改制为难。故天子生则天下一隆，致顺而治，论德而定次。死则能任天下者必有之矣。夫礼义之分尽矣，擅让恶用矣哉？（《正论篇》，《荀子》卷十二，页十至十二）

此谓汤武之王，乃天下之人自归之。尧舜不必禅让，盖一圣王死，若其子仍为圣人，则当然相继为王。若圣不在后子，而在三公，则天下归三公。总之一圣王死，必有能任天下者继之。此圣王政治之理想，与孟子同。不过孟子又提出一天字，荀子则专就人事立论耳。

荀子之政治哲学，又有与孟子异者，则因荀子以为人之性恶之故，不注重个人性情之自由，故以为所说圣王之威权，应为绝对的。荀子曰：

天子者，势位至尊，无敌于天下。……道德纯备，智惠甚明。南面而听天下，生民之属，莫不振动从服，以化顺之。天下无隐士，无遗善。同焉者是也，异焉者非也。（《正论篇》，《荀子》卷十二，页十至十一）

此与墨子尚同之说相合。盖墨子虽不必以人性为积极的恶，而固亦不以人性为本有善端也。

（九）正名

孔子言"正名"，欲使"君君，臣臣，父父，子子"。孟子言"无父无君，是禽兽也"；孟子正人之名而排无父无君者于人之外，是亦孟子之正名主义也。不过孔孟之正名，仅从道德着想，故其正名主义，仅有伦理的兴趣，而无逻辑的兴趣。犹之苏格拉底之"以归纳法求定义"，亦原只有伦理的兴趣也。柏拉图讲概念，其伦理的兴趣，亦较其逻辑的兴趣为大。至亚里士多德始有纯讲逻辑之著作。荀子生当"辩者"正盛时代，故其所讲正名，逻辑的兴趣亦甚大。

上文谓《墨经》及《荀子·正名篇》皆拥护常识，驳辩者之说。（第十一章第一节）《正名篇》所讲之知识论及逻辑，其根本观点，与《墨经》同，兹以之与《墨经》比较论之。

上文谓荀子之心理学中，只有能虑能知之心，及有求而欲满足之情欲。"知"者，《荀子·正名篇》云：

所以知之在人者谓之知，知有所合谓之智。……形体色理以目异。声音清浊，调竽奇声，以耳异。甘苦咸淡，辛酸奇味，以口异。香臭芬郁，腥臊洒酸奇臭，以鼻异。疾痒沧热，滑铍轻重，以形体异。说故喜怒哀乐爱恶欲，以心异。心有征知。征知则缘耳而知声可也；缘目而知形可也。然而征知必将待天官之当簿其类然后可也。五官簿之而不知，心征之而无说，则人莫不然谓之不知。（《荀子》卷十六，页二至五）

《墨经》谓："知材也。"人皆有能知之材能，即"所以知之在人者"。"知，接也"。此能知之材能与所知之事物相遇，则即有知识。"知有所合谓之智"，亦即此意也。能知与所知相合，即有知识，然此知识只是感觉。吾人只感觉一物，严格的说，尚不能即谓为知之。《墨经》于"知材也"，"知接也"之外，尚言"恕，明也"。"恕，明也"

之恕，与此所谓"征知"相当。盖人之能知之材能，与所知之事物相遇，则即可感觉其态貌，《墨经》所谓"以其知遇物而能貌之"也。所知之事物，多而且异，形体色理等，皆吾人能知之天官，所感觉之多而且异之种种态貌也。天官者，《天论篇》云："耳目鼻口形能（王念孙曰："能读为态"），各有接不相能也，夫是之谓天官。"（《荀子》卷十一，页十七）吾人能知之材能，遇外物即所知，不但能感觉其态貌，且能知其为何物。如见一树，不但感觉其态貌，且能知其为树。其所以能如此者，以吾人能知之材能中包有心也。《天论篇》云："心居中虚，以治五官，夫是之谓天君。"（同上）"心有征知"，征有证明之意（胡适之先生说）。吾人之眼，遇一树而感觉其形态，吾人之心，即知其为树，此即"征知"之作用也。心有"征知"，则"缘耳而知声可也，缘目而知形可也"。若无征知，则耳目等天官，对于所知之事物，只能感觉其形态，不知其为何物也。吾人知此树为树，即吾人之心，将此个体的物列于吾人所已知之树之类中。所谓"征知必待天官之当簿其类然后可也。"如吾人经验中本无树之类，则即不知此个体的物为树。所谓"五官簿之而不知，心征之而无说，则人莫不然谓之不知"也。

至于名之起源及其功用，《荀子·正名篇》曰：

制名以指实，上以明贵贱，下以辨同异。贵贱明，同异别，如是则志无不喻之患，事无困废之祸，此所为有名也。然则何缘而以同异？曰：缘天官。凡同类同情者，其天官之意物也同，故比方之疑似而通，是所以共其约名以相期也。形体色理以目异。声音清浊，调竽奇声，以耳异。……此所缘而以同异也。然后随而命之，同则同之，异则异之。单足以喻则单，单不足以喻则兼。单与兼无所相避则共，虽共不为害矣。知异实者之异名也，故使异实者莫不异名也，不可乱也。犹使异实（杨注云："或曰当为同实。"）者莫不同名也。故万物虽众，有时而欲遍举之，故谓之物。物也者，大共名也，推而共之，共则有共，至于无共，然后止。有时而欲偏（原作遍，据俞校改）举之，故谓之鸟兽。鸟兽也者，大别名也，推而别之，别则有别，至于无别，然后止。名无固宜，约之以命。约定俗成谓之宜，异于约则谓之不宜。名无固实，约之以命实。约定俗成，谓之实名。名有固善，径易而不拂，谓之善名。（《荀子》卷十六，页四至七）

"凡同类同情者，其天官之意物也同。"吾人同为人类，有相同之感官，故对于外物有相同之知识。故"制名以指实"，以互相喻其志意。实为个体，名不能指个体所全有之性质，故名之于个体，只"比方之疑似而通"而已。名既所以指实，其所指必须确定。物之同者，则以同名指之；物之异者，则以异名指之。"使异实者莫不异名也"，"使同实者莫不同名也"，则名可以"辨同异"矣。共名别名之分，可以普通逻辑书中所说"朴尔斐利之树"表之。其"树"为：

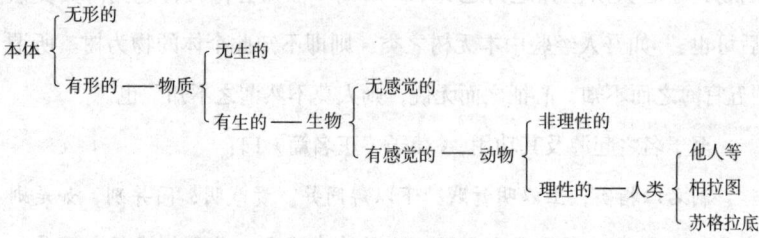

此西洋古代逻辑家朴尔斐利所制，以说明类与种之关系者也。以荀子术语说之，则此中"本体"为最大之共名，其上"至于无共"。"人类"为最小之别名，其下"至于无别"。至于"物质"、"生物"、"动物"等，则对于在其上者为别名，对于在其下者为共名也。

指事物之名之功用，在于别同异。指社会上人与人各种关系之名，其功用在于别贵贱。如君、臣、父、子等名，皆所以指出此人对于彼人之关系。孔子所谓正名，即专正此等名，使为君者必合乎君之名，为臣者必合乎臣之名。荀子承儒家之传统的精神。故其所谓正名，除逻辑的意义外，尚有伦理的意义。故曰："上以明贵贱，下以辨同异。"

"名无固宜"，谓初制名之时，以某名指某实，本为人所随意约定。人相约以狗名狗。在初制名之时，人本亦可相约以马名狗也。所谓"名无固宜"、"名无固实"也。但约既已定，人之用某名指某实，既已成为习俗，则即名有固宜，有固实，不可随便乱改矣。然在初制名之时，名虽无"固宜""固实"，而却有"固善"。平顺易呼之名，固较不平顺易呼者为善也。

名必有一定之意义，然后"志无不喻之患，事无困废之祸"。为统一起见，一切名皆由政府制定。制定后人民不能随便改动。《正名篇》曰：

故王者之制名，名定而实辨，道行而志通，则慎率民而一焉。故析辞擅作名，以乱正名，使民疑惑，人多辨讼，则谓之大奸，其罪犹为符节度量之罪也。故其民莫敢托为奇辞，以乱正名。故其民悫，悫则易使，易使则功（原作公，依顾校改）。其民莫敢托为奇辞，以乱正名。故壹于道法，而谨于循令矣。如是则其迹长矣。迹长功成，治之极也，是谨于守名约之功也。……若有王者起，必将有循于旧名，有作于新名。（《荀子》卷十六，页二至三）

盖人之知识若增加，则名亦须增加也。既有名后，人即可用之以言说辩论，以达心中之意。《正名篇》曰：

名闻而实喻，名之用也。累而成文，名之丽也。用丽俱得，谓之知名。名也者，所以期累实也。辞也者，兼异实之名，以论（王念孙云："论当为谕字之误。"）一意也。辨说也者，不异实名，以喻动静之道也。期命也者，辨说之用也。辨说也者，心之象道也。心也者，道之工宰也。道也者，治之经理也。心合于道，说合于心，辞合于说，正名而期，质请而喻，辨异而不过，推类而不悖，听则合文，辨则尽故，以正道而辨奸，犹引绳以持曲直。是故邪说不能乱，百家无所窜。……是以圣人之辨说也。（《荀子》卷十六，页九至十一）

辞"兼异实之名以论一意"，如谓"人是动物"。即《墨子·小取篇》所谓"以辞抒意"之辞也。就某事物详细讨论之，谓之辨说。如《礼论篇》对于礼作详细之讨论，即所谓"不异实名以喻动静之道也"。"质请而喻"，王念孙曰："请读为情。情，实也。"言辨说之时，所用之名既正，所举之实亦喻；又"辨异而不过，推类而不悖，听则合文，辨则尽故"，则以"正道而辨奸，犹引绳以持曲直"矣。"推类而不悖"，"辨则尽故"二点，《墨子·小取篇》更详言之，荀子仅提及而已。

荀子对于当时诸家学说，俱有辩驳。《正名篇》更就正名之观点，将当时流行彼所认为误谬之学说，分为三科。其第一科为：

见侮不辱，圣人不爱己，杀盗非杀人也。此惑于用名以乱名者也。验之所以为有名，而观其孰行，则能禁之矣。（《荀子》卷十六，页七）

"见侮不辱"，为宋钘之学说。"圣人不爱己，杀盗非杀人"，为墨者学说。《墨子·大取篇》曰："爱人不外己，己在所爱之中。己在所爱，爱加于己，伦列之爱己，爱人也。"此谓伦列之爱己，即是爱人，故曰，圣人不爱己。然"见侮"之名之内涵，即包有见辱之义。"盗"之名之内涵，亦包有其是人之义。"己"之名与"人"之名，内涵外延各异。今曰"见侮不辱，杀盗非杀人，爱己即爱人"，是"以名乱名"也。试观此诸名之所以为此诸名，而察"见侮"之名之内涵中，是否包有见辱之义；"盗"之名之内涵中，是否包有是人之义。再比较"人""己"之名之内涵外延，即可知为此言者之是否错误矣。

其第二科为：

山渊平，情欲寡，刍豢不加甘，大钟不加乐。此惑于用实以乱名者也。验之所缘无（郭云："无字衍文"）以同异，而观其孰调，则能禁之矣。（《荀子》卷十六，页八）

"山渊平"，即惠施所谓"山与泽平"。"情欲寡"，为宋牼之学说。"刍豢不加甘，大钟不加乐"，似当时墨者为此辩论，言刍豢本不加甘，大钟本不加乐，以拥护其节用非乐之说。就个体之"实"方面说，山有时亦可谓为卑，渊有时亦可谓为高。有时在高地之渊，实可与在低地上之山平。有些人之情有时亦欲寡。刍豢有时对于有些人亦不加甘。大钟有时对于有些人亦不加乐。然因此即谓山皆与泽平，人之情皆欲寡，刍豢对于一切人皆不加甘，大钟对于一切人皆不加乐，是以个体之实有时之特殊情形，为其名所指之一类之物之共同情形。此所谓以实乱名也。试以吾人之天官，直接观察，山是否皆与泽平，吾人自察吾人之经验，是否情欲寡，刍豢是否加甘，大钟是否加乐，则即可知为此说者之是否错误矣。

其第三科为：

非而谒楹，有牛马非马也。此惑于用名以乱实者也。验之名约，以其所受，悖其所辞，则能禁之矣。（《荀子》卷十六，页八）

"非而谒楹"及"有牛马非马"，皆《墨经》中所说。前者未详其义。牛马非马，谓"牛马"之名，包括牛与马，故谓为非牛非马可。此条上文已详。荀子以为牛马之中有马，今曰牛马非马，是以名乱实也。试察原来之名约，是否以马为马。如以马为马，则为此说者之错误可知矣。

上文就《墨经》说此牛马非马之一条，指出公孙龙与《墨经》之观点根本不同。《墨经》谓就一方面说，牛马非牛；就一方面说，牛马非牛亦未可。其说比公孙龙白马非马之说，已较为近于常识。荀子驳此三科之说，更纯就常识立论。

荀子对待此等彼所认为误谬之学说，更拟有极直截了当之办法。《正名篇》续云：

> 凡邪说辟言之离正道而擅作者，无不类于三惑者矣。故明君知其分而不与辨也。夫民易一以道，而不可与共故。故明君临之以势，道之以道，申之以命，章之以论，禁之以刑。故其民之化道也如神，辨说（原作势，据卢校改）恶用矣哉？今圣王没，天下乱，奸言起，君子无势以临之，无刑以禁之，故辨说也。实不喻然后命，命不喻然后期，期不喻然后说，说不喻然后辨。故期命辨说也者，用之大文也，而王业之始也。（《荀子》卷十六，页八至九）

"民易一以道，而不可与共故。"故谓事之所以然。此言即孔子所谓"民可使由之，不可使知之"之意也。李斯为荀子弟子，观荀子此言，可知秦皇、李斯统一思想之政策之理论的根据矣。

第十三章　韩非及其他法家

（一）法家之学与当时社会政治经济各方面之趋势

儒墨及老、庄皆有政治思想，此数家之政治思想，虽不相同，然皆从人民之观点，以论政治。其专从君主或国家之观点，以论政治者，当时称为法术之士（见《韩非子·孤愤篇》），汉人谓之为法家。法家之学说，以在齐及三晋为盛。盖齐桓、晋文，皆为一代之霸主；齐、晋二国政治之革新进步，亦必有相当之成绩。故能就当时现实政治之趋势，理论化之而自成一派之政治思想者，以齐及三晋人为多也。

春秋战国时，贵族政治崩坏之结果，一方面为平民之解放，一方面为君主之集权。当时现实政治之一种趋势，为由贵族政治趋于君主专制政治，由人治、礼治趋于法治。盖在原来封建政治之制度下，所谓一国之幅员，本已甚狭；而一国之内，又复分为若干"家"。一国内之贵族，"不愆不忘，率由旧章"；即所谓礼者，以治其国及家之事。至于农奴，则惟服从其主人之命令，供其驱策而已。当时之贵族，极讲究威仪。《左传·襄公三十一年》，卫北宫文子曰：

《诗》云："敬慎威仪，维民之则。"……有威而可畏谓之威；有仪可象谓之仪。君有君之威仪，其臣畏而爱之，则而象之，故能有其国家，令闻长世。臣有臣之威仪，其下畏而爱之，故能守其官职，保族宜家。顺是以下皆如是；是以上下能相固也。（《左传》卷十九，《四部丛

刊》本，页十六至十七）

又成公十三年，刘定公曰：

吾闻之民受天地之中以生，所谓命也。是以有动作礼义威仪之则，以定命也。能者养以取福，不能者败以取祸。是故君子勤礼，小人尽力。勤礼莫如致敬，尽力莫如敦笃。敬以养神，笃在守业。（《左传》卷十三，页四）

盖当时所谓国家社会，范围既小，组织又简单。故人与人之关系，无论其为君臣主奴，皆是直接的。故贵族对于贵族，有礼即可维持其应有之关系。贵族对于农奴，只须"有威可畏，有仪可象"，即可为"草上之风"矣。及乎贵族政治渐破坏，一方面一国之君权渐重，故各国旧君，或一二贵族，渐集政权于一国之中央。一方面人民渐独立自由，国家社会之范围既广，组织又日趋复杂，人与人之关系，亦日趋疏远。则以前"以人治人"之方法，行之自有困难。故当时诸国，逐渐颁布法律。如郑子产作刑书（《左传·襄公三十年》，晋作刑鼎，"著范宣子所为刑书焉"（《左传·昭公二十九年》），皆此等趋势之表现也。郑作刑书，叔向反对之。（见第三章第五节引）子产曰："吾为救世也。"盖子产切见当时之需要矣。晋作刑鼎，孔子批评之，曰：

晋其亡乎！失其度矣。夫晋国将守唐叔之所受法度，以经纬其民，卿大夫以序守之。民是以能尊其贵，贵是以能守其业。贵贱不愆，所谓度也。……今弃是度也，而为刑鼎。民在鼎矣，何以尊贵？贵何业之守？贵贱无序，何以为国？（《左传》卷二十六，页十）

叔向、孔子之言，代表当时比较守旧的人之意见。然此等守旧之意见，不能变当时现实政治之趋势。盖此趋势乃社会经济组织改变所生之结果，本非一部分人之意见所能遏止也。

孔子对于政治之意见，在当时虽为守旧的。然在别方面，孔子则为当时之新人物。自孔子开游说讲学之风，于是不治生产而只以游说讲学为事之人日益多。齐之稷下，即"数百千人"，此外如孟尝、信陵等公子卿相，皆各养"士"数千人。此中所谓"混子"者，当然甚多。盖贵族阶级倒，而士阶级兴，此儒墨提倡尚贤之结果也。由君主或国家观点观之，此等好发议论、不负责任之智识阶级，固已可厌。而一般人民之对于此等不生产而只消费之新贵族阶级，亦必争欲加入。其不能加入者，亦必有嫉恶之心。《老子》曰："不尚贤，使民不争。"（《武英殿聚珍版丛书》本，上篇页三）荀子对于各家之辩，亦欲"临之以势，道之以道，申之以命，章之以论，禁之以刑"（《正名篇》，《荀子》卷十六，《四部丛刊》本，页九）。此等言论，虽各自有其前提，然亦皆系针对时弊而言也。

《商君书·开塞篇》曰：

天地设而民生之。当此之时也，民知其母而不知其父。其道亲亲而爱私。亲亲则别，爱私则险，民众而以别险为务，则民乱。当此时也，民务胜而力征。务胜则争，力征则讼，讼而无正，则莫得其性也。故贤者立中正，设无私，而民说仁。当此时也，亲亲废，上贤立矣。凡仁者以爱为务，而贤者以相出为道。民众而无制，久而相出为道，则有乱。故圣人承之，作为土地货财男女之分。分定而无制，不可，故立禁。禁立而莫之司，不可，故立官。官设而莫之一，不可，故立君。既立君，则上贤废而贵贵立矣。然则上世亲亲而爱私，中世上贤而说仁，下世贵贵而尊官。上贤者，以道相出也；而立君者，使贤无用也。亲亲者，以私为道也；而中正者，使私无行也。此三者，非事相反也，民道弊而所重易也；世事变而行道异也。（《商子》卷二，《四部丛刊》本，页九。其脱误处，依王时润《商君书斠注》校改）

此所说上世、中世、下世，自人类学及社会学之观点观之，虽不必尽当。然若以之说春秋战国时代之历史，则此段历史，正可分为此三时期也。春秋之初期，为贵族政治时期，其时即"上世亲亲而爱私"之时也。及后平民阶级得势，儒墨皆主"尊贤使能"，"泛爱众而亲仁"，其时即"中世上贤而悦仁"之时也。国君或国中之一二贵族，以尚贤之故，得贤能之辅，削异己而定一尊。而"贤者"又复以材智互争雄长，"以相出为道"。"久而相出为道则有乱"，君主恶而又制裁之。战国之末期，即"下世贵贵而尊官"之时也。"立君者，使贤无用也"，此为尚贤之弊之反动，而战国末期之现实政治，即依此趋势进行也。

故尊君权、重法治、禁私学，乃当时现实政治之自然趋势。法家之学，不过将其加以理论化而已。贵族政治破坏，人民在农商方面，皆自由竞争，而富豪起。此亦当时社会经济之自然趋势，法家亦以理论拥护之。

（二）法家之历史观

法家之言，皆应当时现实政治及各方面之趋势。当时各方面之趋势为变古，法家亦拥护变古。其立论亦一扫自孔子以来托古立言之习惯。《商君书·更法篇》曰：

前世不同教，何古之法？帝王不相复，何礼之循？伏羲、神农，教而不诛。黄帝、尧、舜，诛而不怒。及至文、武，各当时而立法，因事而制礼。礼法以时而定，制令各顺其宜。兵甲器备，各便其用。臣故曰，治世不一道，便国不必法古。汤、武之王也，不循古而兴。商、夏之灭也，不易礼而亡。然则反古者未必可非，循礼者未足多是也。（《商子》卷一，页二）

《韩非子·五蠹篇》曰：

今有构木钻燧于夏后氏之世者，必为鲧、禹笑矣。有决渎于殷周之世者，必为汤、武笑矣。然则今有美尧、舜、汤、武、禹之道，于当今之世者，必为新圣笑矣。是以圣人不期修古，不法常可。论世之事，因为之备。宋人有耕者，田中有株，兔走触株，折颈而死。因释其耒而守株，冀复得兔。兔不可复得，而身为宋国笑。今欲以先王之政，治当世之民，皆守株之类也。……故事因于世，而备适于事。(《韩非子》卷十九，《四部丛刊》本，页一至二)

时势常变，政治社会制度，亦须因之而变。此理一部分之道家，亦有言及之者。但法家为当时现实政治趋势加以理论的根据，其反驳当时守旧者之言论，多根据于此历史观也。

（三）法家之三派

法家中有三派，一重势、一重术、一重法。慎到重势。《韩非子》有《难势篇》，引慎到曰：

飞龙乘云，腾蛇游雾。云罢雾霁，而龙蛇与螾蚁同矣，则失其所乘也。贤人而诎于不肖者，则权轻位卑也。不肖而能服于贤者，则权重位尊也。尧为匹夫，不能治三人。而桀为天子，能乱天下。吾以此知势位之足恃，而贤智之不足慕也。夫弩弱而矢高者，激于风也。身不肖而令行者，得助于众也。尧教于隶属，而民不听；至于南面而王天下，令则行，禁则止。由此观之，贤智未足以服众，而势位足以诎（原作缶，据俞校改）贤者也。(《韩非子》卷十七，页一)

《管子·明法解》曰：

明主在上位，有必治之势，则群臣不敢为非。是故群臣之不敢欺其主者，非爱主也，以畏主之威势也。百姓之争用，非以爱主也，以畏主之法令也。故明主操必胜之数，以治必用之民；处必尊之势，以制必服之臣。故令行禁止，主尊而臣卑。故《明法》曰："尊君卑臣，非计亲也，以势胜也。"(《管子》卷二十一，《四部丛刊》本，页七)

《管子》此言，非必即慎到之说，要之亦系重势者之言也。此派谓国君须有威势，方能驱使臣下。

重术者以申不害为宗；重法者以商鞅为宗。《韩非子·定法篇》曰：

问者曰："申不害、公孙鞅，此二家之言，孰急于国？"应之曰："是不可程也。人不食十日则死。大寒之隆，不衣亦死。谓之衣食孰急于人，则是不可一无也，皆养生之具也。今申不害言术，而公孙鞅为法。术者，因任而授官，循名而责实，操杀生之柄，课群臣之能者也。此人主之所执也。法者，宪令著于官府，刑罚必于民心，赏存乎慎法，而罚加乎奸令者也。此臣之所师也。君无术则弊于上；臣无法则乱于下。此不可一无，皆帝王之具也。"(《韩非子》卷十七，页四至五)

术为君主御臣下之技艺；法为臣下所遵之宪令。申不害与商鞅二家之言，所注重各不同也。

（四）三派与韩非

其能集此三派之大成，又以《老》学、荀学为根据，而能自成一家之言者，则韩非是也。韩非以秦始皇十四年（西历纪元前233年）死于秦。(《史记·秦始皇本纪》)《史记》曰：

韩非者，韩之诸公子也。喜刑名法术之学，而其归本于黄老。非为人口吃，不能道说。而善著书。与李斯俱事荀卿，斯自以为不如非。非见韩之削弱，数以书谏韩王；韩王不能用。于是韩非疾治国不务修明其法制，执势以御其臣下，富国强兵，而以求人任贤，反举浮淫之蠹，而加之于功实之上。……观往者得失之变，故作《孤愤》《五蠹》《内外储说》《说林》《说难》，十余万言。（《老庄申韩列传》，《史记》卷六十三，同文影殿刊本，页五至六）

韩非以为势、术、法，三者皆"帝王之具"，不可偏废。故曰：

势者，胜众之资也。……故明主之行制也天，其用人也鬼。天则不非，鬼则不困，势行教严，逆而不违。……然后一行其法。（《八经》，《韩非子》卷十八，页八）

"明主之行制也天"，言其依法而行，公而无私也，"其用人也鬼"，言其御人有术，密而不可测也。以赏罚之威，"一行其法"。势、术、法并用，则国无不治矣。

（五）法之重要

自春秋至战国之时，"法"之需要日亟，其原因上文已详。法家更就理论上说明法之重要，《管子·明法解》曰：

明主者，一度量，立表仪，而坚守之，故令下而民从。法者，天下之程式也，万事之仪表也。吏者，民之所悬命也。故明主之治也，当于法者诛之。故以法诛罪，则民就死而不怨。以法量功，则民受赏而无德也。此以法举错之功也。故《明法》曰："以法治国，则举错而已。"明主者，有法度之制；故群臣皆出于方正之治，而不敢为奸。百姓知主之从事于法也，故吏所使者有法，则民从之；无法则止。民以法与吏相距，下以法与上从事。故诈伪之人不得欺其主；嫉妒之人不得用其贼心；谗谀之人不得施其巧；千里之外，不敢擅为非。故《明法》曰："有法度之制者，不可巧以诈伪。"（《管子》卷二十一，页十）

《韩非子·用人篇》曰：

释法术而任心治，尧不能正一国。去规矩而妄意度，奚仲不能成一轮。废尺寸而差短长，王尔不能半中。使中主守法术，拙匠守规矩尺寸，则万不失矣。君人者，能去贤巧之所不能，守中拙之所万不失，则人力尽而功名立。（《韩非子》卷八，页九）

又《难三篇》曰：

法者，编著之图籍，设之于官府，而布之于百姓者也。（《韩非子》卷十六，页五至六）

"明主"制法以治国。法成则公布之，使一国之人皆遵守之。而明主之举措设施，亦以法为规矩准绳。有此规矩准绳，则后虽有中庸之主，奉之亦足以为治矣。

法既立，则一国之君臣上下，皆须遵守，而不能以私意变更之。《管子·任法篇》曰：

法不一，则有国者不祥。……故曰，法者，不可恒也（安井衡云："恒上脱不字。"）。存亡治乱之所从出，圣君所以为天下大仪也。……万物百事，非在法之中者，不能动也。故法者，天下之至道也，圣君之实用也。……有生法，有守法，有法于法。夫生法者，君也。守法者，臣也。法于法者，民也。君臣上下贵贱皆从法，此谓为大治。（《管子》卷十五，页五至六）

《韩非子·有度篇》曰：

故明主使其群臣，不游意于法之外，不为惠于法之内，动无非法。（《韩非子》卷二，页三）

又《难二篇》曰：

人主虽使人，必以度量准之，以刑名参之。以事遇于法则行，不遇于法则止。（《韩非子》卷十五，页九）

"君臣上下贵贱皆从法"，乃能"大治"。此法家最高之理想，而在中国历史中,盖未尝实现者也。

法既已立,则一国之"君臣上下贵贱皆从法"。一切私人之学说,多以非议法令为事,故皆应禁止。《韩非子·问辩篇》曰:

或问曰:"辩安生乎?"对曰:"生于上之不明也。"问者曰:"上之不明,因生辩也,何哉?"对曰:"明主之国,令者,言最贵者也。法者,事最适者也。言无二贵;法不两适。故言行而不轨于法令者,必禁。若其无法令,而可以接诈应变,生利揣事者,上必采其言而责其实。言当则有大利。不当则有重罪。是以愚者畏罪而不敢言,智者无以讼。此所以无辩之故也。乱世则不然。主上有令,而民以文学非之。官府有法,民以私行矫之。人主顾渐其法令,而尊学者之智行。此世之所以多文学也。……是以儒服带剑者众,而耕战之士寡。坚白无厚之词章,而宪令之法息。故曰,上不明,则辩生焉。"(《韩非子》卷十七,页三至四)

盖法既为国人言行最高之标准,故言行而不规于法令者,必禁也。故

明主之国,无书简之文,以法为教。无先王之语,以吏为师。(《五蠹篇》,《韩非子》卷十九,页五)

(六)正名实

法家所讲之术,为君主驾御臣下之技艺。其中之较有哲学兴趣之一端,为综核名实。盖应用辩者正名实之理论于实际政治者也。《管子·白心篇》曰:

名正法备,则圣人无事。(《管子》卷十三,页七)

又《入国篇》曰:

修名而督实，按实而定名。名实相生，反相为情。名实当则治，不当则乱。(《管子》卷十八，页三)

《韩非子·扬权篇》曰：

用一之道，以名为首。名正物定，名倚物徙。故圣人执一以静，使名自命，令事自定。不见其采，下故素正。因而任之，使自事之。因而予之，彼将自举之。正与处之，使皆自定之，上以名举之。不知其名，复修其形。形名参同，用其所生。二者诚信，下乃贡情。……君操其名，臣效其形。形名参同，上下和调也。(《韩非子》卷二，页六至七)

又《二柄篇》曰：

人主将欲禁奸，则审合刑名者，言与事也。为人臣者陈而言，君以其言授之事，专以其事责其功。功当其事，事当其言，则赏。功不当其事，事不当其言，则罚。故群臣其言大而功小者则罚；非罚小功也，罚功不当名也。群臣其言小而功大者亦罚；非不说于大功也，以为不当名也，害甚于有大功，故罚。(《韩非子》卷二，页五)

儒家孔子之讲正名，盖欲使社会中各种人，皆为其所应该。法家之讲正名，则示君主以驾御臣下之方法。辩者所讲正名实，乃欲"慎其所谓"，使"是实也，必有是名也"。法家之正名实，乃欲"审合形名"，使是名也，必有是实也。如君主与人以位，则必按其位之名，以责其效。责其效，即使其实必副其名也。如其臣有所言，则"君以其言授之事，专以其事责其功"。责其功，即使其实必副其名也。如此则诸执事之臣，皆自然努力以求副其名，而君主只须执名以核诸臣之成绩。所谓"君操其名，臣效其形"也。此以简御繁，以一御万之术也。所谓"圣人执一以静，使名自命，令事自定"也。

（七）严赏罚

观上所说，亦可知法与术之皆为君主所必需，故《韩非子》曰："此不可一无，皆帝王之具也。"（《定法》，《韩非子》卷十七，页五）然只有法、术，而无势，上仍不能制驭其下。专恃势固不可以为治，然无势君亦不能推行其法术。《韩非子·功名篇》曰：

夫有材而无势，虽贤不能制不肖。故立尺材于高山之上，则临千仞之溪，材非长也，位高也。桀为天子，能制天下，非贤也，势重也。尧为匹夫，不能正三家，非不肖也，位卑也。千钧得船则浮；锱铢失船则沉。非千钧轻而锱铢重也，有势之于无势也。故短之临高也以位；不肖之制贤也以势。（《韩非子》卷八，页十一）

又《人主篇》曰：

夫马之所以能任重引车致远道者，以筋力也。万乘之主，千乘之君，所以制天下而征诸侯者，以其威势也。威势者，人主之筋力也。（《韩非子》卷二十，页三）

君之势之表现于外者为赏罚。赏罚为君之二柄，《韩非子·二柄篇》曰：

明主之所导制其臣者，二柄而已矣。二柄者，刑德也。何谓刑德？杀戮之谓刑；庆赏之谓德。为人臣者，畏诛罚而利庆赏。故人主自用其刑德，则群臣畏其威而归其利矣。（《韩非子》卷二，页四）

人莫不畏诛罚而利庆赏，故君主利用人之此心理，而行其威势。《韩非子·八经篇》曰：

凡治天下，必因人情。人情者有好恶，故赏罚可用。赏罚可用，则禁令可立，而治道具矣。君执柄以处势，故令行禁止。柄者，杀生之制也；势者，胜众之资也。（《韩非子》卷十八，页八）

因"人情有好恶"而用赏罚，即顺人心以治人。故曰，"逆人心，虽贲育不能尽人力"；"得人心，则不趣而自劝"（《功名篇》，《韩非子》卷八，页十一）也。

（八）性恶

"人情有好恶，故赏罚可用。"盖人之性惟知趋利避害，故惟利害可以驱使之。法家多以为人之性恶。韩非为荀子弟子，对于此点，尤有明显之主张。《韩非子·扬权篇》曰：

黄帝有言曰：上下一日百战。下匿其私，用试其上；上操度量，以割其下。（《韩非子》卷二，页八至九）

《外储说左上篇》曰：

夫卖庸而播耕者，主人费家而美食，调布而求易钱者，非爱庸客也。曰，如是，耕者且深，耨者熟耘也。庸客致力而疾耘耕者，尽巧而正畦陌畦畤（顾云："当衍二字。"）者，非爱主人也。曰，如是，羹且美，钱布且易云也。此其养功力，有父子之泽矣。而心调于用者，皆挟自为心也。故人行事施予，以利之为心，则越人易和；以害之为心，则父子离且怨。（《韩非子》卷十一，页六）

《六反篇》云：

且父母之于子也，产男则相贺，产女则杀之。此俱出父母之怀衽，然男子受贺，女子杀之者，虑其后便，计之长利也。故父母之于子也，犹用计算之心以相待也。而况无父子之泽乎？（《韩非子》卷十八，页一至二）

韩非以为天下之人，皆自私自利，"皆挟自为心"，互"用计算之心以相待"。然正因其如此，故赏罚之道可用也。

在经济方面，韩非以为人既各"挟自为心"，即宜听其"自为"，使自由竞争。故反对儒者"平均地权"之主张。《韩非子·显学篇》曰：

> 今世之学士语治者，多曰，与贫穷地，以实无资。今夫与人相若也，无丰年旁入之利，而独以完给者，非力则俭也。与人相若也，无饥馑疾疚祸罪之殃，独以贫穷者，非侈则惰也。侈而惰者贫，而力而俭者富。今上征敛于富人，以布施于贫家，是夺力俭而与侈惰也。而欲索民之疾作而节用，不可得也。（《韩非子》卷十九，页八）

听人之自由竞争，则人皆疾作而节用，生产增加矣。

儒家谓古代风俗淳厚，且多圣人；韩非亦不认为完全不合事实。《韩非子·五蠹篇》曰：

> 古者丈夫不耕，草木之实足食也。妇人不织，禽兽之皮足衣也。不事力而养足，人民少而财有余，故民不争。是以厚赏不行，重罚不用，而民自治。今人有五子，不为多，子又有五子，大父未死，而有二十五孙。是以人民众而货财寡，事力劳而供养薄，故民争。虽倍赏累罚，而不免于乱。尧之王天下也，茅茨不翦，采椽不斫，粝粢之食，藜藿之羹，冬日麑裘，夏日葛衣，虽监门之服养，不亏于此矣。禹之王天下也，身执耒臿，以为民先，股无胈，胫不生毛。虽臣虏之劳，不苦于此矣。以是言之，夫古之让天子者，是去监门之养，而离臣虏之劳也。古传天下而不足多也。今之县令，一日身死，子孙累世絜驾，故人重之。是以人之于让也，轻辞古之天子，难去今之县令者，薄厚之实异也。夫山居而谷汲者，膢腊而相遗以水。泽居苦水者，买庸而决窦。故饥岁之春，幼弟不饷。穰岁之秋，疏客必食。非疏骨肉，爱过客也，多少之实异也。是以古之易财，非仁也，财多也。今之争夺，非鄙也，财寡也。轻辞天子，非高也，势薄也。重争士橐，非下也，权重也。故圣人议多少，论薄厚，为之政。故罚薄不为慈，诛严不为戾，称俗而行也。（《韩

非子》卷十九，页一至二）

古今人之行为不同，盖因古今人之环境不同，非古今人之性异也。谓古者民俗淳厚可，但因此即谓人之性善则不可。

因人性如此，故必"道之以政，齐之以刑"，然后天下可以必治。若孔孟所说"道之以德，齐之以礼"之政治，则不能必其有效。《韩非子·显学篇》曰：

夫严家无悍勇，而慈母有败子。吾以此知威势之可以禁暴，而德厚之不足以止乱也。夫圣人之治国，不恃人之为吾善也，而用其不得为非也。恃人之为吾善也，境内不什数。用人不得为非，一国可使齐。为治国者用众而舍寡，故不务德而务法。夫必恃自直之箭，百世无矢；恃自圜之木，千世无轮矣。自直之箭，自圜之木，百世无有一，然而世皆乘车射禽者，何也？隐括之道用也。虽有不恃隐括，而有自直之箭，自圜之木，良工弗贵也。何则？乘者非一人，射者非一发也。不恃赏罚，而恃自善之民，明主弗贵也。何则？国法不可失，而所治非一人也。故有术之君，不随适然之善，而行必然之道。(《韩非子》卷十九，页九至十）

用法、用术、用势，必可以为治，即"必然之道"也。

（九）无为

若君主能用此道，则可以"无为而治"矣。《韩非子·扬权篇》曰：

事在四方，要在中央。圣人执要，四方来效。虚而待之，彼自以之。四海既藏，道阴见阳。左右既立，开门而当。勿变勿易，与二俱行。行之不已，是谓履理也。夫物者有所宜，材者有所施。各处其宜，故上下无为。使鸡司夜，令狸执鼠。皆用其能，上乃无事。上有所长，事乃不方。矜而好能，下之所欺。辩惠好生，下因其材。上下易用，国

故不治。(《韩非子》卷二，页六)

《大体篇》曰：

古之全大体者，望天地，观江海，因山谷。日月所照，四时所行，云布风动，不以智累心，不以私累己。寄治乱于法术，托是非于赏罚，属轻重于权衡。不逆天理，不伤情性。不吹毛而求小疵，不洗垢而察难知。不引绳之外，不推绳之内。不急法之外，不缓法之内。守成理，因自然。祸福生乎道法，而不出乎爱恶。荣辱之责，在乎己，而不在乎人。(《韩非子》卷八，页十一至十二)

君主任群臣之自为，而自执"二柄"以责其效。君主之职责，如大轮船上之掌舵者然。但高处深居，略举手足，而船自能随其意而运动。此所谓以一驭万，以静制动之道也。

一部分之道家，本已有此种学说。《庄子·天道篇》云：

夫帝王之德，以天地为宗，以道德为主，以无为为常。无为也，则用天下而有余。有为也，则为天下用而不足。故古之人贵夫无为也。上无为也，下亦无为也，是下与上同德。下与上同德则不臣。下有为也，上亦有为也，是上与下同道。上与下同道则不主。上必无为而用天下，下必有为为天下用，此不易之道也。故古之王天下者，知虽落天地，不自虑也。辩虽雕万物，不自说也。能虽穷海内，不自为也。天不产而万物化，地不长而万物育，帝王无为而天下功。故曰，莫神于天，莫富于地，莫大于帝王。故曰，帝王之德配天地。此乘天地，驰万物，而用人群之道也。……是故古之明大道者，先明天而道德次之。道德已明，而仁义次之。仁义已明，而分守次之。分守已明，而形名次之。形名已明，而因任次之。因任已明，而原省次之。原省已明，而是非次之。是非已明，而赏罚次之。赏罚已明，而愚知处宜，贵贱履位，仁贤不肖袭情，必分其能，必由其名。以此事上，以此畜下，以此治物，以此修身。知谋不用，必归其天。此之谓太平，治之至也。故《书》曰，有形有名。形名者，古人有之，而非所以先也。古之语大道者，五变而形名可举，九变而赏罚可言也。(《庄子》卷五，《四部丛刊》本，页二十五至二十八)

天下之事甚多，若君主必皆自为之，姑无论其不能有此万能之全才，即令有之，而顾此则失彼，顾彼则失此。一人之精力时间有限，而天下之事无穷，此所以"有为"则"为天下用而不足"也。所以"古之王天下者，能虽穷海内，不自为也"。故"帝王之德"，必以"无为为常"。一切事皆使人为之，则人尽其能而无废事，此所以"无为"，则"用天下而有余"也。此帝王"用人群之道"也。至于施行此道之详细方法，则即以下所举九变是也。分守者，设官分职，并明定其所应管之事也。分守已明，则即用某人以为某职。某人者，形也；某职者，名也。所谓"分守已明，而形名次之"也。既以某人为某职，则即任其自为而不可干涉之。此所谓"形名已明而因任次之"也。君主虽不干涉其如何办其职分内之事，但却常考察其成效。所谓"因任已明而原省次之"也。省读为省察之省。既已考察其成效，则其成效佳者为是，不佳者为非，此所谓"原省已明而是非次之"也。是非既明，则是者赏之，而非者罚之。此所谓"是非已明而赏罚次之"也。如此则愚知仁贤不肖，各处其应处之地位，而天下治矣。《在宥篇》曰：

贱而不可不任者，物也。卑而不可不因者，民也。匿而不可不为者，事也。粗而不可不陈者，法也。远而不可不居者，义也。亲而不可不广者，仁也。节而不可不积者，礼也。中而不可不高者，德也。一而不可不易者，道也。神而不可不为者，天也。故圣人观于天而不助，成于德而不累，出于道而不谋，会于仁而不恃，薄于义而不积，应于礼而不讳，接于事而不辞，齐于法而不乱，恃于民而不轻，因于物而不去。物者，莫足为也，而不可不为。不明于天者，不纯于德。不通于道者，无自而可。不明于道者,悲夫!何谓道?有天道,有人道。无为而尊者,天道也。有为而累者,人道也。主者,天道也。臣者,人道也。天道之与人道也,相去远矣,不可不察也。(《庄子》卷四,页四十一至四十二)

韩非"喜刑名法术之学,而归本于黄老"。盖法家之学,实大受道家之影响。道家谓道任万物之自为,故无为而无不为。推之于政治哲学,则帝王应端拱于上,而任人民之自为。所谓"无为而尊者,天道也。有为而累者,人道也。主者,天道也。臣者,人道也"。然人民若各自为,果能皆相调和,而不致有冲突耶?一部分之道家,理想化天然,以为苟任人性之自然,自无所不可。此庄学正宗之见解,荀子所谓"蔽于天而不知人"者也。一部分之道家,谓若使人皆无知寡欲,亦自能相安于淳朴,此《老》学之见解也。一部分之道家,知"物者,莫足为也,而不可不为"。事虽"匿"而不可不为,法虽"粗"而不可不陈。故亦讲"分守""形名""因任""原省""是非""赏罚",使人民皆"齐于法而不乱"。此部分之道家,亦受当时现实政治趋势之暗示,异于别一部分道家之专谈"乌托邦"矣。法家更就此点,彻底发挥。今《管子》书中,有《内业》《白心》诸篇。《韩非子》书中,有《解老》《喻老》诸篇。虽此等书皆后人所编辑,然可想知原来法家各派中,皆兼讲道家之学也。不过此讲形名赏罚之一部分道家,虽讲形名赏罚,而又以其为"非所以先也"。讲法而又以其为"粗",以"物"为"不可不为",而又以其为"莫足为"。仍未全离道家观点,此其所以与法家终异也。

(十)法家与当时贵族

当时现实政治之趋势,为由贵族政治,趋于君主专制政治。法家与此趋势以理论的根据,而其才智学力,又足以辅君主作彻底的改革。故此等人最为当时之大臣贵族所不喜。《韩非子·孤愤篇》曰：

智术之士，必远见而明察，不明察不能烛私。能法之士，必强毅而劲直，不劲直不能矫奸。……智术之士，明察听用，且烛重人之阴情。能法之士，劲直听用，且矫重人之奸行。故智术能法之士用，则贵重之臣必在绳之外矣。是智法之士，与当涂之人，不可两存之仇也。……故资必不胜，而势不两存，法术之士，焉得不危？其可以罪过诬者，以公法而诛之。其不可被以罪过者，以私剑而穷之。是明法术而逆主上者，不僇于吏诛，必死于私剑矣。（《韩非子》卷四，页一至二）

《问田篇》曰：

堂溪公谓韩子曰："臣闻服礼辞让，全之术也。修行退智，遂之道也。今先生立法术，设度数，臣窃以为危于身而殆于躯。……夫舍乎全遂之道，而肆乎危殆之行，窃为先生无取焉。"韩子曰："臣明先生之言矣。夫治天下之柄，齐民萌之度，甚未易处也。然所以废先生之教，而行贱臣之所取者，以为立法术，设度数，所以利民萌，便众庶之道也。故不惮乱主暗上之患祸，而必思以齐民萌之资利者，仁智之行也。惮乱主暗上之患祸，而避乎死亡之害。知明夫身而不见民萌之资利者，贪鄙之为也。臣不忍向贪鄙之为，不敢伤仁智之行。先生有幸臣之意，然有大伤臣之实。"（《韩非子》卷十七，页四）

盖当时国家社会，范围日趋广大，组织日趋复杂。旧日"用人群之道"已不适用，而需要新者。韩非之徒，以为"立法术，设度数"，足以"利民萌，便众庶"，不"避死亡之害"，鼓吹新"用人群之道"，亦积极救世之士也。

第十四章　秦汉之际之儒家

《韩非子·显学篇》曰：

自孔子之死也，有子张之儒，有子思之儒，有颜氏之儒，有孟氏之儒，有漆雕氏之儒，有仲良氏之儒，有孙氏之儒，有乐正氏之儒。(《韩非子》卷十九，《四部丛刊》本，页七）

此战国末年儒家中之派别也。战国末及汉初一般儒者之著作，大小戴《礼记》为其总集。《孝经》相传为孔子所作，然《论语》中并未言及。至《吕氏春秋》始称引之（见《察微篇》），当亦战国末年儒者所作。兹均于本章论之。

（一）关于礼之普通理论

本书上文谓孔子言"直"又言"礼"；言直则注重个人性情之自由，言礼则注重社会规范对于个人之制裁。（第四章第五节）但孔子虽注重礼，而尚未有普通理论，以说明礼之性质，及其对于人生之关系。儒家以述为作，孔子之言礼，盖述之成分较大，而作之成分较少也。

战国末汉初之儒者，对于礼始有普通之理论，以说明其性质，及其对于人生之关系。荀子对于礼之普通理论，上文已略言之。《檀弓》曰：

曾子谓子思曰："伋，吾执亲之丧也，水浆不入于口者七日。"子思曰："先王之制礼也，过之者俯而就之。不至焉者，跂而及之。故君子

之执亲之丧也，水浆不入于口者三日，杖而后能起。"(《礼记》卷二，《四部丛刊》本，页八)

又曰：

子夏既除丧而见。予之琴，和之而不和，弹之而不成声。作而曰："哀未忘也，先王制礼而弗敢过也。"子张既除丧而见。予之琴，和之而和，弹之而成声。作而曰："先王制礼，不敢不至焉。"(《礼记》卷二，页十二)

《礼运》曰：

饮食男女，人之大欲存焉。死亡贫苦，人之大恶存焉。故欲恶者，心之大端也。人藏其心，不可测度也。美恶皆在其心，不见其色也。欲一以穷之，舍礼何以哉？(《礼记》卷七，页七)

《仲尼燕居》曰：

仲尼燕居，子张、子贡、言游侍。……子曰："师尔过，而商也不及。子产犹众人之母也，能食之，不能教也。"子贡越席而对曰："敢问将何以为此中者也？"子曰："礼乎礼，夫礼所以制中也。"(《礼记》卷十五，页六)

《坊记》曰：

礼者，因人之情而为之节文，以为民坊者也。(《礼记》卷十五，页十二)

礼之用有二方面，一方面为"节""人之情"，一方面为"文""人之情"。兹先就其"节""人之情"一方面言之。盖人之情欲之流露，须合乎适当之节度分限。合乎节度分限者，即是合乎中。中即人之情欲之流露之一恰好之点，过此即与人或与己之别方面有冲突。礼即所以使人得中之标准的外部规范也。孔子注重人之性情之真的流露。但同时又谓须"以礼节之"。其意似即如此，不过孔子尚未明白说出耳。孟子谓:"仁之实,事亲是也。义之实,从兄是也。礼之实,节文斯二者是也。"(《离娄上》,《孟子》卷七,《四部丛刊》本,页十六)孟子亦以"节文"为礼之功用。不过孟子以为"辞让之心"人皆生而有之。"节文斯二者"之礼,不过此"辞让之心"之具体的表现。故孟子对于关于礼之理论,亦未多言及。荀子以为人之性恶,人皆有欲,若无节制,则人与人必互相冲突而乱。故"先王制礼义以分之"(《礼论篇》,《荀子》卷十三,《四部丛刊》本,页一)。不过荀子所说,多以为礼乃所以防人与人之冲突。至于礼亦所以调和一己自身间诸情欲之冲突,则未言及。若《檀弓》所说,则礼亦所以调和一己自身之诸情欲,如所说思亲之情,及饮食求乐之欲,以使之皆遵一标准的规范而不自相冲突也。荀子对于关于礼之理论,言之已详。上所引《礼记》诸篇,更有论述。盖儒家对于礼之普通理论,至此始完成也。

《礼记》诸篇中,又有以礼为规定社会上诸种差别者,《曲礼》曰:

夫礼者,所以定亲疏,决嫌疑,别同异,明是非也。(《礼记》卷一,页二)

《哀公问》曰:

民之所由生,礼为大。非礼无以节事天地之神也。非礼无以辨君臣上下长幼之位也。非礼无以别男女父子兄弟之亲,昏姻疏数之交也。(《礼记》卷十五,页三)

礼所以规定社会上诸种差别。此诸种差别所以需要,亦因必如此方能使人与人不相冲突也。

吾人既知礼之原理,则知具体的礼,可以因时宜而变动,非一成不变者。《礼运》曰:

故圣王修义之柄,礼之序,以治人情。故人情者,圣王之田也。修礼以耕之,陈义以种之,讲学以耨之,本仁以聚之,播乐以安之。故礼

也者，义之实也。协诸义而协，则礼虽先王未之有，可以义起也。(《礼记》卷七，页九)

《礼器》曰：

礼，时为大。……尧授舜、舜授禹、汤放桀、武王伐纣，时也。(《礼记》卷七，页十二)

《乐记》曰：

五帝殊时，不相沿乐。三王异世，不相袭礼。(《礼记》卷十一，页九)

《郊特牲》曰：

礼之所尊，尊其义也。失其义，陈其数，祝史之事也。故其数可陈也，其义难知也。知其义而敬守之，天子之所以治天下也。(《礼记》卷八，页九)

礼之"义"即礼之普通原理。知"其义"，则可"因人之情而为之节文"，可以制礼矣。礼之"义"不变，至于"其数"，即具体的礼，则非不变者也。

礼与法之比较，《大戴礼记·礼察篇》言及之曰：

凡人之知，能见已然，不能见将然。礼者，禁于将然之前；而法者，禁于已然之后。是故法之用易见，而礼之所为生难知也。若夫庆赏以劝善，刑罚以惩恶，先王执此之正，坚如金石，行此之信，顺如四时，处此之功，无私如天地尔。岂顾不用哉？然如曰礼云礼云，贵绝恶于未萌，而起敬于微眇，使民日徙善远罪，而不自知也。孔子曰："听讼吾犹人也，必也使无讼乎？"此之谓也。……以礼义治之者积礼义；以刑罚治之者积刑罚。刑罚积而民怨倍；礼义积而民和亲。故世主欲民之善同，而所以使民之善者异。或导之以德教，或欧之以法令。导之以德教者，德教行而民康乐。欧之以法令者，法令极而民哀戚。哀乐之

感,祸福之应也。(《大戴礼记》卷二,《四部丛刊》本,页一至二)

此文取自贾谊《论时政疏》。礼固不必皆"禁于将然之前",法亦不必皆"禁于已然之后"。不过礼所规定,多为积极的。法所规定,多为消极的。又法有国家之赏罚为后盾,而礼则不必有也。

(二)关于乐之普通理论

孔子甚重乐,但关于乐之普通理论,如乐之起源及其对于人生之关系,孔子亦未言及。荀子《乐论篇》及《礼记·乐记》,对此始有详细之讨论。荀子《乐论篇》云:

夫乐者,乐也。人情之所必不免也。故人不能无乐,乐则必发于声音,形于动静。而人之道,声音动静,性术之变尽是矣。故人不能不乐,乐则不能无形。形而不为道,则不能无乱。先王恶其乱也,故制雅颂之声以道之。使其声足以乐而不流,使其文足以辨而不息(原作偲,依郝懿行校改),使其曲直繁省,廉肉节奏,足以感动人之善心。使夫邪污之气,无由得接焉,是先王立乐之方也。(《荀子》卷十四,页一)

《乐记》云:

凡音之起,由人心生也。人心之动,物使之然也。感于物而动,故形于声。……是故其哀心感者,其声噍以杀。其乐心感者,其声啴以缓。其喜心感者,其声发以散。其怒心感者,其声粗以厉。其敬心感者,其声直以廉。其爱心感者,其声和以柔。六者,非性也,感于物而后动。是故先王慎所以感之者。(《礼记》卷十一,页五至六)

由此而言,则乐之功用,乃所以节人之情,使其发而合乎"道",即发而得中也。礼节人之欲,乐节人之情。盖礼乐之目的,皆在于使人有节而得中。《乐记》云:

是故先王之制礼乐也，非以极口腹耳目之欲也。将以教民平好恶，而反人道之正也。人生而静，天之性也。感于物而动，性之欲也。夫物之感人无穷，而人之好恶无节，则是物至而人化物也。人化物也者，灭天理而穷人欲者也。于是有悖逆诈伪之心，有淫佚作乱之事。……此大乱之道也。是故先王之制礼乐，人为之节。（《礼记》卷十一，页七至八）

至于礼乐之功效，则《乐记》云：

礼节民心；乐和民声。政以行之；刑以防之。礼乐刑政，四达而不悖，则王道备矣。乐者为同；礼者为异。同则相亲；异则相敬。乐胜则流；礼胜则离。合情饰貌者，礼乐之事也。……乐由中出；礼自外作。乐由中出故静；礼自外作故文。大乐必易；大礼必简。乐至则无怨；礼至则不争。揖让而治天下者，礼乐之谓也。（《礼记》卷十一，页八）

儒家主以礼乐治天下，至于政刑，不过所以推行礼乐而已。《乐记》并以礼乐为有形上学的根据。《乐记》云：

天高地下，万物散殊，而礼制行矣。流而不息，合同而化，而乐兴焉。春作夏长，仁也。秋敛冬藏，义也。仁近于乐；义近于礼。……天尊地卑，君臣定矣。卑高已陈，贵贱位矣。动静有常，小大殊矣。方以类聚，物以群分，则性命不同矣。在天成象，在地成形。如此则礼者，天地之别也。地气上齐，天气下降，阴阳相摩，天地相荡。鼓之以雷霆，奋之以风雨，动之以四时，暖之以日月，而百化兴焉。如此则乐者，天地之和也。化不时则不生，男女无辨则乱升，天地之情也。及夫礼乐之极乎天而蟠乎地，行乎阴阳而通乎鬼神，穷高极远而测深厚。乐著大始，而礼居成物。著不息者，天也。著不动者，地也。一动一静者，天地之间也。故圣人曰礼乐云。（《礼记》卷十一，页九至十）

由此而言，则宇宙本来即有天然之秩序，即是一大调和，而礼乐则此秩序调和之具体的例证也。

（三）关于丧礼之理论

上文谓荀子一方面谓礼所以节人之欲，一方面谓礼所以饰人之情。（第十二章第七节）又谓礼之用有二方面；一方面为"节""人之情"，一方面为"文""人之情"。其"文""人之情"之功用，依《荀子》《礼记》所说，在丧祭礼中最可见，兹述之。

吾人之心，有情感及理智二方面。如吾人之所亲者死，自吾人理智之观点观之，则死者不可复生，而灵魂继续存在之说，又不可证明，渺茫难信。不过吾人之感情又极望死者之可复生，死者之灵魂继续存在。吾人于此，若惟从理智，则对于死者尽可采用《列子·杨朱篇》中所说："焚之亦可，沉之亦可，瘗之亦可，露之亦可，衣薪而弃诸沟壑亦可。"（《列子》，《四部丛刊》本，卷七，页二）若纯自理智之观点观之，则一切送死之礼节，皆是无意义；反之若专凭情感，则尽可以种种迷信为真理，而否认理智之判断。世之宗教，皆以合于人之情感之想像为真，而否认理智之判断者也。

吾人对待死者，若纯依理智，则为情感所不许；若专凭情感，则使人流于迷信，而妨碍进步。《荀子》及《礼记》中所说对待死者之道，则折衷于此二者之间，兼顾理智与情感。依其所与之理论与解释，《荀子》及《礼记》中所说之丧礼祭礼，是诗与艺术而非宗教。其对待死者之态度，是诗的，艺术的，而非宗教的。

〔注〕诗对于宇宙及其间各事物，皆可随时随地，依人之情感，加以推测解释；可将合于人之情感之想像，任意加于真实之上；亦可依人情感，说自欺欺人之话。此诗与散文，艺术与科学，根本不同之处也。不过诗与艺术所代表非真实，而亦即自己承认其所代表为非真实；所以虽离开理智，专凭情感，而却仍与理智不相冲突。诗与艺术是最不科学

的，而却与科学并行不悖。我们在诗与艺术中，可得情感的安慰，而同时又不碍理智之发展。宗教亦是人之情感之表现，其所以与诗及艺术异者，即在其真以合于人之情感之想像为真实，因即否认理智之判断，此其所以为独断（dogma）也。

近人桑戴延纳（George Santayana）主张宗教亦宜放弃其迷信与独断而自比于诗。但依《荀子》《礼记》对于其所拥护之丧礼与祭礼之解释与理论，则《荀子·礼记》早已将古时之宗教修正为诗。古时所已有之丧祭礼，或为宗教的仪式，其中或包含不少之迷信与独断。但《荀子》《礼记》以述为作，加以澄清，与之以新意义，使之由宗教而变为诗。例如古时与死者预备器具，未尝非以为死者灵魂继续存在，能用器具。但后来儒者则与所谓明器以新意义。《礼记》云：

孔子曰："之死而致死之，不仁而不可为也。之死而致生之，不智而不可为也。是故竹不成用，瓦不成味，木不成斫，琴瑟张而不平，竽笙备而不和，有钟磬而无簨虡。其曰明器，神明之也。"（《檀弓》，《礼记》卷二，页十四至十五）

又曰：

孔子谓为明器者，知丧道矣，备物而不可用也。（《檀弓》，《礼记》卷三，页五）

专从理智之观点待死者，断其无知，则为不仁。专从情感之观点待死者，断其有知，则为不智。折衷于二者，为死者"备物而不可用"。为之"备物"者，冀其能用，所以副吾人情感之期望也。"不可用"者，吾人理智明知死者之不能用之也。《荀子》《礼记》对于丧礼祭礼之理论，皆专就主观情感方面立论，盖吾人理智明知死者已矣，客观对象方面，固无可再说者也。兹再引《荀子》《礼记》以见此意。《礼记》云：

丧礼，哀戚之至也，节哀顺变也，君子念始之者也。复，尽爱之道也。有祷祠之心焉。……饭用米贝,弗忍虚也,不以食道,用美焉耳。铭,明旌也。以死者为不可别已,故以其旗识之。爱之斯录之矣,敬之斯尽其道焉耳。……奠以素器,以生者有哀素之心也。惟祭祀之礼,主人自尽焉耳,岂知神之所飨?亦以主人有斋敬之心也。(《檀弓》,《礼记》卷三,页三)

"主人自尽焉耳,岂知神之所享?""自尽"以得情感之慰安;不计"神之所飨",则不以情感欺理智也。

亲死三日而殓,《礼记》云:

或问曰,死三日而后殓者何也?曰,孝子亲死,悲哀志懑,故匍匐而哭之,若将复生然,安可得夺而敛之也。故曰:三日而后殓者,以俟其生也。三日而不生,亦不生矣。孝子之心,亦益衰矣。家室之计,衣服之具,亦可以成矣。亲戚之远者,亦可以至矣。是故圣人为之断决,以三日为之礼制也。(《问丧》,《礼记》卷十八,页六)

三月而葬,《礼记》云:

子思曰:"丧三日而殡,凡附于身者,必诚必信,勿之有悔焉耳矣。三月而葬,凡附于棺者,必诚必信,勿之有悔焉耳矣。"(《檀弓》,《礼记》卷二,页三)

荀子云:

殡久不过七十日,速不损五十日,是何也?曰:远者可以至矣,百求可以得矣,百事可以成矣。其忠至矣,其节大矣,其文备矣。然后月朝卜宅,月夕卜日(据王引之校),然后葬也。(《礼论》,《荀子》卷十三,页十二)

葬毕反哭。《礼记》云:

送形而往,迎精而反也。其往送也,望望然,汲汲然,如有追而弗及也。其反哭也,皇皇然若有求而复得也。故其往送也如慕,其反也如疑。求而无所得之也，入门而弗见也，上堂又弗见也，入室又弗见也，亡矣、丧矣，不可复见已矣！故哭泣辟踊，尽哀而止矣。心怅焉、怆焉、惚焉、忾焉，心绝志悲而已矣。祭之宗庙，以鬼飨之，徼幸复反也。(《问丧》，《礼记》卷十八，页五)

"祭之宗庙，以鬼飨之"。情感希望死者之"复反"也；曰"徼幸复反"者，不以情感欺理智也。

葬后又为亲服三年之丧。《礼记》云：

凡生天地之间者，有血气之属必有知；有知之属莫不知爱其类。今夫大鸟兽，则失丧其群匹，越月逾时焉，则必反巡过其故乡，翔回焉，鸣号焉，蹢躅焉，踟蹰焉，然后乃能去之。小者至于燕雀，犹有啁噍之顷焉，然后乃能去之。故有血气之属者，莫知于人。故人于其亲也，至死不穷。将由夫患邪淫之人与，则彼朝死而夕忘之。然而从之，则是曾禽兽之不若也，夫焉能相与群居而不乱乎？将由夫修饰之君子与，则三年之丧，二十五月而毕，若驷之过隙。然而遂之，则是无穷也。是故先王为之立中制节，壹使足以成文理，则释之矣。(《三年问》，《礼记》卷十八，页十一至十二，《荀子·礼论篇》同)

以上所引，皆就主观的情感方面立论。盖丧礼之本意本只以求情感之慰安耳。

荀子总论丧礼云：

礼者，谨于治生死者也。生，人之始也；死，人之终也。终始俱善，人道毕矣。故君子敬始而慎终，终始如一，是君子之道，礼义之文也。夫厚其生而薄其死，是敬其有知而慢其无知也。……故死之为道也，一而不可得再复也，臣之所以致重其君，子之所以致重其亲，于是尽矣。……丧礼者，以生者饰死者也，大象其生以送其死也，故事死如生，事亡如存（据郝懿行校)，终始一也。……具生器以适墓，象徙之道也。略而不尽，貌而不功。……故生器文而不功，明器貌而不用。……故丧礼者，无它焉，明死生之义，送以哀敬而终周藏也。……事生，饰始也。送死，饰终也；终始具而孝子之事毕，圣人之道备矣。刻死而附生谓之墨，刻生而附死谓之惑，杀生而送死谓之贼。大象其生，以送其死，使死生终始，莫不称宜而好善，是礼义之法式也，儒者是矣。(《礼论篇》，《荀子》卷十三，页九至二十)

衣衾棺椁，皆"大象其生以送其死也"，吾人理智明知死者之已死，而吾人情感仍望死者之犹生。于此际专依理智则"不仁"，专依情感则"不智"，故"大象其生以送其死"，则理智情感兼顾，仁而且智之道也。然圣人之为此制度，亦非武断。

此孝子之志也，人情之实也，礼义之经也。非从天降也，非从地出也，人情而已矣。(《问丧》，《礼记》卷十八，页七)

（四）关于祭礼之理论

以上为《荀子》《礼记》对于丧礼之理论。其对于祭礼之理论，亦全就主观情感方面立言。祭礼之本意，依《荀子》《礼记》之眼光视之，亦只以求情感之慰安。《礼记》云：

凡治人之道，莫急于礼。礼有五经，莫重于祭。夫祭者，非物自外至者也，自中出生于心也。心怵而奉之以礼，是故惟贤者能尽祭之义。贤者之祭也，必受其福。非世所谓福也，福者，备也。备者，百顺之名也。无所不顺谓之备，言内尽于己而外顺于道也。……是故贤者之祭也，致其诚信，与其忠敬，奉之以物，道之以礼，安之以乐，参之以时，明荐之而已矣。不求其为，此孝子之心也。……凡天之所生，地之所长，苟可荐者，莫不咸在，示尽物也。外则尽物，内则尽志，此祭之

心也。(《祭统》,《礼记》卷十四,页十五至十六)

"外则尽物,内则尽志";"不求其为"。专重祭祀而不重祭祀之对象也。荀子云:

祭者,志意思慕之情也。忠信爱敬之至矣,礼节文貌之盛矣。苟非圣人,莫之能知也。圣人明知之,士君子安行之,官人以为守,百姓以成俗。其在君子以为人道也,其在百姓以为鬼事也。……卜筮视日,斋戒修涂,几筵馈荐告祝,如或飨之。物取而皆祭之,如或尝之。毋利举爵,主人有尊,如或觞之。宾出,主人拜送;反,易服,即位而哭,如或去之。哀夫敬夫,事死如事生,事亡如事存,状乎无形影,然而成文。(《礼论篇》,《荀子》卷十三,页二十四至二十六)

因主人主观方面对死者有"志意思慕之情",故祭之。然其所祭之对象,则"无形影",只"如或飨之""如或尝之"而已。一方面郑重其事以祭祀,一方面又知其为"状乎无形影";"然而成文"。此其所以为诗也。

《礼记》更描写祭者祭时之心理状态云:

致斋于内,散斋于外。斋之日,思其居处,思其笑语,思其志意,思其所乐,思其所嗜,斋三日乃见其所谓斋者。祭之日,入室,僾然必有见乎其位;周还出户,肃然必有闻乎其容声;出户而听,忾然必有闻乎其叹息之声。……惟圣人为能飨帝,孝子为能飨亲。飨者,乡也,乡之然后能飨焉。……齐齐乎其敬也,愉愉乎其忠也,勿勿诸其欲其飨之也。……洞洞乎,属属乎,如弗胜,如将失之,其孝敬之心至也与。……于是谕其志意,以其恍惚;以与神明交,庶或飨之;庶或飨之,孝子之志也。(《祭义》,《礼记》卷十四,页五至七)

近人以为人之见鬼,乃由于心理作用。依《礼记》此说,则祭者正宜利用此等心理作用,"乡"死者而想像之,庶得"恍惚"而见其鬼焉。"以其恍惚，以与神明交"，而冀其"庶或飨之"，无非以使"志意思慕之情"得慰安而已。故祭祀，"君子以为人道"，而"百姓以为鬼事"也。

此等诗的态度，荀子不但于讲祭祀祖宗之祭礼时持之。即讲任何祭礼，亦持此态度。荀子云：

雩而雨，何也？曰：无何也，犹不雩而雨也。日月食而救之，天旱而雩，卜筮然后决大事，非以为得求也，以文之也。故君子以为文，而百姓以为神。以为文则吉，以为神则凶。(《天论篇》，《荀子》卷十一，页二十二)

"旱而雩"，无非表示惶急之情。"卜筮然后决大事"，无非表示郑重之意。此所谓"以为文"也。若"以为神"则必为迷信所误而凶矣。

祭祀祖宗，一方面因吾人本有"志意思慕之情"，一方面因吾人须讲报恩之义。荀子曰：

礼有三本：天地者，生之本也。先祖者，类之本也。君师者，治之本也。无天地恶生？无先祖恶出？无君师恶治？三者偏亡焉无安人。故礼上事天，下事地，尊先祖而隆君师，是礼之三本也。(《礼论篇》，《荀子》卷十三，页三)

《礼记》云：

万物本乎天，人本乎祖，此所以配上帝也。郊之祭也，大报本反始也。(《郊特牲》，《礼记》卷八，页六)

除祖宗之外，人之所以祭祀诸神祇，亦皆报本反始之义。《礼记》云：

天子大蜡八。……蜡也者，索也。岁十二月合聚万物而索飨之也。蜡之祭也，主先啬而祭司啬也，祭百种以报啬也。飨农及邮表畷，禽兽，仁之至义之尽也。古之君子，使之必报之。迎猫，为其食田鼠也。

迎虎，为其食田豕也。迎而祭之也。祭坊与水庸，事也。曰："土反其宅，水归其壑，昆虫毋作，草木归其泽。"……蜡之祭，仁之至，义之尽也。（同上）

又云：

夫圣王之制祭祀也，法施于民则祀之，以死勤事则祀之，以劳定国则祀之，能御大灾则祀之，能捍大患则祀之。是故厉山氏之有天下也，其子曰农，能殖百谷。夏之衰也，周弃继之，故祀以为稷。共工氏之霸九州也，其子曰后土，能平九州，故祀以为社。……汤以宽治民，而除其虐；文王以文治，武王以武功，去民之灾；此皆有功烈于民者也。及夫日月星辰，民之所瞻仰也。山林川谷丘陵，民所取财用也。非此族也，不在祀典。（《祭法》，《礼记》卷十四，页三至四）

根于崇德报功之义，以人为祭祀之对象，孔德所谓"人之宗教"，即有此意。中国旧社会中，每行之人，皆供奉其行之神，如木匠供鲁班，酒家奉葛仙。其意即谓，各种手艺，皆有其发明者。后来以此手艺为生者，饮水思源，崇德报功，故奉原来发明者为神明，而祀之焉。至于天地星辰，鸟兽草木，亦以崇德报功之义，而崇拜之。此或起源于原始社会中之拜物教，但依儒家所与之意义，则此已为诗而非宗教矣。

有一派儒者谓所以特别提倡报本反始之义者，欲使民德之厚也。曾子曰：

慎终追远，民德归厚矣。（《学而》，《论语》卷一，《四部丛刊》本，页六）

《大戴礼记》云：

丧祭之礼，所以教仁爱也，致爱故能致丧祭，春秋祭祀之不绝，致思慕之心也。夫祭祀，致馈养之道也。死且思慕馈养，况于生而存乎？故曰：丧祭之礼明，则民孝矣。（《盛德》，《大戴礼记》卷八，页六）

对于死者，对于无知者，尚崇其德而报其功，况对于生者，对于有知者乎？社会之中，人人皆互相报答，而不互相争斗，则社会太平矣。然此等功利主义，多数儒家者流不持之。

此外则公共祭祀之举行，亦与人民以一种休息游戏之机会。故《礼记·郊特牲》论蜡祭云：

黄衣黄冠而祭，息田夫也。……既蜡而收，民息已。故既蜡，君子不兴功。（《礼记》卷八，页六至七）

《礼记》又云：

子贡观于蜡，孔子曰："赐也乐乎？"对曰："一国之人皆若狂，赐未知其乐也。"子曰："百日之蜡，一日之泽，非尔所知也。张而不弛，文武弗能也；弛而不张，文武弗为也；一张一弛，文武之道也。"（《杂记》，《礼记》卷十二，页十七）

从此观点看祭祀，则祭祀更为艺术而非宗教矣。

（五）关于婚礼之理论

以上为《荀子》《礼记》中对于丧祭礼之诸理论。此外另有一端，《礼记》中虽未明言，而实可为其所理论化之丧礼祭礼应有之涵义，兹申言之。

依上所引，则儒者，至少一部分的儒者，对于人死之意见，不以为人死后尚有灵魂继续存在。然灵魂不死之说，虽为理智所不能承认，而人死之可不即等于完全断灭，则为事实。盖人所生之子孙，即其身体一部之继续存在生活者；故人若有后，即为不死。凡生物皆如此，更无须特别证明。再则某人之于某时曾经生于某地，乃宇宙间之一固定的事实，无论如何，不能磨灭；盖已有之事，无论何人，不能使之再为无有。就此方面说，孔子时代之平常人，与孔子同为不可磨灭，其差异只在受人知与不受人知。亦犹现在之人，同样生存，而因其受知之范围之小大，而有小大人物之分。然即绝不受人知之人物，吾人亦不能谓其不存在。盖受人之知与否，与其人之存在与否，固无关系也。就此方面说，则凡人皆不死。不过此等不死，与生物学的不死，性质不同，可名为理想的不死，或不朽。

不过不受人知之不朽，普通认为无价值。故不朽二字，普通专以谓曾经存在之受人知之大人物。所谓人有三不朽：太上有立德，其次有立功，其次有立言。人能有所立，则即能为人所知，为人所记忆，而不死或不朽。然若惟立德立功立言之人，方能为人所记忆，则世之能得此受人知之不朽者必甚寡。大多数之人，皆平庸无特异之处，不能使社会知而记忆之。可知而记忆之者，惟其家族与子孙。特别注重祭祀祖先，则人人皆得在其子孙之记忆中，得受人知之不朽。此儒家所理论化之丧礼祭礼所应有之涵义也。

后来儒者对于不死问题之注意，可于其对于婚礼之理论见之。儒者对于婚姻之意见，完全注意于其生物学的功用。《礼记》云：

昏礼者，将合二姓之好，上以事宗庙，下以继后世也。故君子重之。（《昏义》，《礼记》卷二十，页二）

又曰：

天地不合，万物不生。大昏，万世之嗣也，君何谓已重焉？（《哀公问》，《礼记》卷十五，页四）

又曰：

舅姑降自西阶，妇降自阼阶，授之室也。……昏礼不贺，人之序也。（《郊特牲》，《礼记》卷八，页十）

又曰：

嫁女之家，三夜不息烛，思相离也。取妇之家，三日不举乐，思嗣亲也。(《曾子问》，《礼记》卷六，页四)

孟子亦云：

不孝有三，无后为大。舜不告而娶，为无后也。(《离娄上》，《孟子》卷七，页十六)

据上所引，可知儒者以为婚姻之功用，在于使人有后。结婚生子，造"新吾"以代"故吾"，以使人得生物学的不死。由此观点，则吾人之预备结婚生子，实与吾人之预备棺材，同一可悲，盖吾人若非有死，则无需乎此等事物也。本来男女会合，其真正目的，即在于生殖。至于由此而发生之爱情与快感，乃系一种附带的心理情形。自生物学的眼光观之，实无关重要，故儒家亦不重视之。儒者论夫妇之关系时，但言夫妇有别，从未言夫妇有爱也。

凡人皆有死，而人多畏死，于是种种迷信生焉。许多宗教，皆以灵魂不死相号召。儒家，至少一部分的儒家，既不主灵魂不死，乃特注重于使人人得生物学的不死，及理想的不死之道。旧社会中，人及暮年，既为子娶妻生子，以为自己生命已有寄托，即安然以俟死，更不计死后灵魂之有无。此实儒家思想所养成之精神也。

(六) 关于孝之理论

儒者以为结婚之功用，在于造"新吾"以代"故吾"。"故吾"对于"新吾"之希望，在其能继续"故吾"之生命及其事业，为其"万世之嗣"。"新吾"若能副此希望，即为孝子。其所以副此希望之道，即孝子"嗣亲"之道，谓之孝道。孝子"嗣亲"之道，可分为两方面：一为肉体方面，一为精神方面。其肉体方面，又可分为三方面：一方面为养父母之身体；一方面须念此身为父母所遗留而慎重保护之；一方面须另造"新吾"以续传父母之生命。《礼记·祭义》曰：

乐正子春下堂而伤其足，数月不出，犹有忧色。门弟子曰："夫子之足瘳矣，数月不出，犹有忧色，何也？"乐正子春曰："善如尔之问也！善如尔之问也！吾闻诸曾子；曾子闻诸夫子曰：'天之所生，地之所养，无人为人。父母全而生之，子全而归之，可谓孝矣。不亏其体，不辱其身，可谓全矣。故君子顷步而弗敢忘孝也。'今予忘孝之道，予是以有忧色也。壹举足而不敢忘父母，壹出言而不敢忘父母。壹举足而不敢忘父母，是故道而不径，舟而不游，不敢以先父母之遗体行殆。壹出言而不敢忘父母，是故恶言不出于口，忿言不反于身。不辱其身，不羞其亲，可谓孝矣。"（《礼记》卷十四，页十二至十三）

"父母全而生之，子全而归之。""曾子有疾，召门弟子曰：'启予足，启予手。《诗》云："战战兢兢，如临深渊，如履薄冰。"而今而后，吾知免夫，小子！'"（《泰伯》，《论语》卷四，页十二）盖深幸其能以父母之遗体，"全而归之"也。然若只将此身"全而归之"，此身死后，父母之生命，不能再有"新吾"以继续之，则仍为不孝。孟子曰："不孝有三，无后为大。"盖人若无后，则自古以来之祖先所传下之"万世之嗣"，即自此而斩，或少一支，故为不孝之大也。

孝之在精神方面者，在吾人之亲存时，须顺其志意，不独养其口体，且养其志（《孟子·离娄上》），有过并规劝之，使归于正。在吾人之亲殁后，一方面为致祭祀而思慕之，使吾人之亲，在吾人之思慕记忆中得不朽。此点上节已详。又一方面为继吾人之亲之事业，使其未竟之志得申；或吾人自有述作，使吾人之亲之名，"附骥尾而致千里"，因亦在众人之思慕记忆中，得不朽焉。《中庸》曰：

子曰："舜其大孝也欤！德为圣人，尊为天子，富有四海之内，宗

庙飨之，子孙保之。"（《礼记》卷十六，页四）

又曰：

子曰："武王、周公，其达孝矣乎！夫孝者，善继人之志，善述人之事者也。春秋修其宗庙，陈其宗器，设其裳衣，荐其时食。……践其位，行其礼，奏其乐，敬其所尊，爱其所亲，事死如事生，事亡如事存，孝之至也。"（《礼记》卷十六，页五至六）

此等精神方面之孝为大孝，达孝。盖较肉体方面之孝为尤重要也。《祭义》曰：

曾子曰："孝有三：大孝尊亲；其次弗辱；其下能养。"公明仪问于曾子曰："夫子可以为孝乎？"曾子曰："是何言与！是何言与！君子之所为孝者，先意承志，谕父母于道。参直养者也，安能为孝乎？"（《礼记》卷十四，页十一）

此皆以精神方面之孝为最重要也。

父母之遗体，孝子欲"全而归之"，不但须"不亏其体"，且须"不辱其身"。"大孝尊亲，其次弗辱。""尊亲"谓积极的有善行，使亲能享令名；"弗辱"谓消极的无恶行，使亲不被恶名。人若能存此心，自能力行诸德。故《礼记》中有几篇及《孝经》以孝为一切道德之根本。《祭义》曰：

曾子曰："身也者，父母之遗体也。行父母之遗体，敢不敬乎！居处不庄，非孝也。事君不忠，非孝也。莅官不敬，非孝也。朋友不信，非孝也。战陈无勇，非孝也。五者不遂，灾及于亲，敢不敬乎！烹孰膻芗，尝而荐之，非孝也，养也。君子之所谓孝也者，国人称愿然曰：幸哉有子如此，所谓孝也已！众之本教曰孝，其行曰养。养可能也，敬为难。敬可能也，安为难。安可能也，卒为难。父母既没，慎行其身，不遗父母恶名，可谓能终矣。仁者，仁此者也。礼者，履此者也。义者，宜此者也。信者，信此者也。强者，强此者也。乐自顺此生；刑自反此作。"曾子曰："夫孝置之而塞乎天地，溥之而横乎四海。施诸后世而无朝夕。推而放诸东海而准，推而放诸西海而准，推而放诸南海而准，推而放诸北海而准。《诗》云：'自西自东，自南自北，无思不服。'此之谓也。"（《礼记》卷十四，页十一至十二）

《孝经》曰：

夫孝，德之本也，教之所由生也。……身体发肤，受之父母，不敢毁伤，孝之始也。立身行道，扬名于后世，以显父母，孝之终也。夫孝，始于事亲，中于事君，终于立身。《大雅》云："无念尔祖，聿修厥德。"……夫孝，天之经也，地之义也，民之行也。天地之经而民是则之。（《孝经》，《四部丛刊》本，页一至七）

依此言，则凡有孝之德者，必有一切诸德；故孝为一切道德之根本也。此种学说在汉时极有势力，在汉时"孝弟力田"者，皆受奖励。汉之诸帝谥号，上皆冠孝字，可见其对于孝之特别重视矣。

［注一］以孝为一切道德之根本之说，当系后起。《论语》中载孔子言孝之言甚多。又谓："有子曰：'……君子务本，本立而道生。孝弟也者，其为仁之本欤。'"（《学而》，《论语》卷一，页四）此谓仁之要素，为推己及人。己之所亲对己之关系，至亲至密；若对于己之所亲，尚不能推，则对于别人，当更不能推矣。故推己及人，须自己之所亲始。此孝弟所以"为仁之本"也。孔子、孟子皆注重孝，但未以孝为一切道德之根本。一切道德之根本为仁，仁者自然孝。孟子所谓"未有仁而遗其亲者也"。

［注二］《礼记》中此诸篇之作者皆以其所述为曾子之言。《孝经》一书，亦标明为孔子答曾子之辞。盖曾子在当时以孝名，故孟子数称曾子事曾皙之道，曰："事亲若曾子者可也。"不过曾子虽有孝行，而以孝

为一切道德之根本之说，是否果曾子所主张，不易断定。盖孟、荀于此皆未言及，而《礼记》中所述某曰某曰甚滥，几不能辨何者真为某曰也。

（七）《大学》

《小戴礼记》中之《大学》《中庸》二篇，在中国以后哲学中，有甚大势力。《大学》，朱熹以为系曾子所作，王柏以为系子思所作，盖皆以意度之，以前未有其说也。《大学》曰：

大学之道，在明明德，在亲民，在止于至善。知止而后有定，定而后能静，静而后能安，安而后能虑，虑而后能得。物有本末，事有终始，知所先后，则近道矣。古之欲明明德于天下者，先治其国。欲治其国者，先齐其家。欲齐其家者，先修其身。欲修其身者，先正其心。欲正其心者，先诚其意。欲诚其意者，先致其知。致知在格物。格物而后知至。知至而后意诚。意诚而后心正。心正而后身修。身修而后家齐。家齐而后国治。国治而后天下平。自天子以至于庶人，壹是皆以修身为本。其本乱，而末治者，否矣。其所厚者薄，而其所薄者厚，未之有也。此谓知本，此谓知之至也。（《礼记》卷十九，页七至八）

此段所说，为《大学》之主要意思，所谓《大学》之三纲领（明德，亲民，止至善）八条目（格物，致知，诚意，正心，修身，齐家，治国，平天下）也。此段所说之意思，大致虽甚明白，无须解释；惟所谓致知格物，下文未详细论及，致后来学者，解释纷纭。宋明时代程朱、陆王二派之一主要争点，亦在其对于致知格物解释之不同。此四字对于以后哲学，甚为重要，不容不解释。但如欲解释之，则以后诸家之"格物说"，何者为合于《大学》之原意乎？荀子为战国末年之儒家大师。后来儒者，多出其门。荀子又多言礼，故大小戴《礼记》中诸篇，大半皆从荀学之观点以言礼。观本章上数节所论，亦可见矣。其言教育者，《大戴礼记》中直录荀子《劝学篇》。《小戴礼记》中之《学记》，亦自荀子之观点以言教育。盖当时荀学之势力，固比较汉以后人所想像者大多多也。《学记》云：

古之教者，家有塾，党有庠，术有序，国有学。比年入学，中年考校。一年视离经辨志，三年视敬业乐群，五年视博习亲师，七年视论学取友，谓之小成；九年知类通达，强立而不反，谓之大成。夫然后足以化民易俗，近者悦服而远者怀之，此大学之道也。（《礼记》卷十一，页一至二）

"强立而不反"即《荀子·不苟篇》所谓"长迁而不反其初则化矣"之意。其义上文已详（见第十二章第五节）。《学记》以"知类通达，强立而不反"，"足以化民易俗，近者悦服而远者怀之"，为"大学之道"；《大学》以"格物，致知，正心，诚意，修身，齐家，治国，平天下"为"大学之道"，二者主要意思相同。《大学》中所说"大学之道"，当亦用荀学之观点以解释之。

《荀子·解蔽篇》曰：

凡以知，人之性也。可以知，物之理也。以可以知人之性，求可以知物之理，而无所疑（俞云："疑训定一。"）止之，则没世穷年，不能遍也。其所以贯理焉虽亿万，已不足以浃万物之变。与愚者若一。学，老身长子，而与愚者若一，犹不知错，夫是之谓妄人。故学也者，固学止之也。恶乎止之？曰，止诸至足。曷谓至足？曰，圣也。（《荀子》卷十五，页十六）

《大学》亦教人"学止之"。"恶乎止之？"荀子曰："止诸至足。"《大学》曰："止于至善。"其义一也。《大学》曰：

《诗》云："邦畿千里，惟民所止。"《诗》云："缗蛮黄鸟，止于丘隅。"子曰："于止知其所止，可以人而不如鸟乎？"《诗》云："穆穆文王，于缉熙敬止。"为人君，止于仁。为人臣，止于敬。为人子，止于孝。为人父，止于慈。与国人交，止于信。(《礼记》卷十九，页九)

荀子以圣为"至足"。又曰："圣也者，尽伦者也。"《大学》所说"为人君止于仁"等，即尽伦之义也。

人苟知止，则向一定之目以进行，心不旁骛而定，定则能静，静则能安，安则能虑，虑则能得矣。

孟子曰：

人有恒言，皆曰天下国家。天下之本在国；国之本在家；家之本在身。(《离娄上》，《孟子》卷七，页五)

此以身为家、国、天下之本之所在。《大学》谓："古之欲明明德于天下者，先治其国。欲治其国者，先齐其家。欲齐其家者，先修其身。"或亦本于孟子此言。然《荀子·君道篇》亦言：

请问为国？曰，闻修身，未尝闻为国也。君者，仪也；民者，景也。仪正而景正。君者，槃也；民者，水也。槃圆而水圆。君射则臣决。楚庄王好细腰，故朝有饿人。故曰，闻修身，未尝闻为国也。(《荀子》卷八，页四至五)

在上者为一国之仪表，故在上者能修身则国及天下之人皆修其身，而国治天下平矣。《大学》曰：

尧舜率天下以仁，而民从之。桀纣率天下以暴，而民从之。其所令反其所好，而民不从。是故君子有诸己而后求诸人，无诸己而后非诸人。所藏乎身不恕，而能喻诸人者，未之有也。故治国在齐其家。《诗》云："桃之夭夭，其叶蓁蓁。之子于归，宜其家人。"宜其家人，而后可以教国人。《诗》云："宜兄宜弟。"宜兄宜弟，而后可以教国人。《诗》云："其仪不忒，正是四国。"其为父子兄弟足法，而后民法之也。(《礼

记》卷十九，页十）

在上者足法，则民自法之；故修身为齐家、治国、平天下之本也。再则人之治国，乃"以人治人"；"以人治人"，"其则不远"，此《中庸》之言也。荀子亦曰："圣人者，以己度者也。故以人度人，以情度情。"又曰："五寸之矩，尽天下之方也。"（原文见第十二章第三节引）能修身者，自能"以人度人，以情度情"；"操五寸之矩，尽天下之方"矣。《大学》曰：

所谓平天下在治其国者，上老老而民兴孝，上长长而民兴弟，上恤孤而民不倍；是以君子有絜矩之道也。所恶于上，毋以使下；所恶于下，毋以事上；所恶于前，毋以先后；所恶于后，毋以从前；所恶于右，毋以交于左；所恶于左，毋以交于右；此之谓絜矩之道。（《礼记》卷十九，页十一）

絜矩之道，即"操五寸之矩，尽天下之方"之道也。

欲修其身，先正其心者，盖圣必须"知道"；（见第十二章第四节）而心必"虚壹而静"，方能知道。《荀子·解蔽篇》曰：

故人心譬如槃水，正错而勿动，则湛浊在下，而清明在上，则足以见须眉而察理矣。微风过之，湛浊动乎下，清明乱于上，则不可以得本（原作大，依王校改）形之正也。心亦如是矣。故导之以理，养之以清，物莫之倾，则足以定是非，决嫌疑矣。（《荀子》卷十五，页十一）

《大学》曰：

所谓修身在正其心者，身有所忿懥，则不得其正。有所恐惧，则不得其正。有所好乐，则不得其正。有所忧患，则不得其正。（《礼记》卷十九，页九）

心有所好乐等，则如"微风过之，湛浊动乎下，清明乱于上，则不可以得本形之正也"。心不能"正错而勿动"，则不"足以定是非，决嫌疑矣"。

荀子续曰：

小物引之，则其正外易，其心内倾，则不足以决庶理矣。故好书者众矣，而仓颉独传者，壹也。好稼者众矣，而后稷独传者，壹也。好乐者众矣，而夔独传者，壹也。好义者众矣，而舜独传者，壹也。倕作弓，浮游作矢，而羿精于射。奚仲作车乘，杜作乘马，而造父精于御。自古及今，未尝有两而能精者也。（《荀子》卷十五，页十一至十二）

此谓心不专一，则乱而不正。《大学》谓"心不在焉，视而不见，听而不闻，食而不知其味"。皆心不专一之过也。欲无此过，须对于一事物真实求之。《大学》曰：

《康诰》曰："如保赤子。"心诚求之，虽不中，不远矣。未有学养子而后嫁者也。（《礼记》卷十九，页十）

慈母于赤子，真实保之，此即诚之具体的例也。《大学》曰：

所谓诚其意者，毋自欺也。如恶恶臭，如好好色，此之谓自慊，故君子必慎其独也。小人闲居为不善，无所不至。见君子而后厌然，掩其不善，而著其善，人之视己，如见其肺肝然，则何益矣。此谓诚于中，形于外，故君子必慎其独也。曾子曰："十目所视，十手所指，其严乎！"富润屋，德润身，心广体胖。故君子必诚其意。（《礼记》卷十九，页八）

人之恶恶臭，皆真实恶之；其好好色，皆真实好之，此皆诚之具体的例也。《大学》此处言"诚于中，形于外"及"慎独"等语，均见《荀子》。不过荀子所谓"独"，乃专一之意。人若能对于一事物，真实求之，自能对于其事物，专一求之。（见第十二章第五节引）《大学》于此，似以"慎独"为使内外一致之意，与荀子小异。

吾人之心，必须有其所"诚求"，心方能不乱而正。即"知止而后有定"云云之义。此所以"欲正其心者，先诚其意"也。诚意系由"知止"得来。故"欲诚其意者，先致其知"也。"物有本末，事有终始，知所先后，则近道矣。"致知即知此也。故曰："自天子以至于庶人，壹是皆以修身为本。其本乱，而末治者，否矣。其所厚者薄，而其所薄者厚，未之有也。此谓知本，此谓知之至也。"[注]"知本"为"知之至"，知修身为本，而专一真实以修身，即"知至而意诚"矣。《大学》又曰："德者，本也。财者，末也。外本内末，争民施夺。"（《礼记》卷十九，页十一）知德为本即专一真实以"明明德于天下"，亦即"知至而意诚"矣。

然吾人如欲知物之本末，事之终始，则须对于事物，先有若干正确之知识。否则所谓本者或非本，所谓末者或非末。若此一错误，则以后皆错误矣。《荀子·解蔽篇》曰：

凡观物有疑，中心不定，则外物不清。吾虑不清，则未可定然否也。冥冥而行者，见寝石以为伏虎也，见植林以为后（俞樾云："疑本作立。"）人也；冥冥蔽其明也。醉者越百步之沟，以为跬步之浍也；俯而出城门，以为小之闺也；酒乱其神也。厌目而视者，视一以为两；掩耳而听者，听漠漠而以为胸胸；势乱其官也。故从山上望牛者若羊，而求羊者不下牵也；远蔽其大也。从山下望木者，十仞之木若箸，而求箸者不上折也；高蔽其长也。水动而景摇，人不以定美恶；水势玄也。瞽者仰视而不见星，人不以定有无；用精惑也。有人焉，以此时定物，则世之愚者也。彼愚者之定物，以疑决疑，决必不当。夫苟不当，安能无过乎？（《荀子》卷十五，页十四至十五）

观物时为物之现象所蔽，则不能对之有真知识；故致知在格物。格者，至也。（《尔雅·释诂》）必看穿物之现象，而至其本来面目，方

[注] 宋儒车玉峰、王柏以为此段即致知格物之传。见《鲁斋集》卷二。

可得其真象，此所以"致知在格物"也。[注]否则"以疑决疑，决必不当"。然如此须先不使"心中不定"；盖致知格物，仍皆心之事，故与正心互为因果也。

（八）《中庸》

《小戴礼记》中之《中庸》，相传为孔子之孙子思所作。《史记·孔子世家》谓："子思作《中庸》。"《荀子·非十二子篇》以子思、孟轲为一派。今《小戴礼记》中，《中庸》所说义理，亦实与孟子之学说为一类。则似此篇实为子思所作。然《小戴礼记》中之《中庸》，有"今天下车同轨，书同文，行同伦"之言，所说乃秦汉统一中国后之景象。《中庸》中又有"载华岳而不重"之言，亦似非鲁人之语。且所论命，性，诚，明，诸点，皆较孟子为详明，似就孟子之学说，加以发挥者。则此篇又似秦汉时孟子一派之儒者所作。王柏曰：

《中庸》者，子思子所著之书，……愚滞之见，常觉其文势时有断续，语脉时有交互。一日偶见西汉《艺文志》有曰，《中庸说》二篇。……惕然有感，然后知班固时尚见其初为二也，合而乱之，有出于小戴氏之手乎？（《古中庸跋》，《鲁斋集》卷五，《金华丛书》本，页十六至十七）。

又曰：

今既以《中庸》名篇，而中庸二字，不见于首章，何也？曰，道也者，非他道也，非可离之道也，即中庸之道也。……不然，则次章忽曰

[注] 郑康成曰："格，来也。物犹事也。其知于善深则来善物，知于恶深则来恶物。言事缘人所好来也。"此即荀子所谓"唯所居以其类至"之意。惟《大学》此所说，以格物为致知之方法，非以其为致知之结果。故郑似误。

君子中庸,与首章全不相属,恐子思之文章,决不如是之无原也。(《中庸论》下,《鲁斋集》卷二,页十一至十二)

王柏能提出此二问题,可谓有识。惜其对于第一问题之答案,以《中庸》之后段,分为一篇,名之曰"诚明",殊无根据。于第二问题又曲为之辞。然其所说,固已与吾人以不少提示矣。细观《中庸》所说义理,首段自"天命之谓性"至"天地位焉,万物育焉",末段自"在下位不获乎上",至"无声无臭至矣",多言人与宇宙之关系,似就孟子哲学中之神秘主义之倾向,加以发挥。其文体亦大概为论著体裁。中段自"仲尼曰,君子中庸",至"道前定则不穷",多言人事,似就孔子之学说,加以发挥。其文体亦大概为记言体裁。由此异点推测,则此中段似为子思原来所作之《中庸》,即《汉书·艺文志》儒家中之《子思》二十三篇之类。(此亦不过就其大概言之,其实中段中似亦未尝无后人附加之部分,不过有大部分似为子思原来所作之《中庸》耳)首末二段,乃后来儒者所加,即《汉书·艺文志》"凡礼十三家"中之《中庸说》二篇之类也。"今天下车同轨"等言,皆在后段,更可见矣。《中庸说》之作者,名其书为《中庸说》,必系所谓"子思之儒";但其中又发挥孟子之学说,则又为所谓"孟氏之儒"。盖二派本来相近,故《荀子·非十二子篇》以之为一派也。

今先论《中庸》之中段。《中庸》云:

仲尼曰:"君子中庸,小人反中庸。君子之中庸也,君子而时中;小人之反中庸也,小人而无忌惮也。"(《礼记》卷十六,页一)

按中庸二观念,乃孔子所已有。(见《论语·雍也》)《中庸》又言时中,盖人事中之中,乃亚里士多德所谓相对的,而非绝对的。所谓人之情感之发,及其他一切举动,其时,其地,及其所向之人,均随时不同。故其如何为中,亦难一定。(亚里士多德《伦理学》第二章第五节)《中庸》言时中,意即如此。孟子即注重时,孟子曰:

非其君不事，非其民不使，治则进，乱则退，伯夷也。何事非君，何使非民，治亦进，乱亦进，伊尹也。可以仕则仕，可以止则止，可以久则久，可以速则速，孔子也。（《公孙丑》上，《孟子》卷三，页九）

又曰：

伯夷，圣之清者也。伊尹，圣之任者也。柳下惠，圣之和者也。孔子，圣之时者也。（《万章》下，《孟子》卷十，页二）

又曰：

子莫执中，执中为近之；执中无权，犹执一也。所恶执一者，为其贼道也，举一而废百也。（《尽心》上，《孟子》卷十三，页十一）

孟子以"圣之时"赞孔子。伯夷、伊尹、柳下惠，对于出处，皆有一定不移之规则。此《论语》所谓"可与立，未可与权"也。此所谓"执一"也。若只言中而不言时，则"执中无权，犹执一也"。执一以为中，则必"举一而废百"矣。

《中庸》云：

子曰："道不远人，人之为道而远人，不可以为道。《诗》云：'伐柯伐柯，其则不远。'执柯以伐柯，睨而视之，犹以为远。故君子以人治人，改而止。忠恕违道不远，施诸己而不愿，亦勿施于人。君子之道四，丘未能一焉。所求乎子，以事父，未能也。所求乎臣，以事君，未能也。所求乎弟，以事兄，未能也。所求乎朋友，先施之，未能也。庸德之行，庸言之谨。有所不足，不敢不勉，有余不敢尽。言顾行，行顾言，君子胡不慥慥尔。"（《礼记》卷十六，页三）

此就孔子所说之"忠恕之道"，加以发挥。"忠恕之道"，推己及人，所谓"以人治人"，诚哉"其则不远"也。"忠恕之道"，简易如此，此所谓庸也。

［注］忠恕皆主推己及人，故往往举一可以概二。如此所说"所求

乎子"即"以事父","所求乎臣"即"以事君"等，实只讲忠，《大学》所说"絜矩之道"，"所恶于上毋以使下"等，实只讲恕。合而观之，则忠恕之道见矣。

《中庸》云：

天下之达道五，所以行之者三，曰，君臣也，父子也，夫妇也，昆弟也，朋友之交也。五者，天下之达道也。知仁勇三者，天下之达德也，所以行之者一也。或生而知之，或学而知之，或困而知之，及其知之一也。或安而行之，或利而行之，或勉强而行之，及其成功一也。子曰："好学近乎知，力行近乎仁，知耻近乎勇。"知斯三者，则知所以修身。知所以修身，则知所以治人。知所以治人，则知所以治天下国家矣。（《礼记》卷十六，页七）

此亦就孔子之学说，加以发挥，以君臣父子等人与人之关系，为天下之达道。以仁知勇等个人修养之成就，为天下之达德。以达德行达道，即可以修身治人矣。

以上系就《中庸》之中段论之。其首段末段，将孟子哲学中之反功利主义，及其神秘主义之倾向，加以有系统的说明。《中庸》云：

天命之谓性，率性之谓道，修道之谓教。（《礼记》卷十六，页一）

《大戴礼记·本命篇》云：

分于道谓之命，形于一谓之性。化于阴阳，象形而发，谓之生。化穷数尽谓之死。（《大戴礼记》卷十三，页三）

《中庸》所说之天，即《本命篇》所说之道。"分于道谓之命，形于一谓之性。"儒家所说天与性之关系，与道家所说道与德之关系相同。（参看第八章第四节，第十章第二节）盖天为含有道德之宇宙的原理，而性则天所"命"于人，人所"分"于天者也。孔子一方面注重人之性情之真的流露，一方面主张须以"礼节之"。《中庸》亦一方面主张"率性",一方面又主张以"教""修"之。《中庸》云:"喜怒哀乐之未发谓之中,发而皆中节谓之和。"(《礼记》卷十六,页一)喜怒哀乐,皆是天然的,当听其"发";但须以"教"修之,使其"发"无过不及而已。

上文谓墨家哲学,与儒家不同。儒家"正其谊不谋其利,明其道不计其功"。墨子则专注重利,专注重功。(第五章第四节)不计功利者,以为吾人行为之意义及价值,并不在行为之外,而即在行为之自身。《中庸》与此人生态度,以形上学的根据。《中庸》云:

《诗》曰:"惟天之命,于穆不已。"盖曰,天之所以为天也。"于乎不显,文王之德之纯。"盖曰,文王之所以为文也,纯亦不已。(《礼记》卷十六,页十)

又云:

故至诚无息。不息则久,久则征,征则悠远,悠远则博厚,博厚则高明。博厚所以载物也,高明所以覆物也,悠久所以成物也。博厚配地,高明配天,悠久无疆。如此者,不见而章,不动而变,无为而成。天地之道,可一言而尽也。其为物不贰,则其生物不测。天地之道,博也,厚也,高也,明也,悠也,久也。(《礼记》卷十六,页九至十)

"天"活动不息,无所为而为。君子以"天"为法,故亦应自强不息,无所为而为。

上文谓孟子哲学中有神秘主义之倾向。《中庸》更就孟子之言,加以引申说明,以"合内外之道",为人之修养之最高境界。此盖一境界,于其中虽仍有活动,与一切事物,而内外即人己之分,则已不复存在。《中庸》所谓诚,似即指此境界。"天"本来即诚,盖"天"本不分所谓内外也。故《中庸》云:

诚者,天之道也。诚之者,人之道也。……自诚明,谓之性。自明诚,谓之教。诚则明矣,明则诚矣。(《礼记》卷十六,页八)

诚为天之道，而人则必用"教"以求自明而诚，所谓"诚之者，人之道也"。《中庸》云：

诚者，物之终始，不诚无物。是故君子诚之为贵。诚者，非自成己而已也，所以成物也。成己，仁也；成物，智也；性之德也，合内外之道也，故时措之宜也。（《礼记》卷十六，页九）

以成己成物为"合内外之道"，即叔本华所说以"爱之事业"，超过"个性原理"也。诚为"性之德"，"教"非能于性外更有所加，不过助性使得尽量发展而已。性之尽量发展，即所谓尽性。《中庸》云：

唯天下至诚，为能尽其性。能尽其性，则能尽人之性。能尽人之性，则能尽物之性。能尽物之性，则可以赞天地之化育。可以赞天地之化育，则可以与天地参矣。（同上）

人物之性，皆"天"之部分，故"能尽其性"之人，亦能"尽人之性"，"尽物之性"也。至诚之人，既无内外之分，人我之见，则已至万物一体之境界矣。既与万物为一体，故能赞天地之化育而与天地参也。此等人有圣人之德，若再居天子之位，则可以"议礼，制度，考文"矣。《中庸》云：

故君子之道，本诸身，征诸庶民。考诸三王而不缪，建诸天地而不悖，质诸鬼神而不疑，百世以俟圣人而不惑。质诸鬼神而无疑，知天也。百世以俟圣人而不惑，知人也。是故君子动而世为天下道，行而世为天下法，言而世为天下则。远之则有望，近之则不厌。《诗》曰："在彼无恶，在此无射。庶几夙夜，以永终誉。"君子未有不如此而蚤有誉于天下者也。（《礼记》卷十六，页十一）

以如此之人居君位，将"揖让而治天下"。在此情形之中，在此世界之内：

万物并育而不相害；道并行而不相背。小德川流，大德敦化。此天

地之所以为大也。(《中庸》,《礼记》卷十六,页十一至十二)

据此可知《中庸》大部分为孟学,而《大学》则大部分为荀学。此二篇在后来中国哲学中,有甚大势力。而此二篇亦即分别代表战国时儒家之孟荀二大学派,盖亦非偶然也。

(九)《礼运》

后来之儒家哲学,颇受有道家哲学之影响。(荀子受道家影响,详第十二章第五节)一部分儒家之政治社会哲学之受道家影响者,可以《小戴礼记》中之《礼运》首段所说代表之。《礼运》云:

孔子曰:"大道之行也,与三代之英,丘未之逮也,而有志焉。大道之行也,天下为公,选贤与能,讲信修睦。故人不独亲其亲,不独子其子。使老有所终,壮有所用,幼有所长,矜寡孤独废疾者,皆有所养。男有分,女有归。货恶其弃于地也,不必藏于己。力恶其不出于身也,不必为己。是故谋闭而不兴,盗窃乱贼而不作。故外户而不闭,是谓大同。今大道既隐,天下为家。各亲其亲,各子其子。货力为己。人人世及以为礼,城郭沟池以为固。礼义以为纪,以正君臣,以笃父子,以睦兄弟,以和夫妇,以设制度,以立田里,以贤勇知,以功为己。故谋用是作而兵由此起。禹汤文武成王周公,由此其选也。此六君子者,未有不谨于礼者也。以著其义,以考其信,著有过,刑仁讲让,示民有常。如有不由此者,在势者去,众以为殃,是谓小康。"(《礼记》卷七,页一至二)

此谓一般儒家所殷殷提倡之政治社会,为仅小康之治,于其上另有大同之治。此采用道家学说之政治社会哲学也。此儒家之新政治社会哲学,最近人极力推崇之。

第十五章 《易传》及《淮南鸿烈》中之宇宙论

(一)《周易》之起源及《易传》之作者

《易》之八卦,相传为伏羲所画。六十四卦,或云为伏羲所自重(王弼等说),或云为文王所重(司马迁等说)。卦辞爻辞,或云系文王所作(司马迁等说),或云卦辞文王作,爻辞周公作(马融等说)。"《彖》《象》《系辞》《文言》《序卦》之属十篇",即所谓《十翼》者,相传皆孔子作。然此等传说,俱乏根据。商代无八卦;商人有卜而无筮。筮法乃周人所创,以替代或补助卜法者。卦及卦爻等于龟卜之兆。卦辞爻辞等于龟卜之繇辞。繇辞乃掌卜之人,视兆而占者。此等临时占辞,有时出于新造,有时亦沿用旧辞。如有与以前所卜相同之事,卜时又有与以前相同之兆,则占辞即可沿用其旧;如前无此兆,则须新造。灼龟自然的兆象,既多繁难不易辨识;而以前之占辞,又多繁难不易记忆。筮法之兴,即所以解决此种困难者。卦爻仿自兆而数有一定,每卦爻之下又系有一定之辞。筮时遇何卦何爻,即可依卦辞爻辞,引申推论。比之龟卜,实为简易。(自商代无八卦以下至此,余永梁先生说,见《中央研究院历史语言研究所集刊》第一本第一分)《周易》之名,或即由此起。因其为周人所作,故冠曰周;因其用法简易,故名曰《易》。

《易》本为筮用,但后则虽不于筮时,人亦常引申卦爻辞中之意义,以为立说之根据。《左传·宣公十二年》云:

晋师救郑。……荀子……以中军佐济。知庄子曰:"此师殆哉!《周易》有之,在《师》䷆之《临》䷒曰:'师出以律,否臧凶。'执事顺成为臧,逆为否。众散为弱,川壅为泽,有律以如己也,故曰"律否臧";且律竭也。盈而以竭,夭且不整,所以凶也。不行之谓临;有帅而不从,临孰甚焉?此之谓矣。果遇必败,荀子尸之。虽免而归,必有大咎。"(《左传》卷十一,《四部丛刊》本,页一至三)

又襄公二十八年云:

子展曰:"楚子将死矣!不修其政德,而贪昧于诸侯,以逞其愿,欲久得乎?《周易》有之,在《复》䷗之《颐》䷚曰:'迷复,凶。'其楚子之谓乎?欲复其愿,而弃其本;复归无所,是谓迷复,能无凶乎?"(《左传》卷十八,页十六)

孔子引申《恒》卦九三爻辞之意义,以教人须有恒(见第四章第一节),亦此类也。荀子亦常就卦爻辞之意义,加以引申,以为立说之根据。《非相篇》云:

故赠人以言,重于金石珠玉;观人以言,美于黼黻文章;听人以言,乐于钟鼓琴瑟。故君子之于言无厌。鄙夫反是。好其实不恤其文,是以终身不免埤污庸俗。故《易》曰:"括囊无咎无誉。"腐儒之谓也。(《荀子》卷三,《四部丛刊》本,页八至九)

"括囊无咎无誉",为《易·坤》六四爻辞。《大略篇》云:

《易》曰:"复自道,何其咎。"《春秋》贤穆公,以为能变也。(《荀子》卷十九,页十)

"复自道,何其咎",为《易·小畜》初九爻辞。《大略篇》云:

《易》之《咸》见夫妇,夫妇之道,不可不正也,君臣父子之本也。

咸，感也。以高下下，以男下女，柔上而刚下。(《荀子》卷十九，页九)

此更就一卦之义而引申之，与《易传》中之《咸卦》彖辞意同文异。从此等观点观《易》，则《易》已非止为筮用之书，而为涵有各种意义之书矣。《易传》之作者，非止一人，然皆本此观点以观《易》，本前人之说，附以己见，务与《易》之卦爻及卦辞爻辞以最大之涵义，以使《易》成为一有系统的哲学书也。

所谓《十翼》非孔子所作，前人及时人论之已详。[注]《汉书·儒林传》曰：

及秦禁学，《易》为卜筮之书，独不禁，故传授者不绝也。汉兴，田何以齐田徙杜陵，号杜田生。授东武王同子中；洛阳周王孙、丁宽，齐服生，皆著《易传》数篇。(《汉书》卷八十八，同文影殿刊本，页七)

王同、周王孙、丁宽、服生等所著之《易传》，不知是否即在现有之《易·十翼》中。要之现在所有之《易·十翼》，皆王同等所作《易传》之类也。

(二) 八卦及阴阳

周人为八卦，又重之为六十四卦，以仿龟兆。其初八卦本不必有何意义，及后日益附演，八卦乃各有其所代表之事物。如《说卦》云：

乾，天也，故称乎父。坤，地也，故称乎母。震一索而得男，故谓之长男。巽一索而得女，故谓之长女。坎再索而得男，故谓之中男。

[注] 说见欧阳修《易童子问》，崔东壁《洙泗考信录》，顾颉刚先生《古史辨》及拙作《孔子在中国历史中之地位》。

离再索而得女,故谓之中女。艮三索而得男,故谓之少男。兑三索而得女,故谓之少女。乾为天,为圆,为君,为父,……。坤为地,为母,……。震为雷,……。巽为木,为风,……。坎为水,……为月,……。离为火,为日,……。艮为山,……。兑为泽,……。(《周易》卷九,《四部丛刊》本,页三至四)

《说卦》《序卦》《杂卦》三篇,在所谓《十翼》中,尤为晚出。然据《左传》《国语》所记,春秋时人亦已以乾为天、坤为土、巽为风(见《左传》庄公二十二年),离为火、艮为山(见《左传》昭公十五年)、震为雷、坎为水(见《国语·晋语》);又以震为长男、坤为母(同上)。可见《说卦》所说,亦本前人所已言者而整齐排比之耳。八卦已有此诸种意义时,讲《周易》者之宇宙论,系以个人生命之来源为根据,而类推及其他事物之来源。《易·系辞》云:"天地絪缊,万物化醇;男女构精,万物化生。"(《周易》卷八,页五至六)男女交合而生人,故类推而以为宇宙间亦有二原理。其男性的原理为阳,其卦为乾;其女性的原理为阴,其卦为坤。而天地乃其具体的代表。乾坤相交,乾一之坤为震,为长男,而雷为其具体的代表;坤一之乾为巽,为长女,而风为其具体的代表;乾二之坤为坎,为中男,而水为其具体的代表;坤二之乾为离,为中女,而火为其具体的代表;乾三之坤为艮,为少男,而山为其具体的代表;坤三之乾为兑,为少女,而泽为其具体的代表。总之,宇宙间之最大者为天地,天上之最惹人注意者为日月风雷;地上之最惹人注意者为山泽,人生之最切用者为水火;古人以此数者为宇宙之根本,于是以八卦配之;而又依人间父母子女之关系,而推定其间之关系焉。

此以八卦所代表者为宇宙之根本。此八卦说与前所述之五行说(见前第七章第七节)在先秦似为两独立的系统。在其时,讲五行者不讲八卦，讲八卦者不讲五行。至汉此两说始相混合。汉人称驺衍等为阴阳家，其实阴阳乃八卦说之系统中所讲，驺衍等不讲八卦也。

古本已有以阴阳之说，解释宇宙间诸现象者。（见第三章第四节）此后常言及阴阳者为道家，如《老子》"道生一，一生二，二生三，三生万物。万物负阴而抱阳，冲气以为和。"（见上第八章第四节引）《吕氏春秋》亦曰：

太一生两仪，两仪生阴阳。（《大乐篇》，《吕氏春秋》卷五，《四部丛刊》本，页三）

《礼记·礼运篇》亦曰：

礼必本于太一，分而为天地，转而为阴阳。（《礼记》卷七，《四部丛刊》本，页八至九）

《易·系辞》亦曰：

《易》有太极，是生两仪。两仪生四象，四象生八卦。（《周易》卷七，页十）

又曰：

一阴一阳之为道；继之者善也，成之者性也。仁者见之谓之仁，知者见之谓之知。百姓日用而不知，故君子之道鲜矣。显诸仁，藏诸用，鼓万物而不与圣人同忧。盛德大业，至矣哉。富有之谓大业；日新之谓盛德；生生之谓《易》。（《周易》卷七，页三至四）

《老子》所谓二，乃指天地。《吕氏春秋》所谓两仪，亦似指天地。《易·系辞》所谓两仪，则似指阴阳，此观于"一阴一阳之谓道"之言可见也。焦循云："一阴一阳之谓道；分于道之谓命；形于一之谓性。分道之一，以成一人之性。合万物之性，以为一贯之道。一阴一阳，道之所以不已。"（《论语通释·一贯忠恕》）此所说道与性之关系，正如道家所说道与德之关系。道指万物全体之所以生之原理，而人物之性，则所分于道之一部分也。凡道所生，皆非是恶；故曰"继之者善也"。道分为确定的部分，然后被决定而为有所成；故曰"成之者性也"。"仁者见之谓之仁，智者见之谓之智"，则《老子》所说"道可道，非常道；名可名，非常名"（一章，《老子》上篇，《武英殿聚珍版丛书》本，页一）也。道"生而不有，为而不恃，长而不宰"（五十一章，《老子》下篇页十七），故"百姓日用而不知"也。道"鼓万物而不与圣人同忧"。《老子》亦云："天地不仁，以万物为刍狗。"（五章，《老子》上篇页五）盖万物自然而生，天地本无心于为仁，亦无心为万物忧也。《易传》采《老》学道之观念，又采阴阳之说，以之配于乾坤。使之为道或太极所生之二宇宙的原理。关于此二原理之性质，《易传》云：

大哉乾元，万物资始，乃统天。……乾道变化，各正性命。（《乾彖》，《周易》卷一，页一）

至哉坤元，万物资生，乃顺承天。（《坤彖》，《周易》卷一，页五）

乾道成男；坤道成女。乾知大始；坤作成物。乾以易知；坤以简能。（《系辞》上，《周易》卷七，页一）

夫乾，其静也专，其动也直，是以大生焉。夫坤，其静也翕，其动也辟，是以广生焉。（《系辞》上，《周易》卷七，页四）

乾，阳物也；坤，阴物也；阴阳合德，而刚柔有体，以体天地之撰。（《系辞》下，《周易》卷八，页六）

此亦以个人生命之来源为根据，类推万物之来源。以"男女构精，万物化生"之事实，类推而定为"天地絪缊，万物化醇"之原理。"天施地生，其益无方"（《益彖》，《周易》卷四，页十四），天地即乾坤阴阳之具体代表也。此二原理，一刚一柔，一施一受，一为万物之所"资始"，一为万物之所"资生"。"夫乾，其静也专，其动也直"；"夫坤，其静也翕，其动也辟"。"阖户谓之坤，辟户谓之乾。"（《系辞》上，

《周易》卷七，页十）皆根据男女两性对于生殖之活动，以说明乾坤。

乾与坤在别方面之关系，《易传》亦以当时男女在社会之地位与关系为根据，而类推之。《坤彖》云：

至哉坤元，万物资生，乃顺承天。坤厚载物，德合无疆。含弘光大，品物咸亨。牝马地类，行地无疆。柔顺利贞，君子攸行。先迷失道，后顺得常。……安贞之吉，应地无疆。（《周易》卷一，页五）

《文言》云：

坤至柔而动也刚，至静而德方。后得主而有常，含万物而化光。坤道其顺乎？承天而时行。……阴虽有美，含之以从王事，弗敢成也。地道也，妻道也，臣道也；地道无成而代有终也。（《周易》卷一，页六至七）

乾阳为主，坤阴为辅。坤阴自为先，则"迷而失道"；从乾阳后，则"得主而有常"。所谓"以顺为正者，妾妇之道也"。

男女必须交合而后能生子，阴阳亦必须交合而后能生万物。《易传》云：

泰，……则是天地交而万物通也，上下交而其志同也。（《泰彖》，《周易》卷二，页一）

天地感而万物化生。（《咸彖》，《周易》卷四，页一）

天地相遇，品物咸章也。（《姤彖》，《周易》卷五，页二）

归妹，天地之大义也。天地不交，而万物不兴。归妹，人之终始也。（《归妹彖》，《周易》卷五，页十五）

天地即乾坤之具体的表现；乾坤即天地所代表之抽象的原理。"天地不交而万物不兴"；天地交则生万物。"天地睽而其事同也，男女睽而其志通也，万物睽而其事类也。"（《睽彖》，《周易》卷四，页八）因交则天地虽睽隔而事同，犹男女虽睽隔而志通。

（三）宇宙间诸事物之发展变化

因乾坤之交感，而乃有万物，而乃有发展变化。《易传》曰：

天地解而雷雨作；雷雨作而百果草木皆甲坼。（王弼注曰："天地否结，则雷雨不作；交通感散，雷雨乃作也。"）（《解彖》，《周易》卷四，页十一）

天地革而四时成。（《革彖》，《周易》卷五，页九）

显诸仁，藏诸用。鼓万物而不与圣人同忧，盛德大业，至矣哉！富有之谓大业，日新之谓盛德。（《系辞》上，《周易》卷七，页四）

阖户谓之坤，辟户谓之乾；一阖一辟谓之变，往来不穷谓之通。（《系辞》上，《周易》卷七，页十）

宇宙间诸事物时时革新，时时变化，所谓日新也。

宇宙间诸事物之变化，皆依一定之秩序。《易传》云：

天地以顺动，故日月不过，而四时不忒。（《豫彖》，《周易》卷二，页六）

天地节而四时成。（《节彖》，《周易》卷六，页六）

天地之道，恒久而不已也。利有攸往，终则有始也。日月得天而能久照，四时变化而能久成。……观其所恒，而天地万物之情可见矣。（《恒彖》，《周易》卷四，页二）

吉凶者，贞胜者也。天地之道，贞观者也。日月之道，贞明者也。天下之动贞夫一者也。（《系辞》下，《周易》卷八，页一）

此皆谓宇宙间诸事物，皆依一定之秩序，永久进行。《中庸》曰："天地之道，可一言而尽也。其为物不贰，则其生物不测。"《易传》所谓"天下之动贞夫一"，正此意也。惟其如此，故宇宙演化，永无止期，故《序卦》云：

物不可穷也，故受之以未济终焉。（《周易》卷九，页八）

（四）宇宙间事物变化之循环

宇宙间事物时时变化。其变化是循环的。《易传》云：

无往不复，天地际也。（《泰象》，《周易》卷二，页一）

终则有始，天行也。（《蛊象》，《周易》卷二，页九）

反复其道，七日来复。……复，其见天地之心乎！（《复象》，《周易》卷三，页四）

日中则昃，月盈则食；天地盈虚，与时消息。（《丰象》，《周易》卷六，页一）

日往则月来，月往则日来，日月相推，而明生焉。寒往则暑来，暑往则寒来，寒暑相推，而岁成焉。往者，屈也；来者，信也；屈信相感而利生焉。（《系辞》下，《周易》卷八，页三至四）

"反复其道"，"无往不复"，宇宙间事物之"往来"、"屈信"，皆如日月寒暑之循环往来，此所谓"复"。此为宇宙间事物变化所依之一大通则。故曰："复，其见天地之心乎！"

惟其如此，所以宇宙间任何事物，若发展至一定程度，则即变而为其反面。"日中则昃，月盈则食"，故《乾卦》六爻，以九五为最善。至于《乾》之上九，则为"亢龙有悔"，有"穷之灾"矣。孔子于此云：

亢之为言也，知进而不知退，知存而不知亡，知得而不知丧。其唯圣人乎！知进退存亡而不失其正者，其惟圣人乎！（《文言》，《周易》卷一，页五）

"物极必反"，此《易》理亦《老子》所持之理也。依《易传》所解释，六十四卦之次序，亦表示物极必反之义。《序卦》云：

履而泰然后安，故受之以泰。泰者，通也。物不可以终通，故受之

以否。物不可以终否,故受之以同人。(《周易》卷九,页五)

物不可以苟合而已,故受之以贲。贲者,饰也。致饰然后亨则尽矣,故受之以剥。剥者,剥也。物不可以终尽,剥穷上反下,故受之以复。(同上)

震者,动也。物不可以终动,止之,故受之以艮。艮者,止也。物不可以终止,故受之以渐。(《周易》卷九,页七)

惟其如此,故在宇宙变化程序中,有好亦必有不好。故《系辞》云:

吉凶悔吝者,生乎动者也。(《周易》卷八,页一)

爻也者,效天下之动者也,是故吉凶生而悔吝著也。(《周易》卷八,页三)

吉凶既与动常相即不离,而宇宙演化,即是一动。所以宇宙之有恶,乃必然之势。故《系辞》又云:"八卦定吉凶,吉凶生大业。"大业必与吉凶为缘,此即叔本华所说之"永久公道"也。

[注一] 按《序卦》在所谓《十翼》中尤为晚出。然《淮南子·缪称训》云:"动而有益则损随之。故《易》曰:'剥之不可终尽也,故受之以复。'"《淮南子》卷十,刘文典先生《淮南鸿烈集解》,商务铅印本,页七)是《序卦》所说诸义,淮南王时已有之矣。

[注二] 某笔记中谓:一仙人谓:下棋无必胜之法,但有必不输之法。问必不输之法为何?曰:不下棋。下棋为一动,动则必有吉凶悔吝也。

(五) 易象与人事

宇宙间有诸事物,诸事物之发展变化,有如此诸公例。《易》之为书,依《易传》说,即所以将宇宙诸事物及其发展变化之公例,以简明之象征，摹拟之，代表之，以便人之取法。《易》之一书，即宇宙全体之一缩影也。《系辞》云：

易者，象也；象也者，像也。（《周易》卷八，页三）

夫象，圣人有以见天下之赜，而拟诸其形容，象其物宜，是故谓之象。（《周易》卷七，页十二）

见乃谓之象；形乃谓之器；制而用之谓之法；利用出入，民咸用之，谓之神。（《周易》卷七，页十）

圣人见"天下之赜"，而"拟其形容，象其物宜"，以得其"象"；又摹拟此象，造为"器"，制为"法"；"民咸用之"。故曰：

天生神物，圣人则之。天地变化，圣人效之。天垂象见吉凶，圣人象之。（《系辞》上，《周易》卷七，页十一）

宇宙间诸事物，时时革新，时时变化；《易》摹拟宇宙间诸事物，摹拟其变化。《易传》云：

爻也者，效天下之动者也。（《系辞》下，《周易》卷八，页三）

《易》之为书也不可远，其为道也屡迁。变动不居，周流六虚，上下无常，刚柔相易，不可为典要，惟变所适。（《系辞》下，《周易》卷八，页七）

惟其如此，故《易传》屡言"时"；事物之发展若至于极点则一变而为其反面，故《易传》屡言"中"。惠栋曰：

《易》道深矣！一言以蔽之曰，时中。孔子作彖传，言时者二十四卦，言中者三十五卦；象传，言时者六卦，言中者三十六卦。其言时也，有所谓：时者，待时者，时行者，时成者，时变者，时用者，时义，时发，时舍，时极者。其言中，有所谓：中者，中正者，正中者，大中者，中道者，中行者，行中者，刚中，柔中者。而《蒙》之象，则又合时中而命之。……子思作《中庸》，述孔子之意，而曰："君子而时中。"孟子亦曰："孔子圣之时。"夫执中之训，肇于中天；时中之义，明于孔子；乃尧舜以来，相传之心法也。其在《丰彖》曰："天地盈虚，与时消息。"在《剥》曰："君子尚消息盈虚，天行也。"《文言》曰："知进退存亡，而不失其正者，其惟圣人乎？"皆时中之义也。(《易尚时中说》，《易汉学》，《续经解》本，卷七，页四)

盖儒家向来所说时中之义，至《易传》而又得一形上学的根据矣。

[注]《易传》屡言中，故可疑为至少其中一部分，系"子思之儒"所作。《文言》中之字句，且有与《中庸》同者。如《文言》乾初九云："不易乎世，不成乎名；遁世无闷，不见是而无闷。"《中庸》亦云："君子依乎中庸，遁世不见知而不悔。"九二云："庸言之信，庸行之谨。"《中庸》亦言："庸德之行，庸言之谨。"《文言》又云："夫大人者，与天地合其德，与日月合其明，与四时合其序，与鬼神合其吉凶。先天而天弗违，后天而奉天时。"《中庸》亦言："君子之道，建诸天地而不悖，质诸鬼神而无疑。"《中庸》又言："至诚之道，可以前知。国家将兴，必有祯祥；国家将亡，必有妖孽。见乎蓍龟，动乎四体。"《中庸》对《易》，亦有信仰也。

《易传》亦根据"物极则反"之义，与人以与《老子》所说相似之处世接物之方法。《谦彖》云：

天道下济而光明，地道卑而上行。天道亏盈而益谦，地道变盈而流谦，鬼神害盈而福谦，人道恶盈而好谦。谦尊而光，卑而不可逾，君子之终也。(《周易》卷二，页五)

《系辞》云：

劳谦，君子有终吉。子曰："劳而不伐，有功而不德，厚之至也。"语以其功下人者也。德言盛，礼言恭，谦也者，致恭以存其位者也。(《周易》卷七，页六)

又云：

危者，安其位者也；亡者，保其存者也；乱者，有其治者也。是故君子安而不忘危，存而不忘亡，治而不忘乱；是以身安而国家可保也。《易》曰："其亡其亡，系于苞桑"。(《周易》卷八，页五)

此《老》学之说，而《易传》取之者也。

然《易传》所说之处世接物的方法，与《老子》所说，相似而不相同。盖《老子》注重"合"，而《易传》注重"中"。"合"者，两极端所生之新事情；而"中"者，则两极端中间之一境界也。如《老子》言："大巧若拙。"大巧非巧与拙中间之一境界，而实乃巧与拙之合也。《易传》似只持"执两用中"之义；此其所以为儒家之典籍也。

《易传》以当时男女在社会上之地位与关系为根据，而类推乾与坤之关系。乾与坤之关系既如《易传》所说，而当时男女在社会上之地位与关系，乃更似为合理，且有形上学的根据。《家人彖》曰：

家人，女正位乎内，男正位乎外；男女正，天地之大义也。家人有严君焉，父母之谓也。父父，子子，兄兄，弟弟，夫夫，妇妇，而家道正；正家而天下定矣。(《周易》卷四，页七)

以男女"正位"为"天地之大义"，即与当时男女在社会上之地位与关系以形上学的根据也。《系辞》云：

天尊地卑，乾坤定矣。卑高以陈，贵贱位矣。(《周易》卷七，页一)

社会上之有贵贱，正如天地之有高卑，同为自然，此亦易象所昭示者也。

此外六十四卦中之"象曰"，皆言易象之可为人事所取法。如：

天行健，君子以自强不息。(《乾象》，《周易》卷一，页二)
地势坤，君子以厚德载物。(《坤象》，《周易》卷一，页五)

此易象之可应用于个人之修养者也。又如：

上天下泽。履，君子以辩上下，定民志。(《履象》，《周易》卷一，页十六)

天地交泰，后以财成天地之道，辅相天地之宜，以左右民。(《泰象》，《周易》卷二，页一)

此易象之可应用于政治社会者也。《系辞》曰：

《易》有圣人之道四焉：以言者尚其辞，以动者尚其变，以制器者尚其象，以卜筮者尚其占。(《周易》卷七，页九)

《易》本为筮用，故曰："以卜筮者尚其占。"引申《易》卦辞爻辞之义，以为自己立言之根据，即所谓"以言者尚其辞"也。取法易象，应用之于吾人之行为，即所谓"以动者尚其变"也。"以制器者尚其象"者，《系辞》于此有具体的说明云：

古者包羲氏之王天下也，仰则观象于天，俯则观法于地，观鸟兽之文与地之宜，近取诸身，远取诸物，于是始作八卦，以通神明之德，以类万物之情。……包羲氏殁，神农氏作，斫木为耜，揉木为耒；耒耨之利，以教天下，盖取诸《益》。(《周易》卷八，页二)

《益》卦䷩巽上震下；巽为风，为木，震为雷，为动。上有木而下动，故神农即因其象而发明耒耜。《系辞》又云：

刳木为舟，剡木为楫；舟楫之利，以济不通，致远以利天下。盖取诸《涣》。(同上)

《涣》卦䷺巽上坎下；巽为风，为木，坎为水。木在水上，故黄帝即因其象而制舟楫。《系辞》又云：

服牛乘马，引重致远，以利天下，盖取诸《随》。(同上，《四部丛刊》本有误，依通行本)

《随》卦䷐兑上震下；兑为泽，为悦，震为动。下动而上悦，故黄

第一篇　子学时代

帝即因其象而利用牛马，以"引重致远"。

总之，《易》之一书，即宇宙全体之缩影。故《系辞》云：

《易》与天地准，故能弥纶天地之道。仰以观于天文，俯以察于地理；是故知幽明之故。原死反终，故知死生之说。(《周易》卷七，页三）

又云：

夫《易》，广矣，大矣；以言乎远则不御，以言乎迩则静而正，以言乎天地之间则备矣。(《周易》卷七，页四）

吾人行为，能取法于《易》，即可不致有错。《系辞》云：

是故君子所居而安者，易之序也。所乐而玩者，爻之辞也。是故居则观其象而玩其辞，动则观其变而玩其占，是以自天佑之，吉无不利。(《周易》卷七，页二）

经此解释，《易》之重要可知矣。

（六）《淮南鸿烈》中之宇宙论

《淮南鸿烈》为汉淮南王刘安宾客所共著之书。杂取各家之言，无中心思想。惟其中讲宇宙发生之部分，比以前哲学家所讲，皆较详明。盖中国早期之哲学家，皆多较注意于人事，故中国哲学中之宇宙论亦至汉初始有较完整之规模，如《易传》及《淮南鸿烈》中所说是也。《俶真训》云：

有始者，有未始有有始者，有未始有夫未始有有始者。有有者，有无者，有未始有有无者，有未始有夫未始有有无者。所谓有始者，繁愤未发，萌兆牙蘖，未有形埒，冯冯翼翼，将欲生兴，而未成物类。有未始有有始者，天气始下，地气始上，阴阳错合，相与优游竞畅于宇宙之间,被德含和,缤纷茏苁,欲与物接,而未成兆朕。有未始有夫未始有有始者,天含和而未降,地怀气而未扬,虚无寂寞,萧条霄霓,无有仿佛,气遂而大通冥冥者也。有有者,言万物掺落,根茎枝叶,青葱苓茏,萑扈炫煌,蠉飞蠕动,蚑行哙息,可切循把握,而有数量。有无者,视之不见其形,听之不闻其声,扪之不可得也,望之不可极也,储与扈冶,浩浩瀚瀚,不可隐仪揆度,而通光耀者。有未始有有无者,包裹天地,陶冶万物,大通混冥,深闳广大,不可为外;析毫剖芒,不可为内。无环堵之宇,而生有无之根。有未始有夫未始有有无者,天地未剖,阴阳未判,四时未分,万物未生。汪然平静,寂然清澄,莫见其形。若光耀之间于无有,退而自失也。(《淮南子》卷二,页一至二)

又《天文训》云:

天地未形,冯冯翼翼,洞洞灟灟,故曰太始。太始生虚霩,虚霩生宇宙,宇宙生元气。元气有涯垠,清阳者薄靡而为天,重浊者凝滞而为地。清阳之合专易,重浊之凝竭难;故天先成而地后定。天地之袭精为阴阳,阴阳之专精为四时,四时之散精为万物。积阳之热气久者生火,火气之精者为日。积阴之寒气为水,水气之精者为月。日月之淫气,精者为星辰。天受日月星辰,地受水潦尘埃。昔者共工与颛顼争为帝,怒而触不周之山,天柱折,地维绝。天倾西北,故日月星辰移焉;地不满东南,故水潦尘埃归焉。天道曰员,地道曰方。方者主幽,员者主明。明者吐气者也,是故火曰外景;幽者含气者也,是故水曰内景。吐气者施,含气者化;是故阳施阴化。天地之偏气,怒者为风,天地之合气,和者为雨。阴阳相薄,感而为雷,激而为霆,乱而为雾。阳气胜则散而为雨露,阴气胜则凝而为霜雪。毛羽者,飞行之类也,故属于阳;介鳞者,蛰伏之类也,故属于阴。日者,阳之主也,是故春夏则群兽除,日至而麋鹿解;月者,阴之宗也,是以月亏而鱼脑减,月死而蠃蚘膲。火上荨，水下流；故鸟飞而高，鱼动而下。物类相感，本标相应；故阳燧见日则燃而为火，方诸见月则津而为水，虎啸而谷风至，龙举而景云属，麒麟斗而日月食，鲸鱼死而彗星出，蚕珥丝而商弦绝，贲星坠而勃海决。(《淮南子》卷三，页一至三)

此本一极有系统之宇宙论，对于天地万物之发生，皆有有系统的解释。但中间忽插"共工与颛顼争帝"一段神话，与前后文皆不类。盖淮南宾客之为别一家学者所加入也。人与宇宙之关系及其在其中之地位，《淮南子》亦有论及。《精神训》云：

古未有天地之时，惟象无形，窈窈冥冥，芒芠漠闵，澒濛鸿洞，莫知其门。有二神混生，经天营地，孔乎莫知其所终极，滔乎莫知其所止息。于是乃别为阴阳，离为八极，刚柔相成，万物乃形。烦气为虫，精气为人。是故精神，天之有也；而骨骸者，地之有也。精神入其门，而骨骸反其根，我尚何存？……夫精神者，所受于天也；而形体者，所禀于地也。故曰，一生二，二生三，三生万物。万物背阴而抱阳，冲气以为和。故曰，一月而膏，二月而胅，三月而胎，四月而肌，五月而筋，六月而骨，七月而成，八月而动，九月而躁，十月而生。形体以成，五脏乃形。是故肺主目，肾主鼻，胆主口，肝主耳。外为表而内为里，开闭张歙，各有经纪。故头之员也象天，足之方也象地。天有四时、五行、九解、三百六十日，人亦有四支、五脏、九窍、三百六十节。天有风雨寒暑，人亦有取与喜怒。故胆为云，肺为气，脾为风，肾为雨，肝为雷，以与天地相参也，而心为之主。是故耳目者，日月也；血气者，风雨也。日中有踆乌，而月中有蟾蜍。日月失其行，薄蚀无光；风雨非其时，毁折生灾；五星失其行，州国受殃。夫天地之道，至纮以大，尚犹节其章光，爱其神明；人之耳目，曷能久勤劳而不息乎！精神何能久驰骋而不既乎！(《淮南子》卷七，页一至三)

此以天地为一大宇宙，人身为一小宇宙。又《诠言训》云：

洞同天地，浑沌为朴，未造而成物，谓之太一。同出于一，所为各异。有虫有鱼，有鸟有兽，谓之方物。方以类别，物以群分，性命不同，皆形于有。隔而不通，分为万殊，莫能反宗。故动而谓之生，死而谓之穷，皆为物矣，非不物而物物者也。物物者，亡乎万物之中也。稽古太初，人生于无，形于有，有形而制于物；能反其所生，若未有形，谓之真人。真人者，未始分于太一者也。(《淮南子》卷十四，页一)

真人"反其所生"，"未始分于太一"，即能与天地万物为一体者也。

第十六章　儒家之六艺论及儒家之独尊

（一）儒家之六艺论

孔子教人有各种功课，即所谓六艺是也。（第四章第一节）然孔子虽以六艺教人，而尚未立六艺之名，亦未有总论六艺功用之言论。至战国末年，始有人对于六艺之功用，作总括普通之理论。《荀子·劝学篇》曰：

故《书》者，政事之纪也；《诗》者，中声之所止也；礼者，法之大分，类之纲纪也。……礼之敬文也，乐之中和也，《诗》《书》之博也，《春秋》之微也，在天地之间者毕矣。（《荀子》卷一，《四部丛刊》本，页十一至十二）

此泛论《诗》、《书》、《礼》、《乐》、《春秋》而不及《易》，盖孔子虽尝就《易》卦爻辞之有道德的意义者，引申之以教人；但其一生究以讲《诗》、《书》、《礼》、《乐》者为多。孟子始终未言及《易》。荀子言《易》（见第十五章第一节），而泛论《诗》、《书》、《礼》、《乐》、《春秋》之功用时，未尝言及之。盖荀子以前之儒家，虽亦以《易》教人，而视之固不如《诗》、《书》、《礼》、《乐》、《春秋》之重也。及荀子之后，儒者对于《易》卦辞爻辞引申之言渐多，于是《易》乃与《诗》、《书》、《礼》、《乐》、《春秋》并重。《庄子·天下篇》云：

《诗》以道志，《书》以道事，《礼》以道行，《乐》以道和。《易》以道阴阳，《春秋》以道名分。（《庄子》卷十，《四部丛刊》本，页二十五）

《礼记·经解》曰：

孔子曰："入其国，其教可知也。其为人也，温柔敦厚，诗教也；疏通知远，书教也；广博易良，乐教也；洁静精微，易教也；恭俭庄敬，礼教也；属辞比事，春秋教也。故诗之失愚，书之失诬，乐之失奢，易之失贼，礼之失烦，春秋之失乱。其为人也，温柔敦厚而不愚，则深于诗者也；疏通知远而不诬，则深于书者也；广博易良而不奢，则深于乐者也；洁静精微而不贼，则深于易者也；恭俭庄敬而不烦，则深于礼者也；属辞比事而不乱，则深于春秋者也。"（《礼记》卷十五，《四部丛刊》本，页一）

《淮南鸿烈·泰族篇》曰：

六艺异科而皆同道。温惠柔良者，诗之风也；淳庞敦厚者，书之教也；清明条达者，易之义也；恭俭尊让者，礼之为也；宽裕简易者，乐之化也；刺几辩议者，春秋之靡也。故易之失鬼，乐之失淫，诗之失愚，书之失拘，礼之失忮，春秋之失訾。六者，圣人兼用而财制之。（《淮南子》卷二十，刘文典先生《淮南鸿烈集解》，商务铅印本，页九）

董仲舒《春秋繁露》曰：

君子知在位者之不能以恶服人也，是故简六艺以赡养之。诗，书，序其志；礼，乐，纯其美；易，春秋，明其知。六学皆大，而各有所长；诗道志，故长于质；礼制节，故长于文；乐咏德，故长于风；书著功，故长于事；易本天地，故长于数；春秋正是非，故长于治人。（《玉杯》，苏舆《春秋繁露义证》卷一，页二十四）

《史记·太史公自序》曰：

易著天地、阴阳、四时、五行，故长于变；礼经纪人伦，故长于行；书记先王之事，故长于政；诗记山川、溪谷、禽兽、草木、牝牡雌雄，故长于风；乐乐所以立，故长于和；春秋辩是非，故长于治人。（《史记》卷百三十，同文影殿刊本，页九）

《汉书·艺文志》曰：

六艺之文，乐以和神，仁之表也；诗以正言，义之用也；礼以明体，明者著见，故无训也；书以广听，知之术也；春秋以断事，信之符也。五者盖五常之道，相须而备，而易为之原；故曰，"易不可见，则乾坤或几乎息矣"，言与天地为终始也。至于五学，世有变改，犹五行之更用事焉。(《汉书》卷三十，同文影殿刊本，页十六)

此皆以后儒者对于六艺之普通理论，而六艺之名亦于是确立。六艺亦曰六学，《汉书·儒林传》曰：

古之儒者，博学乎六艺之文。六学者，王教之典籍，先圣所以明天道，正人伦，致至治之成法也。(《汉书》卷八十八，页一)

《儒林传》又言，"于是诸儒始得修其经学"(《前汉书》卷八十八，页三)；经学即六学，亦即六艺也。

自汉武用董仲舒之策，"诸不在六艺之科，孔子之术者，皆绝其道，勿使并进"，于是中国大部分之思想统一于儒，而儒家之学，又确定为经学。自此以后，自董仲舒至康有为，大多数著书立说之人，其学说无论如何新奇，皆须于经学中求有根据，方可为一般人所信受。经学虽常随时代而变，而各时代精神，大部分必于经学中表现之。故就历史上中国学术思想变迁之大概言之，自孔子至淮南王为子学时代，自董仲舒至康有为则经学时代也。

(二) 儒家所以能独尊之原因

儒家之兴起，为子学时代之开端；儒家之独尊，为子学时代之结局。一时波澜壮阔之思想，其政治的、社会的、经济的背景，上文已述。(见第二章)及汉之初叶，政治上既开以前所未有之大一统之局，而社会及经济各方面之变动，开始自春秋时代者，至此亦渐成立新秩序；故此后思想之亦渐归统一，乃自然之趋势。秦皇、李斯行统一思想之政策于前，汉武、董仲舒行统一思想之政策于后，盖皆代表一种自然之趋势，非只推行一二人之理想也。

秦始皇虽立各家学者为博士，而所设施，用儒家思想甚多。顾亭林云：

秦始皇刻石凡六，皆铺张其灭六王，并天下之事。其言黔首风俗，在泰山则云："男女礼顺，慎遵职事，昭隔内外，靡不清静。"在碣石门则云："男乐其畴，女修其业。"如此而已。惟会稽一刻，其辞曰："饰省宣义，有子而嫁，倍死不贞，防隔内外，禁止淫佚，男女洁诚。夫为寄豭，杀之无罪，男秉义程。妻为逃嫁，子不得母，咸化廉清。"何其繁而不杀也。……然则秦之任刑虽过，而其坊民正俗之意，固未始异于三王也。（《日知录》卷十三，页二）

秦用儒家之说，以"坊民正俗"，即其焚书、禁私学，亦未尝不合于儒家同道德，一风俗之主张，不过为之过甚耳。秦皇、李斯废私学，为统一思想之第一步。汉武、董仲舒罢黜百家，为统一思想之第二步。不过战国末至汉初，诸家派别甚多，汉武、董仲舒何以必拥立儒家为正统思想？岂汉偶有一董仲舒，汉武又偶用董仲舒之言，遂有此结果欤？

或谓儒家在政治上主张尊君抑臣，故为专制皇帝所喜；然于专制皇帝最方便之学说，为法家非儒家。后来君主多"阳儒阴法"；"阴法"即"阴法"矣，而又"阳儒"何哉？

自春秋至汉初，一时政治、社会、经济方面，均有根本的变化。然其时无机械之发明，故无可以无限发达之工业，因之亦无可以无限发达之商业。多数人民，仍以农为业，不过昔之为农奴者，今得为自由农民耳。多数人仍为农民，聚其宗族，耕其田畴。故昔日之宗法社会，仍保留而未大破坏。故昔日之礼教制度，一部分仍可适用。不过昔之仅贵族得用者，现在大部分平民亦用之而已。平民得解放后，亦乐用昔日贵族之一部分礼教制度，以自豪自娱也。即在政治方面，秦汉虽变古，然秦之帝室，仍是古代之贵族。汉高祖起自平民，而以后天子仍为世袭。就此点而论，秦汉仍未尽变古也。且人不能离其环境而独立，天下无完全新创之制度。即秦汉大一统后，欲另定政治上，社会上各种新制度，亦须用儒者为之。盖儒者通以前之典籍，知以前之制度，又有自孔子以来所与各种原有制度之理论。《庄子·天下篇》曰：

古之人其备乎！配神明，醇天地，育万物，和天下。泽及百姓，明于本数，系于末度。六通四辟，大小精粗，其运无乎不在。其明而在数度者，旧法世传之史，尚多有之；其在于诗，书，礼，乐者，邹鲁之士，搢绅先生，多能明之。(《庄子》卷十，页二十五)

盖儒者通以前之典籍，知以前之制度，而又理想化之、理论化之，使之秩然有序，粲然可观。若别家则仅有政治、社会哲学，而无对于政治社会之具体办法，或虽有亦不如儒家完全；在秦汉大一统后之"建设时代"，当然不能与儒家争胜也。

再有一点，即儒家之六艺，本非一人之家学，其中有多种思想之萌芽，易为人所引申附会。此富有弹力性之六艺，对于不同之思想，有兼容并包之可能。儒家独尊后，与儒家本来不同之学说，仍可在六艺之大帽子下，改头换面，保持其存在。儒家既不必完全制别家之死命，别家亦不必竭力反对之，故其独尊之招牌，终能敷衍维持。经学在以后历史上中国思想中之地位，如君主立宪国之君主。君主固"万世一系"，然其治国之政策，固常随其内阁改变也。迄今中国与西洋接触，政治、社会、经济各方面，又有根本的变化，于是此二千年来为中国人思想之君主之经学，乃始被革命而退位；而中国人之思想，乃将有较新之局面焉。

附 录

审查报告一

陈寅恪

　　窃查此书,取材谨严,持论精确,允宜列入清华丛书,以贡献于学界。兹将其优点概括言之:凡著中国古代哲学史者,其对于古人之学说,应具了解之同情,方可下笔。盖古人著书立说,皆有所为而发;故其所处之环境,所受之背景,非完全明了,则其学说不易评论。而古代哲学家去今数千年,其时代之真相,极难推知。吾人今日可依据之材料,仅为当时所遗存最小之一部;欲借此残余断片,以窥测其全部结构,必须备艺术家欣赏古代绘画雕刻之眼光及精神,然后古人立说之用意与对象,始可以真了解。所谓真了解者,必神游冥想,与立说之古人,处于同一境界,而对于其持论所以不得不如是之苦心孤诣,表一种之同情,始能批评其学说之是非得失,而无隔阂肤廓之论。否则数千年前之陈言旧说,与今日之情势迥殊,何一不可以可笑可怪目之乎?但此种同情之态度,最易流于穿凿傅会之恶习;因今日所得见之古代材料,或散佚而仅存,或晦涩而难解,非经过解释及排比之程序,绝无哲学史之可言。然若加以联贯综合之搜集,及统系条理之整理,则著者有意无意之间,往往依其自身所遭际之时代,所居处之环境,所熏染之学说，以推测解释古人之意志。由此之故，今日之谈中国古代哲学者，大抵即谈其今日自身之哲学者也；所著之中国哲学史者，即其今日自身之哲学史者也。其言论愈有条理统系，则去古人学说之真相愈远；此弊至今日之谈墨学而极矣。今日之墨学者，任何古书古字，绝无依据，亦可随其一时偶然兴会，而为之改移，几若善博者能呼卢成卢，喝雉成雉之比；此近日中国号称整理国故之普通状况，诚可为长叹息者也。今欲求一中国古代哲学史，能矫傅会之恶习，而具了解之同情者，则冯君此作庶几近之；所以宜加以表扬，为之流布者，其理由实在于是。至于冯君之书，其取用材料，亦具通识，请略言之：以中国今日之考据学，已足辨别古书之真伪；然真伪者，不过相对问题，而最要在能审定伪材料之时代及作者而利用之。盖伪材料亦有时与真材料同一可贵。如某种伪材料，若径认为其所依托之时代及作者之真产物，固不可也；但能考出其作伪时代及作者，即据以说明此时代及作者之思想，则变为一真材料矣。中国古代史之材料，如儒家及诸子等经典，皆非一时代一作者之产物。昔人笼统认为一人一时之作，其误固不俟论。今人能知其非一人一时之所作，而不知以纵贯之眼光，视为一种学术之丛书，或一宗传灯之语录，而龂龂致辩于其横切方面，此亦缺乏史学之通识所致。而冯君之书，独能于此别具特识，利用材料，此亦应为表彰者也。若推此意而及于中国之史学，则史论者，治史者皆认为无关史学而且有害者也；然史论之作者，或有意或无意，其发为言论之时，即已印入作者及其时代之环境背景，实无异于今日新闻纸之社论时评，若善用之，皆有助于考史。故苏子瞻之史论，北宋之政论也；胡致堂之史论，南宋之政论也；王船山之史论，明末之政论也。今日取诸人论史之文，与旧史互证，当日政治社会情势，益可藉此增加了解，此所谓废物利用，盖不仅能供习文者之摹拟练习而已也。若更推论及于文艺批评，如纪晓岚之批评古人诗集，辄加涂抹，诋为不通，初怪其何以狂妄至是。后读清高宗御制诗集，颇疑其有所为而发；此事固难证明，或亦间接与时代性有关，斯又利用材料之别一例也。寅恪承命审查冯君之书，谨具报告书，并附著推论之余义于后，以求教正焉。

六月十一日

审查报告二

金岳霖

对于中国哲学，或在中国的哲学，我是门外汉，不敢有所批评，有所建议。但读了冯先生的《中国哲学史》，有一点感想胡乱写出来。

我很赞成冯先生的话，哲学根本是说出一种道理来的道理。但我的意见似乎趋于极端，我以为哲学是说出一个道理来的成见。哲学一定要有所"见"，这个道理冯先生已经说过，但何以又要成见呢？哲学中的见，其论理上最根本的部分，或者是假设，或者是信仰；严格地说起来，大都是永远或暂时不能证明与反证的思想。如果一个思想家一定要等这一部分的思想证明之后，才承认他成立，他就不能有哲学。这不是哲学的特殊情形，无论甚么学问，无论甚么思想都有，其所以如此者就是论理学不让我们丢圈子。现在的论理学还是欧克理"直线式"的论理学，我们既以甲证乙，以乙证丙，则不能再以丙证甲。论理学既不让我们丢圈子，这无论甚么思想的起点（就是论理上最根本的部分）总是在论理学范围之外。则一部分思想在论理上是假设，在心理方面或者是信仰。各思想家有"选择"的余地。所谓"选择"者，是说各个人既有他的性情，在他的环境之下，大约就有某种思想。这类的思想，就是上面所说的成见。何以要说出一个道理来呢？对于这一层，冯先生说得清楚,可以不必再提。

各人既有各人的性情,又有各人的环境,有些人受环境的刺激就发生许多的问题。有些问题容易解决,有些不容易解决,这些不容易解决的问题有种种不同的关系可能,而问题的总数可以无限。在这样多的问题里面,有些是已经讨论过的,有些是未曾讨论过的;有些是一时一地的,有些是另一时一地的;有些是一国所注重的,有些是另一国所注重的。哲学的问题也是这些问题中的问题。欧洲各国的哲学问题,因为有同一来源,所以很一致。现在的趋势,是把欧洲的哲学问题当作普通的哲学问题。如果先秦诸子所讨论的问题与欧洲哲学问题一致,那么他们所讨论的问题也是哲学问题。以欧洲的哲学问题为普遍的哲学问题当然有武断的地方,但是这种趋势不容易中止。既然如此,先秦诸子所讨论的问题,或者整个的是,或者整个的不是哲学问题,或者部分的是,或者部分的不是哲学问题;这是写中国哲学史的先决问题。这个问题是否是一重要问题,要看写哲学史的人的意见如何。如果他注重思想的实质,这个问题比较的要紧;如果他注重思想的架格,这个问题比较的不甚要紧。若是一个人完全注重思想的架格,则所有的问题都可以是哲学问题;先秦诸子所讨论的问题也都可以是哲学问题。至于他究竟是哲学问题与否?就不得不看思想的架格如何。

谈到思想的架格,就谈到论理学。所谓"说出一个道理来"者,就是以论理的方式组织对于各问题的答案。问题既如上所述有那样多,论理是否与问题一样呢?那就是问:有多少种论理呢?对于这一个问题,当然要看论理两字的解释。寻常谈到论理两字,就有空架子与实架子的分别。如果我们以"V"代表可以代表任何事物而不代表一定的事物的符号,"V1"是最先的符号,我们可以有以下的表示:

(1) $V1 \rightarrow V2 \rightarrow V3 \rightarrow V4 \rightarrow \cdots\cdots V1 \rightarrow \cdots\cdots$

如果我们以甲、乙、丙、丁等代表代表一定的事物的符号，我们可以有以下的表示：

（2）甲→乙→丙→丁→……

前一表示是空架子的论理，后一表示是实架子的论理。严格地说，只有空架子是论理，实架子的论理可以是科学，可以是哲学，可以是律师的呈文，可以是法庭的辩论。如果我们把论理限制到空架子的论理，我们还是有多数论理呢？还是只有一种论理呢？对于这个问题有两个看法：一是从论理本身方面看，一是从事实方面看。从论理本身方面看来，我们只能有一种论理，对于这一层，我在《哲学评论》讨论过，此处不赘。事实方面，我们似乎有很多的论理。各种不同的论理学都各代表一种论理，即在欧美，论理的种类也不在少数。先秦诸子的思想的架格能不能代表一种论理呢？他们的思想既然是思想，当然是一种实架子的论理。我们的问题是把实质除开外，表现于这种思想之中的是否能代表一种空架子的论理。如果有一空架子的论理，我们可以接下去问这种论理是否与欧洲的空架子的论理相似。现在的趋势是把欧洲的论理当作普通的论理。如果先秦诸子有论理，这论理是普通的呢？还是特别的呢？这也是写中国哲学史的一先决问题。

哲学有实质也有形式，有问题也有方法，如果一种思想的实质与形式均与普遍哲学的实质与形式相同，那种思想当然是哲学。如果一种思想的实质与形式都异于普遍哲学，那种思想是否是一种哲学颇是一问题。有哲学的实质而无哲学的形式，或有哲学的形式而无哲学的实质的思想，都给哲学史家一种困难。"中国哲学"，这名称就有这个困难问题。所谓中国哲学史是中国哲学的史呢？还是在中国的哲学史呢？如果一个人写一本英国物理学史，他所写的实在是在英国的物理学史，而不是英国物理学的史；因为严格地说起来，没有英国物理学。哲学没有进步到物理学的地步,所以这个问题比较复杂。写中国哲学史就有根本态度的问题。这根本的态度至少有两个:一个态度是把中国哲学当作中国国学中之一种特别学问,与普遍哲学不必发生异同的程度问题;另一态度是把中国哲学当作发现于中国的哲学。

根据前一种态度来写中国哲学史,恐怕不容易办到。现在的中国人免不了时代与西学的影响,就是善于考古的人,把古人的思想重写出来,自以为是述而不作,其结果恐怕仍不免是一种翻译。同时即令古人的思想可以完全述而不作地述出来,所写出来的书不见得就可以称为哲学史。

如果我们把中国的哲学当作发现于中国的哲学,中国哲学史就是在中国的哲学史,而写中国哲学史的态度就是以上所说的第二个根本态度;但这不过是一种根本的态度而已。我们可以根据一种哲学的主张来写中国哲学史,我们也可以不根据任何一种主张而仅以普通哲学形式来写中国哲学史。胡适之先生的《中国哲学史大纲》就是根据于一种哲学的主张而写出来的。我们看那本书的时候,难免一种奇怪的印象,有的时候简直觉得那本书的作者是一个研究中国思想的美国人;胡先生于不知不觉间流露出来的成见,是多数美国人的成见。在工商实业那样发达的美国,竞争是生活的常态,多数人民不免以动作为生命,以变迁为进步,以一件事体之完了为成功,而思想与汽车一样也就是后来居上。胡先生既有此成见,所以注重效果,既注重效果,则经他的眼光看来,乐天安命的人难免变成一种达观的废物。对于他所最得意的思想,让他们保存古色,他总觉得不行,一定要把他们安插到近代学说里面,他才觉得舒服。同时西洋哲学与名学又非胡先生之所长,所以在他兼论中西学说的时候,就不免牵强附会。哲学要成见,而哲学史不要成见。哲学既离不了成见,若再以一种哲学主张去写哲学史,等于以一种成见去形容其他的成见，所写出来的书无论从别的观点看起来价值如何，总不会是一本好的哲学史。

冯先生的态度也是以中国哲学史为在中国的哲学史；但他没有以一种哲学的成见来写中国哲学史。成见他当然是有的，主见他当然也是有的。据个人所知道的，冯先生的思想倾向于实在主义；但他没有以实在主义的观点去批评中国固有的哲学。因其如此，他对于古人的思想虽未必赞成，而竟能如陈先生所云："神游冥想与立说之古人处于同一境界。"同情于一种学说与赞成那一种学说，根本是两件事。冯先生对于儒家对于丧礼与祭礼之理论似乎有十二分的同情，至于赞成与否就不敢说了。冯先生当然有主见，不然他可以不写这本书。他说哲学是说出一个道理来的道理，这也可以说是他主见之一；但这种意见是一种普遍哲学的形式问题，而不是一种哲学主张的问题。冯先生既以哲学为说出一个道理来的道理，则他所注重的不仅是道而且是理，不仅是实质而且是形式，不仅是问题而且是方法。或者因其如此，所以讨论《易经》比较辞简，而讨论惠施与公孙龙比较的辞长。对于其他的思想，或者依个人的主见，遂致无形地发生长短轻重的情形亦未可知。对于这一层，我最初就说不能有所批评或建议。但从大处看来，冯先生这本书，确是一本哲学史而不是一种主义的宣传。

十九，六，二十六。

冯友兰 著

中国哲学史

下

A History of Chinese Philosophy

古吴轩出版社

图书在版编目（CIP）数据

中国哲学史. 下 / 冯友兰著. -- 苏州：古吴轩出版社，2021.1（2022.7重印）
ISBN 978-7-5546-1613-0

Ⅰ. ①中… Ⅱ. ①冯… Ⅲ. ①哲学史－中国 Ⅳ. ①B2

中国版本图书馆CIP数据核字(2020)第190019号

责任编辑：李爱华
见习编辑：祝文秀
策　　划：朱　敬
装帧设计：田　松　李超强

书　　名	中国哲学史（下）
著　　者	冯友兰
出版发行	古吴轩出版社
	地址：苏州市八达街118号苏州新闻大厦30F
	电话：0512-65233679　邮编：215123
印　　刷	山东新华印务有限公司
开　　本	880×1230　1/32
印　　张	15.25
字　　数	395千字
版　　次	2021年1月第1版
印　　次	2022年7月第2次印刷
书　　号	ISBN 978-7-5546-1613-0
定　　价	138.00元（全二册）

如有印装质量问题，请与印刷厂联系。0534-2671218

自序二

此书第一篇出版后,胡适之先生以为书中之主要观点系正统派的。今此书第二篇继续出版,其中之主要观点尤为正统派的。此不待别人之言,吾已自觉之。然吾之观点之为正统派的,乃系用批评的态度以得之者。故吾之正统派的观点,乃黑格尔所说之"合",而非其所说之"正"也。

吾作此书,见历史上能为一时代之大儒自成派别者,其思想学说大多卓然有所树立,即以现在之眼光观之,亦有不可磨灭者。其不能自成派别者,则大多并无新见,其书仍在,读之可知。于是乃知,至少在此方面言,历史中之"是"与"应该",颇多相合之处。人类所有之真、善、美,历史多予以相当的地位。其未得相当的地位者,则多其不真真、不真善、不真美者也。吾虽未敢谓此言无例外,然就历史之大势言,则固如此也。

此第二篇最后校改时,故都正在危急之中。身处其境,乃真知古人铜驼荆棘之语之悲也。值此存亡绝续之交,吾人重思吾先哲之思想,其感觉当如人疾痛时之见父母也。吾先哲之思想,有不必无错误者,然"为天地立心,为生民立命,为往圣继绝学,为万世开太平",乃吾一切先哲著书立说之宗旨,无论其派别为何,而其言之字里行间,皆有此精神之弥漫,则善读者可觉而知也。"魂兮归来哀江南";此书能为巫阳之下招欤?是所望也。

第二篇中,采用师友之说及承师友指正之处,仍均随文注明。兹乘此书出版之机会,谨致谢意。

冯友兰
二十二年六月

自序三

此书第一篇出版于民国二十年，全书出版于民国二十三年，距今已十余年矣。在此十余年中，吾之思想有甚大改变。假使吾今日重写《中国哲学史》，必与此书大不相同。然所以不即重写者，一因写历史书必须"无一字无来历"。战时播迁，需用书籍不备。再因近来兴趣，自中国哲学史转至中国哲学及哲学。此三者或多混为一谈，而实则并非一事。因此之故，改弦更张，势所不能。惟全书出版后，陆续写有《原儒墨》《原儒墨补》及《原名法阴阳道德》三篇，刊入《中国哲学史补》；又与张可为君同写有《原杂家》一篇，此四篇论先秦诸家之起源，可补此书所未备。又写有《孟子养气章解》，了解《孟子》，亦为此书所未及，故并列入附录，以备读者之参考。又吾最近对于中国哲学之了解，见于最近写成之《新明道》（一名《中国哲学之精神》）[注]一书，亦可备读此书者之参考。

冯友兰
三十三年四月

[注] 即《贞元六书》中之《新原道》。

目录

第二篇 经学时代

第一章 泛论经学时代

第二章 董仲舒与今文经学

（一）阴阳家与今文经学家　007

（二）阴阳家思想中之宇宙间架　008

（三）董仲舒在西汉儒者中之地位　011

（四）元、天、阴阳、五行　012

（五）四时　014

（六）人副天数　018

（七）性情　020

（八）个人伦理与社会伦理　022

（九）政治哲学与社会哲学　027

（十）灾异　031

（十一）历史哲学　032

（十二）《春秋》大义　037

第三章 两汉之际谶纬及象数之学

（一）纬与谶　044

（二）所谓象数之学　045

（三）阴阳之数　048

（四）八卦方位　050

（五）卦气　053

（六）孟喜、京房　054

（七）音律配卦　058

（八）其他纬书　060

（九）阴阳家与科学　063

第四章　古文经学与扬雄、王充

（一）"古学"与刘歆　064

（二）扬雄　065

（三）王充　073

第五章　南北朝之玄学（上）

（一）玄学家与孔子　083

（二）何晏、王弼及玄学家之经学　084

（三）阮籍、嵇康、刘伶　091

（四）《列子》中之唯物论及机械论　095

（五）《杨朱篇》中放情肆志之人生观　096

第六章　南北朝之玄学（下）

（一）向秀与郭象　104

（二）"独化"　105

（三）宇宙间事物之关系　108
　　（四）天然及人事之变化　109
　　（五）"无为"　111
　　（六）圣智　113
　　（七）"逍遥"　116
　　（八）"齐物"　118
　　（九）"至人"　121

第七章　南北朝之佛学及当时人对于佛学之争论

　　（一）中国佛学与中国人之思想倾向　124
　　（二）佛家与道家　125
　　（三）"六家七宗"　128
　　（四）僧肇所讲世界之起源　135
　　（五）僧肇之不真空义　137
　　（六）僧肇之物不迁义　137
　　（七）僧肇所说之圣人　139
　　（八）僧肇之般若无知义　141
　　（九）道生之顿悟成佛义　142
　　（十）当时对于神灭神不灭之辩论　149

第八章　隋唐之佛学（上）

　　（一）吉藏之二谛义　154
　　（二）玄奘之《成唯识论》　156
　　（三）法藏之《金师子论》　176

第九章　隋唐之佛学（下）

　　（一）天台宗之《大乘止观法门》　188
　　（二）慧能、神会、宗密　202

第十章　道学之初兴及道学中"二氏"之成分

　　（一）韩愈　223
　　（二）李翱　225
　　（三）道学与佛学　230
　　（四）道教中一部分之思想　231
　　（五）道教中之科学精神　234

第十一章　周濂溪、邵康节

　　（一）周濂溪　236
　　（二）邵康节　242

第十二章　张横渠及二程

　　（一）张横渠　256
　　（二）程明道与程伊川　266

第十三章　朱子

　　（一）理、太极　285
　　（二）气　290

（三）天地人物之生成　293

（四）人物之性　296

（五）道德及修养之方　300

（六）政治哲学　302

（七）对于佛家之评论　304

第十四章　陆象山、王阳明及明代之心学

（一）陆象山　308

（二）杨慈湖　312

（三）朱陆异同　315

（四）朱子以后之理学　319

（五）陈白沙与湛甘泉　320

（六）王阳明　322

（七）王龙溪及王心斋　336

第十五章　清代道学之继续

（一）汉学与宋学　340

（二）颜李及一部分道学家　341

（三）戴东原　351

第十六章　清代之今文经学

（一）清末之立教改制运动　364

（二）康有为　365

（三）谭嗣同　372

（四）廖平 378

（五）经学时代之结束 385

附录

第二篇　第五章　异文

第五章　南北朝之新道家（上）

（一）玄学与孔子 389

（二）名理 393

（三）王弼 395

（四）《列子》中之唯物论及机械论 401

（五）《列子·杨朱》篇中之快乐主义 403

审查报告三

中国哲学小史

一、孔子 414

二、墨子 418

三、孟子 421

四、老子 427

五、惠施、公孙龙、《墨经》 431

六、庄子 436

七、荀子　441

八、五行八卦　445

九、佛教、道教与道学　451

十、周濂溪、邵康节　456

十一、张横渠及二程　459

十二、朱子　463

十三、陆象山、王阳明　469

第二篇　经学时代

第一章　泛论经学时代

普通西洋哲学家多将西洋哲学史分为上古、中古、近古三时期。此非只为方便起见，随意区分。西洋哲学史中，此三时期之哲学，实各有其特别精神，特殊面目也。中国哲学史，若只注意于其时期方面，本亦可分为上古、中古、近古三时期，此各时期间所有之哲学，本亦可以上古、中古、近古名之。此等名称，本书固已用之。但自别一方面言之，则中国实只有上古与中古哲学，而尚无近古哲学也。

谓中国无近古哲学，非谓中国近古时代无哲学也。盖西洋哲学史中，所谓中古哲学与近古哲学，除其产生所在之时代不同外，其精神面目，亦有卓绝显著的差异。在西洋哲学史中，自柏拉图、亚里士多德等，建立哲学系统，为其上古哲学之中坚。至中古哲学，则多在此诸系统中打转身者。其中古哲学中，有耶教中之宇宙观及人生观之新成分，其时哲学家亦非不常有新见。然即此等新成分与新见，亦皆依傍古代哲学诸系统，以古代哲学所用之术语表出之。语谓旧瓶不能装新酒，西洋中古哲学中，非全无新酒，不过因其新酒不极多，或不极新之故，故仍以之装于古代哲学之旧瓶内，而此旧瓶亦能容受之。及乎近世，人之思想全变，新哲学家皆直接观察真实，其哲学亦一空依傍。其所用之术语，亦多新造。盖至近古，新酒甚多又甚新，故旧瓶不能容受；旧瓶破而新瓶代兴。由此言之，在西洋哲学史中，中古哲学与近古哲学，除其产生所在之时代不同外，其精神面目，实有卓绝显著的差异也。

上篇谓自孔子至淮南王为子学时代,自董仲舒至康有为为经学时代。在经学时代中,诸哲学家无论有无新见,皆须依傍古代即子学时代哲学家之名,大部分依傍经学之名,以发布其所见。其所见亦多以古代即子学时代之哲学中之术语表出之[注]。此时诸哲学家所酿之酒,无论新旧,皆装于古代哲学,大部分为经学,之旧瓶内。而此旧瓶,直至最近始破焉。由此方面言之,则在中国哲学史中,自董仲舒至康有为,皆中古哲学,而近古哲学则尚甫在萌芽也。

盖人之思想,皆受其物质的精神的环境之限制。春秋、战国之时,因贵族政治之崩坏,政治、经济、社会各方面,皆有根本的变化。及秦汉大一统,政治上定有规模,经济社会各方面之新秩序,亦渐安定。自此而后,朝代虽屡有改易,然在政治、经济、社会各方面,皆未有根本的变化。各方面皆保其守成之局,人亦少有新环境、新经验。以前之思想,其博大精深,又已至相当之程度。故此后之思想,不能不依傍之也。

不过在此时代中,中国思想,有一全新之成分,即外来异军特起之佛学是也。不过中国人所讲之佛学,其精神亦为中古的。盖中国之佛学家,无论其自己有无新见,皆依傍佛说,以发布其所见。其所见亦多以佛经中所用术语表出之。中国人所讲之佛学,亦可称为经学,不过其所依傍之经,乃号称佛说之经,而非儒家所谓之六艺耳。

中国人所讲之佛学,为中国思想界中之新成分,宋、明时代之经学家亦引之入经学。故谓中国无近古哲学,非谓在中古近古时期中,中国思想全无新成分,亦非谓此后中国哲学家,全无新见。历史之时间,

---

[注] 西洋与中国之中古哲学所用古代哲学中之术语,亦可有新意义。然中古哲学家有新意义而不以新术语表出之,此即以旧瓶装新酒也。

绝不容人之常留于完全同一情形之内。即自汉以后，讲孔子、讲老子、讲庄子，以及讲其他古代哲学家之哲学者，其理论比孔子等原来之理论，实较明晰清楚。其理论所依据之事实，亦较丰富。新见解亦所在皆有。上篇所说历史是进步的（第一篇第一章第十一节），现在仍完全可适用。此等哲学家之新见，即此后之新酒。特因其不极多，或不极新之故，人仍以之装于上古哲学，大部分为经学，之旧瓶内。因此旧瓶又富于弹力性，遇新酒多不能容时，则此瓶自能酌量扩充其范围。所以所谓经者，由六而增至十三，而《论语》、《孟子》、《大学》、《中庸》，受宋儒之推崇，特立为"四书"，其权威且压倒原来汉人所谓之六艺。即中国人所讲佛学，其中亦多有中国人之新见。盖中国人与印度人之物质的精神的环境皆不同。故佛学东来，中国人依中国之观点，整理之、选择之、解释之。在整理选择解释之时，中国人之新见，随时加入。此即中国人在此方面所酿之新酒也。然亦因其不极多或不极新之故，故仍以之装于佛学之旧瓶内，而旧瓶亦能容受之。即如禅宗之学说，在佛学中为最革命的亦为最中国的，然仍须托为"教外别传"之说，明其为佛之真意，此亦以旧瓶装之也。故中国之佛家，其精神亦为中古的，其学亦系一种经学。

中古近古时代之哲学，大部分须于其时之经学及佛学中求之。在中古近古时代，因各时期经学之不同，遂有不同之哲学；亦可谓因各时期哲学之不同，遂有不同之经学。此经学及佛学中之各宗派，多各有其独盛之时代。盖上古子学时代之思想，以横的发展为比较显著；中古近古经学时代之思想，以纵的发展为比较显著。故本书第一篇所包括之历史时间，不过四百余年；而第二篇所包括，则及二千余年。此亦子学时代与经学时代间之一差异也。就中国历史上政治情形言之，思想上亦应有此现象。盖古代政治未统一，而自秦汉以后，中国政治则以统一为常也。

直至最近，中国无论在何方面，皆尚在中古时代。中国在许多方面，不如西洋，盖中国历史缺一近古时代。哲学方面，特其一端而已。近所谓东西文化之不同，在许多点上，实即中古文化与近古文化之差异。此亦非由于中国人之格外不长进，实则人之思想行为之改变，多为适应环境之需要。已成之思想，若继续能应环境之需要，人亦自然继续持之；即时有新见，亦自然以之比附于旧系统之上；盖旧瓶未破，有新酒自当以旧瓶装之。必至环境大变，旧思想不足以应时势之需要；应时势而起之新思想既极多极新，旧瓶不能容，于是旧瓶破而新瓶代兴。中国与西洋交通后，政治社会经济学术各方面皆起根本的变化。然西洋学说之初东来，中国人如康有为之徒，仍以之附会于经学，仍欲以旧瓶装此绝新之酒。然旧瓶范围之扩张，已达极点，新酒又至多至新，故终为所撑破。经学之旧瓶破而哲学史上之经学时期亦终矣。

第二章　董仲舒与今文经学

（一）阴阳家与今文经学家

本书第一篇谓古代所谓术数中之"天文""历谱""五行"，皆注意于所谓"天人之际"，以为"天道"人事，互相影响。以后所谓阴阳家皆即此意推衍，将此等宗教的思想加以理论化。（第七章第七节）阴阳家，于其成"家"之时，即似有与一部分儒家混合之趋势。盖孔子对于古代传下之术数，本似仍有相当之信仰。故因"凤鸟不至河不出图"，而叹"吾已矣夫"。又曰："天之未丧斯文也，匡人其如何！"（《论语·子罕》）"天人之际"，孔子固亦重视之也。司马迁于《孟子荀卿列传》中，兼及驺衍之学说，谓："然其要归必止乎仁义节俭，君臣上下六亲之施，始也滥耳。"是驺衍亦讲儒家之学也。《荀子·非十二子》篇，谓子思孟轲，"案往旧造说，谓之五行"。今《孟子》书中，无言及五行之处，或者其后阴阳家之语，有混入"孟氏之儒"之学说中者，故荀子为此言也。及至秦汉，阴阳家之言，几完全混入儒家。西汉经师，皆采阴阳家之言以说经。所谓今文家之经学，此其特色也。当时阴阳家之空气，弥漫于一般人之思想中。"天道"人事，互相影响；西汉人深信此理。故汉儒多言灾异。君主亦多遇灾而惧。所谓三公之职，除治政事外，尚须"调和阴阳"。陈平谓文帝曰："宰相者，上佐天子理阴阳，顺四时，遂万物之宜者也。"丙吉问牛喘，以为"三公调和阴阳；

今方春少阳用事，未可大热。恐牛因暑而喘，则时节失气，有所伤害"（自汉儒多言灾异下，详见赵翼《廿二史札记》卷二）。三公除负政治上之责任外，尚须负自然界中事物变化之责任。故汉时遇有灾异有策免三公之制。此在今所视为奇谈，而在西汉阴阳家空气弥漫之时代，则一般人皆视为当然之事也。

（二）阴阳家思想中之宇宙间架

欲明西汉人之思想，须先略知阴阳家之学说。欲略知阴阳家之学说，须先略明阴阳家思想中之宇宙间架。阴阳家以五行、四方、四时、五音、十二月、十二律、天干（《史记·律书》谓之十母）、地支（《史记·律书》谓之十二子）及数目等互相配合，以立一宇宙间架。又以阴阳流行于其间，使此间架活动变化，而生万物。此等配合，在古代之术数中，即已有之。《墨子·贵义篇》云：

子墨子北之齐，遇日者。日者曰："帝以今日杀黑龙于北方，而先生之色黑，不可以北。"……子墨子曰："南之人不得北，北之人不得南。其色有黑者，有白者，何故皆不遂也？且帝以甲乙杀青龙于东方，以丙丁杀赤龙于南方，以庚辛杀白龙于西方，以壬癸杀黑龙于北方（毕本据《太平御览》增"以戊己杀黄龙于中方"），若用子之言，则是禁天下之行者也。"（《墨子》卷十二，孙诒让《墨子间诂》涵芬楼影印本，页七）

此以十母中之甲乙，配五色中之青，四方中之东。以丙丁配五色中之赤，四方中之南。以庚辛配五色中之白，四方中之西。以壬癸配五色中之黑，四方中之北。以戊己配五色中之黄，居于四方之中。术数中此等配合，不必即有宇宙间架之意义。不过后来阴阳家即根据此等配合以立说。至《吕氏春秋》及《礼记》中所载之《月令》，则此等配合，即已成阴阳家思想中之宇宙间架。

《吕氏春秋》及《礼记》中之《月令》及《淮南·时则训》，以五行配入四时。春木，夏火，秋金，冬水，土无所配。《月令》但云中央土，《淮南》则以季夏之月配土。以四方配之，则春木居东方，夏火居南方，秋金居西方，冬水居北方，而土居中央。以五色配之，则春木色青，夏火色赤，秋金色白，冬水色黑，中央土色黄。以甲乙丙丁等十母配之，则春木配甲乙，夏火配丙丁，中央土配戊己，秋金配庚辛，冬水配壬癸。以五音十二律配之，则春木音角，夏火音徵，中央土音宫，秋金音商，冬水音羽；孟春之月律太簇，仲春之月律夹钟，季春之月律姑洗，孟夏之月律中吕，仲夏之月律蕤宾，季夏之月律林钟，孟秋之月律夷则，仲秋之月律南吕，季秋之月律无射，孟冬之月律应钟，仲冬之月律黄钟，季冬之月律大吕。以数配之，则春木数八，夏火数七，中央土数五，秋金数九，冬水数六。

［注］所以如此配者，《洪范》云："五行：一曰水，二曰火，三曰木，四曰金，五曰土。"（《尚书》卷七，《四部丛刊》本，页二）此五行之次序也。按此次序配《易·系辞》所说天一，地二，天三，地四，天五，地六，天七，地八，天九，地十，则天一当水，地二当火，天三当木，地四当金，天五当土，地六又当水，天七又当火，地八又当木，天九又当金，地十又当土。一，二，三，四，五，为水火木金土之生数，六，七，八，九，十，为水火木金土之成数。天数生水，地数成之；地数生火，天数成之；天数生木，地数成之；地数生金，天数成之；天数生土，地数成之。阴阳配偶，乃能生成也。（《礼记·月令》郑注及孔疏说）不过依此说，则每年之四季，应先冬（水），次夏（火），次春（木），次秋（金）矣。何以五行之次序与四时之次序不合，则未有解释。

《月令》未以子丑寅卯等十二子配入此间架中。普通以十一月为子月，十二月为丑月，正月为寅月，二月为卯月，三月为辰月，四月为巳月，五月为午月，六月为未月，七月为申月，八月为酉月，九月为戌月，十月为亥月。《淮南子·天文训》中详言之。

此种配合，试以图明之：

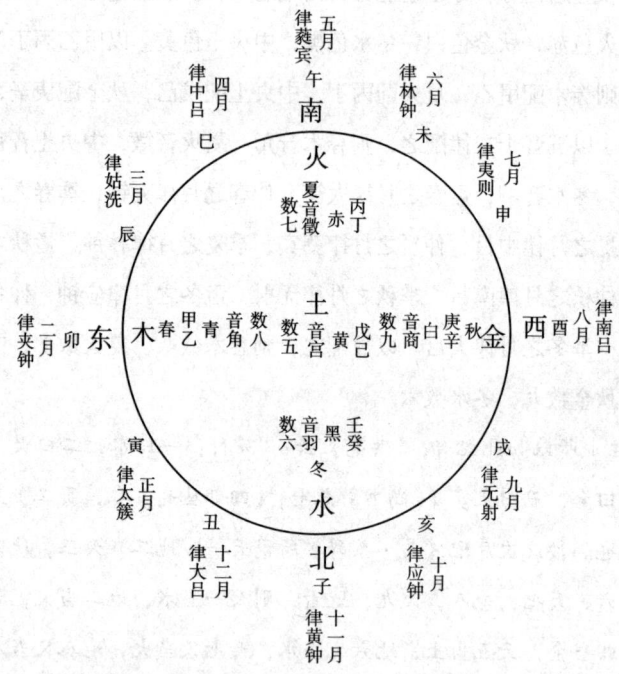

《月令》未以八卦配入此宇宙间架中。盖在先秦五行说与八卦说，本各自为一系统。（见第一篇第十五章第二节）八卦本可自成一宇宙间架，下章另详。今先略明此诸种配合者，因不明此，则西汉人所说之话，吾人将有许多不能解也。

（三）董仲舒在西汉儒者中之地位

此时之时代精神，此时人之思想，董仲舒可充分代表之。《汉书》曰：

董仲舒，广川人也。少治《春秋》，孝景时，为博士。下帷讲诵，弟子传以久次相授业，或莫见其面。盖三年不窥园，其精如此。进退容止，非礼不行，学士皆师尊之。……仲舒所著，皆明经术之意；及上疏条教，凡百二十三篇；而说《春秋》事得失，《闻举》、《玉杯》、《蕃露》、《清明》、《竹林》之属，复数十篇，十余万言，皆传于后世。（《董仲舒传》，《前汉书》卷五十六，同文影殿刊本，页一至二十三）

《汉书》又谓：

刘向称董仲舒有王佐之材，虽伊吕亡以加。……至向子歆以为……仲舒遭汉，承秦灭学之后，六经离析，下帷发愤，潜心大业，令后学者，有所统壹，为群儒首。（《董仲舒传赞》，《前汉书》卷五十六，页二十三）

又谓：

昔殷道弛，文王演《周易》；周道敝，孔子作《春秋》。则乾坤之阴阳，效《洪范》之咎征，天人之道，粲然著矣。汉兴，承秦灭学之后，景武之世，董仲舒治《公羊春秋》，始推阴阳，为儒者宗。（《五行志》，《前汉书》卷二十七上，页二）

董仲舒在西汉儒者中之地位，观此可见矣。《春秋》一经，以前儒者虽重视，然自经董仲舒之附会引申，而后儒所视为《春秋》之微言大义，乃始有有系统之表现；盖董仲舒之书之于《春秋》，犹《易传》之于《周易》也。

［注］董仲舒生卒年月，《汉书》本传未言及。苏舆作《董子年表》，

起汉文帝元年（西历纪元前179年），止武帝太初元年（西历纪元前104年）。（见苏舆《春秋繁露义证》）。

（四）元、天、阴阳、五行

董仲舒所谓之天，有时系指物质之天，即与地相对之天；有时系指有智力有意志之自然。有智力有意志之自然一名辞，似乎有自相矛盾之处；然董仲舒所说之天，实有智力有意志，而却非一有人格之上帝，故此谓之为自然也。董仲舒曰：

天、地、阴、阳、木、火、土、金、水、九；与人而十者，天之数毕也。（《天地阴阳》，《春秋繁露》卷十七，苏舆《春秋繁露义证》，宣统庚戌刊本，下简称《繁露》，页七）

此第一天字，乃指与地相对之天。末句天字，乃指自然之全体也。

董仲舒又言万物皆有所始，其所始谓之元。董仲舒曰：

谓一元者，大始也。……惟圣人能属万物于一而系之元也。……元犹原也，其义以随天地终始也。……故元者，为万物之本，而人之元在焉。安在乎？乃在乎天地之前。（《玉英》，《繁露》卷三，页一至三）

元在天地之天之前，故"人之元乃在天地之前"也。有智力有意志之自然，是否亦有所始，是否亦始于元，则董仲舒未详言。

阴阳者，董仲舒曰：

天地之间，有阴阳之气，常渐人者，若水常渐鱼也。所以异于水者，可见与不可见耳，其澹澹也。然则人之居天地之间，其犹鱼之离水，一也。其无间若气而淖于水。水之比于气也，若泥之比于水也。是天地之间，若虚而实。人常渐是澹澹之中，而以治乱之气，与之流通相淆也。（《天地阴阳》，《繁露》卷十七，页七至八）

此以阴阳为二种物质的气；然一般阴阳家及董仲舒在多数地方所谓阴阳，则非如此物质的。

五行者，董仲舒曰：

天有五行，一曰木，二曰火，三曰土，四曰金，五曰水。木，五行之始也。水，五行之终也。土，五行之中也。此其天次之序也。木生火，火生土，土生金，金生水，水生木；此其父子也。木居左，金居右，火居前，水居后，土居中央；此其父子之序，相受而布。……五行之随，各如其序；五行之官，各致其能。是故木居东方而主春气；火居南方而主夏气；金居西方而主秋气；水居北方而主冬气。是故木主生而金主杀；火主暑而水主寒。……土居中央，谓之天润。土者，天之股肱也。其德茂美，不可名以一时之事，故五行而四时者，土兼之也。金木水火虽各职，不因土方不立。若酸咸辛苦之不因甘肥之不能成味也。甘者，五味之本也；土者，五行之主也。五行之主，土气也，犹五味之有甘肥也，不得不成。（《五行之义》，《繁露》卷十一，页三至四）

又云：

天地之气，合而为一；分为阴阳；判为四时；列为五行。行者，行也。其行不同，故谓之五行。五行者，五官也，比相生而间相胜也。（《五行相生》，《繁露》卷十三，页七）

五行相生，见上。五行相胜，"金胜木……水胜火……木胜土……火胜金……土胜水"。（《五行相胜》，《繁露》卷十三，页十一至十三）五行之次序，为木火土金水。木生火，火生土，土生金，金生水。第一生第二，第二生第三，第三生第四，第四生第五。此所谓"比相生"。金胜木，中隔水。水胜火，中隔木。木胜土，中隔火。火胜金，中隔土。土胜水，中隔金。此所谓"间相胜"。

［注］后汉章帝建初四年（西历纪元后79年），大会诸儒于白虎观，

考详五经同异。命史臣著为通义，即今所传《白虎通义》是也。其中所说，皆今文经学家言，颇多与董仲舒所说同者。如五行相生相胜之说，《白虎通义》所说与董仲舒同，但较详。彼云："五行者，何谓也？谓金，木，水，火，土也。言行者，欲言为天行气之义也。地之承天，犹妻之事夫，臣之事君也。其位卑，卑者亲视事；故自同于一行，尊于天也。"（《五行》，《白虎通义》，陈立《白虎通疏证》，《续清经解》本，卷四，页二十四）土即地。地不敢配天，故"自同于一行"，以见天之尊。又云："五行所以更王何？以其转相生，故有终始也。木生火，火生土，土生金，金生水，水生木。……五行所以相害者，天地之性，众胜寡，故水胜火也。精胜坚，故火胜金。刚胜柔，故金胜木。专胜散，故木胜土，实胜虚，故土胜水也。"（同上，卷三十七，页三十九）《五行大义》，引《白虎通义》云："木生火者，木性温，暖伏其中，钻灼而出，故生火。火生土者，火热故能焚木；木焚而成灰，灰即土也；故火生土。土生金者，金居石依山，津润而生；聚土成山，山必生石；故土生金。金生水者，少阴之气，温润流泽；销金亦为水；所以山云而从润；故金生水。水生木者，因水润而能生，故水生木。"（陈立《白虎通疏证》卷四，页三十五引）此五行所以如此相生相胜之理由也。

（五）四时

木、火、金、水，各主四时之一气，而土居中以策应之。因四时之气，代为盛衰，所以有四时之循环变化；四时之气之所以代为盛衰，则因有阴阳以使之然。董仲舒曰：

天之常道，相反之物也，不得两起，故谓之一。一而不二者，天之行也。阴与阳，相反之物也，故或出或入，或左或右。春俱南，秋俱

北。夏交于前，冬交于后。并行而不同路，交会而各代理，此其文与。（《天道无二》，《繁露》卷十二，页五）

又曰：

阳气始出东北而南行，就其位也。西转而北入，藏其休也。阴气始出东南而北行，亦就其位也。西转而南入，屏其伏也。是故阳以南方为位，以北方为休。阴以北方为位，以南方为伏。阳至其位而大暑热。阴至其位而大寒冻。（《阴阳位》，《繁露》卷十一，页十五）

又曰：

天之道终而复始。故北方者，天之所终始也，阴阳之所合别也。冬至之后，阴俯而西入，阳仰而东出。出入之处，常相反也。多少调和之适，常相顺也。有多而无溢，有少而无绝。春夏阳多而阴少，秋冬阳少而阴多。多少无常，未尝不分而相散也。以出入相损益，以多少相溉济也。多胜少者倍入，入者损一而出者益二。天所起一动而再倍。常乘反衡再登之势，以就同类，与之相报。故其气相侠而以变化相输也。（《阴阳终始》，《繁露》卷十二，页一）

又曰：

如金木水火，各奉其所主，以从阴阳，相与一力而并功。其实非独阴阳也，然而阴阳因之以起助其所主。故少阳因木而起助，春之生也。太阳因火而起助，夏之养也。少阴因金而起助，秋之成也。太阴因水而起助，冬之藏也。（《天辨在人》，《繁露》卷十一，页十三）

阴阳乃相反之物，依"天之常道"，"相反之物，不得两起"。故阳出则阴入；阳入则阴出。入者其势力"损一"，出者其势力"益二"。故出者之势力，比入者多三分之二。至于阴阳之运行，则董仲舒所说，与一般所说不同。《淮南子·诠言训》云："阳气起于东北，尽于西南。阴气起于西南，尽于东北。"此为后来一般的说法。董仲舒若依此说，则阳起于东北而南行，至东方遇木所主之气，即助之使盛而为春。至南方遇火所主之气，即助之使盛而为夏。阴起于西南而北行，至西方遇金所主之气，即助之使盛而为秋。至北方遇水所主之气，即助之使盛而为冬。以图明之：

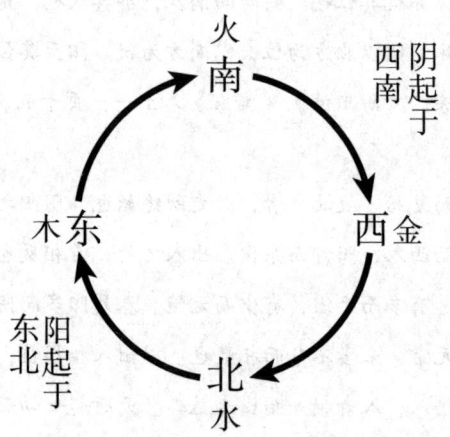

此本对于四时变化极简易之解释，但董仲舒不用此说。董仲舒以为"阳气始于东北而南行"，"阴气始于东南而北行"。阴阳"春俱南，秋俱北。夏交于前，冬交于后"。又详言云：

天之道，初薄大冬，阴阳各从一方来，而移于后。阴由东方来西，阳由西方来东。至于中冬之月，相遇北方，合而为一，谓之曰至。别而相去，阴适右，阳适左。……冬月尽而阴阳俱南还。阳南还出于寅，阴南还入于戌。……至于中春之月，阳在正东，阴在正西，谓之春分。春分者，阴阳相半也。故昼夜均而寒暑平。阴日损而随阳（苏舆云："阳字疑衍，随谓委随。"）；阳日益而鸿。故为暖热。初得大夏之月，相遇南方，合而为一，谓之日至。别而相去，阳适右，阴适左。……夏月尽而阴阳俱北还。阳北还而入于申，阴北还而出于辰。……至于中秋之月，阳在正西，阴在正东，谓之秋分。秋分者，阴阳相半也。故昼夜均而寒暑平。阳日损而随阴（苏舆云："阴字亦疑衍。"）；阴日益而鸿。（《阴阳出入》，《繁露》卷十二，页三至四）

试以图明之：

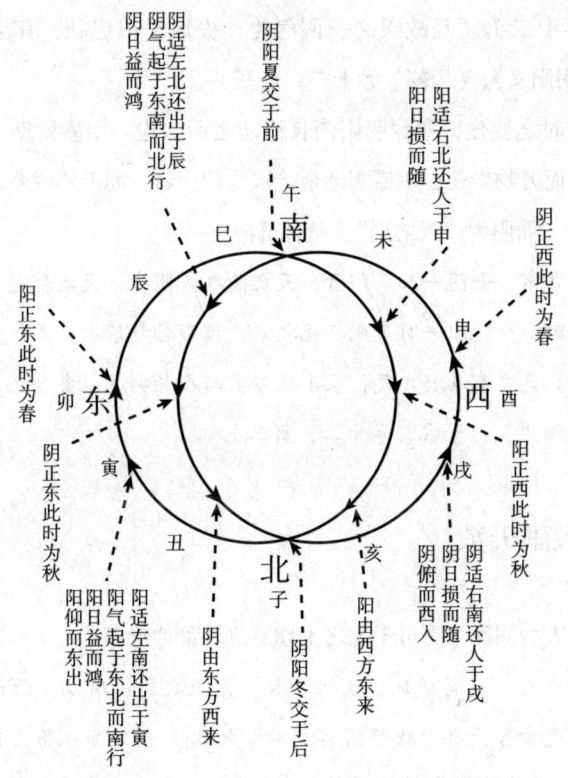

此说较为繁复。惟依此说，则当秋时，阴不在正西而在正东，如何能助金？董仲舒解释云：

至于秋时，少阴兴而不得以秋从金，从金而伤火功。虽不得以从金，亦以秋出于东方，俯其处而适其事，以成岁功，此非权与？……是

故天之道有伦,有经,有权。(《阴阳终始》,《繁露》卷十二,页二)

"至春少阳东出就木,与之俱生;至夏太阳南出就火,与之俱暖"(《阴阳终始》,《繁露》卷十二,页一),此天之经也。少阴出于东方,"俯其处而适其事",委屈以成岁功,此天之权也。其所以使阴受如此委屈者,则以天"任阳不任阴,好德不好刑"(《阴阳位》,《繁露》卷十一,页十二)。"是故天之行阴气也,少取之以成秋,其余以归之冬。"(《阴阳义》,《繁露》卷十二,页三)

故四时之变化,实因阴阳消长流动之所致也。阳盛则助木,火为春、夏,而万物生长;阴盛则助金。水为秋、冬,而万物收藏。故阳为"天之德",而阴为"天之刑"。董仲舒曰:

天地之常,一阴一阳。阳者,天之德也。阴者,天之刑也。……天之道以三时成生,以一时丧死。死之者,谓百物枯落也。丧之者,谓阴气悲哀也。天亦有喜怒之气,哀乐之心,与人相副。以类合之,天人一也。(《阴阳义》,《繁露》卷十二,页二)

(六)人副天数

天与人为同类,更可于人之生理见之。董仲舒曰:

莫精于气,莫富于地,莫神于天。天地之精,所以生物者,莫贵于人。人受命乎天也,故超然有以倚(卢曰:"倚疑当从下文作高物二字。")。物疢疾莫能为仁义,唯人独能为仁义。物疢疾莫能偶天地,唯人独能偶天地。人有三百六十节,偶天之数也。形体骨肉,偶地之厚也。上有耳目聪明,日月之象也。体有空窍理脉,川谷之象也。心有哀乐喜怒,神气之类也。观人之体,一何高物之甚而类于天也。物旁折取天之阴阳以生活耳,而人乃烂然有其文理。是故凡物之形,莫不伏从旁折天地（苏舆曰："天地二字疑衍。"）而行，人独题直立端尚（卢云：疑作人独颎立端向。《尔雅》："颎，直也。"），正正当之。是故所取天地少者旁折之，所取天地多者正当之。此见人之绝于物而参天地。是故人之身，首妢而员，象天容也。发，象星辰也。耳目戾戾，象日月也。鼻口呼吸，象风气也。胸中达知，象神明也。腹胞实虚，象百物也。……天地之符，阴阳之副，常设于身。身犹天也，数与之相参，故命与之相连也。天以终岁之数成人之身，故小节三百六十六，副日数也。大节十二分，副月数也。内有五脏，副五行数也。外有四肢，副四时数也。乍视乍暝，副昼夜也。乍刚乍柔，副冬夏也。乍哀乍乐，副阴阳也。心有计虑，副度数也。行有伦理，副天地也。此皆暗肤著身（苏舆曰："暗字疑误。"卢曰："肤他本作卢"），与人俱生，比而偶之弇合。（苏舆曰："弇合二字上疑有脱文。"）于其可数也，副数。于其不可数者，副类。皆当同而副天，一也。（《人副天数》，《繁露》卷十三，页二至四）

又曰：

为生不能为人，为人者，天也。人之人本于天（卢文弨曰："人之人，疑当作人之为人。"）。天亦人之曾祖父也，此人之所以乃上类天也。人之形体，化天数而成。人之血气，化天志而仁。人之德行，化天理而义。人之好恶，化天之暖清。人之喜怒，化天之寒暑。……天之副在乎人。人之情性，有由天者矣。（《为人者天》，《繁露》卷十一，页一）

人与天如此相同，故宇宙若无人，则宇宙即不完全，而不成其为宇宙。董仲舒曰：

天地人，万物之本也。天生之，地养之，人成之。天生之以孝悌，地养之以衣食，人成之以礼乐。三者相为手足，合以成体，不可一无

也。无孝悌则亡其所以生，无衣食则亡其所以养，无礼乐则亡其所以成也。(《立元神》,《繁露》卷六,页十二至十三)

人在宇宙间之地位,照此说法,可谓最高矣。

(七) 性情

就心理方面言之,人之心理中,亦有性情二者,与天之阴阳相当。董仲舒曰:

身之有性情也,若天之有阴阳也。言人之质而无其情,犹言天之阳而无其阴也。(《深察名号》,《繁露》卷十,页十一)

性之表现于外者为仁；情之表现于外者为贪。董仲舒曰:

人之诚有贪有仁。仁贪之气,两在于身。身之名取诸天。天两有阴阳之施,身亦两有贪仁之性。(《深察名号》,《繁露》卷十,页七至九)

贪即情之表现；仁即性之表现也。[注]

因人之"质"中有性有情,有贪有仁,故未可谓其为善。董仲舒曰:

[注] 董仲舒所谓性,似有广狭二义。就其广义言,则"如其生之自然之资谓之性；性者,质也"(《深察名号》,《繁露》卷十,页六)。依此义,则情亦系人之"生之自然之资",亦在人之"质"中。故曰:"天地之所生谓之性情,性情相与为一瞑,情亦性也。"(《深察名号》,《繁露》卷十,页十)就其狭义言,则性与情对,为人"质"中之阳；情与性对,为人"质"中之阴。《说文》云:"情,天之阴气有欲者；性,人之阳气性善者也。"《论衡·本性篇》:"仲舒览孙孟之书,作情性之说,曰:'天之大经,一阴一阳；人之大经,一情一性。性生于阳,情生于阴。阴气鄙,阳气仁。曰性善者,是见其阳也；谓恶者,是见其阴者也。'"(《论衡》卷三,《四部丛刊》本,页十七)此皆就董仲舒所谓性之狭义言也。为避免混乱起见,下文以董仲舒所谓"质",替代其所谓广义之性。

谓性已善，奈其情何？（《深察名号》，《繁露》卷十，页十）

此性字系指人之质而言。又曰：

善如米，性如禾。禾虽出米，而禾未可谓米也。性虽出善，而性未可谓善也。米与善，人之继天而成于外也，非在天所为之内也。天所为有所至而止，止之内谓之天；止之外谓之王教。王教在性外，而性不得不遂。故曰：性有善质，而未能为善也。岂敢美辞，其实然也。天之所为，止于茧麻与禾。以麻为布，以茧为丝，以米为饭（苏舆曰："当作以禾为米。"），以性为善，此皆圣人所继天而进也，非情性质朴之能至也。（《实性》，《繁露》卷十，页十九）

此性字亦系指人之质言。人之质中有与情相对之性，故其中实有善；但其中亦有与性相对之情，故不能本来即善。须加以人力，以性禁情，方可使人为善人。董仲舒曰：

栣众恶于内，弗使得发于外者，心也。故心之为名栣也。……天有阴阳禁；身有情欲栣；与天道一也。是以阴之行不得干春夏，而月之魄常厌于日光，乍全乍伤。天之禁阴如此，安得不损其欲而辍其情，以应天。天所禁而身禁之，故曰身犹天也。禁天所禁，非禁天也。必知天性，不乘于教，终不能栣（苏舆云："天性二字疑情欲之误。天性不当言栣"）。（《深察名号》，《繁露》卷十，页七至九）

以性禁情为教，教乃"人之继天"，而亦即人之所以法天也。

董仲舒之性说，按一方面说，为调和孟荀。按又一方面说，则董仲舒亦谓人之质中本有善端，故其说实与孟子性善之说不悖；不过董仲舒以为若性中仅有善端，则不能谓之为善。故曰：

或曰：性有善端，心有善质，尚安非善？应之曰：非也。茧有丝，而茧非丝也。卵有雏，而卵非雏也。比类率然，有何疑焉？天生民有六经（苏舆云："或云，六当为大。"），言性者不当异。然其或曰性也善，或曰性未善。则所谓善者，各异意也。性有善端，动之爱父母（苏舆曰："动疑作童。"），善于禽兽，则谓之善；此孟子之善。循三纲五纪，通八端之理，忠信而博爱，敦厚而好礼，乃可谓善；此圣人之善也。是故孔子曰："善人吾不得而见之，得见有常者斯可矣。"由是观之，圣人之所谓善，未易当也。非善于禽兽，则谓之善也。……夫善于禽兽之未得为道之善，犹知于草木而不得名知。……质于禽兽之性，则万民之性善矣。质于人道之善，则民性弗及也。万民之性善于禽兽者许之，圣人之所谓善者弗许。吾质之命性者异孟子。孟子下质于禽兽之所为，故曰性已善。吾上质于圣人之所为，故谓性未善。善过性，圣人过善。（《深察名号》，《繁露》卷十，页十四至十五）

然此特指普通人之"质"言之耳。人亦有生而即不止仅有善端者，亦有生而即几无善端者，孔子所谓上智与下愚是也。董仲舒曰：

名性不以上，不以下，以其中名之。（《深察名号》，《繁露》卷十，页十一）

又曰：

圣人之性，不可以名性。斗筲之性，又不可以名性。名性者，中民之性。中民之性，如茧如卵。卵待覆二十日而后能为雏；茧待缫以涫汤而后能为丝。性待渐于教训而后能为善。善，教训之所然也，非质朴之所能至也。（《实性》，《繁露》卷十，页十九至二十）

董仲舒之论性，盖就孔、孟、荀之说而融合之。

（八）个人伦理与社会伦理

欲发展人质中之善端，使之成为完全之善，则须实行诸德。其关于个人伦理者，则仁义最为重要。董仲舒曰：

天之为人性，命使行仁义而羞可耻，非若鸟兽然，苟为生苟为利而已。（《竹林》，《繁露》卷二，页十一）

至于所谓仁义之意义，董仲舒云：

《春秋》之所治，人与我也。所以治人与我者，仁与义也。以仁安人，以义正我。故仁之为言人也，义之为言我也，言名以别矣。仁之于人，义之与我者，不可不察也。众人不察，乃反以仁自裕，而以义设人。诡其处而逆其理，鲜不乱矣。是故人莫欲乱而大抵常乱，凡以暗于人我之分，而不省仁义之所在也。是故《春秋》为仁义法。仁之法在爱人，不在爱我，义之法在正我，不在正人。我不自正，虽能正人，弗予为义。人不被其爱，虽厚自爱，不予为仁。……远而愈贤，近而愈不肖者，爱也。故王者爱及四夷，霸者爱及诸侯，安者爱及封内，危者爱及旁侧，亡者爱及独身。……故曰：仁者爱人，不在爱我；此其法也。……义与仁殊。仁谓往，义谓来。仁大远，义大近。爱在人谓之仁，义在我谓之义（苏舆曰："上义字疑作宜。"）。仁主人，义主我也。故曰仁者人也，义者我也，此之谓也。（《仁义法》，《繁露》卷八，页十六至二十）

仁义之外，又须有智之德。董仲舒曰：

莫近于仁，莫急于智。……仁而不智，则爱而不别也。智而不仁，则知而不为也。故仁者所以爱人类也，智者所以除其害也。……何谓之智？先言而后当，凡人欲舍行为，皆以其智先规而后为之。……智者见祸福远，其知利害蚤。物动而知其化，事兴而知其归，见始而知其终。……其言寡而足，约而喻，简而达，省而具，少而不可益，多而不可损。其动中伦，其言当务，如是者谓之智。（《必仁且智》，《繁露》卷八，页二十二至二十四）

董仲舒盖以仁义智为人所必具之德，犹《中庸》之以智仁勇为人之达德也。

　　[注] 诸德对于人之心理，生理，及其他方面之关系，《白虎通义》更有详说。《白虎通义》曰："性情者，何谓也？性者，阳之施；情者，阴之化也。人禀阴阳气而生，故内怀五性六情。情者，静也；性者，生也。此人所禀六气以生者也。……五性者何？谓仁义礼智信也。仁者，不忍也。施生爱人也。义者，宜也，断决得中也。礼者，履也，履道成文也。智者，知也，独见前闻，不惑于事，见微知著也。信者，诚也，专一不移也。故人生而应八卦之体，得五气以为常，仁义礼智信也。六情者，何谓也？喜、怒、哀、乐、爱、恶谓六情，所以扶成五性。性所以五，情所以六，何？人本含六律五行之气而生，故内有五藏六府，此情性之所由出入也。……五藏者，何也？谓肝、心、肺、肾、脾也。……五藏：肝仁，肺义，心礼，肾智，脾信也。肝所以仁者何？肝，木之精也。仁者好生。东方者，阳也，万物始生。故肝象木，色青而有枝叶。……肺所以义者何？肺者金之精。义者断决。西方亦金，杀成万物也。故肺象金，色白也。……心所以为礼何？心，火之精也。南方尊阳在上，卑阴在下，礼有尊卑。故心象火色赤而锐也。……肾所以智何？肾者，水之精。智者进止无所疑惑，水亦进而不惑。北方水，故肾色黑。水阴，故肾双。……脾所以信何？脾者，土之精也。土尚任养万物为之象，生物无所私，信之至也。故脾象土，色黄也。……六府者，何谓也？谓大肠、小肠、胃、膀胱、三焦、胆也。府者，谓五藏宫府也。故《礼运》记曰：'六情者，所以扶成五性也。'……喜在西方，怒在东方，好在北方，恶在南方，哀在下，乐在上。何以？西方万物之成，故喜。东方万物之生，故怒。北方阳气始施，故好。南方阴气始起，故恶。上多乐，下多哀也。"（《性情》，《白虎通义》卷八，页二十三至二十八）依"天人合一"之观点，诸德固应有此诸根据也。

对于社会伦理，董仲舒有三纲五纪之说。（见《深察名号》篇）所谓三纲者，董仲舒曰：

> 凡物必有合。合必有上，必有下，必有左，必有右，必有前，必有后，必有表，必有里。有美必有恶，有顺必有逆，有喜必有怒，有寒必有暑，有昼必有夜，此皆其合也。阴者，阳之合。妻者，夫之合。子者，父之合。臣者，君之合。物莫无合，而合各有阴阳。……君臣父子夫妇之义，皆取诸阴阳之道。君为阳，臣为阴。父为阳，子为阴。夫为阳，妻为阴。……仁义制度之数，尽取之天。天为君而覆露之，地为臣而持载之。阳为夫而生之，阴为妇而助之。春为父而生之，夏为子而养之。秋为死而棺之，冬为痛而丧之。（苏舆云："二语疑衍。"）王道之三纲，可求于天。（《基义》，《繁露》卷十二，页八至十）

此于儒家所说人伦之中，特别提出三伦为纲。而"君为臣纲，父为子纲，夫为妻纲"之说，在中国社会伦理上，尤有势力。依向来之传统的见解，批评人物，多注意于其"忠孝大节"；若大节有亏，则其余皆不足观。至于批评妇人，则只多注意于贞节问题，即其对于夫妇一伦之行为。"饿死事小，失节事大"，苟一失节，则一切皆不足论矣。"君为臣纲，父为子纲，夫为妻纲"，于是臣、子、妻，即成为君、父、夫之附属品。此点，在形上学中亦立有根据。董仲舒以为"君臣父子夫妇之义，皆取诸阴阳之道"。《白虎通义》亦然。盖儒家本以当时君臣，男女，父子之关系，类推以说阴阳之关系；及阴阳之关系如彼所说，而当时君臣，男女，父子之关系，乃更见其合理矣。

［注］所谓五纪，董仲舒未详说。《白虎通义》对于三纲更有发挥；又改五纪为六纪。《白虎通义》云："三纲者，何谓也？谓君臣、父子、夫妇也。六纪者，谓诸父、兄弟、族人、诸舅、师长、朋友也。故《含文嘉》曰：'君为臣纲，父为子纲，夫为妻纲。'又曰：'敬诸父兄，六

纪道行。诸舅有义，族人有序，昆弟有亲，师长有尊，朋友有旧。'何谓纲纪？纲者，张也。纪者，理也。大者为纲，小者为纪。所以张理上下，整齐人道也。人皆怀五常之性，有亲爱之心，是以纲纪为化。若罗网之有纪纲，而万目张也。《诗》云：'亹亹文王，纲纪四方。'君臣父子夫妇，六人也。所称三纲何？一阴一阳谓之道。阳得阴而成，阴得阳而序。刚柔相配，故六人为三纲。"（《三纲六纪》，《白虎通义》卷八，页十八）《白虎通义》更引申以为社会上一切制度，皆取法于五行。《白虎通义》曰："父死子继何法？法木终火王也。兄死弟及何法，夏之承春也。善善及子孙何法？春生待夏复长也。恶恶止其身何法？法秋煞不待冬。主幼臣摄政何法？法土用事于季孟之间也。子复仇何法？法土胜水，水胜火也。子顺父，妻顺夫，臣顺君，何法？法地顺天也。男不离父母何法？法火不离木也。女离父母何法？法水流去金也。娶妻亲迎何法？法日入阳下阴也。……"（《五行》，《白虎通义》卷四，页四十二）所说尚多，不详引。

人必依此等伦理的规律而行，方可尽人之性，而真为人。董仲舒曰：

人受命于天，固超然异于群生。入有父子兄弟之亲，出有君臣上下之谊，会聚相遇，则有耆老长幼之施。粲然有文以相接，欢然有恩以相爱，此人之所以贵也。生五谷以食之，桑麻以衣之，六畜以养之，服牛乘马，圈豹栏虎，是其得天之灵贵于物也。故孔子曰：天地之性人为贵。明于天性，知自贵于物。知自贵于物，然后知仁谊。知仁谊，然后重礼节。重礼节，然后安处善。安处善，然后乐循礼。乐循礼，然后谓之君子。故孔子曰，不知命亡以为君子，此之谓也。（《董仲舒传》，《前汉书》，卷五十六，页十六）

人若无伦常道德，则即不能异于群生而与禽兽无别矣。

（九）政治哲学与社会哲学

惟因人之性未能全善，故需王以治之。董仲舒曰：

天生民性，有善质而未能善，于是为之立王以善之，此天意也。民受未能善之性于天，而退受成性之教于王；王承天意以成民之性为任者也。（《深察名号》，《繁露》卷十，页十三）

王者受天之命，法天以治人，其地位甚高，其责任甚大。董仲舒曰：

古之造文者，三画而连其中，谓之王。三画者，天地与人也。而连其中者，通其道也。取天地与人之中，以为贯而参通之，非王者孰能当是？是故王者唯天之施。施其时而成之（苏舆曰："疑脱二字，施疑作法。"），法其命而循之诸人，法其数而以起事，治其道而以出法（苏舆曰："疑当作法其道而以出治。"），治其志而归之于仁（苏舆曰："治疑作法。"）。（《王道通三》，《繁露》卷十一，页九）

"王者惟天之法。""法其时而成之"者，董仲舒曰：

然而王之好恶喜怒，乃天之春夏秋冬也。其俱暖清寒暑，而以变化成功也。天出此物者（苏舆曰："物疑作四"），时则岁美，不时则岁恶。人主出此四者，义则世治，不义则世乱。是故治世与美岁同数，乱世与恶岁同数，以此见人理之副天道也。……人主立于生杀之位，与天共持变化之势。物莫不应天化。天地之化如四时。所好之风出，则为暖气而有生于俗。所恶之风出，则为清气而有杀于俗。喜则为暑气而有养长也，怒则为寒气而有闭塞也。人主以好恶喜怒变习俗，而天以暖清寒暑化草木。喜怒时而当则岁美，不时而妄则岁恶，天地人主一也。（《王道通三》，《繁露》卷十一，页十至十二）

又曰：

天之道春暖以生，夏暑以养，秋清以杀，冬寒以藏。暖暑清寒，异气而同功，皆天之所以成岁也。圣人副天之所行以为政，故以庆副暖而当春，以赏副暑而当夏，以罚副清而当秋，以刑副寒而当冬。庆赏罚刑，异事而同功，皆王者之所以成德也。庆赏罚刑，与春夏秋冬，以类相应也，如合符。故曰，王者配天；谓其道，天有四时，王有四政，若四时通类也，天人所同有也。(《四时之副》,《繁露》卷十三，页一)

人主之喜怒哀乐，庆赏刑罚，以四时为法；若皆得其宜，则"世治"矣。

"天之为人性命，使行仁义而羞可耻"，"法其命而循之诸人"，当即"施成性之教"，"继天"以"成"人之善也。董仲舒曰：

天令之谓命；命非圣人不行。质朴之谓性；性非教化不成。人欲之谓情；情非制度不节。是故王者，上谨于承天意，以顺命也。下务明教化民，以成性也。正法度之宜，别上下之序，以防欲也。修此三者，而大本举矣。(《董仲舒传》,《前汉书》卷五十六，页十六)

此王者"承天意"以教人之事也。

"法其数而以起事者"，董仲舒曰：

王者制官，三公，九卿，二十七大夫，八十一元士，凡百二十人，而列臣备矣。吾闻圣王所取仪金天之大经(俞云："金字乃法字之误。")，三起而成，四转而终。官制亦然者，此其仪与？三人而为一选，仪于三月而为一时也。四选而止，仪于四时而终也。三公者，王之所以自持也。天以三成之；王以三自持。立成数以为植，而四重之，其可以无失矣。备天数以参事，治谨于道之意也。……一阳而三春，非自三之时与？而天四重之，其数同矣。天有四时，时三月。王有四选，选三臣。是故有孟、有仲、有季，一时之情也。有上、有下、有中，一选之情也。三臣而为一选，四选而止，人情尽矣。人之材固有四选，如天之时固有四变也。圣人为一选，君子为一选，善人为一选，正人为一选。由此而下者，不足选也。四选之中，各有节也。是故天选四堤十二而人变尽矣（苏舆云："疑当云：天选四时，终十二，而天变尽矣。"）。尽人之变合之天，唯圣人者能之。所以立王事也。……故一岁之中有四时，一时之中有三长，天之节也。人生于天，而体天之节，故亦有大小厚薄之变，人之气也。先王因人之气而分其变，以为四选。是故三公之位，圣人之选也。三卿之位，君子之选也。三大夫之位，善人之选也。三士之位，正直之选也。分人之变，以为四选，选立三臣。如天之分岁之变以为四时，时有三节。天以四时之选，与十二节相和而成岁。王以四位之选，与十二臣相砥砺而致极。道必极于其所至，然后能得天地之美也。（《官制象天》，《繁露》卷七，页二十六至三十）

设官分职，均法天之数，非可随便规定也。

"法其道而以出治"者，董仲舒曰：

天之道有序而时，有度而节，变而有常，反而有相奉。微而至远，踔而致精，一而少积蓄，广而实，虚而盈。圣人视天而行。是故其禁而审好恶喜怒之处也，欲合诸天之非其时不出暖清寒暑也。其告之以政令而化风之清微也，欲合诸天之颠倒其一而以成岁也。（苏舆云："两句并疑有误字。"）其羞浅末华虚而贵敦厚忠信也，欲合诸天之默然不言而功德积成也。其不阿党偏私而美泛爱兼利也，欲合诸天之所以成物者少霜而多露也。（《天容》，《繁露》卷十一，页十二至十三）

此皆人主法"天之道"以"出治"者也。

"法其治而归之于仁"者，董仲舒曰：

仁之美者在于天。天，仁也。天覆育万物，既化而生之，有养而成之（苏舆曰："有又同。"）。事功无已，终而复始；凡举归之以奉人。察于天之意，无穷极之仁也。人之受命于天也，取仁于天而仁也。是故人之受命天之尊（卢文弨曰："七字疑衍。"），父兄子弟之亲（卢文弨曰："父兄上应有有字。"），有忠信慈惠之心，有礼义廉耻之行，有是非逆顺之治。文理灿然而厚，知广大有而博。唯人道为可以参天。天常以爱利为意，以养长为事，春秋冬夏，皆其用也。王者亦常以爱利天下为意，以安乐一世为事，好恶喜怒而备用也（苏舆曰："而备疑当作皆其。"）。（《王道通三》，《繁露》卷十一，页九至十）

天以爱利人为意；王者法之，亦以爱利人为意，此点与墨子之学说有相同处。

董仲舒之社会哲学，注重于均贫富，"塞并兼之路"。董仲舒曰：

孔子曰："不患贫而患不均。"故有所积重，则有所空虚矣。大富则骄，大贫则忧，忧则为盗，骄则为暴；此众人之情也。圣者则于众人之情，见乱之所从生。故其制人道而差上下也，使富者足以示贵而不至于骄，贫者足以养生而不至于忧。以此为度而调均之，是以财不匮而上下相安，故易治也。今世弃其度制，而各从其欲。欲无所穷，而俗得自恣，其势无极。大人病不足于上，而小民羸瘠于下。则富者愈贪利而不肯为义，贫者日犯禁而不可得止。是世之所以难治也。……天不重与。有角不得有上齿。故已有大者，不得有小者，天数也。夫已有大者，又兼有小者，天不能足之，况人乎？故明圣者，象天所为，为制度，使诸有大奉禄，亦皆不得兼小利，与民争利业，乃天理也。（《度制》，《繁露》卷八，页一至三）

"为制度，使诸有大奉禄，亦皆不得兼小利，与民争利业"，即所以"塞并兼之路"也。此制度，董仲舒以为与"天理"合。

董仲舒理想中之土地分配制度，仍为井田制度，所谓：

方里而一井，一井而九百亩，而立口。方里八家，一家百亩，以食五口。上农夫耕百亩，食九口。次八人，次七人，次六人，次五人。

(《爵国》,《繁露》卷八,页十)

自贵族政治破坏后,人民在经济方面自由竞争之结果,秦汉之际,新起之富豪多,贫富不均之现象显。当时有识之士,多以为言。董仲舒盖亦力欲矫此流弊者也。

(十) 灾异

天人之关系,既如上诸节所述,故人之行事,若有不合而异常,则天亦显现非常的现象。此天所显现之非常的现象,即所谓灾异。董仲舒曰:

其大略之类,天地之物,有不常之变者,谓之异;小者谓之灾。灾常先至而异乃随之。灾者,天之谴也;异者,天之威也。谴之而不知,乃畏之以威。《诗》曰"畏天之威",殆此谓也。凡灾异之本,尽生于国家之失。国家之失,乃始萌芽,而天出灾害以谴告之。谴告之而不知变,乃见怪异以惊骇之。惊骇之尚不知畏恐,其殃咎乃至。以此见天意之仁而不欲陷人也。(《必仁且智》,《繁露》卷八,页二十四)

此谓人之行为有不当,"天生灾异以谴告之"。董仲舒又曰:

今平地注水,去燥就湿。均薪施火,去湿就燥。百物去其所与异,而从其所与同。故气同则会,声比则应,其验皦然也。试调琴瑟而错之,鼓其宫则他宫应之,鼓其商而他商应之。五音比而自鸣,非有神,其数然也。美事召美类;恶事召恶类,类之相应而起也。如马鸣则马应之,牛鸣则牛之。帝王之将兴也,其美祥亦先见。其将亡也,妖孽亦先见。物故以类相召也。……天有阴阳,人亦有阴阳。天地之阴气起,而人之阴气应之而起。人之阴气起,而天地之阴气亦宜应之而起。其道一也。明于此者,欲致雨则动阴以起阴;欲止雨则动阳以起阳。故致雨非神也，而疑于神者，其理微妙也。非独阴阳之气可以类进退也，虽不祥祸福所从生，亦由是也。无非己先起之，而物以类应之而动者也。（《同类相动》，《繁露》卷十三，页四至六）

又曰：

刑罚不中，则生邪气。邪气积于下，怨恶畜于上。上下不和，则阴阳缪戾而妖孽生矣。此灾异所缘而起也。（《董仲舒传》，《前汉书》卷五十六，页五）

又曰：

人下长万物，上参天地。故其治乱之故，动静顺逆之气，乃损益阴阳之化，而摇荡四海之内。物之难知者若神，不可谓不然也。今投地死伤而不腾相助（孙诒让云："当作而不能相动"）。投淖相动而近，投水相动而愈远。由此观之，夫物愈淖而愈易变动摇荡也。今气化之淖，非直水也，而人主以众动之无已时。是故常以治乱之气，与天地之化相殽，而不治也。世治而民和，志平而气正，则天地之化精，而万物之美起。世乱而民乖，志僻而气逆，则天地之化伤，气生灾害起。（卢文弨曰："气上疑脱一字。"）（《天地阴阳》，《繁露》卷十七，页七）

此谓人之行为有不当，则阴阳之气即机械的受感应而有非常的现象出现。所谓灾异之原因果为上述二者中之何者，或兼为二者，董仲舒未言及。盖阴阳家言中，对于天人相感之理，本有此二说也。（见第一篇第七章第七节）

（十一）历史哲学

天人关系之密，既如上述，故在董仲舒及一般汉人眼光中，历史之变化，亦遵循天道之规律。汉人对于此天道之规律，历史所遵循者，有二说：一为五德说，此即驺衍"自天地剖判以来，五德转移，治各有宜"之说，上文已详。（第一篇第七章第七节）此说之根本意思，在汉流行未变；不过用此说以解释实际历史时，各派意见未能尽同。如汉之果为水德，抑为土德或火德？在当时颇为争论之问题。五德说之外有三统说。三统为黑统、白统、赤统。三统亦名三正。董仲舒曰：

三正以黑统初。正日月朔于营室，斗建寅。天统气始通化物。物见萌达，其色黑。故朝正服黑，首服藻黑，正路舆质黑，马黑。大节绶帻尚黑，旗黑，大宝玉黑，郊牲黑，牺牲角卵。冠于阼，昏礼逆于庭，丧礼殡于东阶之上。……正白统者，历正日月朔于虚，斗建丑。天统气始蜕化物，物始芽，其色白。故朝正服白，首服藻白，正路舆质白，马白。大节绶帻尚白，旗白，大宝玉白，郊牲白，牺牲角茧。冠于堂，昏礼逆于堂，丧事殡于楹柱之间。……正赤统者，历正日月朔于牵牛，斗建子。天统气始施化物，物始动，其色赤。故朝正服赤，首服藻赤，正路舆质赤，马赤。大节绶帻尚赤，旗赤，大宝玉赤，郊牲骍，牺牲角栗。冠于房，昏礼逆于户，丧礼殡于西阶之上。……改正之义，奉元而起（苏舆曰："奉元疑作奉天。"）。古之王者，受命而王，改制称号正月。服色定，然后郊告天地及群神，远追祖祢，然后布天下，诸侯庙受，以告社稷宗庙山川，然后感应一其司。……所以明乎天统之义也。其谓统三正者，曰：正者，正也。统致其气，万物皆应而正，统正，其余皆正，凡岁之要，在正月也。法正之道，正本而末应，正内而外应，动作举错，靡不变化随从，可谓法正也。……故王者有不易者，有再而复者，有三而复者，有四而复者，有五而复者，有九而复者。……王者以制（苏舆曰："以疑作之。"），一商，一夏，一质，一文。商质者主天，夏文者主地，《春秋》者主人。（《三代改制质文》，《繁露》卷七，页十至十九）

就实际的历史言，则夏为黑统，以寅月为正月。色尚黑。商为白统，以丑月为正月。色尚白。周为赤统，以子月为正月。色尚赤。其继周者，又为黑统。历史如此循环变化，周而复始。"王者有不易者"，董仲舒曰：

今所谓新王必改制者，非改其道，非变其理。受命于天，易姓更王，非继前王而王也。若一因前制，修故业，而无有所改，是与继前而王者无以别。受命之君，天之所大显也。事父者承意，事君者仪志，事天亦然。今天大显已，物袭所代而率与同，则不显不明，非天志。故必徙居处，更称号，改正朔，易服色者，无他焉，不敢不顺天志而明自显也。若夫大纲人伦，道理政治，教化习俗。文义，尽如故，亦何改哉？故王者有改制之名，无易道之实。孔子曰：无为而治者，其舜乎！言其主尧之道而已，此非不易之效与？（《楚庄王》，《繁露》卷一，页十一至十三）

"道之大原出于天，天不变，道亦不变"（《董仲舒传》，《前汉书》卷五十六，页十八），此其不易者也。"有再而复者"为文质；一代尚文，其后一代必尚质以救其弊。"有三而复者"即三统三正也。

[注]《白虎通义》曰："王者必一质一文者何？所以承天地，顺阴阳。阳之道极，则阴道受。阴之道极，则阳道受。明二阴二阳，不能相继也。质法天，文法地而已。故天为质，地受而化之，养而成之，故为文。《尚书大传》曰：'王者一质一文，据天地之道。'《礼三正记》曰：'质法天，文法地也。'帝王始起，先质后文者，顺天地之道，本末之义，先后之序也。事莫不先有质性，后乃有文章也。"（《三正》，《白虎通义》卷八，页十四）《白虎通义》更详论三统三正云："王者受命必改朔何？明易姓示不相袭也。明受之于天，不受之于人，所以变易民心，革其耳目，以助化也。故《大传》曰：'王者始起，改正朔，易服

色,殊徽号,异器械,别衣服也。'……正朔有三何?本天有三统,谓三微之月也。明王者当奉顺而成之,故受命各统一正也,敬始重本也。朔者,苏也,革也,言万物革更于是,故统焉。《礼三正记》曰:'正朔三而改,文质再而复也。'三微者,何谓也?阳气始施黄泉,动徽而未著也。十一月之时。阳气始养根株,黄泉之下,万物皆赤。赤者,盛阳之气也。故周为天正,色尚赤也。十二月之时,万物始牙而白,白者阴气。故殷为地正,色尚白也。十三月之时,万物始达孚甲而出,皆黑,人得加功。故夏为人正,色尚黑。《尚书大传》曰:'夏以孟春月为正,殷以季冬月为正,周以仲冬月为正。'夏以十三月为正,色尚黑,以平旦为朔。殷以十二月为正,色尚白,以鸡鸣为朔。周以十一月为正,色尚赤,以夜半为朔。不以二月后为正者,万物不齐,莫适所统,故必以三微之月也。三正之相承,若顺连环也。孔子承周之弊,行夏之时,知继十一月正者,当用十三月也。"(《三正》,《白虎通义》卷八,页九至十一)

"有四而复者",即商、夏、质、文也(此商夏非朝代名)。董仲舒曰:

主天法商而王,其道佚阳,亲亲而多仁朴。故立嗣予子,笃母弟。妾以子贵。昏冠之礼,字子以父。别眇。夫妇对坐而食。丧礼别葬。祭礼先脾。夫妻昭穆别位。……主地法夏而王,其道进阴,尊尊而多义节。故立嗣与孙,笃世子。妾不以子称贵号。昏冠之礼,字子以母。别眇。夫妇同坐而食。丧礼合葬。祭礼先亨(卢文弨曰:"亨,古烹字。")。妇从夫为昭穆。……主天法质而王,其道佚阳,亲亲而多质爱。故立嗣予子,笃母弟。妾以子贵。昏冠之礼,字子以父。别眇。夫妇对坐而食。丧礼别葬。祭礼先嘉疏。夫妇昭穆别位。……主地法文而王,其道进阴,尊尊而多礼文。故立嗣予孙,笃世子。妾不以子称贵号。昏冠之礼，字子以母。别眇。夫妻同坐而食。丧礼合葬。祭礼先秠鬯。妇从夫为昭穆。(《三代改制质文》，《繁露》卷七，页二十至二十四)

此"四法如四时然，终而复始，穷则反本"(同上)。就实际的历史言，则"舜主天法商而王"；"禹主地法夏而王"；"汤主天法质而王"；"文王主地法文而王"(同上)。其继周者仍"主天法商而王"。如此循环，所谓"有四而复者"也。"有五而复者"，一王者起，必封其以前之二代之后，仍称王号，"使服其服，行其礼乐，称客而朝"，以"通三统"(同上)。绌二代以前之王谓之帝，封五帝之后"以小国，使奉祀之"(同上)。又"尚推"五帝以前之帝谓之皇，录九皇之后为附庸，所谓"有九而复者"也。"远者号尊而地小，近者号卑而地大，亲疏之义也。"(同上)

[注] 一王者起。所以必存其以前二王之后者，《白虎通义》云："王者所以存二王之后何也？所以尊先王，通天下之三统也。明天下非一家之有，谨敬谦让之至也。故封之百里，使得服其正色，行其礼乐，永事先祖。"(《三正》，《白虎通义》卷八，页十三)所以必存五帝九皇之号，其理视此矣。

又有"三教"之说，董仲舒曰：

夏上忠，殷上敬，周上文者，所继之救，当用此也。孔子曰："殷因于夏礼，所损益，可知也。周因于殷礼，所损益，可知也。其或继周者，虽百世，可知也。"此言百王之用以此三者矣。(《董仲舒传》，《前汉书》卷五十六，页十八)

尚忠有流弊，必以尚敬救之。尚敬有流弊，必以尚文救之。尚文有流弊，必又以尚忠救之。如是循环，故曰："虽百世可知也。"

[注]《白虎通义》更详言之曰："王者设三教者何？承衰救弊，欲

民反正道也。三王之有失，故立三教以相指受。夏人之王教以忠，其失野。救野之失莫如敬。殷人之王教以敬，其失鬼。救鬼之失莫如文。周人之王教以文，其失薄。救薄之失莫如忠。继周尚黑制，与夏同。三者如顺连环，周而复始，穷则反本。……教所以三者何？天地人内忠外敬文饰之故，三而备也。即法天地人各何施？忠法人，敬法地，文法天。人道主忠，人以至道教人，忠之至也。人以忠教，故忠为人教也。地道谦卑，天之所生，地敬养之，以敬为地教也。"（卢云："疑当有天教一段，文脱耳。"）（《三教》，《白虎通义》卷八，页十五至十六）

依此"天人合一"之观点观之，则历史成为一"神圣的喜剧"矣。此说吾人虽明知其为不真，要之在哲学史上不失为一有系统的历史哲学也。

（十二）《春秋》大义

孔子与《春秋》之关系，第一篇已述。（第一篇第四章第四节）自孔子以后，《春秋》与儒家之关系，日益重要；儒家所与《春秋》之意义，亦日益丰富。及董仲舒讲《春秋》，于是所谓《春秋》之微言大义，乃有有系统之表现；而孔子之地位，亦由师而进为王。

董仲舒以为孔子受天命，救周之弊，立新王之制；西狩获麟，即孔子受天命之征也。董仲舒曰：

有非力之所能致而自至者，西狩获麟，受命之符是也。然后托乎《春秋》，正不正之间，而明改制之义。一统乎天子，而加忧于天下之忧也。务除天下所患，而欲以上通五帝，下极三王。以通百王之道，而随天之终始。博得失之效，而考命象之为。极理以尽情性之宜，则天容遂矣。（《符瑞》，《繁露》卷六，页四至五）

孔子托《春秋》以立新王之制。董仲舒曰：

天子命无常（苏舆曰："子疑作之。"），唯命是德庆（苏舆曰："疑作唯德是庆。"）。故《春秋》应天作新王之事，时正黑统，王鲁，尚黑，绌夏，亲周，故宋，乐宜亲（苏舆曰："亲字疑用之误。"）《招武》（苏舆曰："招武即韶舞。"）。故以虞录亲，乐制（卢云："疑当作制爵。"）宜商，合伯子男为一等。（《三代改制质文》，《繁露》卷七，页八至十）

"汤受命而王，应天变夏作殷号，时正白统。……制质礼以奉天。文王受命而王，应天变殷作周号。时正赤统。……制文礼以奉天。"（《三代改制质文》，《繁露》卷七，页七）《春秋》受天命作新王之事"，继周之正赤统，故为正黑统。托王于鲁，其色尚黑，所谓"有三而复者"也。"绌夏亲周故宋"者，依上所说，一王者必封其以前之二代之后，仍称王号。绌二代以前之王谓之帝。"《春秋》当新王"，故以周、宋为前二王之后而存之；至夏则归五帝之列矣。《春秋》继周，当"主天法商而王"，与舜同。故云"乐宜亲招武"等。韶，舜乐也。

"文王制文礼以奉天"，周尚文，故《春秋》尚质。董仲舒曰：

礼之所重者在其志。志敬而节具，则君子予之知礼。志和而音雅，则君子予之知乐。志哀而居约，则君子予之知丧。故曰：非虚加之，重志之谓也。志为质，物为文。文著于质；质不居文，文安施质。质文两备，然后其礼成。文质偏行，不得有我尔之名。俱不能备而偏行之，宁有质而无文。虽弗予能礼，尚少善之。……有文无质，非直不予，乃少恶之。……然则《春秋》之序道也，先质而后文，右志而左物。故曰："礼云礼云，玉帛云乎哉？乐云乐云，钟鼓云乎哉？"是故孔子立新王之道，明其贵志以反和，见其好诚以灭伪（苏舆曰："和疑利之误。"）。其有继周之弊，故若此也。（《玉杯》，《繁露》卷一，页十八至十九）

此所谓"有再而复"者也。

［注］何休《公羊传注》云："王者起，所以必改质文者，为承衰乱，救人之失也。天道本下，亲亲而质省。地道敬上，尊尊而文烦。故王者始起，先本天道，以治天下，质而亲亲。及其衰敝，其失也亲亲而不尊。故后王起，法地道以治天下，文而尊尊。及其衰敝，其失也尊尊而不亲。故复反之于质也。"（《公羊传》，桓公十一年注，《四部丛刊》本，卷二，页十二）

《春秋》为孔子奉天命所作，故其中大义包罗极广。董仲舒曰：

《春秋》之为学也，道往而明来者也。然而其辞体天之微，故难知也。弗能察，寂若无。能察之，无物不在。是故为《春秋》者，得一端而多连之，见一宜而博贯之，则天下尽矣。（《精华》，《繁露》卷三，页二十二）

由斯而言，则《春秋》乃董仲舒所谓"天理"之写出者，所谓"体天之微"者也。其中大义，有"十指"，"五始"，"三世"等。

《春秋》有十指，董仲舒云：

《春秋》二百四十二年之文，天下之大，事变之博，无不有也。虽然，大略之要有十指。十指者，事之所系也，王化之所由得流也。举事变见有重焉，一指也。见事变之所至者，一指也。因其所以至者而治之，一指也。强干弱枝，大本小末，一指也。别嫌疑，异同类，一指也。论贤才之义，别所长之能，一指也。亲近来远，同民所欲，一指也。承周文而反之质，一指也。木生火，火为夏，天之端，一指也。切刺讥之所罚，考变异之所加，天之端，一指也。举事变见有重焉，则百姓安矣。见事变之所至者，则得失审矣。因其所以至而治之，则事之本正矣。强干弱枝，大本小末，则君臣之分明矣。别嫌疑，异同类，则是非著矣。论贤才之义，别所长之能，则百官序矣。承周文而反之质，则化所务立矣。亲近来远,同民所欲,则仁恩达矣。木生火,火为夏,则阴阳四时之理,相受而次矣。切剌讥之所罚,考变异之所加,则天所欲为行矣。统此而举之,仁往而义来。德泽广大,衍溢于四海。阴阳和调,万物靡不得其理矣。说春秋凡用是矣。此其法也。(《十指》,《繁露》卷五,页九至十)

"举事变见有重焉"者,董仲舒曰:

《春秋》之敬贤重民如是,是故战攻侵伐,虽数百起,必一二书,伤其害所重也。"(《竹林》,《繁露》卷二,页二)

战攻侵伐必书,以见其恶战伐而重民也。"别嫌疑,异同类"者,董仲舒曰:

逢丑父杀其身以生其君,何以不得谓知权?丑父欺晋,祭仲许宋,俱枉正以存其君。然而丑父之所为,难于祭仲。祭仲见贤,而丑父犹见非,何也?曰:是非难别者在此,此其嫌疑相似,而不同理者,不可不察。夫去位而避兄弟者,君子之所甚贵。获虏逃遁者,君子之所贱。祭仲措其君于人所甚贵,以生其君,故《春秋》以为知权而贤之。丑父措其君于人所甚贱,以生其君,《春秋》以为不知权而简之。其俱枉正以存君相似也,其使君荣之与使君辱不同理。故凡人之有为也,前枉而后义者,谓之中权。虽不能成,《春秋》善之。鲁隐公郑祭仲是也。前正而后有枉者,谓之邪道。虽能成之,《春秋》不爱。齐顷公逢丑父是也。(卢文弨曰:"齐顷公三字疑衍。")(《竹林》,《繁露》卷二,页十至十一)

祭仲事见桓公八年《公羊传》,逢丑父事见成公二年《公羊传》。逢丑父祭仲"俱枉正以存君","其嫌疑相似",而《春秋》一予之,一不予之。此所谓"别嫌疑,异同类"也。"木生火,火为夏"者,木为春;《春秋》首书春以正天端。详下。

[注]董仲舒又有《春秋》大义有六科之说（见《正贯》，《繁露》卷五，页八至九）。所谓六科，与十指略同，不具引。

《春秋》有五始，董仲舒曰：

《春秋》之道，以元之深，正天之端。以天之端，正王之政。以王之政，正诸侯之即位。以诸侯之即位，正境内之治。五者俱正，而化大行。（《二端》，《繁露》卷六，页四）

《春秋》之第一句为"元年春王正月"，春为一岁之首，先书元而后书春，即"以元之深正天之端"也。春下继之以王，即"以天之端正王之政"也。元年即君即位之年，即"以王之政正诸侯之即位"也。

《春秋》有三世，董仲舒曰：

《春秋》分十二世以为三等：有见，有闻，有传闻。有见三世，有闻四世，有传闻五世。故哀、定、昭，君子之所见也。襄、成、文、宣，君子之所闻也。僖、闵、庄、桓、隐，君子之所传闻也。所见六十一年，所闻八十五年，所传闻九十六年。于所见微其辞，于所闻痛其祸，于传闻杀其恩，与情俱也。是故逐季氏而言又雩，微其辞也。子赤杀弗忍书日，痛其祸也。子般杀而书乙未，杀其恩也。屈伸之志，详略之文，皆应之。吾以知其近近而远远，亲亲而疏疏也。亦知其贵贵而贱贱，重重而轻轻也。有知其厚厚而薄薄，善善而恶恶也。有知其阳阳而阴阴，白白而黑黑也（苏舆曰："有与又同"）。（《楚庄王》，《繁露》卷一，页六至七）

后来公羊家又以此三世分配为据乱世，升平世，太平世。何休曰：

于所传闻之世，见治起于衰乱之中，用心尚麤粗。故内其国而外诸夏，先详内而后治外。录大略小，内小恶书，外小恶不书。大国有大夫，小国略称人。内离会书，外离会不书，是也。于所闻之世，见治升平。内诸夏而外夷狄。书外离会。小国有大夫。……至所见之世，著治太平。夷狄进至于爵。天下远近小大若一。用心尤深而详。故崇仁义，讥二名。……所以三世者，礼为父母三年，为祖父母期，为曾祖父母齐衰三月。立爱自亲始。故春秋据哀录隐，上治祖祢。所以二百四十二年者，取法十二公，天数备，足著治法式。(《公羊传》隐公元年注，《四部丛刊》本，卷一，页六)

每年十二月，故《春秋》亦纪十二公之事。此所说三世，与《礼运》所说政治哲学有相同处，皆为近人所称道。

"《春秋》以道名分"；董仲舒对于名，更为重视，董仲舒曰：

治天下之端，在审辨大。辨大之端，在深察名号。名者，大理之首章也。录其首章之意，以窥其中之事，则是非可知，逆顺自著，其几通于天地矣。是非之正，取之逆顺。逆顺之正，取之名号。名号之正，取之天地。天地为名号之大义也。古之圣人，謞而效天地，谓之号。鸣而施命，谓之名。名之为言，鸣与命也。号之为言，謞而效也。謞而效天地者为号；鸣而命者为名。名号异声而同本，皆鸣号而达天意者也（卢文弨曰："号疑本作謞。"）。天不言使人发其意，弗为使人行其中。名则圣人所发天意，不可不深观也。受命之君，天意之所予也。故号为天子者，宜视天如父，事天以孝道也。号为诸侯者，宜谨视所候奉之天子也。号为大夫者，宜厚其忠信，敦其礼义，使善大于匹夫之义，足以化也。士者，事也。民者，瞑也。士不及化，可使守事从上而已。五号自赞各有分，分中委曲曲有名（苏舆曰："下曲字疑各之误。"）。名众于号。号其大全；名也者，名其别离分散也。号凡而略；名详而目。目者，遍辨其事也。凡者，独举其大也。享鬼神者号一曰祭（苏舆："者与之同。"）。祭之散名：春曰祠，夏曰礿，秋曰尝，冬曰烝。猎禽兽者号一曰田。田之散名：春苗，秋蒐，冬狩，夏狝。无有不皆中天意者。物莫不有凡号；号莫不有散名如是。是故事各顺于名；名各顺于天；天人之际，合而为一。同而通理，动而相益，顺而相受，谓之德道。《诗》曰："维号斯言，有伦有迹。"此之谓也。(《深察名号》，《繁露》卷十，页一至四）

此以名号为天意之代表，具有神秘的意义；故察其名之意，即知其名所指之事物之所应该也。

第三章　两汉之际谶纬及象数之学

（一）纬与谶

上文谓《月令》未以八卦配入阴阳家之宇宙间架内，盖八卦本可自成一宇宙间架。西汉经学家以阴阳家之言解释儒家之经典。《易》本为筮用，其始即为术数之一种，故更易受此种之解释。所谓《易》纬即照此方向以解《易》者，西汉中叶以后，有纬书出。所谓纬者，对于经而言。纬书之外，又有谶书。《隋书·经籍志》云：

说者又云：孔子既叙六经，以明天人之道，知后世不能稽同其意，故别立纬及谶，以遗来世。其书出于前汉，有《河图》九篇，《洛书》六篇，云自黄帝至周文王所受本文。又别有三十篇，云自初起至于孔子，九圣之所增演，以广其意。又有七经纬三十六篇，并云孔子所作。并前合为八十一篇。……然其文辞浅俗，颠倒舛谬，不类圣人之旨。相传疑世人造为之，后或者又加点窜，非其实录。（《隋书》卷三十一，同文影殿刊本，页三十一至三十二）

普通多将纬与谶连言。其实二者本非一事。《四库全书总目提要》云：

按儒者多称谶纬，其实谶自谶，纬自纬，非一类也。谶者，诡为隐语，预决吉凶；《史记·秦本纪》称卢生奏录图书之语是其始也。纬者，经之支流，衍及旁义。《史记·自序》引《易》"失之毫厘，差以千里"；《汉书·盖宽饶传》引《易》"五帝官天下，三王家天下"；注者均以为《易》纬之文是也。盖秦汉以来，去圣日远，儒者推阐论说，各自成书，与经原不相比附。如伏生《尚书大传》、董仲舒《春秋阴阳》，核其文体，即是纬书；特以显有主名，故不能托诸孔子。其他私相撰述，渐杂以术数之言，既不知作者为谁，因附会以神其说。迨弥传弥失，又益以妖妄之辞，遂与谶合而为一。（见《易》类附录《易纬》下，《四库全书总目提要》卷六，页六十）

《后汉书·张衡传》谓衡上疏云："立言于前，有征于后，……谓之谶书。谶书始出，盖知之者寡。……成哀之后，乃始闻之。……殆必虚伪之徒，以要世取资。"（《后汉书》卷八十九，同文影殿刊本，页十二）谶书与纬，不可并论。然纬书中荒诞之部分，实类于谶。盖皆一种趋势下之产物也。

（二）所谓象数之学

纬书今多不存，就其存者观之，则如《易》纬中所讲之《易》理，即宋儒所谓"象数之学"。《左传·僖公十五年》，韩简曰："龟，象也；筮，数也。物生而后有象，象而后有滋，滋而后有数。"（《左传》卷五，《四部丛刊》本，页十九）此谓先有物而后有象，有象而后有数，此乃与常识相合之说。上篇所讲《易传》，亦言象。如《系辞》云："八卦成列，象在其中矣。""以制器者尚其象。"（《周易》卷七，《四部丛刊》本，页九）《易传》亦言数。如云："天一，地二，天三，地四，天五，地六，天七，地八，天九，地十。"（《周易》卷七，页九）但《易传》系以为有物而后有象。八卦之象，乃伏羲仰观俯察所得。既有此象，人乃取之以制器。故象虽在人为的物之先，而实在天然的物之后也。此后八卦之地位日益高。讲《易》者，渐以为先有数，后有象，最后有物。

此点汉人尚未明言，至宋儒始明言之。故所谓象数之学，发达于汉，而大成于宋。

〔注〕所谓象数之学，初视之似为一大堆迷信，然其用意，亦在于对于宇宙及其中各方面之事物，作一有系统的解释。其注重"数""象"，与希腊之毕达哥拉学派，极多相同之点，兹略述毕达哥拉学派，以资比较。亚里士多德曰："这些哲学家（毕达哥拉学派之哲学家）显然以数目为第一原理；为生存的物之质因（Material cause），且为其改变与永久形状之形式。数目之原质即奇偶：奇为有限；偶为无限。他们以为'一'自此二者出（因"一"亦奇亦偶）。从一生出一切数目；全宇宙都是数目。此派之别的哲学家说有十原理；他们列之为平行的两行：

有限	无限
奇	偶
一	多
右	左
雄	雌
静	动
直	曲
明	暗
好	恶
正方	长方

（亚里士多德《形上学》九八六）

德欧真尼斯引亚力山大所述毕达哥拉学派之教义云："一（Monad）为一切物之始。自一生不定的二（Indefinite duad），二属于一；一为二之原因。自一及不定的二生数（Numbers），自数生象（Signs）。自象生构成面积之线。自线生立体。自立体生可见之物。可见之物中有四原质：水，火，风，地。"（Diogenes Laertius, *Lives and Opinions of Eminent Philosophers* 卷八）柏乃云：毕达哥拉派学者由理塔斯（Eurytos）常举出各种物，如人及马之数，并常以小石排为各种形式以表示之。亚里士多德以为毕氏此种程序，与以数入象（如三角形及正方形等）者同。（Burnet, *Early Greek Philosophy* 页一〇〇）"三角数"（Tetraktys）之象，相传即毕氏所发明，"三角数"后有许多种类，但其最早者为"十数之三角数"（Tetraktys of dekad），其象如图：

此象以"四之三角形"代表十数，明示一加二加三加四等于十。斯朴西坡斯（Speusippos）曾举十数之许多性质，谓系毕氏所发现者。例如数中之含有同等数之素数（Prime number）及合数（Composite number）者，十为其第一。斯氏所举果有若干真为毕氏所发现，不可得知。但相传毕氏于此有一结论，谓无论希腊人，或野蛮人，皆数至十而即复返于一，此乃依照天然者。吾人似可以此结论为系毕氏所得。此"三角数"明可无限扩大；以图象表示相续整数之和。此和名为"三角数"。依同理，相续奇数之和名为"正方数"；相续偶数之和，名为长方数。如下图（同上，页一〇二至一〇三）：

毕氏研究音乐，量弦之长短，以定音。毕氏以为万物皆数，似即因此。如音乐之声音，可以归为数，其他事物，何不能然（同上，页一〇七）。所以毕氏以为天亦是一和声；一个数目。

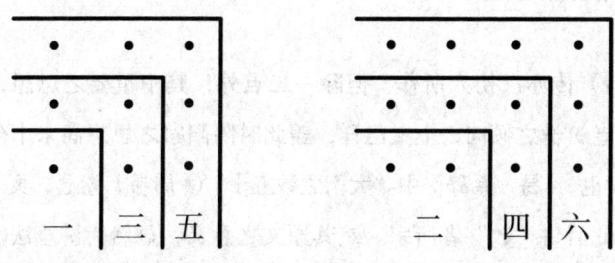

一　三　五　　　　二　四　六

中国之象数之学，与希腊哲学中毕达哥拉派之学说颇多相同处。吾人试一比较，即见其相同处之多，令人惊异。《易·系辞》曰"《易》有太极，是生两仪"，毕氏学派，亦以为一生二。试观毕氏学派所说有限无限等之十项分对，则可见有限即中国《易》学所谓之阳；无限即中国《易》学所谓之阴。希腊哲学中多以无限为材料（Matter）；有限为形式。材料受形式，乃成一物。中国之《易》学亦以为阳施阴受。综观此十项反对中，其与中国《易》学中所说不同者，即以有限为正方，以无限为长方。中国《易》学中则以为天圆地方。然毕氏学派中之所以以有限为正方者，以奇数为"正方数"也。所以以无限为长方者，以偶数为"长方数"也。由此而言，则此点固为中国《易》学所能承认者。惟以有限为静，无限为动，则与中国《易》学所与阴阳之性质，正相反对耳。

毕氏学派举出各种物之数，并以小石排为某种形式以表示之，"以数入象"。中国《易》学之讲"象""数"，正是如此。毕氏以为天是一个和声，在天文与音乐中，最可见数之功用。中国自汉以后讲律吕与历法者，皆以《易》之"数"为本。此仅举中国《易》学与毕氏学派大端相同之点，然即此亦足令人惊异矣。

（三）阴阳之数

《易》传亦汉初人所作，但除一二点外，其中重要之思想，有道家中《老》学之倾向，上文已详，盖此时阴阳家之思想尚未十分侵入《易》学也。《易·系辞》中"大衍之数五十"（《周易》卷七，页八）一段，为此后讲"数"者所宗。然其原文之意义，显然为讲筮法。如云"揲之以四，以象四时，归奇于扐以象闰"。明谓筮法乃象天文、历法；

非天文、历法，象筮法也。此与讲"数"者所讲不同，观下文可知。

《易纬·乾凿度》云：

昔者圣人因阴阳定消息，立乾坤，以统天地也。夫有形生于无形，乾坤安从生？故曰：有太易，有太初，有太始，有太素也。太易者，未见气也。太初者，气之始也。太始者，形之始也。太素者，质之始也。气形质具而未离，故曰浑沦。浑沦者，言万物相混成，而未相离。视之不见，听之不闻，循之不得，故曰易也。易无形畔。易变而为一。一变而为七。七变而为九。九者，气变之究也。乃复变而为一（同书卷下有一段与此文同；郑玄注云："乃复变为一；一变误耳，当为二。二变而为六。六变而为八。则与上七九意相协。"）。一者形变之始。清轻者上为天；浊重者下为地。物有始，有壮，有究，故三画而成乾。乾坤相并俱生，物有阴阳，因有重之，故六画而成卦。……阳动而进；阴动而退。故阳以七，阴以八，为象。易一阴一阳，合而为十五，之谓道。阳变七之九，阴变八之六，亦合于十五，则象变之数若一也。五音六律七变（同书下卷有一段与此文同，作七宿），由此作焉。故大衍之数五十，所以成变化而行鬼神也。日十干者，五音也。辰十二者，六律也。星二十八者，七宿也。凡五十所以大阆物而出之者也。孔子曰：阳三阴四，位之正也。（《易纬·乾凿度》卷上，《武英殿聚珍版丛书》本，页五至六）

《易·系辞》云："天一，地二，天三，地四，天五，地六，天七，地八，天九，地十。"阳由一而至九。一为阳之初生。三为阳之正位。（郑康成曰："圆者径一而周三。"）七为阳之象。（郑康成曰："象者爻之不变动者。"）九为阳之变。二为阴之初生。四为阴之正位。（郑康成曰："方者径一而匝四。"）八为阴之象。六为阴之变。盖"阳变而进，阴变而退"。故阳变则由七之九。阴变则由八之六。故《易经》中以阳爻为九,阴爻为六也。《乾凿度》似以十五与五十,为相似之数,故曰:"亦合于十五……故大衍之数五十。……"盖此二数皆用五,与十也。郑康成注云:"五象天之数奇也;十象地之数偶也。合天地之数,乃谓之道。"十五与五十,皆"合天地之数"之数也。"易变而为一,一变而为七……故三画而成乾。"一,三,五,七,九,阳之数也。三画三阳之象也。二,四,六,八,十,阴之数也。三画三阴之象也。所以三画者,象征物之有始,有壮,有究也。毕达哥拉学派以为一生二(如《易》所谓太极生两仪),二生数,数生象,与此意同。

《乾凿度》卷下,有与此段文相同之一段,但有一点文稍异,云:

阳动而进,变七之九,象其气之息也。阴动而退,变八之六,象其气之消也。故太一取其数以行九宫,四正四维,皆合于十五。(《乾凿度》卷下,页三)

"太一取其数以行九宫,四正四维,皆合于十五。"作何解释,此处未明言。后人以图象表之,此图象即宋刘牧所谓《河图》,朱子所谓《洛书》。此等图象,正毕达哥拉氏以小石排为种种形状以表示数之类也。

(四)八卦方位

以八卦配入四方四时等之宇宙间架,《易》传《说卦》即言之。《说卦》云:

万物出乎震,震东方也。齐乎巽,巽东南也。齐也者,言万物之洁齐也。离也者,明也。万物皆相见,南方之卦也。……坤也者,地也。万物皆致养焉,故曰致役乎坤。兑,正秋也。万物之所说也,故曰:说言乎兑。战乎乾。乾,西北之卦也,言阴阳相薄也。坎者,水也,正北方之卦也；劳卦也；万物之所归也，故曰：劳乎坎。艮，东北之卦也，万物之所成终而所成始也。故曰：成言乎艮。(《周易》卷九，页二)

八卦方位，何以如此分配，似无充足理由可说。《乾凿度》更申言云：

孔子曰：易始于太极。太极分而为二，故生天地。天地有春秋冬夏之节，故生四时。四时各有阴阳刚柔之分，故生八卦。八卦成列，天地之道立，雷风水火山泽之象定矣。其布散用事也，震生物于东方，位在二月。巽散之于东南，位在四月。离长之于南方，位在五月。坤养之于西南方，位在六月。兑收之于西方，位在八月。乾制之于西北方，位在十月。坎藏之于北方，位在十一月。艮终始之于东北方，位在十二月。八卦之气终，则四正四维之分明，生长收藏之道备，阴阳之体定，神明之德通，而万物各以其类成矣。皆易之所包也。至矣哉，易之德也。孔子曰：岁三百六十日，而天气周。八卦用事，各四十五日，方备岁焉。……孔子曰：乾坤，阴阳之主也。阳始于亥，形于丑。乾位在西北，阳祖微据始也。阴始于巳，形于未，据正立位，故坤位在西南，阴之正也。(郑康成注云："阴气始于巳，生于午，形于未。阴道卑顺，不敢据始以敌，故立于正形之位。")君道倡始，臣道终正。是以乾位在亥，坤位在未；所以明阴阳之职，定君臣之位也。(《乾凿度》卷上，页三至四)

此以八卦为骨干之宇宙间架，比以五行为骨干者，较为后起。以八卦配入四方，尚余四卦，位于东北、东南、西南、西北，四隅，所谓"四正四维"也。以八卦所表示之阴阳消长，说明四时寒暑之所以变迁，较易明显；故此后起之说大行。然以前以五行配四时之说，亦不废。

《乾凿度》更以八卦配五常云：

孔子曰：八卦之序成立，则五气变形。故人生而应八卦之体；得五气，以为五常，仁，义，礼，智，信，是也。夫万物始出于震；震，东方之卦也。阳气始生，受形之道也，故东方为仁。成于离；离，南方之卦也。阳得正于上，阴得正于下，尊卑之象定，礼之序也，故南方为礼。入于兑；兑，西方之卦也。阴用事而万物得其宜，义之理也，故西方为义。渐于坎；坎，北方之卦也。阴气形盛，阴阳气含闭，信之类也，故北方为信。夫四方之义，皆统于中央。故乾，坤，艮，巽，位在四维。中央所以绳四方行也，智之决也，故中央为智。故道兴于仁，立于礼，理于义，定于信，成于智。五者，道德之分，天人之际也。圣人所以通天意，理人伦，而明至道也。(《乾凿度》卷上，页四)

此等配合，可以图明之：

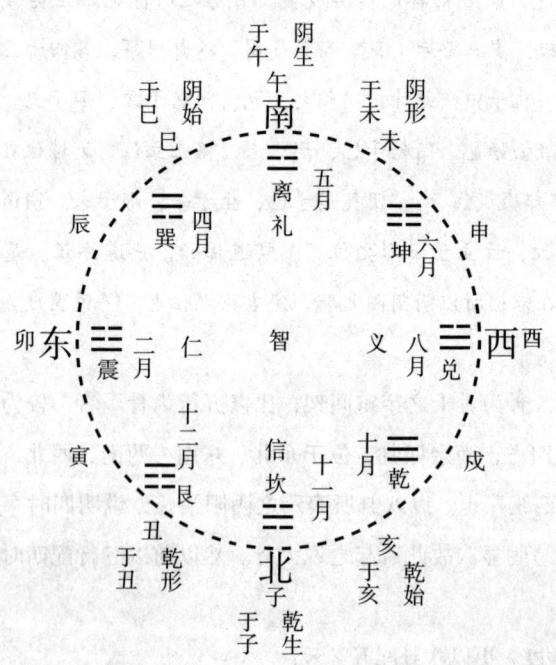

（五）卦气

《易纬·稽览图》有更详细的方法，将六十四卦皆配入四时。《稽览图》云：

小过蒙益渐泰（寅）。需随晋解大壮（卯）。豫讼蛊革夬（辰）。旅师比小畜乾（巳）。大有家人井咸姤（午）。鼎丰涣离遁（未）。恒节同人损否（申）。巽萃大畜贲观（酉）。归妹无妄明夷困剥（戌）。艮既济噬嗑大过坤（亥）。未济蹇颐中孚复（子）。屯谦睽升临（丑）。坎（六）震（八）离（七）兑（九）。巳上四卦者，四正卦，为四象。每岁十二月，每月五月（纪昀等云："按月字当作卦。"）卦六日七分。每期三百六十六日每四分（纪昀等云："按六日当作五日，四分当作四分日之一。"）。（《易纬·稽览图》卷下，《武英殿聚珍版丛书》本，页一）

又云：

《易纬·是类谋》以此四正之卦，卦有六爻，爻主一气。余六十卦，卦主六日七分，八十分日之七。正岁三百六十五日四分之一。六十而一周。（《稽览图》卷下，页十八）

此以居四方之四卦，震（居东方，其数八）离（居南方，其数七）兑（居西方，其数九）坎（居北方，其数六）为四正卦。主四时。每卦六爻，每爻主一气。《稽览图》下谓：坎初六主冬至。震初九主春分。离初九主夏至。兑初九主秋分。余爻分主其余二十气，详下图中。六十四卦，除此四卦尚余六十卦。每卦主六日七分。七分者即一日之八十分之七也。一岁三百六十五日又四分日之一。若每卦主六日，则六十卦值三百六十日，尚余五日又四分之一。若将每日分为八十分，则五日又四分之一日共有四百三十分。以六十除四百二十，则每卦得七分。所以每卦，主日六日七分也。此六十卦，分配于十二月，每月得五卦。此每月之五卦，《易纬·稽览图》更将其分为天子、诸侯、公、卿、大夫。如小过为正月（即寅月）之诸侯，蒙为正月之大夫，益为正月之卿，渐为正月之公，泰为正月之天子。十二月中之天子卦，即复（自十一月数起）、临、泰、大壮、夬、乾、姤、遁、否、观、剥、坤。此十二卦为十二月主卦，故称天子卦，亦称辟卦，辟亦君也。所以以此十二卦为十二月之主卦者，六十四卦中，上五爻皆阴，独下一爻为阳者，为复卦☷☳。上四爻皆阴，下二爻为阳者，为临卦☷☱。上三爻皆阴，下三爻为阳者，为泰卦☷☰。上二爻皆阴，下四爻为阳者，为大壮卦☳☰。上一爻为阴，下五爻为阳者，为夬卦☱☰。六爻皆阳者，为乾卦☰☰。上五爻皆阳，下一爻为阴者。为姤卦☰☴。上四爻皆阳，下二爻为阴者，为遁卦☰☶。上三爻皆阳，下三爻皆阴者，为否卦☰☷。上二爻为阳，下四爻为阴者，为观卦☴☷。上一爻为阳，下五爻为阴者，为剥卦☶☷。六爻全阴者，为坤卦☷☷。若以此十二卦分配于十二月。以复卦当十一月，以乾卦当四月，以姤卦当五月，以坤卦当十月，则十二月中阴阳盛衰之象，显然可见。故以此十二卦为辟卦，表示一年中阴阳消息之象。惟其余诸侯公卿大夫之分配，则未有如此明显之理由也。

（六）孟喜、京房

孟喜、京房亦讲卦气之说。《汉书·京房传》曰：

其说长于灾变，分六十卦更直日用事。以风雨寒温为候，各有占验。（《前汉书》卷七十五，同文影殿刊本，页六）

唐僧一行《卦议》曰：

十二月卦，出于孟氏章句，其说《易》本于气，而后以人事明之。京氏又以卦爻配期之日。（《新唐书》卷二十七上，同文影殿刊本，页十三）

一行又曰：

当据孟氏，自冬至初，中孚用事。一月之策，九六七八，是为三十。而卦以地六，候以天五。五六相乘，消息一变。十有二变而岁复初。坎震离兑，二十四气，次主一爻。其初则二至二分也。坎以阴包阳，故自北正，微阳动于下，升而未达。极于二月，凝固之气消，坎运终焉。春分出于震，始据万物之元，为主于内，则群阴化而从之。极于南正，而丰大之变穷，震功究焉。离以阳包阴，故自南正，微阴生于地下，积而未章。至于八月，文明之质衰，离运终焉。仲秋阴形于兑，始循万物之末，为主于内，群阳降而承之。极于北正，而天泽之施穷，兑功究焉。故阳七之静始于坎；阳九之动始于震。阴八之静始于离；阴六之动始于兑。故四象之变，皆兼六爻，而中节之应备矣。（《新唐书》卷二十七上，页十三至十四）

孟氏即孟喜；京氏即京房。《汉书·儒林传》曰：

孟喜字长卿，东海兰陵人也。……得《易》家候阴阳灾变书。……京房受《易》梁人焦延寿（师古曰："延寿其字，名赣。"）。延寿云：尝从孟喜问《易》，会喜死，房以为延寿《易》即孟氏学。……至成帝时，刘向校书，考《易》说，以诸《易》家说，皆祖田何，杨叔，丁将军，大谊略同，惟京氏为异党。焦延寿独得隐士之说，托之孟氏，不与相同。房以明灾异得幸，为石显所谮诛。（《前汉书》卷八十八，页八至十一）

孟喜生卒年月，《儒林传》未言及。惟言喜同门施雠于"甘露中与五经诸儒杂论同异于石渠阁"。此汉宣帝甘露三年（西历纪元前51年）事。京房被诛，在汉元帝建昭二年（西历纪元前37年）。孟喜、焦赣、京房，皆以所谓阴阳灾变讲《易》。详细内容，或有不同，今书缺无可考证。然其大指，则皆以阴阳家言释《易》也。至关于卦气之各种理论，果系《易》纬取孟京，或孟京取《易》纬，或《易》纬即孟京一派讲《易》学者所作,不易断定。

据一行所说,则孟喜亦以坎震离兑,分主四方四时,其二十四爻,分主二十四气;正同《易》纬之说。惟又言"候以天五"。是孟喜于二十四气外,又加入七十二候。七十二候系根据《月令》。如《月令》:"孟春之月……东风解冻,蛰虫始振,鱼上冰,獭祭鱼,鸿雁来。"(《礼记》卷五,《四部丛刊》本,页一)。郑注云:"皆记时候也。"每月皆有其"时候"。孔疏云:"凡二十四气,每三分之,七十二气,气间五日有余,故一年有七十二候也。"两"候"相间,"五日有余",即所谓"候以天五"也。五为天之中数(介乎一,三,与七,九之间),故曰天五。每卦主六日余,故曰"卦以地六"。六为地之中数(介乎二,四,与八,十之间),故曰地六。五乘六得三十,即一月之日数,"消息一变"之日数也。九七为阳之数,六八为阴之数。(参看第三节)此四数相加,亦为三十,亦一月之日数,"消息一变"之日数也。一行本孟氏之说,作一图以明之;观之亦可见《易》纬卦气之说。其图如下:

卦气图

常气	月中节 四正卦	初候 始卦	次候 中卦	末候 终卦
冬至	十一月中 坎初六	蚯蚓结 公中孚	麋角解 辟复	水泉动 侯屯(内)
小寒	十二月节 坎九二	雁北乡 侯屯(外)	鹊始巢 大夫谦	野雉始鸲 卿睽
大寒	十二月中 坎六三	鸡始乳 公升	鸷鸟厉疾 辟临	水泽腹坚 侯小过(内)
立春	正月节 坎六四	东风解冻 侯小过(外)	蛰虫始振 大夫蒙	鱼上冰 卿益
雨水	正月中 坎九五	獭祭鱼 公渐	鸿雁来 辟泰	草木萌动 侯需(内)
惊蛰	二月节 坎上六	桃始华 侯需(外)	仓庚鸣 大夫随	鹰化为鸠 卿晋

续表

春分	二月中 震初五	玄鸟至 公解	雷乃发声 辟大壮	始电 侯豫（内）
清明	三月节 震六二	桐始华 侯豫（外）	田鼠化为鴽 大夫讼	虹始见 卿蛊
谷雨	三月中 震六三	萍始生 公革	鸣鸠拂其羽 辟夬	戴胜降于桑 侯旅（内）
立夏	四月节 震九四	蝼蝈鸣 侯旅（外）	蚯蚓生 大夫师	王瓜生 卿比
小满	四月终 震六五	苦菜秀 公小畜	靡草死 辟乾	小暑至 侯大有（内）
芒种	五月节 震上六	螳螂生 侯大有（外）	鵙始鸣 大夫家人	反舌无声 卿井
夏至	五月中 离初九	鹿角解 公咸	蜩始鸣 辟姤	半夏生 侯鼎（内）
小暑	六月节 离六二	温风至 侯鼎（外）	蟋蟀居壁 大夫丰	鹰乃学习 卿涣
大暑	六月中 离九三	腐草为萤 公履	土润溽暑 辟遁	大雨时行 侯恒（内）
立秋	七月节 离九四	凉风至 侯恒（外）	白露降 大夫节	寒蝉鸣 卿同人
处暑	七月中 离六五	鹰祭鸟 公损	天地始肃 辟否	禾乃登 侯巽（内）
白露	八月节 离上九	鸿雁来 侯巽（外）	玄鸟归 大夫萃	群鸟养羞 卿大畜
秋分	八月中 兑初九	雷乃收声 公贲	蛰户 辟观	水始涸 侯归妹（内）
寒露	九月节 兑九二	鸿雁来宾 侯归妹（外）	雀入大水为蛤 大夫无妄	菊有黄华 卿明夷
霜降	九月中 兑六三	豺乃祭兽 公困	草木黄落 辟剥	蛰虫咸俯 侯艮（内）
立冬	十月节 兑九四	水始冰 侯艮（外）	地始冻 大夫既济	野鸡入水为蜃 卿噬嗑
小雪	十月中 兑九五	虹藏不见 公大过	天气上腾地气下降 辟坤	闭塞而成冬 侯未济（内）
大雪	十一月节 兑上六	鹖鸟不鸣 侯未济（外）	虎始交 大夫蹇	荔挺生 卿颐

（《历志》，《唐书》卷二十八上，页二至五）

宋李溉卦气图，又以十二月主卦之爻配七十二候。盖每卦六爻，十二卦恰七十二爻也。此图朱震载入《汉上易传》。

（七）音律配卦

《汉书·律历志》，用刘歆之说，以十二律配入十二月。并以十二月配乾卦之六爻及坤卦之六爻，即用所谓爻辰之说也。又以黄钟，林钟，太簇三律为天地人三统。《律历志》云：

三统者，天施地化人事之纪也。十一月，乾之初九，阳气伏于地下，始著为一，万物萌动，钟于太阴，故黄钟为天统。律长九寸，九者，所以究极中和，为万物元也。《易》曰："立天之道，曰阴与阳。"六月，坤之初六，阴气受任于太阳，继养化柔，万物生长，楙之于未，令种刚强大，故林钟为地统。律长六寸，六者，所以含阳之施，楙之于六合之内，令刚柔有体也。"立地之道，曰柔与刚。"乾知太始，坤作成物。正月乾之九三（宋祁曰："当作九二。"），万物棣通，族出于寅，人奉而成之。仁以养之，义以行之。令事物各得其理。寅，木也，为仁，其声，商也，为义。故太簇为人统。律长八寸，象八卦。宓戏氏之所以顺天地，通神明，类万物之情也。"立人之道，曰仁与义。"在天成象，在地成形，后以裁成天地之道，辅相天地之宜，以左右民。此三律之谓矣。是为三统。（《前汉书》卷二十一上，页五至六）

黄钟为阳气生之月（十一月）之律，其律管亦长九寸。林钟为阴气生之月三律，其律管亦长六寸。《律历志》又曰："九六阴阳，夫妇子母之道也。律娶妻，而吕生子，天地之情也。"（《前汉书》卷二十一上）黄钟之管，三分损一，即以三分之二乘九寸，得六寸，即林钟之管之长度。所谓黄钟生林钟，即所谓"律娶妻"也。林钟之管，三分益一，即以三分之四乘六寸，得八寸，即太簇之管之长度。所谓林钟生太簇，所谓"吕生子"也。十二律中，总名之皆为律，分名之则六阳律为律，六阴律为吕；黄钟为律之首，林钟为吕之首。太簇为林钟所生。故若黄钟为天统，林钟为地统，则太簇为人统也。

《律历志》又以宫商角徵羽五声配五行，与《月令》同。五声何以如是配于四时及五行。各家均未能有令人满意的说明。惟十二律之分配于十二月，则在乐理上颇可说明。盖十二律中黄钟律管最长，音最浊；大吕律管次长，音次浊；太簇律管又次长，音又次浊。十一月在一岁中为阳生之月，以黄钟配之，以后即以音之清浊为标准，顺序下配，至应钟律管最短，音最清，即以十月配之，而一岁亦终矣。惟一岁之中，阳气生于十一月，极盛于五月，至六月而阴生。此后阳渐衰，阴渐盛，极于十月。何以十二律则由浊而清一直下去，此则甚难为解释者。惟《淮南子·天文训》以十二律配二十四气。曰："日冬至比林钟（据王引之校，当为应钟），浸以浊。夏至音比黄钟，浸以清。以十二律，应二十四时之变。"（刘文典先生《淮南鸿烈集解》卷三，页二十二）又曰："阳生于子，阴生于午。"（同上，页十四）冬至音比应钟，此律律管最短，音最清。此后十五日为小寒，音比无射，无射律管较长，音较浊。此后阳气日盛，阴气日衰，其气候所比之音亦日浊。至夏至音比黄钟，此律为十二律中音之最浊者。此后阳气日衰，阴气日盛，其气候所比之音亦日益清。小暑音比大吕。大暑音比太簇。至小雪音比无射，大雪音比应钟，而一岁周矣。（《淮南子》原文有误，参看王引之校）此以为阳气盛则音浊，阴气盛则音清。一岁之中，阴阳盛衰，循环变化，故音之清浊亦循环变化。此在此系统中为较能自圆其说之说。正月所以为乾之九二者，《易纬·乾凿度》曰："乾阳也；坤阴也；并治而交错行。乾贞于十一月子，左行，阳时六。坤贞于六月未，右行，阴时六。

以奉顺成其岁。岁终次从于屯蒙。"(《乾凿度》卷下，页五)十一月当乾之初九，正月当九二，三月当九三，五月当九四，七月当九五，九月当上九。此所谓"乾贞于子，左行，阳时六"也。六月当坤初六，八月当六二，十月当六三，十二月当六四，二月当六五，四月当上六。此所谓"坤贞于六月未，右行，阴时六"也。此阴阳所以为"并治而交错行"也。乾坤"主岁"既终，则次卦屯蒙主岁。二卦中一卦之六爻，亦与其他一卦之六爻，"间时而治"。如是六十四卦，周而复始。《律历志》用此说，故言十一月乾之初九；六月坤之初六也。

（八）其他纬书

其他纬书，皆特别注重于所谓"天人之道"。《尚书纬·璇玑钤》云：

尚书篇题号；尚者，上也；书者，如也。上天垂文象，布节度，书如天行也。(《玉函山房辑佚书》卷五十三，娜嬛馆刊本，页四十七)

又云：

书务以天言之。（同上，卷五十三，页四十七）

"书如天行"，"以天言"，诗亦如此。《诗纬·含神雾》云：

诗者，天地之心，君德之祖，百福之宗，万物之户也。……集微揆著，上统元皇，下序四始，罗列五际。（同上，卷五十四，页五）

《春秋纬·说题辞》云：

诗者，天文之精，星辰之度，人心之操也。（同上，卷五十六，页三十四）

四始五际者，《诗纬·氾历枢》云：

《大明》在亥，水始也；《四牡》在寅，木始也；《嘉鱼》在巳，火

始也；《鸿雁》在申，金始也。(同上，卷五十四，页二)

又云：

午亥之际为革命，卯酉之际为改正，辰在天门，出入候听。(《后汉书·郎顗传》引作："卯酉为革政，午亥为革命，神在天门，出入候听。神在戌亥，司候帝王兴衰得失，厥善则昌，厥恶则亡。")卯，《天保》也；酉，《祈父》也；午，《采芑》也；亥，《大明》也。然则亥为革命，一际也。亥(陈乔枞曰："当作戌亥之间。")又为天门，出入候听，二际也。卯为阴阳交际，三际也。午为阳谢阴兴，四际也。酉为阴盛阳微，五际也。(同上，卷五十四，页二)

此以诗之各篇分配入阴阳家之宇宙间架内，须与以前诸图合观之。礼中亦有天人之道。《礼纬·稽命征》云：

礼之动摇也，与天地同气。四时合信，阴阳为符，日月为明，上下和洽，则物兽如其性命。(同上，卷五十四，页二十四)

《春秋纬·说题辞》云：

礼者，所以设容，明天地之体也。(同上，卷五十六，页三十四)

又云：

礼者，体也。人情有哀乐，五行有兴灭；故立乡饮之礼，终始之哀，婚姻之宜，朝聘之表。尊卑有序，上下有体。王者行礼，得天中和。礼得则天下咸得厥宜，阴阳滋液，万物调，四时和。动静常用，不可须臾惰也。(同上，卷五十六，页三十四)

乐中亦有天人之道。《乐纬·动声仪》云：

圣王知极盛时衰，暑极则寒，乐极则哀；是以日中则昃，月盈则蚀，天地盈虚，与时消息。制礼作乐者，所以改世俗，致祥风，和雨露，为百姓获福于皇天者也。(同上，卷五十四，页四十五)

《乐纬·叶图征》云：

夫圣人之作乐，不可以自娱也，所以观得失之效者也。故圣人不取于一人，必从八能之士，故撞钟者当知钟，击鼓者当知鼓，吹管者当知管，吹竽者当知竽，击磬者当知磬，鼓琴者当知琴。故八士曰，或调阴阳，或调五行，或调盛衰，或调律历，或调五音。与天地神明合德者，则七始八气各得其宜也。……八能之士，常以日冬至成天文，日夏至成地理。作阴乐以成天文，作阳乐以成地理。（同上，卷五十四，页五十四至五十六）

《春秋》中亦有天人之道。《春秋纬·握诚图》云：

孔子作《春秋》，陈天人之际，记异考符。（同上，卷五十六，页十三）

《春秋纬·汉含孳》云：

孔子曰："邱览史记，援引古图，推集天变，为汉帝制法，陈叙图录。"（同上，卷五十六，页三）

以上所引，虽特注重于"天人之道"，然尚亦今文经学家所常言；至于孔子自以作《春秋》乃"为汉帝制法"之说，则较怪诞矣。此类怪诞之说，纬书中亦不少，如《春秋纬·演孔图》云：

孔子母徵在游于大冢之陂，睡梦黑帝使请己。已往梦交，语曰：女乳必于空桑之中。觉在若感，生邱于空桑之中。故曰元圣。首类尼邱，故名。孔子之胸有文曰："制作定，世符运。"孔子长十尺，大九围，坐如蹲龙，立如牵牛。就之如昴，望之如斗。圣人不空生，必有所制，以显天心。邱为木铎，制天下法。……得麟之后，天下血书鲁端门，曰："趋作法，孔圣没。周姬亡，彗东出。秦政起，胡破术。书纪散，孔不绝。"子夏明日往视之，血书飞为赤鸟，化为白书，署曰《演孔图》。中有作图制法之状。孔子论经，有鸟化为书。孔子奉以告天，赤爵书上，化为黄玉。刻曰："孔提命作，应法为制，赤雀集。"（同上，卷

五十六，页五十至五十一）

此纬书中所杂之谶也。至此孔子遂变为神矣。孔子在春秋战国之时，一般人视之，本只为一时之大师。在《公羊春秋》中，孔子之地位，由师而进为王。在谶纬书中，孔子更由王而进为神。各时代思想之变，亦于此可见。

此等"非常可怪之论"，至西汉之末而极盛。在西汉之末，谶书大盛，皆"诡为隐语，预决吉凶"。王莽自以为应谶而易汉为新，光武亦自以为应谶而易新为汉。大臣之进退，亦决于谶。此等本亦不在阴阳家学说之内；然阴阳家注重"天人之道"之学说，其流弊所极，固可能至于此也。

（九）阴阳家与科学

阴阳家之学，虽有若斯流弊，而中国科学萌芽，则多在其中。盖阴阳家之主要的动机，在于立一整个的系统，以包罗宇宙之万象而解释之。其方法虽误，其知识虽疏，然其欲将宇宙间诸事物系统化，欲知宇宙间诸事物之所以然，则固有科学之精神也。秦汉之政治，统一中国，秦汉之学术，亦欲统一宇宙。盖秦汉之统一，为中国以前未有之局。其时人觉此尚可能，他有何不可能者。其在各方面使事物整齐化，系统化之努力，可谓几于热狂。吾人必知汉人之环境，然后能明汉人之伟大。

试观以上所略述，可见中国之讲历法音乐者，大都皆用阴阳家言，此外如讲医学及算学者亦多用阴阳家言。试观《黄帝内经》及《周髀算经》等书，即可知之。阴阳家在此各方面之努力，直至最近，始渐消灭。民国纪元前数年之历书，固仍有七十二候等也。由此方面，亦可见自汉迄最近，中国始终在中古时代，而近古时代，则最近始方萌芽也。

第四章　古文经学与扬雄、王充

（一）"古学"与刘歆

在西汉之时，即有一部分人不满于以阴阳家学说说经之经学家，遂另立一种经学，以对抗之。《隋书·经籍志》曰：

王莽好符命，光武以图谶兴，遂盛行于世。汉世又诏东平王苍正五经章句，皆命从谶。俗儒趋时，益为其学。篇卷第目，转加增广。言五经者，皆凭谶为说。唯孔安国，毛公，王璜，贾逵之徒，独非之，相承以为妖妄，乱中庸之典；故因汉鲁恭王河间献王所得古文，参而考之，以成其义，为之古学。（《隋书》卷三十二，同文影殿刊本，页三十二）

"古学"即所谓古文家之经学。其说经不用纬书谶书及其他阴阳家之言，一扫当时"非常可怪之论"，使孔子反于其"师"之地位。此等经学家，实当时之思想革命家也。

清代之今文经学家，以为汉代之古文经典，皆刘歆所伪造。谓刘歆遍伪群经，以助王莽之篡汉。古文经学家之经典及经说，比于今文经学家之经典及经说，多为后起，可无疑义。然若谓其为伪，则即今文经学家之经典，本不必真孔门之旧；其经说更多孔门所未尝梦及之"非常可怪之论"，本亦何尝"真"？若就经说论，则古文经学家所说尚为较近于孔门面目也。古文经学家之经典及经说甚多，必非一人一时所能"伪"造。若谓刘歆一人遍"伪"群经，则刘歆必为"超人"而后可。

盖汉代自有不满于当时正统经学家,即所谓今文经学家,之经典及经说者,各立其所自以为真得孔子正传之经典及经说,久之自有所谓"古学"者兴。一时代思想界革命之大运动,皆非一手一足之烈也。

然"古学"虽不为刘歆所独创,而刘歆实为提倡"古学"最显著之一人。"古学"之起,皆在民间,不立于学官。汉成帝时使"刘向校中秘书,谒者陈农使使求遗书于天下"(《成帝纪》,《前汉书》卷十,同文影殿刊本,页六);古文经学家之经典及经说,当于此时,以"遗书"资格,入于中秘。刘歆继其父向校中秘书,见而重之。于哀帝时,遂欲将古文经学家之经典及经说,《左氏春秋》、《毛诗》、《逸礼》、《古文尚书》,立于学官。当时博士,极力反对。刘歆与之争辩,终不能胜。刘歆以其当时政治上学术上之地位,出死力为"古学"奋斗,故实可谓为"古学"之领袖。至于其个人之学说,则刘歆尚讲五行灾异(见《汉书·五行志》),可见其尚不免受阴阳家之影响。然其所作《七略》,综论上古学术之源流派别,认各家之起皆有其历史的根据,不杂所谓"非常可怪"之论,实纯就古文经学家之见解以立言,在当时实亦一部革命的著作也。

(二)扬雄

此等古文经学家,对于当时思想界之贡献,为扫除今文经学家"非常可怪"之论,使儒家学说与阴阳家学说离开。其贡献为消极的。至于在积极方面,则此派经学家,殊不如其在消极方面之大也。

与此派经学家相应之思想家,为扬雄王充。此二人在其积极方面,虽皆无甚新见;然其结两汉思想之局,开魏晋思想之路,自哲学史之观点言,则须略述此二人之思想,以见两汉、魏晋两时代间思想转变之迹。大概言之，两汉时代，以儒家与阴阳家混合之思想为主体；魏晋时代，以儒家与道家混合之思想为主体。

《汉书·扬雄列传》云：

扬雄字子云，蜀郡成都人也。……少而好学，不为章句，训诂通而已。博览无所不见。为人简易佚荡，口吃不能剧谈，默而好深湛之思。清静亡为，少嗜欲，不汲汲于富贵，不戚戚于贫贱，不修廉隅，以徼名当世。家产不过十金，乏无儋石之储，晏如也。自有大度，非圣哲之书不好也，非其意虽富贵不事也。……实好古而乐道，其意欲求文章成名于后世。以为经莫大于《易》，故作《太玄》；传莫大于《论语》，作《法言》。……年七十一，天凤五年（西历纪元18年）卒。(《前汉书》卷八十七上，页一；至卷八十七下，页二十一)

扬雄所著作，其与哲学有关者，为《太玄》一书。《太玄》乃摹《易》之作；《易传》中采有《老子》学说，前文已详。扬雄之学说中，实多《老》《易》之学说也。扬雄《太玄赋》云：

观《大易》之损益兮，览老氏之倚伏。省忧喜之共门兮，察吉凶之同域。瞰瞰著乎日月兮，何俗圣之暗烛？岂憍宠以冒灾兮，将噬脐之不及。若飘风之不终朝兮，骤雨不终日。雷隆隆而辄息兮，火犹炽而速灭。自夫物有盛衰兮，况人事之所极。(《古文苑》卷四，《四部丛刊》本，页一)

此述《老》《易》所说物极则反之理，实无新见；特在当时纬书谶书盛行之际，而扬雄能持《老》《易》之自然主义的宇宙观及人生观，实可谓为有革命的意义也。以《老》《易》之思想为基础，扬雄乃作《太玄》。

（1）《太玄》

扬雄云：

夫作者贵其有循而体自然也，其所循也大，则其体也壮；其所循也小，则其体也瘠；其所循也直，则其体也浑；其所循也曲，则其体也散。故不攂所有，不强所无。譬诸身，增则赘，而割则亏。故质干在乎自然，华藻在乎人事也，其可损益欤？（诸本皆作"华藻在乎人事人事也"。许翰云："人事二字盖衍。"）(《太玄莹》,《太玄》卷七,《四部丛刊》本，页十七)

此谓著书立说之人之可贵者，其学说均以自然为对象。其所叙述之对象小，则其学说亦小；其对象大，则其学说亦大。自然是如何，著书立说者之学说即应以为是如何，不能以私意有所增减。所谓"不攂所有，不强所无"也。"质干在乎自然，华藻在乎人事也，其可损益欤？"言著书立说者之学说，应以自然为主体；著书立说者之言，特"华藻"之而已，不可对于自然，有所损益也。

《太玄》之书中所谓玄者，扬雄云：

玄者，幽搞万类而不见其形者也，资陶虚无而生乎？规攔神明而定摹，通同古今以开类，搞措阴阳而发气。……仰而视之在乎上，俯而窥之在乎下，企而望之在乎前，弃而忘之在乎后。欲违则不能，嘿则得其所者，玄也。……阳知阳而不知阴，阴知阴而不知阳。知阴知阳，知止知行，知晦知明者，其惟玄乎？(《太玄摛》,《太玄》卷七，页五至九)

又云：

夫玄也者，天道也、地道也、人道也。(《太玄图》,《太玄》卷十，页四)

由此言之，玄乃宇宙之最高原理、万物之发生运动，与其间之秩序，皆玄为之也。扬雄又云：

驯乎玄，浑行无穷，正象天，阴阳批参。以一阳乘一统，万物资形。方州部家，三位疏成。曰，陈其九九，以为数生。赞上群纲，乃综

乎名。八十一首，岁事咸贞。(《玄首总序》，《太玄》卷一，页二至三)

又云：

玄有一道，一以三起，一以三生。以三起者，方州部家也。以三生者，参分阳气，以为三重，极为九营。是为同本离生，天地之经也。旁通上下，万物并也。九营周流，始终贞也。始于十一月，终于十月，罗重九行，行四十日。(《太玄图》，《太玄》卷十，页四)

此谓一玄之总原理，分而为三，名之为方，有一方二方三方，共为三方。三方又各分而为三，名之为州。每方有一州二州三州，共为九州。每州又各分而为三，名之为部，每州有一部二部三部，共为二十七部。每部又各分而为三，名之为家，每部有一家二家三家，共为八十一家。此所谓"方州部家，三位疏成"也；所谓"以三起"也。

[注] 扬雄所以设方州部家之四重，不多亦不少者，盖儒家普通所说官制，亦只有四重。扬雄云："方州部家，八十一所，画下中上，以表四海，玄术莹之。一辟，三公，九卿，二十七大夫，八十一元士，少则制众，无则制有，玄术莹之。"(《太玄莹》，《太玄》卷七，页十六) 扬雄以为官制之四重，乃法玄之四重；实则扬雄所说玄之四重，乃儒家普通所说官制之四重所提示也。

某方内之某州，某州内之某部，某部内之某家，《太玄》谓之一"首"。"首"如《易》之卦。如一方一州一部之一家，即为所谓"中""首"；一方一州一部之二家，即为所谓"周""首"。如是配合，共得八十一首。每首有九"赞"，"赞"如《易》之爻。九赞综于有名之首之内，所谓"赞上群纲，乃综乎名"也。如是共有七百二十九赞，所谓"陈其九九，以为数生"；所谓"参分阳气，以为三重，极为九营"；所谓"以三生"也。"参分阳气"者，玄虽"阴阳玭参"，虽"摛措阴阳而发气"，虽"知阴知阳"，而其运行，实以阳为主体。所谓"以一阳乘一统，万物资形"也。有此一玄之总原理，及三方九州二十七部八十一家及其所构成之八十一"首"，及其中之七百二十九"赞"，如宇宙之纲领然，所谓"是为同本离末，天地之经"也。以有此纲领，万物皆可得而有，所谓"旁通上下，万物并也"。而岁时变化，可得而成，所谓"九营周流，始终贞也"；所谓"八十一首，岁事咸贞"也。

《易》纬及孟京之《易》学，有卦气之说。扬雄《太玄》亦以其八十一首分配于一岁之四时中，以见"八十一首，岁事咸贞"之盛。代表每州之第一部第一家之"首"，为表现岁时显著变易之"首"，谓之一"天"。共有九天，扬雄云：

九天：一为中天，二为羡天，三为从天，四为更天，五为睟天，六为廓天，七为减天，八为沈天，九为成天。(《太玄数》，《太玄》卷八，页十五)

中为"首"名，其所代表之"天"即为"中天"；羡为"首"名，其所代表之"天"即为"羡天"。每"天"主四十日，所谓"始于十一月，终于十月，罗重九行，行四十日"也。扬雄又申言云：

诚有内者存乎中，宣而出者存乎羡，云行雨施存乎从，变节易度存乎更，珍光淳全存乎睟，虚中弘外存乎廓，削退消部存乎减，降队幽藏存乎沈，考终性命存乎成。是故一至九者，阴阳消息之计邪。反而陈之，子则阳生于十一月，阴终十月可见也；午则阴生于五月，阳终于四月可见也。生阳莫如子，生阴莫如午。西北则子羡尽矣，东南则午羡极矣。(《太玄图》，《太玄》卷十，页五至六)

阳始于亥，生于子；阴始于巳，生于午。一岁始于十一月，十一月为中首。此时万物初生，蕴而未发，所谓"诚有内者"也。终于十月，十月为成首。此时万物收藏死亡，所谓"考终性命"也。就人之行事言之，一事亦可分为九段。扬雄云：

> 故思心乎一，反复乎二，成意乎三，条畅乎四，著明乎五，极大乎六，败损乎七，剥落乎八，殄绝乎九。生神莫先乎一，中和莫盛乎五，倨剧莫困乎九。夫一也者，思之微者也；四也者，福之资者也；七也者，祸之阶也。三也者，思之崇者也；六也者，福之隆者也；九也者，祸之穷者也。二五八，三者之中也。（《太玄图》，《太玄》卷十，页六）

人有所作为，在第一段为起念，在第二段为考虑，在第三段为有一定之意，至第四段则"条畅"而发于行事。至第五段则"著明"而得相当之成功，所谓"福"也。至第六段则"极大"而得"福之隆"；然事至此已发展至于极端，故第七段即"败损"而为"祸之阶"。若再进至第八第九段，则"剥落"、"殄灭"而为"祸之穷"矣。扬雄又申言云：

> 自一至三者，贫贱而心劳；四至六者，富贵而尊高；七至九者，离咎而犯菑。五以下作息，五以上作消。数多者见贵而实索，数少者见贱而实饶。息与消纠，贵与贱交。（《太玄图》，《太玄》卷十，页七）

此皆《老》《易》之说，而扬雄述之者也。

然扬雄终未能完全脱阴阳家之见解，故亦讲上所述之象数之学。《太玄》云：

> 一与六共宗；二与七共明；三与八成友，四与九同道；五与五相守。（《太玄图》，《太玄》卷十，页八）

此亦即上文所讲阴阳家之宇宙间架，以数配入四方之意。不过彼只举五行之成数，此则兼举其生数。（参看本篇第二章第二节）此数之排列，后人以图象表之，即成宋刘牧所谓《洛书》，朱子所谓《河图》。

(2)《法言》

然扬雄之学终以儒家为主，以孔子为宗。扬雄云：

山岻之蹊,不可胜由矣;向墙之户,不可胜入矣。曰:恶由入?曰:孔氏。孔氏者,户也。(《吾子》,《法言》卷二,《四部丛刊》本,页二)

又曰:

或曰:"人各是其所是,而非其所非,将谁使正之?"曰:"万物纷错,则悬诸天;众言淆乱,则折诸圣。"或曰:"恶睹乎圣而折诸?"曰:"在则人,亡则书,其统一也。"(《吾子》,《法言》卷二,页三至四)

至于老子,扬雄云:

老子之言道德,吾有取焉耳。及捶提仁义,绝灭礼学,吾无取焉耳。(《问道》,《法言》卷四,页一至二)

其论儒家外别家之学,扬雄云:

庄、杨荡而不法,墨、晏俭而废礼,申、韩险而无化,邹衍迂而不信。(《五百》,《法言》卷八,页四)

圣人之书之存者,为《易》、《书》、《礼》、《诗》、《春秋》诸经。扬雄云:

说天者莫辩乎《易》,说事者莫辩乎《书》,说体者莫辩乎《礼》,说志者莫辩乎《诗》,说理者莫辩乎《春秋》。(《寡见》,《法言》卷七,页一)

此诸经皆与孔子有关,扬雄云:

或曰:"经可损益欤?"曰:"《易》始八卦,而文王六十四,其益可知也。《诗》、《书》、《礼》、《春秋》,或因或作,而成于仲尼,其益可知也。"(《问神》,《法言》卷五,页一至二)

后人立言,皆应以经为标准,扬雄云:

书不经,非书也;言不经,非言也。言书不经,多多赘矣。(《问神》,《法言》卷五,页三)

至于当时阴阳家之说，扬雄以为不合于圣人。扬雄云：

或问："圣人占天乎？"曰："占天地。"（汪荣宝曰："天地疑为天也之误。"）"若此，则史也何异？"曰："史以天占人，圣人以人占天。"（《五百》，《法言》卷八，页三）

又云：

或问黄帝终始。曰："托也。昔者姒氏治水土，而巫步多禹；扁鹊卢人也，而医多卢。夫欲雠伪必假真。禹乎，卢乎，终始乎？"（《重黎》，《法言》卷十，页一）

又云：

或曰："甚矣，传书之不果也。"曰："不果则不果矣，又（原作人，依汪荣宝校改。）以巫鼓。"（《君子》，《法言》卷十二，页二）

阴阳家之言，皆"巫鼓"之说也。当时方士所言神仙长生久视之说，扬雄亦以为不合于圣人。扬雄云：

或问："赵世多神，何也？"曰："神怪茫茫，若存若亡，圣人曼云。"（《重黎》，《法言》卷十，页一）

又云：

或问："人言仙者有诸乎？""吁！吾闻伏羲、神农、黄帝、尧、舜殂落而死，文王毕，孔子鲁城之北，独子爱其死乎？非人之所及也！仙亦无益子之汇矣。"或曰："圣人不师仙，厥术异也。圣人之于天下，耻一物之不知；仙人之于天下，耻一日之不生。"曰："生乎，生乎，名生而实死也！"或曰："世无仙，则焉得斯语？"曰："语乎者，非嚣嚣也与？惟嚣嚣能使无为有。"或问仙之实，曰："无以为也。有与无，非问也。问也者，忠孝之问也。忠臣孝子，偟乎不偟。"（《君子》，《法言》卷十二，页三至四）

又云：

有生者必有死，有始者必有终，自然之道也。(《君子》，《法言》卷十二，页四)

生死为"自然之道"，人岂有长生之理。方士之言，随阴阳家盛行。迷信之空气弥漫一时，扬雄此等言论，实有摧陷廓清之功也。

扬雄又有其对于人性之见解，亦为后世所称道。扬雄云：

人之性也善恶混。修其善则为善人，修其恶则为恶人。(《修身》，《法言》卷三，页一)

盖两取孟荀对于人性之见解，而折衷之也。

扬雄对于人性之见解，虽与孟子不同；而对于孟子，则甚推崇。扬雄云：

或问孟子知言之要，知德之奥。曰："非苟知之，亦允蹈之。"或曰："子小诸子，孟子非诸子乎？"曰："诸子者，以其知异于孔子也。孟子异乎？不异。"(《君子》，《法言》卷十二，页一)

扬雄自以为能复兴儒家之学，自比于孟子。扬雄云：

古者杨墨塞路，孟子辞而辟之，廓如也。后之塞路者有矣，窃自比于孟子。(《吾子》，《法言》卷二，页三)

自哲学之观点言之，扬雄之造诣，实远不逮孟子。然辟阴阳家之言，使儒家之学与之分离，虽古文经学家之共同工作，然扬雄能在思想方面，有有系统之表现，就历史之观点言，扬雄亦自有其在历史上之地位。

（三）王充

与扬雄同时稍后有桓谭，亦反对谶学。《后汉书》本传称其"能文章，尤好古学。数从刘歆扬雄，辩析疑异。……著书言当世行事二十九篇，号曰《新论》"。(《后汉书》卷五十八，同文影殿刊本，页一至六)其书已佚。此后在后汉初期，所谓谶学纬学继续盛行；遂有进一步之反动。古代思想中之最与术数无关者为道家。在东汉及三国之际，道家学说中之自然主义，渐占势力。王充《论衡》一书，即就道家自然主义之观点，以批评当时一般人之迷信。《论衡》一书，对于当时迷信之空气，有摧陷廓清之功；但其书中所说，多攻击破坏，而少建树，故其书之价值，实不如近人所想像之大也。

《论衡·自纪篇》曰：

王充者，会稽上虞人也。字仲任。……建武三年（西历纪元27年）充生。……才高而不尚苟作，口辩而不好谈对，非其人终日不言。其论说，始若诡于众，极听其终，众乃是之。以笔著文，亦如此焉。……淫读古文，甘闻异言，世书俗说，多所不安。幽居独处，考论实虚。（《论衡》卷三十，《四部丛刊》本，页一至二）

《后汉书》本传称充卒于永元中。汉和帝永元，自西历98年至104年，充当死于西历100年左右也。王充对于"世书俗说，多所不安"；故"幽居独处，考论实虚"。《论衡》一书，皆"考论""世书俗说"之"实虚"之作也。

(1) **自然主义**

《论衡》之考论"世书俗说"，以道家之自然主义为根据。《论衡·自然篇》曰：

天地合气，万物自生，犹夫妇合气，子自生矣。万物之生，含血之类，知饥知寒，见五谷可食，取而食之，见丝麻可衣，取而衣之。……天动不欲以生物而物自生，此则自然也；施气不欲为物而物自为，此则无为也。谓天自然无为者何？气也。恬澹无欲，无为无事者也。……至德纯渥之人禀天气多，故能则天自然无为。……贤之纯者黄老是也。黄者，黄帝也；老者，老子也。黄老之操身中恬澹，其治无为，正身共己，而阴阳自和。无心于为，而物自化；无意于生，而物自成。《易》曰："黄帝尧舜垂衣裳而天下治。"垂衣裳者，垂拱无为也。……《易》曰："大人与天地合其德。"黄帝尧舜大人也，其德与天地合；故知无为也。天道无为，故春不为生而夏不为长，秋不为成而冬不为藏。阳气自出，物自生长；阴气自起，物自成藏。汲井决陂，灌溉田园，物亦生长，濡然而雨，物之茎叶根荄，莫不洽濡。程量澍泽，孰与汲井决陂哉？故无为之为大矣。本不求功，故其功立；本不求名，故其名成。沛然之雨，功名大矣，而天地不为也，气和而雨自集。（《论衡》卷十八，页一至六）

此道家之自然主义而王充述之者也。

（2）对于当时一般人见解之批评

本此观点，《论衡》对于当时"世书俗说"之"实虚"，作为有系统之"考论"。《论衡·寒温篇》曰：

说寒温者曰：人君喜则温，怒则寒。何则？喜怒发于胸中，然后行出于外，外成赏罚。赏罚喜怒之效，故寒温渥盛，凋物伤人。（《论衡》卷十四，页一）

此阴阳家之说也。王充论之曰：

夫天道自然，自然无为，二令参偶，遭适逢会。人事始作，天气已有，故曰道也。使应政事，是有非自然也。（《论衡》卷十四，页八）

《论衡·谴告篇》曰：

论灾异，谓古之人君为政失道，天用灾异谴告之也。灾异非一，复以寒温为之效。人君用刑非时，则寒；施赏违节，则温。天神谴告人君，犹人君责怒臣下也。（《论衡》卷十四，页九）

此阴阳家之说也。王充论之曰：

夫天道自然也，无为；如谴告人，是有为，非自然也。黄老之家，论说天道，得其实矣。(《论衡》卷十四，页九至十)

《论衡·变动篇》曰：

论灾异者，已疑于天用灾异谴告人矣，更说曰，灾异之至，殆人君以政动天，天动气以应之。譬之以物击鼓，以椎叩钟。鼓犹天，椎犹政，钟鼓声犹天之应也。人主为于下，则天气随人而至矣。(《论衡》卷十五，页一)

此阴阳家之说也。王充论之曰：

人在天地之间，犹蚤虱之在衣裳之内，蝼蚁之在穴隙之中。蚤虱蝼蚁为逆顺横从，能令衣裳穴隙之间气变动乎？蚤虱蝼蚁不能，而独谓人能，不达物气之理也。……寒温之气系于天地，而统于阴阳，人事国政，安能动之？(《论衡》卷十五，页一至二)

《商虫篇》曰：

变复之家，谓虫食谷者，部吏所致也。贪则侵渔，故虫食谷。身黑头赤，则谓武官；头黑身赤，则谓文官。使加罚于虫所象类之吏，则虫灭息不复见矣。(《论衡》卷十六，页九)

此亦阴阳家之流之说也。王充论之曰：

倮虫三百，人为之长。由此言之，人亦虫也。人食虫所食，虫亦食人所食，俱为虫而相食物，何为怪之？设虫有知，亦将非人曰：汝食天之所生，吾亦食之，谓我为变，不自谓为灾。凡含气之类所甘嗜者，口腹不异。人甘五谷，恶虫之食；自生天地之间，恶虫之出。设虫能言，以此非人，亦无以诘也。……凡天地之间，阴阳所生，蛟蜒之类，蜫蠕之属，含气而生，开口而食，食有甘不，同心等欲。强大食细弱，知慧反顿愚。他物小大连相啮噬，不谓之灾，独谓虫食谷物为应政事，失道理之实，不达物气之性也。(《论衡》卷十六，页十至十一)

王充对于当时阴阳家之辩论，大略如此。对于当时世俗之各种迷信，王充亦有详细辩驳；其有哲学兴趣者，为王充对于鬼神有无之辩论。《论死篇》曰：

世谓死人为鬼，有知能害人。试以物类验之，死人不为鬼，无知，不能害人。何以验之？验之以物。人，物也；物，亦物也。物死不为鬼，人死何故独能为鬼？世能别人物不能为鬼，则为鬼不为鬼，尚难分明；如不能别，则亦无以知其能为鬼也。人之所以生者，精气也，死而精气灭。能为精气者，血脉也，人死血脉竭。竭而精气灭，灭而形体朽，朽而成灰土，何用为鬼？……夫死人不能为鬼，则亦无所知矣。何以验之？以未生之时，无所知也。人未生，在元气之中；既死，复归元气。元气荒忽，人气在其中。人未生无所知，其死归无知之本，何能有知乎？人之所以聪明智惠者，以含五常之气也；五常之气所以在人者，以五藏在形中也。五藏不伤，则人智惠；五藏有病，则人荒忽，荒忽则愚痴矣。人死五藏腐朽，则五常无所托矣，所用藏智者已败矣，所用为智者已去矣。形须气而成，气须形而知。天下无独燃之火，世间安得有无体独存之精？……人之死，犹火之灭也。火灭而耀不照，人死而知不惠，二者宜同一实。论者犹谓死有知，惑也。人病且死，与火之且灭何以异？火灭光消而烛在，人死精亡而形存。谓人死有知，是谓火灭复有光也。隆冬之月，寒气用事，水凝为冰，逾春气温，冰释为水。人生于天地之间，其犹冰也。阴阳之气，凝而为人；年终寿尽，死还为气。夫春水不能复为冰，死魂安能复为形？（《论衡》卷二十，页十一至十五）

此王充之自然主义的生死观也。

（3）王充对于历史之见解

王充对于历史之见解，亦有特别之处。古代诸哲学家，多托古立言，其结果使人理想化古代，以为一切皆古优于今；此观念王充深辟之。《论衡·齐世篇》曰：

夫上世治者，圣人也；下世治者，亦圣人也。圣人之德，前后不殊，则其治世，古今不异。上世之天，下世之天也，天不变易，气不改更。上世之民，下世之民也，俱禀元气。元气纯和，古今不异；则禀以为形体者，何故不同？夫禀气等则怀性均，怀性均则形体同，形体同则丑好齐，丑好齐则夭寿适。一天一地，并生万物。万物之生，俱得一气。气之薄渥，万世若一。帝王治世，百代同道。……古有无义之人，今有建节之士。善恶杂厕，何世无有？述事者好高古而下今，贵所闻而贱所见。辨士则谈其久者，文人则著其远者。近有奇而辨不称，今有异而笔不记。（《论衡》卷十八，页十六至十九）

世俗"贵所闻而贱所见"，故以为古优于今；按之事实，则实今优于古。《论衡·宣汉篇》曰：

夫实德化则周不能过汉，论符瑞则汉胜于周，度土境则周狭于汉，汉何以不如周？独谓周多圣人，治致太平。儒者称圣泰隆，使圣卓而无迹；称治亦太盛，使太平绝而无续也。（《论衡》卷十九，页五）

"儒者称圣泰隆，使圣卓而无迹；称治亦太盛，使太平绝而无续也。"儒者所说之圣王与圣治，实只一种理想，非古代之所实有也。若必如其所说之圣王始可谓圣王，则"圣王卓而无迹"矣；若必如其所说之圣治始可谓圣治，则"太平绝而无续"矣。

（4）方法论

王充曰：

《诗》三百，一言以蔽之，曰：思无邪。《论衡》篇以十数，亦一言也，曰：疾虚妄。（《佚文篇》，《论衡》卷二十，页十一）

《论衡》对于"世书俗说"，不厌反复考论，皆其"疾虚妄"之精神之表现也。惟其"疾虚妄"，王充以为吾人持论，须在事实上有根据；故《论衡》每立一论，均列举事实以为证明，所谓"略举较著，以定实验"（《遭虎篇》，《论衡》卷十六，页九）也。《薄葬篇》曰：

> 事莫明于有效，论莫定于有证。（《论衡》卷二十三，页五）

有证之论，即在事实上有根据之论也。在事实上有根据之论，虽可为定论；而其所根据之事实，究为事实与否，则亦颇不易确定。如墨家"言有三表"，立论须"原察百姓耳目之实"，故《墨子·明鬼篇》，历举古人见鬼之事，以证鬼之为有，然人之感觉所得，有时不必与实际相符。感觉所得，不必即可为立论之根据。《论衡·薄葬篇》曰：

> 夫论不留精澄意，苟以外效立事是非，信闻见于外，不诠订于内，是用耳目论，不以心意议也。夫以耳目论，则以虚象为言。虚象效，则以实事为非。是故是非者，不徒耳目，必开心意。墨议不以心而原物，苟信闻见，则虽效验章明，犹为失实。失实之议，难以教。虽得愚民之欲，不合知者之心。丧物索用，无益于世，此盖墨术所以不传也。（《论衡》卷二十三，页六）

不与实际相符之感觉，乃"虚象"耳。故感觉所得，尚需以"心意"诠订之；"心意"所认为与实际相符者，乃真事实也。墨家但"原察百姓耳目之实"，"不以心而原物，苟信闻见"；故其有鬼论，虽"效验章明，犹为失实"。此王充之方法论，实有科学精神，惜其后起之无人也。

（5）性说

王充亦有其对于人性之见解，《论衡·本性篇》曰：

> 情性者，人治之本，礼乐所由生也。故原性情之极，礼为之防，乐为之节。性有卑谦辞让，故制礼以适其宜；情有好恶喜怒哀乐，故作乐以通其敬。礼所以制，乐所为作者，情与性也。昔儒旧生，著作篇章，莫不论说，莫能实定。……由此言之，事易知道难论也。郑文茂记，繁

如荣华；恢谐剧谈，甘如饴蜜，未必得实。实者，人性有善有恶，犹人才有高有下也。……余固以孟轲言人性善者，中人以上者也；孙卿言人性恶者，中人以下者也；扬雄言人性善恶混者，中人也。若反经合道，则可以为教；尽性之理，则未也。(《论衡》卷三，页十四至十九)

人性中虽有恶，而若施以教育之功，则皆可为善。《论衡·率性篇》曰：

论人之性，实有善有恶。其善者固自善矣，其恶者故可教告率勉使之为善。凡人君父，审观臣子之性，善则养育劝率，无令近恶；恶则辅保禁防，令渐于善。善渐于恶，恶化于善，成为性行。……天道有真伪，真者固自与天相应；伪者人加知巧，亦与真者无以异也。(《论衡》卷二，页十三至十五)

此亦两取孟荀对于人性之见解，而折衷之也。

(6) 对于命运之见解

于性之外又有命。《论衡·命义篇》曰：

夫性与命异，或性善而命凶，或性恶而命吉。操行善恶者，性也；祸福吉凶者，命也。或行善而得祸，是性善而命凶；或行恶而得福，是性恶而命吉也。性自有善恶，命自有吉凶。使吉命之人，虽不行善，未必无福；凶命之人，虽勉操行，未必无祸。(《论衡》卷二，页六)

王充此意，本以破世俗所谓"善有善报，恶有恶报"之说。《论衡》述世俗之说曰：

世论行善者福至，为恶者祸来，福祸之应，皆天也。人为之，天应之。阳恩人君赏其行，阴惠天地报其德。无贵贱贤愚，莫谓不然。(《福虚篇》,《论衡》卷六，页一)

又曰：

世谓受福佑者，既以为行善所致，又谓被祸害者为恶所得，以为有

沉恶伏过，天地罚之，鬼神报之。天地所罚，小大犹发，鬼神所报，远近犹至。（《祸虚篇》，《论衡》卷六，页六）

此世俗之说，王充论之曰：

凡人操行，有贤有愚，及遭祸福，有幸有不幸。举事有是有非，及触赏罚，有偶有不偶。并时遭兵，隐者不中；同日被霜，蔽者不伤。中伤未必恶，隐蔽未必善，隐蔽幸，中伤不幸。俱欲纳忠，或赏或罚；并欲有益，或信或疑。赏而信者未必真，罚而疑者未必伪。赏信者偶，罚疑者不偶也。孔子门徒七十有余，颜回蚤夭。孔子曰："不幸短命死矣！"短命称不幸，则知长命者幸也，短命者不幸也。……蝼蚁行于地，人举足而涉之，足所履，蝼蚁笮死；足所不蹈，全活不伤。火燔野草，车辙所致，火所不燔，俗或喜之，名曰幸草。夫足所不蹈，火所不及，未必善也，举火行有适然也。（《幸偶篇》，《论衡》卷二，页一）

行善者不必有福，为恶者不必有祸。人之受祸受福，全视其遭遇有幸有不幸。王充若只就此点立论，则与其自然主义的宇宙观及人生观相合，与事实亦相符。但王充立论，尚不止此。以为人之幸不幸之遭遇，皆命中所已定。《论衡·命禄篇》曰：

凡人偶遇及遭累害，皆由命也。有死生寿夭之命，亦有富贵贫贱之命。自王公逮庶人，圣贤及下愚，凡有首目之类，含血之属，莫不有命。命当贫贱，虽富贵之，犹涉祸患矣；命当富贵，虽贫贱之，犹逢福善矣。故命贵从贱地自达，命贱从富位自危。故夫富贵若有神助，贫贱若有鬼祸。……故夫临事知愚，操行清浊，性与才也；仕宦贵贱，治产贫富，命与时也。命则不可勉，时则不可力。（《论衡》卷一，页八至九）

不独个人有贵贱祸福之命，国亦有盛衰治乱之命。《论衡·命义篇》曰：

宋、卫、陈、郑，同日并灾。四国之民，必有禄盛未当衰之人。然而

俱灾，国祸陵之也。故国命胜人命，寿命胜禄命。(《论衡》卷二，页四)

推此义，则国之盛衰治乱，皆由于"国命"，而与治国者之贤愚能否，无关也。《论衡·治期篇》曰：

人皆知富饶居安乐者命禄厚，而不知国安治化行者历数吉也。故世治非贤圣之功，衰乱非无道所至。国当衰乱，贤圣不能盛；时当治，恶人不能乱。世之治乱，在时不在政；国之安危，在数不在教。贤不贤之君，明不明之政，无能损益。(《论衡》卷十七，页十四)

由斯而言，则个人之贫贱祸福，一国之治乱盛衰，皆有其命。《论衡》又谓："众星在天，天有其象。"人"得富贵相则富贵，得贫贱相则贫贱"(《命义篇》)。又谓人之命可于其骨相见之。(《骨相篇》)此所说之命，与儒家道家所说之命，俱不同。孟子谓："莫之致而至者命也。"(《万章》上)荀子谓："节遇之谓命。"(《正名篇》)庄子谓："知其不可奈何而安之若命。"(《人间世》、《德充符》)又谓："吾思夫使我至此极者而弗得也。父母岂欲吾贫哉？天无私覆，地无私载，天地岂私贫我哉？求其为之者而不得也。然而至此极者，命也夫！"(《大宗师》)人生遭遇有幸有不幸，求其所以如此之故而不可得，遂曰，此命也。所谓"节遇"，所谓"莫之致而至"者也。上所引，《论衡·幸偶篇》所说，即与此同意。但就别篇所说，则一人或一国，皆有其先决定的命运。此人之贫贱祸福，此国之兴衰治乱，皆其先决定的命运之实现，人力丝毫不能改变之。此所谓命，正世俗所谓命，其中颇有迷信之分子。王充于此，盖亦未能免于世俗之见也。

王充虽攻击阴阳家之学，然亦主有符瑞之说。《论衡·宣汉篇》历举汉代所现符瑞，几几乎阴阳家之说矣。以"疾虚妄"，立论务求实证之王充，亦主有其所谓命，并主有符瑞之说，可见时代影响之大，虽特异之士，亦有时难自拔也。

第五章　南北朝之玄学（上）

（一）玄学家与孔子

西汉末东汉初之际，为纬书及谶书最盛行之时代。古文经学家不用谶纬，使孔子反于"师"之地位。此后更进一步之反动，为道家学说之复兴。盖在古代思想中，道家最注重自然主义。所以东汉及三国之际，道家之学说又渐占势力。如王充《论衡》中，即有道家学说，上文已详。自王充以后，至南北朝时，道家之学益盛。道家之学，当时谓为玄学。《晋书·陆云传》（《晋书》卷五十四）谓，云本无玄学。尝夜暗迷路，趋至一家寄宿。见一少年，共谈《老子》，辞至深远。向晓，始悟宿处乃王弼家。自此谈《老》殊进。《南史·王俭传》（《南史》卷二十二）谓，宋时国学颓废，未暇修复。宋明帝置总明观。设儒、玄、文、史，四科；科置学士十人。又《儒林传》（《南史》卷七十一）谓，伏曼容善《老》、《易》，宋明帝以方嵇叔夜。常与袁粲罢朝相会言玄理。又严植之少善《老》、《庄》，能玄言。又太史叔明，少善《老》、《庄》，尤精三玄。所谓三玄者，《颜氏家训·勉学篇》谓系《老》、《庄》、《周易》。盖经王弼之注，《老子》与《周易》，皆已为同类之书矣。

所须注意者，即此等人虽宗奉道家；而其中之一部分，仍推孔子为最大之圣人，以其学说为思想之正统。如《世说新语》云：

王辅嗣弱冠诣裴徽。徽问曰："夫无者，诚万物之所资；圣人莫肯致言，而老子申之无已，何耶？"弼曰："圣人体无，无又不可以训，故言必及有。老庄未免于有，恒训其所不足。"（《文学篇》，《世说新语》卷上之下，《四部丛刊》本，页十一）

又云：

　　孙齐由、齐庄二人小时诣庾公，问齐由何字？答曰："字齐由。"公曰："欲何齐耶？"曰："齐许由。"问齐庄何字？答曰："字齐庄。"公曰："欲何齐耶？"曰："齐庄周。"公曰："何不慕仲尼而慕庄周？"曰："圣人生知，故难企慕。"公大喜小儿对。（《言语篇》，《世说新语》卷上之上，页三十五）

　　此皆以孔子为最大之圣人者也。不过此时即以孔子为最大之圣人者，其所讲孔子之学说，已道家化而为另一派之经学矣。《晋书·阮籍传》曰：

　　（阮瞻）见司徒王戎，戎问曰："圣人贵名教，老庄明自然，其旨同异？"瞻曰："将无同。"（《晋书》卷四十九，同文影殿刊本，页五）

　　孔子与《老》庄"将无同"，乃当时一部分人之见解也。

（二）何晏、王弼及玄学家之经学

　　三国时，何晏、王弼，对于道家之学说，颇能作较有系统之讲述。《三国志·曹爽传》曰：

　　晏，何进孙也。（裴注云："晏字平叔。"）母尹氏，为太祖夫人。晏长于宫省，又尚公主。少以才秀知名，好老庄言，作《道德论》及诸文赋著述凡数十篇。（《三国志·魏志》卷九，同文影殿刊本，页二十四）

　　《晋书·王衍传》曰：

魏正始中，何晏、王弼等祖述老庄立论，以为天地万物，皆以无为为本。无也者，开物成务，无往而不存者也。阴阳恃以化生，万物恃以成形，贤者恃以成德，不肖恃以免身；故无之为用，无爵而贵矣。（《晋书》卷四十三，页十四）

何晏《道论》曰：

有之为有，恃无以生；事而为事，由无以成。夫道之而无语，名之而无名，视之而无形，听之而无声，则道之全焉。故能昭音向而出气物，包形神而彰光影。玄以之黑，素以之白，矩以之方，规以之圆。圆方得形而此无形，白黑得名而此无名也。（《列子·天瑞篇》注引，《列子》卷一，《四部丛刊》本，页二）

何晏《无名论》曰：

夫道者，惟无所有者也。自天地以来，皆有所有矣，然犹谓之道者，以其能复用无所有也。……夏侯玄曰："天地以自然运，圣人以自然用。"自然者，道也；道本无名。故老氏曰："强为之名。"仲尼称尧"荡荡无能名焉"，下云"巍巍成功"，则强为之名，取世所知而称耳，岂有名而更当云无能名焉者邪？夫惟无名，故可得遍以天下之名名之，然岂其名也哉？（《列子·仲尼篇》注引，《列子》卷四，页二至三）

《老子》言"天地万物生于有，有生于无"，何晏《道论》，即发挥《老子》此言。惟道为"无"，非具体的"有"，故能遍在群"有"；惟道为"无名"，"故可得遍以天下之名名之"。《老子》言："人法地，地法天，天法道，道法自然。"惟其如此，故"天地以自然运，圣人以自然用"。万物皆自然而然，此即"无"之"无为"也。此所以"天地万物，皆以无为为本"也。惟其无为，故能无不为；惟其无不为，故"无"乃"开物成务，无往而不存者也"。

《三国志·钟会传》曰：

初，会弱冠，与山阳王弼并知名。弼好论儒道，辞才逸辩，注《易》及《老子》，为尚书郎，年二十余卒。(《三国志·魏志》卷二十八，页三十七)

裴松之注云：

弼字辅嗣，何劭为其传曰："弼幼而察惠，年十余，好老氏，通辩能言。……于时何晏为吏部尚书，甚奇弼，叹之曰：'圣人称后生可畏，若斯人者，可与言天人之际乎？'……何晏以为圣人无喜怒哀乐，其论甚精，钟会等述之，弼与不同。以为圣人茂于人者，神明也；同于人者，五情也。神明茂，故能体冲和以通无；五情同，故不能无哀乐以应物。然则圣人之情，应物而无累于物者也。今以其无累便谓不复应物，失之多矣。弼注《易》，颍川人荀融难弼大衍义，弼答其意，白书以戏之曰：'夫明足以寻极幽微，而不能去自然之性。颜子之量，孔父之所预在，然遇之不能无乐，丧之不能无哀。又常狭斯人以为未能以情从理者也，而今乃知自然之不可革。是足下之量虽已定乎胸怀之内，然而隔逾旬朔，何其相思之多乎？故知尼父之于颜子，可以无大过矣。'"

庄学主以理化情，所谓"安时而处顺，哀乐不能入也"。"何晏以为圣人无喜怒哀乐"，大约即庄学中此说。此说王弼初亦主之，所谓"以情从理者也"。"颜渊死，子哭之恸"；"安时而处顺"之人，自"理"而观，知"死"为"生"之自然结果，故哀痛之"情"，自然无有，此即所谓以理化情也。然人之有情，亦是"自然之性"；有此"自然之性"，故"不能无哀乐以应物"；故尼父之哭颜子，亦为自然应有之事。不过圣人之情，虽"应物而无累于物"。《庄子》云："至人之用心若镜，不将不迎，应而不藏，故能胜物而不伤。"(《应帝王》)"胜物而不伤"，即"应物而无累于物者也"。不过庄学对付情感，不用此方法；而王弼更推广此理之应用，以之对付情感。后来宋儒对付情感之方法，俱同于此。

在此点，王弼与何晏之意见虽不同；然《老子》"有生于无"说，王弼与何晏同主张之。王弼《论语释疑》云：

道者，无之称也。无不通也，无不由也，况之曰道，寂然无体，不可为象。（邢昺《正义》引，《论语注疏》卷七，南昌府学刊本，页二）

《老子》："无名天地之始，有名万物之母。"王弼注云：

凡有皆始于无。故未形无名之时，则为万物之始；及其有形有名之时，则长之育之，亭之毒之，为其母也。言道以无形无名始成，万物以始，以成而不知，其所以玄之又玄也。（《老子》上篇，《武英殿聚珍版丛书》本，页一）

《易·复》彖"复，其见天地之心乎？"王弼注云：

复者，反本之谓也，天地以本为心者也。凡动息则静，静非对动者也；语息则默，默非对语者也。然则天地虽大，富有万物，雷动风行，运化万变，寂然至无，是其本矣。故动息地中，乃天地之心见也。若其以有为心，则异类未获具存矣。（《周易》卷三，《四部丛刊》本，页四）

复卦☷坤上震下，故曰"动息地中"。道为无。惟其为无，非事物，故能"无不通也，无不由也"。"有"则有所有，有所有即成事物。事物是此只是此，是彼只是彼，不能为其异类也。故曰："若其以有为心，则异类未获具存矣。"

道之体为"无"，其作用为"无为"。《老子》"天地不仁，以万物为刍狗"，王弼注云：

天地任自然，无为无造，万物自相治理，故不仁也。仁者必造立施化，有恩有为。造立施化，则物失其真；有恩有为，则物不具存。物不具存，则不足以备载矣。地不为兽生刍而兽食刍，不为人生狗而人食狗。无为于万物，而万物各适其所用，则莫不赡矣。若恩由己树，未足

任也。(《老子》上篇,页五)

"无为于万物,而万物各适其所用",此道之所以能"无为而无不为"也。

道以"无"为体,以"无为"为用。以"无"为体,故能无不有;以"无为"为用,故能无不为。圣人之行事,亦以此为法。王弼《老子》三十八章注云:

是以天地虽广,以无为心;圣王虽大,以虚为主。……故灭其私而无其身,则四海莫不赡,远近莫不至;殊其己而有其心,则一体不能自全,肌骨不能相容。(《老子》下篇,页一)

《易·损》"六五,或益之十朋之龟,弗克违元吉"。王弼注云:

以柔居尊,而为损道。江海处下,百谷归之。履尊以损,则或益之矣。……阴非先唱,柔非至任。尊以自居,损以守之。故人用其力,事竭其功,智者虑能,明者虑策,弗能违也,则众才之用尽矣。获益而得十朋之龟,足以尽天人之助也。(《周易》卷四,页十三)

《老子》四十九章,王弼注云:

夫天地设位,圣人成能。人谋鬼谋,百姓与能者,能者与之,资者取之。能大则大,资贵则贵。物有其宗,事有其主。如此,则可冕旒充目而不惧于欺,黈纩塞耳而无戚于慢;又何为劳一身之聪明,以察百姓之情哉?夫以明察物,物亦竞以其明应之;以不信察物,物亦竞以其不信应之。夫天下之心不必同,其所应不敢异,则莫肯用其情矣。甚矣害之大也,莫大于用其明矣!夫在智则人与之讼,在力则人与之争。智不出于人,而立乎讼地,则穷矣;力不出于人,而立乎争地,则危矣。未有能使人无用其智力乎己者也。如此,则己以一敌人,而人以千万敌己也。若乃多其法网,烦其刑罚,塞其径路,攻其幽宅,则万物失其自然,百姓丧其手足,鸟乱于上,鱼乱于下。是以圣人之于天下,歙歙焉心无所主也；为天下浑心焉，意无所适莫也。无所察焉，百姓何避；无所求焉，百姓何应？无避无应，则莫不用其情矣。人无为舍其所能而为其所不能，舍其所长而为其所短。如此，则言者言其所知，行者行其所能，百姓各皆注其耳目焉，吾皆孩之而已。(《老子》下篇，页十四至十五)

圣人法道之"无"，故以"虚"为主；法道之"无为"，故亦以"无为"为主。圣人在上位，"虚"而"无为"，则"人用其力，事竭其功"。可以"尽天人之助"。所以"冕旒充目而不惧于欺，黈纩塞耳而无戚于慢"也。若不能虚，而事必自为，则"己以一敌人，而人以千万敌己"，虽"劳一身之聪明"，亦不能有所成矣。《庄子》谓"无为也，则用天下而有余；有为也，则为天下用而不足"。故惟无为，而后能无不为也。就人民之自身言，"人无为舍其所能而为其所不能，舍其所长而为其所短"。故圣人但任人民之自然，人民自能"自求多福"，勿须乎圣人之代谋也。

王弼《易略例》云：

物无妄然，必由其理。

《易·损》彖"损益盈虚，与时偕行"，王弼注云：

自然之质，各定其分。短者不为不足，长者不为有余。损益将何加焉？非道之常，故必与时偕行也。(《周易》卷四，页十二)

《老子》二十章"绝学无忧"，王弼注云：

夫燕雀有匹，鸠鸽有仇；寒乡之民，必知旃裘。自然已足，益之则忧。(《老子》上篇，页十八)

《老子》二十九章"为者败之，执者失之"。王弼注云：

万物以自然为性，故可因而不可为也，可通而不可执也。物有常性，而造为之，故必败也；物有往来，而执之，故必失矣。(《老子》上篇，页三十至三十一)

圣人法道,"虚"而"无为",则圣人自身之事业,无失而必成;而人民万物,亦可适其性矣。

王弼之《易》注,大开以道家之学注经之风气。何晏《论语集解》中,亦间有采道家学说之处。《论语》"回也其庶乎屡空",何晏《集解》云:

一曰,屡犹每也,空犹虚中也。以圣人之善道,教数子之庶几,犹不至于知道者,各内有此害也。其于庶几每能虚中者,唯回怀道深远。不虚心,不能知道。子贡无数子病,然亦不知道者,虽不穷理而幸中,虽非天命而偶富,亦所以不虚心也。(皇侃《论语义疏》卷六,《知不足斋丛书》本,页十)

此即《庄子》所谓,"惟道集虚;虚者,心斋也"之意也。此后注《论语》者,更益将孔子道家化。如《论语》"导之以德,齐之以礼,有耻且格"。沈居士注云:

夫立政以制物,物则矫以从之;用刑以齐物,物则巧以避之。矫则迹从而心不化,巧避则苟免而情不耻。由失其自然之性也。若导之以德,使物各得其性,则皆用心不矫其真,各体其情,则皆知耻而自正也。(同上,卷一,页十八至十九)

《论语》"六十而耳顺",孙绰云:

耳顺者,废听之理也。朗然自玄悟,不复役而后得,所谓"不识不知,从帝之则"也。(同上,卷一,页二十)

《论语》"颜渊死,子哭之恸"。郭象云:

人哭亦哭,人恸亦恸,盖无情者,与物化也。(同上,卷六,页五)

《论语》"回也其庶乎屡空",顾欢云:

夫无欲于无欲者,圣人之常也;有欲于无欲者,贤人之分也。二欲同无,故全空以目圣;一有一无,故每虚以称贤。贤人自有观之,则无

欲于有欲；自无观之，则有欲于无欲。虚而未尽，非屡如何？（同上，卷六，页十一）

太史叔明云：

颜子上贤，体具而微则精也。故无进退之事，就义上以立屡名。按其遗仁义，忘礼乐，黜支体，黜聪明，坐忘大通，此忘有之义也。忘有顿尽，非空如何？若以圣人验之，圣人忘忘，大贤不能忘忘。不能忘忘，心复为未尽。一未一空，故屡名生也焉。（同上，卷六，页十一）

《论语》"修己以安百姓，尧舜其犹病诸"，郭象云：

夫君子者不能索足；故修己者索己。故修己者仅可以内敬其身，外安同己之人耳，岂足安百姓哉？百姓百品，万国殊风，以不治治之，乃得其极。若欲修己以治之，虽尧舜必病，况君子乎！今见尧舜非修之也，万物自无为而治，若天之自高，地之自厚，日月之明，云行雨施而已。故能夷畅条达，曲成不遗，而无病也。（同上，卷七，页四十五）

以道家之学说，释儒家之经典，此玄学家之经学也。

（三）阮籍、嵇康、刘伶

道家之学既盛，人之行事，亦多以放达不守礼教为高。如阮籍、嵇康、刘伶等，其行事皆一时风尚之代表也。《晋书》曰：

阮籍字嗣宗，陈留尉氏人也。……容貌瑰杰，志气宏放，傲然独得，任性不羁，而喜怒不形于色。或闭户视书，累月不出；或登临山水，经日忘归。博览群籍，尤好庄老。嗜酒能啸，善弹琴。当其得意，忽忘形骸，时人多谓之痴。……景元四年（西历263年）冬卒，时年五十四。（《阮籍传》，《晋书》卷四十九，页一）

阮籍作《达庄论》曰：

天地生于自然，万物生于天地。自然者无外，故天地名焉；天地者有内，故万物生焉。当其无外，谁谓异乎？当其有内，谁谓殊乎？……是以重阴雷电，非异出也；天地日月，非殊物也。故曰："自其异者视之，则肝胆楚越也；自其同者视之，则万物一体也。"人生天地之中，体自然之形。身者，阴阳之精气也；性者，五行之正性也；情者，游魂之变欲也；神者，天地之所以驭者也。以生言也，则物无不寿；推之以死，则物无不夭。自小视之，则万物莫不小；由大观之，则万物莫不大。殇子为寿，彭祖为夭；秋毫为大，泰山为小。故以死生为一贯，是非为一条也。别而言之，则须眉异名；合而说之，则体之一毛也。……凡耳目之官，名分之施，处官不易司，举奉其身，非以绝手足，裂肢体也。然后世之好异者，不顾其本，各言我而已矣，何待于彼？残生害性，还为仇敌，断割肢体，不以为痛。目视色而不顾耳之所闻，耳所听而不待心之所思，心奔欲而不适性之所安。故疾疢萌，则生意尽；祸乱作，则万物残矣。夫至人者，恬于生而静于死。生恬则情不惑，死静则神不离；故能与阴阳化而不易，从天地变而不移。生究其寿，死循其宜，心气平治，消息不亏。(《阮步兵集》，《汉魏六朝百三家集》，光绪乙卯信述堂重刊本，页三十八至四十)

此亦即《庄子》所谓"天地与我并生，而万物与我为一"之意。惟《庄子》立论，多就认识论逻辑方面言之，此则专就形上学方面言之。以为天地万物，俱为一体，"重阴雷电，非异出也；天地日月，非殊物也"。所谓个体，均此全体之部分。如一人之身有须眉，"别而言之，则须眉异名；合而说之，则体之一毛也"。世之人多执个体以为我者，此犹人之手自以其自身为我，人之足自以其自身为我也。所谓"世之好异者，不顾其本，各言我而已矣，何待于彼？残生害性，还为仇敌，断割肢体，不以为痛"。阮籍如此立论，又与庄学不同。

阮籍又作《大人先生传》曰：

或遗大人先生书曰："天下之贵，莫贵于君子。服有常色，貌有常则，言有常度，行有常式。……"于是大人先生乃逌然而叹，假云霓而应之曰："若之云尚何通哉？夫大人者，乃与造物同体，天地并生。逍遥浮世，与道俱成。变化散聚，不常其形。天地制域于内，而浮明开达于外。天地之永固，非世俗之所及也。……且汝独不见夫虱之处于裈中？逃乎深缝，匿乎坏絮，自以为吉宅也。行不敢离缝际，动不敢出裈裆，自以为得绳墨也。饥则啮人，自以为无穷食也。然炎斤火流，焦邑灭都，群虱死于裈中而不能出。汝君子之处区内，亦何异夫虱之处裈中乎？……昔者天地开辟，万物并生。大者恬其性，细者静其形。……夫无贵则贱者不怨，无富则贫者不争，各足于身而无所求也。恩泽无所归，则死败无所仇。奇声不作，则耳不易听；淫色不显，则目不改视。耳目不相易改，则无以乱其神矣，此先世之所至止也。今汝尊贤以相高，竞能以相尚，争势以相君，宠贵以相加，驱天下以趣之，此所以上下相残也。竭天地万物之至，以奉声色无穷之欲，此非所以养百姓也。于是惧民之知其然，故重赏以喜之，严刑以威之。财匮而赏不供，刑尽而罚不行，乃始有亡国戮君溃散之祸。此非汝君子之为乎？汝君子之礼法，诚天下残贼乱危死亡之术耳，而乃目以为美行不易之道，不亦过乎！今吾乃飘飘于天地之外，与造化为友。朝餐汤谷，夕饮西海。将变化迁易，与道周始。此之于万物，岂不厚哉？故不通于自然者，不足以言道；闇于昭昭者，不足与达明，子之谓也。"（《阮步兵集》页四十五至四十九）

此攻击"君子之礼法"，亦《老》庄之言。

同时又有嵇康。《晋书》曰：

嵇康字叔夜，谯国铚人也。……早孤，有奇才，远迈不群。身长七尺八寸，美词气，有风仪。而土木形骸，不自藻饰，人以为龙章凤姿，

天质自然。恬静寡欲，含垢匿瑕，宽简有大量。学不师受，博览无不该通。长好老庄。(《嵇康传》，《晋书》卷四十九，页十一)

嵇康作《释私论》曰：

夫称君子者，心无措乎是非，而行不违夫道者也。何以言之？夫气静神虚者，心不存于矜尚；体亮心达者，情不系于所欲。矜尚不存乎心，故能越名教而任自然；情不系于所欲，故能审贵贱而通物情。物情顺通，故大道无违；越名任心，故是非无措也。是故言君子，则以无措为主，以通物为美；言小人，则以匿情为非，以违道为阙。何者？匿情矜吝，小人之至恶；虚心无措，君子之笃行也。是以大道言："及吾无身，吾又何患？无以生为贵者，是贤于贵生也。"由斯而言，夫至人之用心，固不存有措矣。……君子之行贤也，不察于有度而后行也；仁心无邪，不议于善而后正也；显情无措，不论于是而后为也。是故傲然忘贤，而贤与度会；忽然任心，而心与善遇；傥然无措，而事与是俱也。(《嵇中散集》卷六，《四部丛刊》本，页一)

君子不以是非为念，但虚心率性而行，自然不违道，此亦《老》庄之言。

同时又有刘伶。《晋书》曰：

刘伶字伯伦，沛国人也。身长六尺，容貌甚陋。放情肆志，常以细宇宙，齐万物为心。澹默少言，不妄交游。与阮籍嵇康相遇，欣然神解，携手入林，初不以家产有无介意。常乘鹿车，携一壶酒，使人荷锸而随之，谓曰："死便埋我。"其遗形骸如此。(《刘伶传》，《晋书》卷四十九，页十七)

刘伶作《酒德颂》曰：

有大人先生，以天地为一朝，万期为须臾，日月为扃牖，八荒为庭衢。行无辙迹，居无室庐，幕天席地，纵意所如。止则操卮执觚，动则挈榼提壶。惟酒是务，焉知其余。有贵介公子，搢绅处士，闻吾风声，议其所以。乃奋袂攘襟，怒目切齿，陈说礼法，是非蜂起。先生于是方捧罂承槽，衔杯漱醪，奋髯箕踞，枕曲藉糟。无思无虑，其乐陶陶。兀然而醉，恍尔而醒。静听不闻雷霆之声，熟视不睹泰山之形。不觉寒暑之切肌，利欲之感情。俯观万物扰扰焉，若江海之载浮萍；二豪侍侧焉，如蜾蠃之与螟蛉。（《晋书》卷四十九，页十八）

此当时一般放情肆志之人之人生观也。

（四）《列子》中之唯物论及机械论

此等放情肆志之人生观，在《列子·杨朱篇》中，有较有系统的论述。《列子》一书，为魏晋时代人之作品，其中有纯粹的唯物论、机械论，及快乐主义。其持唯物论，机械论之处，如《力命篇》云：

力谓命曰："若之功奚若我哉？"命曰："汝奚功于物而欲比朕？"力曰："寿夭穷达，贵贱贫富，我力之所能也。"命曰："彭祖之智，不出尧舜之上，而寿八百。颜渊之才，不出众人之下，而寿四八。仲尼之德，不出诸侯之下，而困于陈蔡。殷纣之行，不出三仁之上，而居君位。季札无爵于吴，田恒专有齐国。夷齐饿于首阳，季氏富于展禽。若是汝力之所能，奈何寿彼而夭此，穷圣而达逆，贱贤而贵愚，贫善而富恶邪？"力曰："若如若言，我固无功于物，而物若此邪？此则若之所制邪？"命曰："既谓之命，奈何有制之者邪？朕直而推之，曲而任之，自寿自夭，自穷自达，自贵自贱，自富自贫，朕岂能识之哉？朕岂能识之哉？"（《列子》卷六，页一）

力代表普通所谓人力；命代表所谓天命。事物之变化，皆自己进行；人力与天命，皆不能控制转移之。事物之变化，又是不得不然者。

《力命篇》云：

然则管夷吾非薄鲍叔也，不得不薄；非厚隰朋也，不得不厚。厚之于始，或薄之于终；薄之于始，或厚之于终。厚薄之去来，费由我也。（《列子》卷六，页三）

又云：

邓析操两可之说，设无穷之辞。当子产执政，作竹刑；郑国用之。数难子产之治；子产屈之；子产执而戮之，俄而诛之。然则子产非能用竹刑，不得不用；邓析非能屈子产，不得不屈；子产非能诛邓析，不得不诛也。（同上）

又《说符篇》云：

齐田氏祖于庭；食客千人。中坐有献鱼雁者，田氏视之，乃叹曰："天之于民厚矣！殖五谷，生鱼鸟，以为之用。"众客和之如响。鲍氏之子年十二，预于次，进曰："不如君言。天地万物，与我并生，类也。类无贵贱，徒以小大智力而相制，迭相食，非相为而生之。人取可食者而食之，岂天本为人生之？且蚊蚋嘬肤，虎狼食肉；岂天本为蚊蚋生人，虎狼生肉者哉？"（《列子》卷八，页七）

此诚可为，"天地不仁"之例矣。天然之变化及人之活动，皆是机械的。神或人之自由，目的等，皆不能存。诚一极端的决定论也。《列子·杨朱篇》放情肆志之人生观，似以此等唯物论机械论为根据，观下文可见。

（五）《杨朱篇》中放情肆志之人生观

依《杨朱篇》之意见，人生甚短；且其中有大部分，严格的说，不是人生。《杨朱篇》曰：

百年寿之大齐；得百年者，千无一焉。设有一者，孩抱以逮昏老，几居其半矣。夜眠之所弭，昼觉之所遗，又几居其半矣。痛疾哀苦，亡失忧惧，又几居其半矣。量十数年之中，逌然而自得，亡介焉之虑者，亦亡一时之中尔。(《列子》卷七，页一)

生前既为暂时，死后亦归断灭。《杨朱篇》曰：

万物所异者，生也；所同者，死也。生则有贤愚贵贱，是所异也；死则有臭腐消灭，是所同也。虽然，贤愚贵贱，非所能也；臭腐消灭，亦非所能也。故生非所生，死非所死，贤非所贤，愚非所愚，贵非所贵，贱非所贱。然而万物齐生齐死，齐贤齐愚，齐贵齐贱。十年亦死，百年亦死；仁圣亦死，凶愚亦死。生则尧舜，死则腐骨；生则桀纣，死则腐骨，腐骨一矣，孰知其异？且趣当生，奚遑死后！(《列子》卷七，页一至二)

"且趣当生，奚遑死后"，即《杨朱篇》人生哲学之全部。人生之中，只有快乐享受为有价值，而人生之目的及意义亦即在此。欲益满足，则人生益为可乐。

《杨朱篇》曰：

晏平仲问养生于管夷吾。管夷吾曰："肆之而已，勿壅勿阏。"晏平仲曰："其目奈何？"夷吾曰："恣耳之所欲听，恣目之所欲视，恣鼻之所欲向，恣口之所欲言，恣体之所欲安，恣意之所欲行。夫耳之所欲闻者音声，而不得听，谓之阏聪。目之所欲见者美色，而不得视，谓之阏明。鼻之所欲向者椒兰，而不得嗅，谓之阏颤。口之所欲道者是非，而不得言，谓之阏智。体之所欲安者美厚，而不得从，谓之阏适。意之所欲为者放逸，而不得行，谓之阏性。凡此诸阏，废虐之主。去此废虐之主，熙熙然以俟死，一日，一月，一年，十年，吾所谓养。拘此废虐之主，录而不舍，戚戚然以至久生，百年，千年，万年，非吾所谓养。"

(《列子》卷七，页二）

《杨朱篇》所认为求幸福之道如此。求满足诸欲，有一困难，即诸欲常相冲突。一切欲皆得满足，乃此世界中不可能之事。故求满足诸欲，第一须先选择一切欲中，究竟何欲，应须满足。以上《杨朱篇》所说，似无选择，而其实已有。依上所说，则吾人只应求肥甘，而不求常久健康。肥甘固吾人之所欲，而常久健康亦吾人之所欲也。依上所说，吾人只应任情放言，而不顾社会之毁誉。任情放言固吾人之所欲，而社会之赞誉亦吾人之所欲也。《杨朱篇》所选择而所视为应行满足者，盖皆目下即能满足之欲，甚容易满足之欲；至于须俟甚长时间，经过繁难预备，方能满足者，则一概不顾。《杨朱篇》甚重肉体快乐；其所以如此，或者即由在一切快乐中，肉体快乐最易得到。选取最近快乐，正所以避免苦痛。

希腊施勒尼学派之哲学家谓：所谓公直、尊贵、耻辱等，俱非天然本然而有，乃系法律习惯所定。而法律习惯，依提奥多拉斯（Theodorus）说，乃因愚人之同意而存在（见提奥泽尼《著名哲学家传记》Diogenes Laertius: *The Lives and Opinions of Eminent Philosophers* 英译本九十一页）。法律习惯，亦或有用；然所谓有用，乃对将来的利而言，非目下所可享受者。若不计将来，只顾目下，则各种法律及诸制度，诚只是"阏"诸欲而已。《杨朱篇》似亦反对法律制度，彼云：

人之生也，奚为哉？奚乐哉？为美厚尔，为声色尔。而美厚复不可常厌足，声色不可常玩闻。乃复为刑赏之所禁劝，名法之所进退。遑遑尔竞一时之虚誉，规死后之余荣。偊偊尔慎耳目之观听，惜身意之是非。徒失当年之至乐，不能自肆于一时。重囚累梏，何以异哉？太古之人，知生之暂来，知死之暂往。故从心而动，不违自然所好。当身之娱，非所去也，故不为名所劝。从性而游，不逆万物所好。死后之名非

所取也，故不为刑所及。名誉先后，年命多少，非所量也。(《列子》卷七，页一）

又云：

伯夷非亡欲，矜清之邮，以放饿死。展季非亡情，矜贞之邮，以放寡宗。清贞之误善若此。(《列子》卷七，页二）

所谓"善"，当即是目前之快乐矣。

美名固亦吾人之所欲，此亦杨朱所不必否认。故《杨朱篇》云：

鬻子曰："去名者无忧。"老子曰："名者实之宾。"而悠悠者趋名不已。名固不可去，名固不可宾邪？今有名则尊荣，亡名则卑辱。尊荣则逸乐，卑辱则忧苦。忧苦，犯性者也；逸乐，顺性者也；斯实之所系矣。名胡可去？名胡可宾？但恶夫守名而累实；守名而累实，将恤危亡之不救，岂徒逸乐忧苦之间哉？(《列子》卷七，页七）

若依此，则名非不可贵，但若专为虚名而受实祸，则大可不必耳。况美名之养成，甚需时日，往往在甚远将来，或竟在死后。究竟将来享受美名之快乐，是否可偿现在牺牲目前快乐之损失，不可得知。至于死后美名，更无所用。《杨朱篇》云：

天下之美，归之舜禹周孔；天下之恶，归于桀纣。……凡彼四圣者，生无一日之欢，死有万世之名；名者，固非实之所取也。虽称之弗知，虽赏之不知，与株块无以异矣。……彼二凶也，生有从欲之欢，死被愚暴之名。实者，固非名之所与也。虽毁之不知，虽称之弗知，此与株块奚以异矣。彼四圣虽美之所归，苦以至终，同归于死矣。彼二凶虽恶之所归，乐以至终，同归于死矣。(《列子》卷七，页五）

又云：

伏羲以来，三十余万岁，贤愚好丑，成败是非，无不消灭，但迟速之间耳。矜一时之毁誉，以焦苦其神形，要死后数百年中余名，岂足润

枯骨，何生之乐哉？(《列子》卷七，页六)

苟使如此，吾人何必舍目前之快乐，而求以后不可知之美名耶？

故《杨朱篇》所选取，只是目前快乐。如果目前快乐可以享受，则以后任何结果，皆所不顾。《杨朱篇》云：

卫端木叔者，子贡之世也。藉其先赀，家累万金，不治世故，放意所好。其生民之所欲为，人意之所欲玩者，无不为也，无不玩也。……奉养之余，先散之宗族；宗族之余，次散之邑里；邑里之余，乃散之一国。行年六十，气干将衰，弃其家事，都散其库藏，珍宝，车服，妾媵，一年之中尽焉，不为子孙留财。及其病也，无药石之储；及其死也，无瘗埋之资。一国之人，受其施者，相与赋而藏之，反其子孙之财焉。禽骨釐闻之曰："端木叔狂人也，辱其祖矣。"段干生闻之曰："端木叔达人也，德过其祖矣。其所行也，其所为也，众意所惊，而诚理所取。卫之君子，多以礼教自持，固未足以得此人之心也。"(《列子》卷七，页三至四)

吾人行为所能有之最坏结果是死。人之畏死，实足以使其多虑将来，而不能安然享受目前快乐。所以哲学史中快乐派之哲学家，多教人不必畏死，教人多宽自譬喻，以明死之不足畏。《杨朱篇》云：

管夷吾曰："吾既告子养生矣，送死奈何？"晏平仲曰："送死略矣，将何以告焉？"管夷吾曰："吾固欲闻之。"平仲曰："既死，岂在我哉？焚之亦可，沈之亦可，瘗之亦可，露之亦可，衣薪而弃诸沟壑亦可，衮衣绣裳而纳诸石椁亦可，唯所遇焉。"管夷吾顾谓鲍叔、黄子曰："生死之道，吾二人进之矣。"(《列子》卷七，页二至三)

又云：

孟孙阳问杨子曰："有人于此，贵生爱身，以蕲不死，可乎？"曰："理无不死。""以蕲久生，可乎？"曰："理无久生，生非贵之所能存，身非爱之所能厚。且久生奚为？五情好恶，古犹今也。四体安危，古犹今也。世事苦乐，古犹今也。变易治乱，古犹今也。既闻之矣，既见之矣，既更之矣，百年犹厌其多，况久生之苦也乎？"孟孙阳曰："若然，速亡愈于久生，则践锋刃，入汤火，得所志矣。"杨子曰："不然。既生则废而任之，究其所欲，以俟于死。将死则废而任之，究其所之，以放于尽。无不废，无不任，何遽迟速于其间乎？"（《列子》卷七，页四）

西洋哲学史中，伊壁鸠鲁（Epicurus）亦云：

你须常想，死与我们绝无关系。因一切好及不好，皆在感觉之中，而死乃是感觉绝灭。因此，我们若真正知死与我们无关，则我们有死的人生，于我们为可乐；盖此正确知识，使我们知人生有限，而可免于希求长生之苦。诸不好中，最凶顽者——死——与我们无关；因当我们存在时，死尚未至；及死至时，我们已不存在矣。（提奥泽尼《著名哲学家传记》英译本四六九页）

死既不足畏，则吾人行为之任何结果，皆不足畏矣。

吾人应求目前之快乐，不计其将来之结果如何不好；亦应避目前之苦痛，不计其将来结果之如何好。《杨朱篇》云：

禽子问杨朱曰："去子体之一毛，以济一世，汝为之乎？"杨子曰："世固非一毛之所济。"禽子曰："假济，为之乎？"杨子弗应。禽子出，语孟孙阳。孟孙阳曰："子不达夫子之心，吾请言之。有侵若肌肤获万金者，若为之乎？"曰："为之。"孟孙阳曰："有断若一节得一国，子为之乎？"禽子默然有间。孟孙阳曰："一毛微于肌肤，肌肤微于一节，省矣。然则积一毛以成肌肤，积肌肤以成一节。一毛固一体万分之一物，奈何轻之乎？"禽子曰："吾不能所以答子。然则以子言问老聃关尹，则子言当矣；以吾言问大禹墨翟，则吾言当矣。"孟孙阳因顾与其徒说他事。（《列子》卷七，页四至五）

孟子云："杨朱为我，拔一毛而利天下不为也。"此段盖就此言，加以推衍。拔毛系目前之苦痛，得天下乃将来之结果。吾人应避目前之苦痛，不计其将来能致如何大利；《杨朱篇》所持之道理如此。盖不但"拔一毛而利天下不为"，即拔一毛而得天下，亦不为也。

此虽是一极端的道理，而《杨朱篇》即以此为救世之法。设举世之人，皆只求目前快乐，则自无争权争利之人；盖权与利，皆非经繁难的预备及费力的方法，不能得到。如此，则世人所取，只其所需；而其所需，亦只限于其所能享受。如庄子云：

鹪鹩巢于深林，不过一枝；偃鼠饮河，不过满腹。……余无所用天下为。(《逍遥游》，《庄子》卷一，《四部丛刊》本，页一)

如此，则自无争夺矣。故《杨朱篇》云：

古之人损一毫利天下不与也，悉天下奉一身不取也。人人不损一毫，人人不利天下，天下治矣。(《列子》卷七，页四)

以此简单的方法，解决世界之复杂的问题，固未见其能有成。然此世界之混乱，实多由于人之争权争利，《杨朱篇》所说，固亦可持之有故，言之成理也。

《杨朱篇》之快乐主义如此。若以与西方哲学比较，《杨朱篇》所持意见，与施勒尼派（Cyrenaics）所持极相合，与伊壁鸠鲁派（Epicureans）所持在原理上亦相合。施勒尼派"以肉体的快乐，为在精神的快乐之上；以肉体的苦痛，为在精神的苦痛之下"（提奥泽尼《著名哲学家传记》英译本九〇页）。

施勒尼派不以伊壁鸠鲁所说之无苦痛为乐；因无乐亦非苦；因快乐苦痛，皆因动而有，无苦无乐，皆非动也。（提奥泽尼《著名哲学家传记》英译本九〇页）

所以依施勒尼派，快乐必系积极的，为人力所致，以满足人之欲望者。《杨朱篇》所说，正是如此。

《杨朱篇》以为吾人只宜求目前快乐，不顾将来结果；吾人于此，亦不必以常人之见批评之，盖《杨朱篇》之根本意见，即以为吾人宁可快乐而生一日，不可忧苦而生百年也。然各种快乐，无论如何近在目前，皆必须用方法手段，始能得到。而此方法手段，又往往甚为可厌。若欲丝毫不牺牲而得快乐，则必至一无所得。瓦特孙谓施勒尼派之哲学，实教人得快乐而又不必求之（John Watson : *Hedonistic Theories from Aristippus to Spencer* 四二页）。所以在西方哲学中，伊壁鸠鲁修正施勒尼派之说，以为无有苦痛，心神安泰，即是快乐。依此说，吾人宜安分知足，于简单生活中求享受。《杨朱篇》中，似亦间有此意。如《杨朱篇》云：

原宪窭于鲁，子贡殖于卫。原宪之窭损生，子贡之殖累身。然则窭亦不可，殖亦不可。其可焉在？曰：可在乐生，可在逸身。故善乐生者不窭，善逸身者不殖。（《列子》卷七，页二）

此意即近于伊壁鸠鲁派之哲学矣。

然在伊壁鸠鲁派之理想生活中，人对于过去，既无信仰，对于将来，又无希望，但安乐随顺，以俟死之至。此或为一甚好境界，然亦有郁色矣。此等哲学，虽表面上是乐观的，而实则是真正的悲观的。

第六章　南北朝之玄学（下）

放情肆志之人生观，虽亦可谓为道家之支流余裔，然道家之《老》学庄学，固不主张此也。《老》学庄学中，虽亦有自然主义，然亦非如一部分《列子》中所主张之为极端机械论的，决定论的。《庄子》书中，又有神秘主义之成分。合自然主义与神秘主义，成为一一贯之哲学，如西洋哲学史中之斯宾诺沙（Spinoza）然，乃庄学之特色也。

魏晋时，道家之学盛行。在此时期中，郭象之《庄子注》，为一极有价值之著作。此注不但能引申发挥《庄子》书中之思想，且亦自有若干新见解；故此注实乃一独立的著作，道家哲学中一重要典籍也。

（一）向秀与郭象

此注虽标郭象名，但有谓系向秀所作者。《晋书·向秀传》曰：

向秀字子期，河内怀人也。清悟有远识，少为山涛所知。雅好老庄之学。庄周著内外数十篇，历世才士，虽有观者，莫适论其旨统也。秀乃为之隐解，发明奇趣，振起玄风，读之者超然心悟，莫不自足一时也。惠帝之世，郭象又述而广之，儒墨之迹见鄙，道家之言遂盛焉。（《晋书》卷四十九，同文影殿刊本，页十六）

《郭象传》曰：

郭象字子玄，少有才理，好老庄，能清言。……永嘉（西历307至

312）末年卒。……先是注《庄子》者数十家，莫能究其旨统。向秀于旧注外而为解义，妙演奇致，大畅玄风。惟《秋水》《至乐》二篇未竟而秀卒。秀子幼，其义零落，然颇有别本迁流。象为人行薄，以秀义不传于世，遂窃以为己注。乃自注《秋水》《至乐》二篇，又易《马蹄》一篇，其余众篇，或点定文句而已。其后秀义别本出，故今有向郭二《庄》，其义一也。(《晋书》卷五十，页八至九)

此二传所说不同。若依《向秀传》，则郭象取向秀《庄子注》，"述而广之"。依《郭象传》，则郭象直"窃"向秀《庄子注》"为己注"，但"点定文句而已"。"述而广之"与"点定文句"，固大不相同也。今按《列子》张湛注，于《列子》引《庄子》文处，多采用向秀注或郭象注。其所引向秀注，固多与今《庄子》郭象注略同。然张湛亦屡直引郭象注，不及向秀。或者向秀于此无注，而郭象有之；或者向秀此处之注不及郭象，故张舍向而取郭欤？张湛之祖父，乃王弼从弟之甥。张湛时代，距郭象甚近，犹及见向秀注而常引之。则其不引向而引郭之处，其所以当不外上述二种理由。再按张湛所引郭象注，皆不在《庄子》之《秋水》《至乐》《马蹄》三篇之内，则《晋书·郭象传》所谓，郭象仅"自注《秋水》《至乐》二篇，又易《马蹄》一篇，其余众篇，或点定文句而已"，实不足信也。然就张湛所引向秀注观之，则郭象注《庄子》，对于向秀注，尽量采用，似系事实。由此而言，则今之郭象《庄子注》，实向秀郭象二人之混合作品，《晋书·向秀传》所说，似近于事实也。故此混合作品，下文但以《庄子注》称之。

（二）"独化"

何晏王弼，以道为"无"；但所谓"无"之意义，二人均未详细言及。《庄子》注则直谓"无"即是数学上之零。万物之所以如此如此，正因其自然即是这般这般。《庄子·大宗师》"神鬼神帝，生天生地"注云：

无也，岂能生神哉？不神鬼帝而鬼帝自神，斯乃不神之神也；不生天地而天地自生，斯乃不生之生也。（《庄子注疏》卷三，《古逸丛书》覆宋本，页十四）

"在太极之先而不为高……"注云：

言道之无所不在也。故在高为无高，在深为无深，在久为无久，在老为无老。无所不在，而所在皆无也。（《庄子注疏》卷三，页十五）

《庄子·知北游》"有先天地生者，物耶？"注云：

谁得先物者乎哉？吾以阴阳为先物；而阴阳者即所谓物耳；谁又先阴阳者乎？吾以自然为先之，而自然即物之自尔耳。吾以至道为先之矣；而至道者，乃至无也；既以无矣，又奚为先？然则先物者谁乎哉？而犹有物无已。明物之自然，非有使然也。（《庄子注疏》卷七，页七十八至七十九）

《齐物论》"夫吹万不同而使其自己也"注云：

无既无矣，则不能生有。有之未生，又不能为生。然则生生者谁哉？块然而自生耳。自生耳，非我生也。我既不能生物，物亦不能生我，则我自然矣。自己而然，谓之天然。天然耳，非为也。……故物各自生而无所出焉，此天道也。（《庄子注疏》卷一，页二十五）

由此言之，则所谓道者，即指此"物各自生而无所出焉"之事实耳。此说"有之未生，又不能为生"；不过欲以明凡物皆"块然而自生"之理。其实"有"永久是有，更无"未生"之时。个体底物可以有未生之时，而包括一切之"有"，则永久存在也。《知北游》"无古无今，无始无终"注云：

非唯无不得化而为有也；有亦不得化而为无矣。是以有之为物（原作"无有之为物"，依《四部丛刊》本《庄子》改），虽千变万化，而不得一为无也。不得一为无，故自古无未有之时而常存也。（《庄子注疏》卷七，页七十八）

此种理论，可谓与希腊哲学家巴门尼底斯（Parmenides）之理论极相似。

《庄子注》之所以主张"物各自生而无所出焉"者，因无论吾人之知识若何扩大，吾人若尽问所以生物之原因，吾人最后总须立一"块然而自生"者，名之或为上帝、或为道、或为原子、或为电子。《天运》"天有六极五常"注云：

夫事物之近，或知其故；然寻其原以至乎极，则无故而自尔也。自尔则无所稍问其故也，但当顺之。（《庄子注疏》卷五，页五十七）

事物终究是"无故而自尔"，所以《庄子注》开始即说"物之自尔"。他开始即以为物皆自然而然，更无所待。此名为"独化"。《齐物论》"吾所待又有待而然者耶？"注云：

若责其所待，而寻其所由，则寻责无极，而至于无待，而独化之理明矣。（《庄子注疏》卷一，页六十三）

又"恶识所以不然"注云：

世或谓罔两待影，影待形，形待造物者。请问夫造物者有耶？无耶？无也，则胡能造物哉？有也，则不足以物众形。故明众形之自物，而后始可与言造物耳。是以涉有物之域，虽复罔两，未有不独化于玄冥者也。故造物者无主，而物各自造；物各自造，而无所待焉；此天地之正也。（《庄子注疏》卷一，页六十三）

"造物无主，而物各自造"，即"独化之理"也。

（三）宇宙间事物之关系

所谓"物各自造而无所待焉"者，不过谓吾人不能指定某特殊事物是某特殊事物之原因，并非谓各事物，彼此之间，皆无关系。依《庄子注》，事物彼此之间，有关系而且有必要的关系。《秋水》"以功观之……"注云：

天下莫不相与为彼我，而彼我皆欲自为，斯东西之相反也。然彼我相与为唇齿；唇齿者，未尝相为，而唇亡则齿寒。故彼之自为，济我之功宏矣。斯相反而不可以相无者也。（《庄子注疏》卷六，页二十六）

《大宗师》"孰能相与于无相与……"注云：

手足异任，五藏殊官。未尝相与，而百节同和，斯相与于无相与也。未尝相为，而表里俱济，斯相为于无相为也。（《庄子注疏》卷三，页二十五）

又"知人之所为者……"注云：

人之生也，形虽七尺，而五常必具。故虽区区之身，乃举天地以奉之。故天地万物，凡所有者，不可一日而相无也。一物不具，则生者无由得生，一理不至，则天年无缘得终。（《庄子注疏》卷三，页一至二）

人之所以如此如此，是因宇宙之是如此如此。严格言之，宇宙间之任何事物，皆与其间之他任何事物有关系。所以说："区区之身，乃举天地以奉之。故天地万物，凡所有者，不可一日而相无也。"

即在人事中，"治""乱"之代谢，亦是自然的，必然的。《大宗师》"庸讵知吾所谓天之非人乎……"注云：

人皆自然，则治乱成败，遇与不遇，非人为也，皆自然耳。（《庄子注疏》卷三，页二至三）

《天运》"人自为种而天下耳"注云：

不能大齐万物，而人人自别，斯人自为种也。承百代之流，而会乎当今之变；其弊至于斯者，非禹也，故曰天下耳。言圣知之迹，非乱天下，而天下必有斯乱。(《庄子注疏》卷五，页七十八)

"承百代之流，而会乎当今之变"，在此种整个的情形之下，必有某情形、某事物发生；此是必然。但吾人不能指某情形、某事物，是某情形、某事物的原因；此是独化。此见解与所谓唯物史观之历史哲学，颇有相同之处。例如俄国革命，依唯物史观之历史哲学言之，乃在其时整个客观环境之下，必有之产物，非列宁个人所能使之有也。上之所引"相反而不可以相无"之言，如附会之，亦可谓系讲辩证法。

（四）天然及人事之变化

上文谓《庄子注》之理论，颇似巴门尼底斯。但在别一方面，其理论又颇似海拉克利塔斯（Heraclitus）。《庄子注》以为宇宙间各事物是常变的。《大宗师》"然而夜半有力者负之而走……"注云：

夫无力之力，莫大于变化者也。故乃揭天地以趋新，负山岳以舍故。故不暂停，忽已涉新；则天地万物，无时而不移也。世皆新矣，而自以为故；舟日易矣，而视之若旧；山日更矣，而视之若前。今交一臂而失之，皆在冥中去矣。故向者之我，非复今我也。我与今俱往，岂常守故哉？而世莫之觉，横谓今之所遇，可系而在，岂不昧哉？(《庄子注疏》卷三，页十二)

巴门尼底斯与海拉克利塔斯之哲学，极端相反。《庄子注》所以对于二人之哲学，有皆似之之处者，盖《庄子注》言有只是有，乃就宇宙之全体言。言万物是常变的，乃就宇宙间之各个事物言。例如长江之水，时刻变迁，而长江之为长江则自若也。

社会亦常在变迁之中。社会中之制度，皆所以为一时之用，时过即有弊而成为废物。《天运》"其作始有伦而今乎妇女"注云：

今之以女为妇而上下悖逆者，非作始之无理；但至理之弊，遂至于此。（《庄子注疏》卷五，页七十八）

《天运》"彼知矉美而不知矉之所以美……"注云：

夫礼义，当其时而用之，则西施也。时过而不弃，则丑人也。（《庄子注疏》卷五，页七十）

《天运》"围于陈蔡之间……"注云：

夫先王典礼，所以适时用也。时过而不弃，即为民妖，所以兴矫效之端也。（《庄子注疏》卷五，页六十八）

《天运》"止可以一宿而不可久处，觏而多责"注云：

夫仁义者，人之性也；人性有变，古今不同也。故游寄而过去则冥；若滞而系于一方则见。见则伪生，伪生而责多矣。（《庄子注疏》卷五，页七十二）

社会因必然之势而变，变则旧办法、旧制度即为"丑"、为"妖"。若时变而仍执持"丑"、"妖"，则即是不能顺自然，即是"矫效"，即是"伪"。《胠箧》"然而田成子一旦杀齐君而盗其国"注云：

法圣人者，法其迹耳。夫迹者，已去之物，非应变之具也。奚足尚而执之哉？执成迹以御乎无方；无方至而迹滞矣。（《庄子注疏》卷四，页二十一）

时变则需要新办法、新制度。圣人以新办法、新制度，应新时变，正是顺自然。《秋水》"默默乎河伯……"注云：

俗之所贵，有时而贱；物之所大，世或小之。故顺物之迹，不得不殊。斯五帝三王之所以不同也。（《庄子注疏》卷六，页三十）

《天地》"天下均治而有虞氏治之耶？……"注云：

言二圣俱以乱故治之，则揖让之与用师，直是时异耳。未有胜负于其间也。(《庄子注疏》卷五，页二十六)

圣人因时"顺物"，因"时异"故其"顺物之迹"，"不得不殊"；要皆系"顺物"，故无"胜负于其间"。由此言之，《庄子注》并不反对道德制度，但反对不合时宜的道德制度。

（五）"无为"

有新时势，人自然有新办法、新制度，以应之。此乃势之必然；此乃人之自为。能任人之自为，即可无为而无不为。《大宗师》"以知为时者，不得已于事也"注云：

夫高下相受，不可逆之流也。大小相群，不得已之势也。旷然无情，群知之府也。承百流之会，居师人之极者，奚为哉？任时世之知，委必然之事，付之天下而已。(《庄子注疏》卷三，页九)

"奚为哉？"无为而已。无为而已即无不为矣。

《在宥》"故君子不得已而临莅天下，莫若无为"注云：

无为者，非拱默之谓也。直各任其自为，则性命安矣。不得已者，非迫于威刑也，直抱道怀朴，任乎必然之极，而天下自宾也。(《庄子注疏》卷四，页三十六)

"无为"即是"任乎必然之极"，"各任其自为"。《天道》"以此进为而抚世……"注云：

夫无为之体大矣；天下何所不无为哉？故主上不为冢宰之任，则伊吕静而司尹矣。冢宰不为百官之所执，则百官静而御事矣。百官不为万民之所务，则万民静而安其业矣。万民不易彼我之所能，则天下之彼我静而自得矣。故自天子以下至于庶人，下及昆虫，孰能有为而成哉？是

故弥无为而弥尊也。(《庄子注疏》卷五，页三十六)

《天道》"故古之人贵夫无为也"注云：

夫工人无为于刻木，而有为于用斧。主上无为于亲事，而有为于用臣。臣能亲事，主能用臣。斧能刻木，而工能用斧。各当其能，则天理自然，非有为也。……故各司其任，则上下咸得，而无为之理至矣。(《庄子注疏》卷五，页三十九)

《天道》"上必无为而用天下"注云：

故对上下则君静而臣动；比古今则尧舜无为而汤武有事。然各用其性，而天机玄发，则古今上下无为，谁有为也？(《庄子注疏》卷五，页四十)

以古比今，则今之事业活动为多矣。然今之事业活动，亦系因时势之必然而自然生出。今之人亦系"各用其性而天机玄发"，所以亦是无为。以上比下，亦是"各当其能"。普通所说之消极的，"开倒车"的"无为"，正《庄子注》所反对。《马蹄》"而马之死者已过半矣"注云：

夫善御者，将以尽其能也。尽能在于自任，而乃走作驰步，求其过能之用，故有不堪而多死焉。若乃任驽骥之力，适迟疾之分，虽则足迹接乎八荒之表，而众马之性全矣。而惑者闻任马之性，乃谓放而不乘；闻无为之风，遂云行不如卧，何其往而不返哉？斯失乎庄生之旨远矣。(《庄子注疏》卷四，页十五)

《逍遥游》"子治天下，天下既已治也"注云：

夫治之由乎不治；为之出乎无为也，取于尧而足，岂借之许由哉？若谓拱默乎山林之中，而后得称无为者，此庄老之谈所以见弃于当涂，当涂者自必于有为之域而不反者，斯之由也。(《庄子注疏》卷一，页十二)

普通所谓之"返朴还淳"，亦《庄子注》所反对者。《刻意》"故素

也者,谓其无所与杂也"注云:

> 苟以不亏为纯,则虽百行同举,万变参备,乃至纯也。苟以不杂为素,则虽龙章凤姿,倩乎有非常之观,乃至素也。若不能保其自然之质,而杂乎外饰,则虽犬羊之鞹,庸得谓之纯素哉?(《庄子注疏》卷六,页八)

"龙章凤姿",皆系"自然之质",故虽有"非常之观",而亦为至素至朴。必杂有矫饰之物,始不为素朴,而应"返朴还淳"也。

(六)圣智

《老子》云:"绝圣弃智,民利百倍。"(《老子》十九章)据上所引,吾人可知《庄子注》并不反对圣智。《庄子注》不反对圣智,而只反对学圣智。《马蹄》"及至圣人……"注云:

> 圣人者,民得性之迹耳,非所以迹也。……夫圣迹既彰,则仁义不真,而礼乐离性,徒得形表而已矣。有圣人即有斯弊,吾若是何哉?(《庄子注疏》卷四,页十七)

《天道》"古之人与其不可传也死矣……"注云:

> 当古之事,已灭于古矣。虽或传之,岂能使古在今哉?古不在今,今事已变;故绝学任性,与时变化,而后至焉。(《庄子注疏》卷五,页五十六)

圣智之所以为圣智,亦系天机之自然,其"龙章凤姿","乃至素也"。但学之者仅能学其"迹",学其"形表","形表"不真;而已往之"迹",亦无所用于今,故反对学圣智也。

《胠箧》"彼曾,史,杨,墨,师旷,工倕,离朱……"注云:

> 此数人者,所禀多方,故使天下跂而效之。效之则失我,我失由

彼，则彼为乱主矣。夫天下之大患者，失我也。(《庄子注疏》卷四，页二十九)

《胠箧》"擢乱六律……"注云：

夫声色离旷，有耳目者之所贵也。受生有分，而以所贵引之，则性命丧矣。若乃毁其所贵，弃彼任我，则聪明各全，人含其真也。(《庄子注疏》卷四，页二十八)

又"故曰大巧若拙"注云：

夫以蜘蛛蛣蜣之陋，而布网转丸，不求之于工匠，则万物各有能也。所能虽不同，而所习不敢异，则若巧而拙矣。故善用人者，使能方者为方，能圆者为圆。各任其所能，人安其性。不责万民以工倕之巧，故众技以不相能似拙，而天下皆自能，则大巧矣。夫用其自能，则规矩可弃，而妙匠之指可攦也。(同上)

人各有其性，各有所能。圣智之所以为圣智，亦不过顺其性，展其能而已。若别人弃己之所能，而妄学圣智，"则性命丧矣"。李白生来即是李白，不能不是李白。无李白之"性"，而妄学李白，则"未得国能，又失故步"，必成为《儒林外史》中之诗人矣。圣智既亦不过自展其能，故使人"各任其能"者，无废圣智之理。不过无圣智之资者，不可失我从彼，不安其性耳。此云："规矩可弃，而妙匠之指可攦"，乃注《庄子》"弃规矩，攦工倕之指"之文，非谓别人可任其能，而工倕不可任其能也。《养生主》"吾生也有涯而知也无涯"注云：

夫举重携轻，而神气自若；此力之所限也。而尚名好胜者，虽复绝膑，犹未足以慊其愿，此知之无涯也。故知之为名，生于失当，而灭于冥极。冥极者，任其至分，而无毫铢之加。是故虽负万钧，苟当其所能，则忽然不知重之在身，虽应万机，泯然不觉事之在己。此养生之主也。(《庄子注疏》卷二，页一)

《齐物论》"五者圆而几向方矣"注云：

此五者皆以有为伤当者也。不能止乎本性，而求外无已。夫外不可求而求之，譬犹以圆学方，以鱼慕鸟耳。虽希翼鸾凤，拟规日月，此愈近，彼愈远，实学弥得而性弥失。故齐物而偏尚之累去矣。（《庄子注疏》卷一，页四十九）

可见《庄子注》并不以为吾人应使"负万钧"者皆负十钧，应使鸾凤皆改为燕雀。不过燕雀鸾凤，皆应"止乎本性"，而不"求外"，"任其至分"，而"无毫铢之加"。"知之为名，生于失当"，圣智之知，皆在其"至分"之内。世之天才，皆行乎其所不得不行，止乎其所不得不止，皆是无为；故虽有莫大之知识，亦不名为"知"。若《儒林外史》中之诗人，皆出于勉强，皆是有为，其一知半解，亦是"知"也。

《人间世》"福轻乎羽，莫之知载。……"注云：

足能行而放之，手能执而任之，听耳之所闻，视目之所见；知止其所不知，能止其所不能；用其自用，为其自为；恣其性内，而无纤介于分外；此无为之至易也。无为而性命不全者，未之有也。性命全而非福者，理未闻也。故夫福者，即向之所谓全耳，非假物也，岂有寄鸿毛之重哉？率性而动，动不过分，天下之至易者也。举其自举，载其自载，天下之至轻者也。……举其性内，则虽负万钧而不觉其重也。外物寄之，虽重不盈锱铢，有不胜任者矣。为内，福也；故福至轻。为外，祸也；故祸至重。祸至重而莫之知避，此世之大迷也。（《庄子注疏》卷二，页三十九）

"恣其性内"，即是无为；有"纤介于分外"，即是有为。所谓"足能行而放之"等，并非反对圣智。因人之足所能行，手所能执，耳所能闻，目所能视，知所能知，能所能为，天然不同。圣智自是圣智，特无圣智之资者，必欲学圣智，则"释此无为之至易，而行彼有为之至难"

（同上），必有所困矣。

《德充符》"道与之貌天与之形"注云：

人之生也，非情之所生也。生之所知，岂情之所知哉？故有情于为离旷而弗能也，然离旷以无情而聪明矣。有情于为贤圣而弗能也，然贤圣以无情而贤圣矣。岂直贤圣绝远而离旷难慕哉？虽下愚聋瞽，及鸡鸣狗吠，其有情于为之，亦终不能也。（《庄子注疏》卷二，页六十二）

"有情于为之"即有意于为之之意。人之生也，非有意于生而始生。人之所知所能，亦非有意学习所能得也。庸人固不能学为天才；天才亦不能学为庸人。犹之犬固不能学人；人亦不能学犬也。

（七）"逍遥"

圣智之必为大人物，必有大事业，普通人之必为小人物，必有小事业，亦犹庄子所说大鹏之必为大鸟，学鸠之必为小鸟也。《逍遥游》"是鸟也，海运则将徙于南冥"注云：

非冥海不足以运其身，非九万里不足以负其翼；此岂好奇哉？直以大物必自生于大处，大处亦必自生此大物。理固自然，不患其失，又何厝心于其间哉？（《庄子注疏》卷一，页二）

"抟扶摇而上者九万里"注云：

夫翼大则难举，故抟扶摇而后能上，九万里乃足自胜耳。既有斯翼，岂得决然而起，数仞而下哉？此皆不得不然，非乐然也。（同上）

"之二虫又何知？"注云：

二虫谓鹏蜩也。对大于小，所以均异趣也。夫趣之所以异，岂知异而异哉？皆不知所以然而自然耳。自然耳，不为也；此逍遥之大意。（《庄子注疏》卷一，页五）

大鹏之举动必大，小鸟之举动必小，皆系"理固自然"，"不得不然"，"不知其所以然而然"。天然界人事界中之大小区别，皆是如此。亚历山大之必立其帝业，柏拉图之必写其"对话"，皆各顺其性，"不得不然"，"不知所以然而然"耳。

物虽如此不同，然苟顺其性，则皆逍遥。《逍遥游》"去以六月息者也"注云：

夫大鸟一去半岁，至天池而息；小鸟一飞半朝，枪榆枋而止。此比所能，则有间矣；其于适性一也。(《庄子注疏》卷一，页二)

又"且夫水之积也不厚……"注云：

此皆明鹏之所以高飞者，翼大故耳。夫质小者所资不待大，则质大者所用不得小矣。故理有至分，物有定极，各足称事，其济一也。若乃失乎忘生之主，而营生于至当之外，事不任力，动不称情。则虽垂天之翼，不能无穷；决起之飞，不能无困矣。(《庄子注疏》卷一，页三)

又"蜩与学鸠笑之曰……"注云：

苟足于其性，则虽大鹏无以自贵于小鸟，小鸟无羡于天池，而荣愿有余矣。故大小虽殊，逍遥一也。(《庄子注疏》卷一，页四)

又"上古有大椿者，以八千岁为春，八千岁为秋"注云：

夫年知不相及，若此之悬也。比于众人之所悲，亦可悲矣。而众人未尝悲此者，以其性各有极也。苟知其极，则毫分不可以相跂，天下又何所悲乎哉？夫物未尝以大欲小，而必以小羡大。故举小大之殊，各有定分，非羡欲所及；则羡欲之累，可以绝矣。夫悲生于累，累绝则悲去；悲去而性命不安者，未之有也。(《庄子注疏》卷一，页六)

凡物之性，即其"至当"。若于其"至当"之外，另有所羡欲，则必有"累"而"悲"。人之苦痛，多起于此。

（八）"齐物"

然人之所患，正在于不能安其性，不能绝"羡欲之累"。小者慕大，卑者慕尊，愚者慕智，"事不任力，动不称情"，故"虽垂天之翼，不能无穷；决起之飞，不能无困"。欲使人免"羡欲之累"，则莫如使人知"齐物"之义。《齐物论》"女闻人籁而未闻地籁……"注云：

夫箫管参差，宫商异律，故有短长高下万殊之声；声虽万殊，而所禀之度一也。然则优劣无所错其间矣。（《庄子注疏》卷一，页二十三）

又"乐出虚，蒸成菌"，注云：

物各自然，不知所以然而然，则形虽弥异，其然弥同也。（《庄子注疏》卷一，页二十八）

天然界人事界中诸事物，虽万殊不齐，然皆是其是。如人是人，狗是狗；人狗虽不同，然其是则一；所谓"形虽弥异，其然弥同也"。既皆是其是，岂人独优而狗独劣？知此则优劣齐矣。

《齐物论》"如是皆有为臣妾乎？"注云：

臣妾之才，而不安臣妾之任，则失矣。故知君臣上下，手足外内，乃天理自然，岂真人之所为哉？……夫臣妾但各当其分耳，未为不足以相治也。相治者，若手足，耳目，四肢，百体，各有所司，而更相御用也。……夫时之所贤者为君，才不应世者为臣。若天之自高，地之自卑，首自在上，足自在下，……虽无错于当而必当也。（《庄子注疏》卷一，页二十九至三十）

才大者为君，才小者为臣。皆"天理自然"也。虽"各有所司"，而互相为用。知此则尊卑齐矣。

《齐物论》"天地一指也，万物一马也"注云：

夫自是而非彼，彼我之常情也。……将明无是无非，莫若反覆相喻。反覆相喻，则彼之与我，既同于自是，又均于相非。均于相非，则天下无是；同于自是，则天下无非。何以明其然耶？是若果是，则天下不得复有非之者也。非若果非，亦不得复有是之者也。今是非无主，纷然淆乱，明此区区者，各信其偏见，而同于一致耳。仰观俯察，莫不皆然。是以至人知天地一指也，万物一马也；故浩然大宁，而天地万物，各当其分，同于自得，而无是无非也。(《庄子注疏》卷一，页三十七）

知此则是非齐矣。

《齐物论》"天下莫大于秋毫之末……"注云：

夫以形相对，则大山大于秋毫也。若各据其性分，物冥其极，则形大未为有余，形小不为不足。苟各足于其性，则秋毫不独小其小，而太山不独大其大矣。若以性足为大，则天下之足，未有过于秋毫也。若其性足者非大（原作"为大"，据《四部丛刊》本《庄子》注改），则虽大山亦可称小矣。故曰，天下莫大于秋毫之末，而大山为小。大山为小，则天下无大矣。秋毫为大，则天下无小也。无小无大，无寿无夭。是以蟪蛄不羡大椿，而欣然自得；斥鷃不贵天池，而荣愿以足。苟足于天然而安其性命，故虽天地未足为寿，而与我并生；万物未足为异，而与我同得。则天地之生，又何不并？万物之得，又何不一哉？(《庄子注疏》卷一，页四十五至四十六）

知此则大小寿夭齐矣。

《齐物论》"彼是方生之说也……"注云：

夫死生之变，犹春秋冬夏，四时行耳。故死生之状虽异，其于各安所遇一也。今生者方自谓生为生，而死者方自谓生为死，则无生矣。生者方自谓死为死，而死者方自谓死为生，则无死矣。无死无生。无可无不可。(《庄子注疏》卷一，页三十五）

又"此之谓物化"注云：

夫时不暂停，而今不遂存，故昨日之梦，于今化矣。死生之变，岂异于此，而劳心于其间哉？（《庄子注疏》卷一，页六十五）

《大宗师》"其为乐可胜计耶？"注云：

本非人而化为人，化为人失于故矣。失故而喜，喜所遇也。变化无穷，何所不遇？所遇而乐，乐岂有极乎？（《庄子注疏》卷三，页十三）

知此则死生齐矣。

《齐物论》"夫三子者犹存乎蓬艾之间……"注云：

夫物之所安无陋也，则蓬艾乃三子之妙处也。……而今欲夺蓬艾之愿，而伐使从己，于至道岂宏哉？故不释然神解耳。若乃物畅其性，各安其所安，无远迩幽深，付之自若，皆得其极，则彼无不当，而我无不怡也。（《庄子注疏》卷一，页五十一）

凡"物之所安"，皆其所以自足之道；故皆"无陋"也。野蛮之人，自安于蓬艾，则蓬艾即其"妙处"。故亦宜听其"自若"，不可"伐使从己"。知此则智愚文野齐矣。

知万物之皆齐，死生之一贯，则"无执"、"无我"。《齐物论》"是故滑疑之耀……"注云：

夫圣人，无我者也。故滑疑之耀，则图而域之；恢恑憰怪，则通而一之。使群异各安其所安，众人不失其所是，则己不用于物，而万物之用矣。物皆自用，则孰是孰非哉？故虽放荡之变，屈奇之异，曲而从之，寄之自用，则用虽万殊，历然自明。（《庄子注疏》卷一，页四十三）

又"参万岁而一成纯"注云：

唯大圣无执，故芚然直往，而与变化为一，一变化而常游于独者也。故虽参糅亿载，千殊万异，"道行之而成"，则古今一成也；"物谓之而然"，则万物一然也。无物不然，无时不成，斯可谓纯也。……积是于

万岁,则万岁一是也。积然于万物,则万物尽然也。故不知死生先后之所在,彼我胜负之所如也。(《庄子注疏》卷一,页五十七)

"不知死生先后之所在,彼我胜负之所如。"故忘生死,忘彼我,忘是非。"忘年忘义,振于无竟,故寓诸无竟。"(《庄子·齐物论》)注云:

夫忘年故玄同死生,忘义故弥贯是非;是非死生,荡而为一,斯至理也。至理畅于无极,故寄之者不得有穷也。(《庄子注疏》卷一,页六十二)

至此境界,则一切分别,皆已忘去,更不仅知"齐物"而已。

(九)"至人"

至此境界之人,谓之至人、圣人、"无待之人"。《逍遥游》"小知不及大知……"注云:

物各有性,性各有极,皆如年知,岂跂尚之所及哉?自此以下,至于列子,历举年知之大小,各信其一方,未有足以相倾者也。然后统以无待之人,遗彼忘我,冥此群异。异方同得,而我无功名。是故统小大者,无小无大者也。苟有乎大小,则虽大鹏之与斥鷃,宰官之与御风,同为累物耳。齐死生者,无死无生者也。苟有乎死生,则虽大椿之与蟪蛄,彭祖之于朝菌,均于短折耳。故游于无小无大者,无穷者也。冥乎不死不生者,无极者也。若夫逍遥而系于有方,则虽放之使游而有所穷矣。未能无待也。(《庄子注疏》卷一,页五至六)

一物即能"自足于其性",然若不知齐物,不能"玄同死生","弥贯是非",则在此能"自足",在彼或不能"自足"。乐生者未必能乐死、安于得者未必能安于失。此所谓"逍遥而系于有方",其逍遥是有限的。其必得之而后可以自足者,即是其"所待"。必得其"所待",

然后可以逍遥；故其逍遥即为其"所待"所限制。失其"所待"，即不自足；故"虽放之使游，而有所穷矣"。"无待之人"则不然。《逍遥游》"若夫乘天地之正……"注云：

  天地者，万物之总名也。天地以万物为体，而万物必以自然为正。自然者，不为而自然者也。故大鹏之能高，斥鷃之能下，椿木之能长，朝菌之能短，凡此皆自然之所能，非为之所能也。不为而自能，所以为正也。故"乘天地之正"者，即是顺万物之性也；"御六气之辩"者，即是游变化之涂也。如斯以往，则何往而有穷哉？所遇斯乘，又将恶乎待哉？此乃至德之人，玄同彼我者，之逍遥也。(《庄子注疏》卷一，页十)

《大宗师》"若夫藏天下于天下而不得所遁"注云：

  无所藏而都任之，则与物无不冥，与化无不一。故无外无内，无死无生，体天地而合变化，索所遁而不得矣。此乃常存之大情，非一曲之小意。(《庄子注疏》卷三，页十三)

至人既已忘一切区别而"与物冥"，故能"体天地而合变化"，随宇宙万变；宇宙无穷，至人亦无穷矣。如此之人，则能合内外，合动静。《大宗师》"彼游方之外者也……"注云：

  夫理有至极，外内相冥。未有极游外之致而不冥于内者也，未有能冥于内而不游于外者也。故圣人常游外以宏内，无心以顺有。故虽终日挥形，而神气无变；俯仰万机，而淡然自若。(《庄子注疏》卷三，页二十七)

《应帝王》"乡吾示之以地文……"注云：

  夫至人，其动也天，其静也地，其行也水流，其止也渊默。渊默之于水流，天行之于地止，其于不为而自尔一也。……诚应不以心，而理自玄符，与变化升降，而以世为量，然后足为物主而顺时无极。(《庄子

注疏》卷三，页四十五）

"鲵桓之审为渊……"注云：

夫至人用之则行，舍之则止。行止虽异，而玄默一焉。……虽波流九变，治乱纷如，居其极者，常淡然自得，泊乎忘为也。（《庄子注疏》卷三，页四十七）

此《庄子注》之理想人格。其哲学之此方面，亦即其中之神秘主义也。

第七章　南北朝之佛学及当时人对于佛学之争论

（一）中国佛学与中国人之思想倾向

南北朝时，中国思想界又有大变动。盖于是时佛教思想有有系统的输入，而中国人对之亦能有甚深了解。自此以后，以至宋初，中国之第一流思想家，皆为佛学家。佛学本为印度之产物，但中国人讲之，多将其加入中国人思想之倾向，以使成为中国之佛学。所谓中国人思想之倾向者，可分数点论之。

（1）佛学中派别虽多，然其大体之倾向，则在于说明"诸行无常，诸法无我"。所谓外界，乃系吾人之心所现，虚妄不实，所谓空也。但由本书以上所讲观之，则中国人对于世界之见解，皆为实在论。即以为吾人主观之外，实有客观的外界。谓外界必依吾人之心，乃始有存在，在中国人视之，乃非常可怪之论。故中国人之讲佛学者多与佛学所谓空者以一种解释，使外界为"不真空"（用僧肇语）。

（2）"诸行无常，诸法无我，涅槃寂净"，乃佛教中之三法印。涅槃译言圆寂。佛之最高境界，乃永寂不动者；但中国人又注重人之活动。儒家所说之最高境界，亦即在活动中。如《易传》所说"天行健，君子以自强不息"。"自强不息"，即于活动中求最高境界也。即庄学最富于出世色彩，然其理想中之真人至人，亦非无活动者。故中国人之讲佛学者，多以为佛之境界并非永寂不动。佛之净心，亦"繁兴大用"，虽"不为世染"，而亦"不为寂滞"（《大乘止观法门》语）。所谓"寂而恒照，照而恒寂"（僧肇语）。

（3）印度社会中，阶级之分甚严。故佛学中有一部分谓有一种人，无有佛性，不能成佛。但中国人以为"人皆可以为尧舜"，故中国人之讲佛学者，多以为人人皆有佛性。即一阐提亦可成佛（道生语）。又佛教中有轮回之说。一生物此生所有修行之成就，即为来生继续修行之根基。如此历劫修行，积渐始能成佛。如此说，则并世之人，其成佛之可能，均不相同。但中国人所说"人皆可以为尧舜"之义，乃谓人人皆于此生可为尧舜。无论何人，苟"服尧之服，行尧之行，言尧之言"，皆即是尧。而人之可以为此，又皆有其自由意志。故中国人之讲佛学者，又为"顿悟成佛"（道生语）之说。以为无论何人，"一念相应，便成正觉"（神会语）。

凡此倾向，非谓印度人所必无有；但中国之佛学家，则多就此方面发挥也。

（二）佛家与道家

南北朝时，道家之学极盛。当时谈玄之士，多觉《老》庄及佛学本无二致。如刘虬云："玄圃以东，号曰太一；罽宾以西，字为正觉。希无之与修空，其揆一也。"（《无量义经序》，《出三藏记集》卷九，日本大正新修《大藏经》〔下称《大藏经》〕卷五五，页六八）范晔论佛教云："详其清心释累之训，空有兼遣之宗，道书之流"也。（《后汉书·西域传论》）二方面之学者，众亦多视为一流人物。晋孙绰作《道贤论》，以七僧比七贤。如以竺道潜比刘伶，以支遁比向秀，以于法兰比阮籍，以于道邃比阮咸。"道"与"贤"皆一流人物，故可比而论之也。

故当时多有以庄学讲佛学者。《高僧传》曰：

释慧远，本姓贾氏。雁门楼烦人也。……博综六经，尤善老庄。……年二十一，……时沙门释道安立寺于太行恒山，……远遂往归之。……年二十四便就讲说，尝有客听讲，讲实相义。往复移时，弥增疑昧。远乃引庄子义为连类，于是惑者晓然。(《高僧传》卷六，《大藏经》卷五十，页三五七至三五八)

慧远"引庄子为连类"，以讲"实相义"。即以庄学讲佛学也。此在当时，谓之"格义"。《高僧传》法雅传云：

法雅，河间人。……少长外学，长通佛义。……时依门徒，并世典有功，未善佛理。雅乃与康法朗等以经中事数，拟配外书，为生解之例，谓之格义。乃毗浮相昙等，亦辩格义，以训门徒。雅风采洒落，善于枢机，外典佛经，递互讲说。(卷四，《大藏经》卷五十，页三四七)

此以中国之书，所谓外典中之义理，比附佛经中之义理。而"外典"中所可引以比附佛经者，当以老庄之书为最("格义"之义，陈寅恪先生说)。道安、支遁等，讲佛经时，亦常以当时所谓"三玄"中之言比附之。道安《安般经注序》云：

安般者，出入也。道之所寄，无往不因。德之所寓，无往不托。是故安般寄息以成守，四禅寓骸以成定也。寄息故有不阶之差，寓骸故有四级之别。阶差者，损之又损之，以至于无为。级别者，忘之又忘之，以至于无欲也。无为故无形而不因，无欲故无事而不适。无形而不因，故能开物。无事而不适，故能成务。成务者，即万有而自彼。开物者，使天下兼忘我也。彼我双废者，寄于唯守也。(僧祐《出三藏记集》卷六，《大藏经》卷五五，页四三)

"安般"译言息,即呼吸。佛法修行之方法中,有不净观,即于坐禅时观身体不净,即此所说"四禅寓骸以成定"也。有持息念,即于坐禅时注意呼吸,即此所谓"安般寄息以成守"也。"损之又损",《老子》之言。"忘之又忘",庄子之意。"开物成务",《周易》之文,此用"三玄"比附佛学也。支遁《大小品对比要抄序》云:

夫般若波罗蜜者,众妙之渊府,群智之玄宗,神王之所由,如来之照功。其为经也,至无空豁,廓然无物者也。无物于物,故能齐于物。无智于智,故能运于智。……般若之智,生乎教迹之名。是故言之则名生,设教则智存。智存于物,实无迹也;名生于彼,理无言也。何则?至理冥壑,归乎无名。无名无始,道之体也。无可不可者,圣之慎也。苟慎理以应动,则不得不寄言。宜明所以寄;宜畅所以言。理冥则言废;忘觉则智全。若存无以求寂,希智以忘心;智不足以尽无,寂不足以冥神。何则?故有存于所存,有无于所无。存乎存者,非其存也;希乎无者,非其无也。何则?徒知无之为无,莫知所以无;知存之为存,莫知所以存。希无以忘无,故非无之所无;寄存以忘存,故非存之所存。莫若无其所以无;忘其所以存。忘其所以存,则无存于所存。遗其所以无,则忘无于所无。忘无故妙存;妙存故尽无。尽无则忘玄,忘玄故无心。然后二迹无寄,无有冥尽。是以诸佛因般若之无始,明万物之自然。众生之丧道,溺精神乎欲渊。悟群俗以妙道,渐积损以至无。设玄德以广教,守谷神以存虚。齐众首于玄同,还群灵乎本无。(同上,卷八,《大藏经》卷五五,页五五)

此亦就《老子》损之又损,《庄子》忘之又忘之意,以讲佛经,亦"格义"也。

(三)"六家七宗"

中国原有之老庄之学,在此时盛行。此时人讲老庄,特别注重于所谓有无问题。观上二章所说可见。当时讲佛学者,亦特别注重于所谓空有问题;或言有无,或言空有,空有亦即有无也。或当时讲老庄之学者,受佛学之影响,故讲老庄时,特别注重于所谓有无问题欤?抑当时讲佛学者,受老庄之影响,故于讲佛学时,特别注重于所谓空有问题欤?二者盖均有焉。总之所谓有无,空有,乃老庄及佛学所共有之问题,而亦南北朝以后佛学家所讨论最多之问题也。

当时人对于此问题之讨论,有六家七宗。日本安澄《中论疏记》云:

梁释宝唱作《续法论》云:宋释昙济作《六家七宗论》,论有六家,分成七宗。一本无宗,二本无异宗,三即色宗,四心无宗,五识含宗,六幻化宗,七缘会宗。今此言六家者,于七宗中除本无异宗也。有人传云:此言不明。今应云,于七宗中除本无宗,名六家也。(卷三末,《大藏经》卷六五,页九三)

吉藏云:

什法师未至长安,本有三家义。一者释道安明本无义。谓无在万化之前,空为众形之始。夫人之所滞,滞在末(疑当为末)有;若诧(当为托字)心本无,则异想便息。……详此意安公明本无者,一切诸法,本性空寂,故云本无。此与方等经论,什肇山门,本无异也。(《中观论疏》卷二末,《大藏经》卷四二,页二九)

安澄云:

释道安《本无论》云:如来兴世,以本无弘教。故方等众经,皆明五阴本无。本无之论,由来尚矣。谓无在元化之前,空为众形之始。夫

人之所滞，滞在未有。若托心本无，即异想便息。(《中论疏记》卷三末，《大藏经》卷六五，页九二)

什法师谓鸠摩罗什。据《高僧传》本传(《高僧传》卷二)，什于姚兴弘始三年（西历401年）入长安。在此时之前，道安已先在长安，大弘佛法。道安为晋代一大佛教领袖。本在襄阳，为秦军所获。后居长安。秦主苻坚，极尊礼之。"安既笃好经典，志在宣法，所请外国沙门……译出众经百余万言。"(《高僧传》卷五，《大藏经》卷五十，页三五四) 以晋太元十年（西历385年）卒，年七十二（同上，页三五三）。元康《肇论疏》谓道安作《性空论》。本文今不传。据吉藏所说，则道安之《性空论》，即"一切诸法，本性空寂"之义。此本无宗也。若只依"无在万化之前，空为众形之始"二句言，则此宗与本无异宗，无大差别。惟若吉藏所说，则此宗与僧肇所说"不真空"之义相同。当于下另论之。

吉藏续云：

次琛法师云：本无者，未有色法，先有于无，故从无出有。即无在有先，有在无后，故称本无。此释为肇公《不真空论》之所破。亦经论之所未明也。(《中观论疏》卷二末，《大藏经》卷四二，页二九)

安澄云：

（琛法师）制论云：夫无者，何也？壑然无形，而万物由之而生者也。有虽可生，而无能生万物。故佛答梵志，四大从空生也。《山门玄义》第五卷，《二谛章》下云：复有竺法深即云：诸法本无，壑然无形，为第一义谛；所生万物，名为世谛。(《中论疏记》卷三末，《大藏经》卷六五，页九三)

安澄并云："深法师者，晋剡东仰山竺潜，字法深，姓王，琅琊人也。年十八出家。……以晋宁康二年（西历374年），卒于山馆，春秋八十有九焉。言深法师者有本作琛字。"（同上）按竺潜，《高僧传》卷四有传。同时竺法汰亦有本无义。《高僧传》云："竺法汰东莞人。少与道安同学，虽才辩不逮而姿貌过之。……以晋太元十二年（西历387年）卒，春秋六十有八。……汰所著义疏，并与郗超书论本无义，皆行于世。"（《高僧传》卷五，《大藏经》卷五十，页三五四至三五五）僧肇《不真空论》所破本无义，元康《肇论疏》以为即法汰之说。此本无异宗。此宗所持，实即《老子》"天地万物生于有，有生于无"之说。盖以《老》学讲佛学也。

吉藏续云：

第二即色义。但即色有二家。一者，关内即色义。明即色是空者。此明色无自性，故言即色是空，不言即色是本性空也。此义为肇公所呵。肇公云："此乃悟色而不自色，未领色非色也。"（《中观论疏》卷二末，《大藏经》卷四二，页二九）

安澄云：

此师意云：细色和合，而成粗色。若为空时，但空粗色，不空细色。望细色而粗色不自色。故又望黑色而是白色，白色不自色。故言即色空，都非无色。若有色定相者，不待因缘，应有色法。又粗色有定相者，应不因细色而成。此明假色不空义也。（《中论疏记》卷二末，《大藏经》卷六五，页九四）

关内为何人，安澄未言及。"望黑色而是白色"一语，亦颇费解。此义大意谓粗色是空，细色不空。粗色所以是空者，以其无定相也。盖仅谓色无定相，不言色性本空。故僧肇谓为"悟色而不自色，未领色非色也。"安澄云："但知色非自色，因缘而成。不知色本是空，犹存假有也。"（同上）此即色义中第一家。此宗所持，其详不可知。但就此所说观之，则颇似今科学家对于外物之见解。如所谓原子电子等，细色也；

此系不空者。如原子电子等所组成之具体的物，粗色也；此乃是空者。

吉藏续云：

次支道林著《即色游玄论》，明即色是空，故言即色游玄论。此犹是不坏假名，而说实相。与安师本性空故无异也。(《中观论疏》卷二末，《大藏经》卷四二，页二九)

支道林即支遁。《高僧传》曰：

支遁，字道林。本姓关氏，陈留人，或云河东林虑人。……家世事佛，早悟非常之理。……年二十五出家。每至讲肆，善标宗会，而章句或有所遗。……遁常在白马寺，与刘系之等，谈《庄子·逍遥篇》云：各适性以为逍遥。遁曰：不然，夫桀纣以残害为性，若适性为得者，彼亦逍遥矣。于是退而注《逍遥篇》，群儒旧学莫不叹服。……以晋太和元年（西历366年）……终于所住，春秋五十有三。(卷四，《大藏经》卷五十，页三四八至三四九)

安澄云：

《山门玄义》第五卷云：第八支道林著《即色游玄论》云：夫色之性，色不自色，不自虽色而空。知不自知，虽知而寂。彼意明：色心法空名真，一切不无空色心是俗也。述义云：其制《即色论》云：吾以为即色是空，非色灭空。斯言矣。何者？夫色之性，不自有色。色不自有，虽色而空。知不自知，虽知恒寂。然寻其意，同不真空。正以因缘之色，从缘而有。非自有故，即名为空。不待推寻破坏方空。既言夫色之性，不自有色，色不自有，虽色而空。然不偏言无自性边，故知即同于不真空也。(《中论疏记》卷三末，《大藏经》卷六五，页九四)

《高僧传》本传亦称支遁作《即色游玄论》。《世说新语》谓支道林作《即色论》，注云：

支道林集妙观章云："夫色之性也，不自有色。色不自有，虽色

而空。故曰色即为空，色复异空。"（《文学》，《世说新语》卷上之下，《四部丛刊》本，页十九）

此与吉藏所说略同。此谓色之本性即空，不只粗色空，细色亦空。知色之本性即空，则即有色吾亦知其为空，故可即色而游玄矣。《高僧传》本传又称支遁作《圣不辩知论》。安澄所引，"知不自知，虽知恒寂"。似即《圣不辩知论》中所说之义。此即色义中第二家。此与僧肇不真空义同；其《圣不辩知论》与僧肇之《般若无知论》义亦同。

吉藏续云：

第三温法师用心无义。心无者，无心于万物，万物未尝无。此释意云：经中说诸法空者，欲令心体虚妄不执，故言无耳。不空外物，即万物之境不空。（《中观论疏》卷二末，《大藏经》卷四二，页二九）

安澄云：

《山门玄义》第五云：第一释僧温，著《心无二谛论》云：有，有形也。无，无像也。有形不可无，无像不可有。而经称色无者，但内止其心，不空外色。……《二谛搜玄论》云：晋竺法温，为释法琛法师之弟子也。其制《心无论》云：夫有，有形者也；无，无像者也。然则有象不可谓无，无形不可谓无（当作有）。是故有为实有，色为真色。经所谓色为空者，但内止其心，不滞外色。外色不存余情之内，非无如何？岂谓廓然无形，而为无色乎？（《中论疏记》卷三末，《大藏经》卷六五，页九四）

《高僧传》法深（竺潜）传中附有竺法蕴，未知是否即法温。吉藏《二谛章》卷上述心无义，亦与上述略同。此宗所持，与庄子同，盖以庄学讲佛学也。此心无宗。

［注］此外《世说新语》云："愍度道人始欲过江，与一伧道人为侣。谋曰：'用旧义往江东，恐不办得食。'便共立心无义。既而此道

人不成渡，愍度果讲义积年。后有伧人来，先道人寄语曰：'为我致意愍度，无义那可立。治此计权救饥尔，无为遂负如来也。'"（《假谲》，《世说新语》卷下之下，页二十八）注云："旧义者曰：种智有是，而能圆照。然则万累斯尽，谓之空无；常住不变，谓之妙有。而无义者曰：种智之体，豁如太虚。虚而能知，无而能应。居宗至极，其唯无乎？"（同上）此注所引，未知是否即支愍度心无义原文。《高僧传·竺法汰传》云："时沙门道恒颇有才力，常执心无义，大行荆土。汰曰：'此是邪说，应须破之。'乃大集名僧，令弟子昙一难之，据经引理，析驳纷纭。恒仗其口辩，不肯受屈。日色既暮，明旦更集。慧远就席，设难数番，关责锋起。恒自觉义途差异，神色微动，麈尾扣案，未即有答。远曰：'不疾而速，杼柚何为？'座者皆笑矣。心无之义，于此而息。"（卷第五，《大藏经》卷五十，页三五四）法温，支愍度，道恒俱执心无义。安澄云："高僧中沙门道恒，执心无义，只是资学法温之义，非自意之所立。后支愍度追学前义。"（《中论疏记》卷三末，《大藏经》卷六五，页九四）然支愍度道恒年辈俱早于法温。安澄此言有误。（说详陈寅恪先生《支愍度学说考》）且就上所引观之，则支愍度道恒之心无义与法温所持，亦不相同。盖法温所持，注重在不空外色。支愍度所持，注重在证明心体之为"豁如太虚"。道恒所持虽未详，然慧远攻之云"不疾而速，杼柚何为"，似道恒亦注重在证明心"虚而能知，无而能应"。

吉藏续云：

此四师（道安，法深，支遁，法温）即晋世所立矣。爰至宋大庄严寺昙济法师著《七宗论》，还述前四，以为四宗。第五于法开立识含义。三界为长夜之宅，心识为大梦之主。今之所见群有，皆于梦中所见。其于大梦既觉，长夜获晓，即倒惑识灭，三界都空。是时无所从

生，而靡所不生。(《中观论疏》卷二末，《大藏经》卷四二，页二九)

安澄云："《山门玄义》第五云：第四于法开著《惑识二谛论》，……以惑所睹为俗，觉时都空为真。"(《中论疏记》卷三末，《大藏经》卷六五，页九五)于法开，《高僧传》云："不知何许人，事兰公为弟子。"(卷四，《大藏经》卷五〇，页三五〇)兰公为于法兰，《高僧传》卷四有传。此识含宗。

吉藏续云：

第六壹法师云：世谛之法，皆如幻化。是故经云：从本以来，未始有也。(《中观论疏》卷二末，《大藏经》卷四二，页二九)

安澄云：

《玄义》云：第一释道壹，著《神二谛论》云：一切诸法，皆同幻化。同幻化故，名为世谛。心神犹真不空，是第一义。若神复空，教何所施。谁修道隔凡成圣，故知神不空。(《中论疏记》卷三末，《大藏经》卷六五，页九五)

《高僧传》谓："道壹姓陆，吴人。……从汰公受学。……晋隆安中(西历397至401年)遇疾而卒，春秋七十有一。"(卷六，《大藏经》卷五〇，页三五七)此幻化宗。

吉藏续云：

第七于道邃明缘会故有，名为世谛。缘散故即无，称第一义谛。(《中观论疏》卷二末，《大藏经》卷四二，页二九)。

安澄云：

《玄义》云：第七于道邃著《缘会二谛论》云：缘会故有是俗，推拆无是真。譬如土木合为舍，舍无前体，有名无实。故佛告罗陀：坏灭色相无所见。(《中论疏记》卷三末，《大藏经》卷六五，页九五)

"于道邃敦煌人……年十六出家，事兰公为弟子。"(《高僧传》卷四,《大藏经》卷五十,页三五)一切诸法,众缘会合即有,缘散即无。如一房舍,土木合即有,散即无。此缘会宗。

(四)僧肇所讲世界之起源

上七宗中后三宗所持,皆中国哲学中所向无有,且与中国哲学之实在论相违反。然在此佛学中,此则对于外界最普通之见解也。道安之本无宗及支遁之即色宗,盖于此种见解及中国哲学之实在论中间,得一调和。僧肇讲此甚详。僧肇者,《高僧传》云:

释僧肇,京兆人。家贫以佣书为业,遂因缮写,乃历观经史,备尽坟籍。爱好玄微,每以老庄为心要。尝读《老子》道德章,乃叹曰:"美则美矣,然期栖神冥累之方,犹未尽善。"后见旧《维摩经》,欢喜顶受,披寻玩味,乃言始知所归矣,因此出家。学善方等,兼通三藏。……后罗什至姑臧,肇自远从之,什嗟赏无极。及什适长安,肇亦随返。姚兴命肇与僧睿等入逍遥园,助详定经论。肇以去圣久远,文义舛杂,先旧所解,时有乖谬。及见什咨禀,所悟更多。因出大品之后,肇便著《波若无知论》凡二千余言。竟以呈什,什读之称善。乃谓肇曰:"吾解不谢子,辞当相挹。"时庐山隐士刘遗民见肇此论,乃叹曰:"不意方袍,复有平叔。"因以呈远公。远乃抚机叹曰:"未尝有也!"因共披寻玩味,更存往复。……晋义熙十年(西历414年)卒于长安,春秋三十有一矣。(卷六,《大藏经》卷五十,页三六五至三六六)

鸠摩罗什为有系统地介绍印度思想入中国最早之人中之一;僧肇亲受其教,又以本善《老》庄,故所作诸论,均兼有佛学玄学之义。对于世界之起源,僧肇亦以老学与佛学混合讲之。僧肇《宝藏论》云:

夫本际者,即一切众生无碍涅槃之性也。何谓忽有如是妄心及以种种颠倒者？但为一念迷也。又此念者从一而起，又此一者从不思议起，不思议者即无所起。故经云："道始生一，一为无为；一生二，二为妄心。"以知一故，即分为二。二生阴阳，阴阳为动静也。以阳为清，以阴为浊。故清气内虚为心，浊气外凝为色，即有心色二法。心应于阳，阳应于动；色应于阴，阴应于静。静乃与玄牝相通，天地交合。故所谓一切众生，皆禀阴阳虚气而生。是以由一生二，二生三，三即生万法也。既缘无为而有心，复缘有心而有色。故经云："种种心色。"是以心生万虑，色起万端，和合业因，遂成三界种子。夫所以有三界者，为以执心为本，迷真一故，即有浊辱，生其妄气。妄气澄清，为无色界，所谓心也。澄浊现为色界，所谓身也。散滓秽为欲界，所谓尘境也。故经云："三界虚妄不实，唯一妄心变化。"夫内有一生，即外有无为；内有二生，即外有有为；内有三生，即外有三界。既内外相应，遂生种种诸法及恒沙烦恼也。(《本际虚·玄品》第三，《大藏经》卷四五，页一四八)

"本际"即宇宙之本体方面，"三界"及"种种诸法"即宇宙之现象方面也。《老子》云："道生一，一生二，二生三，三生万物。万物负阴而抱阳，冲气以为和。"(第四十二章) 在中国以前原有哲学中，心与身之分别，向少言及。此则以阴阳配心身，"格义"之类也。于此段中，可见混入道家哲学中诸观念之佛学。《宝藏论》又云：

夫迷者，无我立我，则内生我倒。内生我倒故，即圣理不通。圣理不通，故外有所立。外有所立，即内外生碍。内外生碍，即物理不通。遂妄起诸流，混于凝照。万象沉没，真一宗乱。诸见竞兴，乃为流浪。(《离微体净品》第二，《大藏经》卷四五，页一四六)

为一念之迷，本无我而妄立一我。因有我遂有非我，主观客观分峙对立，而现象世界即于此起矣。

（五）僧肇之不真空义

此现象世界，因其只为现象，故可谓之为假，可谓之为"无"；但既有此现象，则亦不能不谓之为"有"。僧肇《不真空论》云：

然则万物果有其所以不有，有其所以不无。有其所以不有，故虽有而非有；有其所以不无，故虽无而非无。虽无而非无，无者不绝虚；虽有而非有，有者非真有。若有不即真，无不夷迹，然则有无称异，其致一也。……所以然者，夫有若真有，有自常有，岂待缘而后有哉？譬彼真无，无自常无，岂待缘而后无也。若有不能自有，待缘而后有者，故知有非真有。有非真有，虽有不可谓之有矣。不无者：夫无则湛然不动，可谓之无。万物若无，则不应起，起则非无。以明缘起，故不无也。……然则万法果有其所以不有，不可得而有；有其所以不无，不可得而无。何则？欲言其有，有非真生；欲言其无，事象既形。象形不即无，非真非实有。然则不真空义，显于兹矣。故《放光》云："诸法假号不真，譬如幻化人。非无幻化人，幻化人非真人也。"（《肇论》，《大藏经》卷四五，页一五二）

现象世界中诸物，皆待因缘凑合方有，因缘不凑合即灭，故皆如幻化人也。即此而言，可谓为无。然所谓无者，不过谓幻化人非真人耳，非无幻化人也。就有幻化人而言，则固可谓为有也。故万物皆有其所以不有，有其所以不无，此所谓不真空义也。

（六）僧肇之物不迁义

更进一步言之，则凡曾有之物，虽归坏灭，然其曾有之事实，则固不可灭也。现象世界中，万物忽生忽灭，似现象世界为时时变化之大波流。然就另一方面言之，则某一刹那间之某一物，自是某一刹那间之某一物。宇宙间曾有此某一刹那间之某一物，乃一永久不变之事实。普通所谓另一刹那间之同一某物，实可谓另是一物，非前刹那间之某一物变化而来者。由此言之，则虽现象世界，亦不可谓之为"无常"也。僧肇《物不迁论》云：

> 夫人之所谓动者，以昔物不至今，故曰动而非静。我之所谓静者，亦以昔物不至今，故曰静而非动。动而非静，以其不来；静而非动，以其不去。然则所造未尝异，所见未尝同。逆之所谓塞，顺之所谓通。苟得其道，复何滞哉？伤夫人情之惑也久矣！目对真而莫觉。既知往物而不来，而谓今物而可往。往物既不来，今物何所往？何则？求向物于向，于向未尝无；责向物于今，于今未尝有。于今未尝有，以明物不来；于向未尝无，故知物不去。覆而求今，今亦不往。是谓昔物自在昔，不从今以至昔；今物自在今，不从昔以至今。故仲尼曰："回也见新，交臂非故。"如此，则物不相往来明矣。既无往返之微朕，有何物而可动乎？然则旋岚偃岳而常静；江河竞注而不流；野马飘鼓而不动；日月历天而不周；复何怪哉？……是以言往不必往，古今常存，以其不动；称去不必去，谓不从今至古，以其不来。不来，故不驰骋于古今；不动，故各性住于一世。……何者？人则求古于今，谓其不住；吾则求今于古，知其不去。今若至古，古应有今；古若至今，今应有古。今而无古，以知不来；古而无今，以知不去。若古不至今，今亦不至古，事各性住于一世，有何物而可去来？然则四象风驰，璇玑电卷，得意毫微，虽速而不转。（《肇论》，《大藏经》卷四五，页一五一）

由此言之，则一切事物，若就其曾存在一点观之，则皆是"常"而非"无常"也。

曾存在之事物，不仅曾存在；且能对于以后之事物，发生影响。僧肇《物不迁论》云：

  是以如来，功流万世而常存，道通百劫而弥固。成山假就于始篑，修途托至于初步，果以功业不可朽故也。功业不可朽，故虽在昔而不化，不化故不迁，不迁故则湛然明矣。故经曰："三灾弥纶，而行业湛然。"信其言也。何者？果不俱因，因因而果。因因而果，因不昔灭；果不俱因，因不来今。不灭不来，则不迁之致明矣。（同上）

  因能生果，因因而有果，是知因不昔灭也。果内无因，是知因不来今也。不灭不来，则不迁之理明矣。

（七）僧肇所说之圣人

  故现象世界可谓为有，亦可谓为无；可谓为非有，亦可谓为非无；可谓为有相，亦可谓为无相。《宝藏论》云：

  夫以相为无相者，即相而无相也。故经云"色即是空，非色灭空"。譬如水流，风击成泡。即泡是水，非泡灭水。夫以无相为相者，即无相而相也。经云"空即是色"，色无尽也。譬如坏泡为水，水即泡也，非水离泡。夫爱有相畏无相者，不知有相即无相也。爱无相畏有相者，不知无相即是相也。是故有相及无相，一切悉在其中矣。觉者名佛，妄即不生。妄若不生，即本真实。（《离微体净品》第二，《大藏经》卷四五，页一四七）

  知此理者，则即在现象中见本体。《宝藏论》云：

  譬如有人，于金器藏中，常观于金体，不睹众相。虽睹众相，亦是一金。既不为相所惑，即离分别。常观金体，无有虚谬。喻彼真人，亦复如是。常观真一，不睹众相。虽睹众相，亦是真一。远离妄想，无有颠倒。住真实际，名曰圣人。若复有人于金器藏中，常睹众相，不睹金体。分别善恶，起种种见，而失于金性，便有争论。喻彼愚夫，亦复如是。常观色相男女好丑，起种种差别。迷于本性，执著心相。取舍爱憎。起种种颠倒。流浪生死，受种种身。妄想森罗，隐覆真一。(《本际虚玄品》第三，《大藏经》卷四五，页一四九)

愚人执著现象，以为真实；圣人则不执著现象，于现象中即见真实。愚人执著现象，即为现象所囿；圣人不执著现象，即与真实合一。《宝藏论》云：

夫离者无身，微者无心。无身故大身，无心故大心。大心故即周万物，大身故应备无穷。是以执身为身者，即失其大应；执心为心者，即失其大智。故千经万论，莫不说离身心，破彼执著，乃入真实。譬如金师，销矿取金，方为器用。若执有身者，即有身碍，身碍故即法身隐于形骸之中；若执有心者，即有心碍，心碍故即真智隐于念虑之中。故大道不通，妙理沉隐，六神内乱，六境外缘。昼夜惶惶，未有休息。(《离微体净品》第二，《大藏经》卷四五，页一四七)

又云：

夫所以言离者，体不与物合，亦不与物离。譬如明镜，光映万象；然彼明镜，不与影合，亦不与体离。又如虚空，合入一切，无所染著。五色不能污，五音不能乱，万物不能拘，森罗不能杂，故谓之离也。所以言微者，体妙无形，无色无相。应用万端而不见其容，含藏百巧而不显其功。视之不可见，听之不可闻。然有恒沙万德，不常不断，不离不散，故谓之微也。是以离微二字，盖道之要也。六入无迹谓之离，万用无我谓之微。微即离也，离即微也。但约彼根事而作两名，其体一也。(《离微体净品》第二，《大藏经》卷四五，页一四六)

此圣人修养所用之功夫，及其修养成就时之心理状态也。

（八）僧肇之般若无知义

在此心理状态中，圣人之心如明镜，虽不废照，而其体自虚。僧肇《般若无知论》云：

> 是以圣人虚其心而实其照，终日知而未尝知也。故能默耀韬光，虚心玄鉴，闭智塞聪，而独觉冥冥者矣。然则智有穷幽之鉴，而无知焉；神有应会之用，而无虑焉。神无虑，故能独王于世表；智无知，故能玄照于事外。智虽事外，未始无事；神虽世表，终日域中。所以俯仰顺化，应接无穷。无幽不察，而无照功。斯则无知之所知，圣神之所会也。然其为物也，实而不有，虚而不无。存而不可论者，其唯圣智乎？何者？欲言其有，无状无名；欲言其无，圣以之灵。圣以之灵，故虚不失照；无状无名，故照不失虚。照不失虚，故混而不渝；虚不失照，故动以接粗。是以圣智之用，未始暂废。求之形相，未暂可得。故《宝积》曰："以无心意而现行。"《放光》云："不动等觉而建立诸法。"所以圣迹万端，其致一而已矣。是以般若可虚而照，真谛可亡而知，万动可即而静，圣应可无而为。斯则不知而自知，不为而自为矣。复何知哉？复何为哉？（《肇论》，《大藏经》卷四五，页一五三）

宋明道学家谓圣人之心，寂然不动，感而遂通，即用此等意思。不过僧肇此等讲法，与其《宝藏论》中所说现象世界之起源，颇有不能一致之处。依彼所说，现象世界之起源，起于"一念迷"。自逻辑方面言，现象世界既有，即不可谓为无；但自形上学方面言，则圣人若无妄念，则其现象世界即应归无有，又何有"万物不能拘，森罗不能杂"之有？关于此点，僧肇未有详细说明。

［注］僧肇以明镜喻修养成就之人之心理状态。庄子亦言"圣人之用心若镜"。以后宋明道学家，常用此喻。僧肇《维摩经注》云："夫

以道为道，非道为非道者，则爱恶并起，垢累滋彰。何能通心妙旨，达乎平等之道乎？若能不以道为道，不以非道为非道者，则是非绝于心，遇物斯可乘矣。所以处是无是是之情，乘非无非非之意。故能美恶齐观，履逆常顺。和光尘劳，愈晦愈明。斯可谓通达无碍，平等佛道也。"（卷七）南北朝时，以《老》庄之学，解释佛学者，多就同有无，合动静，一人我，诸题发挥。而对于庄子之"弥贯是非"之义，则少有谈及者。僧肇此段，实就庄子《齐物论》齐是非之义发挥，以解释佛经。

（九）道生之顿悟成佛义

与僧肇同学齐名者有道生，《高僧传》云：

竺道生，本姓魏，巨鹿人，寓居彭城。……幼而颖悟，聪哲若神。……后值沙门竺法汰，遂改俗归依，伏膺受业。……后与慧睿、慧严同游长安，从什公受业，关中僧众咸谓神悟。……生既潜思日久，彻悟言外，乃喟然叹曰："夫象以尽意，得意则象忘；言以诠理，入理则言息。自经典东流，译人重阻，多守滞文；鲜见圆义。若忘筌取鱼，始可与言道矣。"于是校阅真俗，研思因果，乃立"善不受报"，"顿悟成佛"。……又六卷泥洹（《涅槃经》）。先至京师，生剖析经理，洞入幽微。乃说一阐提人皆得成佛。于是大本未传，孤明先发，独见忤众。……俄而《涅槃》大本至于南京，果称阐提悉有佛性。……以宋元嘉十一年（西历434年）……卒。（卷第七，《大藏经》卷五十，页三六六至三六七）

日本宗《一乘佛性慧日抄》引《名僧传》第十（文亦见于《名僧传抄》而较简略）云："生曰：'禀气二仪者，皆是涅槃正因。三界受生，盖惟惑果。阐提含生之类，何得独无佛性？'"（《大藏经》卷七十，页一三七）一阐提人为不信佛法之人。一阐提人亦有佛性；"一阐提人皆得成佛"；是人人皆可成佛也。道生以经典之语言文字为"筌"，必"忘筌取鱼"，始可与言道；对"道"能有了悟，即时可以成佛。后来禅宗不注重文字，只注重心悟，正此意也。

道生所立"善不受报"义，其详不可知。慧远有《明报应论》，亦讲善不受报义；其所讲或受道生之影响（陈寅恪先生说）。慧远云：

推夫四大之性，以明受形之本；则假于异物，托为同体；生若遗尘，起灭一化。此则慧观之所入，智刃之所游也。于是乘去来之自运，虽聚散而非我。寓群形于大梦，实处有而同无。岂复有封于所受，有系于所恋哉？若斯理自得于心，而外物未悟。则悲独善之无功，感先觉而兴怀。于是思弘道以明训，故仁恕之德存焉。若彼我同得，心无两对；游刃则泯一玄观，交兵则莫逆相遇；伤之岂唯无害于神，固亦无生可杀。此则文殊按剑，迹逆而道顺，虽复终日挥戈，措刃无地者。若然者，方将托鼓舞以尽神，运干镞而成化，虽功被犹无赏，何罪罚之有耶？若反此而寻其源，则报应可得而明；推事而求其宗，则罪罚可得而论矣。尝试言之，夫因缘之所感，变化之所生，岂不由其道哉？无明为惑网之渊，贪爱为众累之府，二理俱游，冥为神用。吉凶悔吝，惟此之动。无用（当作明）掩其照，故情想凝滞于外物。贪爱流其性，故四大结而成形。形结则彼我有封，情滞则善恶有主。有封于彼我，则私其身而身不忘。有主于善恶，则恋其生而生不绝。于是甘寝大梦，昏于所迷。抱疑长夜，所存惟著。是故失得相推，祸福相袭。恶积而天殃自至，罪成则地狱斯罚。此乃必然之数，无所容疑矣。……然则罪福之应，惟其所感。感之而然，故谓之自然。自然者，即我之影响耳。于夫玄宰，复何功哉？（《弘明集》卷五，《大藏经》卷五二，页三三）

此以道家之说，与佛家之说，融合言之。所谓报应，即心之所感召。若无心而应物者，则虽有作为而无所感召，超过轮回，不受报也。

道生所立"顿悟成佛"义，谢灵运（宋元帝永嘉十年，西历433年，被害，年四十九）述之。谢灵运《辩宗论》云：

释氏之论，圣道虽远，积学能至；累尽鉴生，方应渐悟。孔氏之论，圣道既妙，虽颜殆庶；体无鉴周，理归一极。（《广弘明集》卷十八，《大藏经》卷五二，页二二四至二二五）

谓释氏谓圣道甚远，须积学以至于心中之无明，即所谓累者，完全净尽，方可使真心之明，炽然出现。此即所谓成佛须用渐修之工夫。此种积学，亦非唯只限本生本世，往往须积许多世之"学"，方可成佛。孔子谓颜渊："回也其庶乎屡空。"似亦讲渐修之工夫。但孔子终以为"圣道既妙"，能"体无鉴周"，即"理归一极"，则孔子实主顿悟之修行方法也（参看本篇第五章第二节）。

《辩宗论》又云：

有新论道士，以为寂鉴微妙，不容阶级，积学无限，何为自绝？今去释氏之渐悟，而取其能至；去孔氏之殆庶，而取其一极。一极异渐悟，能至非殆庶。故理之所去，虽合各取，然其离孔释矣。余谓二谈救物之言，道家之唱得意之说，敢以折中自许，窃谓新论为然。（《广弘明集》卷十八，《大藏经》卷五二，页二二五）

此"新论道士"，即指道生。僧祐引陆澄云："沙门道生执顿悟，谢康乐灵运《辩宗》述顿悟。"（《出三藏记集》卷第十二，《大藏经》卷五五，页八四）故知此所述即道生之说也。"今去释氏之渐悟"云云，乃谢灵运对于道生之说之观察。释氏虽主积学，然究谓圣道能至，今去其"渐悟"之说，但取其"能至"。又去孔氏"殆庶"之说，但取其"理归一极"。即专主顿悟之说也。

至于释氏所以侧重积学，孔氏所以侧重顿悟者，《辩宗论》云：

二教不同者，随方应物，所化地异也。大而较之，鉴在于民。华人易于鉴理，难于受教，故闭其累学，而开其一极。夷人易于受教，难于鉴理，故闭其顿了，而开其渐悟。渐悟虽可至，昧顿了之实；一极虽知寄，绝累学之冀。良由华人悟理无渐而诬道无学，夷人悟理有学而诬道有渐。是故权实虽同，其用各异。（同上）

中国人善于悟理，故孔氏教人侧重顿悟；印度人易于受教，故释氏教人侧重积学也。此以顿渐之分，归于华夷之异。

然"寂鉴微妙，不容阶级"。所谓"无"，即最高境界者，得即全得，不能分为部分而逐渐得之。故所谓积学，亦不过为一种预备工夫；最后仍须一悟乃能得"无"也。在未到此最后一步时，一切工夫，只可谓之为学，不可谓之为悟。严格言之，实无所谓"渐悟"。谢灵运关于此点，与诸人之辩论，《辩宗论》详载之。僧维问曰：

承新论法师，以宗极微妙，不容阶级。使夫学者穷有之极，自然之无，有若符契，何须言无也。若资无以尽有者，焉得不谓之渐悟耶？（同上）

此谓学者穷有之极，则自与"无"合；若与无合，则亦不必言无矣。但当其尚未穷有之时，须"资无以尽有"，岂可不谓之为有阶级之渐悟耶？

谢灵运答云：

夫累既未尽，无不可得；尽累之弊，始可得无耳。累尽则无，诚如符契；将除其累，要须傍教。在有之时，学而非悟；悟在有表，托学以至。但阶级教愚之谈，一悟得意之论矣。（同上）

累既未尽，则"无"不可得，故须学以尽累。然学非悟，不过学为悟之预备工夫，悟须"托学以至"耳。

僧维又问曰：

悟在有表，得不以渐。使夫涉学希宗，当日进其明不？若使明不日进，与不言同。若日进其明者，得非渐悟乎？（同上）

此谓学若不"日进其明"，则与不学同。学若能"日进其明"，非渐悟而何？

谢灵运答云：

夫明非渐至，信由教发。何以言之？由教而信，则有日进之功；非渐所明，则无入照之分。然向道善心起，损累生垢伏。伏似无同，善似恶乖。此所务不俱，非心本无累。至夫一悟，万滞同尽耳。（同上）

此谓学时所用之工夫，可增进由教所发之信仰。由教所发之信仰，能使心中之"累"减损，使心中之"垢"，伏而不动。垢伏"似无"，而实非无。由此而言，"由教而信"亦有日进之功，但不能使心本无累。终须"一悟"，始可"万滞同尽"也。此得"明"之一悟，乃是"顿"而非"渐"。

僧维三问云：

夫尊教而推宗者，虽不永用，当推之时，岂可不暂令无耶？若许其暂合，犹自贤于不合，非渐如何？（同上）

此谓在学时，虽不能完全穷有，但岂无与"无"暂合之时。若谓可以暂合，则渐合自胜于不合，何以以为无渐悟耶？

谢灵运答云：

暂者，假也；真者，常也。假知无常，常知无假。今岂可以假知之暂，而侵常知之真哉？今暂合贤于不合，诚如来言，窃有微证。巫臣谏庄王之日，物赊于己，故理为情先；及纳夏姬之时，己交于物，故情居理上。情理云互。物己相倾，亦中智之率任也。若以谏日为悟，岂容纳时之惑耶？且南为圣也，北为愚也。背北向南，非停北之谓；向南背北，非至南之称。然向南可以至南，背北非是停北。非是停北，故愚可

去矣;可以至南,故悟可得矣。(同上)

巫臣谏庄王之时,情并未亡,不过暂伏耳;故后又有纳夏姬之事也。学之但使"累伏",即如此类;若悟则万累俱尽,累不仅伏,且实灭也。

《辩宗论》载慧骥又演僧维问:

"当假知之一合,与真知同异?"初答:"与真知异。"骥再问:"以何为异?"再答:"假知者累伏故,理暂为用,用暂在理,不恒其知。真知者照寂故,理常为用,用常在理,故永为真知。"骥三问:"累不自除,故求理以除累。今假知之一合,理实在心;在心而累不去,将何以去之乎?"三答:"累起因心;心触成累。累恒触者心日昏,教为用者心日伏。伏累弥久,至于灭累;然灭之时,在累伏之后也。伏累灭累,貌同实异,不可不察。灭累之体,物我同忘,有无一观;伏累之状,他己异情,空实殊见。殊实空,异己他者,入于滞矣;一无有,同我物者,出于照也。"(同上)

此仍谓学但能使累伏,悟则能使累灭。"伏累弥久,至于灭累;然灭之时,在累伏之后",所谓"悟在有表","托学以至"也。对于"灭累"者,所谓有、无、我、物,之区别,均不存在,而为一;对于"伏累"者,则空、实、他、己,仍有区别,而为异。

上文谓谢灵运以为"明非渐致,信由教发。由教而信,则有日进之功;非渐所明,则无入照之分"。王卫军难云:

由教而信,而无入照之分,则是暗信圣人。若暗信圣人,理不关心,政可无非圣之尤,何由有日进之功?(《广弘明集》卷十八,《大藏经》卷五二,页二二七)

此谓若教但能"生信",不能"入照",则只是暗信圣人耳。此等暗信,与对于理之了解无关。故如果教只能生信,则不惟"无入照之分"，且亦应无"日进之功"矣。道生答云：

究寻谢永嘉论，都无间然。有同似若妙善，不能不引以为欣。檀越难旨甚要，切想寻必佳通耳。且聊试略取论意，以伸欣悦之怀。以为苟若不知，焉能有信？然则由教而信，非不知也。但资彼之知，理在我表。资彼可以至我，庸得无功于日进？未是我知，何由有分入照？岂不以见理于外，非复全昧。知不自中，未为能照耶？（竺道生答王卫军书，《广弘明集》卷十八，《大藏经》卷五二，页二二八）

教能与吾人以知识，可使吾人知"理"。但由此而得之知识，只是知识。由此知识所见之"理"，乃在我之外。即我仅能知之而不能经验之，即不能证之。故教"无入照之分"也。但此等由教而来之知识，吾人可资之以证"理"，所谓"资彼可以至我"，故亦"庸得无功于日进"耶？由道生此书，可见谢灵运对于顿悟之主张，道生完全赞成之。道生且助谢灵运答反对者之辩难。盖谢灵运所述，实即道生之说也。

《辩宗论》又载慧琳为调和之说曰：

释云有渐，故是自形者有渐。孔之无渐，亦是自道者无渐。何以知其然耶？中人可以语上，久习可以移性，孔氏之训也。一合于道场，非十地之所阶，释家之唱也。如此渐绝文论，二圣详言。岂独夷束于教，华拘于理。将恐斥离之辩，辞长于新论乎？（《广弘明集》卷十八，《大藏经》卷五二，页二二六）

此谓释氏有顿渐二教，孔氏亦有渐顿二教。此时本已有释氏有顿渐二教之说，慧远云：

晋武都山隐士刘虬说言，如来一化所说，无出顿渐。……又诞公云：佛教有二，一顿一渐。……菩提流支言，佛一音以报万机，判无渐顿，是亦不然。如来虽复一音报万，随诸众生，非无渐顿。自有众生藉浅阶远，佛为渐说。或有众生一越解大，佛为顿说。宁无顿渐？（《大

乘义章》卷一,《大藏经》卷四四,页四六五至四六六)

此即所谓"判教"。此后中国佛学中各宗派,多有其自己对于"判教"之主张。盖佛教经典,本非一人一时所作,其间不少冲突或不一致之处。中国宗教家既信所有佛教经典,皆为佛说,故对于其所以有冲突或不一致之原因,设法解释。大约以为佛之施教,因时因人不同。故全部佛教,可判为若干种教。教虽有殊,而不碍佛教真理之为唯一。此等主张及关于此等主张之辩论,不甚有哲学的兴趣,故不多论及之。

(十)当时对于神灭神不灭之辩论

南北朝时,反对佛教之人亦甚多。此反对派多为儒者及道士。此时反对及拥护佛教之言论,僧祐(卒于梁武帝天监十七年〔西历518年〕,《高僧传》卷十一有传)集为《弘明集》,道宣(卒于唐高宗乾封二年〔西历667年〕,《宋高僧传》卷十四有传)续集为《广弘明集》。其反对派所持之辩论,约有六种。僧祐《弘明集后序》云:

详检俗教,并究章五经。所尊惟天,所法惟圣。然莫测天形,莫窥圣心。虽敬而信之,犹矇矇弗了。况乃佛尊于天,法妙于圣。化出域中,理绝系表。肩吾犹惊怖于河汉,俗士安得不疑骇于觉海哉?既疑觉海,则惊同河汉。一疑经说迂诞,大而无征。二疑人死神灭,无有三世。三疑莫见真佛,无益国治。四疑古无法教,近出汉世。五疑教在戎方,化非华俗。六疑汉魏法微,晋代始盛。以此六疑,信心不树。(《弘明集》卷十四,《大藏经》卷五二,页九五)

此六疑者,即当时反对佛教之人所持以攻击佛教之六种辩论也。此六种辩论中,以第二种为有哲学的兴趣。今略述之。

慧远云:

无明为惑网之渊，贪爱为众累之府。二理俱游，冥为神用。吉凶悔吝，惟此之动。无用（当为明）掩其照，故情想凝滞于外物。贪爱流其性，故四大结而成形。形结则彼我有封；情滞则善恶有主。有封于彼我，则私其身而身不忘。有主于善恶，则恋其生而生不绝。(《明报应论》，《弘明集》卷五，《大藏经》卷五二，页三三)

佛教以为人死神不灭。盖人之所以有生而为人，乃因无明贪爱，迷其本性。无明贪爱不断，则此身死亡后，仍受他身；此生之后，仍有来生。此所谓生死轮回也。反对佛教者驳斥此义，以为人之形与人之神，本为一体。神不能离形而独存，故形灭时神即灭。以神灭论攻击佛教，晋时即已有之。慧远《沙门不敬王者论》中，论形尽神不灭，先引反对者之言云：

问曰：……夫禀气极于一生，生尽则消液而同无。神虽妙物，故是阴阳之所化耳。既化而为生，又化而为死。既聚而为始，又散而为终。因此而推，故知神形俱化，原无异统。精粗一气，始终同宅。宅全则气聚而有灵，宅毁则气散而照灭。散则反所受于天本；灭则复归于无物。反覆终穷，皆自然之数耳。孰为之哉？若令本异，则异气数合，合则同化，亦为神之处形，犹火之在木。其生必存，其毁必灭。形离则神散而罔寄，木朽则火寂而靡托，理之然矣。假使同异之分，昧而难明。有无之说，必存乎聚散。聚散，气变之总名，万化之生灭。故庄子曰：人之生，气之聚。聚则为生，散则为死。若死生为彼徒苦，吾又何患？古之善言道者，必有以得之。若果然耶，至理极于一生。生尽不化，义可寻也。(《弘明集》卷五，《大藏经》卷五二，页三一)

此谓若神形是一，则"精粗一气"。形有则神有，形无则神亦无。若神形本异，则神之处形，亦如火之在木。木无则火无所托；形无则神无所寄。即神形是一是异，吾人一时不能断定，而"有无之说，必存乎聚散"，气聚为有，气散为无。故吾人之存在，只以一生为限，生尽即不存在。所谓"理极于一生，生尽不化"也。慧远续云：

> 答曰：夫神者何邪？精极而为灵者也。精极则非卦象之所图，故圣人以妙物而为言，虽有上智，犹不能定其体状，穷其幽致。而谈者以常识生疑，多同自乱。为其诬也，亦已深矣。……庄子发玄音于大宗，曰：大块劳我以生，息我以死。又以生为人羁，死为反真。此所谓知生为大患，以无生为反本者也。文子称黄帝之言曰：形有靡而神不化。以不化乘化，其变无穷。庄子亦云：特犯人之形而犹喜。若人之形，万化而未始有极。此所谓知生不尽于一化，方逐物而不反者也。二子之论，虽未究其实，亦尝傍宗而有闻焉。论者不寻无方生死之说，而惑聚散于一化；不思神道有妙物之灵，而谓精粗同尽；不亦悲乎？火木之喻，原自圣典。失其流统，故幽兴莫寻。……请为论者，验之以实，火之传于薪，犹神之传于形。火之传异薪，犹神之传异形。前薪非后薪，则知指穷之术妙。前形非后形，则悟情数之感深。惑者见形朽于一生，便以谓神情俱丧。犹睹火穷于一木，谓终期都尽耳。此由从养生之谈，非远寻其类者也。（《弘明集》卷五，《大藏经》卷五二，页三一至三二）

此谓形神是异。此形尽时，神可传于异形。犹此薪尽时，火能传于异薪也。

及齐梁之际，范缜著《神灭论》。"范缜，字子真。南乡舞阴人也。""博通经史，尤精三礼。""初缜在齐世，尝侍竟陵王子良。子良精信释教，而缜盛称无佛。"（《梁书》卷四十八本传）其《神灭论》曰：

> 形者神之质，神者形之用。……神之于质，犹利之于刀。形之于用，犹刀之于利。利之名非刀也；刀之名非利也。然而舍利无刀，舍刀无利。未闻刀没而利存，岂容形亡而神在也。（《梁书》本传，《大藏经》卷五二，页五五）

范缜又自设难云：人有形，木亦有形。但人之形有知，木之形无知，岂非因人于形之外，尚有神耶？答云：

人之质，质有知也。木之质，质无知也。人之质，非木质也。木之质，非人质也。安在有如木之质，而复有异木之知？（同上）

人之质本是有知之质，木之质本是无知之质。故人有知而木无知也。又自设难云：人死其形骸即无知，可见人之形骸，本是无知之质，与木相同，故人实有"如木之质，而有异木之知"。此其所以异，岂非因人于形之外，尚有神耶？答云：

死者有如木之质，而无异木之知。生者有异木之知，而无如木之质。……生形之非死形，死形之非生形，区已革矣。安有生人之形骸，而有死人之骨骸哉。（同上）

死者形骸如木，故无知。生者形骸异木，故有知。死人之形，自是死人之形；因其已死之故，与生人之形骸绝异。不能以死人形骸与木同，遂谓生人之形骸亦与木同也。又自设难云：此死人之骨骸，若非生者之形骸，"则此骨骸从何而至"？答言："是生者之形骸，变为死者之骨骸也。"（同上）谓生者之形骸变为死者之骨骸可；谓死者之骨骸即是生者之形骸不可。

范缜又以为"形即神"，故"手等""皆是神分"。故"手等有痛痒之知"也。至于"是非之虑"，则"心器所主"。此心器即是"五藏之心"。

范缜又述其所以主张神灭之动机云：

浮屠害政，桑门蠹俗。……其流莫已，其病无垠。若知陶甄禀于自然，森罗均于独化；忽焉自有，恍尔而无；来也不御，去也不追；乘夫天理，各安其性。小人甘其陇亩，君子安其恬素。耕而食，食不可穷也。蚕而衣，衣不可尽也。下有余以奉其上，上无为以待其下。可以全

生,可以养亲。可以为己,可以为人。可以匡国,可以霸君,用此道也。(《弘明集》卷九,《大藏经》卷五二,页五七)

佛教以为生死事大,又以生死轮回为苦,故教人修行,脱离生死。若知本无轮回,生死任其自然,则"小人甘其陇亩,君子安其恬素",佛教所视为问题者,自不成问题矣。

《梁书·范缜传》云:"此论出,朝野喧哗,子良集僧难之,而不能屈。"(《梁书》卷四十八,页十)《弘明集》所载,有萧琛、曹思文之《难神灭论》(卷九)。又有大梁皇帝敕答臣下神灭论,庄严寺法云法师与公王朝贵书,及公王朝贵六十二人答书,皆拥护皇帝之难神灭论(卷十)。《广弘明集》亦载沈约之神不灭义及难范缜神灭义(卷二十二)。亦可见当时人对此问题之注意矣。

第八章　隋唐之佛学（上）

（一）吉藏之二谛义

隋唐之际有吉藏。《续高僧传》曰：

> 释吉藏，俗姓安，本安息人也。祖世避仇移居南海，因遂家于交广之间，后迁金陵而生藏焉。……听兴皇寺道朗法师讲，随闻领解，悟若天真。年至七岁，投朗出家。采涉玄猷，日新幽致。凡所咨禀，妙达指归。（卷十一，《大藏经》卷五十，页五一四）

《续高僧传》谓吉藏于唐高祖武德六年（西历623年）卒，年七十五。吉藏曾住会稽嘉祥寺，世称嘉祥大师。《中论》、《百论》及《十二门论》，吉藏均为制疏。对于所谓三论宗，贡献甚大。惟其学琐碎已甚，不尽有哲学的兴趣，今述其二谛义。

吉藏云：

> 睿师《中论序》云："百论治外以闲邪，斯文祛内以流滞。大智释论之渊博，十二门观之精诣。……若通此四论，则佛法可明也。"师云：此四论虽复名部不同，统其大归，并为申乎二谛，显不二之道。若了于二谛，四论则焕然可领。若于二谛不了，四论则便不明。为是因缘，须识二谛也。若解二谛，非但四论可明，亦众经皆了。何以知然？故论云：诸佛常依二谛说法。……（《二谛章》卷上，《大藏经》卷四五，页七八）

依吉藏，二谛有三种，三重，或三节。吉藏云：

山门相承，兴皇祖述，说三种二谛。第一明说有为世谛，无为真谛。第二明说有说无，二并世谛。说非有，非无，不二，为真谛。……第三节二谛义。此二谛者，有无二，非有无不二；说二说不二为世谛，说非二非不二为真谛。以二谛有此三种，是故说法必依二谛。凡所发言，不出此三种也。(《二谛章》卷上，《大藏经》卷四五，页九十)

所以需要此三种二谛者，吉藏云：

此三种二谛，并是渐舍义，如从地架而起。何者？凡夫之人，谓诸法实录是有，不知无所有。是故诸佛为说诸法毕竟空无所有。言诸法有者，凡夫谓有。此是俗谛，此是凡谛。贤圣真知诸法性空，此是真谛，此是圣谛。令其从俗入真，舍凡取圣。为是义故，明初节二谛义也。次第二重明，有无为世谛，不二为真谛者，明有无是二边，有是一边，无是一边。乃至常，无常，生死，涅槃，并是二边，以真，俗，生死，涅槃是二边故，所以为世谛；非真，非俗，非生死，非涅槃，不二中道，为第一义谛也。次第三重，二与不二为世谛，非二非不二为第一义谛者。前明真，俗，生死，涅槃，二边是偏，故为世谛；非真，非俗，非生死，非涅槃，不二中道为第一义。此亦是二边，何者？二是偏，不二是中。偏是一边，中是一边。偏之与中，还是二边，二边故名世谛；非偏非中，乃是中道第一义谛也。然谓佛说法，治众生病，不出此意，是故明此三种二谛也。(《二谛章》卷上，《大藏经》卷四五，页九十至九一)

"问有无表不有无，悟不有无时，为废有无，为不废耶？"说二谛令人悟不二，当人悟不二时，为废二谛，为不废耶？吉藏云：

师解云：具有废不废义。所言废者，约谓情边，即须废之。何者？明汝所见有者，并颠倒所感，如瓶衣等，皆是众生颠倒所感，妄想见有，……是故须废也。此则用空废有。若更著空，亦复须废。何者？本由有故有空。既无有，何得有空？……此之空有，皆是情谓，故皆须废。……何以故？谓情所见，皆是虚妄，故废之也。又非但废妄，亦无有实。本有虚，故有实。既无虚，即无实，显清净正道。此亦明法身，亦明正道，亦明实相也。然此已拔从来也。何者？从来云，取相烦恼，感六道果报，此须废。废六道生死，得如来涅槃。今明有生死可有涅槃，既无生死，即无涅槃。无生死，无涅槃。生死涅槃，皆是虚妄。非生死，非涅槃，乃名实相。一往对虚辨实，若无彼虚，即无有实也。……何但初节二谛须废，乃至第三重皆须废。何以故？此皆谓情，故须废之也。（《二谛章》卷上，《大藏经》卷四五，页九一至九二）

就此方面言，则三重二谛皆须废。然就另一方面言之，则三重皆不废。吉藏云：

有方便三不废者，即不坏假名，说诸法实相。不动等觉，建立诸法。……唯假名即实相，岂须废之？……斯即空有，有空，二不二，不二二，横竖无碍。故肇师云："欲言其有，有非真生，欲言其无，事像既形。"又云："譬如幻化人。非无幻化人，幻化人非真人也。"……诸法亦尔，故不废也。（《二谛章》卷上，《大藏经》卷四五，页九二）

如此则与僧肇不真空义相同。不过吉藏注重在三重二谛皆须废；此为大乘空宗之说。此宗之形上学虽与道家异；然其所说实相一切皆非之意，颇与《老子》言道常无名，庄子主张不知无言之意，在表面上有相同处。故亦为中国一部分人所喜。

（二）玄奘之《成唯识论》

及乎唐代，玄奘对于佛学，又有有系统之介绍。玄奘俗姓陈，緱氏人，生于隋末。年十三出家。以唐太宗贞观三年（西历629年）赴印度求法，时年二十六。至贞观十九年（西历645年）归至长安，于唐高宗麟德元年（西历664年）卒。玄奘一生事业，为介绍世亲护法等一派之佛学于中国。自印度返国后，其全部精力皆用于翻译。实可谓为佛学之忠实的介绍者。然正因其如此，故其所倡导之宗派中，最少中国人思想之倾向。但其教义极有哲学的兴趣。今依玄奘之《成唯识论》所说，略述其唯识义，以与上所述有中国人思想倾向之佛学相比较。

（1）唯识教双离空有

依此派所说，众生皆有我法二执。我执者，执"我"，为实有；法执者，执"法"，即诸事物，为实有。唯识教之目的，即欲破此二执，显示二空。二空者，我空法空也。《成唯识论》以为所谓"我""法"，"但有假立，非实有性"。所谓"我"及"法"之诸现相，"皆依识所转变，而假施设"。"识谓了别"，属于西洋哲学中所谓与物相对之心。识为能变，"我""法"为所变。此能变之识有八。此八种识，又可区分为三类，即世亲颂所谓"此能变唯三，谓异熟，思量，及了别境识"。异熟即谓第八识，思量即谓第七识，了别境识即指眼耳鼻舌身意等六识也。

若知"我""法"为"依识所转变，而假施设"，"非实有性"，则达二空矣。然"我""法"所依之识是实有，故亦非一切皆空。窥基云：

由此内识体性非无；心外我法体性非有。便遮外计离心之境实有增执；及遮邪见恶取空者，拨识亦无，损减空执。即离空有，说唯识教。有心外法，轮回生死。觉知一心，生死永弃。（《成唯识论述记》卷一本，《大藏经》卷四三，页二四三）

谓离心别有外境存在者，是谓"增执"，谓于事实真相有所增也。谓识亦不存在者，是谓"减执"，谓于事实真相有所减也。《成唯识论》以为境无识有；所谓"离空有说唯识教也"。然此乃唯识教之第一步说法。究竟言之，识亦系"依他起"，详下第六目中。

(2) 识之四分

《成唯识论》云：

> 然有漏识自体生时，皆似所缘能缘相见。彼相应法，应知亦尔。似所缘相，说名相分。似能缘相，说名见分。……相见所依自体名事，即自证分。此若无者，应不自忆心心所法。……若细分别……复有第四证自证分。此若无者，谁证第三？（卷二，《大藏经》卷三一，页十）

漏者烦恼之异名。带有烦恼之识，即有漏识也。"识谓了别。"故"有漏识自体生时"，必了别其所了别，必有能了别及所了别。能了别即能缘，所了别即其能缘之对象，即所缘也。因有能缘，故有所缘。所缘亦识所变也。此外尚有相分见分所依之识之自体对于其自己之知识，名自证分。自证分即识之自觉。其自觉之自觉，则第四证自证分也。

识能变"我""法"诸相，"变谓识体转似二分"。（《成唯识论》卷一，《大藏经》卷三一，页一）二分即相分、见分也。"依斯二分，施设我法"，此施设即是假施设也。《成唯识论》云：

> 此我法相虽在内识，而由分别似外境现。诸有情类，无始时来，缘此执为实我实法。如患梦者患梦力故，心似种种外境相现，缘此执为实有外境。愚夫所计实我实法都无所有，但随妄情而施设故，说之为假。内识所变似我似法，虽有而非实我法性。然似彼现，故说为假。外境随情而施设故，非有如识。内识必依因缘生故，非无如境。（卷一，《大藏经》卷三一，页一）

外境非如识之有，内识非如境之无，此所谓离二边，契中道也。然此亦第一步说法，详下。

(3) 第一能变即阿赖耶识

《成唯识论》云：

> 初能变识，大小乘教，名阿赖耶。此识具有能藏所藏执藏义故，谓

与杂染互为缘故，有情执为自内我故。……此是能引诸界趣生善不善业异熟果故，说名异熟。……此能执持诸法种子令不失故，名一切种。（卷二，《大藏经》卷三一，页七至八）

第八阿赖耶识，译言藏识，因其"具有能藏所藏执藏义"。又名异熟识，因其能引生异熟果故。所谓异熟者，谓变异而熟，异时而熟，异类而熟。异熟果者，此所熟之果，乃其因变异所熟，与其因异时异类也。又名种子识，因此中藏有诸法，即世间及出世间一切事物之种子也。

阿赖耶识中之诸法种子，有谓"皆本性有，不从熏生，由熏习力，但可增长"。（《成唯识论》卷二，《大藏经》卷三一，页八）此谓一切种子，阿赖耶识中俱备，非受其余诸识熏习始有。有谓"种子皆熏故生。所熏能熏，俱无始有故，诸种子无始成就。种子既是习气异名，习气必由熏习而有，如麻香气，华熏故生。"（同上）如麻本无香气，以华熏之，乃有。不过此所熏及能熏，皆无始以来即有，故诸种子亦自无始以来即成就耳。又有谓种子各有二类："一者本有；二者始起。"（同上）此即调和以上二说之说也。

种子又可分为有漏无漏二类。有漏种子，即世间诸法之因；无漏种子，即出世间诸法之因。《成唯识论》云：

由此应信有诸有情，无始时来，有无漏种，不由熏习，法尔成就。后胜进位，熏令增长。无漏法起，以此为因。无漏起时，复熏成种。有漏法种，类此应知。（卷二，《大藏经》卷三一，页九）

阿赖耶识有诸法种子，其余七识熏之，令其增长。阿赖耶识为所熏，余七识为能熏。《成唯识论》云：

如是能熏与所熏识，俱生俱灭，熏习义成。令所熏中种子生长，如熏苣藤，故名熏习。能熏识等，从种生时，即能为因，复熏成种。三法

展转，因果同时。如炷生焰，焰生燋炷。亦如芦束，更互相依。因果俱时，理不倾动。（卷二，《大藏经》卷三一，页十）

如此能熏与所熏互为因果。有漏种子起有漏法，有漏法复熏有漏种子。无漏种子起无漏法，无漏法复熏无漏种子。前者使人轮回生死，后者使人生死永弃。不过无漏种子，非人人皆有，故人有种性之不同。有全无无漏种子者，有只有二乘种子者，有有佛无漏种子者。此即谓非人人皆有佛性；非人人可以成佛。

吾人所见外境，如山河大地等，皆阿赖耶识中种子所变。《成唯识论》云：

所言处者，谓异熟识由共相种成熟力故，变似色等器世间相，即外大种及所造色。虽诸有情所变各别，而相相似，外所无异，如众灯明，各遍似一。（卷二，《大藏经》卷三一，页十）

阿赖耶识中之共相种子，变为山河大地。现在之山河大地，亦非一异熟识所变。《成唯识论》云："谁异熟识，变为此相？……现居及当生者，彼异熟识，变为此界。……诸业同者，皆共变故。"（卷二，《大藏经》卷三一，页十）现在之山河大地，乃现居及当生者之异熟识中共相种子所变也。每一"有情"之异熟识，各变一山河大地。但因其为共相种子所变，故"而相相似"。如众灯之明，其明似一。

《成唯识论》云：

有根身者，谓异熟识不共相种成熟力故，变似色根及根依处，即内大种及所造色。有共相种成熟力故，于他身处亦变似彼。不尔，应无受用他义。此中有义，亦变似根。《辩中边》说，似自他身五根现故。有义唯能变似依处，他根于己非所用故。似自他身五根现者，说自他识各自变义。故生他地，或般涅槃，彼余尸骸，犹见相续。（卷二，《大藏经》卷三一，页一一）

窥基《述记》云："身者总名。身中有根，名有根身。"（卷三本，《大藏经》卷四三，页三二四）根，眼耳鼻舌身等五根也。有此五根之身，此五根及其所依处，皆异熟识中不共相种所变。吾人所见他人之根所依处，亦吾人异熟识中共相种所变。不然，吾人何能感觉之？有义以为他人之根，亦吾人之识所变，如《辩中边论》所说是也。有义以为只他人之根之所依处，为吾人之识所变，因他人之根，吾人不能感觉之"于己非所用故"也。《辩中边论》所说，只谓自己之识，与他人之识，各自变耳。何以知他人之根之所依处为吾人之识所变？如生他地或般涅槃者，其尸骸应即无有；然"其余尸骸"，吾人"犹见相续"。故知"其余尸骸"，乃吾人之识所变也。

依此说推之，则某人之根及其所依处，为其自己之异熟识中之不共相种所变；吾人所见之某人之根之所依处，或及某人之根，乃吾人之共相种所变。彼之所变与吾人所变，若何能有一致之行为与举动，此则为一大问题，而《成唯识论》所未言也。

《成唯识论》论此阿赖耶识云：

阿赖耶识，为断为常？非断非常，以恒转故。恒，谓此识无始时来，一类相续，常无间断。是界趣生施设本故，性坚持种令不失故。转，谓此识无始时来，念念生灭，前后变异。因灭果生，非常一故。可为转识，熏成种故。恒言遮断，转表非常。犹如暴流，因果法尔。如暴流水，非断非常。相续长时，有所漂溺。此识亦尔，从无始来，生灭相续，非常非断。漂溺有情，令不出离。又如暴流，虽风等击起诸波浪，而流不断。此识亦尔，虽遇众缘起眼识等，而恒相续。又如暴流，漂水上下，鱼草等物，随流不舍。此识亦尔，与内习气外触等法，恒相随转。如是法喻，意显此识无始因果，非断常义。谓此识性无始时来，刹那刹那，果生因灭。果生故非断，因灭故非常。非断非常，是缘起理。

故说此识,恒转如流。(卷三,《大藏经》卷三一,页一二)。

此识恒转如流,所以漂溺有情,令其轮回生死也。

(4) 第二能变末那识及第三能变前六识

第二能变末那识者,《成唯识论》云:

次初异熟能变识后,应辩思量能变识相。是识圣教别名末那。恒审思量,胜余识故。(卷四,《大藏经》卷三一,页一九)

此为第七识之末那识,"恒审思量,所执我相",(卷四,《大藏经》卷三一,页二二)故与四种根本烦恼相应。《成唯识论》云:

此意(即末那)任运恒缘藏识,与四根本烦恼相应。其四者何?谓我痴,我见,并我慢,我爱,是名四种。我痴者,谓无明,愚于我相,迷无我理,故名我痴。我见者,谓我执,于非我法,妄计为我,故名我见。我慢者,谓倨傲,恃所执我,令心高举,故名我慢。我爱者,谓我贪,于所执我,深生耽着,故名我爱……此四常起,扰浊内心,令外转识,恒成杂染。有情由此生死轮回,不能出离,故名烦恼。(卷四,《大藏经》卷三一,页二二)

第三能变前六识者,《成唯识论》云:

次中思量能变识后,应辩了境能变识相。此识差别总有六种,随六根境种类异故。谓名眼识,乃至意识。(卷五,《大藏经》卷三一,页二六)

能了境之识有六种,即眼、耳、鼻、舌、身、意等六识。世亲颂云:

依止根本识,五识随缘现;或俱或不俱,如涛波依水。意识常现起,除生无想天,及无心二定,睡眠与闷绝。(《成唯识论》卷七,《大藏经》卷三一,页三七)

《成唯识论》云:

根本识者，阿陀那识，染净诸识生根本故。依止者，谓前六转识，以根本识为共亲依。五识者，谓前五转识，种类相似，故总说之。随缘现言，显非常起。缘谓作意、根、境等众缘，谓五识身，内依本识，外随作意、五根、境等众缘和合，方得现前。由此或俱或不俱起，外缘合者，有顿渐故。如水涛波，随缘多少。此等法喻，广说如经。由五转识行相粗动，所藉众缘，时多不具，故起时少，不起时多。第六意识虽亦粗动，而所藉缘无时不具。由违缘故，有时不起。第七八识，行相微细，所藉众缘，一切时有，故无缘碍，令总不行。（卷七，《大藏经》卷三一，页三七）

阿陀那识，译言执持，即第八识之别名。第七第八识，无时不在现行之中。眼、耳、鼻、舌、身等五识，则须众缘和合，方得现前。意识常现起；惟生于无想天者，得无想定者，得灭尽定者，睡眠者，闷绝者，其意识不起。

上述八识，虽俱名识；但前六识，尤有了别之义。《成唯识论》云：

集起名心，思量名意，了别名识，是三别义。如是三义，虽通八识，而随胜显。第八名心，集诸法种，起诸法故。第七名意，缘藏识等，恒审思量为我等故。余六名识，于六别境，粗动间断，了别转故。如《入楞伽》伽他中说："藏识说名心；思量性名意；能了诸境相，是说名为识。"（卷五，《大藏经》卷三一，页二四）

心意识三义，虽通于八识；但若就各识特别殊胜处言，则第八名心，第七名意，余六名识。

"我"及一切诸"法"，皆此三能变所变。此三能变，不但变此似我似法，第二第三能变且执之以为实有。执似我为实有，名为我执；执似法为实有，名为法执。《成唯识论》云：

然诸我执，略有二种：一者俱生，二者分别。俱生我执，无始时来，虚妄熏习，内因力故，恒与身俱。不待邪教及邪分别，任运而转，故名俱生。此复二种：一常相续，在第七识，缘第八识，起自心相，执为实我。二有间断，在第六识，缘识所变五取蕴相，或总或别，起自心相，执为实我。此二我执，细故难断。后修道中，数数修习，胜生空观，方能除灭。分别我执，亦由现在外缘力故，非与身俱。要待邪教及邪分别，然后方起，故名分别。唯在第六意识中有。（卷一，《大藏经》卷三一，页二）

又云：

然诸法执，略有二种：一者俱生，二者分别。俱生法执，无始时来，虚妄熏习，内因力故，恒与身俱。不待邪教及邪分别，任运而转，故名俱生。此复二种：一常相续，在第七识，缘第八识，起自心相，执为实法。二有间断，在第六识，缘识所变蕴处界相，或总或别，起自心相，执为实法。此二法执，细故难断。后十地中数数修习，胜法空观，方能除灭。分别法执，亦由现在外缘力故，非与身俱。要待邪教及邪分别，然后方起，故名分别。惟在第六意识中有。（卷二，《大藏经》卷三一，页六至七）

第七识执第八识所起之自心相为实我实法；第六识执识所变之五取蕴相，即根身等，为实我，又执识所变蕴处界相，即山河大地等，为实法，此二识实二执之所由起也。

又此八种识，不可定言其为八个各不相干之体，即不可言其为定异。亦不可定言其即为一体，即不可言其为定一。《成唯识论》云：

八识自性，不可言定一。行相所依缘，相应异故。又一灭时，余不灭故。能所熏等，相各异故。亦非定异。经说八识如水波等，无差别故。定异应非因果性故。如幻事等，无定性故。如前所说，识差别相，依理世俗，非真胜义。真胜义中，心言绝故。如伽他说：心意识八种，

俗故相有别。真故相无别,相所相无故。(卷七,《大藏经》卷三一,页三八)

(5) 一切唯识

为破此二执,当知"我""法"皆"非实有"。《成唯识论》云:

前所说三能变识及彼心所,皆能变似见相二分,立转变名。所变见分,说名分别,能取相故;所变相分,名所分别,见所取故。由此正理,彼实我法,离识所变,皆定非有。离能所取,无别物故。非有实物,离二相故。是故一切有为无为,若实若假,皆不离识。唯言为遮离识实物,非不离识心所法等。或转变者,谓诸内识,转似我法外境相现。此能转变,即名分别。虚妄分别,为自性故,谓即三界心及心所。此所执境,名所分别。即所妄执实我法性,由此分别,变似外境,假我法相。彼所分别实我法性,决定皆无。前引教理,已广破故。是故一切皆唯有识。虚妄分别,有极成故。唯既不遮不离识法,故真空等亦是有性。由是远离增减二边,唯识义成,契会中道。(卷七,《大藏经》卷三一,页三八至三九)

所谓唯识者,谓识外无物。"唯言为遮离识实物"。"离识实物","决定皆无"。至于"不离识法",则"亦是有性",此唯识义所以为"远离增减二边,契会中道"也。

不达唯识义者,对于此立论,可有种种疑难。《成唯识论》皆为解答。其中有哲学的兴趣者,兹分述之。

外人问:

若唯内识似外境起,宁见世间情非情物,处,时,身,用,定不定转?(《成唯识论》卷七,《大藏经》卷三一,页三九)

答:

如梦境等,应释此疑。(同上)

窥基《述记》云："外人难辞：若唯内识无心外境，如何现见，世间非情物，处，时，二事决定；世间有情身，及非情用，二事不决定转。此中言总意显，处，时，用，三是非情，身是有情。此依《二十论》据理而言，四事皆通。"（卷七末，《大藏经》卷四三，页四百九十）。二十论者，《唯识二十论》。其中二十颂，亦世亲所作；释二十颂之论，亦护法所作。《成唯识论》中，此问答极简，详在《唯识二十论》中。彼中谓外人谓若唯有识，而无心外境，则有四种困难，不易解释。四种困难者，《唯识二十论》云：

何因此识有处得生，非一切处？何故此处有时识起，非一切时？同一处时，有多相续，何不决定随一识生？如眩翳人见发蝇等，非无眩翳有此识生。复有何因，诸眩翳者，所见发等，无发等用；梦中所得饮食刀杖毒药衣等，无饮等用；寻香城等，无城等用？余发等物，其用非无。若实同无色等外境，唯有内识，似外境生，定处，定时，不定相续，有作用物，皆不应成。(《唯识二十论》，《大藏经》卷三一，页七四）

第一难谓吾人普通常识，以为心外有境。如见某山，此山乃离识实有。故唯到此山处，方见此山；非于一切处，皆能见此山。此所谓处定也。如谓某山是识所现，则何故吾人之识只现此山于一处，不现于一切处耶？何故现此山之识，"有处得生，非一切处"耶？第二难谓吾人普通常识，以某山为离识实有，故只于到此山处之时，方见此山。此所谓时定也。若谓此山是识所现，则何故吾人之识只现此山于一时，不现于一切时耶？何故"此处有时识起，非一切时"耶？第三难谓如有一身（即相续。窥基《述记》云："言相续者，有情异名。前蕴始尽，后蕴即生；故言相续。"）其眼眩翳，见有虚假发蝇等。此虚假发蝇，非识外实境；故唯眼眩翳者见之，眼不眩翳者不见也。此所谓"决定随一识生"

也。若吾人普通所谓外境，亦非识外实境，则何故非有人见之，有人不见之，如眼眩瞖者所见之虚妄发蝇等耶？第四难谓眼眩瞖者所见发等，无发等用。梦中所见之物，亦无其用。"寻香城"乃幻术所现之城，亦无城用。但一般人所见之发城等，因系心外实物，故能各有其用。若此发城等亦非心外实物，则何不同于眼眩瞖者所见之虚假发蝇及寻香城等亦无实用耶？故总之，"若实同无色等外境，唯有内识，似外境生，则定处，定时，不定相续，有作用物，皆不应成"。

《唯识二十论》中，答上四难云：

如梦中虽无实境，而或有处见有村园男女等物，非一切处。即于是处或时，见有彼村园等，非一切时。由此虽无离识实境，而处时定非不得成。说如鬼言，显如饿鬼。河中脓满，故名脓河。如说酥瓶，其中酥满。谓如饿鬼，同业异熟，多身共集，皆见脓河，非于此中定唯一见。等言显示或见粪等，及见有情执持刀杖，遮捍守卫，不令得食。由此虽无离识实境，而多相续不定义成。又如梦中境虽无实，而有损失精血等用。由此虽无离识实境，而有虚妄作用义成。如是且依别别譬喻，显处定等，四义得成。（同上）

梦中虽无心外实境，而亦可于某处某时见某村园，非于一切处一切时见此村园。可见"虽无离识实境，而处时定非不得成"。又如众饿鬼，因其业同，故皆见河为脓河而不可饮，并非只一饿鬼见余不见也。可见"虽无离识实境，而多相续不定"亦可成。又"譬如梦中梦两交会，境虽无实，而男有损精，女有损血等用"（窥基《述记》），可见"虽无离识实境，而有虚妄作用义"亦可成立。故总之，"虽无离识实境，而处定等四义皆成"。

外人又问：

若诸色处，亦识为体，何缘乃似色相显现，一类坚住，相续而转？

(《成唯识论》卷七，《大藏经》卷三一，页三九）

答：

名言熏习势力起故，与染净法为依处故。谓此若无，应无颠倒，便无杂染，亦无净法。是故诸识，亦似色现。（同上）

此问谓若诸色处，即所谓客观世界者，亦以识为体，则何故能"一类坚住"耶？窥基云："一类者，是相似义。前后一类，无有变异，亦无间断，故名坚住。天亲云：'多时住故，即此说名相续而转。'一类坚住，即是相续而转。"（《述记》卷七末，《大藏经》卷四三，页四九二）窥基又释此答云：

谓由无始名言熏习，住在身中。由彼势力，此色等起，相续而转。……由元迷执色等境，故生颠倒等。色等若无，应无颠倒。颠倒，即诸识等缘此境色，而起妄执，名为颠倒。此识等颠倒无故，便无杂染。杂染即是烦恼业生，或颠倒体即是烦恼业生。此等无故，便无二障杂染。二障杂染无故，无漏净亦无，无所断故，何有清净？（同上）

外人又问：

色等外境，分明现证。现量所得，宁拨为无？（《成唯识论》卷七，《大藏经》卷三一，页三九）

答：

现量证时，不执为外。后意分别，妄生外想。故现量境，是自相分，识所变故，亦说为有。意识所执外实色等，妄计有故，说彼为无。又色等境，非色似色，非外似外，如梦所缘，不可执为是实外色。（同上）

此问谓色等外境，乃现量所得，岂得谓为无耶？答言，现量所得，乃纯粹经验，现量并不以其所得为外；意识加以分别，乃以之为外耳。现量所得，乃是识之相分，亦说为有；惟意识所执外实色等，乃为无也。

外人又问：

若觉时色，皆如梦境，不离识者。如从梦觉，知彼唯心。何故觉时，于自色境，不知唯识？（《成唯识论》卷七，《大藏经》卷三一，页三九）

答：

如梦未觉，不能自知。要至觉时，方能追觉。觉时境色，应知亦尔。未真觉位，不能自知。至真觉时，亦能追觉。未得真觉，恒处梦中，故佛说为生死长夜。由斯未了色境唯识。（同上）

庄子亦云："且有大觉，而后觉此大梦也。"不过庄子所说之梦觉后，仅觉是非分别等之为虚立。此所说之梦觉后，则觉一切事物，皆为虚幻。

外人又问：

外色实无，可非内识境。他心实有，宁非自所缘？（《成唯识论》卷七，《大藏经》卷三一，页三九）

答：

谁说他心非自识境？但不说彼是亲所缘。谓识生时无实作用，非如手等亲执外物，日等舒光亲照外境；但如镜等似外境现，名了他心，非亲能了。亲所了者，谓自所变。故契经言：无有少法，能取余法。但识生时，似彼相现，名取彼物。如缘他心，色等亦尔。（同上）

此难谓纵令外色实无，然他人之心则实有；而他人之心，亦非吾人之识所变化。吾人之识，能"缘"他心，即吾人之识，能以他心为对象而知之，则吾人之识，实亦能"缘"其自身之外之对象也。答言，他心实可为自识之对象，即自识实能以他心为所缘；但非其"亲所缘"耳。自识"缘"他心时，非能如手之亲执外物，如日光之亲照外境；但自识如镜，他心如镜中之影，此即名了他心，非亲能了也。窥基《述记》云："解深密言，无有少法，无少实法，能取余法。余者，心外实法也。非自实心能取他实心，但识生时心似彼他心相现，名取他心也。……缘他相分色，自身别识所变色等亦尔。"（卷七末，《大藏经》卷四三，页四九四）不惟他心不能为自识亲所缘，即他心相分亦尔。自身之某一识，只能以其自己之相分为其亲所缘。即自身某一识外之别识，及其所变色，亦不能为某一识之亲所缘。

外人又问：

既有异境，何名唯识？（《成唯识论》卷七，《大藏经》卷三一，页三九）

答：

奇哉固执，触处生疑！岂唯识教，但说一识？……若唯一识，宁有十方凡圣尊卑因果等别。谁为谁说？何法何求？（同上）

此问谓既许自识外有非自识所变之他识，是于自识外另有异境也。"既有异境，何名唯识？"答言，唯识教本不只说一识，吾人之识之外本许有他人之识。若只有一识，则何有凡圣尊卑之别。无圣则谁为说法；无凡则法为谁说？

外人又问：

若唯有识，都无外缘。由何而生种种分别？（《成唯识论》卷七，《大藏经》卷三一，页三九）

答：

颂曰：由一切种识，如是如是变。以展转力故，彼彼分别生。论曰：此颂意说虽无外缘，由本识中有一切种转变差别，及以现行八种识等展转力故，彼彼分别而亦得生，何假外缘，方起分别？诸净法起，应知亦然，净现行为缘生故。（同上）

阿赖耶识,有染净种子。染法种子,自能生染法;净法种子,自能生净法。阿赖耶识能生诸法,诸法还"熏"阿赖耶识。故《成唯识论》云:"《摄大乘》说,阿赖耶识与杂染法,互为因缘。如炷与焰,展转生烧。又如束芦,互相依住。唯依此二,建立因缘。所余因缘,不可得故。"(卷二,《大藏经》卷三一,页八)染法如此,净法亦然。净种能起现行净法,现行净法还与净种为缘。故识中本身因缘,已能生一切,何需识外之外缘?即有情之生死相续,亦"由内因缘,不待外缘,故唯有识"。

(6)三性、三无性、真如

三性者:(一)遍计所执性,(二)依他起性,(三)圆成实性。《成唯识论》云:

三种自性,皆不远离心心所法。谓心心所及所变现,众缘生故,如幻事等,非有似有,诳惑愚夫,一切皆名依他起性。愚夫于此横执我法,有无一异,俱不俱等,如空华等,性相都无,一切皆名遍计所执。依他起上,彼所妄执我法俱空,此空所显识等真性,名圆成实。是故此三不离心等。(卷八,《大藏经》卷三一,页四六)

诸法皆"众缘所引,自心心所,虚妄变现,犹如幻事,阳焰,梦境,镜像,光影,谷响,水月,变化所成,非有似有"(同上)。此等诸法,皆属依他起性。不知此诸法之实是众缘所引,虚妄变现,即于诸法,不"如实知"之,妄执之为实我实法。此我法二执,皆属遍计所执性。若知诸法之实是众缘所引,虚妄变现,即于诸法"如实知"之,则我法俱空。此二空所显诸法实相,识等真性,即属圆成实性。

三无性者:(一)相无性,(二)生无性,(三)胜义无性。《成唯识论》云:

依此初遍计所执,立相无性;由此体相毕竟非有,如空华故。依次依他，立生无性；此如幻事，托众缘生，无如妄执，自然性故；假说无性，非性全无。依后圆成实，立胜义无性；谓即胜义，由远离前遍计所执我法性故，假说无性，非性全无。（卷九，《大藏经》卷三一，页四八）

此三性中，前一性是真无；后二性但"假说无性"。《成唯识论》云：

后二性虽体非无，而有愚夫于彼增益妄执实有我法自性，此即名为遍计所执。为除此执，故佛世尊于有及无，总说无性。（同上）

故三无性说非了义。《成唯识论》云：

诸契经中说无性言，非极了义，诸有智者，不应依之。（同上）

心及心所，亦属依他起性。《成唯识论》云：

众缘所生心心所体，及相见分，有漏无漏，皆依他起。依他众缘，而得起故。（卷八，《大藏经》卷三一，页四六）

惟其如此，故《成唯识论》云：

诸心心所，依他起故，亦如幻事，非真实有。为遣妄执，心心所外实有境故，说唯有识。若执唯识真实有者，如执外境，亦是法执。（卷二，《大藏经》卷三一，页六）

心及一切诸法，皆依他起。此即心及诸法之实在状况，实在性质，即所谓诸法实性也。不知此诸法实性，而执诸法以为实有，即是遍计所执。知此诸法实性，即入圆成实。

此诸法实性，即名真如。《成唯识论》云：

真谓真实，显非虚妄；如谓如常，表无变易。谓此真实，于一切位，常如其性，故曰真如。即是湛然不虚妄义。亦言显此复有多名，谓名法界，及实际等。（卷九，《大藏经》卷三一，页四八）

又云：

空无我所显真如，有无俱非，心言路绝，与一切法，非一异等。是法真理，故名法性。……遮拨为无，故说为有。遮执为有，故说为空。勿谓虚幻，故说为实。理非妄倒，故名真如。不同余宗，离色心等，有实常法，名曰真如。（卷二，《大藏经》卷三一，页六）

又云：

七真如者：一流转真如，谓有为法流转实性。二实相真如，谓二无我所显实性。三唯识真如，谓染净法唯识实性。四安立真如，谓苦实性。五邪行真如，谓集实性。六清净真如，谓灭实性。七正行真如，谓道实性。（卷八，《大藏经》卷三一，页四六）

真如即是诸法实性。故有为流转等实性，亦是真如。

（7）转识成智

上文谓不知诸法实性而执诸法以为实有，即是遍计所执。知诸法实性，即入圆成实。此知非仅知识之知。盖吾人虽知识上可知诸法唯识，而实际上仍多执诸法为实有。盖我法二执，在吾人心中，根深蒂固，故须用修行方法，方能"悟入唯识"。依何修行方法，方能"悟入唯识"？此方法有五阶段，《成唯识论》云：

何谓悟入唯识五位？一资粮位，谓修大乘顺解脱分。二加行位，谓修大乘顺决择分。三通达位，谓诸菩萨所住见道。四修习位，谓诸菩萨所住修道。五究竟位，谓住无上正等菩提。云何渐次悟入唯识？谓诸菩萨于识相性资粮位中，能深信解。在加行位，能渐伏除所取能取，引发真见。在通达位，如实通达。修习位中，如所见理，数数修习，伏断余障。至究竟位，出障圆明，能尽未来化有情类，复令悟入唯识相性。（卷九，《大藏经》卷三一，页四八）

在第一"资粮位"中，修行者仅对于唯识之义，能深信解而已，尚不能伏除能取所取之二取。《成唯识论》云：

二取习气，名彼随眠，随逐有情，眠伏藏识，或随增过，故名随眠。即是所知烦恼障种。烦恼障者，谓执遍计所执实我，萨迦耶（我及我所）见而为上首。百二十八根本烦恼，及彼等流诸随烦恼，此皆扰恼有情身心，能障涅槃，名烦恼障。所知障者，谓执遍计所执实法，萨迦耶见而为上首。见疑无明爱恚慢等，覆所知境无颠倒性，能障菩提，名所知障。（同上）

因有能取，所取，二取，故生烦恼，所知，二障。有能取而执之以为实我，即生烦恼障；有所取而执之以为实法，即生所知障。

在"加行位"中，修行者寻思名，义，自性，差别，等四种法，皆"假有实无"，"皆自心变，假施设有，实不可得"。于是知"无所取"。于此更进，则知"既无实境，离能取识。宁有实识，离所取境，所取能取，相待立故"。于是"发上如实智，印二取空，立世第一法"。如实智者，即对于诸法有如实之知识也。此"世第一法，双印空相"。《成唯识论》云：

皆带相故，未能证实。故说菩萨此四位中，犹于现前安立少物，谓是唯识真胜义性。以彼空有二相未除，带相观心，有所得故，非实安住唯识真理。彼相灭已，方实安住。（卷九，《大藏经》卷三一，页四九）

此世第一法，亦只为"世"第一法。因修行者于此犹以为有空相；犹于"现前安立少物，谓是唯识真胜义性"。依现在哲学术语说之，此际仍有主观客观之区别，对于唯识真胜义性，仍只可谓为知之，而不可谓为"住"之。

修行者至"通达位"时《成唯识论》云：

若时菩萨于所缘境，无分别智都无所得，不取种种戏论相故。尔时乃名实住唯识真胜义性，即证真如。智与真如，平等平等，俱离能取所取相故。能所取相，俱是分别，有所得心戏论现故。（同上）

至此，则"实住唯识真胜义性"，而"证真如"矣。此于修行究竟，大端已得。惟尚须加修治琢磨之功耳。

修行者至"修习位"时，《成唯识论》云：

菩萨从前见道起已，为断余障，证得转依，复数修习无分别智。此智远离所取能取，故说无得。及不思议，或离戏论，说为无得；妙用难测，名不思议。……依谓所依，即依他起，与染净法，为所依故。染谓虚妄遍计所执；净谓真实圆成实性。转谓二分转舍转得。由数修习无分别智，断本识中二障粗重，故能转舍依他起上遍计所执，及能转得依他起中圆成实性。由转烦恼，得大涅槃；转所知障，证无上觉。成立唯识，意为有情证得如斯二转依果。或依即是唯识真如，生死涅槃之所依故。愚夫颠倒，迷此真如，故无始来，受生死苦。圣者离倒，悟此真如，便得涅槃，毕究安乐。（卷九，《大藏经》卷三一，页五〇至五一）

此即修行之最后结果也。

至于"究竟位"者，《成唯识论》云：

前修习位所得转依，应知即是究竟位相。此谓此前二转依果，即是究竟无漏界摄。诸漏永尽，非漏随增。性净圆明，故名无漏。界是藏义，此中含容无边希有大功德故。或是因义，能生五乘世出世间利乐事故。（卷十，《大藏经》卷三一，页五七）

此时八识皆转为智。此时识皆为无漏识。无漏识亦为能变；诸种佛身佛土，为其所变。《成唯识论》云：

此诸身土，若净若秽，无漏识上所变现者，同能变识，俱善无漏。纯善无漏因缘所生，是道谛摄，非苦集故。（卷十，《大藏经》卷三一，页五八）

识中本有有漏无漏，即染法净法，二类种子。佛身佛土，即依无漏种子而另成一世界也。

（三）法藏之《金师子论》

由上所述，可知玄奘所介绍之唯识义中，颇有与中国人思想之倾向不相合者。以外界为吾人之识所现，而吾人之识，亦系"依他起"；此如西洋哲学中休谟之说，乃极端主观的唯心论，与常识极相违之说也。上述僧肇之不真空义，亦以诸法"如幻化人"；然其主要意思，在于证明"非无幻化人"。玄奘所述之唯识义之主要意思，则在于证明"幻化人非真人"。主要意思不同，故其所注重亦异也。修行者成佛后，玄奘所述，虽亦不否认其活动；然对于此点，未多言及，盖亦非其所注重也。又谓只有一部分人有佛无漏种子。如此则非人人皆有佛性，人人皆可成佛矣。虽亦可谓：识亦"依他起"；其中种子，亦应依他起，故非一成不变者；然至少并世之人成佛之可能不同。其所说修行必有一定的阶段，亦主渐修，不主顿悟也。

在当时，即有不以玄奘所讲佛学为然者，如法藏其著者也。法藏字贤首，姓康。本康居人，其祖父归化中国。法藏于唐贞观十七年（西历643年），生于长安。曾参加玄奘译经事业，后以与玄奘"见识不同而出译场"。（《宋高僧传》卷第五，《大藏经》卷五十，页七三二）后即发挥杜顺和尚及智俨之说，立华严宗。《宋高僧传》云：

藏为则天讲《新华严经》，至天帝网义十重玄门，海印三昧门，六相和合义门，普眼境界门，此诸义章皆是《华严》总别义网，帝于此茫然未决。藏乃指镇殿金狮子为喻，因撰义门，径捷易解，号《金师子章》。列十门总别之相，帝遂开悟其旨。（同上）

今亦以法藏《金师子章》为纲领，以叙述华严宗中之哲学，以法藏所代表者。

(1)"明缘起"

《金师子章》列有十门。所谓十门者,"初明缘起,二辨色空,三约三性,四显无相,五说无生,六论五教,七勒十玄,八括六相,九成菩提,十入涅槃"(《金师子章》,《大藏经》卷四五,页六六三)。"明缘起"者,《金师子章》云:

谓金无自性,随工巧匠缘,遂有师子相起。起但是缘,故名缘起。(《大藏经》卷四五,页六六三)

此以金喻本体,师子喻现象。本体世界,法藏名之为"理法界";现象世界,法藏名之为"事法界"(《华严义海百门·缘生会寂门入法界条》,《大藏经》卷四五,页六二七)。本体即所谓"自性清净圆明体"。"即是如来藏中法性之体,从本已来,性自满足。处染不垢,修治不净,故云自性清净;性体遍照,无幽不烛,故曰圆明。"(《修华严奥旨妄尽还原观·显一体门》,《大藏经》卷四五,页六三七)本体如水,现象如波。水中之波,即现象世界中诸事物也。金师子之所以成,金为因,工匠之制作为缘。现象世界中诸事物,皆因缘和合,方能生起,所谓缘起也。

(2)"辨色空"

"辨色空"者,《金师子章》云:

谓师子相虚,唯是真金。师子不有,金体不无,故名色空。又复空无自相,约色以明。不碍幻有,名为色空。(《大藏经》卷四五,页六六三至六六四)

现象世界中诸事物皆是幻像,故名"色空"。此即是空,非绝无诸事物之空也。《华严还原观》云:

谓尘无自性,即空也;幻相宛然,即有也。良由幻色无体,必不异空;真空具德,彻于有表。观色即空,成大智而不住生死;观空即色，成大悲而不住涅槃。以色空无二，悲智不殊，方为真实也。《宝性论》云："道前菩萨，于此真空妙有，犹有三疑：一者，疑空灭色，取断灭空；二者，疑空异色，取色外空；三者，疑空是物，取空为有。"今此释云：色是幻色，必不碍空；空是真空，必不碍色。若碍于色，即是断空；若碍于空，即是实色。（《示三遍门》，《大藏经》卷四五，页六三八）

所谓空者，非绝无诸事物之"断灭空"，亦非诸事物以外另有之"色外空"，空亦非另是一物，若然，则空为有矣。《金师子章》以为幻有是幻，因之言色空。所谓空者，即指此耳。故曰"空无自相，约色以明"也。

（3）"约三性"

"约三性"者，《金师子章》云：

师子情有，名为遍计。师子似有，名曰依他。金性不变，故号圆成。（《大藏经》卷四五，页六六四）

现象世界中诸事物，皆须因缘和合，方能生起。但是幻相似有，本无自性，故曰依他，此即《成唯识论》所说之依他起性。现象世界中诸事物，本是似有，而世俗妄情执之为实有，故"名为遍计"，此即《成唯识论》所说之遍计所执性。至真心本体，常恒不变，乃圆成实性也。此所说圆成实性，与《成唯识论》所说不同。盖《成唯识论》只言一切法皆依他起；识亦依他起。此一切法及识皆依他起之实在性质即名圆成实性。此则以常恒不变之真心本体为圆成实性也。

（4）"显无相"

"显无相"者，《金师子章》云：

谓以金收师子尽，金外更无师子相可得，故名无相。（《大藏经》卷四五，页六六四）

《华严义海百门》云：

观无相者，如一小尘圆小之相，是自心变起。假立无实，今取不得。则知尘相虚无，从心所生，了无自性，名为无相。(《缘生会寂门观无相条》，《大藏经》卷四五，页六二七)

现象世界中诸事物，本是真心所现幻有。若就其为幻而言，则有即非有，可谓为无相。

（5）"说无生"

"说无生"者，《金师子章》云：

谓正见师子生时，但是金生，金外更无一物。师子虽有生灭，金体本无增减，故曰无生。(《大藏经》卷四五，页六六四)

《华严义海百门》云：

达无生者，谓尘是心缘，心为尘因。因缘和合，幻相方生。由从缘生，必无自性。何以故？今尘不自缘，必待于心；心不自心，亦待于缘。由相待故，则无定属缘生。以无定属缘生，则名无生。非去缘生，说无生也。(《缘生会寂门达无生条》，《大藏经》卷四五，页六二七)

"尘是自心现。由自心现，即与自心为缘。由缘现前，心法方起。"(《华严义海百门·缘生会寂门明缘起条》，《大藏经》卷四五，页六二七) 心必有对境，方可自起心法。故由尘之缘现前，心法，即普通所谓心理诸现象者，方起；故尘是心缘。而"尘是自心现"，故心是尘因也。现象世界中诸事物，皆待因缘和合，方能生起。由有待，故缘生无定。缘生无定，故曰无生。然《金师子章》所说，与此稍异。《金师子章》谓现象世界中诸事物，本为幻有；就其为幻而言，则有即非有，故生即无生也。

（6）"论五教"

"论五教"者，《金师子章》云：

一，师子虽是因缘之法，念念生灭，实无师子相可得，名愚法声闻教。二，即此缘生之法，各无自性，彻底唯空，名大乘始教。三，虽复彻底唯空，不碍幻有宛然。缘生假有，二相双存，名大乘终教。四，即此二相，互夺两亡，情伪不存，俱无有力。空有双泯，名言路绝，栖心无寄，名大乘顿教。五，即此情尽体露之法，混成一块。繁兴大用，起必全真；万象纷然，参而不杂。一切即一，皆同无性；一即一切，因果历然。力用相收，卷舒自在，名一乘圆教。(《大藏经》卷四五，页六六四至六六五)

此所谓判教也。华严宗之判教，将佛教中诸派别整齐排比，使其在一整个的系统中，皆自有相当之地位，使诸派别所说之义理，均为一整个的真理之一方面。愚法声闻教，即所谓小乘法也。《华严还原观》云：

由尘相体无遍计，即是小乘法也；由尘性无生无灭，依他似有，即是大乘法也。(《示三遍门》，《大藏经》卷四五，页六三八)

就上所说三性言之，小乘法指出遍计所执性之为遍计所执性，谓此师子念念生灭，令人不执师子为实有。大乘法指出依他起性之为依他起性，谓此念念生灭之师子，"本无自性，彻底唯空"。然此不过大乘始教而已。更须令人知师子虽为幻有，然有亦无碍，所谓"缘生假有，二相双存"。虽讲空而仍不废有，此乃大乘终教也。然若专就师子之幻有之为幻而言，则空"夺"有；若专就师子之幻有之为有而言，则有"夺"空。如此"互夺两亡，俱无有力，空有双泯"。令人亦不知有有，亦不知有空，所谓"名言路绝，栖心无寄"；此乃大乘顿教。然又须知此真心之体，包罗万象，所谓"用则波腾鼎沸，全真体以运行；体即镜净水澄，举随缘而会寂。若曦光之流采，无心而朗十方；如明镜之端形，不动而呈万像"。(《华严义海百门·种智普耀门》，《大藏经》卷四五，页六三〇)现象世界中每一事物，皆是真心之全体。《华严义海百门》云：

且如见山高广之时，是自心现作大，非别有大；今见尘圆小之时，亦是自心现作小，非别有小。今由见尘，全以见山高广之心而现尘也。（《镕融任运门通大小条》，《大藏经》卷四五，页六三〇）

此所谓"起必全真"也。惟其如此，故"一即一切，一切即一"也。谓一即一切，即一有力而收一切；谓一切即一，即一切有力而收一。《华严义海百门》云：

明卷舒者，谓尘无性，举体全遍十方，是舒；十方无体，随缘全现尘中，是卷。经云："以一佛土满十方，十方入一亦无余。"今卷，则一切事于一尘中现；若舒，则一尘遍一切处。即舒常卷，一尘摄一切故；即卷常舒，一切摄一尘故，是为卷舒自在也。（《镕融任运门明卷舒条》，《大藏经》卷四五，页六三一）

令人知此义者，即一乘圆教也。

（7）"勒十玄"

"勒十玄"者，《金师子章》云：

一，金与师子，同时成立，圆满具足；名同时具足相应门。二，若师子眼收师子尽，则一切纯是眼；若耳收师子尽，则一切纯是耳。诸根同时相收，悉皆具足，则一一皆杂，一一皆纯，为圆满藏；名诸藏纯杂具德门。三，金与师子，相容成立，一多无碍；于中理事，各各不同，或一或多，各住自位；名一多相容不同门。四，师子诸根，一一毛头，皆以金收师子尽。一一彻遍师子眼，眼即耳，耳即鼻，鼻即舌，舌即身。自在成立，无障无碍；名诸法相即自在门。五，若看师子，唯师子无金，即师子显金隐。若看金，唯金无师子，即金显师子隐。若两处看，俱隐俱显。隐则秘密，显则显著；名秘密隐显俱成门。六，金与师子，或隐或显，或一或多，定纯定杂，有力无力，即此即彼，主伴交辉，理事齐现，皆悉相容，不碍安立，微细成办；名微细相容安立门。七，师子眼耳支节，一一毛处，各有金师子；一一毛处师子，同时顿入一毛中。一一毛中，皆有无边师子；又复一一毛，带此无边师子，还入一毛中。如是重重无尽，犹天帝网珠；名因陀罗网境界门。八，说此师子，以表无明；语其金体，具彰真性；理事合论，况阿赖识；令生正解；名托事显法生解门。九，师子是有为之法，念念生灭，刹那之间，分为三际，谓过去现在未来。此三际各有过现未来；总有三三之位，以立九世，即束为一段法门。虽则九世，各各有隔，相由成立，融通无碍，同为一念；名十世隔法异成门。十，金与师子，或隐或显，或一或多，各无自性，由心回转。说事说理，有成有立；名唯心回转善成门。（《大藏经》卷四五，页六六五至六六六）

现象世界中，每一事物，皆是真心全体。由此而言，则师子亦真心全体也。故"金与师子，同时成立，圆满具足；名同时具足相应门"。

"一即一切，一切即一。""理不碍事，纯恒杂也；事恒全理，杂恒纯也。由理事自在，纯杂无碍也。"（《华严义海百门·镕融任运门明纯杂条》，《大藏经》卷四五，页六三〇）现象世界中，每一事物，皆是真心全体，即每一事皆是全理也。就师子眼是真心全体之一点而言，则可谓师子眼是一切，则师子眼为杂；亦可谓一切皆是师子眼，则师子眼为纯。如此，"一一皆杂，一一皆纯"，一一皆为"圆满藏"，"名诸藏纯杂具德门"。

真心为一，现象为多。就一方面言，每一现象皆为真心全体所现，则一即多，多即一，所谓"一全是多，方名为一；又多全是一，方名为多。多外无别一，明知是多中一；一外无别多，明知是一中多。良以非多。然能为一多；非一，然能为多一"（《华严义海百门·镕融任运门了一多条》，《大藏经》卷四五，页六三〇）。然若就另一方面言，则现象自是现象。金是理，师子是事；金是一，师子是多。"各住自位"，即各自有其地位。一多虽相容无碍，而自有不同，故"名一多相容不同门"。

自一方面言，现象世界中，每一事物，皆为真心全体所现，所谓一即一切，一切即一。"耳即鼻，鼻即舌。"但自又一方面言，每一事物只是每一事物，耳只是耳，鼻只是鼻，"自在成立，无障无碍"，故"名诸法相即自在门"。此与"一多相容不同门"，同注意于各现象之各有自相；但彼就真心与现象之异说，此就各现象之异说。

吾人若注意于现象世界中诸事物，则事物显而本体隐；吾人若注意于本体，则本体显而事物隐，此"名秘密隐显俱成门"。

然则本体与事物，或一或多，或纯或杂，或有力或无力，或为此或为彼，或为主或为伴。主伴者，《华严还原观》云："谓以自为主，望他为伴；或以一法为主，一切法为伴；或以一身为主，一切身为伴。"（《起六观门》，《大藏经》卷四五，页六四○）若吾人注意于师子，则师子即为主，其余一切皆为伴也。虽有如此不同，而皆互不相碍，此"名微细相容安立门"。

现象世界中，每一事物，皆是真心全体所现。真心包罗一切事物；故现象世界中，每一事物，亦包罗一切事物。此一事物，不但包罗一切事物，并且将每一事物中所包罗之一切事物亦包罗之。彼每一事物中所包罗之一切事物，亦各各包罗一切事物，所谓"一一毛中，皆有无边师子；又复一一毛，带此无边师子，还入一毛中"。《宋高僧传》谓法藏"又为学不了者设巧便，取鉴十面，八方安排，上下各一。相去一丈余，面面相对，中安一佛像，燃一炬以照之，互影交光，学者因晓刹海涉入无尽之义"（卷第五，《大藏经》卷五十，页七三一）。盖每一镜中，不止有彼镜之影，且有彼镜中之影之影也。因陀罗网为一珠网，每一珠中现一切珠，又现一切珠中之一切珠，如是重重无尽，此"名因陀罗网境界门"。

说师子以喻现象，即真心之生灭门；说金体以喻本体，即真心之真如门也。真心不觉故动，而有生灭。不觉，即无明也。以上二门，但各就真心之一方面讲；若合两方面言之，则生灭与不生灭和合，即阿赖耶识也。说比喻以显真理，"名托事显法生解门"。

一念为真心全体所现，九世亦真心全体所现；故一念即为九世，九世即为一念。《华严义海百门》云：

融念劫者，……由一念无体，即通大劫；大劫无体，即该一念。由念劫无体，长短之相自融，乃至远近世界，佛及众生，三世一切事物，莫不皆于一念中现。何以故？一切事法，依心而现。念既无碍，法亦随融。是故一念即见三世一切事物显然。经云："或一念即百千劫，百千劫即一念。"（《镕融任运门融念劫条》，《大藏经》卷四五。页六三〇）

此所谓九世同为一念。然若就一念中分别，亦不妨有九世；此"名十世隔法异成门"。

总之，一切皆真心所现，"各无自性，由心回转"，此"名唯心回转善成门"。

（8）"括六相"

"括六相"者，《金师子章》云：

师子是总相，五根差别是别相。共从一缘起，是同相；眼耳等不相滥，是异相。诸根合会有师子，是成相；诸根各住自位，是坏相。（《大藏经》卷四五，页六六六）

就现象世界中一事物而言，其事物之全体是总相；其中之各部分是别相。此事物及其各部分，皆由缘起，是同相；各部分是各部分，是异相。各部分会合成此事物，则此事物成；此是成相。各部分若不会合而只是各部分,则此事物坏;此是坏相。

(9)"成菩提"

"成菩提"者,《金师子章》云:

菩提,此云道也,觉也。谓见师子之时,即见一切有为之法,更不待坏,本来寂灭。离诸取舍,即于此路,流入萨婆若海,故名为道。即了无始已来,所有颠倒,元无有实,名之为觉。究竟具一切种智,名成菩提。(《大藏经》卷四五,页六六六)

萨婆若义谓一切智。若知现象世界中诸事物,原来所执为实者,本来即空,所谓"更不待坏,本来寂灭";则如大梦已醒,知原来梦中所有现象,本来无实。《华严义海百门》云:

了梦幻者,谓尘相生起,迷心为有,观察即虚,犹如幻人。亦如夜梦,觉已皆无。今了虚无,名不可得,相不可得,一切都不可得,是谓尘觉悟空无所有。(《修学严成门了梦幻条》,《大藏经》卷四五,页六三三)

又云:

迷者,谓尘相有所从来,而复生灭,是迷。今了尘相无体,是悟。迷本无从来,悟亦无所去。何以故?以妄心为有,本无体故。如绳上蛇,本无从来,亦无所去。何以故?蛇是妄心横计为有,本无体故。若计有来处去处,还是迷;了无来去,是悟。然悟之与迷,相待安立。非是先有净心,后有无明。此非两物,不可两解。但了妄无妄,即为净心,终无先净心而后无明,知之。(《决择成就门除业报条》,《大藏经》卷四五,页六三六)

《华严还原观》云:

如人迷故,谓东为西。乃既悟已,西即是东,更无别东而可入也。众生迷故,谓妄可舍,谓真可入。乃至悟已,妄即是真,更无别真而可

入也。(《入五止门》，《大藏经》卷四五，页六三九）

梦中执梦中现象为实，此为迷，为颠倒；醒后知梦中现象本来无实，所谓迷及颠倒，亦无有实，知此即已"入真"，"更无别真而可入也"。至此境界，即成菩提矣。吾人必至此境界，所谓"净心"，方觉以前皆不觉也。不觉即无明，所谓"无始无明"也，所谓"非是先有净心，后有无明"也。依此而言，则吾人之修行，其目的乃在达到一新境界；不过此新境界即旧境界，但有觉不觉之异而已。

（10）"入涅槃"

"入涅槃"者，《金师子章》云：

见师子与金，二相俱尽，烦恼不生。好丑现前，心安如海。妄想都尽，无诸逼迫。出缠离障，永舍苦源。名入涅槃。（《大藏经》卷四五，页六六六）

修行至最高境界时，不知现象世界，亦不知本体世界。盖若知本体世界时，仍有能知与所知，即主观与客观；本体仍为所知，即仍有妄心分别也。故必"见师子与金二相俱尽"，乃为修行之最高境界也。然至此境界时，亦不可常住涅槃。《华严义海百门》云：

证佛地者，谓尘空无我无相是也。……然证入此地，不可一向住于寂灭。一切诸佛，法不应尔。当示教利喜，学佛方便，学佛智慧。具如此地义处思之。（《抉择成就门证佛地条》，《大藏经》卷四五，页六三六）

诸佛于大智之外，仍有大悲。成大智则不住生死，成大悲则不住涅槃。

（11）主观的唯心论与客观的唯心论

澄观（华严宗第四祖，世称清凉大师。姓"夏侯氏，越州山阴人。以元和年卒"。——《宋高僧传》卷第五，《大藏经》卷五十，页七三七）谓《华严》有四法界：一事法界，二理法界，三理事无碍法界，四事事无碍法界。(《华严法界·玄镜》卷上，《大藏经》卷四五，页六七二）观以上所述，可以知之。又观以上所述，则可知法藏立一常恒不变之真心，为一切现象之根本；其说为一客观的唯心论。比于主观的唯心论，客观的唯心论为近于实在论。因依此说，客观的世界，可离主观而存在也。且客观的世界中，每一事物，皆是真心全体之所现。则其为真，较常识所以为真者，似又过之。玄奘与法藏所说"圆成实性"之意义，各不相同，已如上述。就此点观之，亦可见法藏所说之空，不如玄奘所说之空之空也。又依法藏所说，"事"亦系当然应有者。此亦系中国人之思想倾向也。

第九章　隋唐之佛学（下）

（一）天台宗之《大乘止观法门》

陈隋间，智颛为又一派佛学之大师，世称智者大师。智颛居天台山，故此派世称为天台宗。此宗以《法华经》为本经，故世又称为法华宗。此宗以慧文为第一祖，慧思为第二祖，智颛为第三祖。智颛为此宗之发扬光大者，其著述亦极多。但其所说，多为修行之方法，不尽有哲学的兴趣。《大乘止观法门》一书，相传为慧思作。然其书引《起信论》。慧思之时代，不及见《起信论》，故知非慧思作也。其书中又似受唯识宗及华严宗之影响者，当系唯识宗华严宗盛时天台宗人之所作也。（此陈寅恪先生说）今取此书，以见唐代天台宗之佛学。

（1）真如，如来藏

宇宙之全体，即是一心，此心名为真如，又称为如来藏。所以名为真如者，《大乘止观法门》云：

一切诸法，依此心有，以心为体。望于诸法，法悉虚妄，有即非有。对此虚伪法故，目之为真。又复诸法虽实非有，但以虚妄因缘，而有生灭之相。然彼虚法生时，此心不生；诸法灭时，此心不灭。不生，故不增；不灭，故不减。以不生不灭，不增不减，故名之为真。三世诸佛，及以众生，同以此一净心为体。凡圣诸法，自有差别异相；而此真心，无异无相，故名之为如。又真如者，以一切法，真实如是，唯是一心；故名此一心，以为真如。若心外有法者，即非真实；亦不如是，即为伪异相也。是故《起信论》言，"一切诸法，从本已来，离言说相，离名字相，离心缘相。毕竟平等，无有变异，不可破坏。唯是一心，故名真如。"以此义故，自性清净心，复名真如也。（卷一，《大藏经》卷四六，页六四二）

所以名为如来藏者，《大乘止观法门》云：

如来藏体，具足一切众生之性。各各差别不同，即是无差别之差别也。然此一一众生性中，从本已来，复具无量无边之性。所谓六道四生，苦乐好丑，寿命形量，愚痴智慧等，一切世间染法；及三乘因果等，一切出世净法。如是等无量差别法性，一一众生性中，悉具不少也。以是义故，如来之藏，从本已来，俱时具有染净二性。以其染性故，能现一切众生等染事；故以此藏为在障本住法身，亦名佛性。复具净性故，能现一切诸佛等净德；故以此藏为出障法身，亦名性净法身，亦名性净涅槃也。（卷二，《大藏经》卷四六，页六四七）

此心"体具染净二性之用，能生世间出世间法"（《大乘止观法门》卷一，《大藏经》卷四六，页六四四），一切诸法，凡所有者，其性皆"藏"于此心中，故此心有"藏"之名也。

"以其有染性故，能现一切众生等染事"，"性"与"事"之区别，极可注意。依佛学所用名辞言之，则性为体；有体即有用；此体依用所现之相，即事也。依现在哲学中之术语言之，则事即具体的事物，为现实；性则其潜能也。性现为事，即潜能现为现实也。依此所说，则吾人本心中不但有一切所谓好的诸事物之潜能，且有一切所谓恶的诸事物之潜能，所谓"如来之藏，从本以来，俱时具有染净二性"也。惟因本心中原有一切染净之性，故可有一切染净诸事。此对于人性之二元论，乃天台宗所特有之见解，下文另详。（见下第七目）

此心虽"包含染净二性,及染净二事",所藏虽多,而却能"无所妨碍"。(同上)自一方面言之,此心中可谓为空,可谓为无差别;自又一方面言之,其中又可谓为不空,可谓为有差别。《大乘止观法门》云:

藏体平等,实无差别,即是空如来藏;然此藏体,复有不可思议用故,具足一切法性,有其差别,即是不空如来藏;此盖无差别之差别也。此义云何?谓非如泥团具众微尘也。何以故?泥团是假,微尘是实。故一一微尘,各有别质。但以和合成一团泥,此泥团即具多尘之别。如来之藏,即不如是。何以故?以如来藏是真实法,圆融无二故。是故如来之藏,全体是一众生一毛孔性,全体是一众生一切毛孔性。如毛孔性,其余一切所有世间一一法性,亦复如是。如一众生世间法性,一切众生所有世间一一法性,一切诸佛所有出世间一一法性,亦复如是。是如来藏全体也。(卷二,《大藏经》卷四六,页六四八)

如来藏之包含一切法性,非如一束草之包含其束中之众草;盖每一法性,即是如来藏全体也。如来藏对于其所包含染净诸性之关系,非全体与部分之关系,每一部分即是整个的全体也。故如来藏中,虽具一切诸性,而无多性之别。就此方面言,则"藏体平等,实无差别,即是空如来藏"。然就其具一切诸性,能现一切诸事而言,则如来藏中亦有差别,即是不空如来藏。

(2)三性

真心中含有染性;由此染性,现为染事。染事者,即现象世界中之具体的事物也。《大乘止观法门》云:

即彼染性,为染业熏故,成无明住地,及一切染法种子。依此种子,现种种果报。此无明及与业果,即是染事也。然此无明住地,及以种子果报等,虽有相别显现,说之为事,而悉一心为体,悉不在心外。

以是义故，复以此心为不空也。譬如明镜所现色像，无别有体，唯是一镜，而复不妨万像区分不同。不同之状，皆在镜中显现，故名不空镜也。（卷二，《大藏经》卷四六，页六四七）

此不空镜中所现色像，即是现象世界也。

若欲明染业之所由起，则须先明所谓三性。三性即真实性，依他性，及分别性。《大乘止观法门》云：

三性者，谓出障真如及佛净德，悉名真实性。在障之真与染和合名阿梨耶识，此即是依他性。六识七识妄想分别，悉名分别性。（卷三，《大藏经》卷四六，页六五五）

此"总明三性"。阿梨耶识亦名本识，《大乘止观法门》云：

本识，阿梨耶识，和合识，种子识，果报识等，皆是一体异名。……真如与阿梨耶同异之义……谓真心是体，本识是相，六七等识是用。如似水为体，流为相，波为用。类此可知。是故论云"不生不灭，与生灭和合，说名阿梨耶识"，即本识也。以与生死作本，故名为本。是故论云"以种子时阿梨耶识，与一切法作根本种子故"，即其义也。又复经云："自性清净心。"复言："彼心为烦恼所染。"此明真心，虽复体具净性，而复体具染性故，而为烦恼所染。以此论之，明知就体，偏据一性，说为净心；就相异与染事和合，说为本识。（卷三，《大藏经》卷四六，页六五三）

"真心虽复体具净性，而复体具染性"，故若"别明三性"，则真实性"复有两种：一者有垢净心以为真实性；二者无垢净心以为真实性。所言有垢净心者，即是众生之体实，事染之本性"。"所言无垢净心者，即是诸佛之体性，净德之本实。"（《大乘止观法门》卷三，《大藏经》卷四六，页六五六）本一真心，就其"体具净性"而言，则为无垢净心；就其"体具染性"而言，则为有垢净心也。真心本不生不灭，但以"不觉故动，显现虚状"（《大乘止观法门》卷一，《大藏经》卷四六，页六四三）。动即有生灭，就真心之不生不灭与生灭和合言之，即名之为阿梨耶识，此即依他性。依他性及分别性，又有清净与染浊之分。清净依他性，清净分别性，下文另详。染浊依他性，及染浊分别性，即现象世界所由起也。《大乘止观法门》云：

> 染浊依他性中，虚状法内，有于似色似识似尘等法。何故皆名为似？以皆一心依熏所现故，但是心相，似法非实，故名为似。由此似识一念起现之时，即与似尘俱起。故当起之时，即不知似尘似色等，是心所作，虚相无实。以不知故，即妄分别，执虚为实。以妄执故，境从心转，皆成实事，即是今时凡夫所见之事。如此执时，即念念熏心，还成依他性；于上还执，复成分别性。如是念念虚妄，互相生也。问曰：分别之性与依他性，即迭互相生，竟有何别？答曰：依他性法者，心性依熏故起，但是心相，体虚无实。分别性法者，以无明故，不知依他之法是虚，即妄执以为实事。是故虽无异体相生，而虚实有殊，故言分别性法也。（卷三，《大藏经》卷四六，页六五六）

似识，即六七识（《大乘止观法门》卷一，《大藏经》卷四六，页六四二）。真如"不觉故动"，有诸虚状。虚状之内，即有似识。似识不知诸虚状即是心作，妄执为实。本来之虚状，即染浊依他性法；而妄执虚状，以为实境，即染浊分别性法也。染浊分别性妄执虚状，以为实境；此实境即现象世界也。此所说之染浊分别性，即唯识宗所说之遍计所执性。此所说之染浊依他性，即唯识宗所说之依他起性。此所说之真实性，与唯识宗所说之圆成实性异，与华严宗所说之圆成实性同。

现象世界之本身为依他性；然推其根本，则即有垢净心之真实性所现。《大乘止观法门》云：

> 真心能与一切凡圣为体，心体具一切法性。如即时世间出世间事得

成立者，皆由心性有此道理也。若无道理者，终不可成。（卷二，《大藏经》卷四六，页六五二）

凡所有者，皆真实性所现，所谓心外无法也。

（3）共相识与不共相识

如一切法皆一心所现，何以众生在现象世界中，所见及所受用，或有不同？此一问题也。《大乘止观法门》云：

问曰："一切凡圣，既唯一心为体，何为有相见者，有不相见者；有同受用者，有不同受用者？"答曰："所言一切凡圣唯以一心为体者，此心就体相论之。有其二种：一者真如平等心，此是体也；……二者阿梨耶识，即是相也。……就中即合有二事别，一者共相识，二者不共相识。何故有耶？以真如体中，具此共相识性，不共相识性故。一切凡圣，造同业熏此共相性故，即成共相识也。若一一凡圣，各各别造别业，熏此不共相性故，即成不共相识也。……然此同用之土，惟是心相，故言共相识。……所言不共相者，谓一一凡圣，内身别报是也。以一一凡圣，造业不同，熏于真心。真心不共之性，依熏所起，显现别报，各各不同，自他两别也。然此不同之报，唯是心相，故言不共相识。"（卷二，《大藏经》卷四六，页六五二）

众生同业所现之事物，如山河大地等，因其为同业所现，故均能见之，受用之。其别业所现，如各人之根身等，则只其自己能用之，他人不能用之也。一种之行为，能引其同类之性，使现为事。故一种之行为愈多，则其所引起同类之性亦愈多。故"一一凡圣，造业不同"，所得之报亦异也。

（4）万法互摄

现象世界中各个事物，即所谓事者，虽万有不同，而皆可圆融互摄。《大乘止观法门》云：

又复如举一毛孔事，即摄一切世出世事。如举一毛孔事，即摄一切事。举其余世间出世间中一切所有，随一一事，亦复如是，即摄一切世出世事。何以故？谓以一切世间出世间事，即以彼世间出世间性为体故。是故世间出世间性，体融相摄故，世间出世间事，亦即圆融相摄无碍也。（卷二，《大藏经》卷四六，页六四八）

事以性为体，每一性皆如来藏全体，故每一事亦是如来藏全体所现也。《大乘止观法门》又举例明此诸性诸事互融无碍之理云：

沙门曰："汝当闭目，忆想身上一小毛孔，即能见不？"外人忆想一小毛孔已，报曰："我已了了见也。"沙门曰："汝当闭目，忆想作一大城，广数十里，即能见不？"外人想作城已，报曰："我于心中了了见也。"沙门曰："毛孔与城，大小异不？"外人曰："异。"沙门曰："向者毛孔与城，但是心作不？"外人曰："是心作。"沙门曰："汝心有大小耶？"外人曰："心无形相，焉可见有大小？"沙门曰："汝想作毛孔时，为减小许心作，为全用一心作耶？"外人曰："心无形段，焉可减小许用之？是故我全用一念想作毛孔也。"沙门曰："汝想作大城时，为只用自家一念作，为更别得他人心神共作耶？"外人曰："唯用自心作城，更无他人心也。"沙门曰："然则一心全体，唯作一小毛孔，复全体能作大城。心既是一，无大小故。毛孔与城，俱全用一心为体。当知毛孔与城，体融平等也。"以是义故，举小收大，无大而非小；举大摄小，无小而非大。无小而非大，故大入小而大不减；无大而非小，故小容大而小不增。是以小无异增，故芥子旧质不改；大无异减，故须弥大相如故。此即据缘起之义也。若以心体平等之义望彼，即大小之相本来非有，不生不灭，唯一真心也。（卷二，《大藏经》卷四六，页六五〇）。

须弥山可纳于芥子，而"芥子旧质不改，须弥大相如故"。此就空

间言之。更就时间言之,《大乘止观法门》云:

"我今又问汝,汝尝梦不?"外人曰:"我尝有梦。"沙门曰:"汝曾梦见经历十年五岁时节事不?"外人曰:"我实曾见历涉多年,或经旬日时节。亦有昼夜,与觉无异。"沙门曰:"汝若觉已,自知睡经几时?"外人曰:"我既觉已,借问他人,言我睡始经食顷。"沙门曰:"奇哉!于一食之顷,而见多年之事。"以是义故,据觉论梦,梦里长时,便则不实;据梦论觉,觉时食顷,亦则为虚。若觉梦据情论,即长短各论,各谓为实,一向不融。若觉梦据理论,即长短相摄;长时是短,短时是长,而不妨长短相别。若以一心望彼,则长短俱无,本来平等一心也。正以心体平等,非长非短;故心性所起长短之相,即无长短之实,故得相摄。若此长时自有长体,短时自有短体,非是一心起作者,即不得长短相摄。又虽同一心为体,若长时则全用一心而作,短时即减少许心作者,亦不得长短相摄。正以一心全体复作短时,全体复作长时,故得相摄也。是故圣人依平等义故,即不见三世时节长短之相;依缘起义故,即知短时长时体融相摄。(卷二,《大藏经》卷四六,页六五○至六五一)

就空间言,大小可以体融相摄;就时间言,长短可以体融相摄。其余诸性诸事,无不如是。《大乘止观法门》云:

是故经云:"一一尘中,显现十方一切佛土。"又云:"三世一切劫,解之即一念。"即其事也。又复经言:"过去是未来,未来是现在。"此是三世以相摄。其余净秽好丑,高下彼此,明暗一异,静乱有无等,一切对法及不对法,悉得相摄者,盖由相无自实,起必依心,心体既融,相亦无碍也。(卷二,《大藏经》卷四六,页六五○)

每一现象,皆为真心全体所现,此说又与外道真心遍一切处之说不同。《大乘止观法门》云:

问曰："……此则真心遍一切处，与彼外道所计神我遍一切处，义有何异耶？"答曰："外道所计，心外有法。大小远近，三世六道，历然是实。但以神我微妙广大，故遍一切处，犹如虚空。此即见有实事之相异神我，神我之相异实事也。设使即事计我，我与事一。但彼执事为实，彼此不融。佛法之内，即不如是。知一切法，悉是心作。但以心性缘起，不无相别。虽复相别，其唯一心为体。以体为用，故言实际无处不至。非谓心外有其实事，心遍在中，名为至也。"（卷二，《大藏经》卷四六，页六五〇）

心外无实法，故一切现象皆为心所现，而不可谓心遍在一切处；此此说与普通所谓泛神论不同之处也。

（5）止观

由此可知，吾人普通对于宇宙人生之意见，皆是迷妄。因此流转生死，受诸烦恼。若欲破此迷妄，脱离流转，则须用修行工夫，使吾人本心中之净性，得以显现。所用修行工夫，有止观二门，《大乘止观法门》云：

所言止者，谓知一切诸法，从本已来，性自非有，不生不灭。但以虚妄因缘故，非有而有。然彼有法，有即非有。唯是一心，体无分别。作是观者，能令妄念不流，故名为止。所言观者，虽知本不生，今不灭，而以心性缘起，不无虚妄世用，犹如幻梦，非有而有，故名为观。（卷一，《大藏经》卷四六，页六四二）

又云：

当知观门，即能成立三性，缘起为有；止门，即能除灭三性，得入三无性。入三无性者，谓除分别性，入无相性；除依他性，入无生性；除真实性，入无性性。……譬如手巾，本来无兔。真实性法，亦复如是；唯一净心，自性离相也。加以幻力，巾是兔现。依他性法，亦复如是;妄熏真性,现六道相也。愚小无知,谓兔为实。分别性法,亦复如是;意识迷妄,执虚为实。是故经言:"一切法如幻。"此喻三性观门也。若知此兔依巾似有,惟虚无实。无相性智,亦复如是;能知诸法,依心似有,惟是虚状,无实相性也。若知虚兔之相,惟是手巾;巾上之兔,有即非有,本来不生。无生性智,亦复如是;能知虚相,惟是真心,心所现相,有即非有,自性无生也。若知手巾,本来是有,不将无兔,以为手巾。无性性智,亦复如是;能知净心,本性自有,不以二性之无,为真实性。此即喻三无性止门也。(卷三,《大藏经》卷四六,页六五八)

所谓除"真实性"者,即不以依他分别二性之无为真如性。所谓"但除此等于真性上横执之真,非谓除灭真如之体也"(同上)。至此境界,"念即自息,名证真如。亦无异法来证,但如息波入水"(同上)。

在此境界中,即为住涅槃。然诸佛为利他起见,亦可复起现象世界,复入生死以化度众生。前者为止门作用,后者为观门作用也。《大乘止观法门》云:

止观作用者,谓止行成故,体证净心。理融无二之性,与诸众生圆同一相之身。三宝于是混尔无三,二谛自斯莽然不二。怕兮凝湛渊渟,恬然澄明内寂。用无用相,动无动相,盖以一切法,本来平等故,心性法尔故,此则甚深法性之体也。谓观行成故,净心体现,法界无碍之用,自然生出一切染净之能。……又止行成故,其心平等,不住生死;观行成故,德用缘起,不入涅槃。又止行成故,住大涅槃;观行成故,处于生死。又止行成故,不为世染;观行成故,不为寂滞。又止行成故,即用而常寂;观行成故,即寂而常用。(卷四,《大藏经》卷四六,页六六一)

此所谓"但除其病而不除法。病在执情,不在大用"(《大乘止观法门》卷三,《大藏经》卷四六,页六五四)。"虽知诸法有即非有,而复即知不妨非有而有。"(《大乘止观法门》卷四,《大藏经》卷四六,页六六一)对于现象世界,若无执情,则虽复住于现象世界,亦无妨也。

(6) 诸佛染性

故"一一诸佛,心体依熏,作涅槃时,而不妨体有染性之用"(《大乘止观法门》卷一,《大藏经》卷四六,页六四六)。上文所引"止行成故,住大涅槃;观行成故,处于生死"。"处于生死",即"染性之用"也。故诸佛亦有染性,与众生同;众生亦有净性,与诸佛同,所谓佛性也。诸佛修成之后,仍有染性者,盖性不可变,修行之结果,仅能使染性不现为事,不能根本去之也。《大乘止观法门》云:

问曰:"如来之藏,体具染净二性者,为是习以成性,为是不改之性也?"答曰:"此是体用不改之性,非习成之性也。故云:佛性大王,非造作法,焉可习成也。佛性即是净性,既不可造作,故染性与彼同体,是法界法尔,亦不可习成。"(卷二,《大藏经》卷四六,页六四八)

净染二性俱是不改之性,非习成者。故众生虽依染性现染事,而其净性完全不坏。诸佛虽依净性现净事,而其染性亦完全不坏。《大乘止观法门》云:

一一众生心体,一一诸佛心体,本具二性,而无差别之相。一味平等,古今不坏。但以染业熏染性故,即生死之相显矣。净业熏净性故,即涅槃之用现矣。……以是义故,一一众生,一一诸佛,悉具染净二性。法界法尔,未曾不有。但依熏力起用,先后不俱。是以染熏息,故称曰转凡;净业起,故说为成圣。然其心体二性,实无成坏。……是以经言:"清净法中,不见一法增。"即是本具性净,非始有也。"烦恼法中,不见一法减。"即是本具性染,不可灭也。(卷一,《大藏经》卷四六,页六四六)

故众生与诸佛,在本性方面,完全无别。其所异者,即众生以染业熏染性,故有生死等染事。诸佛以净业熏净性,故有涅槃等净事。然众生虽在染事之中,而净性完全不坏,故随时可起净业而熏净性。诸佛虽在净事之中,而染性完全不坏,故随时可入生死而起染用也。

(7) 觉与不觉

如染净二性俱系如来藏中所本有者,则净性何故有与染性不同之价值?换言之,即众生何必修行,以求成佛?此可取《大乘止观法门》所说"染业违心""净业顺心"之义,以答此问。《大乘止观法门》云:

> 染业虽依心性而起,而常违心。净业亦依心性而起,而常顺心也。……无明染法,实从心体染性而起。但以体暗故,不知自己及诸境界,从心而起。亦不知净心俱足染净二性而无异相,一味平等。以不知如此道理,故名之为违。智慧净法,实从心体而起。以明利故,能知己及诸法,皆从心作。复知心体具足染净二性,而无异性,一味平等。以如此称理而知,故名之为顺。(卷一,《大藏经》卷四六,页六四六至六四七)

由此可知众生染性所起之染业,乃起于不觉;此不觉即所谓无明也。净性所起之净业,使人觉;此觉即所谓智慧也。以此理由,故净性有与染性不同之价值,而众生所以须修行以成佛也。诸佛与众生之差别,即在觉与不觉。由此亦可知,诸佛虽亦依其染性,起染用,入生死,然其如此作为,是在觉中者,即虽在染事之中,而知"己及诸法,皆从心作"等。而众生之在染事中,则在不觉中;所以称为如在梦中,而可怜悯也。

诸佛所起之染事,即清净依他性法。其用此以教化,即清净分别性法也。《大乘止观法门》云:

> 问曰:"性染之用,由染熏灭故,不起生死。虽然成佛之后,此性

岂全无用？"答曰："此性虽为无漏所熏，故不起生死。但由发心以来，悲愿之力熏习故，复为可化之机。为缘熏示违之用，亦得显现。所谓现同六道，示有三毒，权受苦报，应从死灭，等。即是清净分别性法。……"问曰："既言依他性法，云何名为分别性？"答曰："此德依于悲愿所熏起故，即是依他性法。若将此德对缘施化，即名分别性法也。"（卷三，《大藏经》卷四六，页六五六）

此依他性法及分别性法，皆在觉中，所以为清净的也。诸佛之觉净心，即是净心之自觉。《大乘止观法门》云：

问曰："智慧佛者，为能觉净心，故名为佛？为净心自觉，故名为佛？"答曰："具有二义：一者觉于净心，二者净心自觉，虽言二义，体无别也。"（卷一，《大藏经》卷四六，页六四二）

就此方面讲，佛学与黑格尔之哲学颇有相同处。（参看拙著《人生哲学》第十一章。）

（8）天台宗与唯识宗及华严宗之比较

由上可知，天台宗之教义，如《大乘止观法门》所表现者，实大受唯识宗及华严宗之影响。其所说如来藏中，具一切染净诸法之性，即唯识宗所说阿赖耶识中具一切种子之意也。惟唯识宗谓识亦依他起，故其中之种子，亦可谓为依他起。而《大乘止观法门》则谓一切染净诸法之性，皆不可改。即世间诸恶，其性亦不可改。《大乘止观法门》又以常恒不变之真心，为一切现象之本体。与华严宗同。依上所引譬喻言之，则真心，手巾也；一切事物，兔也。"手巾本来是有；不将无兔以为手巾。"唯识宗不言常恒不变之真心，正以无兔为手巾也。华严宗以为一一事物皆是真心全体所现；《大乘止观法门》，亦如此说。且又谓每一事物所以有者，皆因如来藏中，已具有其性。如来藏中，具足一切法之性；而一切法之性，一一皆是如来藏全体，常恒如此，不可变改。

由是言之，则每一事物，较华严宗所说尤为实在。盖关于空有之问题，《大乘止观法门》，可谓极力持有者矣。

关于最高境中活动之问题，《大乘止观法门》亦有极明确的见解。诸佛与众生同具染性，故诸佛亦可有与众生相同之染事。其所差只在觉与不觉。故对于此问题，《大乘止观法门》所说，亦较仅言"寂而恒照，照而恒寂"者为具体也。

（9）湛然"无情有性"之说

就一一事物皆为真心全体所现之说推之，则为湛然"无情有性"之说。

湛然为天台宗第九祖，世称荆溪大师（"俗姓戚氏，常州人"，建中三年〔西历782年〕卒。——《宋高僧传》卷六，《大藏经》卷五十，页七三九），作《金刚錍》，立"无情有性"之说。无情者，谓如草木瓦石等。无情有性者，谓即无情之物，亦有佛性也。湛然云：

故知一尘一心，即一切生佛之心性。……万法是真如，由不变故。真如是万法，由随缘故。……故万法之称，宁隔于纤尘。真如之体，何专于彼我。是则无有无波之水，未有不湿之波。在湿讵间于混澄，为波自分于清浊。虽有清有浊，而一性无殊。纵造正造依，依理终无异辙。若许随缘不变，复云无情有无，岂非自语相违耶？（《金刚錍》，《大藏经》卷四六，页七八二）

唯识宗以外界之事物，皆吾人之识所现。故皆为吾人所受用者，非其自身有存在，或有存在之价值也。正谓正报，依谓依报。正报如吾人之根身等，依报如外界之山河大地等，皆为吾人之受用而存在也。若依华严天台二宗所说，则一切皆真心所现；一一事物，皆真心之全体所现。如此，则一一事物，皆如水中之波，清浊虽有不同，而其湿性则一。故云："虽有清有浊，而一性无殊。纵造正造依，依理终无异辙。"

真如虽随缘而现为一一事物，而在一一事物之中，仍复常恒不变。"真如之体，何专于彼我？"如此，则一一事物，皆有其自身之存在，而且皆有佛性。故云："若许随缘不变，复云无情有无，岂非自语相违耶？"

由此言之，普通所谓无情有情之分，实已不存。湛然云：

圆人始末知理不二，心外无境，谁情无情？法华会中，一切不隔；草木与地，四微何殊？举足修途，皆趣宝渚；弹指合掌，咸成佛因。与一许三，无乖先志。岂至今日，云无情无？(《金刚錍》,《大藏经》卷四六，页七八五)

物物皆有佛性，湛然之为此说，自有其前提，如上所述者，固不必为有意的推衍道生一阐提有佛性之说。然自哲学史之整个观之，则中国佛学家思想在此方面之发展，可谓至湛然而造极也。

（二）慧能、神会、宗密

（1）慧能，神会与禅宗

以同一之观点言之，则道生顿悟成佛之说，至禅宗之顿门而造极。中国所谓禅宗，对于佛教哲学中之宇宙论，并无若何贡献。惟对于佛教中之修行方法，则辩论甚多。上文谓南北朝时，道生主张"忘筌取鱼""顿悟成佛"之说。谢灵运以为"学"之所得，与"悟"不同。佛教中所说修行之最高境界，可以一悟即得；即积学之人，亦须一悟，方能达此最高境界。此意至后日益推衍，遂有谓佛法有"教外别传"。谓除佛教经典之教外，尚有"以心传心，不立文字"之法。佛教之经典，如筌，乃学人所研究。然若直悟本人之本心即是佛之法身，则可不借学而立地成佛。中国之禅宗中之顿门，即弘此说者也。

禅宗中所传述之禅宗历史，以为此宗直受释迦佛之心传，"以心传心，不立文字"（相传达磨答慧可语），传至菩提达磨乃至中国。达磨于梁武帝时至中国，为中国禅宗之开创者，为中国禅宗之初祖。达磨传慧可为二祖，慧可传僧璨为三祖，僧璨传道信为四祖，道信传弘忍（姓周氏，家寓淮左浔阳，一云黄梅人也。卒于唐高宗上元二年〔西历675年〕。《宋高僧传》卷八有传。）为五祖。五祖后禅宗分为南北二宗。北宗以神秀（《宋高僧传》云："姓李氏，今东京尉氏人也。……以神龙二年〔西历706年〕卒。"）为六祖，南宗以慧能为六祖。此外旁出分歧者，派别甚多。就中所谓南宗，尤主所谓"顿门"。慧能姓卢，南海新兴人。唐贞观十二年（西历638年），生在蕲州。受学于弘忍，后又南返讲学于韶州。以先天二年（西历713年）卒。（《宋高僧传》卷八，《大藏经》卷五十，页七五四至七五五）其弟子神会姓高，襄阳人。至岭南受学于慧能，后以其学北上攻击北宗，卒倾动当世，南宗乃为禅宗之正统焉，以上元元年（西历760年）卒。（同上，《大藏经》卷五十，页七五六至七五七）禅宗中所传述之禅宗历史，关于菩提达磨及印度传法统系，不必即为真正的历史。要之，在南北朝时，中国自有"顿悟成佛"之说；至于唐代，其说大盛，此为事实。至其间传授之迹，则亦不必如禅宗中所传述之禅宗历史所说之若此整齐划一也。

今所传之《六祖坛经》，依旧说系慧能所说，弟子法海集记。胡适之先生近发现敦煌本《神会语录》，其中有数处与《坛经》文字略同，谓《坛经》为神会一派人所作。此说未知当否；但《坛经》与《神会语录》文字有数处略同，乃系事实，故今并合述之。

（2）无念

慧能，神会所提倡之修行方法，以"无念"为主。《坛经》云：

我此法门，从上以来，先立无念为宗，无相为体，无住为本。无相者，于相而离相。无念者，于念而无念。无住者，人之本性，于世间善恶好丑,乃至冤之与亲,言语触刺欺争之时,并将为空,不思酬害。念念之中,不思前境。若前念今念后念,念念相续不断,名为系缚;于诸法上念念不住,即无缚也;此是以无住为本。善知识,外离一切相,名为无相。能离于相,即法体清净;此是以无相为体。善知识,于诸境上心不染曰无念;于自念上常离诸境,不于境上生心。若只百物不思,念尽除却,一念绝即死,别处受生,是为大错。(《大藏经》卷四八,页三五三)

所谓"无念"者,非是"百物不思,念尽除却"。若"百物不思",亦是"法缚"。(《坛经》)神会云:"声闻修空住空被空(胡云:"空字原无,疑脱。")缚,修定住定被定缚,修静住静被静缚,修寂住寂被寂(胡云:"寂字原无,疑脱。")缚。"(《语录》卷一,《神会遗集》,亚东图书馆印胡校敦煌唐写本。页一一九)"百物不思"即"修空住空"之类也。所谓"无念"者,即是"于诸境上心不染","常离诸境"。《坛经》云:

般若三昧,即是无念。何名无念?若见一切法,心不染著,是为无念。用即遍一切处,亦不著一切处。但净本心,使六识出六门,于六尘中无染无杂,来去自由,通用无滞,即是般若三昧,自在解脱,名无念行。(《大藏经》卷四八,页三五一)

眼耳口鼻身意,共有六识。六门即六识所依之器官;六尘即六识所取之对象,即所谓"前境"也。任此六识"来去自由",但于其对象不可执着沾滞,即所谓"不思前境"。能于对象不执着沾滞,即"通用无滞"矣。若执着沾滞"前境",则前念今念后念,随前境而"念念相续",则吾即为前境所"系缚"。若念念不住于前境,则即"通用无滞"也。念念不住于前境,即所谓"无住"也,此亦即所谓"离于相",亦即所谓"无相"也。故《坛经》所谓"无念为宗,无相为体,无住为本"者,实亦即只一"无念"而已。"前念著境即烦恼，后念离境即菩提"（《坛经》，《大藏经》卷四八，页三五〇）；此即所谓"顿悟成佛"之道也。

《坛经》云：

心量广大，犹如虚空，无有边畔，亦无方圆大小，亦非青黄赤白，亦无上下长短，亦无嗔无喜，无是无非，无善无恶，无有头尾。诸佛刹土，尽同虚空。世人妙性本空，无有一法可得。自性真空，亦复如是。善知识，莫闻吾说空，便即著空。第一莫著空，若空心静坐，即著无记空。善知识，世界虚空，能含万物色像。日月星宿，山河大地，泉源溪涧，草木丛林，恶人善人，恶法善法，天堂地狱，一切大海，须弥诸山，总在空中。世人性空，亦复如是。善知识，自性能含万法是大，万法在诸人性中。若见一切人恶之与善，尽皆不取不舍，亦不染著。心如虚空，名之为大。……心量广大，遍周法界。用即了了分明，应用便知一切。一切即一，一即一切，去来自由，心体无滞，即是般若。（同上）

真如之中，本有诸种现象。但人执着某现象而沾滞于其上，故其心即为其所限而不大。若不执着某现象而沾滞于其上，则不为其所限，心不为所限，即所谓"心体无滞"也。此所以"念离境即菩提"也。

（3）对于无念之另外解释

《坛经》云：

故此法门，立无念为宗。善知识，无者无何事，念者念何物？无者无二相，无诸尘劳之心；念者念真如本性。真如即是念之体，念即是真如之用。真如自性起念，非眼耳鼻舌能念。真如有性，所以起念。真如若无，眼耳色声，当时即坏。善知识，真如自性起念，六根虽有见闻觉知，不染万境，而真性常自在。（《大藏经》卷四八，页三五三）

《神会语录》亦云：

无念法是圣人法；凡夫修无念法，即非凡夫。问：无者无何法？念者念何法？答：无者无有云然，念者唯念真如。问：念与真如有何差别？答：无差别。问：既无差别，何故言念真如？答：言其念者真如之用，真如者念之体。以是义故，立无念为宗。若见无念者，虽具见闻觉知，而常空寂。（卷一，《神会遗集》页一二九至一三〇）

此"无念"之又一解释。依此解释，"无"者是"无诸尘劳之心"，"念"者是"念真如本性"。吾人念念皆注意于真如本性，久之乃见此念亦系"真如之用"。若见念亦系"真如之用"，则知一切"见闻觉知，亦系"真如之用"；则知"虽有见闻觉知，不染万境，而真性常自在"矣。

《坛经》云：

善知识，何名坐禅？此法门中，无障无碍，外于一切善恶境界。心念不起，名为坐；内见自性不动，名为禅。善知识，何名禅定？外离相为禅，内不乱为定。外若著相，内心即乱。外若离相，心即不乱。本性自净自定，只为见境思境即乱。若见诸境心不乱者，是真定也。善知识，外离相即禅，内不乱即定。外禅内定，是为禅定。（《大藏经》卷四八，页三五三）

《神会语录》亦云：

念不起，空无所有，名正定。能见念不起，空无所有，名为正惠（同慧）。即定之时是惠体，即惠之时是定用。即定之时不异惠，即惠之时不异定。即定之时即是惠，即惠之时即是定。何以故？性自如故。即是定惠等学（原作觉，依胡校改）。（卷一，《神会遗集》页一二八至一二九）

此为"无念"之第三解释，依此解释，则"无念"即是"念不起"。"念不起空无所有"，惟见"自性不动"而已。此"念不起"，似亦即神会所谓"不作意"。《神会语录》云：

不作意即是无念。无念体上自有智命。本智命即是实相。诸佛菩萨用无念以为解脱法身。……然一切众生,心本无相。所言相者,并是妄心。何者是妄?所作意住心,取空取净,乃至起心求证菩提涅槃,并属虚妄。但莫作意,心自无物。即无物心,自性空寂。空寂体上,自有本智,谓知以为照用。故《般若经》云:"应无所住而生其心。""应无所住",本寂之体;"而生其心",本智之用。但莫作意,自当悟入。(卷一,《神会遗集》页一〇一)

自性本体,本自空寂;不作意,则空寂的自性本体显矣。此"空寂体上,自有本智",本体显则"本智之用"亦显矣。

上述对于无念之三解释,意义各不相同。或者《坛经》本慧能诸弟子集记,而《神会语录》所记又非一时所说;故对于"无念"之口号,有如此不同之解释欤?惟依上述,"无念"之第一解释,则修"无念"法者,实可于人伦日用之中行之。依此解释之"无念法",于后来影响甚大,即此再一转即宋儒之学矣。

由上观之,慧能神会等所说修行方法,在理论方面,不必有一贯之解释。其学能震动一时之故,即在其"顿悟成佛"之主张。《坛经》云:

若起真正般若观照,一刹那间,妄念俱灭;若识自性,一悟即至佛地。(《大藏经》卷四八,页三五一)

《神会语录》云:

如周太公傅说,皆竿钓板筑,简在帝心,起自匹夫,位顿登台辅,岂不是世间不思议事?出世不思议者,众生心中具贪爱无明宛然者,遇真善知识,一念相应,便成正觉,岂不是出世不思议事?(卷一,《神会遗集》页一三〇)

如此说法,诚可谓简易直捷。于是以后禅宗,遂有专恃机锋,以使人言下顿悟者矣。

（4）宗密所述禅宗七家

由上可知，禅宗所注重，大端在修行方法。而因其所讲修行方法之小异，禅宗中遂又有诸派别。然禅宗虽无形上学，而其所说修行方法，实皆有形上学之根据。盖其所说之修行方法，为如何使个人与宇宙合一之方法，必其心目中有如此之宇宙，然后方讲如此之方法也。不过此如此之宇宙，禅宗以为修行者证悟后自可知之。故不必讲，且亦不能讲也。禅宗中诸派所说之修行方法，虽大同而又有小异；盖因其心目中之宇宙，大同而又小异也。寻出禅宗各派所暗中根据之形上学，在学问方面，实一有趣而重要之工作。当时作此工作者有宗密。《宋高僧传》云：

释宗密，姓何氏，果州西充人也。家本豪盛，少通儒书。……元和二年（西历807年）偶谒遂州圆禅师；圆未与语，密欣然慕之。……又集诸宗禅言为禅藏。总而序之。……会昌元年（西历841年）正月六日坐灭于兴福塔院。……其月二十二日，道俗等奉全身于圭峰。俗龄六十二。……或曰："密师为禅耶？律耶？经论耶？"则对曰："夫密者，四战之国也，人无得而名焉。"……是故裴休论撰云："议者以师不守禅行而广讲经论。"……系曰："今禅宗有不达而讥密不宜讲诸教典者。"（卷六，《大藏经》卷五〇，页七四一至七四二）

宗密，华严宗以为第五祖，但亦奉神会一派之禅学，且常以和会"宗""教"为言。宗者即禅宗，教者即佛教中经典之教也。本传称其著述二百余卷，盖佛学中之学者。其讲述宏博，为当时禅宗中人所讥。但因其能以学者之态度，将当时禅宗中之派别及其学说，分析比较。其所集禅藏之总序，名《禅源诸诠集都序》。在此序中，宗密分禅宗为三家。但在《圆觉经大疏》中，则分禅宗为七家。七家者，宗密云：

有拂尘看净，方便通经。有三句用心，谓戒定慧。有教行不拘而灭识。有触类是道而任心。有本无事而忘情。有藉传香而存佛。有寂知指

体,无念为宗。遍离前非,统收俱是。(卷上之二,《续藏经》,涵芬楼影印本,第一辑第一编第十四套第三册,页一一九)

"拂尘看净,方便通经"者,宗密云:

略述七家,今初第一也。……拂尘者,即彼本偈云:"时时须拂拭,莫遣有尘埃"是也。意云:众生本有觉性,如镜有明性,烦恼覆之,如镜之尘。息灭妄念,念尽即本性圆明如磨拂尘尽镜明,即物无不极。(《圆觉经大疏钞》卷三之下,《续藏经》第一辑第一编第十四套第二册,页二〇四)

此禅宗之北宗神秀等所主张者。方便通经者,言此宗以通经典为方便。宗密在《禅源诸诠集都序》中判此宗为"息妄修心宗"。"三句用心,谓戒定慧"者,宗密云:

……第二家也。……言三句者,无忆,无念,莫忘也。意令勿追忆已过之境,勿预念虑未来荣枯等事,常与此智相应,不昏不错,名莫忘也。或不忆外境,不念内心,修然无寄(自注:"莫忘如上")。戒定慧者,次配三句也。虽开宗演说,方便多端,而宗旨所归,在此三句。(《续藏经》第一辑第一编第十四套第二册,页二七八)

"有教行不拘而灭识"者,宗密云:

……第三家也。……谓释门事相,一切不行。剃发了便挂七条,不受禁戒。至于礼忏转读,画佛写经,一切毁之,皆为妄想。所住之院,不置佛事,故云教行不拘也。言灭识者,即所修之道也。意谓生死轮转,都为起心。起心即妄,不论善恶,不起即真。亦不似事相之行,以分别为怨家,无分别为妙道。……良由宗旨说无分别,是以行门无非无是,但贵无心而为妙极,故云灭识也。上来三家,根本皆是六祖同学,但傍正之异耳。(《续藏经》第一辑第一编第十四套第二册,页二七八至二七九)

"有触类是道而任心"者，宗密云：

……第四家也。……起心动念，弹指声咳，扬扇，因所作所为，皆是佛性全体之用，更无第二主宰。如面作多般饮食，一一皆面。佛性亦尔，全体贪瞋痴，造善恶，受苦乐，故一一皆性。意以推求，而四大骨肉，舌齿眼耳手足，并不能自语言见闻动作。如一念今终，全身都未变坏，即便口不能语，眼不能见，耳不能闻，脚不能行，手不能作。故知语言作者，必是佛性。四大骨肉，一一细推，都不解贪瞋。故贪瞋烦恼，并是佛性。佛性非一切差别种种，而能作一切差别种种。……故云触类是道也。言任心者，彼息业养神之行门也。谓不起心造恶修善，亦不修道，道即是心，不可将心还修于心。恶亦是心，不可以心断心。不断不造，任运自在，名为解脱人，亦名过量人。无法可拘，无佛可作。何以故？心性之外，无一法可得。故云：但任心即为修也。此与第三家敌对相违。谓前则一切是妄；此即一切是真。（《续藏经》第一辑第一编第十四套第二册，页二七九）

此慧能弟子怀让及怀让弟子道一所传。道一俗姓马，时称马祖。以后之临济宗、沩仰宗，皆自此出。宗密在《禅源诸诠集都序》中判此宗为"直显心性宗"中之一派。"有本无事而忘情"者，宗密云：

……第五家也。……言本无事者，是所悟理。谓心境本空，非今始寂。迷之谓有，所以生憎爱等情。情生诸苦所系，梦作梦受。故了达本来无等，即须丧己忘情。情忘即度苦厄，故以忘情为修行也。前次触类是通为悟，而任心是修。此以本无事为悟，忘情为修。又此与前两家皆异者，且就悟理而言者，第三家一切皆妄，第四家一切皆真，如地（疑当作此）则一切皆无。就行说者，第三伏心灭妄，第四纵任心性，此则休心不起。又三是灭病，四是任病，五是止病。（《续藏经》第一辑第一编第十四套第二册，页二七九）

宗密在《禅源诸诠集都序》中判此宗为"泯绝无寄宗"，云：

泯绝无寄宗者，说凡圣等法，皆如梦幻，都无所有。本来空寂，非今始无。即此达无之智，亦不可得。平等法界，无佛无众生。即此法界，亦是假名。心既不有，谁言法界？无修不修，无佛不佛。设有一生，胜过涅槃，我说亦如梦幻。无法可拘，无佛可作。凡有所作，皆是迷妄。如此了达本来无事，心无所寄，方免颠倒，始名解脱。（《大藏经》卷四八，页四〇二）

"有藉传香而存佛"者，宗密云：

……第六家也。……言传香者，……欲授法时，以传香为资师之信。和上手付，弟子却授和上，和上却授弟子。如是三遍，人皆如地（疑当作此）。言存佛者，正授法时，先说法门道理，修行意趣。然后令一字念佛，初引声由念，后渐渐没声微声，乃至无声。送佛至意，意念犹粗，又送至心。念念存想，有佛恒在心中。乃至无想，盍得道。（《续藏经》第一辑第一编第十四套第二册，页二七九）

"有寂智指体，无念为宗"者，宗密云：

……即第七家也。是南宗第七祖荷泽大师所传。谓万法既空，心体本寂，寂即法身。即寂而知，知即真智，亦名菩提涅槃。……此是一切众生本源清净心也。是自然本有之法。言无念为宗者，既悟此法本寂本知，理须称本用心，不可遂起妄念。但无妄念即是修行，故此一门，宗于无念。（《续藏经》第一辑第一编第十四套第二册，页二七九）

此即荷泽大师神会所传。宗密在《禅源诸诠集都序》中，判此为"直显心性宗"中之第二派。在《禅门师资承袭图》中，宗密更详述此宗云：

荷泽宗者，尤难言述。……今强言之，谓诸法如梦，诸圣同说。故妄念本寂，尘境本空。空寂之心，灵知不昧。即此空寂寂知，是前达磨所传空寂心也。任迷任悟，心本自知。不藉缘生，不因境起。迷时烦恼亦知（知下疑脱知字），非烦恼；悟时神变亦知，知非神变。然知之一字，众妙之源。由迷此知，即起我相。计我我所，爱恶自生。随爱恶心，即为善恶。善恶之报，受六道形。世世生生，循环不绝。若得善友开示，顿悟空寂之知。知且无念无形，谁为我相人相。觉诸相空，真心无念。念起即觉，觉之即无。修行妙门，唯在此也。故虽备修万行，唯以无念为宗。但得无念之心，则爱恶自然淡薄，悲智自然增明，罪业自然断除，功行自然精进。于解则见诸相非相，于行则名无修之修。烦恼尽时，生死即绝。生灭灭已，寂照现前。应用无穷，名之为佛。（《续藏经》第一辑第二编第十五套第五册，页四三六）

"无念为宗"，《六祖坛经》及《神会语录》中已详说。惟"知之一字，众妙之源"之说，《神会语录》中未多言及。"真心无念"，而却"灵知不昧"。故"念起即觉，觉之即无"。此点或者宗密于神会之后，续有发挥。后来王阳明良知之说，颇与此相同；不过阳明专就道德方面之知言耳。

禅宗教人，不重文字。上述各派之主要宗旨，乃宗密以学者之资格，考察所得。宗密云：

宗密性好勘会，一一曾参，各搜得旨趣如是。若将此语，问彼学人，即皆不招承。问有答空，征空认有。或言俱非，或言皆不可得，修不修等，皆类此也。彼意常恐堕于文字，常怕滞于所得，故随言拂也。（《禅门师资承袭图》，《续藏经》第一辑第二编第十五套第五册，页四三六）

禅宗后学，常恃机锋，令人言下顿悟。不以语言文字，述其意见。惟"好勘会"之学者，乃始述之于文字。勘者研究，会者比较，勘会即比较研究之意。

宗密又各设一喻，以明诸宗异同云：

如一摩尼珠，唯圆净明，都无一切差别色相。以体明故，对外物时，能现一切差别色相。色相自有差别，明珠不曾变易。然珠所现色，虽百千般，今且取与明珠相违者之黑色，以况灵明知见，与黑暗无明，虽即相违，而是一体。谓如珠现黑色时，彻体全黑，都不见明。如痴孩子，或村野人见之，直是黑珠。有人语云：此是明珠，灼然不信。却嗔前人，谓为欺诳。任说种种道理，终不听览。纵有肯信是明珠者，缘自睹其黑，亦谓言被黑色缠裹覆障。拟待磨拭揩洗，去却黑暗，方得明相出现，始名亲见明珠（自注："北宗〔即上第一家〕见解如此。"）。复有一类人指示云：即此黑暗，便是明珠。明珠之体，永不可见。欲得识者，即黑便是明珠。乃至即青黄种种皆是。致令愚者，的信此言，专记黑相，或认种种相，为明珠。或于异时，见黑楝子珠，米吹青珠碧珠，乃至赤珠，琥珀，白石英等珠，皆云是摩尼。或于异时，见摩尼珠，都不对色时，但有明净之相，却不认之。以不见有诸色可识认故，疑恐局于一明珠相故（自注："洪州〔即马祖，上第四家〕见解如此。"）。复有一类人，闻说珠中种种色，皆是虚妄，彻体全空。即计此一颗明珠，都是其空。便云都无所得，方是达人。认有一法，便是未了。不悟色相皆空之处，乃是不空之珠（自注："牛头〔即上第五家〕见解如此。"）。何如直云：唯莹净圆明，方是珠体。其黑色，乃至一切青黄色等，悉是虚妄。正见黑色时，黑元不黑，但是其明。青元不青，但是其明。乃至赤白黄等，一切皆然，但是其明。既即于诸色相处，一一但见莹净圆明，即于珠不惑。但于珠不惑，则黑既无黑，黑即是明珠。诸色皆尔，即是有无自在，明黑融通，复何碍哉（自注："荷泽〔即上第七家〕见解如此。"）？若认得明珠是能现之体，永无变易（自注："荷泽。"）。但云黑是珠（自注："洪州宗。"），或拟离黑觅珠（自注："北宗。"），或言明黑都无（自注："牛头宗。"）者，皆是未见珠也。（《禅门师资承袭图》，《续藏经》第一辑第一编第十五套第五册，页四三六至四三七）

宗密对于神会学说之认识如此。故以神会之说，为"遍离前非，统收俱是"也。

[注]此后禅宗分为临济宗，沩仰宗，云门宗，法眼宗，曹洞宗。此五宗皆推其源于慧能，今不具述。

（5）宗密和会"宗""教"

宗密对于"宗"中之各派别，皆详加分析，如上所述。在《禅源诸诠集都序》中，宗密即以宗中之某派，和会教中之某派；宗中某派所以讲如此之修行方法者，即因其暗中根据教中某派之教义也。在此序中宗密分禅门为三宗：一息妄修心宗，二泯绝无寄宗，三直显心性宗。其息妄修心宗，包括上述七家中之第一、第二、第三、第六，四家，云："南侁（智侁第二家）北秀（神秀第一家）保唐（无住第三家）宣什（第六家）皆此类也。"（《禅源诸诠集都序》卷上二，《大藏经》卷四八，页四〇二）盖此四家皆主"背境观心，息灭妄念"（同上），故合为一家也。二泯绝无寄宗，三直显心性宗，上文已述。教亦有三种：一密意依性说相教，二密意破相显性教，三显示真心即性教。

密意依性说相教者，宗密云：

佛见三界六道，悉是真性之相。但是众生迷性而起，无别自体。故云依性。然根钝者卒难开悟，故且随他所见境相，说法渐度。故云说相。说未彰显，故云密意也。（《禅源诸诠集都序》卷上二，《大藏经》卷四八，页四〇三）

此教包括《原人论》中所说之人天教，小乘教，及大乘法相教（详下）。然严格言之，"惟第三将识破境教，与禅门息妄修心宗而相符会"（同上）。盖禅宗亦属大乘，故不可与人天，小乘，和会也。将识破境

教,即大乘法相教。禅门息妄修心宗所暗根据之形上学,即此教所说。宗密云:

以知外境皆空,故不修外境事相,唯息妄修心也。息妄者,息我法之妄;修心者,修唯识之心。(同上)

大乘破相教,"以识为身本","迷故执有我及诸境"(同上)。禅门息妄修心宗,即息我,法(诸境)二执之妄,修唯识之心。此所谓"拂尘看净"也。

密意破相显性教者,宗密云:

据真实了义,即妄执本空,更无可破。无漏诸法,本是真性;随缘妙用,永不断绝,又不应破。但为一类众生,执虚妄相,障真实性,难得玄悟。故佛且不拣善恶垢净性相,一切呵破。以真性及妙用不无,而且云无,故云密意。又意显性,语乃破相。意不形于言中,故云密也。(《禅源诸诠集都序》卷上二,《大藏经》卷四八,页四〇四)

此即《原人论》中所说之大乘破相教(详下)。此教以为"未曾有一法,不从因缘生,是故一切法,无不是空者"。"生死涅槃,平等如幻。但以不住一切,无执无著,而为道行"(同上)。禅门泯绝无寄宗,"本无事而忘情"之修行方法,即暗以此形上学为根据也。

显示真心即性教者,宗密云:

直指自心即是真性。不约事相而示,不约心相而示,故云即性。不是方便隐密之意,故云显示也。(同上)

此即《原人论》中所说之一乘显性教(详下)。此教"开示灵知之心,即是真性,与佛无异"(同上,页四〇五)。禅门直显心性宗"念起即觉,觉之即无"之"修行妙门"所暗根据之形上学,即在此教中也。

所谓禅者,本只是佛教中修行方法之一种。及后禅宗虽蔚为大国,而其所讲，仍以修行方法为主。此修行方法所根据之形上学，仍须于"教"中求之。宗密以上所讲，虽不必与历史合，然以禅宗作一种学问讲者，则必须用宗密此种和会宗教之方法也。

（6）宗密所述之五教

宗密又作《原人论》，并将儒家道家及佛教各派别所说对于人生来源之理论，比较论之。首叙儒道所持之理论云：

儒道二教，说人畜等类，皆是虚无大道，生成养育。谓道法自然，生于元气。元气生天地。天地生万物。故愚智贵贱，贫富苦乐，皆禀于天，由于时命。故死后却归天地，复其虚无。（《原人论·斥迷执》第一，《大藏经》卷四五，页七〇八）

宗密题此章为"斥迷执"，以为儒道此种理论，乃系一种迷执。宗密下文指出此理论所遇之困难。例如：如谓道法自然，则"万物皆是自然生化"，不必待一定的因缘而后生，如此则"石应生草，草或生人"矣。"且天地之气，本无知也。人禀天地之气，安得欻起而有知乎？草木亦皆禀气，何无知乎？"如此之类，皆儒道之"迷执"所遇之困难。人何以有知之问，尤有哲学的兴趣。以前中国哲学，对此问题，似少注意。

宗密于是又考佛教中各派别所说对于人生来源之理论，以为"佛教自浅之深，略有五等。一人天教，二小乘教，三大乘法相教，四大乘破相教，五一乘显性教"。前四宗宗密以为系"偏浅"，俱列入"斥偏浅"章。末一宗乃系"佛了义实教"，列入"直指真源"章中。

人天教者，《原人论》云：

佛为初心人，且说三世业报善恶因果。谓造上品十恶，死堕地狱；中品饿鬼；下品畜生。故佛且类世五常之教，令持五戒，得免三途，生人道中。修上品十善及施戒等，生六欲天。修四禅八定，生色界无色界

天。故名人天教也。据此教中，业为身本。(《斥偏浅》第二，《大藏经》卷四五，页七八）

宗密下文指出此宗所遇之困难，以为此宗专讲业报，未言造业者是谁何，受报者是谁何，"故知但习此教者，虽信业缘，不达身本"（同上）。

小乘教者，《原人论》云：

小乘教者，说形骸之色，思虑之心，从无始来，因缘力故，念念生灭，相续无穷。如水涓涓，如灯焰焰。身心假合，似一似常。凡愚不觉，执之为我。宝此我故，即起贪瞋痴等三毒。三毒击意，发动身口，造一切业，业成难逃。故受五道苦乐等身，三界胜劣等处。于所受身，还执为我，还起贪等，造业受报。身则生老病死，死而复生。界则成住坏空，空而复成。劫劫生生，轮回不绝。无终无始，如汲井轮。……据此宗中，以色心二法，及贪瞋痴，为根身器界之本也。(《斥偏浅》第二，《大藏经》卷四五，页七〇九）

此以色心二法为世界人生之根本，即所谓心物二元论也。世界经成、住、坏、空四时期，即所谓四劫。空则复成，成已又空；如是循环不绝。宗密更详述云：

从空劫初成世界者，颂曰："空界大风起，傍广数无量。厚十六洛叉，金刚不能坏。此名持界风。光音金藏云，布及三千界。雨如车轴下，风遏不听流。深十一洛叉，始作金刚界。次第金藏云，注雨满其内，先成梵王界。乃至夜摩天，风鼓清水成，须弥七金等。滓浊为山地，四洲及泥犁。咸海外轮围，方名器界立。"时经一增减，乃至二禅福尽，下生人间，初食地饼林藤，后粳米不销，大小便利，男女形别。分田立主，求臣佐，种种差别。经十九增减，兼前总二十增减，名为成劫。(《原人论·斥偏浅》章自注，《大藏经》卷四五，页七〇九）

第二篇 经学时代

此引《俱舍论》颂以说由空劫至成劫世界发生之成序。劫者，梵语劫波，此云分别世节。增减者，从人寿八万四千岁时，每经百年，人寿即减一岁，减至人寿十岁。复从十岁，每百年增一岁，增至八万四千岁。如是一减一增，为一小劫。二十增减，成一中劫。总成、住、坏、空四中劫，为一大劫，即一世界之终始也。成、住、坏、空四大劫，每劫皆经二十增减。宗密云：

住者住劫，亦经二十增减。坏者坏劫，亦二十增减。前十九增减坏有情，后一增减坏器界。能坏是水火风等三灾。空者空劫，亦二十增减。中空无世界，及诸有情也。（同上）

此本印度人对于世界起源所持之说，宗密以之比附于儒道二家之说云：

空界劫中，是道教指云虚无之道。然道体寂照灵通，不是虚无。老氏或迷之，或权设，务绝人欲，故指空界为道。空界中大风，即彼混沌一气，故彼云：道生一也。金藏云者，气形之始，即太极也。雨下不流。阴气凝也。阴阳相合，方能生成矣。梵王界乃至须弥者，彼之天也。滓浊者地，即一生二矣。二禅福尽下生，即人也，即二生三，三才备矣。地饼以下，乃至种种，即三生万物。此当三皇已前，穴居野食，未有火化等。（同上）

宗密此所说，对于以后道学家之宇宙发生论，有极大影响。邵康节及朱子对于世界成坏之理论，大体上全与此同。

此小乘宗以色心二法为根身器界之本，比于人天教，进一步矣。但其所谓心，乃是思虑之心，即前六识。"五识阙缘不起；意识有时不行"，无色界天亦无四大。故色心二法，本身即有间断，"如何持得此身，世世不绝"？故宗密以为"专此教者，亦未原身"。

大乘法相教者，宗密云：

大乘法相教者，说一切有情，无始已来，法尔有八种识。于中第八阿赖耶识，是其根本，顿变根身器界种子。转生七识，皆能变现，自分所缘，都无实法。……如患梦者，患梦力故，心似种种外境相现。梦时执为实有外物，寤来方知唯梦所变。我身亦尔，唯识所变。迷故执有我及诸境，由此起惑造业，生死无穷。悟解此理，方知我身唯识所变，识为身本。(《原人论·斥偏浅》第二，《大藏经》卷四五，页七○九)

此即大乘相宗，亦即玄奘等所讲之唯识宗，如上第七章第二节所述。此宗立一相续无间断之阿赖耶识为身本，比上小乘教又进一步矣。但亦有其困难，即下大乘破相教所提出者。

大乘破相教者，宗密云：

大乘破相教者，破前大小乘法相之执，密显后真性空寂之理。将欲破之，先诘之曰：所变之境既妄，能变之识岂真？……梦时则梦想梦物，似有能见所见之殊；据理则同一虚妄，都无所有。诸识亦尔，以皆假托众缘，无自性故。……是知心境皆空，方是大乘实理。若约此原身，身元是空；空即身本。(同上)

此即大乘空宗，吉藏所讲述者，如上第七章第一节所述。吾人在梦中时，不惟梦物，即梦中所见之物，为虚妄，梦想亦是虚妄。由此推之，识所变之境既妄，则能变之识亦非真。一切皆空，即此宗所持也。

此宗亦有困难，盖"心境皆无，知无者谁？又若都无实法，依何现诸虚妄？"若真一切皆空，则虚妄亦不能有。故宗密以为"此教但破执情，亦未明显真灵之性"(同上)。

直显真源者，乃一乘显性教。宗密云：

一乘显性教者，说一切有情，皆有本觉真心。无始已来，常住清净，昭昭不昧，了了常知。亦名佛性，亦名如来藏。从无始际，妄想翳之，不自觉知，但认凡质，故耽著结业，受生死苦。……若离妄想，一切智，自然智，无碍智，即得现前。……当知迷悟同一真心。大哉妙门，原人至此。(《原人论·直显真源》第三，《大藏经》卷四五，页七一〇)

此即大乘性宗，此宗以本觉真心为一切根本。此天台宗、华严宗所讲，如本章第一节与上章第三节所述。宗密以为此乃佛教了义。

宗密又以为儒道及佛教中前四宗所持之见解，亦皆真理之一部分，故又立《会通本末》一章，以总论之。宗密云：

真性虽为身本，生起盖有因由。不可无端，忽成身相。但缘前宗未了，所以节节斥之。今将本末会通，乃至儒道亦是。谓初唯一真灵性，不生不灭，不增不减，不变不易（自注："初唯第五性教所说。"）。众生无始迷睡，不自觉知。由隐覆故，名如来藏。依如来藏，故有生灭心相（自注："自此方是第四教，亦同破此已生灭诸相。"）。所谓不生不灭真心，与生灭妄相和合，非一非异，名为阿赖耶识。此识有觉不觉二义（自注："此下方是第三法相教中亦同所说。"）。依不觉故，最初动念，名为业相。又不觉此念本无，故转成能见之识，及所见境界相现。又不觉此境但从自心妄现，执为定有，名为法执（自注："此下方是第二小乘教中亦同所说。"）执此等故，遂见自他之殊，便成我执。执我相故，贪爱顺情诸境，欲以润我；瞋嫌违情诸境，恐相损恼（自注："此下方是第一人天教中亦同所说。"）。故杀盗等心神，乘此恶业，生于地狱鬼畜等中。复有怖此苦者，或性善者，行施戒等心神，乘此善业，运于中阴，入母胎中（自注："此下方是儒道二教亦同所说。"）。禀气受质（自注："会彼所说，以气为本。"），气则顿具四大，渐成诸根。心则顿具四蕴，渐成诸识。十月满足，生来名人，即我等今者身心是也。故知身心各有其本，二类和合，方成一人。……然所禀之气，展转推本，即混一之元气也。所起之心，展转穷源，即真一之灵心也。究竟言之，心外的无别法，元气亦从心之所变，属前转识所现之境，是阿赖耶相分所摄。从初一念业相，分为心境之二。……据此则心识所变之境，乃成二分：一分与心识和合成人；一分不与心识和合，即是天地山河国邑。三才中惟人灵者，由与心神合也。（《原人论·会通本末》第四，《大藏经》卷四五，页七一〇）

宗密此论，以为儒道所见，亦是真理之一部分。此已为宋明道学立先声矣。此论中又有许多见解，可以影响宋明道学者。其对于世界发生之见解，有大影响于宋明道学，上文已言及。此段所引"禀气受质"一段，宋明道学讲气质，亦恐受此影响。尤可注意者，即宋明道学中程朱陆王二派对立之学说，此论中已有数点，为开先路。如云："然所禀之气，展转推本，即混一之元气也。所起之心，展转穷源，即真一之灵心也。"心气对立；程朱一派，以理气对立，即在此方面发展。又云："究竟言之，心外的无别法，元气亦从心之所变。"一切唯心；陆王一派，以"宇宙即是吾心"，即在此方面发展。由此言之，则宗密学说之影响，可谓甚大。就其此论观之，则宗密不啻上为以前佛学，作一结算；下为以后道学，立一先声。盖宋明道学出现前之准备，已渐趋完成矣。

第十章　道学之初兴及道学中"二氏"之成分

唐代佛学称盛，而宋明道学家，即近所谓新儒家之学，亦即萌芽于此时。隋唐之际，有王通。杜淹《文中子世家》谓王通生于开皇四年（西历584年），卒于大业十三年（西历617年），弟子受业者"盖千余人"。唐朝创业功臣，如房玄龄、魏征、温大雅、陈叔达之徒，皆曾"北面受王佐之道焉"。及卒，"弟子数百人会议曰：吾师其至人乎，自仲尼以来，未之有也。……续《诗》《书》，正礼乐，修《元经》，赞《易》道，圣人之大旨，天下之能事毕矣。仲尼既没，文不在兹乎？《易》曰：'黄裳元吉，文在中也。'请谥为文中子"。杜淹所说虽如此，而《隋书》为唐初人所修，王通无传。《旧唐书》仅于王质、王绩、王勃传中，《新唐书》亦仅于王绩传中，附见王通，称为隋末大儒而已。据此则王通为隋末一相当有声望之为儒家之学者。至于如杜淹所铺张，则多王通之后人所虚造之事实，不足置信[注]。今所传文中子《中说》，亦无甚可称述者。所可注意者，则在佛学方盛之际，有人如此推崇王通，以为能继孔子之业。直接推崇王通，即间接推崇孔子。视此事为儒学复兴运动之一幕，则似可也。

[注]　或云：皮日休《文中子碑》，谓文中子高弟子有薛收、李靖、魏征、李勣、杜如晦、房玄龄，则以唐人说当代时，未必遂为文中子后人所欺（《皮子文薮》，《四部丛刊》本，卷四，页五十）。案皮日休后文中子"二百五十余年"（《文中子碑》中自言），其言文中子，如今人谈清初时事，非无错误可能。

（一）韩愈

真可为宋明道学家先驱之人，当推韩愈。《新唐书》本传云：

韩愈字退之，邓州南阳人。……长庆四年（西历824年）卒，年五十七。……自晋讫隋，老佛显行。圣道不断如带。诸儒倚天下正义，助为怪神。愈独喟然引圣，争四海之惑，虽蒙讪笑，跲而复奋。始若未之信，卒大显于时。昔孟轲距杨墨，去孔子才二百年。愈排二家，乃去千余岁。拨衰反正，功与齐而力倍之。所以过况雄为不少矣。自愈没，其言大行。学者仰之，如泰山北斗云。（《新唐书》卷百七十六，同文影殿刊本，页十五）

韩愈《原道》云：

博爱之谓仁。行而宜之之谓义。由是而之焉之谓道。足乎己无待于外之谓德。仁与义为定名；道与德为虚位。故道有君子小人，而德有凶有吉。……传曰："古之欲明明德于天下者，先治其国。欲治其国者，先齐其家。欲齐其家者，先修其身。欲修其身者，先正其心。欲正其心者，先诚其意。"然则古之所谓正心而诚意者，将以有为也。今也欲治其心而外天下国家，灭其天常。子焉而不父其父，臣焉而不君其君，……举夷狄之法而加之先王之教之上，几何其不胥而为夷也。夫所谓先王之教者何也？博爱之谓仁；行而宜之之谓义；由是而之焉之谓道；足乎己无待于外之谓德。其文《诗》《书》《易》《春秋》；其法礼乐刑政。……斯道也，何道也？曰：斯吾所谓道也。非向所谓老与佛之道也。尧以是传之舜；舜以是传之禹；禹以是传之汤；汤以是传之文武周公；文武周公传之孔子；孔子传之孟轲。轲之死不得其传焉。荀与扬也，择焉而不精，语焉而不详。……（全集，卷十一，《四部丛刊》本，页一至三）

韩愈为"文人之雄"，此所说本无甚大哲学的兴趣。但有几点，可使吾人注意者。(一)韩愈于此，极推尊孟子，以为得孔子之正传。此为宋明以来之传统的见解，而韩愈倡之。周秦之际，儒家中孟荀二派并峙。西汉时荀学为盛。仅扬雄对孟子有相当之推崇，此后直至韩愈，无有力之后继。韩愈一倡，此说大行。而《孟子》一书，遂为宋明道学家所根据之重要典籍焉。盖因孟子之学，本有神秘主义之倾向，其谈心谈性，谈"万物皆备于我，反身而诚"，以及"养心"、"寡欲"之修养方法，可认为可与佛学中所讨论，当时人所认为有兴趣之问题，作相当之解答。故于儒家典籍中，求与当时人所认为有兴趣之问题有关之书，《孟子》一书，实其选也。韩愈虽排佛，但于佛学，亦有相当之知识。故《与孟尚书书》云："潮州时，有一老僧，号大颠。颇聪明识道理。……实能外形骸以理自胜。不为事物侵乱。与之语，虽不尽解，要自胸中无滞碍。"(全集卷十八，页六)又《送高闲上人序》云："今闲师浮屠氏，一死生，解外胶。是其为心必泊然无所起；其于世必淡然无所嗜。"(全集卷二十一，页三)当时所认为有兴趣之问题，韩愈对之亦未尝无兴趣也。(二)韩愈于此特引《大学》。《大学》本为《礼记》中之一篇，又为荀学，自汉以后至唐，无特别称道之者。韩愈以其中有"明明德""正心""诚意"之说，亦可认为与当时所认为有兴趣之问题有关。故特提出，而又指出"古之所谓正心而诚意者，将以有为也，今也治其心而外天下国家"。以见儒佛虽同一"治心"而用意不同，结果亦异。此后至宋明，《大学》遂亦为宋明道学家所根据之重要典籍焉。(三)韩愈提出"道"字，又为道统之说。此说孟子本已略言之，经韩愈提倡，宋明道学家皆持之，而道学亦遂为宋明新儒学之新名。由此三点言之，韩愈实可为宋明道学家之先河也。

　　韩愈又有《原性》。以为"性之品有上中下三：上焉者善焉而已矣；中焉者可导而上下也；下焉者恶焉而已矣"。愈在《原性》中，又分性与情之别。曰："性也者，与生俱生也。情也者，接于物而生也。"性有三品，情亦有三品。上焉者之于喜怒哀惧爱恶欲之七情，"动而处其中。中焉者之于七也，有所甚，有所亡，然而求合其中者也。下焉者之于七也，亡与甚直情而行者也"（全集卷十一，页三至五）。

（二）李翱

与韩愈同时又有李翱。有谓翱为韩愈弟子。《新唐书》本传谓：李翱，字习之。"始从昌黎韩愈为文章，辞致浑厚，见推当时。故有司亦谥曰文。"（《新唐书》卷百七十七，页十一）然《李翱集》中《答韩侍郎书》，及《祭吏部韩侍郎文》皆称愈为兄。韩愈与李翱之关系，似在师友之间也。

李翱之学说，见于其所作《复性书》。《复性书》分为三篇。上篇总论性、情及圣人。中篇论所以修养成圣之方法。下篇论人必需努力修养。在《复性书上》中，李翱云：

人之所以为圣人者，性也。人之所以惑其性者，情也。喜怒哀惧爱恶欲七者，皆情之所为也。情既昏，性斯溺矣。非性之过也，七者循环而交来，故性不能充也。水之浑也，其流不清。火之烟也，其光不明。非水火清明之过。沙不浑，流斯清矣。烟不郁，光斯明矣。情不作，性斯充矣。……情之动弗息，则弗能复其性而烛天地为不极之明。（《复性书上》，全集，《四部丛刊》本，页五至六）

此虽仍用韩愈《原性》中所用之性情二名词。然其意义中所含之佛学的分子，灼然可见。性当佛学中所说之本心，情当佛学中所说之无明烦恼。众生与佛，皆有净明圆觉之本心，不过众生之本心为无明烦恼所覆，故不能发露耳。如水因有沙而浑，然水之为水，固自若也。然无明烦恼亦非与净明圆觉之本心，立于对待之地位。盖无明烦恼，亦须依净明圆觉之本心而起也。李翱亦云：

> 性与情不相无也。虽然，无性则情无所生矣。是情由性而生。情不自情，因性而情。性不自性，由情以明。（全集页五）

"性不自性，由情以明"者，李翱云：

> 圣人者，人之先觉者也。觉则明，否则惑，惑则昏。明与昏谓之不同。明与昏性本无有，则同与不同，二者离矣。夫明者所以对昏，昏既灭，则明亦不立矣。（全集页六）

"明者所以对昏"，所以"性不自性，由情以明"也。上文云："情不作，性斯充矣。"圣人能向此方向以修养，即所谓复性也。然所谓"情不作"者，亦非是如木石之无情。李翱云：

> "圣人者，岂其无情邪？圣人者，寂然不动，不往而到，不言而神，不耀而光。制作参乎天地，变化合乎阴阳，虽有情也，未尝有情也。（全集页五）

《六祖坛经》谓："无相者，于相而离相，无念者，于念而无念。"李翱此所谓无情，亦于情而无情也。圣人虽有制作变化，而其本心，则常寂然不动。此即所谓"寂而常照，照而常寂"也。

圣人之此种心理状态，名曰诚。李翱云：

> 是故诚者，圣人性之也。寂然不动，广大清明，照乎天地，感而遂通天下之故；行止语默，无不处于极也。复其性者，贤人循之而不已者也。不已则能归其源矣。《易》曰："夫圣人者，与天地合其德，日月合其明，四时合其序，鬼神合其吉凶。先天而天不违，后天而奉天时。天且弗违，而况于人乎？况于鬼神乎？"此非自外得者也，能尽其性而已矣。子思曰："唯天下至诚，为能尽其性。能尽其性，则能尽人之性，能尽人之性，则能尽物之性，能尽物之性，则可以赞天地之化育。可以

赞天地之化育，则可以与天地参矣。其次致曲；曲能有诚；诚则形；形则著；著则明；明则动；动则变；变则化；唯天下至诚为能化。"圣人知人之性皆善，可以循之不息而至于圣也。故制礼以节之，作乐以和之。安于和乐，乐之本也。动而中礼，礼之本也。故在车则闻鸾和之声，行步则闻佩玉之音，无故不废琴瑟。视听言行，循礼而动。所以教人忘嗜欲而归性命之道也。道者，至诚也。诚而不息则虚；虚而不息则明；明而不息，则照天地而无遗。非他也，此尽性命之道也。哀哉，人皆可以及乎此，莫之止而不为也，不亦惑邪？昔者圣人以之传于颜子。……子思，仲尼之孙，得其祖之道，述《中庸》四十七篇，以传于孟轲。轲曰："我四十不动心。"轲之门人达者，公孙丑、万章之徒，盖传之矣。遭秦灭书，《中庸》之不焚者一篇存焉，于是此道废缺。……呜呼！性命之书虽存，学者莫能明，是故皆入于庄列老释。不知者谓夫子之徒，不足以穷性命之道，信之者皆是也。有问于我，我以吾之所知而传焉。遂书于书，以开诚明之源，而缺绝废弃不扬之道，几可以传于时。（《复性书上》，全集，页六至八）

能至"诚"之境界者，即"能与天地合其德"。可以"赞天地之化育"，即已与宇宙合一者也。此一段中可注意者，又有数点。（一）《中庸》本为《礼记》中一篇。此特别提出之。此后《中庸》遂为宋明道学家所根据之重要典籍。《易·系辞传》此亦特别提出，后亦为宋明道学家所根据之重要典籍。（二）礼乐之功用，在原来儒家之学中，本所以使人之欲望与感情，皆发而有节而得中。此即谓系"所以教人忘嗜欲而归性命之道"。礼乐之意义，在原来儒家之学中，系伦理的。在此则系宗教的，或神秘的。即在原来儒家之学中，礼乐乃所以养成道德完全之人格；在此则礼乐乃所以使人得到此所谓"诚"之一种方法也。（三）此段谓"性命之书虽存，学者莫能明，是故皆入于庄列老释。不知者谓夫子之徒不足以穷性命之道，信之者皆是也"。此言可总代表宋明道学家讲学之动机。宋明道学家皆认为当时所认为有兴趣之问题，在儒家典籍中，亦可得相当之解答。宋明道学家皆在儒家典籍中寻求当时所认为有兴趣之问题之解答者也。李翱及宋明道学家所说之圣人，皆非伦理的，而为宗教的或神秘的。盖其所说之圣人，非只如孟子所说之"人伦之至"之人，而乃是以尽人伦，行礼乐，以达到其修养至高之境界，即与宇宙合一之境界。盖如何乃能成佛乃当时所认为有兴趣之问题。李翱及宋明道学家之学，皆欲与此问题以儒家的答案，欲使人以儒家的方法成儒家的佛也。

李翱又论所以修养成圣之方法曰：

或问曰：人之昏也久矣，将复其性者，必有渐也。敢问其方？曰：弗虑弗思，情则不生。情既不生，乃为正思。正思者，无虑无思也。《易》曰："天下何思何虑。"又曰："闲邪存其诚。"《诗》曰："思无邪。"曰：已矣乎？曰：未也，此斋戒其心者也，犹未离于静焉。有静必有动；有动必有静。动静不息，是乃情也。《易》曰："吉凶悔吝，生于动者也。"焉能复其性耶？曰：如之何？曰：方静之时，知心无思者，是斋戒也。知本无有思，动静皆离，寂然不动者，是至诚也。《中庸》曰："诚则明矣。"《易》曰："天下之动，贞夫一者也。"问曰：不虑不思之时，物格于外，情应于内，如之何而可止也。以情止情，其可乎？曰：情者，性之邪也。知其为邪，邪本无有；心寂不动，邪思自息。惟性明照，邪何所生？如以情止情，是乃大情也。情互相止，其有已乎？《易》曰："颜氏之子，有不善未尝不知，知之未尝复行也。"《易》曰："不远复，无祇悔，元吉。"问曰：本无有思，动静皆离。然则声之来也，其不闻乎？物之形也，其不见乎？曰：不睹不闻，是非人也。视听昭昭，而不起于见闻者，斯可矣。无不知也，无弗为也，其心寂然，光照天地，是诚之明也。《大学》曰："致知在格物。"《易》曰："易无思也，无为也。寂然不动，感而遂通天下之故，非天下之至神，其孰能与于此？"曰：敢问"致知在格物"，何谓也？曰：物者，万物也。格者，来也，至也。物至之时，其心昭昭然明辨焉，而不著（原作应，依《佛祖历代通载》所引改）于物者，是致知也。是知之至也。知至故意诚，意诚故心正，心正故身修，身修而家齐，家齐而国理，国理而天下平。此所以能参天地者也。《易》曰："与天地相似故不违。知周乎万物，而道济天下，故不过。旁行而不流。乐天知命故不忧。安土敦乎仁故能爱。范围天地之化而不过，曲成万物而不遗，通乎昼夜之道而知。故神无方而易无体。一阴一阳之谓道。"此之谓也。（《复性书中》，全集，页八至九）

修养之方法，第一步为"知心无思"。然在此境界时，心只是静。此静乃与动相对之静，不静时即又动矣。再进一步，知"本无有思"。则"动静双离，寂然不动"。此寂然不动，非与动相对之静，乃"动静双离"，即超乎动静之绝对的静。故圣人虽"感而遂通天下之故"，而其心之本体，仍是"寂然不动"也。此即所谓"视听昭昭，而不起于见闻"。"物至之时，其心昭昭然明辨焉，而不著于物"也。"寂然不动"，"不起于见闻"。"不著于物"，即"诚"也。"感而遂通天下之故"，"视听昭昭"，"物至之时，其心昭昭然明辨焉"，即"明"也。"明则诚矣。诚则明矣。"曰"知心无思"，而不曰使心无思者，盖使心无思，乃是"以情止情"。"以情止情"，则情互相止而不可穷。情为邪为妄；知其为邪为妄，则自无有，不待止之使无有也。宗密云："真心无念，念起即觉，觉之即无。修行妙门，即在此也。"李翱所说，正此意矣。《大学》格物致知之说，宋明道学家对之各有解释。李翱亦可谓系此后此种争辩之发端者。

（三）道学与佛学

由上所言，则宋明道学之基础及轮廓，在唐代已由韩愈李翱确定矣。而李之所贡献，尤较韩为大。其学说所受佛学之影响，尤为显然。李翱以为情之为害，能使性昏与动。故复性者，即回复性之静与明之本然也。此静非与动相对之静，乃绝对的静，即《中庸》所谓之诚也。能诚则自能明，能明则自能诚；《中庸》所谓"诚则明，明则诚"也。李翱此意，似受天台宗所讲止观之影响。梁肃《止观统例》云：

夫止观何谓也？导万化之理而复于实际者也。实际者，何也？性之本也。物之所以不能复者，昏与动使之然也。照昏者谓之明；驻动者谓之静。明与静，止观之体也。在因谓之止观；在果谓之智定。（《大藏经》卷四六，页四七三）

"明"为"观之体"，"静"为"止之体"。此以明与静对昏与动，与李翱《复性书》之大意相符合。不过李翱又以此意讲《易传》《大学》《中庸》耳。梁肃之讲止观，自谓系述湛然。李翱曾受知于梁肃（见李翱作《感知己赋》，全集卷一，页一。此点陈寅恪先生说），其《复性书》之作，似就上所引梁肃之言，加以发挥，又以之说明《易传》《大学》《中庸》。于是本为佛家之说者，一变而为儒家之说矣。

然李翱所说，实亦可为儒家之说者，因其仍讲修身齐家治国平天下，不离儒家之立场也。李翱及宋明道学家皆欲使人成儒家的佛，而儒家的佛必须于人伦日用中修成。此李翱及宋明道学家所以虽援佛入儒而仍排佛也。

及乎北宋，释氏之徒，亦讲《中庸》。如智圆（卒于宋真宗乾兴二年〔西历1023年〕，《佛祖历代通载》卷十八，《大藏经》卷四九，页六六一）自号为中庸子，作《中庸子传》。（《闲居编》卷十八，《续藏经》第一辑第二编第六套第一册，页五五）契嵩（卒于宋神宗熙宁五年〔西历1072年〕，《佛祖历代通载》卷十九，《大藏经》卷四九，页六六九）作《中庸解》。(《镡津文集》卷四，《大藏经》卷五二，页六六六）盖此类之书，已为儒佛二家所共同讲诵者矣。

（四）道教中一部分之思想

及乎北宋，此种融合儒释之新儒学，又有道教中一部分之思想加入。此为构成新儒学之一新成分。西汉之际，阴阳家之言，混入儒家。此混合产品，即董仲舒等今文经学家之学说。及古文经学家，及玄学家起，阴阳家之言，一时为所压倒。但同时阴阳家言即又挟儒家一部分之经典，附会入道家之学说，而成所谓道教。玄学家亦推衍道家之学说，但与道教不但分道，而且背驰。

阴阳家言，可以与道家学说混合，似系奇事。然《老子》之书，言辞过简，本可与以种种之解释。其中又有"善摄生者，陆行不避兕虎"，"死而不亡者寿"，"深根固蒂，长生久视之道"等言，更可与讲长生不死者以附会之机会。以阴阳家之宇宙观，加入此等希望长生之人生观，并以阴阳家对于宇宙间事物之解释，作为求长生方法之理论，即成所谓道教。自东汉之末，道教大兴。在南北朝隋唐，道教与佛教立于对等地位，且时互为盛衰。

道教中所用儒家一部分之经典，如《周易》是也。盖《易》本为筮用，卜筮亦为原来术数之一种，则《易》固亦即阴阳家之经典也。道教中之经典，多有自谓系根据于《易》者。如《周易参同契》，道教中所称为"丹经王"者，乃其尤著者。《参同契》相传为魏伯阳所著。相传魏伯阳为东汉末人，然其书《隋书·经籍志》未著录，果否为东汉末时作品，亦须待考证。此书中用虞翻易学纳甲之说，以明宇宙间阴阳消息之状况。《易·系辞》云："悬象著明；莫大乎日月。"虞翻注云：

> 谓日月悬天，成八卦象。三日暮震象出庚。八日兑象见丁。十五日乾象盈甲，十六日旦巽象退辛。二十三日艮象消丙。三十日坤象灭乙。晦夕朔旦，坎象流戊。日中则离，离象就己。戊己土位，象见于中。日月相推，而明生焉。（李鼎祚《周易集解》卷十四，《津逮秘书》本，页十九至二十）

此以震兑乾巽艮坤六卦表示一月中阴阳之消长。以甲乙丙丁戊己庚辛壬癸十母表示一月中日月之地位。所谓纳甲也。《参同契》云：

> 天符有进退，诎伸以应时。故易统天心，复卦建始萌。长子继父体，因母立兆基。消息应钟律，升降据斗枢。三日出为爽，震受庚西方。八日兑受丁，上弦平如绳。十五乾体就，盛满甲东方。蟾蜍与兔魄，日月气双明。蟾蜍视卦节，兔魄吐生光。七八道已讫，屈折低下降。十六转受统，巽辛见平明。艮直于丙南，下弦二十三。坤乙三十日，东北丧其朋。节尽相禅与，继体复生龙。壬癸配甲乙，乾坤括始终。七八数十五；九六亦相应。四者合三十，阳气索灭藏。（《周易参同契解》卷上，页十至十三，《道藏》六二八）

每月初三日，月始生明。此时月只受一阳之光，为震象，☳，昏见于西方庚地。初八日，月上弦之时，受二阳之光，为兑象，☱，昏见于南方丁地。十五日，月既望之时，全受日光，为乾象，☰，昏见于东方甲地。十六日，月始受下一阴而成魄，为巽象，☴，以平旦没于西方辛地。二十三日，月复生中一阴为下弦，为艮象，☶，以平旦没于南方丙地。至三十日，月全变三阴，而为坤象，☷，伏于东北。至下月复生震卦（自初三日至此，朱子《参同契注》说）。至于坎离二卦，《参同契》云：

坎戊月精，离己日光。日月为易，刚柔相当。土旺四季，罗络始终。青赤黑白，各居一方。皆禀中宫，戊己之功。（同上，页七）

坎离配戊己，居中央。离为日光，本居中央；坎为月精，于"晦夕朔旦"时，月亦"流"此。以八卦配十母，尚余壬癸无所配，仍以乾坤配之。所谓"壬癸配甲乙，乾坤括始终"也。更以图明之（见下图）：

（惠栋《易汉学》三）

宇宙间阴阳消息之状况如此。故吾人如欲得长生者，须于阳长阴消之时，"窃天地之机"，炼吾身中之"精""气""神"，即所谓炼丹。道教中所谓丹，有内丹、外丹之不同。外丹即求身外之药，炼之成丹，服之可使吾人长生，秦皇汉武所求之仙药，即此类也。内丹则系炼吾人身中之"精""气""神"，所成。吾人之身乃一小天地，其中亦有阴阳八卦，长生之道，反求诸己即足，固无须外求也。

（五）道教中之科学精神

此外有符箓一派，讲究以符箓驱使鬼神，却病延年之方术。道教中之思想，有可注意者，则道教中至少有一部分人，以为其所作为，乃欲战胜天然。盖有生则有死，乃天然的程序，今欲不死，是逆天而行也。至于以符箓驱使鬼神万物，更为欲战胜天然。葛洪曰：

夫陶冶造化，莫灵于人。故达其浅者，则能役使万物。得其深者，则能长生久视。（《对俗》，《抱朴子》卷三，《四部丛刊》本，页一）

俞琰曰：

盖人在天地间，不过天地间一物耳。以其灵于物，故特谓之人，岂能与天地并哉？若夫窃天地之机，以修成金液大丹，则与天地相为始终，乃谓之真人。（《周易参同契发挥》卷三，页十八至十九，《道藏》六二五）

又引《翠虚篇》云：

每当天地交合时，夺取阴阳造化机。（同上，卷五，页四）

"窃天地之机"，"夺取阴阳造化机"，"役使万物"，以为吾用，以达吾之目的。此其注重权力之意，亦可谓为有科学精神。尝谓科学有两方面，一方面注重确切，一方面注重权力。惟对事物有确切之知识，故能有统治之之权力。道教欲统治天然，而对于天然，无确切的知识（虽彼自以为有确切的知识）。故其对于宇宙事物之解释，不免为神话；其所用以统治事物之方法，不免为魔术。然魔术尝为科学之先驱矣。Alcemy为化学之先驱，而道教中炼外丹者，所讲黄白之术（即炼别种物质为金银之术），即中国之Alcemy也。桑戴延那谓科学与神话之分，不在其价值，亦非科学之研究，需要较大的天才。科学与神话之分，在于神话归结于不可实验之观念；而科学则归结于规律或概念，此规律或概念，可于吾人经验中实验之。（G.Santayana：*Reason in Science*，页八至九）王充以为吾人之知识，必须在吾人之经验中能实验者方真；吾人谓王充为有科学精神者以此。王充之学说，与阴阳家立于反对地位；然吾人不妨谓其同有科学精神。盖一则注重确切；一则注重权力也。

　　由上所述观之，则至北宋之初，思想界各方面之发展，均已至相当之程度；各派思想之混合，亦已有相当之成功。惟待有伟大的天才，组织整齐的系统。如演戏然，至北宋之初，戏台设备，均已就绪，所待者惟名角之登场耳。

第十一章 周濂溪、邵康节

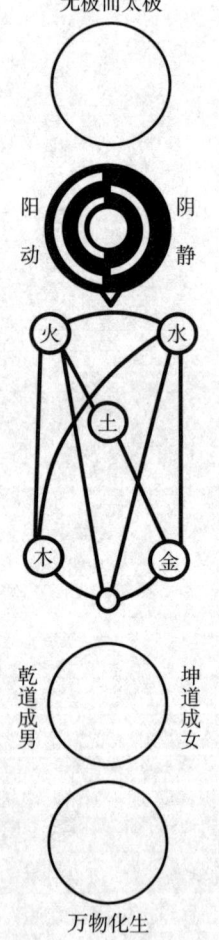

（一）周濂溪

道学家中，引道教之思想入道学者，周濂溪、邵康节，其尤著者也。周濂溪，名敦颐，《宋史·道学传》曰：

> 周敦颐，字茂叔。道州营道人，元名敦实，避英宗旧讳改焉。以舅龙图阁学士郑向，任为分宁主簿。……以疾求知南康军。因家庐山莲花峰下。前有溪合于湓江，取营道所居濂溪以名之。……卒年五十七（潘兴嗣《濂溪先生墓志铭》谓卒于宋神宗熙宁六年〔西历1073年〕）。黄庭坚称其人品甚高，胸怀洒落，如光风霁月。……著《太极图》，明天理之根原，究万物之终始。（《宋史》卷四百二十七，同文影殿刊本，页三）

（1）《太极图说》

周濂溪之太极图（见左）：

《太极图说》云：

> 无极而太极。太极动而生阳，动极而静，

静而生阴。静极复动。一动一静，互为其根。分阴分阳，两仪立焉。阳变阴合而生水火木金土，五气顺布，四时行焉。五行一阴阳也，阴阳一太极也，太极本无极也。五行之生也，各一其性。无极之真，二五之精，妙合而凝。乾道成男，坤道成女。二气交感，化生万物。万物生生，而变化无穷焉。惟人也，得其秀而最灵。形既生矣，神发知矣。五性感动，而善恶分，万事出矣。圣人定之以中正仁义（自注：圣人之道，仁义中正而已矣）而主静（自注：无欲故静），立人极焉。故圣人与天地合其德，日月合其明，四时合其序，神鬼合其吉凶。君子修之吉，小人悖之凶。故曰：立天之道，曰阴与阳；立地之道，曰柔与刚；立人之道，曰仁与义。又曰：原始反终，故知死生之说。大哉《易》也，斯其至矣。（全集卷一，福州正谊书院刊《正谊堂全书》本，页二）

《易·系辞》云："易有太极，是生两仪。两仪生四象；四象生八卦。八卦定吉凶；吉凶生大业。"此图说前段用太极生两仪之说，后则不用八卦而用五行。虽图说末尾赞《易》，而此图则非全根据于《易》也。

故此太极图之来源，颇有研究之价值。《道藏》中之《上方大洞真元妙经品图》中有太极先天之图（见右）：

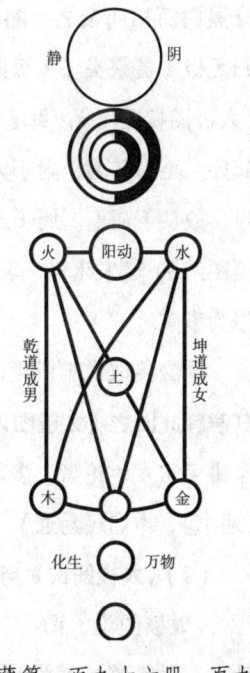

此与周濂溪之太极图略同。此经有唐明皇御制序，似为宋以前书。此或即濂溪太极图之所本欤？《宋史·儒林传·朱震传》谓，"震经学深醇，有《汉上易解》云：陈抟以先天图传种放；（《道藏第一百九十六册，页九》

放传穆修；穆修传李之才；之才传邵雍。放以河图洛书传李溉；溉传许坚；许坚传范谔昌；谔昌传刘牧。穆修以太极图传周敦颐"（《宋史》卷四百三十五，页四）。此谓当时所谓象数之学，皆源于陈抟。陈抟乃宋初一有名的活神仙也（《宋史》卷四百五十七有传）。毛奇龄谓《参同契》诸图，自朱子注后，则学者多删之。惟彭本有水火匡廓图，三五至精图等图（按《道藏》中彭晓注《参同契》亦无图）。周濂溪太极图中之第二图，即取《参同契》之水火匡廓图（此图一方为坎卦，一方为离卦），第三图即取《参同契》之三五至精图（《太极图说遗议》）。黄宗炎、朱彝尊皆谓濂溪之太极图本名无极图。谓：陈抟居华山，以无极图刊于石壁。其最下圈名为玄牝之门。稍上一圈，名为炼精化气，炼气化神。中层左木火右金水中土相联络之一圈，名为五气朝元。又其上之中分黑白而相间杂之一圈名为取坎填离。最上一圈，名为炼神返虚，复归无极（黄宗炎《太极图辩》，见《宋元学案·百泉学案》引。朱彝尊《太极图授受考》，见《曝书亭集》卷五十八）。"周子得此图，而颠倒其序，更易其名，附于大易，以为儒者之秘传。盖方士之诀，在逆而成丹，故从下而上。周子之意，以顺而生人，故从上而下。"（黄宗炎《太极图辩》）黄朱此言，未知所本。要之周濂溪之太极图，与道教有关系，似为事实。

周濂溪取道士所用以讲修炼之太极图，而与之以新解释，新意义。其解释此图之《太极图说》为宋明道学家中有系统著作之一。宋明道学家讲宇宙发生论者，多就其说推衍。兹与周濂溪所作《通书》共论之。《通书》，本名《易通》，濂溪亦以为系讲《易》之作也。

（2）《太极图说》与《通书》

《太极图说》谓："太极动而生阳，动极而静，静而生阴。静极复动。一动一静，互为其根，分阴分阳，两仪立焉。"太极之一动一静，可以同时而有。《通书》云：

> 动而无静，静而无动，物也。动而无动，静而无静，神也。动而无动，静而无静，非不动不静也。物则不通；神妙万物。(《动静》第十六，全集卷五，页二十三)

凡特殊的事物，于动时则只有动而无静，于静时则只有静而无动。盖特殊的事物是此则即为此所决定而不能是彼，是彼则即为彼所决定而不能是此。此所谓"物则不通"也。若太极则动而无动，即于动中亦有静也。静而无静，即于静中亦有动也。故其阴中有阳，阳中有阴，此所谓"神妙万物"也。

《太极图说》云："阳变阴合而生水火木金土，五气顺布，四时行焉。五行一阴阳也，阴阳一太极也，太极本无极也。"此明太极生阴阳五行，而太极实即在阴阳五行之内。《通书》云：

> 二气五行，化生万物。五殊二实，二本则一。是万为一，一实万分。万一各正，小大有定。(《理性命》第二十二，全集卷六，页二)

《太极图说》谓五行为"五气"，《通书》谓阴阳为"二气"。是知濂溪以阴阳五行为皆气也。《通书》此节题《理性命章》，则所谓一者，即理也，亦即太极也。太极为理，阴阳五行为气。理气二观念，在宋明道学中占甚重要之地位。其意义至朱熹始详细说明；濂溪盖发其端焉。依《通书》此节所说，则万物皆一之所分。所以太极即在万物之中。所谓"是万为一；一实万分"也。

《太极图说》下文谓阴阳交感，化生万物。此等特殊的事物，皆有所决定而"不通"；即所谓"万一各正，小大有定"也。下又谓："惟人也得其秀而最灵。形既生矣。神发知矣。五性感动，而善恶分，万事出矣。"此以人为万物之灵，禀太极之理，具五行之性。太极之理，为"纯粹至善"，故人之性亦本来是善。此人性之本然，即所谓诚。《通书》云：

诚者圣人之本。"大哉乾元，万物资始"，诚之源也。"乾道变化，各正性命，诚斯立焉，纯粹至善者也。"故曰："一阴一阳之谓道；继之者善也；成之者性也。"元亨诚之通；利贞诚之复。大哉《易》也，性命之源乎。(《诚》第一，全集卷五，页二至四)

"一阴一阳之谓道。"道即太极之别名也。

至于恶之来源，则《通书》云："诚无为，几善恶。"(《诚几德》第三，全集卷五，页十)几者，动之微，所谓"动而未形，有无之间者，几也"(《圣》第四，全集卷五，页十七)。人性本善。但其发动于行事，则未必皆能合乎中。若使发而不合乎中，则此不合乎中者，即是恶也。《通书》云：

性者刚柔善恶，中而已矣。不达。曰：刚善为义，为直，为断，为严毅，为幹固。恶为猛，为隘，为强梁。柔善为慈，为顺，为巽。恶为懦弱，为无断，为邪佞。惟中也者，和也，中节也，天下之达道也，圣人之事也。故圣人主教，俾人自易其恶，自至其中而止矣。(《师》第七，全集卷五，页二十一)

阳为刚，阴为柔。人禀阴阳之气，故性亦有刚柔。刚柔失当，以及"五性感动"之不合中者，皆是恶。故恶是消极的，善是积极的。"几善恶"，"故君子慎动"(《慎动》第五，全集卷五，页十九)。

《太极图说》下文谓："圣人定之以中正仁义而主静，立人极焉。"《通书》亦云："圣人之道，仁义中正而已矣。"人极者，即为人之标准也。中正之重要，已如上述。所以于中正外再加仁义者，《通书》云：

天以阳生万物，以阴成万物。生，仁也；成，义也。故圣人在上，以仁育万物，以义正万民。(《顺化》第十一，全集卷五，页二十八)

《太极图说》下文引《易·系辞》云："立天之道，曰阴与阳。立地之道，曰柔与刚。立人之道，曰仁与义。"综合观之，吾人必以中正律

己,以仁义治人,而修养以成圣人之方法,则在于主静。主静者,濂溪自注云:"无欲故静。"《通书》云:

圣可学乎?曰:可。曰:有。要乎?曰:有。请问焉。曰:一为要。一者无欲也。无欲则静虚动直。静虚则明,明则通。动直则公,公则溥,明通公溥,庶矣乎!(《圣学》第二十,全集卷五,页三十八)

无欲则静虚动直者,今举一例以明之。如孟子云:"今人乍见孺子将入于井,皆有怵惕恻隐之心,非所以纳交于孺子之父母也,非所以要誉于乡党朋友也,非恶其声而然也。"(《孟子·公孙丑上》)此例为宋明道学家所常举者。人乍见孺子将入于井,不假思念,当时即起之恻隐之情,乃系直起;本此而发生之行为,亦是直动。此等直起之念,及本此而发生之行动,无个人利害之见,参于其间,故是公的。故曰"动直则公"也。若此人一转念,则"纳交于孺子之父母"之意,"要誉于乡党朋友"之意,相间而起,此等意即是"欲",其起非系直起,本此而发生之行为,亦不是直动。此等转念,及由此而起之行动,有个人利害参于其间,故是私的,所谓"私欲"也。语谓初念是圣贤,转念是禽兽;意义即如此。若吾人心中无欲而静,则心如明镜,无事则静虚,有事则动直。《通书》曰:"寂然不动者,诚也。感而遂通者,神也。"(《圣》第四,全集卷五,页十五)"寂然不动"即静虚,"感而遂通"即动直。此为以后宋明道学家所常讲者。不过濂溪于此虽说及"欲",而人之欲在形上学及伦理中之地位,及其与"理"之关系,濂溪尚未明言。

"明则通"者,吾人心中无欲而静,则心如明镜,寂而能照。明则能如此;不明则不能如此也。"公则溥"者,《通书》云:

圣人之道,至公而已矣。或曰:何谓也?曰:天地至公而已矣。(《公》第三十七,全集卷六,页二十二)

天地至公,故无不覆载,所谓"溥"也。公则能如此,不公则有私覆私载而不能如此矣。"圣人之道，至公而已矣。"故曰："明通公溥，庶矣乎。"

欲达到此"无欲故静"之境界，亦须经过相当阶级，《通书》云：

《洪范》曰："思曰睿，睿作圣。"无思，本也。思通，用也。几动于彼，诚动于此，无思而无不通为圣人。不思则不能通微；不睿则不能无不通。是则无不通生于通微，通微生于思。故思者，圣功之本，而吉凶之几也。(《思》第九，全集卷五，页二十四)

无思即寂然不动，思通即感而遂通。然欲达到此"无思而无不通"之境界，则须先经思之工夫。不过所谓思为若何之工夫，则濂溪未明言。大约此等工夫，即常注意于吾人心中之状况，如孟子所谓"必有事焉"者。

《太极图说》下文谓："圣人与天地合其德"云云，《通书》云：

圣，诚而已矣。诚，五常之本，百行之源也。(《诚下》第二，全集卷五，页八)

诚为人性之本然。圣人之所以为圣，即在复其性之本然而已。此李翱所说，而以后道学家所一致主持者也。

（二）邵康节

上述《纬书》中之易说，附在道教中，传授不绝。及北宋而此种易说，又为人引入道学中，即所谓象数之学是也。刘牧《易数钩隐图序》云：

夫易者，阴阳气交之谓也。……卦者，圣人设之，观于象也。象者，形上之应。原其本则形由象生，象由数设。舍其数则无以见四象所由之宗矣。(《通志堂经解》本，页一)

"形由象生，象由数设。"天下之物皆形也。有数而后有象，有象而后有形。数为最根本的。上述《易纬》中之易说，虽亦有此倾向，然此倾向至此得有明白的表示。

濂溪之太极图，即其象学也。濂溪有象学而无数学，康节则兼有象学及数学。《宋史·道学传》曰：

邵雍，字尧夫，其先范阳人。父古，徙衡漳，又徙共城。雍年三十游河南，葬其亲伊水上，遂为河南人。……北海李之才，摄共城令。闻雍好学，尝造其庐，谓曰：子亦闻物理性命之学乎？雍曰：幸受教。乃事之才，受河图洛书，宓羲八卦，六十四卦图象。之才之传，远有端绪。而雍探赜索隐，妙悟神奇，洞彻蕴奥，汪洋浩博，多其所自得者。……熙宁十年（西历1077年）卒，年六十七。元祐中，赐谥康节。（《宋史》卷四百二十七，页十七至十九）

康节象数之学，受自李之才。程明道所作《邵尧夫先生墓志铭》中，亦言之。李之才则传陈抟之学（见上），谓"之才之传，远有端绪"，即谓此也。

《易·系辞》曰："易有太极，是生两仪；两仪生四象；四象生八卦；八卦定吉凶；吉凶生大业。"康节之宇宙论，大概即此推衍，而又以图象明之。康节曰："图虽无文，吾终日言而未尝离乎是。盖天地万物之理，尽在其中矣。"不过所说之图，今本《皇极经世》中皆不载。《宋元学案·百源学案》中所列之图，大概采自《易学启蒙》。其八卦次序之图，以阴阳为两仪；太阳，少阳，太阴，少阴为四象。与《皇极经世·观物篇》所说不合。兹取蔡元定《经世指要》及《宋元学案》中所列诸图，加以《观物篇》所说，以见康节一家之学。

（1）太极与八卦

蔡元定《经世指要》中有经世衍易图，此图有三层，看第二层（即

```
太阳 ─
              阳 ─
太阴 --
                   动 ─
少阳 ─
              阴 --
少阴 --
              刚 ─
少刚 ─
                   静 --
少柔 --
              柔 --
太刚 ─
太柔 --
```

中层）时，须连第一层（即右层）观之。如"阳"右之"─"，合"动"右之"─"为☰，此即阳之象也。"阴"右之"--"，合"动"右之"─"为☱，此即阴之象也。看第三层（即左层）时，须连第二层第一层观之。如第三层"太阳"右之"─"，合第二层"阳"右之"─"，及第一层"动"右之"─"，即为一乾卦☰，乾即太阳之象也。如第三层"太阴"右之"--"，合第二层"阳"右之"─"及第一层"动"右之"─"，即成一兑卦☱，兑即太阴之象也。第三层"少阳"右之"─"，合第二层"阴"右之"--"，及第一层"动"右之"─"，即成一离卦☲，离即少阳之象也。如是八卦之次序，乾一，兑二，离三，震四，巽五，坎六，艮七，坤八。

康节云：

天生于动者也；地生于静者也；一动一静交，而天地之道尽之矣。动之始则阳生焉，动之极则阴生焉；一阴一阳交，而天之用尽之矣。静之始则柔生焉，静之极则刚生焉，一刚一柔交，而地之用尽之矣。动之大者谓之太阳；动之小者谓之少阳；静之大者谓之太阴；静之小者谓之少阴。太阳为日，太阴为月，少阳为星，少阴为辰，日月星辰交，而天之体尽之矣。太柔为水，太刚为火，少柔为土，少刚为石，水火土石交，而地之体尽之矣。（《观物内篇》，《皇极经世》卷十一之上，页一，《道藏》七一八）

太刚、太柔、少刚、少柔，如何生出，此未明言。依康节之逻辑推之，则"动"与"阳"与"刚"之象皆为—；"静"与"阴"与"柔"之象皆为--。合第二层与第一层观之，则见动方面动中有静。故第三层之属于"动"方面者，可以有"静之大者"之"太阴"与"静之小者"之"少阴"。依同理则静方面亦静中有动。对此方面亦可曰：动之大者谓之太刚；动之小者谓之少刚。静之大者谓之太柔；静之小者谓之少柔。

康节亦言"太极"。曰"道为太极"（《观物外篇》上，同上，卷十二之上，页三十六）；又曰："心为太极。"（同上）又曰：

太极既分，两仪立矣。阳下交于阴，阴上交于阳，四象生矣。阳交于阴，阴交于阳，而生天之四象。刚交于柔，柔交于刚，而生地之四象。于是八卦成矣。八卦相错，然后万物生焉。是故一分为二，二分为四，四分为八，八分为十六，十六分为三十二，三十二分为六十四。故曰：分阴分阳，迭用柔刚，易六位而成章也。十分为百，百分为千，千分为万，犹根之有干，干之有枝，枝之有叶。愈大则愈少，愈细则愈繁。合之斯为一，衍之斯为万。是故乾以分之，坤以翕之，震以长之，巽以消之。长则分，分则消，消则翕也。（《观物外篇》上，同上，卷十二之上，页二十一））

康节又云：

"太极，一也，不动，生二，二则神也。……神生数，数生象，象生器。（《观物外篇》下，同上，卷十二之下，页二十三）

又云：

太极不动，性也。发则神，神则数，数则象，象则器。器之变复归于神也。（同上）

太极不动，是性也。发而为动静，是神也。代表两仪之—及--，及四象之⚋，⚌，……及八卦之☰，☷，……是象也。一、二、四、八等是数也。天、地、日、月、土、石等是器也。康节云：

> 神无方而易无体。滞于一方，则不能变化，非神也。有定体则不能变通，非易也。易虽有体，体者象也。假象以见体，而本无体也。(《观物外篇》下，同上，卷十二之下，页十七)

"器"即特殊的事物，即所谓物也。"器"与神不同之处，其一即是"器"是决定的。如此物既是此物，即不能是彼物。所谓"滞于一方"之"定体"也。故《易》只言象，"假象以见体"。盖象为公式，而特殊的事物，则依此等公式以生长进行者也。康节之图，皆所以表示事物生长进行之公式者也。

（2）先天图及其他图

"一分为二，二分为四，四分为八。八分为十六，十六分为六十四。"此数也。一至八之数所生之象，即上图所表示。八至六十四所生之象，若以图表示之，即为六十四卦次序之图；其图（《宋元学案》引）如下：

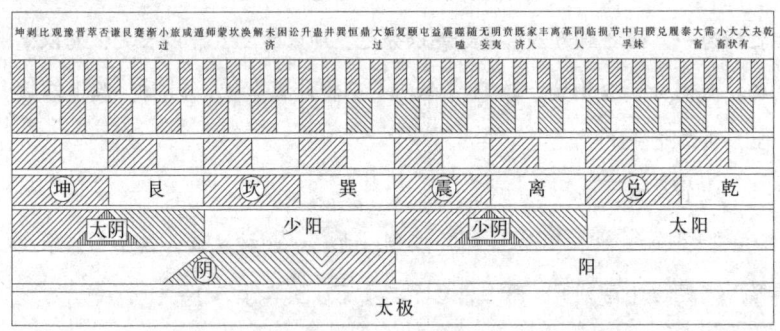

六十四卦次序图

上述经世衍易图，若将横排之八卦，自中间断之，复将此两半各折成半圆；更将此两半圆，合为一圆，即得先天八卦方位图，或名先天图。其图（《宋元学案》引）如下：

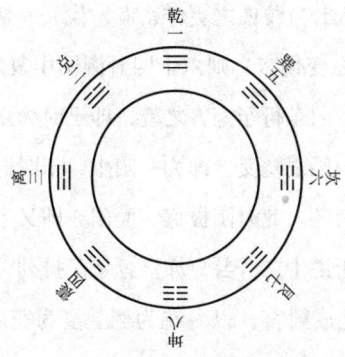

先天八卦方位图

所以名为先天图者，因此图所表之八卦方位，与《说卦》所说不同。（参看本篇第三章第四节）故康节以此为伏羲之先天八卦，而以《说卦》所说之八卦方位，为文王之后天八卦。

若将六十四卦次序图横排之六十四卦，自中间断之；复将此两半各折成半圆；更将两半圆，合为一圆，即得六十四卦圆图方位图。其图（《宋元学案》引）如下：

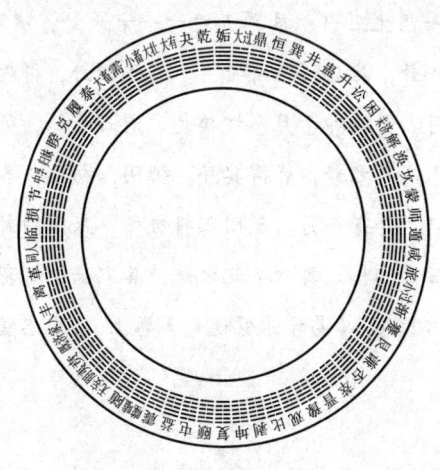

六十四卦圆图方位图

第二篇 经学时代 247

此圆图即先天八卦方位图之更详密者，代表一切事物生长进行之公式。如就一年四时之变化言，则六十四卦圆图中复之初爻，为一阳生，即冬至夜半子时也。阳东行至南方之乾，即于时为夏。此时阳极盛，而阴亦即生矣。此图中姤之初爻，即为一阴生，于时即夏至也。阴西行至北方之坤，即于时为冬。此时阴极盛，而阳亦即又生矣。此即汉人所为卦气之说，而汉人所说十二辟卦，亦恰皆依序排列（参看本篇第三章第五节）。就一事物之成毁言，以一花为例。复为花之始开，乾为盛开。姤为花之始谢，而坤则为花之谢。一切事物有成即有毁，有盛即有衰，皆依此公式进行也。

不过汉人所说十二辟卦，虽皆依序排列，而其间隔之疏密，则不一律。关于此点，康节无说。周谟问朱子云：

先天卦气相接，皆是左旋。盖乾接以巽初姤卦，便是一阴生，坤接以震初复卦，便是一阳生。自复卦一阳生十一月，尽震四，离三，一十六卦，然复得临卦十二月。又尽兑二，凡八卦，然后得泰卦正月。又隔四卦，得大壮二月。又隔大有一卦，得夬三月。夬接乾，乾接姤。自姤卦一阴生五月，尽巽五坎六一十六卦，然后得遁卦六月。又尽艮七，凡八卦，然后得否卦七月。又隔四卦，得观八月。又隔比一卦，得剥九月。剥接坤十月，坤接复。周而复始，循环无端。卦气左旋，而一岁十二月之卦，皆得其序。但阴阳初生，各历十六卦而后一月。又历八卦，再得一月。至阴阳将极处，只历四卦为一月。又历一卦，遂一并三卦相接。其初如此之疏，其末如此之密。此阴阳盈缩当然之理欤？（胡方平《易学启蒙通释》卷上，《通志堂经解》本，页三十至三一）

朱子答云：

所看先天卦气盈缩极仔细，某亦尝如此理会来，而未得其说。阴阳

初生，其气中固缓，然不应如此之疏，其后又却如此之密。大抵此图位置，皆出乎自然，不应无说，当更思之。（同上）

关于此点，别人虽亦有解说者（胡方平《易学启蒙通释》，同上），然皆不甚自然。

（3）特殊的事物之发生

上文已讲及日月星辰及水木土石之发生。此为具体的天地之基础。由此基础而万物均随发生。康节云：

日为暑；月为寒；星为昼；辰为夜。暑寒昼夜交而天之变尽之矣。水为雨；火为风；土为露；石为雷。雨风雷露交而地之化尽之矣。暑变物之性；寒变物之情；昼变物之形；夜变物之体；性情形体交而动植之感尽之矣。雨化物之走；风化物之飞；露化物之草；雷化物之木；走飞草木交而动植之应尽之矣。(《观物内篇》，《皇极经世》卷十一之上，页一至二）

生物分动植两种。动物中又分走飞之二类；植物中又分草木之二类。而每一物又各有其性情形体。其所以如此，盖与天地之"变"与"化"相应。有如此之天地，即有如此之万物也。

（4）人与圣人

物之中之至灵者为人；人中之至完善者为圣人。康节云：

人亦物也，圣人亦人也。……人也者，物之至者也；圣也者，人之至者也。……何哉？谓其能以一心观万心，一身观万身，一物观万物，一世观万世者焉。又谓其能以心代天意，口代天言，手代天工，身代天事者焉。又谓其能以上识天时，下尽地理，中尽物情，通照人事者焉。又谓其能以弥纶天地，出入造化，进退古今，表里人物者焉。(同上，页四）

圣人之所以能如此者，因其能"以物观物"也。康节云：

夫所以谓之观物者，非以目观之也。非观之以目，而观之以心也。非观之以心，而观之以理也。天下之物，莫不有理焉，莫不有性焉，莫不有命焉。所以谓之理者，穷之而后可知也。所以谓之性者，尽之而后可知也。所以谓之命者，至之而后可知也。此三知者，天下之真知也，虽圣人无以过之也。而过之者，非所以谓之圣人也。……圣人之所以能一万物之情者，谓其圣人之能反观也。所以谓之反观者，不以我观物也。不以我观物者，以物观物之谓也。既能以物观物，又安有我于其间哉？是知我亦人也，人亦我也，我与人皆物也。此所以能用天下之目为己之目，其目无所不观矣。用天下之耳为己之耳，其耳无所不听矣。用天下之口为己之口，其口无所不言矣。用天下之心为己之心，其心无所不谋矣。夫天下之观，其于见也，不亦广乎？天下之听，其于闻也，不亦远乎？天下之言，其于论也，不亦高乎？天下之谋，其于乐也，不亦大乎？夫其见至广，其闻至远，其论至高，其乐至大。能为至广、至远、至高、至大之事，而中无一为焉，岂不谓至神至圣者乎！（《观世篇》，《皇极经世》卷十一之下，页十三至十四）

圣人无我而任物，故能无为而无不为。此道家之说，而康节亦持之。

无我而任物，亦为个人修养之方法，康节云：

以物观物，性也；以我观物，情也。性公而明；情偏而暗。（《观物外篇》下，同上，卷十二之下，页三）

又云：

任我则情，情则蔽，蔽则昏矣。因物则性，性则神，神则明矣。（同上，页二）

又云：

心一而不分，则可以应万变，此君子所以虚心而不动也。（同上，页五）

又云：

以物喜物，以物悲物，此发而中节也。（同上，页一）

又云：

为学养心，患在不由直道，去利欲。由直道，任至诚，则无所不通。天地之道，直而已，当以直求之。若用智数，由径而求之，是屈天地而徇人欲也，不亦难乎？（同上，页十七）

"以物观物"，见可喜者则喜之；见可悲者则悲之。率性直行，而心虚不动。此与濂溪所云"无欲则静虚动直"，正同。

人中有圣人，亦有恶人。恶人之有，亦是必然的。康节云：

天与人相为表里。天有阴阳；人有邪正。邪正之由，系乎上之所好也。上好德则民用正；上好佞则民用邪。邪正之由，有自来矣。虽圣君在上，不能无小人，是难其为小人。虽庸君在上，不能无君子，是难其为君子。自古圣君之盛，未有如唐尧之世，君子何其多耶。时非无小人也，是难其为小人，故君子多也。所以虽有四凶，不能肆其恶。自古庸君之盛，未有如商纣之世，小人何其多耶。时非无君子也，是难其为君子，故小人多也。所以虽有三仁，不能遂其善。（《观物内篇》，同上，卷十一之下，页一）

恶人亦为宇宙间所不能少者，但"圣君在上"，能使小人退处无位之地耳。

（5）世界年表

康节云：

易之数穷，天地终始。或曰：天地亦有终始乎？曰：既有消长，岂无终始？天地虽大，是亦形气，乃二物也。（《观物外篇》下，同上，卷十二之下，页十八）

凡具体的物，其生长进行，皆依六十四卦圆图所代表之公式。天地既亦为物，则其生长进行，亦当遵照此公式。《皇极经世》之大半部即依上述公式为此具体的世界作一年谱。此年谱中用元会运世，计算时间。康节云："日经天之元；月经天之会；星经天之运；辰经天之世。"（《观物内篇》，同上，卷十一之下，页八）康节以计算时间之元会运世当天之日月星辰。元当日，会当月，十二会为一元。运当星，三十运为一会。世当辰，十二世为一运。所以以十二会为一元，三十运为一会，十二世为一运者，邵伯温曰："一元在大化之中，犹一年也。"（《性理大全》卷八引）一元有十二会，犹一年有十二月也。一会有三十运，犹一月有三十日也。一运有十二世，犹一日有十二时也。以天地之终始为一元，以三十年为一世，则此一元之年数为三十乘四千三百二十，共为一十二万九千六百年。所以以三十年为一世者，一元有十二会，一会有三十运，一运有十二世。十二与三十，迭相为用，故一世有三十年。再往下推，则一年又有十二月，一月又有三十日，每日又有十二时，此所谓十二与三十，迭相为用也。若以此一元之时间套入六十四卦圆图之公式，则天地亦始于复而终于坤。康节《皇极经世》原表太繁，今列邵伯温之一元消长图（《性理大全》引）如下：

元	会	运	世				
日甲	月子 一	星 三十	辰 三百六十	年 一万八百	复	䷗	
	月丑 二	星 六十	辰 七百二十	年 二万一千六百	临	䷒	
	月寅 三	星 九十	辰 一千八十	年 三万二千四百	泰	䷊	开物星之己七十六
	月卯 四	星 一百二十	辰 一千四百四十	年 四万三千二百	大壮	䷡	

续表

月	星	辰	年	卦		备注
月辰五	星一百五十	辰一千八百	年五万四千	夬	☱☰	
月巳六	星一百八十	辰二千一百六十	年六万四千八百	乾	☰☰	唐尧始星之癸一百八十辰二千一百五十七
月午七	星二百一十	辰二千五百二十	年七万五千六百	姤	☰☴	夏殷周秦两汉三国两晋南北朝隋唐五代宋
月未八	星二百四十	辰二千八百八十	年八万六千四百	遁	☰☶	
月申九	星二百七十	辰三千二百四十	年九万七千二百	否	☰☷	
月酉十	星三百	辰三千六百	年一十万八千	观	☴☷	
月戌十一	星三百三十	辰三千九百六十	年十一万八千八百	剥	☶☷	闭物星之戊三百一十五
月亥十二	星三百六十	辰四千三百二十	年十二万九千六百	坤	☷☷	

朱子谓：邵子《皇极经世》说"天开于子，地辟于丑，人生于寅"。元以甲乙丙丁计，会以子丑寅卯计，辰仍以甲乙丙丁计。现姑以现在之一元为元甲，此元之第一会即月子，此会有三十运，三百六十世（每运十二世，三十乘十二得三百六十世），一万零八百年（每世三十年，三十乘三百六十得一万零八百年）。此时一阳初起，如复卦☷☷☷☷☷☳所表示者。如以一岁比之，则此时正子月（即旧历十一月）。如以一日夜比之，则此时正子时（午前零时至二时）。"天开于子"，即在此会。元之第二会为月丑，此会又有三十运，合前为六十运；又有三百六十世，合前为七百二十世；又有一万零八百年，合前为二万一千六百年。此时二阳已起，如临卦☷☷☷☷☱☱所表示者。如以一岁比之，则此时正丑月（即旧历

十二月）。如以一日夜比之，则此时正丑时（午前二时至四时）。"地辟于丑"，即在此会。元之第三会即月寅，此会有三十运，合前共为九十运；有三百六十世，合前共为一千零八十世；有一万零八百年，合前共为三万二千四百年。此时三阳已起，如泰卦䷊所表示者。如以一岁比之，则此时正寅月（即旧历正月）。如以一日夜比之，则此时正寅时（午前四时至六时）。在此会之第十六运中，即此会中第二已运中，合前共计之第七十六运中，"开物"而万物生。人亦于是时生，所谓"人生于寅"，寅即此会也。如是类推，至元之第六会，即月巳。此时阳臻全盛，如乾卦䷀所表示。人之文明，亦以此时为最盛。唐尧即于此运之第三十运（即合前共计之第一百八十运）中之第九世（即合前共计之二千一百五十七世），行其圣王之治。至元之第七会即月午，此时阳仍极盛。而阴已始起，如姤卦䷫所表示者。算至宋神宗熙宁元年，正此会之第十运（即合前共计之第一百九十运）中之第二世（即合前共计之第二千二百七十世）之第十五年，时西历1068年也。若照此推算，则现在（西历1931年）正此会之第十二运（即合前共计之一百九十二运）之第七世（即合前共计之二千二百九十九世）也。如以一岁比，现正在五月。如以一日夜比，现正在午后零时二十余分也。如是阴渐盛至元之第十一会即月戌，阳之不绝如线，如剥卦䷖所表示者。在此会之第十五运（即合前共计之三百一十五运），"闭物"而万物皆绝。至元之第十二运即月亥之末，阴臻极盛，如坤卦䷁所表示者，而现在之天地即寿终矣。此后将另有天地照此公式，重新开辟。其中人物重新生长，重新坏灭。所谓"穷则变，变则通"，如是循环，以至无穷。

谓此世界可以坏灭，坏灭后另有新世界继之发生，此点似为以前中国思想中所无有。上文谓宗密引《俱舍论》颂以讲世界之成住坏空（见本篇第九章第二节第六目）；以后道学家之宇宙发生论，俱受其影响。康节之世界年表，盖亦取佛学中所说之意，而以六十四卦之阴阳消息说明之。

（6）政治哲学

现在之世界，虽距天地之终尚远，然其最好之时已过。现在之世界，正如方已盛开之花，虽蕊瓣繁缛，而衰机已兆。故现在世界，不如已过去之最好之时。即以政治言，亦今不如古。康节分政治为皇、帝、王、霸四种。康节云：

用无为，则皇也。用恩信，则帝也。用公正，则王也。用智力，则霸也。霸以下则夷狄，夷狄而下，是禽兽也。（《观物外篇》下，《皇极经世》卷十二之下，页十三）

又云：

孔子赞《易》自羲轩而下，序《书》自尧舜而下，删《诗》自文武而下，修《春秋》自桓文而下。自羲轩而下，祖三皇也。自尧舜而下，宗五帝也。自文武而下，子三王也。自桓文而下，孙五霸也。（《观物内篇》，同上，卷十一之上，页十四）

又云：

三皇，春也。五帝，夏也。三王，秋也。五伯，冬也。七国，冬之余冽也。汉王而不足；晋伯而有余。三国，伯之雄者也。十六国，伯之丛者也。南五代，伯之借乘也。北五朝，伯之传舍也。隋，晋之子也。唐，汉之弟也。隋季诸郡之伯，江汉之余波也。唐季诸镇之伯，日月之余光也。后五代之伯，日未出之星也。自帝尧至于今，上下三千余年，前后百有余世，书传可明纪者，四海之内，九州之间，其间或合或离，或治或隳，或强或嬴，或唱或随，未始有兼世而能一其风俗者。（《观物内篇》，同上，卷十一之下，页十）

自汉以下，最高不过为不足的王治。盖此世界之黄金时代，早已过去矣。

第十二章　张横渠及二程

（一）张横渠

与周邵同时而略后者，有张横渠及程明道程伊川兄弟。《宋史·道学传》曰：

张载，字子厚，长安人。少喜谈兵。……年二十一，以书谒范仲淹，一见知其远器。乃警之曰：儒者自有名教可乐，何事于兵？因劝读《中庸》。载读其书，犹以为未足。又访诸释老，累年究极其说，知无所得，反而求之六经。……与二程语道学之要，涣然自信。曰：吾道自足，何事旁求？于是尽弃异学，淳如也。……载古学力行，为关中士人宗师，世称为横渠先生。（《宋史》卷四百二十七，同文影殿刊本，页十四至十六）

吕大临所作行状谓横渠卒于宋神宗熙宁十年（西历1077年）。著有《正蒙》《经学理窟》及《易说》；其中以《正蒙》为最重要。行状谓："熙宁九年秋，先生感异梦，忽以书属门人，乃集所立言，谓之《正蒙》。出示门人曰：'此书予历年致思之所得，其言殆与前圣合。'"（见《伊洛渊源录》卷六）《正蒙》即横渠一生思想之结晶也。

（1）气

横渠之学，亦系从《易》推衍而来。《系辞》谓："《易》有太极，是生两仪。"横渠亦曰：

两不立，则一不可见。一不可见，则两之用息。两体者，虚实也，动静也，聚散也，清浊也，其究一而已。(《正蒙·太和篇》，《全集》卷二，《正谊堂全书》本，页九)

此"一"即太极。横渠云：

有两则有一，是太极也。……一物而两体，其太极之谓欤？(《易说》卷三，《通志堂经解》本，页十一)

此"一"横渠又谓之为"太和"。横渠云：

太和所谓道，中涵浮沉升降动静相感之性，是生絪缊相荡胜负屈伸之始。……不如野马絪缊，不足谓之太和。语道者知此谓之知道，学《易》者见此谓之见《易》。(《正蒙·太和篇》，《全集》卷二，页二至三)

《庄子·逍遥游》云："野马也，尘埃也，生物之以息相吹也。"司马云："野马，春日泽中游气也。"横渠所谓太和，盖指此等"气"之全体而言。在其散而未聚之状态中，此气即所谓太虚。故横渠谓："太虚无形，气之本体。"(同上，页三) 又云：

气之聚散于太虚，犹冰凝释于水。知太虚即气则无无。(同上，页六至七)

吾人所见空若无物之太虚，实非无物，不过气散而未聚耳，无所谓无也。故曰："知太虚即气则无无。"

气中所"涵浮沉、升降、动静相感之性"，简言之，即阴阳二性也。一气之中，有此二性，故横渠云：

一物两体，气也。一故神，两故化。(《正蒙·参两篇》，《全集》卷二，页十一)

一气之中，有阴阳二性，故为"一物两体"。当其为"一"之时，则"清通而不可象为神"(《正蒙·太和篇》，《全集》卷二，页二至三)。所谓"一故神"也。因其中有阴阳二性，故"生絪缊相荡，胜负屈伸之始"。细缊相荡，即二性之表现也。气有二性，故细缊相荡，聚而为万物。所谓"两故化"也。横渠又云：

气块然太虚，升降飞扬，未尝止息，《易》所谓细缊，庄生所谓生物以息相吹野马者欤？此虚实动静之机，阴阳刚柔之始。浮而上者阳之清，降而下者阴之浊。其感遇聚散，为风雨，为雪霜。万品之流形，山川之融结，糟粕煨烬，无非教也。（同上，《全集》卷二，页五）

气中有可相感之阴阳二性，故气即不能停于太虚之状态中，而"升降飞扬，未尝止息"。其涵有二性之气，"细缊相荡"，或胜或负，或屈或伸。如其聚合，则即能为吾人所见而为物。气聚即物成，气散即物毁。横渠云：

气聚则离明得施而有形；气不聚则离明不得施而无形。方其聚也，安得不谓之客？方其散也，安得遽谓之无？故圣人仰观俯察，但云知幽明之故，不云知有无之故。（同上，《全集》卷二，页六）

离为目，离明得施者，即吾人目之明所能见者。气聚则能为吾人所见而为有形；气散则不能为吾人所见而为无形。气聚为万物，万物乃气聚之现象。以气聚散不定，故谓之为"客形"。所谓"太虚无形，气之本体，其聚其散，变化之客形尔"（同上，《全集》卷二，页三）。

（2）宇宙间事物所遵循之规律

气聚而生物；物之生系遵循一定的规律。横渠云：

生有先后，所以为天序。小大高下，相并而相形焉，是为天秩。天之生物也有序；物之既形也有秩。（《正蒙·动物篇》，《全集》卷三，页二）

横渠又云：

天地之气，虽聚散攻取百涂；然其为理也，顺而不妄。（《正蒙·太和篇》，《全集》卷二，页三）

气之"聚散攻取"，虽百涂不同，然皆遵循一定的规律。故物之生有一定的次序；一物之成，有一定的结构组织。此所谓"天序""天秩"也。此即所谓"理"。气之聚散攻取，皆顺是理而不妄。如此说法，则于气之外，尚须有理。以希腊哲学中之术语说之，则物为质（Matter）而理为式（Form）。质入于式，乃为一个具体的物。不过横渠于此点，仅略发其端，至于大成，则有待于后起之朱子。

（3）宇宙间之几种普遍的现象

气虽聚散攻取百涂，然皆遵循一定的规律。故宇宙间有几种普遍的现象。横渠云：

气本之虚，则湛本无形。感而生，则聚而有象。有象斯有对，对必反其所为。有反斯有仇，仇必和而解。故爱恶之情，同出于太虚，而卒归于物欲。倏而生，忽而成，不容有毫发之间，其神矣夫！（《正蒙·太和篇》，《全集》卷二，页十）

阴阳交感，则气升降飞扬，聚而有象而成为物。有一物必有与之相反者以对之。此与之相反者，与之立于仇敌之敌位。然相反之物，亦能相成；及气散则相反相仇之物，又复同归于太虚，此所谓"和而解"者也。物相反相仇，则有恶之情；相和相成，则有爱之情；此所谓"物欲"也。然此等物欲，亦同出于太虚，终亦复归于太虚。此为宇宙间之一种普遍的现象。

横渠又云：

物无孤立之理。非同异屈伸终始以发明之，则虽物非物也。得有始卒乃成，非同异有无相感，则不见其成。不见其成，则虽物非物，故曰："屈伸相感而利生焉。"（《正蒙·动物篇》，《全集》卷三，页二）

有一物必有与之相反者。若仅有一孤立的物，则此物即不成其为物。盖一物之所以为一物，一部分即其对于宇宙间他事物之关系也。此诸关系即构成此物之一部分，使之成为此物，所谓"以发明之"也。物无孤立者；此又为宇宙间之一种普遍的现象。

横渠又云：

造化所成，无一物相肖者，以是知万物虽多，其实一物；无无阴阳者以是知天地变化，二端而已。(《正蒙·太和篇》，《全集》卷二，页十)

"造化所成，无一物相肖者"，此亦宇宙间之一种普遍的现象。横渠又云："游气纷扰，合而成质者，生人物之万殊；其阴阳两端，循环不已者，立天地之大义。"（同上，页九）气本含有阴阳之性，故其聚而成之物，无无阴阳者。但万物皆气聚而成，皆"游气纷扰"所合而成质者，何以无一物相肖者，此点横渠未明言。

横渠又云：

太虚不能无气。气不能不聚而为万物。万物不能不散而为太虚。循是出入，是皆不得已而然也。（同上）

气散则复聚；聚则复散。气聚则物成；气散则物毁。如是循环不息。是亦宇宙间一普遍的现象也。

（4）横渠所说之天文地理

横渠《正蒙》中对于天文地理及宇宙间各方面之事物，多有更详细的讨论。兹举数端，以见《正蒙》所讨论范围之广大。横渠云：

地纯阴，凝聚于中；天浮阳，运旋于外，此天地之常体也。恒星不动，纯系乎天，与浮阳运旋而不穷者也。日月五星，逆天而行，并包乎地者也。(《正蒙·参两篇》，《全集》卷二，页十)

又云：

地有升降，日有修短。地虽凝聚不散之物，然二气升降其间，相从而不已也。阳日上，地日降而下者，虚也；阳日降，地日进而上者，盈也。此一岁寒暑之候也。至于一昼夜之盈虚升降，则以海水潮汐，验

之为信。然间有小大之差，则系日月朔望，其精相感。(《正蒙·参两篇》，《全集》卷二，页十四)

观此可见横渠对于天文地理讨论之一斑。岁之所以暑者，即因阳下降，地上升，地面阳气多，故暑。其所以寒者，即因阳上升，地下降，地面阳气少，故寒。地在一年之中，有上升时，有下降时；在一昼夜之中，亦有上升时，有下降时。可以潮汐验之。地升则潮落，地降则潮升。

横渠又云：

阴性凝聚；阳性发散。阴聚之；阳必散之；其势均散。阳为阴累，则相持为雨而降；阴为阳得，则飘扬为云而升。故云物班布太虚者，阴为风驱，敛聚而未散者也。凡阴气凝聚，阳在内者不得出，则奋击而为雷霆；阳在外者不得入，则周旋不舍而为风。其聚有远近虚实，故雷风有小大暴缓。和而散，则为霜雪雨露；不和而散，则为戾气暍霾。阴常散缓，受交于阳，则风雨调，寒暑正。(《正蒙·参两篇》，《全集》卷二，页十九)

又云：

声者形气相轧而成。两气者，谷响雷声之类。两形者，桴鼓叩击之类。形轧气，羽扇敲矢之类。气轧形，人声笙簧之类。是皆物感之良能，人皆习之而不察者尔。(《正蒙·动物篇》，《全集》卷三，页三)

此可谓为横渠之物理学。

横渠又云：

动物本诸天，以呼吸为聚散之渐。植物本诸地，以阴阳升降为聚散之渐。物之初生，气日至而滋息；物生既盈，气日反而游散。至之谓神，以其伸也；反之为鬼，以其归也。(《正蒙·动物篇》，《全集》卷三，页一)

又云：

有息者根于天，不息者根于地。根于天者不滞于用，根于地者滞于方。此动植之分也。(《正蒙·动物篇》，《全集》卷三，页一)

此可谓为横渠之生物学。

（5）性说

横渠又云：

人之有息，盖刚柔相摩，乾坤阖辟之象也。寤，形开而志交诸外也；梦，形闭而气专乎内也。寤所以知新于耳目；梦所以缘旧于习心。(《正蒙·动物篇》，《全集》卷三，页三)

又云：

由太虚有天之名。由气化有道之名。合虚与气，有性之名。合性与知觉，有心之名。(《正蒙·太和篇》，《全集》卷二，页七)

又云：

形而后有气质之性，善反之，则天地之性存焉。故气质之性，君子有弗性者焉。(《正蒙·诚明篇》，《全集》卷三，页八)

朱子曰："气质之说，起于张程，极有功于圣门，有补于后学。前此未曾有人说到。故张程之说立，则诸子之说泯矣。"朱子之宇宙论中，有理与气，故其心理学及伦理学中，可谓人有天地之性，与气质之性。所谓"论天地之性，则专指理而言；论气质之性，则以理与气杂而言之"。横渠对于"理"既未多言，而曰"合虚与气"，有性之名。既云："太虚无形，气之本体。"则所谓合虚与气者，岂非即等于谓"合气与气"乎？横渠云：

天所性者，通极于道，气之昏明，不足以尽之。(同上，《全集》卷三，页五)

既谓"由太虚有天之名"，则天者即太虚耳。太虚即气之本体，何能于气之外有天？盖横渠之宇宙论，本为一元论。至讲性时，则有时不自觉地转入二元论。"气质之性"之说，虽为以后道学家所采用，而由上所说，则在横渠之系统中，颇难与其系统之别方面相融洽。

但就横渠别一部分之言论观之，则横渠可维持其"气质之性"之说，而同时亦不至与其系统之别方面相冲突。横渠云：

凡可状，皆有也。凡有，皆象也。凡象，皆气也。气之性本虚而神，则神与性乃气所固有。(《正蒙·乾称篇》，《全集》卷四，页二十三)

依此则气亦有其性。气聚而为人，人亦得其性之部分。横渠云：

天性在人，正犹水性之在冰。凝释虽异，为物一也。(《正蒙·诚明篇》，《全集》卷三，页六)

天性即气之性。横渠又云：

天良能本吾良能。顾为有我所丧耳。(同上，《全集》卷三，页六)

横渠又云：

湛一气之本；攻取气之欲。口腹于饮食，鼻舌于臭味，皆攻取之性也。知德者属厌而已，不以嗜欲累其心，不以小害大，末丧本焉耳。(《正蒙·诚明篇》，《全集》卷三，页七)

气聚而为个体的人。个体的人，以其自己为我，其余为非我。因此将其自己与天或气之全体分开。其专为维持此个体之要求，如"口腹于饮食，鼻舌于臭味"，即"攻取之性"，亦即气质之性也。若横渠以此为"气质之性"，则似可与其系统之别方面，不相冲突。然气之聚而为物时，何不能得气之性如人然？横渠于此，亦无解释。

(6) 天人合一

横渠所谓"气质之性"，是否可如此解释，虽尚为一问题；但横渠之伦理学，或其所讲修养之方法，则确注重于除我与非我之界限而使个体与宇宙合一。横渠云：

大其心则能体天下之物。物有未体，则心为有外。世人之心，止于闻见之狭。圣人尽性，不以闻见梏其心。其视天下，无一物非我。孟子谓尽心则知性知天以此。天大无外，故有外之心，不足以合天心。见闻之知，乃物交而知，非德性所知。德性所知，不萌于见闻。(《正蒙·大心篇》，《全集》卷三，页十一)

以个体之我为我，其余为非我，即以"闻见梏其心"者也。圣人破除此梏，以天下之物与己为一体，即"能体天下之物"者也。"其视天下，无一物非我"，即破除我与非我之界限，以我及其余之非我为一，亦即以全宇宙为一大我。天大无外；我之修养若至此境界，则我与天合而为一矣。横渠又云：

性者，万物之一源，非有我之得私也。惟大人为能尽其道。是故立必俱立，知必周知，爱必兼爱，成不独成。彼自蔽塞而不知顺吾理者，则亦未如之何矣。(《正蒙·诚明篇》，《全集》卷三，页四)

此以"爱之事业"之工夫，破除"我"之蔽塞，而达到万物一体之境界。盖就孟子哲学中神秘主义之倾向，加以推衍也。(参看第一篇第六章第六节)

就知识方面言，人亦必至此境界后，所有之知识，方为真知，以其不"止于闻见之狭"，非"物交而知"之知识也。横渠云：

诚明所知，乃天德良知，非闻见小知而已。(《正蒙·诚明篇》，《全集》卷三，页三)

所谓诚明者，横渠云：

天人异用，不足以言诚。天人异知，不足以尽明。所谓诚明者，性与天道，不见乎小大之别也。(同上)

由斯而言，则诚即天人合一之境界；明即人在此境界中所有之知识也。此知非"闻见小知"，乃真知也。

《正蒙·乾称篇》中有一段，后人所称为《西铭》者，云：

乾称父，坤称母；予兹藐焉，乃浑然中处。故天地之塞，吾其体；天地之帅，吾其性。民吾同胞；物吾与也。大君者，吾父母宗子；其大臣，宗子之家相也。尊高年，所以长其长，慈孤弱，所以幼其幼。圣其合德，贤其秀也。凡天下疲癃残疾，茕独鳏寡，皆吾兄弟之颠连而无告者也。于时保之，子之翼也，乐且不忧，纯乎孝者也。违曰悖德，害仁曰贼，济恶者不才，其践形，惟肖者也。知化则善述其事，穷神则善继其志。不愧屋漏为无忝，存心养性为匪懈。恶旨酒，崇伯子之顾养；育英才，颍封人之锡类。不弛劳而底豫，舜其功也；无所逃而待烹，申生其恭也。体其受而归全者，参乎；勇于从而顺令者，伯奇也。富贵福泽，将厚吾之生也；贫贱忧戚，庸玉女于成也。存，吾顺事；没，吾宁也。(《全集》卷一，页一至五)

此明示吾人以对于宇宙及其间万物之态度。吾人之体，即宇宙之体；吾人之性，即宇宙之性。吾人应视宇宙为父母，亦应以事父母之道事之。应视天下之人，皆如兄弟，天下之物，皆如同类，亦应以待兄弟、待同类之道待之。程子弟子中有谓横渠《西铭》所主张，与墨子兼爱之说无异。程子谓《西铭》主张"理一分殊，故与墨子兼爱之说不同"。朱子更申言曰：

盖以乾为父，以坤为母，有生之类，无物不然，所谓理一也。而人物之生，血脉之属，各亲其亲，各子其子，则其分亦安得而不殊哉？一统而万殊，则虽天下一家，中国一人，而不流于兼爱之弊。万殊而一贯，则虽亲疏异情，贵贱异等，而不牿于为我之私。此《西铭》之大指也。观其推亲亲之厚，以大无我之公；因事亲之诚，以明事天之道。盖无适而非所谓分殊而推理一也。(《西铭注》，《横渠全集》卷一，页五)

此仍就所谓爱有差等及爱无差等之异点立论。然横渠立论，系就孟子哲学中之神秘主义的倾向，加以推衍，与墨子功利主义的兼爱说，固完全不同，不止仅有上述之差异也。

（7）对于"二氏"之批评

"存吾顺事，没吾宁也"一语，表出道学家之儒家的人生态度，所以与佛家及道教所提倡者不同。横渠云：

> 太虚不能无气；气不能不聚而为万物；万物不能不散而为太虚；循是出入，是皆不得已而然也。然则圣人尽道其间，兼体而不累者，存神其至矣。彼语寂灭者，往而不反；徇生执有者，物而不化；二者虽有间矣，以言乎失道则均焉。聚亦吾体，散亦吾体；知死之不亡者，可与言性矣。（《正蒙·太和篇》，《全集》卷二，页三至四）

又云：

> 尽性然后知生无所得；则死无所丧。（《正蒙·诚明篇》，《全篇》卷三，页四）

佛教求无生，是所谓"语寂灭者，往而不返"者也。道教求长生，是所谓"徇生执有者，物而不化"者也。若知气之"聚亦吾体，散亦吾体"；则"生无所得"，何必求无生？"死无所丧"，何必求长生？吾人不求无生，亦不求长生；生活一日，则做一日人所应做之事；一日死至，复合太虚。此所谓"存吾顺事；没吾宁也"。此儒家之人生态度；道学家仍持之。故道学家虽受佛道之影响，而仍排佛道，仍自命为儒家，其理由在于此。

（二）程明道与程伊川

濂溪，康节，横渠，虽俱为道学家中之有力分子，然宋明道学之确定成立，则当断自程氏兄弟。《宋史·道学传》曰：

（周敦颐）掾南安时，程珦通判军事，视其气貌非常人。与语，知其为学知道。因与为友，使二子颢颐往受业焉。敦颐每令寻孔颜乐处，所乐何事。二程之学，源流乎此矣。（《宋史》卷四百二十七，页四）

又曰：

程颢，字伯淳，世居中山，后从开封徙河南。……颢资性过人，充养有道，和粹之气，盎于面背。……自十五六时，与弟颐闻汝南周敦颐论学，遂厌科举之习，慨然有求道之志。泛滥于诸家，出入于老释者几十年，返求诸六经而后得之。……颢之死，士大夫识与不识，莫不哀伤焉。文彦博采众论题其墓曰：明道先生。（同上，页四至九）

又曰：

程颐，字正叔。……颐于书无所不读。其学本于诚；以《大学》《语》《孟》《中庸》为标指，而达于六经。动止语默，一以圣人为师，其不至乎圣人不止也。……于是著《易》《春秋》传，以传于世。……世称为伊川先生。（同上，页九至十四）

明道卒于宋神宗元丰八年（西历1085年），年五十四。（见伊川所作明道行状）伊川卒于徽宗大观一年（西历1107年），年七十五。（见《伊洛渊源录》卷四所载年谱）明道、伊川兄弟二人，俱以濂溪为师，以康节为友，又与横渠为戚属。兄弟二人之学说，旧日多视为一家之学，故《二程遗书》中所载二人语录，有一部分俱未注明为二人中何人之语。但二人之学，开此后宋明道学中所谓程朱陆王之二派，亦可称为理学心学之二派。程伊川为程朱，即理学一派之先驱，而程明道则陆王，即心学一派之先驱也。然二人之主张虽异，而其所讨论之问题，则大致相同。故今于每问题下，分叙二人之说，比较论之。

（1）天理

上文谓理气二观念，在道学中占甚重要之地位（见上第十一章第二节）。在道学家中，确立气在道学中之地位者，为张横渠，如上所述。至于理，则濂溪《通书·理性命章》已提出。康节《观物篇》亦言物之理。横渠《正蒙》亦言："天地之气，虽聚散攻取百涂，然其为理也，顺而不妄。"不过此诸家虽已言及理，而在道学家中确立理在道学中之地位者，为程氏兄弟。不过程氏兄弟，虽常言天理或理，然对于天理或理之确切意义，则未明言。语录中关于理诸条云：

天理云者，这一个道理，更有甚穷已。不为尧存，不为桀亡。人得之者，故大行不加，穷居不损。这上头更怎生说得存亡加减。是佗元无少欠，百理俱备。（《二程遗书》卷二上，吕氏天盖楼刊本，页十八）

又云：

"不能反躬，天理灭矣。"天理云者，百理俱备，元无少欠；故反身而诚。（同上，页二十）

又云：

"万物皆备于我。"不独人尔，物皆然，都自这里出去。只是物不能推，人则能推之。虽能推之，几时添得一分？不能推之，几时减得一分？百理俱在平铺放着。几时道尧尽君道，添得些君道多？舜尽子道，添得些子道多？元来依旧。（同上，页二十二）

又云：

理在天下只是一个理，故推至四海而准。须是质诸天地，考诸三王不易之理。（同上，页二十六）

又云：

这个义理，仁者又看做仁了也，知者又看做知了也，百姓又日用而不知，此所以君子之道鲜矣。此个亦不少亦不剩，只是人看他不见。（同上，页三十一）

又云：

"寂然不动,感而遂通"者,天理具备,元无少欠。不为尧存,不为桀亡。父子君臣,常理不易,何曾动来?因不动,故言寂然。虽不动,感便通,感非自外也。(同上,页三十一)

以上为遗书中"二先生语",未知果为二先生中何人所说。其注明为伊川语者,则有云:

"寂然不动,感而遂通。"此已言人分上事。若论道则万理皆具,更不说感与未感。(《遗书》卷十五,页十九)

又云:

天下物皆可以理照,有物必有则,一物须有一理。(《遗书》卷十八,页十二)

又云:

冲漠无朕,万象森然已具。未应不是先,已应不是后。如百尺之木,自根本至枝叶,皆是一贯,不可道上面一段事无形无兆,却待人旋安排,引入来教入涂辙。既是涂辙,却只是一个涂辙。(《遗书》卷十五,页十一)

又云:

夫有物必有则。父止于慈,子止于孝;君止于仁,臣止于敬。万物庶事,莫不各有其所。得其所则安,失其所则悖。圣人所以能使万物顺治,非能为物作则也,惟止之各于其所而已。(《易传》卷四,《艮象辞传》,明道亦有类此之语,见《遗书》卷十一,页十五)

由上所引观之,则所谓理者,永久为有,不增不减。人知之与不知之,与其为有无无关。事实上有其实例与否,亦与其为有无无关。尧尽君道,为为君之理添一实例;然为君之理不因此增。即无尧尽君道,为君之理亦丝毫不减,不过"人看他不见"耳。此所谓"百理俱在平铺放着"也。理又为不变的,故云:"理则天下只是一个理,故推之四海而准。"如尧所尽之君道，"天下只是一个"；舜所尽之子道，亦"天下只是一个"；故皆"推之四海而准"也。百理皆具备于吾人之心中，故云"百理具备，元无少欠，故反身而诚"也。所谓"万物皆备于我"，亦谓万物之理皆备于我也。不独人具有万物之理，即物亦然。不过人能应用之，物不能应用之耳。理不增不减，不变亦不动，所谓"寂然不动"也。人心具众理而应万事，所谓"寂然不动，感而遂通"也。然"此已言人分上事"，若就宇宙言之，则众理之未有实例不为先，已有实例不为后。自一理至其实例，"如百尺之木，自根本至枝叶，皆是一贯，不可道上面一段事无形无兆，却待人安排，引入来教入涂辙"。一切不"待人安排"，所以理又称为天理也。一物之理，又即一物之所应该。圣人"止之各于其所"，即使事物各如其所应该也。伊川对于理之见解系如此，因上所引标明为伊川所说者，皆可如此解释也。至于明道对于理之见解，是如此否，则不能断定，因上所引未标明二先生中何人所说者，亦或仍即伊川所说也。

若专就《遗书》中已标明为明道之语者观之，则明道对于理之见解，与此不同。如明道云：

天地万物之理，无独必有对，皆自然而然，非有安排也。每中夜以思，不知手之舞之，足之蹈之也。（《遗书》卷十一，页四）

又云：

《诗》曰："天生蒸民，有物有则。"……万物皆有理，顺之则易，逆之则难。各循其理，何劳于己力哉？（同上，页六）

又云：

夫天之生物也，有长有短，有大有小。君子得其大矣，安可使小者亦大乎？天理如此，岂可逆哉？（同上，页八）

又云：

服牛乘马，皆因其性而为之。胡不乘牛而服马乎？理之所不可。（同上，页十）

就上所引观之，则明道所谓理，似指一种自然的趋势。一物之理，即一物之自然趋势。天地万物之理，即天地万物之自然趋势。程门高弟谢良佐云：

所谓格物穷理，须是认得天理始得。所谓天理者，自然底道理，无毫发杜撰。今人乍见孺子将入于井，皆有怵惕恻隐之心。方乍见时，其心怵惕，即所谓天理也。要誉于乡党朋友，内交于孺子父母，恶其声而然，即人欲耳。……任私用意，杜撰用事，所谓人欲肆矣。……所谓天者，理而已。只如视听动作，一切是天。天命有德，便五服五章；天讨有罪，便五刑五用。浑不是杜撰做作来。学者只须明天理是自然的道理，移易不得……明道尝曰："吾学虽有所受，天理二字，却是自家拈出来。"（《上蔡语录》卷上，《正谊堂全书》本，页五）

此所谓天理者，即指一种自然趋势而言。此段末引明道，似可认系讲述明道之意。其所说之大意，与上引明道之言，意亦相合。其以"任私用意，杜撰用事"为人欲，亦与明道《定性书》意同（详下）。在《遗书》中明道亦言："天者，理也。"（《遗书》卷十一，页十四）《遗书》中又有一条云：

万物只是一个天理，己何与焉？至如言："天讨有罪，五刑五用哉；天命有德，五服五章哉。"此都只是天理自然当如此，人几时与？与则便是私意。有善有恶，善则理当喜，如五服自有一个次第，以章显之。恶则理当怒，彼自绝于理，故五刑五用，曷尝容心喜怒于其间哉？（《遗书》卷二上，页十八）

此条未标明为二先生中何人所说。但其大意，则与上引谢良佐所说意同，与明道《定性书》亦同（详下），故似为明道所说也。

至少有一点可确定者，即《遗书》中言及天理或理诸条，其标明为明道所说者，不言理离物而独存；其标明为伊川所说者，则颇注重此点。伊川所谓之理，略如希腊哲学中之概念或形式。以后道学中之理学一派，皆如此主张。此派如此主张，似受所谓象数之学之影响。在希腊哲学中，柏拉图受毕达哥拉学派之影响，立其概念说。盖数为抽象的，离具体的事物而有独立的性质。柏拉图受此暗示，以概念亦有其独立性质。除具体的世界外，尚有概念之世界，离时空而永存。道学中之理学一派亦受所谓象数之学之影响，立"理"与"气"之分；气为质而理为式；上文已言。质在时空之内，为具体的事物之原质，可以有变化成毁。式则不在时空之内，无变化而永存。以道学家之术语言之，则气及一切具体的事物为形而下者；理则为形而上者也。

至于明道所谓之天理或理，则即具体的事物之自然趋势，非离事物而有者。以后道学中之心学一派，皆不以为理乃离物而有者。故本书谓明道乃以后心学之先驱，而伊川乃以后理学之先驱也。兄弟二人，开一代思想之二大派，亦可谓罕有者矣。

（2）对于佛氏之批评

吾人既知天理，则应即顺之而行。若佛氏者，即不顺天理而别有私意造作者也。明道云：

圣人致公心，尽天地万物之理，各当其分。佛氏总为一己之私，是安得同乎？圣人循理，故平直而易行。异端造作，大小大费力，非自然也，故失之远。（《遗书》卷十四，页二）

伊川云：

释氏之学，又不可道他不知，亦尽及乎高深。然要之卒归乎自私自利之规模。何以言之？天地之间，有生便有死，有乐便有哀。释氏所在，便须觅一个纤奸打讹处。言免生死，齐烦恼，卒归乎自私。（《遗

书》卷十五，页十）

又云：

释氏要屏事不问，这事是合有耶？合无耶？若是合有，又安可屏？若是合无，自然无了，更屏什么？彼方外者，苟且务静，乃远迹山林之间，盖非理明者也。（《遗书》卷十八，页十四）

释氏不明"理"，故其教亦不合"理"也。

（3）形上，形下

明道、伊川对于理之见解之不同，又可于二人对于形上形下之见解之不同中见之。明道不以理为离物而有，故对于形上形下之分不十分注重。明道云：

《系辞》曰："形而上者谓之道，形而下者谓之器。"又曰："立天之道，曰阴与阳；立地之道，曰柔与刚；立人之道，曰仁与义。"又曰："一阴一阳之谓道。"阴阳亦形而下者也，而曰道者，惟此语截得上下最分明。元来只此是道，要在人默而识之也。（《遗书》卷十一，页二）

又《遗书》云：

盖上天之载，无声无臭，其体则谓之易，其理则谓之道，其用则谓之神，其命于人则谓之性，率性则谓之道，修道则谓之教。孟子在其中，又发挥出浩然之气，可谓尽矣。故说神如在其上，如在其左右。大小疑事而只曰"诚之不可掩如此夫"。彻上彻下，不过如此。形而上为道，形而下为器；须著如此说。器亦道，道亦器；但得道在，不系今与后，己与人。（《遗书》卷一，页五）

此第二条未注明为二先生中何人所说。但似可视为系明道所说，因其与第一条意相同也。阴阳为有盛衰消长之气，故亦为形而下者。而云："元来只此是道。""形而上为道，形而下为器，须著如此说。""须著如此说"者，言只可如此说耳；实在"器亦道，道亦器"也。后来心学一派，即不为形上形下之分，与理学一派大异。

伊川则对于形上形下之分，极为注重。伊川云：

一阴一阳之谓道。道非阴阳也，所以一阴一阳者道也。(《遗书》卷三，页八)

又云：

离了阴阳便无道；所以阴阳者是道也。阴阳，气也。气是形而下者，道是形而上者；形而上者，则是密也。(《遗书》卷十五，页二十)

"形而上者"，"形而下者"，本《易·系辞》中二语，依理学家所与之意义，则形而下者之器，即在时空中之具体的事物；形而上者之道，即超时空而永存之抽象的理也。形上见于形下；无形下之器，则形上之道不可见。故曰："离了阴阳便无道。"然道乃"所以一阴一阳者"；"所以一阴一阳者"非阴阳，故云"道非阴阳"也。此注重形上形下之分，理学一派皆如此。上述理学家所与形上形下之意义，亦至朱子始完备。

《遗书》又云：

今日须是自家言下照得理分明，则不走作。形而上形而下者，亦须更分明须得。(《遗书》卷二上，页二十五)

此未注明为二先生中何人所说，似亦伊川之言也。

(4) 气

明道未多言气；伊川则多言之。伊川以为物之始有，皆由气化。伊川云：

陨石无种，种于气。麟亦无种，亦气化。厥初生民亦如是。至如海滨露出沙滩，便有百种禽兽草木，无种而生。……若已有人类，则必无气化之人。(《遗书》卷十五，页十九)

具体的物之成毁，由于气之聚散。横渠此意，伊川虽未明言，但似亦用之。不过伊川以为已散之气，已散即归无有，其再聚之气，乃新生者。伊川云：

> 若谓既返之气，复将为方伸之气，必资于此，则殊与天地之化不相似。天地之化，自然生生不穷，更何复资于既毙之形，既返之气，以为造化。近取诸身，其开阖往来见之鼻息。然不必须假吸复入以为呼。气则自然生。人气之生，生于真元。天之气亦自然生生不穷。（《遗书》卷十五，页六）

又云：

> 凡物之散，其气遂尽，无复归本元之理。天地如洪炉，虽生物销铄亦尽。况既散之气，岂有复在？天地造化，又焉用此既散之气？其造化者，自是生气。（同上，页二十一）

所谓"真元"亦是气。伊川云：

> 真元之气，气之所由生，不与外气相杂，但以外气涵养而已。……人居天地气中，与鱼在水无异。（同上，页二十四）

人居天地气中，所呼吸之气，乃外气也。人呼出之气，乃真元所新生者，非其所吸入之气也。此真元之气，性质如何，伊川未明言。

（5）性

关于性，明道亦所言甚少。明道云：

> 言天之自然者，谓之天道。言天之付与万物者，谓之天命。（《遗书》卷十一，页八）

又云：

> 一阴一阳之谓道，自然之道也。继之者善也。出道则有用，元者善之长也。成之者却只是性，各正性命者也。（《遗书》卷十二，页一）

明道此意，即以为性即人所得于道，即自道所出者，亦可谓天所付与者。就其为天所付与者而言，则谓之曰命；就其为人所得于天而得以生而言，则谓之曰性。

《遗书》中又云：

生之谓性，性即气，气即性，生之谓也。人生气禀，理有善恶，然不是性中元有此两物相对而生也。有自幼而善，有自幼而恶，是气禀自然也。善固性也，然恶亦不可不谓之性也。盖生之谓性，"人生而静"以上不容说，才说性时，便已不是性也。凡人说性，只是说"继之者善也"，孟子言人性善，是也。夫所谓继之者善也者，犹水流而就下也。皆水也，有流而至海，终无所污，此何烦人力之为也。有流而未远，固已渐浊；有出而甚远，方有所浊；有浊之多者，有浊之少者；清浊虽不同，然不可以浊者不为水也。如此，则人不可以不加澄治之功。故用力敏勇则疾清，用力怠缓则迟清。及其清也，则却只是元初水也。亦不是将清来换却浊，亦不是取出浊来，置在一隅也。(《遗书》卷一，页十至十一)

此一条未注明为二先生中何人所说[注]；其意以为人为一具体的物，其生必依乎气；其所依之气，即其气禀也。既须依气，则其所得于道者，在其生时，即已混入气禀。"成之者却只是性"，言必就已成之具体的物，方可言性。故人之性，就其本体而言，固为至善；但人之生，既已依于气，故言人性时，即已带气禀言之。故云："性即气，气即性。"《礼记·乐记》云："人生而静，天之性也。感于物而动，性之欲也。"《易·系辞》云："一阴一阳之谓道，继之者善也；成之者性也。"凡说性善时，乃就"成之者性也"以前说。故云："生之谓性，人生而静以上不容说，才说性便已不是性也。凡人说性，只是说继之者善也。"人之气禀，理有善恶，犹水有清浊，故须加以澄治之功，使性复

[注] 《朱子文集》卷六十七有《明道论性说》，以此为明道所说。

于"人生而静以上不容说"之境界。

伊川云：

在天为命，在义为理，在人为性，主于身为心，其实一也。心本善；发于思虑，则有善有不善。若既发则可谓之情，不可谓之心。(《遗书》卷十八，页二十四)

又云：

孟子言人性善是也；虽荀扬亦不知性也。孟子所以独出诸儒者，以能明性也，性无不善；而有不善者，才也。性即是理，理则自尧舜至于涂人一也。才禀于气；气有清浊，禀其清者为贤，禀其浊者为愚。(《遗书》卷十八，页二十四至二十五)

又云：

性出于天；才出于气，气清则才清，气浊则才浊。……譬犹木焉，曲直者，性也。可以为轮辕，可以为梁栋，可以为榱桷者，才也。才则有善与不善；性则无不善。(《遗书》卷十九，页六)

性即人所得于理，"性即是理"。理无不善。但因一具体的人既为一具体的人，则须依乎气。气有清浊，故人有贤愚之不齐。此人之气禀一方面，伊川谓之为才。才即材料之意。既发则谓之情。如仁为性，"恻隐则属爱，乃情也，非性也。因其恻隐之心，知其有仁"(《遗书》卷十五，页二十七)。盖性不可见，可见者惟其发于情者耳。此点朱子后更加发挥。

（6）阴阳、善恶之消长

明道未多言及气禀。其论恶之来源云：

天下善恶皆天理。谓之恶者非本恶；但或过或不及便如此，如杨墨之类。(《遗书》卷二上，页二)

明道伊川皆以为恶亦世界中所必有者，明道云：

事有善有恶，皆天理也。天理中，物须有美恶。盖物之不齐，物之情也。但当察之，不可自入于恶，流于一物。(《遗书》卷二上，页四)

又云：

万物莫不有对；一阴一阳，一善一恶；阳长则阴消，善增则恶减。斯理也，推之其远乎？人只要知此耳。(《遗书》卷十一，页六)

伊川云：

天地之间皆有对，有阴则有阳，有善则有恶。君子小人之气常停，不可都生君子。但六分君子则治，六分小人则乱。七分君子则大治，七分小人则大乱。……虽尧、舜之世，然于其家，乖戾之气，亦生朱、均。在朝则有四凶，久而不去。(《遗书》卷十五，页二十)

具体的事物，有成即有坏；有盛即有衰，亦因理本如此。《遗书》云：

理之盛衰之说，与释氏初劫之言如何？……彼其言成住坏空。曰：成坏则可，住与空则非也。如小儿既生，亦日日长行，元不会住。佗本理只是一个消长盈亏耳，更没别事。(卷二上，页二十三。此卷为二先生语，未注明二人中何人所说)

伊川云：

且以历代言之，二帝三王为盛，后世为衰。一代言之，文武成康为盛，幽厉平桓为衰。以一君言之，开元为盛，天宝为衰。以一岁则春夏为盛，秋冬为衰。以一月则上旬为盛，下旬为衰。以一日则寅卯为盛，戌亥为衰。一时亦然。如人生百年，五十以前为盛，五十以后为衰。然有衰而复盛者，有衰而不复反者。……若论天地大运，举其大体而言，则有日衰削之理。(《遗书》卷十八，页十九)

此所说与康节之说同(参看上章第二节第五目)，或二程本述康节之说也。

（7）明道所说之修养方法

明道以为吾人实本来与天地万物为一体，不过吾人多执个体以为我，遂将我与世界分开。吾人修养之目的，即在于破除此界限而回复于万物一体之境界。明道云：

天地之大德曰生。天地絪缊，万物化醇。生之谓性。万物之生意最可观，此元者善之长也，斯所谓仁也。仁与天地一物也，而人特自小之，何哉？（《遗书》卷十一，页四）

又云：

医书言手足痿痹为不仁；此言最善名状。仁者以天地万物为一体，莫非己也。认得为己，何所不至？若不有诸己，自不与己相干。如手足不仁，气已不贯，皆不属己。故博施济众，乃圣人之功用。（《遗书》卷二上，页二至三）

宇宙乃一生之大流，乃一大仁。人之有仁之德者，即能以天地万物为一体者也。至所以达此境界之方法，明道云：

学者须先识仁。仁者浑然与物同体，义礼智信皆仁也。识得此理，以诚敬存之而已。不须防检，不须穷索。若心懈，则有防；心苟不懈，何防之有？理有未得，故须穷索；存久自明，安待穷索？此道与物无对，大不足以明之。天地之用，皆我之用。孟子言万物皆备于我，须反身而诚，乃为大乐。若反身未诚，则犹是二物有对，以己合彼，终未有之，又安得乐？《订顽》意思（横渠《西铭》，旧名《订顽》），乃备言此体，以此意存之，更有何事。必有事焉，而勿正，心勿忘，勿助长，未尝致纤毫之力，此其存之之道。若存得便合有得，盖良知良能，元不丧失，以昔日习心未除，却须存习此心，久则可夺旧习。此理至约，惟患不能守。既能体之而乐，亦不患不能守也。（《遗书》卷二上，页四）

又云：

学者不必远求,近取诸身,只明天理,敬而已矣,便是约处。……故有道有理,天人一也,更不分别。浩然之气,乃吾气也。养而不害,则塞乎天地。一为私心所蔽,则欿然而馁,知其小也。思无邪,无不敬,只此二句,循而行之,安得有差。有差者皆由不敬不正也。(《遗书》卷二上,页七)

吾人但知天地万物,本与我为一体,"识得此理"之后,即常记而不忘。一切行事,皆本此心作之。此即所谓"以诚敬存之",亦即所谓"必有事焉"。只此久而久之,自可达到万物一体之境界。此外更不必防检,不必穷索,再有防检穷索,即是"助长"。《遗书》中有一条云:

学者须敬守此心,不可急迫。当栽培深厚,涵泳于其间,然后可以自得。但急迫求之,只是私己,终不足以达道。(《遗书》卷二上,页二)

有心求速效之心,仍是私心,仍须除之。只"必有事焉",勿忘之,亦勿助之。此外不致纤毫之力,久之自能达到万物一体之境界。此实"至约"之方法也。"学者须敬守此心"云云,虽未标明为明道之言,然明道实可如此说。

吾人若能一任天理之自然,不杂私意于其间,则吾人之心空如明镜。一物之来,其形容状态,镜中之影,各如其状。镜虽不废照物,而其本身不动。明道《答张横渠书》云:

承教谕以定性未能不动,犹累于外物。此贤者虑之熟矣,尚何俟小子之言。然尝思之矣,敢贡其说于左右。所谓定者,动亦定,静亦定,无将迎,无内外。苟以外物为外,牵己而从之,是以己性为有内外也。且以己性为随物于外,则当其在外时,何者为在内?是有意于绝外诱,而不知性之无内外也。既以内外为二本,则又乌可遽语定哉?夫天地之常,以其心普万物而无心;圣人之常,以其情顺万事而无情。故君子之学，莫若廓然而大公，物来而顺应。《易》曰："贞吉悔亡，憧憧往来，朋从尔思。"苟规规于外诱之除，将见灭于东，而生于西也。非惟日之不足，顾其端无穷，不可得而除也。人之情各有所蔽，故不能适道，大率患在于自私而用智。自私则不能以有为为应迹；用智则不能以明觉为自然。今以恶外物之心，而求照无物之地，是反鉴而索照也。《易》曰："艮其背，不获其身；行其庭，不见其人。"孟氏亦曰："所恶于智者，为其凿也。"与其非外而是内，不若内外之两忘也。两忘则澄然无事矣。无事则定，定则明，明则尚何应物之为累哉？圣人之喜，以物之当喜；圣人之怒，以物之当怒；是圣人之喜怒，不系于心，而系于物也。是则圣人岂不应于物哉？乌得以从外者为非，而更求在内者为是也。今以自私用智之喜怒，而视圣人喜怒之正，为何如哉？夫人之情，易发而难制者，惟怒为甚。能于怒时，遽忘其怒，而观理之是非，亦可见外诱之不足恶，而于道亦思过半矣。（《明道文集》卷三，页一）

伊川有论颜回不迁怒之语，可与明道此书相发明。伊川云：

须是理会得因何不迁怒。如舜之诛四凶，怒在四凶，舜何与焉。盖因是人有可怒之事而怒之，圣人之心，本无怒也。譬如明镜，好物来时，便见是好；恶物来时，便见是恶；镜何尝有好恶也。世之人固有怒于室而色于市。……若圣人因物而未尝有怒。……君子役物，小人役于物。今人见有可喜可怒之事，自家著一分陪奉他，此亦劳矣。圣人心如止水。（《遗书》卷十八，页三十一）

庄子谓："至人之用心若镜，不将不迎，应而不藏，故能胜物而不伤。"（《庄子·应帝王》）道学家亦谓吾人之"用心"应如此。不过道家心所应之物，不包情感在内。道家应付情感之方法，乃以理化情（参看第一篇第十章第五节）；能以理化情者，自无情感。道学家主张情感可有，但吾人有情感之时，应以情感为非我有。见可喜可恶之事，圣人亦有喜怒之情感。但非圣人喜怒，乃其事可喜可怒也。惟其如此，故其事既过去，圣人喜怒之情感亦亡。此颜回所以能不迁怒也。若常人则自有其怒，故可怒之事既去，而仍有怒心，见不可怒者亦怒之。此所谓迁怒也。"圣人之常，以其情顺万事而无情。"康节所谓"以物喜物，以物悲物"，与此意同。其所以如此之方法，则在于不自私，不用智。不自私则"廓然而大公"；不用智则"物来而顺应"。能如此则吾人之心，即可寂而常照，照而常寂矣。

能修养至与万物为一体之最高境界，则吾人之性，即得其至大之发展。是谓尽性。明道云：

穷理尽性以至于命。三事一时并了，元无次序。不可将穷理作知之事。若实穷得理，则性命亦可了。（《遗书》卷二上，页三）

"若实穷得理，则性命亦可了"者，明道谓："学者须先识仁。""识得此理，以诚敬存之而已。"存之不已，而达到与万物为一体之境界。此即所谓穷理，亦即所谓尽性，至命。故"若实穷得理，则性命亦可了"也。故"不可将穷理作知之事"也。

（8）伊川所说之修养方法

伊川所说之修养法，注重穷理；而其所讲穷理，则近于"知之事"。伊川云：

涵养须用敬；进学则在致知。（《遗书》卷十八，页七）

伊川言用敬之功效云：

敬以直内，有主于内则虚，自然无非僻之心，如是则安得不虚。必有事焉，须把敬来做件事著。此道最是简，最是易，又省工夫，为此语虽近似常人所论，然持之久必别。（《遗书》卷十五，页七）

又云：

（吕与叔尝问为思虑纷扰，某答以）但为心无主。若主于敬，则自

然不纷扰。譬如以一壶水,投于水中。壶中既实,虽江湖之水,不能入矣。(《遗书》卷十八,页十)

敬则心中虚,亦可谓心中实。总之,敬即孟子所谓"必有事焉"之工夫也。

濂溪主静,二程主敬;敬与静不同。伊川云:

敬则自虚静,不可把虚静唤做敬。(《遗书》卷十五,页十五)

又云:

才说静,便入于释氏之说也。不用静字,只用敬字。才说著静字,便是忘也。孟子曰:"必有事焉,而勿正,心勿忘,勿助长也。""必有事焉"便是"心勿忘","勿正"便是"勿助长"。(《遗书》卷十八,页八)

明道《定性书》亦言定不言静。盖定可统动静而言,而静则不能也。

伊川又论致知之义云:

(或问进修之术何先?曰:)莫先于正心诚意。诚意在致知;致知在格物。格,至也,如祖考来格之格。凡一物上有一理,须是穷致其理。穷理亦多端,或读书讲明义理;或论古今人物,别其是非;或应事接物而处其当;皆穷理也。或问格物须物物格之,还只格一物而万理皆知?曰:怎生便会该通?若只格一物,便通众理,虽颜子亦不敢如此道。须是今日格一件,明日又格一件。积习既久,然后脱然自有贯通处。(《遗书》卷十八,页七)

格物之工夫,使吾人对于事物真知其理。有真知者必能行。伊川云:

实理者,实见得是,实见非。凡实理得之于心自别。若耳闻口道者,心实不见。若见得,必不肯安于所不安。……蹈水火则人皆避之,是实见得。须有近不善如探汤之心，则自然别。昔若经伤于虎者，他人语虎，则虽三尺童子，皆知虎之可畏，终不似曾经伤者，神色慑惧，至诚畏之，是实见得也。(《遗书》卷十五，页五)

格物之工夫，即所以使吾人见事物之实理也。伊川又云：

知至则当至之，知终则当遂终之。须以知为本。知之深则行之必至。无有知而不能行者。知而不能行，只是知得浅。饥而不食乌喙，人而不蹈水火，只是知。人为不善，只为不知。(同上，页二十二)

此伊川知行合一之说也。

格物既久，所以能"脱然自有贯通处"者，因吾人之心中，本具众理。故穷理者，穷物之理，亦即穷吾人心中之理也。伊川云：

(问观物察己，还因见物反求诸身否？曰：)不必如此说，物我一理，才明彼，即晓此，合内外之道也。(《遗书》卷十八，页十二)

惟其如此，故能穷理者，工夫之极，亦可脱然而悟吾心之全体也。吾人之心即天地之心。伊川云：

一人之心即天地之心。一物之理即万物之理。一日之运即一岁之运。(《遗书》卷二上，页一)

故伊川亦云：

穷理尽性至命，只是一事。才穷理便尽性；才尽性便至命。(《遗书》卷十八，页十二)

此言与明道同，但其含义则异，因明道所谓穷理，与伊川不同也。

由上可知，就修养方法言，程氏兄弟亦为以后理学心学二派之前驱。涵养须用敬，明道亦如此说。但明道须先"识得此理"，然后以诚敬存之。此即后来心学一派所说"先立乎其大者"者也。伊川则一方面用敬涵养，勿使非僻之心生，一方面今日格一物，明日格一物，以求"脱然自有贯通处"。此说朱子发挥之。当于下章更加详论。

第十三章　朱子

道学家中，集周邵张程之大成，作理学一派之完成者为朱子。《宋史·道学传》曰：

朱熹，字元晦，一字仲晦。徽州婺源人。……熹之学，既博求之经传，复遍交当时有识之士。延平李侗，老矣，尝学于罗从彦；熹归自同安，不远数百里，徒步往从之。……黄榦曰：道之正统，待人而后传。自周以来，任传道之责者，不过数人。而其能使斯道彰彰较著者，一二人而止耳。由孔子而后，曾子、子思继甚微，至孟子而始著。由孟子而后，周程张子继其绝，至熹而始著。识者以为知言。（《宋史》卷四百二十九，同文影殿刊本，页一至二十一）

《宋史》称朱子卒于宁宗庆元六年（西历1200年），年七十一。上距程伊川之卒，已将百年矣。李侗学于罗从彦，罗从彦学于杨时，杨时则程氏弟兄之弟子。故朱子自以其学为接续程门之传。谓"河南程氏两夫子出，而有以接乎孟氏之传……虽以熹之不敏，亦幸私淑而与有闻焉"（《大学章句》序）。黄榦所说，朱子实亦以之自命也。

（一）理、太极

朱子之形上学，系以周濂溪之《太极图说》为骨干，而以康节所讲之数，横渠所说之气，及程氏弟兄所说形上形下及理气之分融合之。故朱子之学，可谓集其以前道学家之大成也。关于形上之道与形下之器之分，朱子云：

凡有形有象者，即器也；所以为是器之理者，则道也。(《与陆子静书》，《文集》卷三十六，《四部丛刊》本，页十四)

所谓道，即指抽象的原理或概念；所谓器，即指具体的事物。故朱子云：

形而上者，无形无影是此理。形而下者，有情有状是此器。(《语类》卷九十五，应元书院同治刊本，页六)

又云：

无极而太极，不是说有个物事，光辉辉地在那里。只是说当初皆无一物，只有此理而已。……惟其理有许多，故物有许多。(《语类》卷九十四，页二十一至二十二)

以现在哲学中之术语言之，则所谓形而上者，超时空而潜存（Subsist）者也；所谓形而下者，在时空而存在（Exist）者也。超时空者，无形象可见。故所谓太极，"不是说有个物事光辉辉地在那里"。此所谓"无极而太极"也。朱子云："无极而太极，只是说无形而有理。"(《语类》卷九十四，页一)

"惟其理有许多，故物有许多。"无此理则不能有此物也。朱子云：

做出那事，便是这里有那理。凡天地生出那物，便是那里有那理。(《语类》卷一百一，页二十六)

不仅天然之物各有其理，即人为之物亦各有其理。《语类》云：

问：枯槁之物亦有性是如何？曰：是他合下有此理。故曰：天下无性外之物。因行阶云：阶砖便有砖之理。因坐云：竹椅便有竹椅之理。(《语类》卷四，页六)

又云：

问：理是人物同得于天者，如物之无情者亦有理否？曰：固是有理。如舟只可行之于水，车只可行之于陆。(同上)

天下之物，无论其是天然的或人为的，皆有其所以然之理，其理并在其物之先。朱子云：

若在理上看，则虽未有物而已有物之理。然亦但有其理而已，未尝实有是物也。(《答刘叔文》，《文集》卷四十六，页二十六)

如尚未有舟车之时，舟车之理或舟车之概念已先在。然其时只有概念而无实例，所谓"但有其理而已，未尝实有是物也"。所谓发明舟车，不过发现舟车之理而依之以作出实际的舟车，即舟车之概念之实例而已。故凡可能有之物，无论其是天然的或人为的，在形而上之理世界中，本已具有其理。故形而上之理世界，实已极完全之世界也。《语类》云：

徐问：天地未判时，下面许多都已有否？曰：只是都有此理。天地生物千万年，古今只不离许多物。(《语类》卷一，页三)

"天地未判时，下面许多"，即一切可有之物也。"天地未判时"，其物虽未有，其理先已"都有"，"天地生物千万年，古今只不离许多物"。盖有理者能有，无理者不能有也。

[注]《语类》又云："问：未有一物之时如何？曰：是有天下公共之理，未有一物所具之理。"(《语类》卷九十四，页八) 与此说异。

一事物之理，即其事物之最完全的形式，亦即其事物之最高的标准；此所谓极也。《语类》云：

事事物物，皆有个极，是道理极至。蒋元进曰：如君之仁，臣之敬，便是极。先生曰：此是一事一物之极。总天地万物之理，便是太极。太极本无此名，只是个表德。(《语类》卷九十四，页十一)

太极即天地万物之理之总和，而亦即天地万物之最高标准也。朱子云：

太极只是个极好至善的道理。……周子所谓太极，是天地人物万善至好的表德。(《语类》卷九十四，页七)

由此而言，就其为天地万物之最高标准言，则太极即如柏拉图所谓好之概念，亚里士多德所谓上帝也。

太极乃天地万物之理之总和，故太极之中，万理毕具。朱子云：

太极是五行阴阳之理皆有，不是空的物事。若是空时，如释氏说性相似。又曰：释氏只见得个皮壳，里面许多道理，他却不见。他皆以君臣父子为幻妄。(《语类》卷九十四，页二)

又云：

此有李伯闻者，旧尝学佛，自以学有所见，辩论累年，不肯少屈。近尝来访，复理前语。熹因问"天命之谓性"，此句谓空无一法耶？谓万理毕具耶？若空，则浮屠胜；果实，则儒者是。此亦不待两言而决矣。(《答张敬夫》，《文集》卷三十一，页二)

又云：

太极，形而上之道也；阴阳，形而下之器也。是以自其著者而观之，则动静不同时，阴阳不同位，而太极无不在焉。自其微者而观之，则冲穆无朕，而动静阴阳之理，已悉具于其中矣。(《太极图说》注，《濂溪集》卷一，页七)

自其著者而观之，即在具体事物中观之；自其微者而观之，即就太极之本体观之也。太极无形象，而其中万理毕具；所谓"冲穆无朕，而动静阴阳之理，已悉具于其中矣"。朱子就此点指出道学与佛学之不同，当于下第七节详论之。

太极永久是有，朱子云：

有此理后，方有此气。既有此气，然后此理有安顿处。大而天地，细而蝼蚁,其生皆是如此。……要之理之一字,不可以有无论,未有天地之时,便已如此了也。(《答杨志仁》,《文集》卷五十八,页十一)

"大而天地,细而蝼蚁",皆先有其理,而后具体的个体方能生出。"理不可以有无论",盖理永久是有,所谓"未有天地之时,便已如此了也"。太极为理之全体,亦是如此。太极亦不在空间,朱子云:

太极无方所,无形体,无地位可顿放。(《语类》卷九十四,页五)

太极亦无动静,《文集》云:

问:《太极图》曰:……太极动而生阳;动极而静,静而生阴。太极理也,理如何动静?有形则有动静;太极无形,恐不可以动静言。南轩云:太极不能无动静,未达其意。曰:理有动静,故气有动静。若理无动静,则气何自而有动静乎?(《答郑子上》,《文集》卷五十六,页三十六)

《语类》云:

有这动之理,便能动而生阳;有这静之理,便能静而生阴。既动则理又在动之中,既静则理又在静之中。曰:动静是气也。有此理为气之主,气便能如此否?曰:是也。(《语类》卷九十四,页九)

"动静是气也。"太极中有动静之理,故气得本此理以有动静之实例。其动者便为阳,其静者便为阴。阴阳亦形而下者(朱子云:"既曰气便是有个物事;此谓形而下者。"——《语类》卷九十四,页二六)。至于形而上之动静之理,则无动无静,所谓"不可以动静言"也。

每一事物,不但具有此事物之所以然之理,其中且具太极之全体。朱子云:

人人有一太极,物物有一太极。(《语类》卷九十四,页七)

又云:

"万一各正,小大有定。"言万个是一个,一个是万个。盖统体是一

太极。然又一物各具一太极。(《语类》卷九十四，页四十一)

《语类》又云：

问：《理性命》章注云："自其本而之末，则一理之实而万物分之以为体，故万物各有一太极。"如此，则是太极有分裂乎？曰：本只是一太极，而万物各有禀受，又自各全具一太极尔。如月在天，只一而已。及散在江湖，则随处而见，不可谓月已分也。(《语类》卷九十四，页四十一)

由此而言，则一切事物中，除其自己之所以然之理外，且具有太极，即一切理之全体。太极在一切物中，亦"不是割成片去，只如月印万川相似"(《语类》卷九十四，页四十一)。此与华严宗所谓因陀罗网境界，及天台宗一一事物，是如来藏全体，其中有一切法性之说相似。朱子想亦受其说之影响。不过华严宗所谓因陀罗网境界，乃谓一具体的事物中，含有一切具体的事物；天台宗所谓一一法性，乃一一事物之潜能；朱子则谓一具体的事物，具有一太极，即一切事物之理。一切事物之理，并非一切事物，亦非一切事物之潜能也。一类事物之理，若何可同时现于其类之一切个体中。此点朱子未明言，推其意亦可用"月印万川"之喻说之。

（二）气

形而上之理世界中只有理。至于此形而下之具体的世界之构成，则赖于气。理即如希腊哲学中所说之形式（Form），气即如希腊哲学所说之材料（Matter）也。

朱子云：

天地之间，有理有气。理也者，形而上之道也，生物之本也；气也者,形而下之器也,生物之具也。是以人物之生,必禀此理,然后有性,必禀此气,然后有形。(《答黄道夫书》,《文集》卷五十八,页五)

又云:

疑此气是依傍这理行。及此气之聚,则理亦在焉。盖气则能凝结造作;理却无情意,无计度,无造作。只此气凝聚处,理便在其中。且如天地间人物草木鸟兽,其生也莫不有种,定不会无种子白地生出一个物事。这个都是气,若理则只是个净洁空阔的世界,无形迹,他却不会造作。气则能酝酿凝聚生物也。但有此气,则理便在其中。(《语类》卷一,页三)

理世界为一"无形迹"之"净洁空阔的世界"。理在其中,"无情意,无计度,无造作"。此其所以为超时空而永久(Eternal)也。此具体的世界为气所造作;气之造作必依理。如人以砖瓦木石建造一房;砖瓦木石虽为必需,然亦必须先有房之形式,而后人方能用此砖瓦木石以建筑此房。砖瓦木石,形下之器,建筑此房之具也;房之形式,形上之理,建筑此房之本也。及此房成,而理即房之形式,亦在其中矣。

依逻辑言,理虽另有一世界;就事实言,则理即在具体的事物之中。《语类》云:

理在气中发现处如何?曰:如阴阳五行错综不失条绪,便是理。若气不结聚时,理亦无所附着。(《语类》卷一,页三)

又云:

理搭在阴阳上,如人跨马相似。(《语类》卷九十四,页十)

气不结聚,则理无所附着,即理不能表现为具体的物也。具体的物中之秩序条理,即理在气中之发现处。

至于理气为有之先后,朱子云:

未有这事,先有这理。如未有君臣,已先有君臣之理。未有父子,

已先有父子之理。不成元无此理，直待有君臣父子，却旋将道理入在里面。(《语类》卷九十五，页二十一)

又云：

太极只是天地万物之理。在天地言，则天地中有太极；在万物言，则万物中各有太极。未有天地之先，毕竟是先有此理。(《语类》卷一，页一)

又云：

未有天地之先，毕竟也只是理。有此理便有此天地。若无此理，便亦无天地，无人无物，都无该载了。有理便有气，流行发育万物。(同上)

《语类》又云：

问：先有理抑先有气？曰：理未尝离乎气。然理形而上者，气形而下者。自形而上下言，岂无先后？(《语类》卷一，页二)

又云：

或问必有是理，然后有是气。如何？曰：此本无先后之可言。然必欲推其所从来，则须说先有是理。(同上)

就朱子之系统言，一理必在其个体事例之先，盖若无此理，即不必有此个体事例也。至于理与普通的气为有之先后，则须自两方面言之：盖依事实言，则有理即有气，所谓"动静无端，阴阳无始"；若就逻辑言，则"须说先有是理"。盖理为超时空而不变者，气则为在时空而变化者。就此点言，必"须说先有是理"。

理之全体，即是太极。周濂溪《太极图说》云："无极而太极。"朱子云：

周子所以谓之无极，正以其无方所，无形状，以为在无物之前，而未尝不立于有物之后。以为在阴阳之外，而未尝不行乎阴阳之中。以为

通贯全体，无乎不载，则又初无声臭影响之可言也。(《答陆子静书》，《文集》卷三十六，页十)

此本以前道家形容所谓道之恒言，然就上所述观之，则朱子此言，内容充实多矣。

［注］周濂溪谓："太极动而生阳；动极而静，静而生阴。"此言在朱子系统中为不通之论。盖在朱子系统中，吾人只能言，太极有动之理，故气动而为阳气。太极有静之理，故气静而为阴气。濂溪之太极，依朱子之系统言，盖亦形而下者。濂溪之"无极而太极"，实近老子"天地万物生于有，有生于无"之说。陆象山指出此点，是矣(《与朱元晦书》，《象山全集》卷二，《四部丛刊》本，页十一)。朱子虽用濂溪之说，而其对于濂溪之解释，则不必即濂溪之意也。

（三）天地人物之生成

太极中有动静之理，气因此理而有实际的动静。气之动者，即流行而为阳气；气之静者，即凝聚而为阴气。朱子即濂溪《太极图说》言之云：

一动一静，互为其根。动而静，静而动，开阖往来，更无休息。分阴分阳，两仪立焉。两仪是天地，与画卦两仪意思又别。……浑沦未判，阴阳之气，混合幽暗，及其既分，中间放得宽阔光朗，而两仪始立。康节以十二万九千六百年为一元，则是十二万九千六百年之前，又是一个大开阖。更以上亦复如此。直是动静无端，阴阳无始。小者大之影，只昼夜便可见。……阳变阴合，而生水、火、木、金、土。阴阳气也，生此五行之质，天地生物，五行独先。地即是土，土便包含许多金木之类。天地之间，何事而非五行？五行阴阳七者滚合，便是生物的材

料。五行顺布，四时行焉。金木水火，分属春夏秋冬，土则寄旺四季。(《语类》卷九十四，页三)

此以阴阳为气，五行为质。又云：

阴阳是气，五行是质。有这质所以做得事物出来。(《语类》卷一，页八)

又云：

气之清者为气，浊者为质。(《语类》卷三，页四)

气即生物的材料。具体的物之生，气为材料，理为形式。材料一名，正柏拉图亚里士多德所谓Matter之意。所谓质者，即较可见的材料。朱子云：

天地初间，只是阴阳之气。这一个气运行，磨来磨去，磨得急了，便楼去许多渣滓。里面无处出，便结成个地在中央。气之清者便为天，为日月，为星辰，只在外常周环运转。地便在中央不动，不是在下。(《语类》卷一，页五)

所谓质者，可知即此所谓渣滓也。

此楼出之渣滓，先细后粗。朱子云：

大抵天地生物，先其轻清，以及重浊。天一生水，地二生火。二物在五行中最轻清。金木复重于水火。土又重于金木。(《语类》卷九十四，页十七)

又云：

天地始初，混沌未分时，想只有水火二者。水之滓脚便成地，今登高而望，群山皆为波浪之状，便是水泛如此。只不知因什么时凝了，初间极软，后来方凝得硬。问：想得如潮水涌起沙相似。曰：然。水之极浊，便成地；火之极清，便成风霆雷电日星之属。(《语类》卷一，页六)

此谓五行之中，先有水火，后有土而成地，此具体的世界即构成矣。

此具体的世界亦一"器"，即亦一具体的物。具体的物，有成有坏；故此具体的世界，亦有成有坏。《语类》云：

太极之前，须有世界来，正如昨日之夜，今日之昼耳。阴阳亦一大阖辟也。又问：今推太极以前如此，后去又须如此？曰：固然。程子云："动静无端，阴阳无始。"此语见得分明。（《语类》卷九十四，页四）

又云：

问：动静无端，阴阳无始。曰：这不可说道有个始。他那有始之前，毕竟是个什么？他自是做一番天地了，坏了后又恁地做起来，那个有甚穷尽。（《语类》卷九十四，页十二）

所谓太极之前，意当谓系此具体的世界之前。此具体的世界未成之前，已有具体的世界；此具体的世界既坏之后，仍有具体的世界。如是成坏循环，继续无穷。

[注]《语类》中又一条云："问：自开辟以来，至今未万年，不知以前如何？曰：以前亦须如此一番明白来。又问：天地会坏否？曰：不会坏，只是相将人无道极了，便一齐打合混沌一番，人物都尽，又重新起。"（卷一，页七）此谓天地不坏，只其中人物有完全消灭之时，与上所说不同。

具体的世界中，每类生物之生，皆先由"气化"而后由"形生"。朱子云：

天地之初，如何讨个人种？自是气蒸结成两个人。……那两个人便如而今人身上虱，自然变化出来。（《语类》卷九十四，页十五）

此即所谓气化。朱子云：

气化是当初一个人无种，后日生出来底。形生却是有此一个人，后乃生生不穷底。（同上）

人之来源如此，他种生物之来源，当亦如此。

（四）人物之性

朱子云：

人之所以生，理与气合而已。天理固浩浩不穷，然非是气，则虽有是理而无所凑泊。故必二气交感，凝结生聚，然后是理有所附着。凡人之能言语动作，思虑营为，皆气也，而理存焉。（《语类》卷四，页十）

理与气合而成为具体的个人。此气中之理，即所谓性也。

不惟人有性，物亦有性。湛然谓"无情有性"（见本篇第九章第一节第八目），朱子或亦受其影响。朱子云：

天下无无性之物。盖有此物则有此性，无此物则无此性。（《语类》卷四，页一）

一物之性，即一物之理。《语类》云：

问：枯槁之物亦有性，是如何？曰：是他合下有此理。（《语类》卷四，页六）

又云：

问：曾见《答余方叔书》，以为枯槁有理，不知枯槁瓦砾，如何有理。曰：且如大黄附子，亦是枯槁，然大黄不可为附子，附子不可为大黄。（同上）

上文谓一物有一太极；每一物中皆有太极之全体。然在物中，仅其所以为其物之理能表现，而太极之全体所以不能表现者，则因物所禀之气蔽塞之也。《语类》云：

问：人物皆禀天地之理以为性，皆受天地之气以为形。……若在物言之，不知是所禀之理便有不全耶？亦是缘气禀之昏蔽故如此耶？曰：惟其所受之气只有许多，故其理亦只有许多。如犬马，他这形气如此，故只会得如此事。又问：物物具一太极，则是理无不全也。曰：谓之全亦可，谓之偏亦可。以理言之，则无不全；以气言之，则不能无偏。（同上，页二）

又云：

自一气而言之，则人物皆受是气而生；自精粗而言，则人得其气之正且通者，物得其气之偏且塞者。惟人得其正，故是理通而无所塞；物得其偏，故是理塞而无所知。……物之间有知者，不过只通得一路，如乌之知孝，獭之知祭。犬但能守御，牛但能耕而已。（同上，页十）

物所受之理，本无不全，但因其禀气较偏而塞，故理不能全显而似于偏也。如"犬马，他这形气如此，故只会得如此事"。即仅其所以为犬马之理，得有表现也。"其理亦只有许多。"就朱子之系统言之，应意谓其理亦只能表现此许多。

此具体的世界中之恶，皆由于此原因。《语类》云：

问：理无不善，则气胡为有清浊之殊？曰：才说著气，便自有寒有热，有香有臭。（同上，页十三）

又云：

二气五行，始何尝不正。只滚来滚去，便有不正。（同上）

盖理是完全至善的。然当其实现于气，则为气所累而不能完全。如圆之概念本是完全的圆，然及其实现于物质而为一具体的圆物，则其圆即不能是一绝对的圆矣。实际世界之不完全，皆由为气所累也。

惟气是如此，故即人而言，人亦有得气之清者，有得气之浊者。朱子云：

就人之所禀而言，又有昏明清浊之异。（同上）

禀气清明者为圣人，昏浊者为愚人。朱子以为如此说法，可将自孟荀以来儒家所争论之性善性恶问题，完全解决。《语类》云：

道夫问：气质之说，始于何人？曰：此起于张程。某以为极有功于圣门，有补于后学。读之使人深有感于张程，前此未曾有人说到此。如韩退之《原性》中说三品，说得也是，但不曾分明说是气质之性耳。性那里有三品来？孟子说性善，但说得本原处，下面却不曾说得气质之性，所以亦费分疏。诸子说性恶与善恶混。使张程之说早出，则这许多说话，自不用纷争。故张程之说立，则诸子之说泯矣。因举横渠："形而后有气质之性，善反之则天地之性存焉。故气质之性，君子有弗性者焉。"又举明道云："论性不论气不备，论气不论性不明。二之则不是。"且如只说个仁、义、礼、智是性，世间却有生出来便无状底，是如何？只是气禀如此。若不论那气，这道理便不周匝，所以不备。若只论气禀，这个善，这个恶，却不论那一原处只是这个道理，又却不明。此自孔子、曾子、子思、孟子理会得后，都无人说这道理。谦之问：天地之气，当其昏明驳杂之时，则其理亦随而昏明驳杂否？曰：理却只恁地，只是气自如此。（《语类》卷四，页十五）

朱子此处，虽谓只述张程之说，然朱子之讲气质之性，有其整个的哲学系统为根据。其说较张程完备多矣。

朱子谓："凡人之能言语动作，思虑营为，皆气也。"《语类》云：

问：灵处是心抑是性？曰：灵处只是心，不是性。性只是理。（《语类》卷五，页三）

又云：

问：知觉是心之灵固如此，抑气之为耶？曰：不专是气，是先有知觉之理。理未知觉，气聚成形，理与气合，便能知觉。譬如这烛火，是

因得这脂膏，便有许多光焰。（同上）

一切事物，皆有其理；故知觉亦有知觉之理。然知觉之理，只是理而已。至于知觉之具体的事例，则必"理与气合"，始能有之。盖一切之具体的事物，皆合材料与形式而成者也。理必合气，方能表现，如烛火之必依脂膏。吾人之知觉思虑，既皆在此具体的世界之中，故皆是气与理合以后之事也。吾人之知觉思虑，即所谓灵处，"灵处只是心，不是性。性只是理"。盖心能有具体的活动，理则不能如此也。

朱子又论心性与情之关系云：

性，情，心，惟孟子横渠说得好。仁是性，恻隐是情，须从心上发出来。心统性情者也。性只是合如此底，只是理，非有个物事。若是有底物事，则既有善，亦必有恶，惟其无此物，只有理，故无不善。（《语类》卷五，页十一）

性非具体的事物，故无不善。情亦是此具体的世界中之事物，故须从心上发出。性为气中之理，故亦可谓为在于心中。所以谓"心统性情"也。

朱子又论心性情与才之关系云：

性者心之理；情者心之动；才便是那情之会恁地者。情与才绝相近。但情是遇物而发，路陌曲折恁地去底；才是那会如此底。要之，千头万绪，皆是从心上来。（《语类》卷五，页十五）

又云：

才是心之力，是有气力去做底；心是管摄主宰者，此心之所以为大也。心譬水也，性，水之理也。性所以立乎水之静，情所以行乎水之动，欲则水之流而至于滥也。才者水之气力，所以能流者。然其流有急有缓，则是才之不同。伊川谓性禀于天，才禀于气，是也。只有性是一定，情与心与才，便合着气了。（《语类》卷五，页十四至十五）

凡人所禀之理皆同，故曰"只有性是一定"。至于气，则有清浊之不同；故在此方面，人有各种差异也。"欲则水之流而至于滥也"，理学家以欲与理，或人欲与天理对言，详下。

（五）道德及修养之方

在客观的理中，存有道德的原理。吾人之性，即客观的理之总合。故其中亦自有道德的原理，即仁、义、礼、智是也。朱子云：

仁、义、礼、智，性也。性无形影可以摸索，只是有这理耳。惟情乃可得而见，恻隐、羞恶、辞让、是非，是也。（《语类》卷六，页九）

又云：

心之所以会做许多，盖具得许多道理。又曰：何以见得有此四者？因其恻隐，知其有仁；因其羞恶，知其有义。（同上，页十）

理是形而上者，是抽象的，无迹象可寻。不过因吾人有恻隐之情，故可推知吾人性中有恻隐之理，即所谓仁。因吾人有羞恶之情，故可推知吾人性中有羞恶之理，即所谓义。因吾人有辞让之情，故可推知吾人性中有辞让之理，即所谓礼。因吾人有是非之情，故可推知吾人性中有是非之理，即所谓智。盖每一事物，必有其理。若无其理，则此事物不能有也。

吾人之性中，不但有仁、义、礼、智，且有太极之全体。但为气禀所蔽，故不能全然显露。所谓圣人者，即能去此气禀之蔽，使太极之全体完全显露者也。朱子云：

有是理而后有是气，有是气则必有是理。但禀气之清者，为圣为贤，如宝珠在清冷水中。禀气之浊者，为愚为不肖，如珠在浊水中。所谓明明德者，是就浊水中揩拭此珠也。物亦有是理，又如宝珠落在至污

浊处。(《语类》卷四，页十七)

又云：

孔子之所谓"克己复礼"。《中庸》所谓"致中和，尊德性，道学问"。《大学》所谓"明明德"。《书》曰："人心惟危，道心惟微，惟精惟一，允执厥中。"圣人千言万语，只是教人存天理，灭人欲。……人性本明，如宝珠沉溷水中，明不可见。去了溷水，则宝珠依旧自明。自家若得知是人欲蔽了，便是明处。只是这上便紧著力主定，一面格物，今日格一物，明日格一物，正如游兵攻围拔守，人欲自销铄去。所以程先生说敬字，只是谓我自有一个明底物事在这里，把个敬字抵敌，常常存个敬在这里，则人欲自然来不得。夫子曰："为仁由己，而由人乎哉！"紧要处正在这里。(《语类》卷十二，页八)

人得于理而后有其性，得于气而后有其形。性为天理，即所谓"道心"也。因人之有气禀之形而起之情，其"流而至于滥"者，则皆人欲，即所谓"人心"也。人欲亦称私欲。就其为因人之为具体的人而起之情之流而至于滥者而言，则谓之人欲；就其为因人之为个体而起之情之流而至于滥者而言，则谓之私欲。天理为人欲所蔽，如宝珠在浊水中。然人欲终不能全蔽天理，即此知天理为人欲所蔽之知，即是天理之未被蔽处。即此"紧著力主定"，努力用工夫。工夫分两方面，即程伊川所谓用敬与致知。只谓我自有一个明底物事，心中常记此点，即用敬之工夫也。所以须致知者，朱子云：

所谓致知在格物者，言欲致吾之知，在即物而穷其理也。盖人心之灵，莫不有知，而天下之物，莫不有理。惟于理有未穷，故其知有不尽也。是以大学始教，必使学者即凡天下之物，莫不因其已知之理而益穷之，以求至乎其极。至于用力之久，而一旦豁然贯通焉。则众物之表里精粗无不到，而吾心之全体大用，无不明矣。(《大学章句补格物传》)

"格，至也；物犹事也。穷至事物之理，欲其极处无不到也。"(《大学章句》)此朱子格物之说，大为以后陆王学派所攻击。陆王一派，以此工夫为支离。然就朱子之哲学系统整个观之，则此格物之修养方法，自与其全系统相协和。盖朱子以天下事物，皆有其理；而吾心中之性，即天下事物之理之全体。穷天下事物之理，即穷吾性中之理也。今日穷一性中之理，明日穷一性中之理。多穷一理，即使吾气中之性多明一点。穷之既多，则有豁然顿悟之一时。至此时则见万物之理，皆在吾性中。所谓"天下无性外之物"。至此境界，"则众物之表里精粗无不到，而吾心之全体大用无不明矣"。用此修养方法，果否能达到此目的，乃另一问题。不过就朱子之哲学系统言，朱子固可持此说也。

［注］朱子所说格物，实为修养方法，其目的在于明吾心之全体大用。即陆王一派之道学家批评朱子此说，亦视之为一修养方法而批评之。若以此为朱子之科学精神，以为此乃专为求知识者，则诬朱子矣。

（六）政治哲学

每一事物，皆有其理。国家社会之组织，亦必有其理。本此理以治国家，则国家治；不本此理以治国家，则国家乱。故此理即所谓治国平天下之道也。此道亦有客观的潜存。朱子云：

> 千五百年之间，……尧，舜，三王，周公，孔子所传之道，未尝一日得行于天地之间也。若论道之常存，却又初非人所能预。只是此个，自是亘古亘今常在不灭之物。虽千五百年被人作坏，终殄灭他不得耳。(《答陈同甫书》，《文集》卷三十六，页二十二)

又云：

> 盖道未尝息，而人自息之。所谓非道亡也，幽厉不由也，正谓此

耳。(同上，页二十七)

治国平天下之道，亘古常存。不过其行与不行，即能实现与否，则视人由之与否。然即人不由之，其道之为有自若，并不因人之不由而即亡也。实则凡略能在政治上社会上有所作为成就者，亦无不依此道而行，不过不能知之，不能全行之耳。朱子云：

常窃以为亘古亘今，只是一理，顺之者成，逆之者败。固非古之圣贤所能独然，而后世之所谓英雄豪杰者，亦未有能舍此理而得有所建立成就者也。但古之圣贤，从本根上便有惟精惟一功夫，所以能执其中，彻头彻尾，无不尽善。后来所谓英雄，则未尝有此工夫，但在利欲场中，头出头没。其资美者，乃能有所暗合，而随其分数之多少以有所立；然其或中或否，不能尽善，则一而已。来谕所谓三代做得尽，汉唐做得不尽者，正谓此也。然但论其尽与不尽，而不论其所以尽与不尽。却将圣人事业，去就利欲场中，比并较量，见有仿佛相似，便谓圣人样子，不过如此。则所谓毫厘之差，千里之缪者，其在此矣。(同上，页二十九)

吾人如欲盖一房子，则必须依建筑学上之原理，而此房子方能盖成。此原理即人不知之，不用之，固自亘古常存，未尝一日或亡也。大建筑家深明此理，一切遵之而行，则此原理能实现，而此建筑家所盖之房，亦必坚固持久。不只大建筑家如此，凡盖房子之人，苟其房能盖成，亦未有不依建筑学之原理者。不过其人或不知此理，而只与之暗合耳。然此人既对于此原理无研究，则其所盖之房，必有不能与建筑原理全合者。故其完善之程度，全视其与建筑原理相合分数之多少。要之，必不能十分完全也。圣贤之君之治国，与英雄豪杰之君之治国，其不同亦犹此。所以英雄豪杰之君之治国，其最大的成功，亦不过仅有小康之治而已。圣贤之君所行之政治为王政；英雄豪杰所行之政治为霸政。

"古之圣贤，从根本上，便有惟精惟一功夫，所以能执其中，彻头彻尾，无不尽善。"必有此修养，然后可为圣贤之君；而其所行之政，始可为王政。朱子更详言云：

  所谓"人心惟危，道心惟微，惟精惟一，允执厥中"者，尧，舜，禹相传之密旨也。夫人自有生而梏于形体之私，则固不能无人心矣。然而必有得于天地之正，则又不能无道心矣。日用之间，二者并行，迭为胜负，而一身之是非得失，天下之治乱安危，莫不系焉。是以欲其择之精，而不使人心得以杂乎道心；欲其守之一，而不使天理得以流于人欲。则凡其所行，无一事之不得其中，而于天下国家无所处而不当。（同上，页二十五）

  柏拉图理想中之哲学王，须先有极深之修养，能超越现象世界至概念世界，直见好之概念。必有此程度，然后可为人群之主宰。朱子此所说，亦此意也。吾人性中，万理毕具。若能去其气禀之拘，则性中万理明，故"凡其所行，无一事之不得其中"，即无一事之不合理。故"于天下国家，无所处而不当"也。若英雄豪杰之君，本无此修养，其行事往往出于人欲之私；故其政治上之设施，虽有与天理暗合者，然不合者亦多矣。此其所以只能有小康之治也。

  以上所引，皆见朱子《答陈同甫书》中。陈同甫，名亮，其论政治，以为三代之王政与汉唐之霸政，无根本上的差异；但三代做得尽，汉唐做得不尽耳。当时所谓永康学派持此说。朱子以为吾人不当只论其"尽与不尽"，更当论其"所以尽与不尽"。其"所以尽与不尽"，即王霸之所由分也。

（七）对于佛家之评论

  上文谓朱子以佛家与儒家之不同，在于佛家以性为空，儒家以性为实。朱子对于佛家之评论，多根据此点。《语类》云：

谦之问：今皆以佛之说为无，老之说为空。空与无不同如何？曰：空是兼有无之名。道家说半截有，半截无。已前都是无，如今眼下却是有。故谓之空。若佛家之说，都是无。已前也是无，如今眼下也是无。色即是空，空即是色。大而万事万物，细而百骸九窍，一齐都归于无。终日吃饭，却道不曾咬着一粒米；满身着衣，却道不曾挂着一条丝。（《语类》卷百二十六，页六）

佛家以万物为幻有，所谓"色即是空"，即华严宗所讲理事圆融无碍。然其所谓事，亦系指具体的事物而言。具体的事物生灭无常，就其有此事物而言，可说真如不空；就此事物为无常而言，其不空仍然是空。故真如中之宛然而有者，仍是幻有也。但若就太极中所具之众理言，则众理皆超时空而永存。虽其实际的例有生灭变化，而此众理则无生灭变化之可言也。若此，则太极真不空矣。朱子评论佛家，注意此点，以为吾人之性，即太极之全体，其中众理皆具；故无论如何，理世界不能是空；吾人之性，不能是空。朱子云：

释氏说空，不是便不是。但空里面须有道理始得。若只说道我见个空，而不知有个实底道理，却做甚用得。譬如一渊清水，清泠彻底，看来一如无水相似，他便道此渊只是空底。不曾将手去探是冷是温，不知道有水在里面。释氏之见正如此。今学者贵于格物致知，便要见得到底。（《语类》卷百二十六，页九）

理世界为"冷清空阔的世界"，"无形体，无方所"。但因此便以之为空，以之为无，则不可。故释氏说空，虽亦有其根据，所谓"不是便不是"；然理既是有，则不可谓一切皆空也。朱子又云：

彼（释氏）见得心空而无理，此（儒家）见得心虽空而万理咸备也。（同上）

又云：

儒者以理为不生不灭，释氏以神识为不生不灭。（同上）

吾人之性，即太极之全体，其中"万理咸备"，"不生不灭"。惟其不生不灭，故即不承认理者，亦不能不依之而行。朱子云：

天下只是这道理，终是走不得。如佛、老虽是灭人伦，然自是逃不得。如无父子，却拜其师，以其弟子为子，长者为师兄，少者为师弟。但只是护得个假的，圣贤便是存得个真的。（同上，页八）

社会之组织，必依其理。佛教徒虽欲离社会，然佛教徒自身之团体，即是一社会，即不能不依社会之理而组织之。可见"天下只是这道理，终是走不得"也。朱子以释氏不见此性，只以神识为不生不灭；故释氏实误以心为性。《语类》云：

徐子融有枯槁有性无性之论。先生曰：性只是理，有是物斯有是理。子融错处，是认心为性，正与佛氏相似。只是佛氏摩擦得这心极精细，如一块物事，剥了一重皮，又剥一重皮，至剥到极尽无可剥处，所以磨弄得这心精光，它便认做性。殊不知此性正圣人所谓心。故上蔡云："佛氏所谓性，正圣人所谓心；佛氏所谓心，正圣人所谓意。"心只是该得这理。佛氏元不曾识得这理，一节便认知觉运动做性。如视听言貌，圣人则视有视之理，听有听之理，言有言之理，动有动之理，思有思之理，如箕子所谓明，聪，从，恭，睿是也。佛氏则只认那能视，能听，能言，能思，能动底便是性。视明也得，不明也得；听聪也得，不聪也得；言从也得，不从也得；思睿也得，不睿也得；它都不管。横来竖来，它都认为性。它最怕人说这理字，都要除掉了，此正告子生之谓性之说也。（《语类》卷百二十六，页十三）

枯槁之物，虽无知觉，而既有其物，必有其理，此理即其性也。知觉属心，若因枯槁之物无知觉，即谓其无性，是误以心为性也。知觉运动，皆是心之活动，佛家就知觉运动处认性，故其所认实是心也。心亦是实际的有，亦系"形而下"者。若理则只潜存，故为"形而上"者。故朱子之哲学，非普通所谓之唯心论，而近于现代之新实在论。惜在中国哲学中，逻辑不发达，朱子在此方面，亦未着力。故其所谓理，有本只应为逻辑的者，而亦与伦理的相混。如视之理，如指视之形式而言，则为逻辑的；如指视应该明而言，则为伦理的。朱子将此两方面合而为一，以为一物之所以然之理，亦即为其所应该。盖朱子之兴趣，为伦理的，而非逻辑的。柏拉图亦有此倾向，特不如朱子为甚耳。中国哲学，皆多注重此方面也。

第十四章　陆象山、王阳明及明代之心学

（一）陆象山

朱子为道学中理学一派之最大人物，与朱子同时而在道学中另立心学一派者，为陆象山。杨简《象山先生行状》云：

> 先生姓陆，讳九渊，字子静。……生有异禀，端重不伐。……先生独谓间曰："卯角时闻人诵伊川语，自觉若伤我者。"亦尝谓人曰："伊川之言，奚为与孔子孟子不类？"初读《论语》，即疑有子之言支离。先生生而清明，不可企及，有如此者。他日读古书至宇宙二字，解者曰："四方上下曰宇，往古来今曰宙。"忽大省曰："宇宙内事，乃己分内事；己分内事，乃宇宙内事。"又尝曰："宇宙便是吾心；吾心便是宇宙。（《行状》无此语，据《年谱》增，见《全集》卷三十六，页五）东海有圣人出焉，此心同也，此理同也；西海有圣人出焉，此心同也，此理同也；南海北海有圣人出焉，此心同也，此理同也；千百世之上有圣人出焉，此心同也，此理同也；千百世之下，有圣人出焉，此心同也，此理同也。"（《象山全集》卷三十三，《四部丛刊》本，页四至五）

《行状》谓象山抚州金溪人，生于宋高宗绍兴九年（西历1139年），卒于宋光宗绍熙三年（西历1192年）。

象山自幼即觉伊川语"若伤我者"，象山之学，虽与伊川不同，而与明道则极相近。明道《识仁篇》，以为学者须先识仁。识得此理，以

诚敬存之，此外更无他事。象山之说，正与此同。象山云：

近有议吾者云：除了"先立乎其大者"一句，全无伎俩。吾闻之曰：诚然。（《全集》卷三十四，页八）

所谓"先立乎其大者"，即先知道即吾心，吾心即道；道外无事，事外无道。如明道所谓学者须先识仁也。象山云：

万物森然于方寸之间，满心而发，充塞宇宙，无非是理。（《全集》卷三十四，页三十八）

又云：

孟子云："尽其心者知其性，知其性则知天矣。"心只是一个心，某之心，吾友之心，上而千百载圣贤之心，下而千百岁复有一圣贤，其心亦只如此。心之体甚大，若能尽我之心，便与天同。为学只是理会此。（《全集》卷三十五，页十八）

又云：

此理塞宇宙，所谓道外无事，事外无道。舍此而别有商量，别有趋向，别有规模，别有形迹，别有行业，别有事功，则与道不相干，则是异端，则是利欲。谓之陷溺，谓之旧窠。说即是邪说，见即是邪见。（《全集》卷三十五，页五十五）

又云：

道遍满天下，无些小空阙，四端万善，皆天之所予，不劳人妆点；但是人自有病，与他相隔了。（同上，页二十三）

吾人之心，本是宇宙全体。但普通人则常有所蔽。象山云：

道塞宇宙，非有所隐遁。在天曰阴阳，在地曰柔刚，在人曰仁义。故仁义者，人之本心也。……愚不肖者，不及焉，则蔽于物欲而失其本心。贤者智者过之，则蔽于意见而失其本心。（《与赵监书》，《全集》卷一，页十一至十二）

此象山所谓"宇宙不曾限隔人,人自限隔宇宙"也。

吾人为学,即所以去此心之蔽,而复其本体。象山云:

此理在宇宙间,何尝有所碍。是你自沈埋,自蒙蔽。阴阴地在个陷阱中,更不知所谓高远底。要决裂破陷阱,窥测破罗网。(《全集》卷三十五,页二十八)

只此是学,除此之外更无学。象山云:

《论语》中多有无头柄的说话,如"知及之仁不能守之"之类,不知所及守者何事。如"学而时习之",不知时习者何事。非学有本领,未易读也。苟学有本领,则知之所及者及此也,仁之所守者守此也,时习者习此也,说者说此,乐者乐此,如高屋之上建瓴水矣。学苟知本,六经皆我注脚。(《全集》卷三十四,页一)

又云:

格物者格此者也。伏羲仰象俯法,亦先于此尽力焉耳。不然,所谓格物,末而已矣。(《全集》卷三十五,页六十)

"学而时习之",须先知所习何事。欲知所习何事,即须"先立乎其大者",必先"知本"。已"知本"则即于此致力,时习此,守此,乐此,一切工夫皆"如高屋之上建瓴水"矣。

既已先知此心,则只须一任其自然,此心自能应物不穷。象山云:

收拾精神,自作主宰,万物皆备于我,有何欠阙?当恻隐时,自然恻隐;当羞恶时,自然羞恶;当宽裕温柔时,自然宽裕温柔;当发强刚毅时,自然发强刚毅。(《全集》卷三十五,页三十二)

又云:

《诗》称文王"不识不知,顺帝之则"。康衢之歌尧,亦不过如此。《论语》之称舜禹曰:"巍巍乎有天下而不与焉。"人能知与焉之过,无识知之病,则此心炯然,此理坦然,物各付物,"会其有极,归其有极"

矣。"所过者化，所存者神，上下与天地同流，岂曰小补之哉。"(《与赵监第二书》，《全集》卷一，页十二)

此为释上所引《与赵监第一书》所说"蔽于意见而失其本心"者。此与明道《定性书》之意相同。《定性书》以为苟不"自私而用智"，则吾人之心，即"廓然而大公，物来而顺应"。象山此所谓"与焉之过"，即自私也。所谓"识知之病"，即用智也。所谓"此心炯然，此理坦然，物各付物"，如见可喜之物，自然喜之，如见可怒之物，自然怒之，即"廓然而大公，物来而顺应"也。

释氏之病，正在其不能"大公"。象山云：

某尝以义利二字判儒释。又曰公私，其实即义利也。儒者以人生天地之间，灵于万物，贵于万物，与天地并而为三极。天有天道，地有地道，人有人道。人而不尽人道，不足与天地并。人有五官，官有其事。于是有是非得失，于是有教有学。其教之所从立者如此，故曰义曰公。释氏以人生天地间，有生死，有轮回，有烦恼，以为甚苦，而求所以免之。……故其言曰：生死事大。……其教之所从立如此，故曰利曰私。惟义惟公故经世；惟利惟私故出世。儒者虽至于无声无臭，无方无体，皆主于经世。释氏虽尽未来际普度之，皆主于出世。(《与王顺伯书》，《全集》卷二，页一至二)

此以经世出世分别儒释。经世乃顺吾心之自然，而出世则自私用智之结果也。

象山以为其自己所说之修养方法，亦与朱子不同。象山语录云：

因说定夫旧习未易消，若一处消了，百处尽可消。予谓晦庵逐事为他消不得。先生曰：不可将此相比，他是添。(《全集》卷三十五，页二十四)

象山云：

圣人之言自明白，且如"弟子入则孝，出则弟"，是分明说与你入便孝，出便弟，何须得传注。学者疲精神于此，是以担子越重。到某这里，只是与他减担，只此便是格物。(《全集》卷三十五，页十三)

《老子》言："为学日益，为道日损。"象山似亦以此点分别朱学与其自己之学。故鹅湖之会，象山与朱子争辩。象山赋诗云："易简工夫终久大，支离事业竟浮沉。"(《全集》卷三十四，页四十四)支离，象山谓朱子之学；易简，象山谓其自己之学也。

（二）杨慈湖

象山学说中之主要见解，杨慈湖更为较详细的说明。钱时《慈湖先生行状》云：

先生讳简，字敬仲，姓杨氏。……乾道五年，主富阳簿。……文安公（象山）新第归来富阳。……夜集双明阁上，数提本心二字。因从容问曰："何为本心？"适平旦尝听扇讼。公即扬声答曰："且彼讼扇者必有一是一非。若见得孰是孰非，即决定谓某甲是，某乙非矣。非本心而何？"先生闻之，忽觉此心澄然。亟问曰："止如斯耶？"公竦然端厉，复扬声曰："更何有也！"先生不暇他语，即揖而归。拱达旦，质明正北面而拜，终身师事焉。每谓某感陆先生，尤是再答一语，更云云便支离。(《慈湖遗书》卷十八，大酉山房刊本，页二)

《行状》谓慈湖慈溪人，以宋理宗宝庆二年（西历1226年）卒，年八十六。慈湖所作《象山行状》，亦记在富阳悟本心事，云：

一夕简发本心之问，先生举是日扇讼是非以答，简忽省此心之清明，忽省此心之无始末，忽省此心之无所不通。(《遗书》卷五，页九)

慈湖之学，即就此点，特加发挥。其所作《己易》云：

易者，已也；非有他也。以易为书，不以易为己，不可也。以易为天地之变化，不以易为己之变化，不可也。天地，我之天地；变化，我之变化；非他物也。私者裂之；私者自小也。……夫所以为我者，毋曰血气形貌而已也。吾性澄然清明而非物；吾性洞然无际而非量。天者，吾性中之象；地者，吾性中之形。故曰："在天成象；在地成形。"皆我之所为也。混融无内外；贯通无异殊，观一画其旨昭昭矣。……能识恻隐之真心于孺子将入井之时，则何思何虑之妙，人人之所自有也；纯诚洞白之质，人人之所自有也；广大无疆之体，人人之所自有也。此心常见于日用饮食之间，造次颠沛之间，而人不自省也……是心本一也，无二也，无尝断而复续也，无向也不如是而今如是也，无向也如是而今不如是也。昼夜一也，古今一也，少壮不强，而衰老不弱也。……循吾本心以往，则能飞能潜，能疑能惕。……仕止久速，一合其宜。周旋曲折，各当其可。非勤劳而为之也。吾心中自有如是十百千万散殊之正义也。礼仪三百，威仪三千，非吾心外物也。故曰："性之德也，合内外之道也，故时措之宜也。"言乎其自宜也，非求乎宜者也。（《遗书》卷七，页一至十）

宇宙万物，皆吾心中之物，皆本与我为一体。孟子所谓"今人乍见孺子将入于井，皆有怵惕恻隐之心"，此可见孺子本与我为一体也。能于此识本心，则可知吾人一切行为，但只任本心之自然，自无不得当而合宜。明道所谓"人之患在于自私而用智"。若不"自私用智"，则明觉之心，自可显其用矣。慈湖亦注重此点。其所作《绝四记》云：

人心自明，人心自灵。意起，我立，必固碍塞，始丧其明，始失其灵。孔子曰与门弟子从容问答，其谆谆告戒，止绝学者之病，大略有四：曰意，曰必，曰固，曰我。门弟子有一于此，圣人必止绝之。毋者，止绝之辞。知夫人皆有至灵至明广大圣智之性，不假外求，不由外得，自本，自根，自神，自明。微生意焉，故蔽之。有必焉，故蔽之。有固焉，故蔽之。有我焉，故蔽之。昏蔽之端，尽由于此。故每每随其病之所形，而止绝之，曰：毋如此，毋如此。圣人不能以道与人，能去人之蔽尔。如太虚未始不清明，有云气焉，故蔽之。去其云气，则清明矣。……何谓意？微起焉皆谓之意，微止焉皆谓之意。意之为状，不可胜穷。有利，有害，有是，有非，有进，有退。……若此之类，虽穷日之力，穷年之力，纵说横说，广说备说，不可得而尽。然则心与意奚辨？是二者未始不一，蔽者自不一。一则为心，二则为意。直则为心，支则为意。通则为心，阻则为意。直心直用，不识不知。变化云为，岂支岂离。感通无穷，匪思匪为。孟子明心，孔子毋意。意毋则此心明矣。……何谓必？必亦意之必。必如此，必不如彼。必欲如彼，必不欲如此。大道无方，奚可指定。以为道在此，则不在彼乎？以为道在彼，则不在此乎？必信必果，无乃不可。断断必必，自离自失。何谓固？固亦意之固。固守而不通，其道必穷。固守而不化，其道亦下。孔子尝曰："我则异于是，无可无不可。"又曰："吾有知乎哉，无知也。"可不可尚无，而况于固乎？尚无所知，而况于固乎？何谓我？我亦意之我。意生故我立；意不生，我亦不立。自幼而乳曰我乳；长而食曰我食，衣曰我衣；行我行，坐我坐；读书我读书，仕宦我仕宦；名声我名声，行艺我行艺。牢坚如铁，不亦如块，不亦如气，不亦如虚。不知方意念未作时，洞焉寂焉，无尚不立，何者为我。（《遗书》卷二，页七至九）

"直则为心，支则为意。"如孟子所谓："今人乍见孺子将入于井，皆有怵惕恻隐之心，非所以纳交于孺子之父母也，非要誉于乡党朋友也。非恶其声而然也。"乍见孺子将入于井，吾人对此情形之第一反应，即为有怵惕恻隐之心。本此心而往救之，则自发心以至于行为，皆是"直"而为"心"。若于此时稍一转念，为欲纳交于孺子之父母而往救之，或欲要誉于乡党朋友而往救之，或因其与其父母有仇而特不救之。经此转念，则即"曲"而为"意"矣。任心直往，则"感通无穷"。随感而应，则其中无"我"之见存，亦自无"必""固"矣。濂溪云："无欲则静虚动直。"明道云："自私则不能以有为为应迹；用智则不能以明觉为自然。"慈湖此一大段言论，亦即发挥此旨。

（三）朱陆异同

一般人之论朱陆异同者，多谓朱子偏重道问学；象山偏重尊德性。此等说法，在当时即已有之。然朱子之学之最终目的，亦在于明吾心之全体大用。此为一般道学家共同之目的。故谓象山不十分注重道问学可；谓朱子不注重尊德性不可。且此点亦只就二人之为学或修养之方法上言。究竟朱陆之不同，是否即仅在其所讲为学或修养方法之不同；此一极可注意之问题也。

上章谓朱子之学，尚非普通所谓之唯心论，而实近于现在所谓之新实在主义。吾人若注意此点，即可见朱陆之不同，实非只其为学或修养方法之不同；二人之哲学，根本上实有差异之处。此差异于二程之哲学中即已有之。伊川一派之学说，至朱子而得到完全的发展。明道一派之学说，则至象山慈湖而得到相当的发展。若以一二语以表示此二派差异之所在，则可谓朱子一派之学为理学，而象山一派之学则心学也。王阳明序《象山全集》曰："圣人之学，心学也。"此心学之一名，实可表示出象山一派之所以与朱子不同也。

朱子言性即理。象山言心即理。（《与李宰第二书》，《全集》卷十二）此一言虽只一字之不同，而实代表二人哲学之重要的差异。盖朱子以心乃理与气合而生之具体物，与抽象之理，完全不在同一世界之内。心中之理，即所谓性；心中虽有理而心非理。故依朱子之系统，实只能言性即理，不能言心即理也。象山言心即理，并反对朱子所说心性之区别。如《语录》云：

伯敏云：……性才心情，如何分别？先生云：如吾友此言，又是枝叶。虽然，此非吾友之过，盖举世之蔽。今之学者，读书只是解字，更不求血脉。且如情性心才，都只是一般物事，言偶不同耳。……若必欲说时，则在天者为性，在人者为心。此盖随吾友而言，其实不必如此。（《全集》卷三十五，页十八）

依吾人所观察，则朱子所说性与心之区别，实非"只是解字"。盖依朱子之观点，实在上本有与此相当之区别也。象山虽亦以为可说："在天为性，在人为心"。而又以为系"随吾友而言，其实不必如此"。"都只是一般物事，言偶不同耳。"盖依象山之观点，实在上本无与朱子所说心性区别相当之区别，故说心性只是"一般物事"也。朱陆所见之实在不同。盖朱子所见之实在，有二世界，一不在时空，一在时空。而象山所见之实在，则只有一世界，即在时空者。只有一世界，而此世界即与心为一体，所谓"宇宙便是吾心，吾心便是宇宙"（《年谱》，《全集》卷三十六，页五）。故心学之名，可以专指象山一派之道学。

然此尚有一问题，即象山所谓之心，是否即朱子所谓之心。若此问题不能解决，则象山之谓心即理，不必即异于朱子之谓性即理。然细考之，则象山所谓之心，正朱子所谓之心。象山云：

人非木石，安得无心？心于五官最尊大。《洪范》曰："思曰睿，睿作圣。"孟子曰："心之官则思，思则得之，不思则不得也。"……四端者，即此心也，天之所以与我者，即此心也。人皆有是心，心皆具是理；心即理也。（《与李宰第二书》，《全集》卷十一，页九至十）

朱子以为："天下无无性之物。"（《语类》卷四，页一）盖一物之成，皆禀其理；其所禀之理，即其性也。故木石亦有性，不过木石无知觉耳。故虽不可谓木石无性，而可谓木石无心。象山此以为木石所无之心，正朱子所谓之心也。又依象山所说，心乃能思虑者，朱子亦谓"人之灵处是心不是性"（参看本篇第十三章第四节）。朱子谓："仁是性，恻隐是情，须从心上发出来；心统性情者也。"（《语类》卷五，页十一）盖以恻隐之情乃"爱之理"（朱子以仁为爱之理）之具体的表现，乃形而下者，"须从心上发出来"。象山云："四端者，即此心也。"故其所谓心，正朱子所谓心也。慈湖谓"人心自明，人心自灵"（《绝四记》）。其所谓心，正朱子所谓心，更为明显。由此而言，象山一派所谓之心，正朱子所谓之心，而其心即理之言，实与朱子不同也。

此点乃朱陆哲学根本不同之处，更可从别方面证明之。象山虽亦以为可说"在天为性，在人为心"，而又以心性"都只是一般事物"。盖象山所说在天之性与在人之心乃在一世界中。故所谓天理人欲之分，象山即不欲立之。象山云：

天理人欲之言，亦自不是至论。若天是理，人是欲，则是天人不同矣。……《书》云："人心惟危；道心惟微。"解者多指人心为人欲，道心为天理。此说非是。心一也，人安有二心？（《全集》卷三十四，页一）

此以天人不同之说为非是。然依朱子之系统，实可以天人为不同也。

周濂溪《太极图说》有"无极而太极"之言。朱子以为此言乃形容太极之为无形而有理。象山及其兄梭山以为《易·系辞》只言太极，不应于太极之上，复加无极。以为《太极图说》与《通书》不类，疑非周子所为。不然则或是其学未成时所作。不然则或是传他人之文，后人不辨也"（《与朱元晦书》，《全集》卷二，页九）。与朱子往复辩论，成为当时一大争辩。若依上所说观之，则象山哲学中，只有一在时空之世界，则对于所谓"无形而有理"者，自根本不能承认，亦非特有意与朱子作无谓的争辩也。

又有一点应须解释者，如象山云：

> 自形而上者言之谓之道，自形而下者言之谓之器。天地亦是器，其生覆形载必有理。（《全集》卷三十五，页五十七）

若只就此条观之，则象山之哲学，又与朱子无根本的差异。然象山与朱子辩《太极图说》书中云：

> 《易》之大传曰："形而上者谓之道。"又曰："一阴一阳之谓道。"阴阳已是形而上者，况太极乎？（《全集》卷二，页十一）

以阴阳为形而上者，则其所谓形而上者，与朱子所谓形而上者，意义不同。程明道伊川兄弟，亦尝引《易·系辞》此文而解释之。明道云："阴阳亦形而下者也，而曰道者，……元来只此是道，要在人默而识之也。"（《二程遗书》卷十一，页二）伊川云："一阴一阳之谓道。道非阴阳也，所以一阴一阳者，道也。"（《二程遗书》卷三，页八）此二说之异，正即朱陆之不同也。盖若以阴阳为形而上者，则所谓形而上者，亦在时空有具体的活动，与所谓形而下者，固同在一世界中也。

象山哲学中，虽只有一世界，而仍言所谓形上形下。至慈湖则直废此分别。慈湖云：

> 又曰："形而上者谓之道；形而下者谓之器。"裂道与器，谓器在道之外耶？自作《系辞》者，其蔽犹若是，尚何望后世之学者乎？（《慈湖遗书》卷九，页四十五）

盖所谓形上形下，必依朱子所解释，方可有显著的意义。依朱子之系统，器实与道不在一世界中，此陆派所不能承认。如此则诚宜直指《系辞》所说形上形下为非"孔子之言"（《慈湖遗书》卷七，页六）也。

朱陆哲学此根本的不同，朱子亦略言之。朱子以为佛氏之言性，"正告子生之谓性之说"（见上第十三章第八节引）。盖依朱子之系统，心是形而下者，有具体的个体时，方始有之。故朱子以为以心为性，"正告子生之谓性之说"。象山死，朱子"率门人往寺中哭之。既罢，良久曰：'可惜死了告子。'"（《语类》卷一百二十四，页十二）朱子以佛为告子，亦以象山为告子，盖朱子以为二者皆以心为性也。

朱派后学，亦以象山为告子。如陈北溪（名淳，字安卿，朱子弟子）云：

> 佛氏把作用认是性，……不过只认得气，而不说著那理耳。……今世有一种杜撰等人，爱高谈性命。大抵全用浮屠作用是性之意，而文以圣人之言。……其实不过告子生之谓性之说。（《北溪字义》卷上，乾隆癸卯刊《北溪全集》本，页十二）

若就此点指出陆之近禅，陆诚为较朱近禅也。

依上述观之，则朱陆之哲学，实有根本的不同。其能成为道学中之二对峙的派别，实非无故。不过所谓"心学"，象山慈湖实只开其端。其大成则有待于王阳明。故与朱子对抗之人物，非陆象山杨慈湖，而为二百五十年后之王阳明。

（四）朱子以后之理学

在此二百五十年之间，朱学甚有势力。盖朱子哲学系统，实甚精密伟大。象山在当时虽号为与朱子对峙者，然陆派之学，对于修养方面，虽有较简易直截的方法，而其对于宇宙各方面之解释，则简略已甚。陆学之系统，实不及朱学之大。故自宋末以后，朱学势力，逐渐增大。至元修《宋史》，于《儒林传》外，另立《道学传》，以纪当时所认为能继文王周公孔子孟子之"圣贤不传之学"(《宋史》卷四百二十七,《道学传》序)者。此传以朱子为中心,而象山慈湖则仅列于《儒林传》。至于明之中叶,朱学继续盛行。《明史·儒林传》云:

《宋史》判道学儒林为二,以明伊洛渊源,上承洙泗。儒宗统绪,莫正于是。……原夫明初诸儒,皆朱子门人之支流余裔,师承有自,矩矱秩然。曹端胡居仁笃践履,谨绳墨,守儒先之正传,无敢改错。学术之分,则自陈献章王守仁始。宗献章者,曰江门之学。孤行独诣,其传不远。宗守仁者,曰姚江之学。别立宗旨,显与朱子背驰。门徒遍天下,流传逾百年。其教大行,其弊滋甚。(《明史》卷二百八十二,同文影殿刊本,页一至二)

(五) 陈白沙与湛甘泉

陈献章,广东新会之白沙里人,世称白沙先生。白沙曾从吴与弼受学。吴号康斋,亦为讲程朱学者。然白沙所得,则不自康斋。白沙自述云:

仆才不逮人,年二十七,始发愤从吴聘君学。……然未知入处。比归白沙,杜门不出,专求所以用力之方。……于是舍彼之繁,求吾之约,惟在静坐。久之然后见吾此心之体,隐然呈露,常若有物。日用间种种应酬,随吾所欲,如马之御衔勒也。……于是涣然自信曰:作圣之功,其在兹乎?有学于仆者,辄教之静坐。(《复赵提学》,《白沙子全集》卷三,页二十二)

白沙为学之经过如此。盖其初所学为朱学;其后所自得,则陆学也。

白沙又云:

此理干涉至大，无内外，无终始，无一处不到，无一息不运。会此则天地我立，万化我出，而宇宙在我矣。得此霸柄入手，更有何事。往古来今，四方上下，都一齐穿纽，一齐收拾。随时随处，无不是这个充塞。色色信他本来，何用尔脚劳手攘。(《与林郡博第六函》，《全集》卷四，页十二)

此即明道所云"识得此理，以诚敬存之，不需用纤毫之力"之意，亦即象山所说"先立乎其大者"之意也。此虽亦言理，而其所谓理，正如象山所谓理，非朱子所谓理也。此所说理，无一息不运，随时随处，无不是这个充塞。朱子所谓理，乃形而上者，不能运，亦不能充塞也。此所谓理，实即是白沙所见隐然呈露之吾心之体，如上所引者。观于白沙弟子湛甘泉所说更可见。

湛若水，号甘泉，广东增城人，从学于白沙，作《心性图说》，其说云：

心也者，包乎天地万物之外，而贯夫天地万物之中者也。中外非二也；天地无内外，心亦无内外，极言之而已。故谓内为本心，而外天地万物，以为心者，小之为心也甚矣。(《甘泉先生文集》卷二十一，页一)

此所谓心，正即白沙所谓理也。

白沙卒于明孝宗弘治十三年（西历1500年），时王阳明已二十余岁。甘泉卒于明世宗嘉靖三十九年（西历1560年），与阳明时相辩论。阳明之学，虽亦自得，然亦必受此二人之影响也。黄梨洲《白沙传》云："有明儒者，不失其矩矱者亦有之。而作圣之功，至先生（白沙）而始明，至文成（阳明）而始大。"(《明儒学案》卷五)盖道学中之理学，以朱子为集大成者；而其中之心学，则以阳明为集大成者。由二人所代表之时代言，则吾人可谓宋元为理学最盛时代，明为心学最盛时代。

（六）王阳明

王阳明名守仁，字伯安，浙江余姚人。生于明宪宗成化八年（西历1472年）。年十八时，"过广信谒娄一斋谅，语格物之学，先生甚喜，以为圣人必可学而至也。后遍读考亭遗书，思诸儒谓众物有表里精粗，一草一木，皆具至理。因见竹取而格之，沈思不得，遂被疾"。二十七岁时，"乃悔前日用功虽勤，而无所得者，欲速故也。因循序以求之，然物理吾心，终判为二。沈郁既久，旧疾复作。闻道士谈养生之说而悦焉"。三十七岁时，谪至贵州龙场驿。"忽中夜大悟格物致知之旨，不觉呼跃而起，从者皆惊。始知圣人之道，吾性自足，向之求理于事物者误也。"四十三岁时，"始专以致良知训学者"。明世宗嘉靖七年（西历1528年）先生卒，年五十七。（《年谱》，《阳明集要》卷首，《四部丛刊》本，页一至十二）

（1）大学问

阳明讲学之主要意思，见于其所作《大学问》一篇。阳明弟子钱德洪曰："《大学问》者，师门之教典也。学者初及门，必先以此意授。……门人有请录成书者，曰：'此须诸君口口相传，若笔之于书，使人作一文字看过，无益矣。'嘉靖丁亥八月，师起征思田，将发，门人复请，师许之。"（《王文成公全书》卷二十六，浙江书局刊本，页十，《大学问》下附注）嘉靖丁亥，即阳明殁之前一年，故此《大学问》所说，实可谓系阳明之最后的见解也。

王阳明《大学问》云：

"《大学》者，昔儒以为大人之学矣。敢问大人之学，何以在于明明德乎？"阳明子曰："大人者，以天地万物为一体者也。其视天下犹一家，中国犹一人焉。若夫间形骸而分尔我者，小人矣。大人之能以天地万物为一体也,非意之也,其心之仁本若是其与天地万物而为一也。岂惟大人,虽小人之心,亦莫不然。彼顾自小之耳。是故见孺子之入井,而必有怵惕恻隐之心焉。是其仁与孺子而为一体也。孺子犹同类者也,见鸟兽之哀鸣觳觫而必有不忍之心焉,是其仁之与鸟兽而为一体也。鸟兽犹有知觉者也,见草木之摧折,而必有悯恤之心焉,是其仁之与草木而为一体也。草木犹有生意者也,见瓦石之毁坏,而必有顾惜之心焉,是其仁之与瓦石而为一体也。是其一体之仁也,虽小人之心,亦必有之。是乃根于天命之性,而自然灵昭不昧者也。是故谓之明德。……是故苟无私欲之蔽,则虽小人之心,而其一体之仁,犹大人也。一有私欲之蔽,则虽大人之心,而其分隔隘陋,犹小人矣。故夫为大人之学者,亦惟去其私欲之蔽,以自明其明德,复其天地万物一体之本然而已耳;非能于本体之外,而有所增益之也。"曰:"然则何以在亲民乎?"曰:"明明德者,立其天地万物一体之体也;亲民者,达其天地万物一体之用也。故明明德必在于亲民,而亲民乃所以明其明德也。……君臣也,夫妇也,朋友也,以至于山川神鬼鸟兽草木也,莫不实有以亲之,以达吾一体之仁,然后吾之明德始无不明,而真能以天地万物为一体矣。……是之谓尽性。"曰:"然则又乌在其为止于至善乎?"曰:"至善者,明德亲民之极则也。天命之性,粹然至善,其灵昭不昧者,此其至善之发见,是乃明德之本体,而即所谓良知者也。至善之发见,是而是焉,非而非焉,轻重厚薄,随感随应,变动不居,而亦莫不有天然之中;是乃民彝物则之极,而不容少有拟议增损于其间也。少有拟议增损于其间,则是私意小智,而非至善之谓矣。……盖昔之人固有欲明其明德者矣;然惟不知止于至善,而骛其私心于过高;是以失之虚罔空寂,而无有乎家国天下之施,则二氏之流是矣。固有欲亲其民者矣;然惟不知止于至善,而溺其私心于卑琐;是以失之权谋智术,而无有乎仁爱恻

恒之诚，则五伯功利之徒是矣。是皆不知止于至善之过也。"(《全书》卷二十六，页二至四）

此亦程明道《识仁篇》之意。但阳明言之较为明晰确切。象山云："宇宙不曾限隔人，人自限隔宇宙。"不限隔宇宙者，此所谓大人也；限隔宇宙者，此所谓小人也。然即小人之心，亦有"一体之仁"之本心。孟子所谓恻隐之心，是非之心等四端，即此本心之发现，亦即所谓良知也。即此而扩充之，实行之，即是"致良知"也。阳明云：

人心是天渊，心之本体无所不该。原是一个天，只为私欲障碍，则天之本体失了。……如今念念致良知，将此障碍窒塞一齐去尽，则本体已复，便是天渊了。(《传习录》下，《全书》卷三，页十）

"明德之本体，即所谓良知"；故明明德亲民，皆是致良知，亦即是致知。"然欲致其良知，亦岂影响恍惚而悬空无实（此指二氏）之谓乎？是必实有其事矣。故致知必在于格物。物者，事也。"(《大学问》，《全书》卷二十六，页八）"心之所发便是意，……意之所在便是物。如意在于事亲，即事亲便是一物。……意在于仁民爱物，即仁民爱物便是一物。意在于视听言动，即视听言动便是一物。"(《传习录》上，《全书》卷一，页九至十）"格者，正也；正其不正以归于正谓也。正其不正者，去恶之谓也；归于正者，为善之谓也。"(《大学问》，《全书》卷二十六，页九）良知乃"天命之性，吾心之本体，自然灵昭明觉者也。凡意念之发，吾心之良知，无有不自知者。其善欤，惟吾心之良知自知之；其不善欤，亦惟吾心之良知自知之"（同上，页八）。吾人诚能"于良知所知之善恶者，无不诚好而诚恶之，则不自欺其良知，而意可诚也已"（同上，页九）。不自欺其良知，即实行格物，致知，诚意，正心，亦即实行明明德也。格之既久，一切"私欲障碍"皆除，而明德乃复其天地万物一体之本然矣。此王阳明所谓"尧舜之正传"，"孔氏之心印"（同上，页九）也。

（2）知行合一

良知是知；致良知是行。吾人必致良知于行事，而后良知之知，方为完成。此阳明知行合一之说之主要意思也。《传习录》云：

爱曰："如今人尽有知得父当孝，兄当弟者，却不能孝，不能弟。便是知与行分明是两件。"先生曰："此已被私欲隔断，不是知行的本体了。未有知而不行者；知而不行，只是未知。圣贤教人知行，正是要复那本体，不是着你只恁的便罢。……某尝说：知是行的主意；行是知的工夫。知是行之始；行是知之成。若会得时，只说一个知，已自有行在。只说一个行，已自有知在。"（《全书》卷一，页四）

吾人之心之本体，在其不为私欲所蔽之时，知行只是一事。如人"乍见孺子将入于井，必有怵惕恻隐之心"，顺此心之自然发展，则必奔走往救之。此奔走往救之行，只是恻隐之心之自然发展，非是一事。此所谓"知是行之始，行是知之成"也。此时若有转念，或因畏难而不往，或因恶其父母而不往，则有知而无行。然此非知行本体如此也。又如人知父当孝，顺此知之自然发展，则必实行孝之事。其有不能行孝之事者，则必其心为私欲所蔽者也。其心为私欲所蔽，则有良知而不能致之，其良知亦即不能完成，故云"行是知之成"也。依心理学说，知行本是一事。如人见可畏之物即奔避，此"知行本体"也。其不奔避者，必有他种心理或生理状况以阻之，非"知行本体"矣。阳明知行合一之说，在心理学上，实有根据。不过其所谓知，意多指良知，而良知之有无，则心理学不能定也。

（3）朱王异同

阳明《朱子晚年定论序》云：

守仁早岁业举，溺志词章之习。既乃稍知从事正学，而苦于众说之纷挠疲痡茫无可入。因求诸老释，欣然有会于心，以为圣人之学在此矣。然于孔子之教间相出入；而揆之日用，往往缺漏无归。依违往返，且信且疑。其后谪官龙场，居夷处困。动心忍性之余，恍若有悟。体念探求，再更寒暑。证诸五经四子，沛然若决江河而放诸海也。……独于朱子之说，有相抵牾，恒疚于心。(《全书》卷三，页五十七至五十八)

此阳明自述其学所经之阶级。其最后所持之说，自以为"于朱子之说，有相抵牾"。依上所引《大学问》，可见阳明之学，彻上彻下，"致良知"三字，实即可包括之。所以阳明自四十三岁以后，即专以致良知训学者。以言简易直截，诚简易直截矣。其所说格物致知之义，实与朱子不同。在二家学说，各就其整个观之，则二家之不同，仍是上所述理学与心学之不同也。

阳明亦间言理气，如云：

精一之精以理言，精神之精以气言。理者气之条理，气者理之运用。无条理则不能运用，无运用则亦无以见其所谓条理者矣。(《答陆原静书》，《传习录》中，《全书》卷二，页三十三至三十四)

若专就此言观之，则阳明之见解，与朱子并无大异。但阳明自言其自己之学与朱子之学不同之处云：

朱子所谓格物云者，在即物而穷其理也。即物穷理，是就事事物物上求其所谓定理者也。是以吾心而求理于事事物物之中，析心于理而为二矣。……若鄙人所谓致知格物者，致吾心之良知于事事物物也。吾心之良知，即所谓天理也。致吾心良知之天理于事事物物，则事事物物皆得其理矣。致吾心之良知者，致知也。事事物物皆得其理者，格物也。是合心与理而为一者也。(《答顾东桥书》，《传习录》中，《全书》卷二，页八至九)

朱子以为人人具一太极，物物具一太极。太极即众理之全体；故吾人之心，亦"具众理而应万事"。故即物穷理，亦即穷吾心中之理，穷吾性中之理耳。故谓朱子析心与理为二，实未尽确当。惟依朱子之系统，则理若不与气合，则即无心；心虽无而理自常存。虽事实上无无气之理，然逻辑上实可有无心之理也。若就此点谓朱子析心与理为二，固亦未尝不可。依阳明之系统，则必"致吾心良知之天理于事事物物，则事事物物皆得其理"。依此则无心即无理矣。故阳明云：

心即理也。天下又有心外之事，心外之理乎？（《传习录》上，《全书》卷一，页三）

《传习录》又云：

又问心即理之说，"程子云：'在物为理。'如何谓心即理？"先生曰："在物为理，在字上当添一心字，此心在物则为理。"（《传习录》下，《全书》卷三，页四十八）

阳明又云：

心之体，性也。性即理也。故有孝亲之心，即有孝之理；无孝亲之心，即无孝之理矣。有忠君之心，即有忠之理；无忠君之心，即无忠之理矣。理岂外于吾心耶？晦庵谓人之所以为学者，心与理而已。心虽主乎一身，而实管乎天下之理。理虽散在万事，而实不外乎人之一心。是其一分一合之间，而未免已启学者心理为二之弊。（《答顾东桥书》，《传习录》中，《全书》卷二，页五）

依朱子之系统，只能言性即理，不能言心即理。依朱子之系统，只能言有孝之理，故有孝亲之心；有忠之理，故有忠君之心。不能言有孝亲之心，故有孝之理；无孝亲之心，即无孝之理。依朱子之系统，理之离心而独存，虽无此事实，而却有此可能。依阳明之系统，则在事实上与逻辑上，无心即无理。此点实理学与心学之根本不同也。阳明哲学中，无形上世界与形下世界之分，故其语录及著作中，未见此等名词。

阳明又云：

人的良知，就是草木瓦石的良知。若草木瓦石无人的良知，不可以为草木瓦石矣。岂惟草木瓦石为然，天地无人的良知，亦不可为天地矣。盖天地万物与人原是一体，其发窍之最精处，是人心一点灵明。（《传习录》下，《全书》卷三，页二十七）

语录又云：

先生游南镇，一友指岩中花树问曰："天下无心外之物，如此花树，在深山中，自开自落，于我心亦何相关？"先生云："你未看此花时，此花与汝心同归于寂。你来看此花时，则此花颜色，一时明白起来。便知此花，不在你的心外。"（同上）

又云：

先生曰："你看这个天地中间，什么是天地的心？"对曰："尝闻人是天地的心。"曰："人又什么叫做心？"对曰："只是一个灵明。""可知充天塞地，中间只有这个灵明，人只为形体自间隔了。我的灵明，便是天地鬼神的主宰。……天地鬼神万物，离却我的灵明，便没有天地鬼神万物了。我的灵明，离却天地鬼神万物，亦没有我的灵明。如此便是一气流通的，如何与他间隔得？"又问："天地鬼神万物，千古见在，何没了我的灵明，便俱无了？"曰："今看死的人，他这些精灵游散了，他的天地万物，尚在何处？"（《传习录》下，《全书》卷三，页五十二）

上文谓朱子言性即理；阳明言心即理。此为理学与心学不同之处。然尚有一点可疑之处，即安知阳明所谓之心，非即朱子所谓之性。如果如此，则本节以上辩论，皆不能成立矣。但观此处所引三条，则知阳明所谓心，"只是一个灵明"。正即朱子所谓心也。朱子谓知觉灵明，是心不是性（参看本篇第十三章第四节）。故阳明所谓心，不能是朱子所谓性也。朱子以为吾人之心，具有太极之全体，故心亦具众理。然心但具众理而已,至于具体的事物,则不具于吾人心中也。阳明则以为天地万物皆在吾人心中。此种唯心论,朱子实不持之。

(4)对于"二氏"之批评

阳明之学,与朱子不同,即就其对于释道二氏之批评上,亦可见之。盖朱子言性,注重于其包举万理,故言儒家以性为实,佛家以性为空。阳明言心,注重于其灵昭不昧。吾人有此灵昭不昧之本心,发为良知,吾人但须顺之而行,不可稍有"拟议增损于其间"。苟其有之,则即是明道所谓"自私用智"矣。释道二氏之弊,即在于"自私用智"。王阳明《传习录》云:

先生尝言佛氏不著相,其实著了相;吾儒著相,其实不著相;请问。曰:"佛怕父子累,却逃了父子;怕君臣累,却逃了君臣;怕夫妇累,却逃了夫妇。都是为个君臣父子夫妇著了相,便须逃避。如吾儒有个父子,还他以仁;有个君臣,还他以义;有个夫妇,还他以别。何曾著父子君臣夫妇的相?"(《传习录》下,《全书》卷三,页十四)

又云:

仙家说到虚,圣人岂能虚上加得一毫实?佛家说到无,圣人岂能无上加得一毫有?但仙家说虚,从养生上来;佛家说无,从出离生死苦海上来;却于本体上加却这些子意思在,便不是他虚无的本色了,便于本体有障碍。圣人只是还他良知的本色,更不著些子意思在。良知之虚,便是天之太虚;良知之无,便是太虚之无形。日月风雷,山川民物,凡有貌象形色,皆在太虚无形中发用流行,未尝作得天的障碍。圣人只是顺其良知之发用;天地万物,俱在我良知的发用流行中;何尝又有一物超于良知之外,能作得障碍?(同上,页二十五)

佛氏有意于"不著相",有意于求"无"。有意于不著相,此有意即是著相;有意于求"无",此有意即非"无"。惟顺良知之自然而

"为",对于一切俱无所容心于其间,而不有意计较安排;则有为正如无为。以此求"无",真"无"当下即是矣。

(5) 爱之差等

仁者以天地万物为一体,而事实上人之生存,有时不能不牺牲他物,以维持之。故叔本华说,人生之自身即是一大矛盾。同情心既为吾人所同有,而事实上吾人之生活,必牺牲他物,方能维持。即佛家者流,慈悲不食肉,然亦不能不粒食也。以万物为一体者,何能出此?阳明对此问题,曾有解释。《传习录》云:

问:"大人与物同体,如何《大学》又说个厚薄?"先生曰:"惟是道理自有厚薄。比如身是一体,把手足捍头目,岂是偏要薄手足?其道理合如此。禽兽与草木同是爱的,把草木去养禽兽又忍得。人与禽兽同是爱的,宰禽兽以养亲与供祭祀,燕宾客,心又忍得。至亲与路人同是爱的,如箪食豆羹,得则生,不得则死,不能两全,宁救至亲不救路人,心又忍得。这是道理合该如此。及至吾身与至亲,更不得分别彼此厚薄;盖以仁民爱物皆从此出,此处可忍,更无所不忍矣。《大学》所谓厚薄,是良知上自然的条理,不可逾越;此便谓之义。顺这个条理便谓之礼。知此条理便谓之智。终始是这条理便谓之信。"(《传习录》下,《全书》卷三,页二十七至二十八)

此即谓吾人良知,在相当范围内,亦以自私为对耳。待物何者宜厚,何者宜薄,吾人之良知自知之。此所谓"至善之发现,……轻重厚薄,随感随应,变动不居,而亦莫不自有天然之中"(《大学问》,《全书》卷二十六,页四)。良知知此天然之中,吾人即依之而行,即"致良知"而止于至善矣。

阳明以此为儒家所说之仁所以与墨家所说兼爱不同处。《传习录》云:

问:"程子云:'仁者以天地万物为一体。'何墨氏兼爱反不得谓之仁?"先生曰:"此亦甚难言,须是诸君自体认出来始得。仁是造化生生不息之理,虽弥漫周遍,无处不是;然其流行发生,亦只有个渐,所以生生不息。……譬之木,其始抽芽,便是木之生意发端处。……父子兄弟之爱,便是人心生意发端处,如木之抽芽。自此而仁民,而爱物,便是发干,生枝生叶。墨氏兼爱无差等,将自家父子兄弟与途人一般看,便自没了发端处。不抽芽便知他无根,便不是生生不息,安得谓之仁?"(《传习录》上,《全书》卷一,页三十八至三十九)

盖儒家所谓之仁,乃所谓恻隐之心之自然发展;非如墨家兼爱,乃以功利主义为其根据。在所谓恻隐之心之自然发展中,其所及自有先后厚薄之不同。此即所谓"良知上自然的条理"也。阳明此段语录,注重仁乃所谓恻隐之心之自然的发展。

(6)恶之起源

"天下无心外之物";心"只是一个灵明"。(见上第三目引)则所谓恶之起源,在阳明哲学中,颇成为问题。《传习录》云:

问:"先生尝谓善恶只是一物;善恶两端,如冰炭相反,如何谓只一物?"先生曰:"至善者心之本体;本体上才过当些子,便是恶了;不是有一个善,却又有一个恶来相对也。故善恶只是一物。"直因闻先生之说,则知程子所谓"善固性也,恶亦不可不谓之性",又曰:"善恶皆天理;谓之恶者非本恶,但于本性上过与不及之间耳。"其说皆无可疑。(《传习录》下,《全书》卷三,页十一)

依此则所谓恶者,乃吾人情欲之发之过当者。若不过当,即情欲本身亦不是恶。《传习录》云:

问:"知譬日,欲譬云;云虽能蔽日,亦是天之一气合有的;欲亦莫非人心合有否?"先生曰:"喜怒哀惧爱恶欲,谓之七情;七者俱是人心合有的，但要认得良知明白，比如日光，亦不可指著方所；一隙通明，皆是日光所在。虽云雾四塞，太虚中色象可辨，亦是日光不灭处。不可以云能蔽日，教天不要生云。七情顺其自然之流行，皆是良知之用，不可分别善恶，但不可有所著。七情有著，俱谓之欲，俱为良知之蔽。然才有著时，良知亦自会觉。觉即蔽去，复其体矣。"（《传习录》下，《全集》卷三，页三十二）

所谓"不可有所著"者，《传习录》又一条云：

问有所忿懥一条。先生曰："忿懥几件，人心怎能无得？只是不可有耳。凡人忿懥，著了一分意思，便怒得过当，非廓然大公之体了。故有所忿懥，便不得其正也。如今于凡忿懥等件，只是个物来顺应，不要著一分意思，便心体廓然大公，得其本体之正了。且如出外见人相斗，其不是的，我心亦怒，然虽怒却此心廓然，不曾动些子气。如今怒人，亦得如此，方才是正。"（《传习录》下，同上，页十四）

所以七情不能有所著者，"盖著了一分意思，便怒得过当，非廓然大公之体"矣。《坛经》谓："前念著境即烦恼；后念离境即菩提。"（参看本篇第九章第二节第二目）有所忿懥，即念著境也。"圣人之喜，以物之当喜；圣人之怒，以物之当怒"（程明道《定性书》）；非"有"喜怒，即非有意于为喜怒也。圣人之心如明镜，"廓然而大公，物来而顺应"；当喜者喜之，当怒者怒之，而本体虚明，对于所喜所怒之物，毫无沾滞执著，所以亦不为其所累也。

以上所说，乃道德的恶。至于物质的恶，则纯起于吾人之好恶；一切外物俱本来无善恶之分也。王阳明《传习录》云：

侃去花间草，因曰："天地间何善难培，恶难去？"先生曰："……此等看善恶，皆从躯壳上起念，便会错。……天地生意，花草一般，何曾有善恶之分？子欲观花，则以花为善，以草为恶；如欲用草时，复以草为善矣。此等善恶，皆由汝心好恶所生，故知是错。"曰："然则无善无恶乎？"曰："无善无恶者理之静；有善有恶者气之动。不动于气，即无善无恶，是谓至善。"曰："佛氏亦无善无恶，何以异？"曰："佛氏著在无善无恶上，便一切都不管，不可以治天下。圣人无善无恶，只是无有作好，无有作恶，不动于气；然遵王之道，会其有极，便自一循天理，便有个裁成辅相。"曰："草既非恶，即草不宜去矣。"曰："如此却是佛老意见；草若有碍，何妨汝去？"曰："如此又是作好作恶。"曰："不作好恶，非是全无好恶，却是无知觉的人。谓之不作者，只是好恶一循于理，不去又著一分意思；如此即是不曾好恶一般。"曰："去草如何是一循于理，不著意思？"曰："草有妨碍，理亦宜去，去之而已；偶未即去，亦不累心。若著了一分意思，即心体便有贻累，便有许多动气处。"（《传习录》上，《全书》卷一，页四十三至四十四）

外物之善恶，乃起于吾人之好恶。以外物为有善恶者，乃自吾人个体之观点言之，所谓"皆从躯壳上起念"也。吾人虽应知外物之本无善恶，然亦不必废吾心之好恶，但应好恶而无所著耳。无所著则"心体无贻累"矣。好恶亦系"人心合有"之情，故吾人对之，亦用"情顺万事而无情"之方法。

（7）动静合一

所谓"一循于理"者，即一循良知之自然也。王阳明云：

圣人致知之功，至诚无息。其良知之体，皦如明镜，略无纤翳。妍媸之来，随物见形，而明镜曾无留染；所谓情顺万事而无情者也。"无所住而生其心"；佛氏曾有是言，未为非也。明镜之应物，妍者妍，媸者媸，一照而皆真，即是生其心处；妍者妍，媸者媸，一过而不留，即是无所住处。（《答陆原静书》，《传习录》中，《全书》卷二，页四十六）

"无所住"即"无所著"。"草有妨碍，理亦宜去，去之而已"，"即是生其心处"；"偶未即去，亦不累心"，"即是无所住处"。若能如此，则虽终日"有为"，而心常如"无为"，所谓动静合一者也。王阳明云：

　　心无动静者也。其静也者，以言其体也；其动也者，以言其用也。故君子之学，无间于动静。其静也常觉，而未尝无也，故常应。其动也常定，而未尝有也。故常寂。常应常寂，动静皆有事焉。是之谓集义。集义故能无祗悔，所谓动亦定，静亦定者也。心一而已，静其体也，而复求静根焉，是挠其体也。动其用也，而惧其易动焉，是废其用也。故求静之心即动也，恶动之心非静也；是之谓动亦动，静亦动，将迎起伏，相寻于无穷矣。故循理之谓静；从欲之谓动。欲也者，非必声色货利外诱也；有心之私，皆欲也。故循理焉，虽酬酢万变皆静也；濂溪所谓主静无欲之谓也；是谓集义者也。从欲焉，虽心斋坐忘亦动也；告子之强制正助之谓也；是外义者也。(《答伦彦式书》，《全书》卷五，页五至六)

动静合一，乃是真静，绝对的静。动亦定，静亦定，乃是真定，绝对的定。此与程明道《定性书》所说正同。

如此，则"天理常存，而其昭明灵觉之本体，无所亏蔽，无所牵扰，无所恐惧忧患，无所好乐忿懥，无所意必固我，无所歉馁愧怍。和融莹彻，充塞流行；动容周旋而中礼，从心所欲而不逾，斯乃所谓真洒落(《明儒学案》引作乐)矣"(《答舒国用书》，《全书》卷五，页十六)。

（8）阳明心学所引起之反动

阳明起而心学大盛。阳明又作《朱子晚年定论》，以为朱陆实早异晚同。朱子晚年，自悔其"旧说之非"而自同于象山。此说出，引起朱派后学之辩论，以为朱陆之学，实不相同。罗整庵(名钦顺)作《困知记》云：

　　程子言性即理也，象山言心即理也。至当归一，精义无二。此是则

彼非，彼是则此非，安可不明辨之。(《困知记》卷二，《正谊堂全书》本，页六）

所谓心与性之区别，整庵云：

夫心者，人之神明；性者，人之生理。理之所在谓之心，心之所有谓之性，不可混而为一也。（同上，卷一，页一）

心与性不同，故"心即理"之言，与"性即理"之言，亦不同也。整庵批评阳明云：

《传习录》有云："吾心之良知即所谓天理也。"……又有问："仁者以天地万物为一体。"答曰："人能存得这一点生意，便是与天地万物为一体。"又问："所谓生者，即活动之意否？即所谓虚灵知觉否？"曰："然。"又曰："性即人之生意。"此皆以知觉为性之明验也。（同上，卷三，页一）

"以知觉为性"，即以心为理也。整庵云："佛氏之所谓性，觉而已矣。"（同上，卷三，页一）"以知觉为性"，整庵以为即佛氏之说。

又有陈清澜（名建，广东东莞人）著《学蔀通辨》，以为朱陆早同晚异，以驳程篁墩《道一编》及阳明《朱子晚年定论》所持朱陆早异晚同之说。清澜亦以为陆派以知觉为性为近于禅，云：

精神灵觉，自老庄禅陆皆以为至妙之理，而朱子《语类》乃谓神只是形而下者。《文集·释氏论》云："其所指为识心见性者，实在精神魂魄之聚，而吾儒所谓形而下者耳。"何也？曰：以其属于气也。精神灵觉，皆气之妙用也。气则犹有形迹也。故陆学曰镜中观花，曰鉴中万象，形迹显矣，影象著矣，其为形而下也宜矣。（《学蔀通辨》卷十，《正谊堂全书》本，页七至八）

若就此点，指出陆王之近禅，陆王诚较朱派为近禅也。清代陆稼书亦就此点指出朱王之不同（《学术辨》中，《三鱼堂集》卷二）。盖朱派后学对于理学家之谓性即理之异于心学家之谓心即理，已极明了。惟对于理学家之哲学之需要二世界，而心学家之哲学则只需要一世界之一点，则未明言。

（七）王龙溪及王心斋

阳明弟子中之更近禅者，普通推王龙溪、王心斋。黄梨洲云：

阳明先生之学，有泰州（心斋）龙溪而风行天下，亦因泰州龙溪而渐失其传。泰州龙溪时时不满其师说，益启瞿昙之秘而归之师，盖跻阳明而为禅矣。（《明儒学案》卷三十二，页一）

王畿字汝中，号龙溪，与阳明同郡同宗，生于明孝宗弘治十一年（西历1498年），受业于阳明，卒于明神宗万历十一年（西历1583年）（传及墓志，《全集》附录）。王艮，字汝止，号心斋，泰州之安丰场人，生于明宪宗成化十九年（西历1483年），后从阳明受业，卒于明世宗嘉靖十九年（西历1540年）(《年谱》,《遗集》卷三）。龙溪有四无之说。盖阳明每与门人论学，提四句为教法："无善无恶心之体；有善有恶意之动；知善知恶是良知；为善去恶是格物。"龙溪以此乃权法，未可执定。以为"心意知物只是一事，若悟得心是无善无恶之心，意即是无善无恶之意，知即是无善无恶之知，物即是无善无恶之物"。盖"天命之性，粹然至善，神感神应，其机自不容已，无善可名。恶固本无，善亦不可得而有也"。心受感则有自然之应，所谓"神感神应"也。心有"自然之流行"，若任其"自然之流行"而不"著于有"，则心是"无心之心"，意是"无意之意"，知是"无知之知"，物是"无物之物"。如此，"恶固本无，善亦不可得而有也"。此龙溪四无之说也（《天泉证道记》,《龙溪全集》卷一，明刊本，页一）。

所谓不著于有者，即是任心自然流行，如阳明所谓 "其良知之体，皦如明镜，略无纤翳。妍媸之来，随物见形而明镜无留染" 者（见上第六节第七目引）。若龙溪仅说至此，阳明自可以承认。所以《天泉证道记》谓阳明亦以四无之说为一种教法。不过龙溪更进引禅宗之言，以说明其主张。如云：

夫何思何虑，非不思不虑也。所思所虑，一出于自然，而未尝有别思别虑，我何容心焉。譬之日月之明，自然往来，而万物毕照，日月何容心焉。……惠能曰："不思善，不思恶，却又不断百思想。"此上乘之学，不二法门也。（《答南明汪子问》，《全集》卷三，页十五）

又云：

一念明定，便是缉熙之学。一念者，无念也，即念而离念也。故君子之学，以无念为宗。（《趋庭谩语》，《全集》卷十五，页三十七）

能如此修养，则可脱离生死轮回。龙溪云：

人之有生死轮回，念与识为之祟也。念有往来；念有二心之用，或之善，或之恶，往来不常，便是轮回种子。识有分别；识者发智之神，倏而起，倏而灭，起灭不停，便是生死根因。此是古今之通理，亦便是现在之实事。儒者以为异端之学，讳而不言，亦见其惑也已。夫念根于心，至人无心则念息，自无轮回。识变为知；至人无知则识空，自无生死。（《新安斗山书院会语》，《全集》卷七，页二十二）

所谓念息者，即 "无念"，亦即 "即念而离念" 也。至于识与知之区别，龙溪云：

知无起灭；识有能所。知无方体；识有区别。譬之明镜之照物，镜体本虚，妍媸黑白，自往来于虚体之中，无加减也。若妍媸黑白之迹，滞而不化，镜体反为所蔽矣。镜体之虚，无加减则无生死，所谓良知也。变识为知，识乃知之用；认识为知，识乃知之贼。（《金波晤言》，

《全集》卷三，页十三）

由上所言，则识即知之著于有者。若识不著于有，则即是无知之知，即识变为知矣。

以上所述龙溪之修养方法，本与明道《定性书》及阳明动静合一之说，大端相同。惟以为如此乃可免于生死轮回，则为明道阳明所不言者。阳明云："佛家著意于脱离生死，仍于本体上著些子，便不是他虚空本色。"（见上第六节第四目引）此为宋明道学与佛学之一根本不同之点。龙溪竟混同之，不惟为近禅，恐亦即是禅矣。故在龙溪心目中，儒佛老之学，根本无异。龙溪云：

三教之说，其来尚矣。老氏曰虚，圣人之学亦曰虚。佛氏曰寂，圣人之学亦曰寂。孰从而辨之？世之儒者不揣其本，类以二氏为异端，亦未为通论也。（《三教堂记》，《全集》卷十七，页八）

此等见解，殆将宋明道学之一重要立场，根本取消，而使人复返于魏晋人对于儒佛老之态度矣。

由上观之，则龙溪诚为更近禅矣。但谓心斋更近禅，则梨洲所说似与事实不合。心斋后学，如梨洲所举颜山农等，诚为近禅。梨洲述山农之学云：

颜钧，字山农，吉安人也。……其学以人心妙万物而不测者也。性为明珠，原无尘埃，有何睹闻，著何戒惧。平时只是率性而行，纯任自然，便谓之道。及时有放逸，然后戒慎恐惧以修之。凡儒先见闻，道理格式，皆足以障道。（《泰州学案序》，《明儒学案》卷三十二，页一）

但此等见解，心斋未尝言之。心斋对于格物之解释，世称为淮南格物说。其说以为："格如格式之格，即后絜矩之谓。吾身是个矩，天下国家是个方。絜矩则知方之不正，犹矩之不正也。是以只去正矩，欲不在方上求。矩正则方正矣，方正则成格矣。"（《遗集》卷一，东台袁氏铅印本，页十六）天下国家皆物也，以己身之矩，正天下国家，即格物也。故心斋之学，注意于己身之行为。其所作《王道论》，根据《周礼》，提出实际致太平之办法（《遗集》卷一，页十七），其学不惟不近禅，且若为以后颜习斋之学作前驱者。盖阳明之学，有知行合一之教，黄梨洲云：

> 先生（阳明）之格物，谓致吾心良知之天理于事事物物，则事事物物皆得其理。以圣人教人，只是一个行，如博学、审问、慎思、明辨，皆是行也。笃行之者，行此数者不已是也。先生致之于事物，致字即是行字，以救空空穷理，只在知上讨个分晓之非。(《姚江学案序》，《明儒学案》卷十，页一）

若与阳明之学以如此平易的解释，则与以后颜习斋等所主张相近矣。习斋等所努力者，即是注重行，"以救空空穷理，只在知上讨个分晓之非"也。

第十五章　清代道学之继续

（一）汉学与宋学

至于清代，一时之风尚，转向于所谓汉学。所谓汉学家者，以为宋明道学家所讲之经学，乃混有佛老见解者。故欲知孔孟圣贤之道之真意义，则须求之于汉人之经说。阮元云："两汉经学，所以当遵行者，为其去圣贤最近，而二氏之说，尚未起也。"（《汉学师承记序》）讲汉人之经学者，以宋明人所讲之道学为宋学，以别于其自己所讲之汉学。

宋明人所讲之理学与心学，在清代俱有继续的传述者，即此时代中之所谓宋学家也。但传述者亦只传述，俱少显著的新见解。故讲此时代之哲学，须在所谓汉学家中求之。盖此时代之汉学家，若讲及所谓义理之学，其所讨论之问题，如理、气、性、命等，仍是宋明道学家所提出之问题。其所依据之经典，如《论语》《孟子》《大学》《中庸》等，仍是宋明道学家所提出之四书也。就此方面言，则所谓汉学家，若讲及所谓义理之学，仍是宋明道学家之继续者。汉学家之贡献，在于对于宋明道学家之问题，能予以较不同的解答；对于宋明道学家所依经典，能予以较不同的解释。然即此较不同的解释，明末清初之道学家，已略提出汉学家所讲义理之学，乃照此方向，继续发展者。由此言之，汉学家之义理之学，表面上虽为反道学，而实则系一部分道学之继续发展也。

（二）颜李及一部分道学家

在汉学、宋学之对峙尚未成立之前，北方即有所谓颜李之学。颜元，字浑然，号习斋，直隶博野县人。生于明崇祯八年（西历1635年），卒于清康熙四十三年（西历1704年）。李塨字刚主，号恕谷，直隶蠡县人，习斋之弟子。生于清顺治十六年（西历1659年），卒于雍正十一年（西历1733年）。二人俱反对宋明道学，而主张其自己所以为真正孔孟圣贤之道。颜习斋自述其为学宗旨云：

自汉晋泛滥于章句，不知章句所以传圣贤之道，而非圣贤之道也；竞尚乎清谈，不知清谈所以阐圣贤之学，而非圣贤之学也。因之虚浮日盛，而尧舜三事六府之道，周公孔子六德六行六艺之学，所以实位天地，实育万物者，几不见于乾坤中矣。迨于佛老昌炽，或取天地万物而尽空之，一归于寂灭；或取天地万物而尽无之，一归于升脱。……赵氏运中纷纷跻孔子庙庭者，皆修辑注解之士，犹然章句也；皆高坐讲论之人，犹然清谈也。甚至言孝弟忠信如何教，气禀本有恶，其与老氏以礼义为忠信之薄，佛氏以耳目口鼻为六贼者，相去几何也。故仆妄论宋儒，谓是集汉晋释老之大成者则可，谓是尧舜周孔之正派则不可。……某为此惧，著《存学》一编，申明尧舜周孔三事六府六德六行六艺之道，大旨明道不在诗书章句，学不在颖悟诵读，而期如孔门博文约礼，身实学之，身实习之，终身不懈者。著《存性》一编，大旨明理气俱是天道，性形俱是天命。人之性命气质，虽各有差等，而俱是此善，气质正性命之作用，而不可谓有恶。其所谓恶者，乃由引蔽习染四字为之祟也。期使人知为丝毫之恶，皆自玷其光莹之本体；极神圣之善，始自充其固有之形骸。（《上太仓陆桴亭先生书》，《存学编》，卷一，《畿辅丛书》本，页十一至十三）

《书·大禹谟》:"水火金木土谷,谓之六府,正德利用厚生,谓之三事。"《周礼·大司徒》:"以乡三物教万民而宾兴之。一曰六德:知、仁、圣、义、忠、和。二曰六行:孝、友、睦、姻、任、恤。三曰六艺:礼、乐、射、御、书、数。"颜李谓古圣贤教人,只教人实有此六德,实行此六行,实习此六艺,实研习兵农等六府之事,以利用厚民之生而已。《大学》所谓格物,即谓此也。格如手格猛兽之格,谓"亲手习其事"。物即"物有本末之物也,即明德亲民也,即意心身家国天下也,然而谓之物者,则以诚正修齐治平皆有其事,而学其事皆有其物,《周礼》礼乐等皆谓之物是也"(李塨《大学辨业》,卷二,《畿辅丛书》本,页八)。习斋以为宋儒乃"集汉晋释老之大成者",而非"尧舜周孔之正派"。就历史说,此言本亦合于事实,但因此即以宋儒之所学为根本错误,则不可耳。

习斋之时,尚无汉学之名,习斋亦非汉学家,然习斋已以此理由反对宋明之道学矣。然当时之道学家中,亦有持与习斋相同之见解者,如习斋此所上书之陆桴亭是也。陆桴亭名世仪,字道威,太仓人,尝云:

天下无讲学之人,世道之衰;天下皆讲学之人,亦世道之衰也。三代之世,君君,臣臣,父父,子子,各务躬行,各敦实行,庠序之中,诵诗书,习礼乐而已,未尝以口舌相角胜也。(《思辨录》,卷一,《正谊堂全书》本,页十)

又云:

近人讲学,多似晋人清谈,甚害事。孔门无一语不教人就实处做。(同上)

桴亭所著《思辨录》,对于兵农礼乐政制,俱有研究,与习斋同。而习斋亦讲正心诚意,与桴亭亦同。故习斋之学,虽反道学,然实系一部分道学之继续发展也。

(1) 理、气

习斋之学,大部分为关于教育及修养之辩论。其较有哲学兴趣者,为其《存性编》中对于理、气、性、形之辩论。《存性编》中"为妄见图凡七,以申明孟子本意"(《存性编》卷二,页二)。其总图如下:

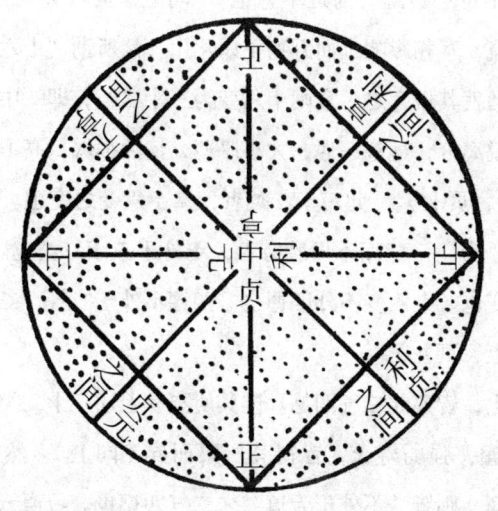

习斋释此图云:

大圈,天道统体也。上帝主宰其中,不可以图也。左,阳也;右,阴也。合之则阴阳无间也。阴阳流行而为四德,元亨利贞也(自注:"四德先儒即分春夏秋冬,《论语》所谓四时行也。")。横竖正画,四德正气正理之达也。四角斜画,四德间气间理之达也。交斜之画,象交通也。满面小点,象万物之化生也。莫不交通,莫不化生也。无非是气是理也。知理气融为一片,则知阴阳二气,天道之良能也。元亨利贞四德,阴阳二气之良能也。化生万物,元亨利贞四德之良能也。知天道之二气,二气之四德,四德之生万物,莫非良能,则可以观此图矣。(《存性编》卷二,页三)

所谓上帝，下文未再提及。习斋之宇宙论中，实不必有此。习斋以阴阳二气为"天道之良能"。"阴阳流行，而为四德。"此段仅言及四德之交通。实则"二气四德，顺逆交通，错综薰蒸，变易感触，聚散卷舒"（同上，页六）。此"十六者四德之变也。德惟四而其变十六。十六之变，不可胜穷焉。为运不息也"（同上，页六）。二气四德如此永久变动周流，互相影响，而万物于以化生。然所谓"十六之变，不可胜穷"者，乃就其极言之。实则十六变为三十二类，即"中边直屈，方圆衡僻，齐锐离合，远近违遇，大小厚薄，清浊强弱，高下长短，疾迟全缺"（同上，页七）。"此三十二类者，又十六变之变也。三十二类之变，又不可胜穷焉。然而不可胜穷者，不外于三十二类也。三十二类，不外于十六变也。十六变不外四德也。四德不外于二气，二气不外于天道也。"（同上，页九）

万物之生，皆禀此二气四德。惟其所禀有上述三十二类之不同，故物之聪明愚蠢，强弱寿夭，皆视其所禀而异（同上）。然物虽有此不同，而其所禀，则皆"不外于天道"之二气四德也。习斋云：

万物之性，此理之赋也。万物之气质，此气之凝也。正者，此理此气也。间者，亦此理此气也。交杂者，莫非此理此气也。高明者，此理此气也。卑暗者，亦此理此气也。清厚者，此理此气也。浊薄者，亦此理此气也。……至于人则尤为万物之粹，所谓得天地之中以生者也。二气四德者，未凝结之人也。人者，已凝结之二气四德也。存之为仁义理智，谓之性者，以在内之元亨利贞名之也。发之为恻隐羞恶，辞让是非，谓之情者，以及物之元亨利贞言之也。才者，性之为情者也，是元亨利贞之力也。（同上，页三至四）

习斋之主要意思，在于以气为宇宙之根本。虽亦言理，而以理气为"融为一片"。以此别于理学家。

然此以理气融为一片之说，一部分道学家亦已言之。如刘蕺山云：

> 盈天地间，一气也。气即理也。天得之以为天，地得之以为地，人物得之以为人物，一也。（《刘子全书》卷十一，页三）

又云：

> 或曰：虚生气。夫虚即气也，何生之有？吾溯之未始有气之先，亦无往而非气也。当其屈也，自无而之有，有而未始有。及其伸也，自有而之无，无而未始无也。非有非无之间，而即有即无，是为太虚，又表而尊之曰太极。（同上）

此以气之屈为无；气屈则伸，故即自无而之有。以气之伸为有，气伸则屈，故即自有而之无。此即用横渠之说矣。

刘蕺山名宗周，字念台，浙江山阴人，明亡，于清世祖顺治二年（西历1645年）不食死（《年谱》，《刘子全书》卷四十，页四十九），其弟子黄梨洲（名宗羲，字太冲，浙江余姚人，卒于清圣祖康熙三十四年，即西历1695年。全祖望《梨洲先生神道碑》，《鲒埼亭集》卷十一，《四部丛刊》本，页十一），对于理气之见解，亦与此同。梨洲云：

> 夫大化之流行，只有一气，充周无间。时而为和谓之春，和生而温谓之夏，温降而凉谓之秋，凉升而寒谓之冬。寒降而复为和，循环无端，所谓生生之为易也。圣人即从升降之不失其序者，名之谓理。（《与友人论学书》，《南雷文案》卷三，《四部丛刊》本，页六）

此以气为较根本者，亦与蕺山同。盖理学与心学之差别之一，即理学需要二世界，心学只需要一世界。或可谓理学为二元论的，心学为一元论的。阳明出而心学盛，即一元论的哲学盛。然阳明对于理气，未多讨论。若亦持一元论的见解，而又欲为理学家之理气问题，作一相当的解决，则理气"融为一片"之说，正其选也。

与梨洲同时，有王船山（名夫之，字而农，号姜斋，湖南衡阳人，生于明神宗万历四十七年，即西历1619年，卒于清圣祖康熙三十二年，即西历1693年）。船山学无师承，而对于理气之见解，亦与蕺山有相同处。船山云：

天地间只理与气；气载理而以秩序乎气。(《读四书大全》卷三，《船山遗书》本，页三十二）

理为气之秩序，气为较根本的。船山云：

盖言心，言性，言天，言理，俱必在气上说。若无气处，则俱无也。张子云："由气化有道之名。"而朱子释之曰："一阴一阳之谓道，气之化也。"……程子言：天，理也，既以理言天，则是亦以天为理矣。以天为理，而天固非离乎气而得名者也。则理即气之理，而后天为理之义始成。(《读四书大全》，同上，卷十，页五十八）

天与阴阳等之关系，船山云：

拆着便叫作阴阳五行，有二殊又有五位；合着便叫作天。犹合手足耳目心思即是人，不成耳目手足心思之外，更有用手足耳目者。则岂阴阳五行之外，别有用阴阳五行者乎？(同上，卷二，页十）

所谓天即阴阳五行之总名；天之理，即气之理也。关于形上、形下，道、器之分，船山亦详论之。船山云：

天下惟器而已矣。道者，器之道；器者，不可谓之道之器也。无其道则无其器，人类能言之。虽然，苟有其器矣，岂患无道哉？……无其器则无其道，人鲜能言之，而固其诚然者也。洪荒无揖让之道，唐虞无吊伐之道，汉唐无今日之道，则今日无他年之道者多矣。未有弓矢而无射道，未有车马而无御道，……道之可有而且无者多矣。故无其器则无其道，诚然之言也，而人特未之察耳。……上下皆名也，非有涯量之可别者也。形而上者，非无形之谓。既有形矣，有形而后有形而上。无形之上，亘古今，通万变，穷天穷地，穷人穷物，皆所未有者也。(《周易

外传》卷五,《船山遗书》本,页四十五)

此所说关于道器之见解,与朱子之见解,正相反对。自其关于理气之见解推之,船山固可如此说也。然船山固自命为道学家,其以气为一切根本之说,取之横渠。故船山自铭其墓云:"抱刘越石之孤忠,而命无从致,希张横渠之正学,而力不能企。幸全归于兹邱,固衔恤而永世。"(《船山先生传》,《船山遗书》内)船山学无师承,而其见解则与蕺山、梨洲、习斋等有相合。则可见当时对于理气之问题,俱倾向于此一方面之解决也。

(2)性、形

以此形上学为根本,习斋乃据以指出朱子设气质之性与义理之性之分之非。"万物之性,此理之赋也。万物之气质,此气之凝也。"若专就此二语言之,则习斋之说,与朱子无异。惟下文云,"清厚者,此理此气也"云云,盖以理气"融为一片",故可如此说。若在朱子,则只气可以清厚言,而理不可以清厚言。盖理为永存不变者,不能有或清或厚之分也。习斋以理气"融为一片",故以为义理之性,即气质之性,不可以气质为恶之起源。上所引一段下文云:

谓情有恶,是谓已发之元亨利贞,非未发之元亨利贞也。谓才有恶,是谓蓄者元亨利贞,能作者,非元亨利贞也。谓气质有恶,是元亨利贞之理,谓之天道,元亨利贞之气,不谓之天道也。噫,天下有无理之气乎?有无气之理乎?有二气四德外之理气乎?(同上,页四)

盖宇宙只有一源,吾人只有一性。习斋又举例明之云:

盖气即理之气,理即气之理,乌得谓理纯一善,而气质偏有恶哉?譬之目矣。眶疱睛,气质也。其中光明,能见物者,性也。将谓光明之理专视正色,眶疱睛乃视邪色乎?余谓光明之理固是天命,眶疱睛皆是天命。更不必分何者是天命之性,何者是气质之性。只宜言天命人以目之性。光明能视，即目之性善。其视之也，则情之善。其视之详略远近，则才之强弱。皆不可以恶言。……惟因有邪色引动，障蔽其明，然后有淫视而恶始名焉。然其为之引动者，性之咎乎？气质之咎乎？若归咎于气质，是必无此目而后可全目之性矣。（《存性编》卷一，页一）

目之眶疱睛，形也。其中光明能见物者，性也。有此形则有此性，有此性则有此形，所谓"性形俱是天命"也。习斋《存性编》之主要意思，即为驳朱子以气质之性为恶之起源之说。其理如上引。

习斋以恶之起源，归于"引蔽习染"。习斋云：

其恶者，引蔽习染也。惟如孔子求仁，孟子存心养性，则明吾性之善，而耳目口鼻皆奉令而尽职。……当视即视，当听即听，不当即否。使气质皆如其天则之正，一切邪色淫声，自不得引蔽。又何习于恶，染于恶之足患乎？……六行乃吾性设施。六艺乃吾性材具。九容乃吾性发现。九德乃吾性成就。制礼作乐，燮理阴阳，裁成天地，乃吾性舒张。万物咸若，地平天成，太和宇宙，乃吾性结果。故谓变化气质，为养性之效则可，如德润身，睟面盎背，施于四体之类是也。谓变化气质之恶以复性则不可，以其问罪于兵，而责染于丝也。（同上，卷一，页二）

习斋之意，本欲在人性论方面，打破理学家所说天命之性与气质之性，或性与气质之分。然细按其说，则此二者之分，依然存在。如云："当视即视，当听即听，不当即否。使气质皆如其天则之正，一切邪色淫声，自不得引蔽。"所谓"天则之正"，正理学家所谓理，所谓性。惟此"天则之正"，非即气质，故"气质皆如其天则之正"之言，乃可成立。惟此"天则之正"，非即气质，故"当视即视，当听即听，不当则否"之言，乃有意义。气质能为邪色淫声所引，而"天则之正"则定不能。此理学家所以以气质解释恶之起源也。至"六行乃吾性设施"以下一段，与朱子心具众理之说，又几乎无以别。不过习斋以为此即吾人固有形骸之功用。所谓"极神圣之善,始自充其固有之形骸"也。

习斋此主张,刘蕺山等本亦主张之。蕺山云:

理即气之理,断然不在气先,不在气外。知此则知道心即人心之本心,义理之性即气质之本性。(《刘子全书》卷十一,页五)

又云:

心只有人心,而道心者,人之所以为心也。性只有气质之性,而义理之性者,气质之所以为性也。(同上,卷十三,页三十一)

又云:

昔人解人心道心,道心为主,而人心每听命焉。如此说,是一身有二心矣。离却人心,别无道心。如知寒思衣,知饥思食,此心之动体也。当衣而衣,当食而食,此心之静体也。然当衣当食,审于义理,即与思衣思食,一时并到。不是说思衣思食了,又要起个当衣而衣,当食而食的念头。(同上,页三十七)

上文对于习斋之批评,对于蕺山仍可应用。盖"人心之本心",及"人之所以为心",非即人心;而"气质之本性",及"气质之所以为性",非即气质也。故虽以为只有一心,而必又于其中分为动体静体。梨洲对于此问题,亦有类似的见解。梨洲云:

其在人而为恻隐、羞恶、恭敬、是非之心,同此一气之流行也。圣人亦即从此秩而不变者,名之为性。故理是有形之性(自注:"见之于事。");性是无形之理。先儒"性即理也"之言,真千圣之血脉也,而要皆一气为之。(《与友人论学书》,《南雷文案》卷三,页六)

此虽亦许"性即理"之言,为"千圣之血脉",而又谓"要皆一气为之",则仍以气为主体也。

船山对此问题,亦有其见解。船山云:

程子创说个气质之性,殊觉崚嶒。……初学不悟,遂疑人有两性在。今不得已而为显之。所谓气质之性者，犹言气质中之性也。质是人之形质，范围著有生理在内。形质之内，则气充之。而盈天地间，人身以内，人身以外，无非气者，故亦无非理者。理行乎气之中，而为气主持分剂者也。故质以函气，而气以函理。质以函气，故一人有一人之生；气以函理，一人有一人之性也。故当其未函时，则且是天地之理气，盖未有人者是也。（自注："未有人非混沌之谓。只如赵甲以甲子生，当癸亥岁未有赵甲，则赵甲一分理气，便属之天。"）乃其既有质以居气，而气必有理。自人言之，则一人之生，一人之性，而其为天之流行者，初不以人故阻隔，而非复天之有。是气质中之性，依一本然之性也。（《读四书大全》卷七，《船山遗书》本，页十六）

此以气质之性为气质中之性，实即气质中之理。然气质中之理，即朱子所谓义理之性也。船山此段下文云：

夫气之在天，或有失其和者。当人之始生，而与为建立。（自注："所以为质者，亦气为之。"）于是而因气之失，以成质之不正。（同上，页十六）

朱子所谓气质之性，正就此方面言也。

综合上所引述观之，则在习斋诸人之系统中，理学家所说之理，仍自有其地位，不过诸人之意，以为理不在气外，性不在气质外。此点李恕谷更明之。恕谷云：

在天在人通行者，名之曰道。理字则圣经甚少。《中庸》"文理"，与《孟子》"条理"，同言道秩然有条，犹玉有脉理，地有分理也。《易》曰："穷理尽性，以至于命。"理见于事，性具于心，命出于天，亦条理之义也。（《论语传注问》，四存学会铅印本，页三）

又曰：

夫事有条理曰理，即在事中。今曰理在事上，是理别为一物矣。天

事曰天理,人事曰人理,物事曰物理。《诗》曰:"有物有则。"离事物何所为理乎?(同上,页二十六)

此所谓理,与理学家所说之理无大异。其异者即恕谷以为理学家以为"理在事上",而其自己则以为"理在事中"。此点亦为以后戴东原所提出以驳斥理学家者。就此方面思想之发展言,颜、李、东原,实为蕺山、梨洲、船山等之继续也。

(三)戴东原

戴震,字东原,安徽休宁人。生于清世宗雍正元年(西历1723年),卒于清高宗乾隆四十二年(西历1777年)。其著作讲"义理之学"者,有《原善》《孟子字义疏证》。其《孟子字义疏证序》曰:

孟子辩杨墨。后人习闻杨墨老庄佛之言,且以其言汩乱孟子之言,是又后乎孟子者之不可已也。(胡适之先生校本,《戴东原的哲学》,附录,页三十七)

东原又曰:

宋以前,孔孟自孔孟,老释自老释。谈老释者,高妙其言,不依附孔孟。宋以来,孔孟之书,尽失其解,儒者杂袭老释之言以解之。(《答彭进士允初书》,《戴东原集》卷八,《四部丛刊》本,页十三)

东原以为宋明道学家之学,皆"杂袭老释之言",以解经者。自以辟道学家之学为己任,如孟子以辟杨墨为己任然。

(1)道、理

颜李以为理学家以为"理在事上",东原亦以为如此。并以为此乃杂袭老庄释氏之言。东原云:

在老庄释氏,就一身分言之,有形体,有神识,而以神识为本。推而上之，以神为有天地之本，遂求诸无形无迹者为实有，而视有形有迹为幻。在宋儒，以形气神识同为己之私，而理得于天。推而上之，于理气截然分明，以理当其无形无迹之实有，而视有形有迹为粗。盖就彼之言而转之，因视气曰空气，视心曰性之郭郭。是彼别形神为二本，而宅于空气，宅于郭郭者，为天地之神与人之神。此别理气为二本，而宅于空气，宅于郭郭者，为天地之理与人之理。（《孟子字义疏证》卷中，页七十八）

"此别理气为二本"下，东原自注云："朱子云：'天地之间，有理有气。理也者，形而上之道也，生物之本也。气也者，形而下之气也，生物之具也。'"此理学家所谓气上有理之说也。为驳此说，东原以为阴阳五行即是道。东原云：

道犹行也，气化流行，生生不息，是故谓之道。《易》曰："一阴一阳之谓道。"《洪范》五行："一曰水，二曰火，三曰木，四曰金，五曰土。"行亦道之通称。举阴阳则赅五行，阴阳各具五行也。举五行即赅阴阳，五行各有阴阳也。（《孟子字义疏证》卷中，页七十三）

下文续云："阴阳五行，道之实体也。"以阴阳五行之实体为道之实体；道即是气而非超时空之抽象的理也。此与习斋之以二气四德为天道之意正同。不过此不用四德而用五行，盖四德犹有"理"之意味也。至于所谓形而上形而下之分，东原云：

气化之于品物，则形而上下之分也。形乃品物之谓，非气化之谓。……形谓已成形质。形而上犹曰形以前；形而下犹曰形以后。阴阳之未成形质，是谓形而上者也，非形而下明矣。器言乎一成而不变；道言乎体物而不可遗。不徒阴阳非形而下，如五行水火木金土，有质可见，固形而下也，器也。其五行之气，人物咸禀受于此，则形而上者也。（同上）

阴阳五行之气为道。人物咸"禀受"此气，而始有其形质；此所谓气化也。但此气之本身，则无形质。惟其无形质，故为形而上之道。若有形质者，即为形而下之器。此五行之气，非即吾人所见之有形质的水火木金土。盖吾人所见之有形质的物，既有形质，皆形而下之器也。

举人物之生成，皆归之于"气化"，则似可不须理学家所说之理矣。然此气之"化"，乃乱杂无章，抑依一定秩序条理？东原以为阴阳五行之流行，乃是有条理的。东原云：

天地之化不已也，道也。一阴一阳，其生生乎？其生生而条理乎？……生生，仁也。未有生生而不条理者。条理之秩然，礼至著也。条理之截然，义至著也。（《读易系辞论性》，《戴东原集》卷八，页九）

又曰：

天地，人物，事为，不闻无可言之理者也。《诗》曰："有物有则"是也。物者，指其实体实事之名；则者，称其纯粹中正之名。实体实事，罔非自然，而归于必然，天地，人物，事为之理得矣。夫天地之大，人物之蕃，事为之委曲条分，苟得其理矣，如直者之中悬，平者之中水，圆者之中规，方者之中矩，然后推诸天下万世而准。《易》称："先天而天弗违，后天而奉天时。"天且弗违，而况于人乎？况于鬼神乎？……夫如是，是为得理，是谓心之所同然。……尊是理而谓天地阴阳不足以当之，必非天地阴阳之理则可。……举凡天地、人物、事为，求其必然不可易，理至明显也。从而尊大之，不徒曰天地，人物，事为之理，而转其语曰理无不在，视之如有物焉，将使学者皓首茫然求其物不得。（《孟子字义疏证》卷上，页六十至六十一）

天地，人物，事为，皆有其理。天地，人物，事为，乃实体实事，是自然。其理乃其所应该，是必然。必然是"必然不可易"，"可推诸天下万世而准"。天及鬼神，皆不能违者。东原云："惟条理是以生生。

条理苟失，则生生之道绝。"（《孟子字义疏证》卷下，页一一八）由此言之，东原亦认为有客观的理，非自然界之实体实事，而却为实体实事所遵依者。其与理学家者不同之点，在名词方面，即理学家名此为道，东原不名此为道；在见解方面，即东原以为理学家以为理在气上或气先，而其自己则以为理在气中。正如李恕谷之以为理学家以为理在事上，而其自己则以为理在事中也。名词上的争论，无关重要。在见解方面，理学家以为理在气先，乃依逻辑言之，事实上"无无理之气，亦无无气之理"，则理事实上亦在气中。不过理学家可谓为有以理在气先之说而已。东原又以为理学家"尊是理而谓天地阴阳不足以当之，必非天地阴阳之理则可"。天地阴阳之理，非即天地阴阳，理学家正如此说。但不能因天地阴阳之理，非即天地阴阳，所以亦非即天地阴阳之理也。理学家谓理无不在，正因天地，人物，事为皆有理耳。东原亦云："一物有其条理，一行有其至当。"（《原善》下，胡校本，页二十三）若认天地人物事为皆有理，则理无不在，何不可说耶？理学家未尝以理为如一物；理学家以理为形上，正明其非物耳。东原此诸语，虽可訾议，然若就东原所以为此诸语之本意观之，关于理气问题，东原与理学家异者，实只在于东原以为理学家以为理在气上或气先，而其自己则以为理在气中。用西洋哲学中之术语言之，则东原以为理学家以为理乃超世界之上（Transcendent），而其自己则以为理在世界之中（Immanent）。此蕺山，梨洲，船山，颜，李，东原，一致的见解也。

（2）性，才

此外另有一点确为东原与理学家不同者，即理学家以为人人有一太极；人心中之太极，即吾人之性也；太极既为众理之全体，故吾人之性，亦具众理；而东原则反对此说。东原云：

《大戴礼记》曰："分于道谓之命，形于一谓之性。"言分于阴阳五行,以有人物,而人物各限于所分,以成其性。阴阳五行,道之实体也。血气心知,性之实体也。有实体,故可分。惟分也,故不齐。(《孟子字义疏证》卷中,页七十三)

以"血气心知"为"性之实体",亦即习斋所说"性形俱是天命"之意也。东原又云:

性者,分于阴阳五行,以为血气心知,品物区以别焉。举凡既生以后,所有之事,所具之能,所全之德,咸以是为其本。故《易》曰:"成之者性也。"气化生人生物,以后各以类滋生久矣。然类之区别,千古如是也,循其故而已矣。……一言乎分,则其限之于始,有偏全厚薄清浊昏明之不齐,各随所分而形于一,各成其性也。然性虽不同,大致以类为之区别。(同上,页八十)

东原以类为常存,其类中之个体,则气化所生。若细推之,则仍可至于共相不变之说,不过东原不觉之耳。东原以为每一类之物,其所禀之气,偏全、厚薄、昏明,皆大致相同。惟此类与彼类则不同,所谓"品物区以别焉"。故牛之性不能与人之性比;人之性不能与犬之性比也。

东原又立性与才之分云:

气化生人生物,据其限于所分而言谓之命;据其为人物之本始而言谓之性;据其体质而言谓之才。由成性各殊,故才质亦殊。才质者,性之所呈也。舍才质,安睹所谓性哉?……如桃杏之性,全于核中之白,形色臭味,无一弗具,而无可见。及萌芽甲坼,根干枝叶,桃与杏各殊。由是为华为实,形色臭味,无不区以别者,虽性则然,皆据才见之耳。(《孟子字义疏证》卷下,页一〇二至一〇三)

由斯而言,则性为潜能,才为现实。潜能不可见,必待其现为现实,方可知之。此性是具体的,与理学家所说之性不同。

[注]东原此意,与梨洲同时同学之陈乾初已言之。陈乾初名确,浙江海宁人,刘蕺山弟子。梨洲称其"于先师之学,十得四五"(《陈乾初先生墓志铭》,《南雷文案》卷八,页十三)。其论性善云:"'尽其心者,知其性也'之一言,是孟子道性善本旨。盖人性无不善,于扩充尽才后见之也。如五谷之性,不艺植,不耘耔,何以知其种之美耶?……是故穗藜熟而后嘉谷之性全;怠勤异获,而曰麰麦之性有美恶,必不然矣。涵养熟而后君子之性全;敬肆殊功,而曰生民之性有善恶,必不然矣。"(同上)陈乾初此意,梨洲初不以为然。梨洲初驳此说云:"夫性之为善,合下如是,到底如是,扩充尽才,而非有所增也。即不加扩充尽才,而非有所减也。"(《与陈乾初论学书》,《南雷文案》卷三,页十一)梨洲此言,正朱子所谓性如浑水中明珠之意。梨洲后又言:"心无本体,工夫所至即本体。"(《明儒学案序》)或亦改从陈乾初之说(此点钱宾四先生说)。

就人而言,其血气心知之性中所具之能有三,即情,欲,知。东原云:

人生而后有欲,有情,有知,三者血气心知之自然也。给于欲者,声色臭味也,而因有爱畏。发乎情者,喜怒哀乐也,而因有惨舒。辨于知者,美丑是非也,而因有好恶。声色臭味之欲,资以养其生。喜怒哀恶之情,感而接于物。美丑是非之知,极而通于天地鬼神。……惟有欲有情而又有知,然后欲得遂也,情得达也。天下之事,使欲之得遂,情之得达斯已矣。(《孟子字义疏证》卷下,页一〇五)

人惟有知,故可知天地万物之理。东原云:

气化流行,生生不息,仁也。由其有生生有自为之条理。观于条理之秩然有序,可以知礼矣。观于条理之截然不可乱,可以知义矣。(同上,页一一八)

人有知能知理，故可由自然而知必然。东原云：

耳能辨天下之声；目能辨天下之色；鼻能辨天下之臭；口能辨天下之味；心能辨天下之义理。……物不足以知天地之中正，是故无节于内，各遂其自然斯已矣。人有天德之知，能践乎中正。其自然则协天地之顺，其必然则协天地之常。莫非自然也，物之自然，不足语于此。孟子道性善，察乎人之材质，所自然有节之谓善也。(《读孟子论性》，《戴东原集》卷八，页十一至十二)

人之所以异于物者，即物但是自然，而人则因有知而能知必然也。人依其知而行，即是行诸道德。东原云：

理义者，人之心知，有思辄通，能不惑乎所行也。……人之心知，于人伦日用，随在而知恻隐，知羞恶，知恭敬辞让，知是非，端绪可举，此之谓性善。于其知恻隐，则扩而充之，仁无不尽。于其知羞恶，则扩而充之，义无不尽。于其知恭敬辞让，则扩而充之，礼无不尽。于其知是非，则扩而充之，智无不尽。仁义礼智，懿德之目也。孟子言今人乍见孺子将入于井，皆有怵惕恻隐之心。然所谓恻隐，所谓仁者，非心知之外，如有物焉，藏于心也。已知怀生而畏死，故怵惕于孺子之危，恻隐于孺子之死。使无怀生畏死之心，又焉有怵惕恻隐之心？推之羞恶辞让是非亦然。(《孟子字义疏证》卷中，页八十六)

又云：

惟人之知，小之能尽美丑之极致，大之能尽是非之极致。然后能遂已之欲者，广之能遂人之欲。达已之情者，广之能达人之情。道德之盛，使人之欲无不遂，人之情无不达，斯已矣。(《孟子字义疏证》卷下，页一〇五)

由是人之有一切道德，皆由于人之有知。知识即道德之说，东原可谓持之。人有知而物无之，故人能知理，知必然，而遵行之，能知同类有同于己之情欲，而推己及人。此人性之所以为善也。

及乎知之极致，则吾人之行为，皆完全合乎必然。至此则可谓系吾人性中所具之能之完全的发展。东原云：

善，其必然也；性，其自然也。归于必然，适完其自然，此之谓自然之极致。天地人物之道，于是乎尽。(《孟子字义疏证》卷下，页一一一)

又曰：

荀子知礼义为圣人之教，而不知礼义亦出于性；知礼义为明其必然，而不知必然乃自然之极则，适以完其自然也。(《孟子字义疏证》卷中，页九十二)

必然为自然之极致，即自然之完全发展也。自然之完全发展，为天地之至盛。东原云：

是故人也者，天地至盛之征也。惟圣人，然后尽其盛。(《原善》中，页十三)

就上所述，可见东原与理学家不同之处。盖东原虽亦以为有客观的理，但不以此理为同时在吾人之性中。吾人之性即是血气心知，即是宋儒所谓气质之性。此气质之性中，虽无万事万物之理，而因其有知，却能知之。所以人能本自然而上合于必然。"宋儒以理为有物焉，得于天而具于心"(《孟子字义疏证》卷上，页六十一)之说，颜李欲驳倒之，而未能十分成功。东原则实能另立说以替代之，即本节所述是也。惟东原仍未能把住此点，尽量发挥，详下。

（3）求理之方法

客观的理，吾人有知可以知之。以知求理之方法，东原亦有论及。东原云：

理者，情之不爽失者也，未有情不得而理得者也。……以我絜之人,则理明。天理云者,言乎自然之分理也。自然之分理,以我之情,絜人之情,而无不得其平是也。……问:以情絜情,而无爽失,于行事诚得其理矣。情与理之名何以异?曰:在己与人,皆谓之情,无过情,无不及情之谓理。(《孟子字义疏证》卷上,页四十一至四十三)

此就人事方面,指出求理之方法。即"以情絜情"是也。"以情絜情",即孔子所谓忠恕之道,《大学》所谓絜矩之道。人之情欲之发,有一定的界限,过此界限,即妨害别人。此一定的界限,即"自然之分理",过此为过情,不及此为不及情。无过情无不及情,即为得理。

至于别方面事物之理,则"必就事物剖析至微,而后理得"(《孟子字义疏证》卷下,页一二八)。不过剖析事物,如何始为至微?即在事物之理,如何始为得之?东原云:

心之所同然,始谓之理,谓之义。则未至于同然,存乎其人之意见,非理也,非义也。凡一人以为然,天下万世,皆曰是不可易也,此之谓同然。……分之各有其不易之则名曰理,如斯而宜,名曰义。(《孟子字义疏证》卷上,页四十四)

理是客观的,不变的。吾人剖析事物,而求其理,求得之后,则观其是否只吾一人以为然。或只少数人以为然。如只吾一人以为然,或只少数人以为然,则此只是吾一人或少数人之意见,非理也。若天下万世皆曰不可易,是则所求得者,必为客观的不变的理矣。

东原立理与意见之分。理是客观的,公的;意见是主观的,私的。东原以为宋儒以为理具于心,故往往以意见为理。东原云:

宋儒亦知就事物求理也,特因先入于释氏,转其所指为神识者以指理。故视理如有物焉,不徒曰事物之理,而曰理散在事物。事物之理,必就事物剖析至微,而后理得。理散在事物,于是冥心求理。谓一本万殊;谓放之则弥六合,卷之则退藏于密;实从释氏所云"遍见俱该法界，收摄在一微尘"者，比类得之。……徒以理为如有物焉，则不以为一理而不可；而事必有理，随事不同，故又言心具众理，应万事。心具之而出之，非意见固无可以当此者耳。(《孟子字义疏证》卷下，页一二八至一二九)

此批评宋儒，甚中其弊。盖宋儒皆受佛学之影响，理学家虽以为万物莫不有理，而同时以为万理皆具于心中。至于心学家更以为心即理，故其所说之理，虽不必皆非理，然其只是主观的意见之可能，则甚大也。

(4) 恶之起源

人之情、欲、知，皆有失。东原云：

欲之失为私，私则贪邪随之矣。情之失为偏，偏则乖戾随之矣。知之失为蔽，蔽则差谬随之矣。不私，则其欲皆仁也，皆礼义也。不偏则其情必和易而平恕也。不蔽，则其知乃所谓聪明圣智也。(《孟子字义疏证》卷下，页一〇五)

情、欲、知之失，为道德的恶之起源，就中以私与蔽为尤可注意。东原云：

人之不尽其材，患二：曰私，曰蔽。……去私莫如强恕，解蔽莫如学。(《原善》下，页二十二)

因己之欲，推而及人之欲，是之谓强恕。若只知己之有欲，不知人之有欲，因纵欲以害人，是之谓私，欲之失也。知之知其对象，如光之照物。光有所蔽，则不能全照；知有所蔽，则其知物，亦必有差谬。(《孟子字义疏证》卷上，页四十八) 知识即道德，若知有所蔽，则有恶起矣。

宋儒立天理人欲之分。东原极不以为然。东原云：

问：宋以来之言理也，其说为不出于理，则出于欲；不出于欲，则出于理。故辨乎理欲之界，以为君子小人，于此焉分。今以情之不爽失为理,是理者,存乎欲者也。然则无欲非欤?曰:孟子言养生莫善于寡欲,明乎欲不可无也,寡之而已。人之生也,莫病于无以遂其生。欲遂其生,亦遂人之生,仁也。欲遂其生,至于戕人之生而不顾者,不仁也。不仁实生于欲遂其生之心。使其无此欲,必无不仁矣。然使其无此欲,则于天下之人生道穷促,亦将漠然视之。己不必遂其生,而遂人之生,无是情也。然则谓不出于正则出于邪,不出于邪则出于正,可也。谓不出于理则出于欲,不出于欲则出于理,不可也。(《孟子字义疏证》卷上,页五十四)

此等辩论,如有结果,须先明宋儒所谓人欲,是何所指。饮食男女之欲,宋儒并不以为恶,特饮食男女之欲之不"正"者,换言之,即欲之失者,宋儒始以为恶耳。朱子谓欲为水流之至于滥者;其不滥者,不名曰欲也。故宋儒所以为恶之欲,名为人欲,名为私欲;正明其为欲之邪者耳。如"欲遂其生,至于戕人之生而不顾"之欲,东原所谓私者,正宋儒所谓欲也。东原所立邪正之分,细察之与宋儒理欲之分,仍无显著的区别。盖所谓正邪最后仍须以理,或东原所谓之必然,为分别之标准也。

[注]东原此意,陈乾初又已言之。乾初云:"周子无欲之教,不禅而禅,吾儒只言寡欲耳。人心本无所谓天理;天理从人欲中见,人欲恰好处即天理也。向无人欲,则亦无天理矣。"(黄梨洲《与陈乾初书》,《南雷文案》卷三,页十二)梨洲驳之云:"老兄此言,从先师'道心即人心之本心,义理之性即气质之本性,离气质无所谓性'而来。然以之言气质,言人心,则可;以之言人欲则不可。气质人心,是浑然流行之体,公共之物也。人欲是落在方所,一人之私也。"(同上)盖所谓人欲,照定义即是私的,是不"恰好"者,故总是恶也。

(5)东原与荀子

"知之失为蔽","解蔽莫如学"。此二语完全荀子之意。荀子注重学，东原亦极注重学。东原云：

人之血气心知，本乎阴阳五行者，性也。如血气资饮食以养，其化也，即为我之血气，非复所饮食之物矣。心知之资于学问，其自得之也亦然，以血气言，昔者弱而今者强，是血气得其养也。以心知言，昔者狭小而今也广大，昔者暗昧而今也明察，是心知之得其养也。故曰：虽愚必明。（《孟子字义疏证》卷上，页五十二）

又云：

形体始乎幼小，终乎长大。德性始乎蒙昧，终乎圣智。其形体之长大也，资于饮食之养，乃长日加益，非复其初。德性资于学问，进而圣智，非复其初，明矣。（同上，页六十四至六十五）

盖东原以为吾人之心，不具众理。其中只有荀子所谓"可知之质，可能之具"。故须因学以知众理而实行之。至于知识既盛，道德既全。吾人之自然，皆合乎必然，有完全之发展。此最后之成就，并非复其初。道德之成就为非复其初，正荀子之说也（参看第一篇第十二章第五节）。

不过东原与荀子不同者，荀子之宇宙论中，无客观的理。礼义道德，皆人伪以为人之生活之工具者。东原则以为有客观的理，礼义道德，皆此客观的理之实现。此东原所受于理学家之影响也。荀子所说之心，实只有知、情、欲三者。其所谓知只知利害而不知善恶，后因经验见善能致利，恶能致害，因亦遂知善之为善，恶之为恶。东原虽亦明言吾人之心，只有知、情、欲三者，而按其所说，则似心除有知外，又能直觉的觉善之为善，恶之为恶。东原云：

味与声色，在物不在我，接于我之血气，能辨之而悦之。其悦者，必其尤美者也。理义在事情之条分缕析，接于我之心知，能辨之而悦之。其悦者，必其至是者也。（《孟子字义疏证》卷上，页四十七）

又云：

孟子曰"理义之悦我心，犹刍豢之悦我口"，非喻言也。凡人行一事，有当于礼义，其心气必畅然自得；悖于礼义，其心气必沮丧自失。以此见心之于理义，一同乎血气之于嗜欲，皆性使然耳。（《孟子字义疏证》卷上，页五十一）

吾心不但能知礼义，并能"悦"礼义；吾人行事，如合于礼义则心即觉畅快，否则即觉沮丧。是吾人之心，实兼有吾人普通所谓之知及心学家所谓良知矣。东原又云：

荀子之重学也，无于内而取于外。孟子之重学也，有于内而资于外。夫资于饮食，能为身之血气营养者，所资以养者之气，与其身本受之气，原于天地，非二也。故所资虽在外，无化为血气以益其内。未有内无本受之气与外相得，而徒资焉者也。问学之于德性亦然。（《孟子字义疏证》卷中，页九十二至九十三）

若以此言推之，则吾人所以能知众理，岂非亦以吾人先有众理于内欤？岂非吾人之性，与天地之理，非二欤？东原又云：

人之材得天地之全能，通天地之全德。（《原善》中，页十五）

此非正理学家之说欤？

由上所述，吾人可见东原之学，实有与宋儒不同之处；但东原未能以此点为中心，尽力发挥，因以不能成一自圆其说之系统。此东原之学，所以不能与朱子阳明等匹敌也。

颜李及东原，皆反宋学，而其所攻击辩论者，多及理学家，而鲜及心学家。在颜李及东原或以为心学之近禅，乃不可掩之事实；理学则"弥近理而大乱真"，故须辟之。就吾人观之，则颜李及东原对于理、气及性、形之见解，乃与蕺山梨洲，有相同处。蕺山梨洲为心学之继续。盖颜李东原在此方面之主张，与心学较相近也。

第十六章　清代之今文经学

（一）清末之立教改制运动

清人所讲之义理之学，其大与道学不同者，当始自清代之今文经学家。西汉今文经学家之经学，自为古文经学家之经学所压倒后，历唐宋明各代，均未能再引起人之注意。清代之学者，本以整理古书，为其主要工作。唐宋明各代所注意之古书，至清之中叶，已为一般学者所已经整理。此后学者，遂有一部转注意于西汉盛行而唐宋明学者所未注意之书。于是以《春秋公羊传》为中心之今文经学家之经学，在清代中叶之后，遂又逐渐复兴。此派经学家，若讲及义理之学，其所讨论之问题，与道学家所讨论者亦不同。

此派经学之复兴与当时又一方面之潮流，亦正相适应。此派经学家所以能有新问题者，亦受此新潮流之影响。盖自清之中叶以降，中国渐感觉西洋人之压迫。西洋人势力之前驱，以耶教传教师为代表，其后继以军事政治经济各方面之压力。此各方面之压力，在当时中国人之心中，引起各种问题。其中较根本者，即（一）西洋人有教，何以中国无之？岂中国为无教之国乎？（二）中国广土众民，而在各方面皆受西洋之压迫，岂非因中国本身，有须改善之处欤？当时有思想之人，为答此问题，即在思想方面，有新运动。此运动之主要目的，即为自立宗教，自改善政治，以图"自强"。简言之，即为立教与改制。然其时经学之旧瓶，仍未打破。人之一切意见，仍须于经学中表出之（参看本篇第一章）。而西汉盛行之今文经学家之经学，最合此需要。盖在今文经学家之经学中，孔子之地位，由师而进为王，由王而进为神。在纬书中，孔子之地位，固已为宗教之教主矣。故讲今文经学，则孔子自成为教主；而孔子之教，自成为宗教。今文经学家，又有孔子改制，立三世之政治制度，为万世制法之义。讲今文经学，则可将其时人理想中之政治，托于孔子之说，以为改革其时现行政治上社会上各种制度之标准。康有为曰：

天既哀大地生人之多艰，黑帝乃降精而为救民患，为神明，为圣王，为当世作师，为万民作保，为大地教主。生于乱世，乃据乱而立三世之法，而垂精太平。乃因其所生之国，而立三世之义，而注意于大地远近大小若一之大一统。（《孔子改制考序》，《不忍》第一册）

当时需要一如此之孔子。而如此之孔子，惟今文经学中有之。中国哲学史中之经学时代，以今文经学家之经学始，亦以今文经学家之经学终。盖人处于新环境时，最易有荒诞奇幻之思想，而今文家之经学中，有阴阳家学说之分子，其荒诞奇幻，最适宜于处新环境之人之用。周末至秦汉，由列国而统一，为一新环境。近世各国交通，昔之所视为统一者，今不过为列国之一国，亦一新环境也。

（二）康有为

（1）孔子立教改制

上述立教改制之运动，康有为可为其中一重要主持者。康有为，字广厦，号长素，广东南海县人。生于清咸丰八年（西历1858年），于戊戌年佐清德宗变法，不成。卒于民国16年（西历1927年）。（张伯桢

《南海康先生传》,《沧海丛书》本)

康有为之经学一方面攻击古文经学家之经典,以为皆刘歆所伪;一方面主张孔子改制之说,以为今文经学家之经典,皆孔子所作。康有为作《新学伪经考》,以为刘歆为王莽之臣,其所伪之经,实为新朝一代之学。康有为云:

歆既饰经佐篡,身为新臣,则经为新学。名义之正,复何辞焉?后世汉宋互争,门户水火。自此视之,凡后世所指目为汉学者,皆贾马许郑之学,乃新学非汉学也。即宋人所尊述之经,乃多伪经,非孔子之经也。(《新学伪经考》卷一,《万木草堂丛书》本,页二)

如此则自东汉以降,历晋唐宋明之经学,所讲皆非孔子之经。惟西汉今文学家之经学,所讲乃孔子之经,所传乃孔子之微言大义。康有为以为孔子以前,"茫昧无稽"。春秋战国之际,诸子并起创教,而孔子所创之教,尤为特出,故遂为以后所宗奉。康有为云:

凡物积粗而后精生焉,积贱而后贵生焉,积愚而后智生焉。积土石而草木生;积虫介而禽兽生;人为万物之灵,其生尤后者也。洪水者,大地所共也。人类之生,皆在洪水之后,故大地民众,皆芑萌于夏禹之时。积人积智二千年,而事理咸备,于是才智之尤秀杰者,蜂出挺立,不可遏靡。各因其受天之质,生人之遇,树论说,聚徒众,改制立度,思易天下。惟其质毗于阴阳,故其说亦多偏蔽,各明一义,如耳目口鼻,不能相通。然皆坚苦独行之力,精深奥玮之论,毅然自行其志,思立教以范围天下者也。……积诸子之盛,其尤神圣者,众人归之,集大一统,遂范万世。《论衡》称孔子为诸子之卓,岂不然哉?天下咸归依孔子,大道遂合。故自汉以后无诸子。(《孔子改制考》卷二,《万木草堂丛书》本,页一至二)

孔子所立之教,其中重要之义,康有为以为为三统三世之说。康有为云：

  浩乎孔子之道，荡荡则天，其运无乎不在。……始误于荀学之拘陋，中乱于刘歆之伪谬，末割于朱子之偏安。于是素王之大道，暗而不明，郁而不发。……予……所以考求孔子之道者，既博而且敬矣。始循宋人之途辙，炯炯乎自以为得之矣；既悟孔子不如是之拘且隘也。继遵汉人之门径，纷纷乎自以为践之矣；既悟其不如是之碎且乱也。苟止于是乎，孔子其圣而不神矣。……既乃去古学之伪，而求之今文学。凡齐鲁韩之《诗》，欧阳大小夏侯之《书》，孟焦京之《易》，大小戴之《礼》，公羊谷梁之《春秋》，而得《易》之阴阳之变，《春秋》三世之义。曰：孔子之道大，虽不可尽见，而庶几窥其藩。惜其弥深太漫，不得数言而赅大道之要也。乃尽舍传说，而求之经文。读至《礼运》，乃浩然而叹曰：孔子三世之变，大道之真在是矣。……是书也，孔氏之微言真传，万国之无上宝典，而天下群生之起死神方哉。(《礼运注序》，《不忍》第五册)

  康有为以为"孔子之道，有三世，有三统，有五德之运。仁义智信，各应时而行运。仁运者，大同之道。礼运者，小康之道。"(《礼运注》，《不忍》第六册)康有为以为《礼运》所谓"大道"，即"人理至公，太平世大同之道也"；《礼运》所谓"三代之英"，即"升平世小康之道也"(同上)。以为《公羊春秋》所谓三世之义，即此所说(参看本篇第二章第十二节)。康有为又以为《论语》中亦言三世之义。云：

  人道进化，皆有定位。自族制而为部落，而成国家。由国家而成大统。由独人而渐立首长，由首长而渐正君臣，由君臣而渐为立宪，由立宪而渐为共和。由独人而渐为夫妇，由夫妇而渐定父子，由父子而兼锡尔类，由锡类而渐为大同，于是复为独人。盖自据乱进为升平，升平进为太平，进化有渐，因革有由，验之万国，莫不同风。观婴儿可以知壮夫及老人，观萌芽可以知合抱至参天，观夏殷周三统之损益，亦可推百世之变革矣。孔子之为《春秋》，张为三世。据乱世则内其国而外诸夏。升平世则内诸夏，外夷狄。太平世则远近大小若一。盖推进化之理而为之。孔子生当据乱之世。今者大地既通，欧美大变，盖进至升平之世矣。异日大地大小远近如一，国土既尽，种类不分，风化齐同，则如一而太平矣。孔子已预知之。(《论语注》卷二，《万木草堂丛书》本，页十)

《论语》云："子曰：'殷因于夏礼，所损益可知也。周因于殷礼，所损益可知也。其或继周者，虽百世可知也。'"康有为以为此亦明三统三世之义，如上所引。

《中庸》云："王天下有三重焉，其寡过矣乎？"康有为以为，"重，复也。""三重者，三世之统也。"(《中庸注》，《演孔丛书》铅印本，页三十六) 又云：

孔子之制，皆为实事。如建子为正月，白统尚白，则朝服首服皆白，今欧美各国从之。建丑则俄罗斯回教行之。明堂之制，三十六牖，七十二户，屋制高严员侈，或椭员衡方，或上员下方，则欧美宫室从之。衣长后衽，则欧洲各国礼服从之。日分或日半，或鸡鸣，或平明，泰西以日午为日分，亦三重之类推也。……人情蔽于所习，安于一统一世之制，见他制即惊疑之，此所以多过也。若知孔子三重之义，庶几不至悲忧眩视乎？(同上，页三十七至三十八)

康有为发挥三统三世之说，盖欲以之包罗当时人之新知识，当时之新事实，所谓以旧瓶装新酒也。康有为亦欲以此为其政治上变法维新之根据。康有为云：

孔子之法，务在因时。当草昧乱世，教化未至，而行太平之制，必生大害。当升平世而仍守据乱，亦生大害也。譬之今当升平之时，应

发自主自立之义，公议立宪之事。若不改法，则大乱生。（同上，页三十六）

至升平之时，必行升平世之制。康有为对于当时之政治主张，自以为即系孔子升平世之制。

（2）《大同书》

孔子虽有三世之说，而对太平世大同之义，则言之甚略。康有为云：

孔子发明据乱小康之制多，而太平大同之制少。盖委曲随时，出于拨乱也。孔子之时，世尚幼稚。如养婴儿者，不能遽待以成人，而骤离于襁褓。据乱之制，孔子之不得已也。然太平之法，大同之道，固预为灿陈，但生非其时，有志未逮耳。进化之理，有一定之轨道，不能超度。既至其时，自当变通。故三世之法，三统之道，各异。苦衷可见，但在救时。孔子知三千年后，必有圣人复作，发挥大同之新教者。然必不能外升平太平之轨，则亦不疑夫拨乱小康之误也。（《中庸注》，页三十九）

《论语》言："其或继周者，虽百世可知也。""三十年为一世，百世则三千也。"（同上，页三十九）故言："孔子预知三千年后，必有圣人复作，发挥大同之新教者"。康有为盖以此圣人自居，作《大同书》，"以发挥大同之新教"。

康有为之《大同书》第一章，首论"人有不忍之心"。康有为云：

夫浩浩元气，造起天地。天者，一物之魂质也。人者，亦一物之魂质也。虽形有大小，而其分浩气于太元，挹涓滴于大海，无以异也。孔子曰："地载神气；神气风霆；风霆流行；庶物露生。"神者，有知之电也。光电能无所不传，神气能无所不感。神鬼神帝，生天生地。全神分神，惟元惟人。微乎妙哉，其神之有触哉！无物无电，无物无神。夫神者，知气也。魂知也，精爽也，灵明也，明德也；数者，异名而同实。有觉知则有吸摄，磁石犹然，何况于人？不忍者，吸摄之力也。故仁智同藏，而智为先；仁智同用，而仁为贵矣。（《大同书》甲部，长兴书局铅印本，页六）

此实即程明道王阳明"仁者以天地万物为一体"之说，而以当时人所闻西洋物理学中之新说附之。生吞活剥，自不能免，要亦当时应有之事也。人皆有不忍之心，此心即大同之教之所以可能也。

人有觉知，故有苦乐。康有为云：

夫生物之有知者，脑筋含灵。其与物非物之触遇也，即有宜有不宜，有适有不适。其于脑筋适且宜者，则神魂为之乐。其于脑筋不适不宜者，则神魂为之苦。况于人乎，脑筋尤灵，神魂尤清明，其物非物之感入于身者尤繁夥。精微急捷，而适不适尤著明焉。适宜者受之，不适宜者拒之。故夫人道只有宜不宜。不宜者，苦也；宜之又宜者，乐也。故夫人道者，依人以为道。依人之道，苦乐而已。为人谋者，去苦以求乐而已，无他道矣。（同上，页九）

又云：

故普天下有生之徒，皆以求乐免苦而已，无他道矣。其有迂其涂，假其道，曲折以赴，行苦而不厌者，亦以求乐而已。虽人之性有不同乎，而可断断言之曰，人道无求苦去乐者也。立法创教，令人有乐而无苦，善之善者也。能令人乐多苦少，善而未尽善者也。令人苦多乐少，不善者也。（《大同书》，页十一）

持此标准以为衡，则"大同太平之道"为至善之法与教。康有为云：

遍观世法，舍大同之道，而欲救生人之苦，求其大乐，殆无由也。大同之道，至平也，至公也，至仁也，治之至也。虽有善道，无以加此

矣。（同上，页十三）

所以"神明圣王"之孔子，"立三统三世之法，据乱之后，易以升平太平；小康之后，进以大同"（同上，页十三）也。

康有为以为"人道之苦，无量数不可思议"。"粗举其易见之大者"，则有

人生之苦七：一投胎，二夭折，三废疾，四蛮野，五边地，六奴婢，七妇女。天灾之苦八：一水旱饥荒，二疫疠，三火焚，四水灾，五火山，六屋坏，七船沉，八蝗虫。人道之苦五：一鳏寡，二孤独，三疾病无医，四贫穷，五卑贱。人治之苦七：一刑狱，二苛税，三兵役，四阶级，五压制，六有国，七有家。人情之苦六：一愚蠢，二仇怨，三劳苦，四爱恋，五牵累，六愿欲。人所尊羡之苦五：一富人，二贵者，三老寿，四帝王，五神圣仙佛。（同上，页十三至十七）

欲免此诸苦，当知此诸苦之源。康有为云：

凡此云云，皆人道之苦，而羽毛鳞介之苦状，不及论也。然一览生哀，总诸苦之根源，皆因九界而已。九界者何？一曰国界，分疆土部落也；二曰级界，分贵贱清浊也；三曰种界，分黄白棕黑也；四曰形界，分男女也；五曰家界，分父子夫妇之亲也；六曰业界，分农工商之产也；七曰乱界，有不平，不通，不同，不公之法也；八曰类界，有人与鸟兽虫鱼之别也；九曰苦界，以苦生苦，传种无穷无尽，不可思议。（同上，页八十二至八十三）

若知"诸苦之根源，皆因九界"，则去此九界，即可去苦。康有为云：

何以救苦，知病即药。破除其界，解其缠缚。超然飞度，摩天戾渊。虽浩然自在，悠然至乐。太平大同，长生永觉。吾救苦之道，即在破除九界而已。第一曰去国界，合大地也；第二曰去级界，平人民族

也;第三曰去种界,同人类也;第四曰去形界,保独立也;第五曰去家界,为天民也;第六曰去产界,公生业也;第七曰去乱界,治太平也;第八曰去类界,爱众生也;第九曰去苦界,至极乐也。(同上,页八十三至八十四)

极乐界为太平世矣;然太平世特人治之极规耳,人之上尚有天。康有为《中庸注》云:

子思盖言六经垂教,三重立法,皆区区从权立法之末事,非孔子神明之意。尚有诸天,元元无尽,无方,无色,无香,无音,无尘。别有天造之世,不可思议,不可言说者。此神圣所游,而欲与群生同化于天天,此乃孔子之至道也。天造不可言思之世,此必子思所闻之微言,而微发之于篇终,以接混茫。(页四十六)

《中庸》末句引《诗》云:"上天之载,无声无臭,至矣。"康有为以为此即说"天造之世"。盖人治极规之上之另一更高境界也。

(三) 谭嗣同

参与康有为立教变法之运动,而其思想亦足自立者,有谭嗣同。谭嗣同,字复生,湖南浏阳县人。参与当时立教变法之运动。戊戌政变被害,年三十三。谭嗣同在经学方面,虽不及康有为之煊赫有建树;而在思想方面,则所著《仁学》发挥大同之义,较康有为为精密。谭嗣同云:

凡为仁学者,于佛书当通《华严》及心宗相宗之书,于西书当通《新约》及算学格致社会学之书,于中国书当通《易》《春秋》《公羊传》《论语》《礼记》《孟子》《庄子》《墨子》《史记》及陶渊明、周茂叔、张横渠、陆子静、王阳明、王船山、黄梨洲之书。(《仁学》,铅印本,

页二）

谭嗣同之思想，盖杂取诸方面而糅合之。其中虽不免有不能融贯之处，然要不失为其时思想界之一最高代表也。

（1）仁与"以太"

谭嗣同之讲仁，亦即发挥程明道王阳明"仁者以天地万物为一体"之说，而以所闻西洋科学，即当时所谓格致之学中之新说附入之。谭嗣同云：

遍法界，虚空界，众生界，有至大，至精微，无所不胶粘，不贯洽，不筦络，而充满之一物焉。目不得而色，耳不得而声，口鼻不得而臭味，无以名之，名之曰以太。其显于用也，孔谓之仁，谓之元，谓之性。墨谓之兼爱。佛谓之性海，谓之慈悲。耶谓之灵魂，谓之爱人如己，视敌如友。格致家谓之爱力，吸力。咸是物也。法界由是生，虚空由是立，众生由是出。（《仁学》，页三）

以太即物理学中所谓ether之音译。谭嗣同以之为"原质之原质"（详下），又为一个体的物之所以能聚为一个体，一团体的物之所以能聚为一团体之原因，亦即此物之所以能通于彼物之原因。谭嗣同云：

以太之用之至灵而可征者，于人身为脑。……于虚空则为电，而电不止寄于虚空，盖无物不弥纶贯彻。脑其一端，电之有形质者也。脑为有形质之电，是电必为无形质之脑。人知脑气筋通五官百骸为一身，即当知电气通天地万物人我为一身也。（同上）

孔所谓仁，亦即以太之用。谭嗣同云：

仁不仁之辨，于其通与塞。通塞之本，惟其仁不仁。通者如电线四达，无远弗届，异域如一身也。故《易》首言元，即继言亨。元，仁也；亨，通也。苟仁自无不通，亦惟通而仁之量乃可完。由是自利利他，而永以贞固。（《仁学》，页四）

此言即程明道所说"医书言手足痿痹为不仁，此言最善名状"一段之意（参看本篇第十二章第二节第七目）。《易》言"乾元亨利贞"；谭嗣同亦以以太之用释之。

（2）有无与生灭

谭嗣同又以为一切物皆为化学中之原质所聚合而成，故一切物皆无自性。谭嗣同云：

彼动植之异性，为自性尔乎？抑质点之位置与分剂有不同耳。质点不出乎七十三种之原质。某原质与某原质化合，则成一某物之性。析而与他原质化合，或增某原质，减某原质，则又成一某物之性。即同数原质化合，而多寡主佐之少殊，又别成一某物之性。纷纭蕃变，不可纪极。……然而原质则初无增损于故也。（《仁学》，页十）

原质之质为以太，谭嗣同云：

然原质犹有七十三之异；至于原质之原，则一以太而已矣。一故不生不灭。不生故不得言有，不灭故不得言无。（同上）

依此言之，则以太又为万物之质因（如亚里士多德所说质因），而非只如上所说矣。以太不生不灭，谭嗣同云：

不生不灭有征乎？曰，弥望皆是也。如向所言化学诸理，穷其学之所至，不过析数原质而使之分，与并数原质而使之合。用其已然而固然者，时其好恶，剂其盈虚，而以号曰某物某物，如是而已。岂能竟消磨一原质，与别创造一原质哉？（同上）

以太不生不灭，原质不增不损，故宇宙间但有变易，而无存亡。谭嗣同云：

有无者，聚散也，非生灭也。……王船山之说《易》，谓一卦有十二爻，半隐半见。故大易不言有无，隐见而已。（《仁学》，页十一）

张横渠《正蒙·参两篇》"气聚则离明得施而有形"一段，正此意

（参看第十二章第一节第一目）。谭嗣同盖本张横渠之说，而以当时所闻化学中之新说说明之。

以太虽不生不灭，而有"微生灭"。个体的物，无时不在变易之中，亦即无时不在生灭之中。此个体之生灭，即以太之"微生灭"也。谭嗣同云：

> 求之过去，生灭无始。求之未来，生灭无终。求之现在，生灭患息。……庄曰："藏舟于壑，自谓已固，有大力者夜半负之而走。"吾谓将并壑而负之走也。又曰："鸿鹄已翔于万仞，而罗者犹视乎薮泽。"吾谓并薮泽亦一已翔者也。……孔在川上曰："逝者如斯夫，不舍昼夜。"昼夜即川之理；川即昼夜之形。……非一非二，非断非常，旋生旋灭，即灭即生。生与灭相授之际，微之又微，至于无可微。密之又密，至于无可密。夫是以融化为一，而成乎不生不灭。成乎不生不灭，而所以成之微生灭，固不容掩焉矣。（《仁学》，页十四至十五）

万物无时不在变易生灭之中，亦即万物无时不在日新之中。谭嗣同曰：

> 反乎逝而观，则名之曰日新。孔曰"革去故，鼎取新"。又曰："日新之为盛德。"夫善至于日新而止矣；夫恶亦至于不日新而止矣。……德之宜新也，世容知之。独何以届今之世，犹有守旧之鄙生，断断然曰不当变法，何哉？（《仁学》，页十八）

此谭嗣同所与当时变法运动之哲学的根据也。

（3）大同之治

谭嗣同既亦注重"仁者以天地万物为一体"之义，故在政治方面，亦讲康有为所谓"大同之教"。谭嗣同云：

> 地球之治也，以有天下而无国也。庄曰："闻在宥天下，不闻治天下。"治者，有国之义也。在宥者，无国之义也。曰在宥，盖自由之转

音,旨哉言乎!人人能自由,是必为无国之民。无国则畛域化,战争息,猜忌绝,权谋弃,彼我亡,平等出,且虽有天下,若无天下矣。君臣废,则贵贱平;公理明,则贫富均。千里万里,一家一人。视其家,逆旅也。视其人,同胞也。父无所用其慈,子无所用其孝。兄弟忘其友恭,夫妇忘其倡随。若西书中百年一觉者,殆仿佛《礼运》大同之象焉。(《仁学》,页四十九)

此义谭嗣同以为《易》《春秋》中已言之。谭嗣同云:

吾言地球之变,非吾之言,而《易》之言也。《易》冒天下之道,故至賾而不可恶。吾尝闻□□之论乾卦矣,于《春秋》三世之义有合也。《易》兼三才而两之,故有两三世;内卦逆而外卦顺。"初九,潜龙勿用。"太平世也,元统也。无教主,亦无君主。于时为洪荒太古,氓之蚩蚩,互为首长已耳。于人为初生。勿用者,无所可用者也。"九二,见龙在田,利见大人。"升平世也,天统也。时则渐有教主君主矣,然去民尚未远也,故曰在田。于时为三皇五帝,于人为童穉。"九三,君子终日乾乾,夕惕若,厉无咎。"据乱世也,君统也。君主始横肆,教主乃不得不出而剂其平。故词多忧虑。于时为三代,于人为冠婚。此内卦之逆三世也。"九四,或跃在渊,无咎。"据乱世也,君统也。上不在天,下不在田。或者,试词也。知其不可为而为之者,孔子也。于时则自孔子之时至于今日皆是也,于人则为壮年以往。"九五,飞龙在天,利见大人。"升平世也,天统也。地球群教,将同奉一教主。地球群国,将同奉一君主。于时为大一统,于人为知天命。"上九,亢龙有悔。"太平世也,元统也,合地球而一教主,一君主,势又孤矣。孤故亢,亢故悔。悔则人人可有教主之德,而教主废。人人可有君主之权,而君主废。于时遍地为民主,于人为功夫纯熟,可谓从心所欲不逾矩矣。此外卦之顺三世也。然而犹有迹象也。至于"用九,见群龙无首,吉",

"天德不可为首也",又曰,"天下治也"。则一切众生,普遍成佛。不惟无教主,乃至无教。不惟无君主,乃至无民主。不惟浑一地球,乃至无地球。不惟统天,乃至无天。夫然后至矣,尽矣,蔑以加矣。(《仁学》,页五十一)

此所引或即康有为之说。即或不然,而要之"用九,见群龙无首,吉"之最高境界,当即康有为所谓"不可思议,不可言说"之"神圣所游"之境界也。

(4)论教主

谭嗣同又自设难者曰:"子陈义高矣。既已不能行,而滔滔然为空言,复何益乎?"谭自答曰:

吾贵知,不贵行也。知者,灵魂之事也。行者,体魄之事也。孔子曰:"知之为知之,不知为不知,是知也。"知亦知,不知亦知,是行有限而知无限,行有穷而知无穷也。……教也者,求知之方也。故凡教主教徒,皆以空言垂世,而不克及身行之,且为后世诟詈戮辱而不顾也。耶杀身,其弟子十二人,皆不得其死。孔仅免于一身,其弟子七十人,达者盖寡。佛与弟子,皆饥困乞食,以苦行终。此其亡躯命,以先知觉后知,以先觉觉后觉,岂暇问其行不行哉。惟摩西、穆罕默德,以权力行其教,君主而已矣,何足为教主。(《仁学》,页五十)

教主惟教人知,然"真知则无不行矣"。

耶、孔、佛"三教不同,同于变。变不同,同于平等"(《仁学》,页二十八)。三教最高之理想,皆为上述最高之境界。惟三教之教主,所处之时代不同,故言之似有异。谭嗣同云:

以《公羊传》三世之说衡之,孔最为不幸。孔之时,君主之法度,既已甚密而孔繁。所谓伦常礼义,一切束缚箝制之名,既已浸渍于人人之心,而猝不可与革。既已为据乱之世,孔无如之何也。其于微言大义，仅得托诸隐晦之辞，而宛曲虚渺，以著其旨。其见于雅言，仍不能不牵率于君主之旧制，亦止据乱之世之法已耳。据乱之世，君统也。……耶次不幸。彼其时亦君主横恣之时也。然而礼仪等差之相去，无若中国之悬绝，有升平之象焉。故耶得伸其天治之说于升平之世，而为天统也。……惟佛独幸。其国土本无所称历代神圣之主，及摩西、约翰、禹、汤、文、武、周公之属，琢其天真，漓其本朴。而佛又自为世外出家之人，于世间无所避就。故得毕伸其大同之说，于太平之世，而为元统也。夫大同之治，不独父其父，不独子其子。父子且无，更何有于君臣。举凡独夫民贼所为一相箝制束缚之名，皆无得而加诸。而佛遂以独高于群教之上，时然也，势不得不然也。要非可以揣测教主之法身也。教主之法身，一而已矣。□□□："三教教主一也。吾拜其一，皆拜之矣。"斯言也，吾取之。（《仁学》，页二十八至二十九）

此言极推尊佛教。然其所以推尊之，以其合于孔子最高之义。是其推尊佛教，亦即所以推尊孔子也。

（四）廖平

讲今文家经学较康有为稍早，而康有为亦受其影响者，有廖平。"廖平，字季平，初号四益，晚年更号五译，又更号六译。四川井研人，生于清文宗咸丰二年（西历1852年），卒于民国21年（西历1932年）。年八十一岁。"（据行述）

（1）经学一变

廖平之学共经六变，故晚年自更号六译。第一变为"今古"，时在癸未（光绪九年，西历1883年）(《四益馆经学四变记》，成都存古书局本，页一)。此时学说，以为"今古两家所根据，又多同出于孔子，于是倡为法古改制,初年晚年之说"(同上,页二)。在所著《今古学考》（书成于丙戌,光绪十二年,西历1886年）中,条列今古文经之异同,以为今古学之分,先秦已有,而皆出于孔子。廖平云:

《论语》:"周监于二代,郁郁乎文哉,吾从周。"此孔子初年之言,古学之祖也。"行夏之时,乘殷之辂,服周之冕,乐则韶武。"此孔子晚年所言,今学所祖也。又言夏殷因革继周者,百世可知。按《王制》即所谓继周之王也。（《今古学考》卷下,成都存古书局本,页五）

盖孔子初年,"尊王命,畏大人",尚无革命之意,只有从周之心。"至于晚年,哀道不行",于是以所欲为者"书之《王制》,寓之《春秋》"（同上,页三）。《礼记》中《王制》一篇,即孔子所作;所谓《王制》者,即继周之王之制也。《周礼》所说为周制,即孔子初年所欲从者;《王制》为继周之王之制,乃孔子晚年决心革命之后之所作者。当时主张改制者,不仅孔子。"春秋时有志之士,皆欲改周文,正如今之言治,莫不欲改弦更张也"（同上,页二十四）。康有为诸子改制之说,盖本于此。

因孔子有初年晚年之主张,孔子殁后,宗孔子初年之说者,为古学;宗孔子晚年之说者,为今学。廖平云:

鲁为今学正宗,燕赵为古学正宗。……鲁乃孔子乡国,弟子多,孔子晚年说,学者以为定论。……燕赵弟子,未修《春秋》以前,辞而先反。惟闻孔子从周之言,已后改制等说,未经面领。因与前说相反,遂疑鲁弟子伪为此言,依托孔子。故笃守前说,与鲁学相难。（《今古学考》卷下,页九）

以后今学古学,相争不已。实则今古学不同者,只在制度方面。廖平云:

《论语》因革损益,唯在制度。至于伦常义理,百世可知。故今古

之分，全在制度，不在义理，以义理古今同也。（同上，页八）

即就制度方面言，亦"其实今学改者少，不改者多。今所不改，自当从古。凡解经，苟今学所不足，以古学补之可也"（同上，页九）。故今古二派，"如水火阴阳"，"相妨"而亦"相济"（同上，页一）也。

（2）经学二变

廖平之学第二变为"尊今抑古"，时在戊子（光绪十四年，西历1888年）。此时学说，廖平云：

> 于是考究古文家渊源，则皆出许郑以后之伪撰。所有古文家师说，则全出刘歆以后据《周礼》《左氏》之推衍。又考西汉以前，言经学者，皆主孔子，并无周公。六艺皆为新经，并非旧史。于是以尊经者作为《知圣篇》，辟古者作为《辟刘篇》。（自注："外间所祖述之《改制考》即祖述《知圣篇》，《伪经考》即祖述《辟刘篇》，而多失其宗旨。"）（《经学四变记》，页三）

此时以今文经为孔子所作。"帝王见诸事实，孔子徒托空言。六艺即其典章制度，与今六部则例相同。"（《知圣篇》卷上，成都存古书局本，页二）古文经说，皆刘歆及以后人所伪造。刘歆真"为圣门卓、操"（《古学考》，页二十）。廖平此时学说与康有为之《孔子改制考》及《新学伪经考》所主张者同，故以为康之《改制考》为祖述《知圣篇》，《伪经考》为祖述《辟刘篇》。

廖平此时以为春秋时主张改制者，实只孔子一人。廖平云：

> 或以诸子皆欲传教，人思改制，以法孔子，此大误也。今考子书，皆《春秋》后四科流派，托之古人。按以言立教，开于孔子。《春秋》以前，但有艺术卜筮之书。凡子家皆出于孔子以后，由四科而分九流，皆托名古人，实非古书。（《知圣篇》卷上，页二十七至二十八）

惟其如此，故孔子为惟一之大圣也。

（3）经学三变

廖平之学第三变为讲"小大"之学。时在戊戌（光绪二十四年，西历1898年）。此时之学用邵康节说，分政治为皇帝王伯四种。以为《王制》《春秋》乃孔子王伯之制，乃所以治中国者。然孔子非"一隅之圣"，故王伯之制外，尚有皇帝之制。孔子皇帝之制，以《周礼》为根基，《尚书》为行事，亦如《王制》之于《春秋》。此乃孔子所以"经营地球"者。"《中庸》所谓洋溢中国，施及蛮貊，凡有血气，莫不尊亲。《礼运》所言大同之说"，皆谓此也。（《经学四变记》，页四）

所以知《春秋》《王制》为孔子治中国之制，《尚书》《周礼》为孔子治世界之制者，以《春秋》《王制》及《尚书》《周礼》中所说疆域不同也。《皇帝疆域图》（廖平弟子黄镕本师说编辑）云：

《王制》说《春秋》三千里为小标本。《周礼》说《尚书》加十倍方三万里为大标本。而六合以内，人事尽之矣。《驺衍传》所称大九州得九九八十一方三千里。儒者九州止得八十一分之一。所谓儒者九州，即指《春秋》《王制》而言。（《皇帝疆域图》，第一，成都存古书局本，页一）

驺衍之大九州即《周礼》《尚书》所说之九州，即现在吾人所知地球之全部也。《皇帝疆域图》云：

世界开化，由野而文，疆宇由小而大。春秋之时，九州仅方三千里。上推虞夏，草昧尤甚。孔圣删书，托古定制，乃据当日之州名，隐寓皇帝之版图，以俟后施行。藏须弥于芥子，推而放诸四海而准，岂但为鲁邦治列国而已乎？（同上，第八，页二十二）

故孔子之学，实为全世界之政治及社会立一整个的办法。世界进化，必依之而行。依孔学之表面观之，则似皇帝之治，乃古代所已有，后乃退化而降为王伯之治。其实孔子之意，乃"立退化之倒影，告往知来，使人隅反"也(《大成节讲义》,《六译馆杂著》,成都存古书局本,页二十四)。

廖平立为一圣经世运进退表(同上,页二十七),其表如下:

圣经世运进退表

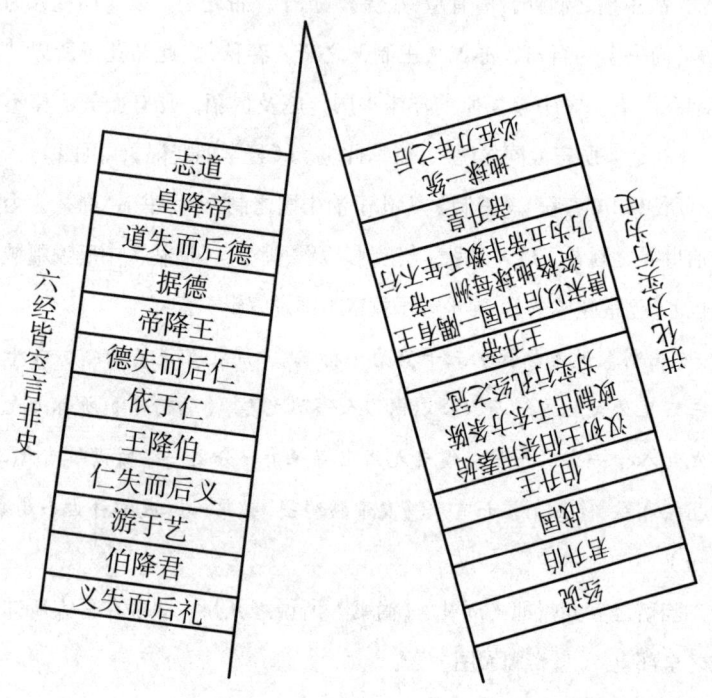

经为空言。实行经制，始于战国魏文、齐威、燕昭。战国以前，中国君民程度，与今泰西略同。

东人言，西方行。秦皇汉武，皆属创造，非古所有。由经说变为史事，在战国后。

西人所主进化说，如五大洲交通，乃新创之局。非尧舜周公以前，海禁已通，幽厉之后，乃闭关三千里。此退化之理，孔经据以立说，然由退可以知进。

如专主退化,尧舜至春秋迭降四等。秦汉至今二千年,又当降四等。由此推之,数千万年后,不复为人矣。

退化至于君后,中国又返草昧,为战国以前程度。

经为理论;史为实事。《春秋》《王制》之理论,自秦汉以后,已逐渐变为实事。西洋人未受孔经之教训,故今西洋人之程度,与春秋时人略同。此后正宜行《周礼》《尚书》之理论,使全世界归于大同。

所谓今古学之分,实孔子治中国之制与治世界之制之分。廖平云:

故改今古之名曰小大。……以《王制》治内,独立一尊。……而海外全球,所谓三皇五帝之三坟五典者,则全以属《周礼》。……与《王制》一小一大,一内一外,相反相成,各得其所。……孔子乃得为全球之神圣,六艺乃得为宇宙之公言。(《经学四变记》,页五)

孔子之经学,乃为全球制法。孔子及经学之地位,于是似可为最高矣。

(4) 经学四变

然廖平以为犹不止此,廖平续云:

虽然,此不过六艺之人学,专言六合以内。但为《春秋》《尚书》与《礼》,仅得其半;而天学之《诗》《易》《乐》,尚不在此数也。(同上)

故自壬寅(光绪二十八年,西历1902年)以后,廖平之学四变而讲"天人"。廖平云:

初以《春秋》《尚书》《诗》《易》,分配道德仁义之皇帝王伯。……迟之又久,乃知四经之体例,以天人分。人学为六合以内,天学为六合以外。《春秋》言伯而包王,《尚书》言帝而包皇。《周礼》三皇五帝之说,专言《尚书》;《王制》王伯之说,专言《春秋》。言皇帝王伯,制度在《周礼》《王制》,经在《尚书》《春秋》。一小一大,此人学之二经也。……人学六合以内,所谓绝地天通,格于上下,人而非天,故人神隔绝。至于《诗》《易》,以上征下浮为大例;《中庸》所谓"鸢飞于天,鱼跃于渊",为"上下察"之止境。周游六漠,魂梦飞身,以今日时势言之,诚为力所不至。然以今日之人民,视草昧之初,不过数千万年,道德风俗,灵魂体魄,已非昔比。若再加数千年精进改良,各科学继以昌明,所谓长寿服气,不衣不食,其进步固可按程而计也。(《经学四变记》,页七)

廖平以为"自天人之学明,儒先所称,诡怪不经之书,皆得其解"(《经学四变记》,页七)。如《灵枢》《素问》《楚辞》《山海经》《穆天子传》中,荒唐不经之言,皆说别一世界,皆天学也。又如司马相如《大人赋》,"读之有凌云之志",所说亦"不在本世界"也。佛经亦属天学,廖平云:

将来世界进化,归于众生皆佛,人人辟谷飞身,无思无虑,近人论之详矣。特未知佛即出于道,为化胡之先驱。所言即为将来实有之事,为天学之结果,一人为之则为怪,举世能之则为恒。(《经学四变记》,页十)

佛出于道,道出于孔,孔经所包,更益广矣。

(5) 经学五变

廖平之《经学五变记》,其弟子黄镕注云:"戊午(民国7年,西历1918年)改去今古名目,归之小大,专就六经分天人大小。"视前之专就《春秋》《尚书》《诗》《易》分天人大小者又不同。六经中分人学三经,天学三经。人学三经中有礼经。廖平云:

六艺中,先有小礼(黄注:"如《曲礼》《少仪》《内则》《容经》《弟子职》。"),小乐(黄注:"十三舞勺,成童舞象。")。此为礼经,乃修身齐家事,为治平根本。修身为本,本此礼也。(《经学五变记笺述》

卷上，成都存古书局本，页一）

小礼小乐，乃修身齐家之学；乃人学三经中之第一种。其第二种为《春秋》，乃"治国学，王伯学，为仁为义。《王制》为之传"。此乃"人学之小标本，儒墨名法家主之"。其第三种为《尚书》，乃"平天下学，皇帝学，为道为德。《周礼》为之传"。此乃"人学之大标本，道家阴阳家主之"（同上，卷上，页四至十一）。

天学三经中有乐及大礼。廖平云：

王伯之乐，中国略有仿佛；皇帝之乐，中国无此世局。其人未生，空存其说以待之。（同上，卷下，页十三）

所谓大礼，廖平亦无详说，或者亦"空存其说以待之"也；此乃天学三经中之第一种。其第二种为《诗》，乃"神游学"。"如仙家之婴儿炼魂，神去形留，不能白日飞升，脱此躯壳。（黄注："《易经》则能形游。"）《诗》故专言梦境（黄注："托之梦游，以明真理。"），鱼鸟上下（黄注："庄子梦为鸟而戾天，梦为鱼而潜渊。"）。《内经》《灵枢》《素问》《山海经》《列子》《庄子》《楚辞》、古赋、游仙诗，各书以为之传。"（同上，卷下，页十五）康有为、谭嗣同皆以为大同之治之上，尚有"天造之世"。此皆廖平所谓之天学，惟廖言之特详耳。

[注] 天学三经中之第三种当为《易》，但下文未言。所见刊本，当有脱误。廖平经学五变之后，又有六变。其《经学六变记》，未见刊本，不知与五变记所说，又有何不同。

（五）经学时代之结束

廖平所说，如上所引者，吾人若以历史或哲学视之，则可谓无价值之可言。但廖平之学，实为中国哲学史中经学时代之结束。自此方面观之，则廖平在哲学史中之地位，亦有相当重要。本篇第一章谓中国哲学史，自董仲舒以后，即在所谓经学时代中。在此时代中，诸哲学家无论有无新见，皆须依傍古代哲学家之名，大部分依傍经学之名，如以旧瓶装新酒焉。中国与西洋交通后，政治社会经济学术各方面，皆起根本的变化。此西来之新事物，其初中国人仍以之附会于经学，仍欲以此绝新之酒，装于旧瓶之内。本章所述三人，其代表也。此三人中廖平最后死。其经学之五变，始于民国7年。其此后所讲之经学，可谓已将其范围扩大至于极点。其牵引比附，有许多可笑之处。牵引比附而至于可笑，是即旧瓶已扩大至极而破裂之象也。故廖平之学，实为经学最后之壁垒，就时间言，就其学之内容言，皆可以结经学时代之局者也。

历史上时代之改变，不能划定于某日某时。前时代之结束，与后时代之开始，常相交互错综。在前时代将结束之时，后时代之主流，即已发现。在廖平未死之前，即在其讲经学五变之前，撇开经学而自发表思想者，已有其人。故中国哲学史中之新时代，已在经学时代方结束之时开始。所谓"贞下起元"，此正其例也。不过此新时代之思想家，尚无卓然能自成一系统者。故此新时代之中国哲学史，尚在创造之中；而写的中国哲学史，亦只可暂以经学时代之结束终焉。

附 录

第二篇　第五章　异文[注]

[注] 著者在《三松堂自序》中回忆说:"1948年布德(Derk Bodde)申请了一笔奖学金,到中国来了。于是我们又继续《中国哲学史》的翻译工作。我当时认为,原来写的魏晋那一段太简略,又补充了一些,交他翻译。所以这一段和中文本有一点不同。"(《三松堂全集》卷一页一九六)现在由涂又光将此段异文从布德英译本翻译回来。——编者注

第五章　南北朝之新道家（上）

（一）玄学与孔子

于第三章可见，汉代中叶（西历纪元前1世纪至1世纪）为纬书及谶书最盛行之时代。然随古文学派之兴起，谶纬渐失其势，而孔子之地位，亦自半神而重返于"师"。下一步之发展，为道家学说之复兴。此无足怪，盖古代诸家，惟道家最重自然主义，而此种自然主义正古文学派之重要成分也。如王充《论衡》中，即有道家学说，上文已详。故王充以后，至南北朝时，道家之学日益兴盛。

欲区别此经过修正之道家与原来之道家，今以使用"新道家"一名为宜。然其当时之人谓为"玄学"。例如，此语见于《晋书》卷五十四《陆云传》，谓陆云（西历纪元262年—303年）本无"玄学"。尝夜暗迷路，趋至一家寄宿，见一少年，共谈《老子》，辞致深远。向晓，始悟宿处乃王弼家。陆云自此玄学大进。

又《南史》卷二十二谓宋（420年—478年）时国学颓废，但于470年明帝置总明观，设儒、玄、文、史四科，科置学士十人。同书卷七十一《儒林传》谓伏曼容（421年—502年）善《老》、《易》，常与袁粲（420年—477年）罢朝相会言玄理。又谓严植之（457年—508年）少善《老》、《庄》，尤精"三玄"。三玄者，颜之推（551年—591年或稍晚）之《颜氏家训》《勉学》篇谓系《老》、《庄》、《周易》。由此可见,《老子》与《周易》,思想渊源虽全不相同,经王弼作著名之注,皆已为同类之书矣。

所须注意者,即此等人虽宗奉道家,而其中之一部分,仍推孔子为最大之圣人,而谓儒道二家无本质区别。如《晋书》云:

〔阮瞻〕见司徒王戎,戎问曰:"圣人贵名教,老庄明自然,其旨同异?"瞻曰:"将无同。"(《晋书》卷四十九,同文影殿刊本,页五)

此所说"圣人"即孔子。当时大多数人以为,"贵名教","明自然",已概括儒道二家之异。而复问"其旨同异",盖已疑此所谓异不过肤浅之谈。答曰"将无同",盖谓不可谓为全同,亦不可谓为全异也。

然则二家之真正区别何在?《世说新语》有一答案云:

王辅嗣弱冠诣裴徽,徽问曰:"夫无者,诚万物之所资;圣人莫肯致言,而老子申之无已,何耶?"弼曰:"圣人体无,无又不可以训,故言必及有。老庄未免于有,恒训其所不足。"(《文学》篇,《世说新语》卷上之下,《四部丛刊》本,页十一)

"无"之意义下文另详。现只须说,凡已"体无"之人,绝不可能言及其体外之无;事实上,即太初之无,亦根本不可讨论。此可解释何以孔子只能言有。至于老庄,言无不已,此一事实正足说明,老庄求无而未得之。庄子云:"知者不言,言者不知",正王弼此意。换言之,王弼意欲言者,老子思想之中仍有"有"与"无"之对立。老子仅由"有"而得一"无"之观点,其结果乃申之无已,若在其体外。孔子则反是,"有"与"无"之对立已完全综合。既已体无,乃自"无"之观点而言"有",故为站在真正言有之立场也。

王弼虽为最好的《老子》注家,但可注意者,并未置老子于与孔子同等之地位。郭象(312年卒)亦然,虽公认为最好的《庄子》注家,亦未置庄子于与孔子同等之地位。此可见于郭象《庄子注叙》：

> 夫庄子者，可谓知本矣。故未始藏其狂言，言虽无会而独应者也。夫应而非会，则虽当无用；言非物事，则虽高不行。与夫寂然不动，不得已而后起者，固有间矣。斯可谓知无心者也。夫心无为，则随感而应，应随其时，言唯谨尔。故与化为体，流万代而冥物。岂曾设对独遘，而游谈乎方外哉。此其所以不经而为百家之冠也。然庄生虽未体之，言则至矣。通天地之统，序万物之性，达死生之变，而明内圣外王之道。上知造物无物，下知有物之自造也。（《庄子》卷首，《四部丛刊》本，页一）

此处对庄子之批评，可分为两点。一点是，郭象并不认为，庄子之精神发展水平与孔子同等。虽许庄子"知本"，而"心无为"，然不过"知"物，而非"体"物。此其所以"未始藏其狂言"，但满足于"设与独遘，而游谈乎方外"。郭象之深意，盖谓圣人既已"与化为体"，则不仅"知无心"，而且实际"心无为"。此时乃能"随感而应"。此即所谓"寂然不动，不得已而后起"。如此乃随实际而自由应付，因事而异。然亦不事事细说，实系"言唯谨尔"。

郭象作此批评，完全同意于王弼。正如王弼之批评"老庄未免于有"，郭象亦批评庄子只"知"心无为之境，而自身并未进入也。

批评之另一点是，郭象讥庄子之言为"设对独遘"，不过自我对话；为"应而非会"，只合本人需要，不合人类需要。故"虽当无用"，"虽高不行"。于"内圣外王之道"虽确有阐发，然其着重者则内圣太多而外王太少耳。

因此两点，郭象断言，庄子与真正圣人即孔子，"固有间矣"。"此其所以不经而为百家之冠也"。心知此意，乃能对于孔子与老庄同异问题所作"将无同。"之答案，有更清楚之理解。其同者，孔子与老庄皆重"无";其异者,孔子已"体"无,而老庄但"知"无耳。然此异乃仅一发展过程中相对之异,非谓孔子与老庄有根本不同也。

就历史言之,此学说有一特殊方面,盖王弼、郭象及其他新道家,固推孔子为最大之圣人,然于"圣人"之意义乃采道家之解释,非采儒家之解释。新道家自儒家接受孔子为大圣之说,但同时以道家哲学重新解释孔子之言。如《论语》"回也其庶乎屡空",何晏(249年卒)集解云:"一曰,屡犹每也,空犹虚中也。"(皇侃《论语义疏》卷六,《知不足斋丛书》本,页十)后之注家发挥此意,如顾欢(420年—483年)云:

夫无欲于无欲者,圣人之常也;有欲于无欲者,贤人之分也。二欲同无,故全空以目圣;一有一无,故每虚以称贤。贤人自有观之,则无欲于有欲;自无观之,则有欲于无欲。虚而未尽,非屡如何?(同上,卷六,页十二)

太史叔明(474年—546年)云:

颜子上贤,体具而微则精也。故无进退之事,就义上以立屡名。按其遗仁义,忘礼乐,隳支体,黜聪明,坐忘大通,此忘有之义也。忘有顿尽,非空如何?若以圣人验之,圣人忘忘,大贤不能忘忘。不能忘忘,心复为未尽。一未一空,故屡名生也焉。(同上)

此皆以庄子之"心斋"、"坐忘"解释孔子之言之例也。

王弼、郭象,盖"玄学"之徒,其宗奉道家之说,固无足怪。然于此有一问题,何以彼辈仍推尊孔子为最大之圣人?其可能的解释有二:一为社会的,一为哲学的。

就社会的言之,自汉代前期统一思想、独尊儒家以来,已有以孔子为大圣之传统。本书第一篇之末章云,自汉以来,儒家经学在"中国思想中之地位,如君主立宪国之君主。君主固'万世一系',然其治国之政策，固常随其内阁改变也"。故在新道家诸如王弼、郭象之思想中，孔子犹君主也，老庄犹其内阁阁员也。即使儒家思想实际上已为道家取而代之，而此时期孔子之地位仍表面上维持高于老庄之地位，此固与社会传统相符合之结果也。

就哲学的言之，无可疑者，王弼、郭象之道家，比老庄之道家，更接近儒家。盖王弼、郭象不仅解释老庄，且同时批评、修改其观念也。吾人今已惯于用"新儒家"一名以指宋明道学。则用"新道家"一名以指王弼、郭象之流之玄学，似亦同样有理。此理于下文益显焉。

（二）名理

魏晋思想家谓其常谈之主题为"名理"。如《世说新语·文学》篇谓："王（长史）叙致作数百语，自谓是名理奇藻。"又注引《谢玄别传》云："玄能清言，善名理。""善名理"就是"能辩（通辨）名析理"（郭象《庄子·天下篇注》）。本书第一篇第九章已论名家，如公孙龙辩"白马非马"，"离坚白"。此皆辨名析理之例，专就名而分析理，不管实际，不管事实。此种做法，司马谈已尝批评之为"专决于名，而失人情"矣（《论六家要指》，见《太史公自序》，《史记》卷百三十，同文影殿刊本，页五）。

《世说新语·文学》篇谓："客问乐令（乐广）'旨不至'者，乐亦不复剖析文句，直以麈尾柄确几曰：'至不？'客曰：'至。'乐因又举麈尾曰：'若至者，那得去？'"（《世说新语》卷上之下，《四部丛刊》本，页十三）"旨不至"即《庄子·天下篇》中之"指不至"。以麈柄确几上，普通以为麈尾至几。但其至若是真至，则至者不能去。今至者能去，则至非真至。此就至之名析至之理，就至之理批评某一至之事实。此举例以明"辨名析理"也。

《世说新语》此段，刘孝标注云："夫藏舟潜往，交臂恒谢，一息不留，忽焉生灭。故飞鸟之影，莫见其移；驰车之轮，曾不掩地。是以去不去矣，庸有至乎？至不至矣，庸有去乎？然则前至不异后至，至名所以生；前去不异后去，去名所以立。今天下无去矣，而去者非假哉？既为假矣，而至者岂实哉？"（同上）

此注不知是刘孝标自己所言，抑引他人之言。"飞鸟之影，未尝动也"，"轮不辗地"，皆《庄子·天下篇》所述辩者之言。

此注大意，谓事物时时刻刻在变，一息即一生灭。此一息间飞鸟之影，并非上一息间飞鸟之影。上一息间飞鸟之影，于上一息间已灭。此一息间飞鸟之影，于此一息间新生。联合观之，则见其动。分别观之，则不见其移。轮不辗地，理亦如是。所谓去者，不过许多一息间之去，所谓"前去后去"，联合而成者。所谓至者，亦乃许多一息间之至，所谓"前至后至"，联合而成者。因前至与后至相似，故似是一至，故至之名可以立。亦正因前去与后去只是相似，所谓一去亦只似一去，故去之名不可以立。专就一息间之生灭而言，实是无去。既无去亦无至。

此"辨名析理"之例也。《庄子·天下篇》末段郭象注，以为辩者之言，"尺棰连环之意"，"无经国体致，真所谓无用之谈也。然膏粱之子，均之戏豫，或倦于典言，而能辨名析理，以宣其气，以系其思，流于后世，使性不淫邪，不犹贤于博奕者乎"？（《庄子》卷十，《四部丛刊》本，页四十四）郭象超过名家，"得鱼忘筌"，似反对辨名析理。实则并非反对辨名析理，乃反对只辨名析理，郭象其人最善辨名析理，其书《庄子注》乃庄子注中最佳模范。下章将专论此《注》。

（三）王弼

王弼（226年—249年）、郭象皆"善名理"，故其注老庄，与汉朝人如《淮南子》讲老庄，大不相同。就形上言之，《淮南子》所讲，乃宇宙生成论的；王弼、郭象所注，乃本体论的。宇宙生成论必对实际作积极之肯定；本体论则对实际极少肯定。魏晋之新道家，以王弼、郭象之流为代表，用"辨名析理"方法讲本体论，故对实际极少肯定。自常识观之，此辈所谈，对于常人，皆极似"虚无"或"玄虚"。

王弼字辅嗣，无疑是中国思想史上最早熟之天才。惟一生太短，生平无可记述，附于《三国志》钟会传寥寥数语云：

初，会弱冠，与山阳王弼并知名。弼好论儒道，辞才逸辩，注《易》及《老子》，为尚书郎，年二十余卒。（《三国志·魏志》卷二十八，页三十七）

（1）"无"

王弼《周易略例》云：

夫众不能治众，治众者，至寡者也。夫动不能制动，制天下之动者，贞夫一者也。故众之所以得咸存者，主必致一也；动之所以得咸运者，原必无二也。物无妄然，必由其理。统之有宗，会之有元；故繁而不乱，众而不惑。……故自统而寻之，物虽众，则知可以执一御也；由本以观之，义虽博，则知可以一名举也。（《明象》，《周易》卷十，《四部丛刊》本，页二至三）

此段之目的在于解释各卦象辞之通义。王弼又云："夫象者，何也？统论一卦之体，明其所由之主者也。"（同上）盖谓各卦六爻之中，必有一爻为其他各爻之主。此其所以以一治众、静制动之通义，为开宗明义也。此其形上学之第一原理也。

《易·复》象："复，其见天地之心乎？"王弼注云：

> 复者，反本之谓也，天地以本为心者也。凡动息则静，静非对动者也；语息则默，默非对语者也。然则天地虽大，富有万物，雷动风行，运化万变，寂然至无，是其本矣。故动息地中，乃天地之心见也。若其以有为心，则异类未获具存矣。(《周易》卷三，《四部丛刊》本，页四）

言天地之"万物"及其运化之"万变"，意指"一切"有，"一切"变，即"一切"现象界的动。但一切变或动之"原因"，其本身必须不变而静。然此种静，并非与动同一水平，与动相对之物，直不过是生动之根耳。故曰："凡动息则静，静非对动者也；语息则默，默非对语者也。""一切"有之本，是"寂然至无"，亦同此理。一切有之本，本身不能是有，若是有，则不过是一切种类之中某一特殊种类之有，则不能是"一切"有之本矣。故曰"若其以有为心，则异类未获具存矣"。《老子》四十章王弼注云："有之所始，以无为本。"此其逻辑的结论也。

天下事物之数极其众多，然众生于一。《易·系辞》："大衍之数五十，其用四十有九。"王弼注云：

> 演天地之数，所赖者五十也。其用四十有九，则其一不用也。不用而用以之通，非数而数以之成，斯易之太极也。四十有九，数之极也。夫无不可以无明，必因于有，故常于有物之极，而必明其所由之宗也。（《周易》卷七，《四部丛刊》本，页八）

此注所注《易·系辞》之文，本为解释周初卜筮之法，揲蓍茎之奇偶为之。其过程，先自蓍五十茎中取出一茎置于一旁，实际使用者只四十九茎。然如王弼之解释，则四十九代表众多，为"有物之极"，而一为"其所由之宗"。五十为奇数一、三、五、七、九之和（二十五）加偶数二、四、六、八、十之和（三十），实有五十五。然此总和之中，其一不用，其余四十九为"数之极"。《老子》三十九章王弼注云：

"一，数之始而物之极也。"一为构成一切其他数之本，所谓"非数而数以之成"也。因一为万物"所由之宗"，故亦谓为"物之极"。

在王弼哲学中，"无"相当于《易》之"太极"，《老子》之"道"。然"无"之功用，只能在"有"之形式中得以显示明白。故王弼曰："夫无不可以无明，必因于有。"《易·系辞》："一阴一阳之谓道。"韩康伯注云：

> 道者何？无之称也，无不通也，无不由也，况之曰道，寂然无体，不可为象，必有之用极，而无之功显。（《周易》卷七，《四部丛刊》本，页三）

韩康伯此说与王弼之说合。必以"有之用"构成"无之功"。无本身不可见；惟其"功"可见，此功由"有之用"组成。

《老子》四十二章："道生一。"王弼注云：

> 万物万形，其归一也。何由致一？由于无也。（《老子》下篇，《武英殿聚珍版丛书》本，页八）

此处之一，只是道之所生，故非道之本身。此则与王弼《周易》注文矛盾，其说谓一为万物"所由之宗"，则一相当于道之本身矣。在老子体系中，既谓"道生万物"，则道之本身显然高于一。而在王弼体系中，"一"与"众"对立，因"众"由一切"有物"组成，"一"是此一切有物"所由之宗"。此是说一之本身即道矣。为解释此矛盾，似可说，王弼之《老子》四十二章注乃试解老子原意，而其《周易注》乃发挥己意也。

（2）义，理

王弼《周易略例》云：

> 夫象者，出意者也。言者，明象者也。尽意莫若象，尽象莫若言。言生于象，故可寻言以观象；象生于意，故可寻象以观意。意以象

尽，象以言著。故言者所以明象，得象而忘言；象者所以存意，得意而忘象。……

是故存言者，非得象者也；存象者，非得意者也。象生于意而存象焉，则所存者乃非其象也；言生于象而存言焉，则所存者乃非其言也。然则忘象者乃得意者也；忘言者乃得象者也。得意在忘象，得象在忘言。故立象以尽意，而象可忘也；重画以尽情，而画可忘也。是故触类可为其象，合义可为其征。义苟在健，何必马乎？类苟在顺，何必牛乎？爻苟合顺，何必坤乃为牛？义苟应健，何必乾乃为马？（《明象》，《周易》卷十，《四部丛刊》本，页九至十）

此段提出若干问题。第一个问题涉及"言尽意"论，此论在王弼同时人中有人持之。此论与原来之道家相反，原来之道家主张言不尽意。《庄子》云："知者不言，言者不知。"此之谓也。言尽意论，魏晋时期颇有力，此事有许多资料证明。如《世说新语·文学》篇云：

旧云：王丞相（王导，267年—330年）过江左，止道"声无哀生"、"养生"、"言尽意"三理而已。然宛转关生，无所不入。（《世说新语》卷上之下，《四部丛刊》本，页十五）

嵇康（223年—262年）尝著《声无哀乐论》，又著《养生论》。欧阳建（卒于300年）尝著《言尽意论》，其略曰：

夫理得于心，非言不畅。物定于彼，非言不辨。名逐物而迁，言因理而变，不得相与为二矣。苟无其二，言无不尽矣。（同上，上引文刘孝标注）

然王弼主张"得象而忘言"，"得意而忘象"，此点同意于早期道家，已见上文。而王弼又云"尽意莫若象，尽象莫若言"，则又显然主张"言尽意"论，而与早期道家异趣矣。然此论于晋时亦非人人持之，如殷融（鼎盛期约在300年）尝"著《象不尽意》"之论（《世说新语》

卷上之下，《四部丛刊》本，页三十一，刘孝标注）。

第二个问题为王弼所谓"意"与"义"之关系问题。其《周易略例·明象》云："象者，出意者也。"而其《周易注》云："象之所生，生于义也。"（《乾》《文言》"上九"注，《周易》卷一，《四部丛刊》本，页三）可见其所谓"意"与其所谓"义"，实为一事耳。

又其《周易略例》云："物无妄然，必由其理。"其《周易注》又云："夫识物之动，则其所以然之理，皆可知也。"（《乾》《文言》注，《周易》卷一，《四部丛刊》本，页四）又云："明祸福之所生，故不苟说（悦）；辩（辨）必然之理，故不改其操。"（《豫》"六二"注，《周易》卷二，《四部丛刊》本，页七）又曰："义犹理也。"（《解》"初六"《象》注，《周易》卷四，《四部丛刊》本，页十一）"义犹理也"，明言"义"等于"理"。故义与理，皆其用以表示现象世界背后根本原理之名称，惟在客观为理，在人心为义，其实一也。

第三个问题包含王弼所谓"类"。前引一段之近末处云："触类可为其象，合义可为其征。义苟在健，何必马乎？类苟在顺，何必牛乎？"此盖谓天地万物万事有众多之类，《易》之每卦皆代表一类或数类。如乾卦代表一切具有"健"性之事物，坤卦代表一切具有"顺"性之事物。"健"与"顺"皆各该类事物之"义"或"理"，而文中所说之马与牛分别各为其"象"。用"象"作语词的解释，是为"言"。一切事物之有"健"性者，如天，君，父，夫，由乾代表之；一切事物之有"顺"性者，如地，臣，子，妻，由坤代表之。马与牛不过乾与坤之"象"耳。一旦理解"象"所象征之"义"，便可舍其象而取其义以为心中之"意"。王弼云，"得意而忘象"，显即此意。

王弼对以上三问题之解释，若推至其逻辑的结论，则许多方面，颇似宋明新儒家理学一派之说。然王弼本人未能推出此种逻辑的结论。亦未能解释其所谓"义"或"理"与"道"之关系。

(3) 圣人之情

以上问题,早期道家均未见讨论,惟王弼首次提出。另有一点不合早期道家,即其论圣人之情。裴松之(372年—451年)《三国志注》有云:

> 何晏以为圣人无喜怒哀乐,其论甚精,钟会等述之。弼与不同,以为圣人茂于人者神明也,同于人者五情也。神明茂,故能体冲和以通无;五情同,故不能无哀乐以应物。然则圣人之情,应物而无累于物者也。今以其无累,便谓不复应物,失之多矣。
>
> 弼注《易》,颍川人荀融难弼《大衍义》,弼答其意,白书以戏之曰:"夫明足以寻极幽微,而不能去自然之性。颜子之量,孔父之所预在,然遇之不能无乐,丧之不能无哀。又常狭斯人,以为未能以情从理者也。而今乃知自然之不可革。足下之量,虽已定乎胸怀之内,然而隔逾旬朔,何其相思之多乎?故知尼父之于颜子,可以无大过矣。"(《三国志·魏志》卷二十八,《钟会传》注,同文影殿刊本,页三十七)

庄学主以理化情,所谓"安时而处顺,哀乐不能入也"(《大宗师》)。"何晏以为圣人无喜怒哀乐",大约即庄学中此说。此说王弼初亦主之,所谓"以情从理者也"。"颜渊死,子哭之恸";"安时而处顺"之人,自"理"而观,知"死"为"生"之自然结果,故哀痛之"情",自然无有,此即所谓以理化情也。然人之有情,亦是"自然之性",有此"自然之性",故"不能无哀乐以应物";故尼父之哭颜子,亦为自然应有之事。不过圣人之情,虽"应物而无累于物"。《庄子》云:"至人之用心若镜,不将不迎,应而不藏,故能胜物而不伤。"(《应帝王》)"胜物而不伤",即"应物而无累于物者也"。不过庄学对付情感,不用此方法;而王弼更推广此理之应用,以之对付情感。后来宋儒对付情感之方法，俱同于此。

讨论王弼，吾人着重其不同于早期道家之处。至其以《老子注》、《周易注》阐述前期道家已有之学说之处，则无须于此讨论之矣。

（四）《列子》中之唯物论及机械论

在魏晋新道家眼中，道家与儒家之不同，在于道家主张"越名教而任自然"（嵇康语，《嵇中散集》卷六，页一）。然何谓"任自然"？《老子》云："五色令人目盲。五音令人耳聋。五味令人口爽。驰骋畋猎令人心发狂。难得之货令人行妨。"（十二章，《老子》上篇，《武英殿聚珍版丛书》本，页十）凡此皆属于人类之自觉努力。则按理人应当"见素抱朴，少私寡欲"（十九章，《老子》上篇，页十九）。惟有如此，按老子学说，始可真谓为"任自然"。

然亦可反驳，谓五色、五音等等之欲，实皆凡人固有之"自然"，既如此，则惟有此诸欲已经充分满足之时，人乃能真正"任自然"也。至少此亦是"任自然"之一种解释，魏晋思想家有许多人持之。其结果，行为乃趋于当时人所称之"放"、"通"或"达"。故《世说新语》有云：

王平子、胡母彦国诸人，皆以任放为达，或有裸体者。（《德行》篇，《世说新语》卷上之上，《四部丛刊》本，页七）

刘孝标注云：

魏末阮籍，嗜酒荒放，露头散发，裸袒箕踞。其后贵游子弟阮瞻、王澄、谢鲲、胡母辅之之徒，皆祖述于籍，谓得大道之本。故去巾帻，脱衣服，露丑恶，同禽兽。甚者名之为通，次者名之为达也。（同上）

"放"者，拒绝接受道德与社会成规之约束也。"通"与"达"皆指一种心境，其人知人生无常，乃对祸福成败表示相应的轻蔑。对魏晋此等人常以"风流"名之。此等人皆完全反对儒家名教者也。

此等人之人生观，在《列子·杨朱》篇中，有较有系统的论述。旧说，《列子》全书为晚周道家列御寇所作，其中《杨朱》篇则周代另一道家杨朱之哲学。本书第一篇已讨论杨朱。现代学者攻击旧说，多谓《列子》非周代著作，乃魏晋时代人之作品。《杨朱》篇之思想，亦与历史上杨朱之思想不同，而与魏晋重在"放""达"若合符契。

《列子》中有许多唯物论、机械论哲学之论述，如《力命》篇云：

力谓命曰："若之功奚若我哉？"命曰："汝奚功于物而欲比朕？"力曰："寿夭穷达，贵贱贫富，我力之所能也。"命曰："彭祖之智，不出尧舜之上，而寿八百。颜渊之才，不出众人之下，而寿四八。仲尼之德，不出诸侯之下，而困于陈蔡。殷纣之行，不出三仁之上，而居君位。季札无爵于吴，田恒专有齐国。夷齐饿于首阳，季氏富于展禽。若是汝力之所能，奈何寿彼而夭此，穷圣而达逆，贱贤而贵愚，贫善而富恶邪？"力曰："若如若言，我固无功于物而物若此邪？此则若之所制邪？"命曰："既谓之命，奈何有制之者邪？朕直而推之，曲而任之，自寿自夭，自穷自达，自贵自贱，自富自贫，朕岂能识之哉？朕岂能识之哉？"（《列子》卷六，页一）

力代表普通所谓人力，命代表所谓天命。事物之变化，皆自己进行；人力与天命，皆不能控制转移之。事物之变化，又是不得不然者。《力命》篇云：

然则管夷吾非薄鲍叔也，不得不薄；非厚隰朋也，不得不厚。厚之于始，或薄之于终；薄之于始，或厚之于终。厚薄之去来，弗由我也。（《列子》卷六，页三）

又云：

邓析操两可之说，设无穷之辞。当子产执政。作《竹刑》，郑国用之。数难子产之治，子产屈之。子产执而戮之，俄而诛之。然则子产非能用《竹刑》，不得不用；邓析非能屈子产，不得不屈；子产非能诛邓析，不得不诛也。（同上）

又《说符》篇云：

齐田氏祖于庭，食客千人。中坐有献鱼雁者，田氏视之，乃叹曰："天之于民厚矣！殖五谷，生鱼鸟，以为之用。"众客和之如响。鲍氏之子年十二，预于次，进曰："不如君言。天地万物，与我并生。类也。类无贵贱，徒以小大智力而相制，迭相食，非相为而生之。人取可食者而食之，岂天本为人生之？且蚊蚋噆肤，虎狼食肉，岂天本为蚊蚋生人，虎狼生肉者哉？"（《列子》卷八，页七）

此诚可为"天地不仁"之例矣。天然之变化及人之活动，皆是机械的。神或人之自由、目的等，皆不能存，诚一极端的决定论也。《列子·杨朱》篇快乐主义之人生观，似以此等理论为根据，观下文可见。

（五）《列子·杨朱》篇中之快乐主义

《列子·杨朱》篇，声称为周代哲学家杨朱之学说，然实系汉以后之著作。其基本意见，盖谓人生不仅一飞而过，而且包含一大部分（以下是著者自己的译文。——编者注），严格言之，不是人生。《杨朱》篇曰：

百年寿之大齐，得百年者，千无一焉。设有一者，孩抱以逮昏老，几居其半矣。夜眠之所弭，昼觉之所遗，又几居其半矣。痛疾哀苦，亡失忧惧，又几居其半矣。量十数年之中，逌然而自得，亡介焉之虑者，亦亡一时之中尔。（《列子》卷七，页一）

生前既为暂时,死后亦归断灭。《杨朱》篇曰:

万物所异者,生也;所同者,死也。生则有贤愚贵贱,是所异也;死则有臭腐消灭,是所同也。虽然,贤愚贵贱,非所能也;臭腐消灭,亦非所能也。故生非所生,死非所死,贤非所贤,愚非所愚,贵非所贵,贱非所贱。然而万物齐生齐死,齐贤齐愚,齐贵齐贱。十年亦死,百年亦死;仁圣亦死,凶愚亦死。生则尧舜,死则腐骨;生则桀纣,死则腐骨;腐骨一矣,孰知其异?且趣当生,奚遑死后!(《列子》卷七,页一至二)

"且趣当生,奚遑死后!"即《杨朱》篇人生哲学之全部。人生之中,只有快乐享受为有价值,而人生之目的及意义亦即在此。欲益满足,则人生益为可乐。

《杨朱》篇曰:

晏平仲问养生于管夷吾。管夷吾曰:"肆之而已,勿壅勿阏。"晏平仲曰:"其目奈何?"夷吾曰:"恣耳之所欲听,恣目之所欲视,恣鼻之所欲向,恣口之所欲言,恣体之所欲安,恣意之所欲行。夫耳之所欲闻者音声,而不得听,谓之阏听。目之所欲见者美色,而不得视,谓之阏明。鼻之所欲向者椒兰,而不得嗅,谓之阏颤。口之所欲道者是非,而不得言,谓之阏智。体之所欲安者美厚,而不得从,谓之阏适。意之所欲为者放逸,而不得行,谓之阏性。凡此诸阏,废虐之主。去此废虐之主,熙熙然以俟死,一日,一月,一年,十年,吾所谓养。拘此废虐之主,录而不舍,戚戚然以至久生,百年,千年,万年,非吾所谓养。"(《列子》卷七,页二)

《杨朱》篇所认为求幸福之道如此。求满足诸欲,有一困难,即诸欲常相冲突。一切欲皆得满足,乃此世界中不可能之事。故求满足诸欲,第一须先选择一切欲中,究竟何欲,应须满足。以上《杨朱》篇所说，似无选择，而其实已有。依上所说，则吾人只应求肥甘，而不求常久健康。肥甘固吾人之所欲，而常久健康亦吾人之所欲也。依上所说，吾人只应任情放言，而不顾社会之毁誉。任情放言固吾人之所欲，而社会之赞誉亦吾人之所欲也。《杨朱》篇所选择而所视为应行满足者，盖皆目下即能满足之欲，甚容易满足之欲；至于须俟甚长时间，经过繁难预备，方能满足者，则一概不顾。《杨朱》篇甚重肉体快乐；其所以如此，或者即由在一切快乐中，肉体快乐最易得到。选取最近快乐，正所以避免苦痛。

希腊施勒尼学派之哲学家谓：所谓公直，尊贵，耻辱等，并非天然本然而有，乃系法律习惯所定。而法律习惯，依提奥多拉斯（Theodorus）说，乃因愚人之同意而存在（见提奥泽尼《著名哲学家传记》Diogenes Laertius：*The Lives and Opinions of Eminent Philosophers* 英译本九十一页）。法律习惯，亦或有用；然所谓有用，乃对将来的利而言，非目下所可享受者。若不计将来，只顾目下，则各种法律及诸制度，诚只是"阏"诸欲而已。《杨朱》篇似亦反对法律制度，彼云：

人生之生也，奚为哉？奚乐哉？为美厚尔，为声色尔。而美厚复不可常厌足，声色不可常玩闻。乃复为刑赏之所禁劝，名法之所进退。遑遑尔竞一时之虚誉，规死后之余荣。偊偊尔慎耳目之观听，惜身意之是非。徒失当年之至乐，不能自肆于一时。重囚累梏，何以异哉？太古之人，知生之暂来，知死之暂往。故从心而动，不违自然所好。当身之娱，非所去也，故不为名所劝。从性而游，不逆万物所好。死后之名，非所取也，故不为刑所及。名誉先后，年命多少，非所量也。（《列子》卷七，页一）

又云：

伯夷非亡欲，矜清之邮，以放饿死。展季非忘情，矜贞之邮，以放

寡宗。清贞之误善若此。(《列子》卷七，页二)

所谓"善"，依作者之意，当即是目前之快乐。

美名固亦吾人之所欲，此亦杨朱所不必否认。故《杨朱》篇云：

鬻子曰："去名者无忧。"老子曰："名者实之宾。"而悠悠者趋名不已。名固不可去，名固不可宾邪？今有名则尊荣，亡名则卑辱。尊荣则逸乐，卑辱则忧苦。忧苦，犯性者也；逸乐，顺性者也；斯实之所系矣。名胡可去？名胡可宾？但恶夫守名而累实；守名而累实，将恤危亡之不救，岂徒逸乐忧苦之间哉？(《列子》卷七，页七)

若依此，则名非不可贵，但若专为虚名而受实祸，则大可不必耳。况善名之养成，甚需时日，往往在甚远将来，或竟在死后。究竟将来享受美名之快乐，是否可偿现在牺牲目前快乐之损失，不可得知。至于死后美名，更无所用。《杨朱》篇云：

天下之美，归之舜禹周孔；天下之恶，归之桀纣。……凡彼四圣者，生无一日之欢，死有万世之名。名者，固非实之所取也。虽称之弗知，虽赏之不知，与株块无以异矣。……彼二凶也，生有从欲之欢，死被愚暴之名。实者，固非名之所与也。虽毁之不知，虽罚之弗知，此与株块奚以异矣。彼四圣虽美之所归，苦以至终，同归于死矣。彼二凶虽恶之所归，乐以至终，同归于死矣。(《列子》卷七，页五)

又云：

伏羲以来，三十余万岁，贤愚好丑，成败是非，无不消灭，但迟速之间耳。矜一时之毁誉，以焦苦其神形，要死后数百年中余名，岂足润枯骨，何生之乐哉？(《列子》卷七，页六)

苟使如此，吾人何必舍目前之快乐，而求以后不可知之美名耶？

故《杨朱》篇所选取，只是目前快乐。如果目前快乐可以享受，则以后任何结果，皆所不顾。《杨朱》篇云：

卫端木叔者，子贡之世也。藉其先赀，家累万金，不治世故，放意所好。其生民之所欲为，人意之所欲玩者，无不为也，无不玩也。……奉养之余，先散之宗族；宗族之余，次散之邑里；邑里之余，乃散之一国。行年六十，气干将衰，弃其家事，都散其库藏，珍宝，车服，妾媵，一年之中尽焉，不为子孙留财。及其病也，无药石之储；及其死也，无瘗埋之资。一国之人，受其施者，相与赋而藏之，反其子孙之财焉。禽骨釐闻之曰："端木叔狂人也，辱其祖矣。"段干生闻之曰："端木叔达人也，德过其祖矣。其所行也，其所为也，众意所惊，而诚理所取。卫之君子，多以礼教自持，固未足以得此人之心也。"(《列子》卷七，页三至四)

吾人行为所能有之最坏结果是死。人之畏死，实足以使其多虑将来，而不能安然享受目前快乐。所以哲学史中快乐派之哲学家，多教人不必畏死，教人多宽自譬喻，以明死之不足畏。《杨朱》篇云：

管夷吾曰："吾既告子养生矣，送死奈何？"晏平仲曰："送死略矣，将何以告焉。"管夷吾曰："吾固欲闻之。"平仲曰："既死，岂在我哉？焚之亦可，沈之亦可，瘗之亦可，露之亦可，衣薪而弃诸沟壑亦可，衮衣绣裳而纳诸石椁亦可，唯所遇焉。"管夷吾顾谓鲍叔、黄子曰："生死之道，吾二人进之矣。"(《列子》卷七，页二至三)

又云：

孟孙阳问杨子曰："有人于此，贵生爱身，以蕲不死，可乎？"曰："理无不死。""以蕲久生，可乎？"曰："理无久生。生非贵之所能存，身非爱之所能厚。且久生奚为？五情好恶，古犹今也。四体安危，古犹今也。世事苦乐，古犹今也。变易治乱，古犹今也。既闻之矣，既见之矣，既更之矣，百年犹厌其多，况久生之苦也乎？"孟孙阳曰："若然，速亡愈于久生，则践锋刃，入汤火，得所志矣。"杨子曰："不然。既生则废而任之，究其所欲，以俟于死。将死则废而任之，究其所之，以放于尽。无不废，无不任，何遽迟速于其间乎？"（《列子》卷七，页四）

西洋哲学史中，伊壁鸠鲁（Epicurus）亦云：

你须常想，死与我们绝无关系。因一切好及不好，皆在感觉之中，而死乃是感觉绝灭。因此，我们若真正知死与我们无关，则我们有死的人生，于我们为可乐；盖此正确知识，使我们知人生有限，而可免于希求长生之苦。诸不好中，最凶顽者——死——与我们无关；因当我们存在时，死尚未至；及死至时，我们已不存在矣。（提奥泽尼《著名哲学家传记》英译本四六九页）

死既不足畏，则吾人行为之任何结果，皆不足畏矣。

吾人应求目前之快乐，不计其将来结果如何不好；亦应避目前之苦痛，不计其将来结果之如何好。《杨朱》篇云：

禽子问杨朱曰："去子体之一毛，以济一世，汝为之乎？"杨子曰："世固非一毛之所济。"禽子曰："假济，为之乎？"杨子弗应。禽子出，语孟孙阳。孟孙阳曰："子不达夫子之心，吾请言之。有侵若肌肤获万金者，若为之乎？"曰："为之。"孟孙阳曰："有断若一节得一国，子为之乎？"禽子默然有间。孟孙阳曰："一毛微于肌肤，肌肤微于一节，省矣，然则积一毛以成肌肤，积肌肤以成一节。一毛固一体万分中之一物，奈何轻之乎？"禽子曰："吾不能所以答子。然则以子言问老聃关尹，则子言当矣；以吾言问大禹墨翟，则吾言当矣。"孟孙阳因顾与其徒说他事。（《列子》卷七，页四至五）

孟子云："杨朱为我，拔一毛而利天下，不为也。"此段盖就此言，加以推衍。拔毛系目前之苦痛，得天下乃将来之结果。吾人应避目前之苦痛，不计其将来能致如何大利；《杨朱》篇所持之道理如此。盖不但"拔一毛而利天下不为"，即拔一毛而得天下，亦不为也。

此虽是一极端的道理，而《杨朱》篇即以此为救世之法。设举世之人，皆只求目前快乐，则自无争权争利之人；盖权与利，皆非经繁难的预备及费力的方法，不能得到。如此，则世人所取，只其所需；而其所需，亦只限于其所能享受。如庄子云：

鹪鹩巢于深林，不过一枝；偃鼠饮河，不过满腹。……余无所用天下为。(《逍遥游》，《庄子》卷一，《四部丛刊》本，页一)

如此，则自无争夺矣。故《杨朱》篇云：

古之人损一毫利天下不与也；悉天下奉一身不取也。人人不损一毫，人人不利天下，天下治矣。(《列子》卷七，页四)

以此简单的方法，解决世界之复杂的问题，固未见其能有成。然此世界之混乱，实多由于人之争权争利，《杨朱》篇所说，固亦可持之有故，言之成理也。

审查报告三

陈寅恪

此书上卷寅恪曾任审查。认为取材精审，持论正确。自刊布以来，评论赞许，以为实近年吾国思想史之有数著作，而信寅恪前言之非阿私所好。今此书继续完成，体例宗旨，仍复与前卷一贯。允宜速行刊布，以满足已读前卷者之希望，而使《清华丛书》中得一美备之著作。是否有当，尚乞鉴定是幸！寅恪于审查此书之余，并略述所感，以求教正。

佛教经典言："佛为一大事因缘出现于世。"中国自秦以后，迄于今日，其思想之演变历程，至繁至久。要之，只为一大事因缘，即新儒学之产生，及其传衍而已。此书于朱子之学多所发明。昔阎百诗在清初以辨伪观念、陈兰甫在清季以考据观念，而治朱子之学，皆有所创获。今此书作者取西洋哲学观念，以阐明紫阳之学，宜其成系统而多新解。然新儒家之产生，关于道教之方面，如新安之学说，其所受影响甚深且远。自来述之者皆无惬意之作。近日当盘大定推论儒道之关系，所说甚繁（《东洋文库本》），仍多未能解决之问题。盖道藏之秘籍，迄今无专治之人，而晋、南北朝、隋、唐、五代数百年间，道教变迁传衍之始末，及其与儒佛二家互相关系之事实，尚有待于研究。此则吾国思想史上前修所遗之缺憾，更有俟于后贤追补者也。南北朝时即有儒释道三教之目（北周卫元嵩撰《齐三教论》七卷，见《旧唐书·经籍志》）；至李唐之世，遂成固定之制度。如国家有庆典，则召集三教之学士讲论于殿廷，是其一例。故自晋至今，言中国之思想，可以儒释道三教代表之。此虽通俗之谈，然稽之旧史之事实，验以今世之人情，则三教之说，要为不易之论。儒者在古代本为典章学术所寄托之专家。李斯受荀卿之学，佐成秦治。秦之法制实儒家一派学说之所附系。《中庸》之"车同轨，书同文，行同伦"（即太史公所谓："至始皇乃能并冠带之伦"之伦），为儒家理想之制度，而于秦始皇之身而得以实现之也。汉承秦业，其官制法律亦袭用前朝。遗传至晋以后，法律与礼经并称，儒家《周官》之学说悉采入法典。夫政治社会一切公私行动莫不与法典相关，而法典为儒家学说具体之实现。故二千年来华夏民族所受儒家学说之影响最深最巨者，实在制度法律公私生活之方面；而关于学说思想之方面，或转有不如佛道二教者。如六朝士大夫号称旷达，而夷考其实，往往笃孝义之行，严家讳之禁，此皆儒家之教训，固无预于佛老之玄风者也。释迦之教义，无父无君，与吾国传统之学说，存在之制度无一不相冲突。输入之后，若久不变易则决难保持。是以佛教学说能于吾国思想史上发生重大久长之影响者，皆经国人吸收改造之过程。其忠实输入不改本来面目者，若玄奘唯识之学，虽震荡一时之人心，而卒归于消沈歇绝。近虽有人焉，欲燃其死灰；疑终不能复振，其故匪他，以性质与环境互相方圆凿枘，势不得不然也。六朝以后之道教，包罗至广，演变至繁。不以儒教之偏重政治社会制度，故思想上尤易融贯吸收。凡新儒家之学说，似无不有道教或与道教有关之佛教为之先导。如天台宗者，佛教宗派中道教意义最富之一宗也。（其创造者慧思所作誓愿文，最足表现其思想。至于北宋真宗时日本传来之《大乘止观法门》一书，乃依据《大乘起信论》者。恐系华严宗盛后，天台宗伪托南岳而作。故此书只可认为天台宗后来受华严宗影响之史料,而不能据以论南岳之思想也。)其宗徒梁敬之与李习之之关系,实启新儒家开创之动机。北宋之智圆提倡《中庸》,甚至以僧徒而号中庸子,并自为传以述其义。(孤山《闲居编》)其年代犹在司马君实作《中庸广义》之前。(孤山卒于宋真宗乾兴元年,年四十七)似亦于宋代新儒家为先觉。二者之间其关系如何,且不详论。然举此一例,已足见新儒家产生之问题,犹有未发之覆在也。至道教对输入之思想,如佛教摩尼教等,无不尽量吸收。然仍不忘其本来民族之地位。既融成一家之说以后,则坚持夷夏之论,以排斥外来之教义。此种思想上之态度,自六朝时亦已如此。虽似相反,而实足以相成。从来新儒家即继承此种遗业而能大成者。窃疑中国自今日以后,即使能忠实输入北美或东欧之思想,其结局当亦等于玄奘唯识之学,在吾国思想史上既不能居最高之地位,且亦终归于歇绝者。其真能于思想上自成系统,有所创获者,必须一方面吸收输入外来之学说,一方面不忘本来民族之地位。此二种相反而适相成之态度,乃道教之真精神,新儒家之旧途径,而二千年吾民族与他民族思想接触史之所诏示者也。寅恪平生为不古不今之学,思想囿于咸丰同治之世,议论近乎(曾)湘乡(张)南皮之间,承审查此书,草此报告,陈述所见,殆所谓"以新瓶而装旧酒"者。诚知旧酒味酸而莫肯售,姑注于新瓶之底,以求一尝,可乎?

中国哲学小史

哲学本一西洋名词。今讲中国哲学史，其主要工作之一，即是就中国历史上各种学问中，将其可以西洋所谓哲学名之者，选出而叙述之。中国历史上诸种学问，其中有西洋所谓哲学之成分者，有先秦诸子之学，魏晋之玄学，隋唐之佛学，宋明之道学，及清人之义理之学。

希腊哲学家往往分哲学为三大部：（一）物理；（二）伦理；（三）论理。其所谓物理，伦理，论理，其范围较现在此三名所指为广。以现在术语言之，哲学包涵三大部即：（一）形上学；（二）人生哲学；（三）方法论。《论语》谓"其言性与天道"。诸子之学等学问中，其言天道之部分，即约略相等于西洋哲学中之形上学，其言性命之部分，即约略相等于西洋哲学中之人生哲学。但西洋哲学中方法论之部分，在先秦诸子之学中，尚有与约略相当者；此后讲此方面者，在中国可谓绝无仅有。此后所谓道学及义理之学，固亦有其方法论，即所讲为学之方是也。不过其所讲之方法，乃修养之方法，非求知之方法耳。魏晋之玄学，即先秦诸子之学中道家之学之继续。隋唐之佛学，虽亦有甚大势力，然终非中国思想之主流。清代之义理之学，乃宋明道学之继续。故此小史所述，仅详于先秦诸子之学，及宋明之道学。

一、孔子

中国之文化，至周而具规模。但至春秋之时，原来之周制，在社会、政治、经济各方面，皆有根本的改变。此种种大改变发动于春秋，而完成于汉之中叶。此数百年为中国社会进化之一大过渡时期。此时期中人所遇环境之新，所受解放之大，除吾人现在所遇所受者外，在中国已往历史中，殆无可以比之者。即在世界已往历史中，除近代人所遇所受者外，亦殆无可以比之者。故中国之上古时期，诚历史中之一重要时期也。

在一社会之旧制度日即崩坏之过程中，自然有倾向于守旧之人，目睹"人心不古，世风日下"，遂起而为旧制度之拥护者，孔子（西历纪元前551年—前479年）即此等人也。不过在旧制度未摇动之时，只其为旧之一点，便足以起人尊敬之心。若其既已动摇，则拥护之者，欲得时君世主及一般人之信从，则必说出其所以拥护之之理由，与旧制度以理论上的根据。此种工作，孔子已发其端，后来儒家者流继之。儒家之贡献，即在于此。

然因大势之所趋，当时旧制度之日即崩坏，不因儒家之拥护而终止。继孔子而起之士，有批评或反对旧制度者，有欲修正旧制度者，有欲另立新制度以替代旧制度者，有反对一切制度者。此皆过渡时代，旧制度失其权威，新制度尚未确定，人皆徘徊歧路之时，应有之事也。儒家既以理论拥护旧制度，故其余方面，与儒家意见不合者，欲使时君世主及一般人信从其主张，亦须说出其所以有其主张之理由，与之以理论上的根据。荀子所谓十二子之言，皆"持之有故，言之成理"者也。人既有注重理论之习惯，于是所谓名家"坚白同异"等辩论之只有纯理论的兴趣者，亦继之而起。盖理论化之发端，亦即哲学化之开始也。孔子即此运动之开始者，故后人以之为"至圣先师"，虽不必对而亦非无由也。

孔子为当时旧制度之拥护者，故其对于当时政治之主张，以为苟欲"拨乱世而反之正"，则莫如使天子仍为天子，诸侯仍为诸侯，大夫仍为大夫，陪臣仍为陪臣，庶人仍为庶人。使实皆如其名，此即所谓正名主义也。孔子认此为极重要。故《论语》云："子路曰：'卫君待子而为政，子将奚先？'子曰：'必也，正名乎！'"（《子路》）"齐景公问政于孔子，孔子对曰：'君君，臣臣，父父，子子。'公曰：'善哉！信如君不君，臣不臣，父不父，子不子，虽有粟，吾得而食诸？'"（《颜渊》）盖一名必有一名之定义，此定义所指，即此名所指之物之所以为此物者，亦即此物之要素或概念也。如"君"之名之定义之所指，即君之所以为君者。"君君，臣臣，父父，子子"，上君字乃指事实上之君，下君字乃指君之名，君之定义。臣、父、子均如此例。若使君臣父子皆如其定义，皆尽其道，则"天下有道"矣。孔子目睹当时之"君不君，臣不臣，父不父，子不子"，故感慨系之，而借题发挥曰："觚不觚，觚哉！觚哉！"（《论语·雍也》）孔子以为当时因名不正而乱，故欲以正名救时之弊也。

孔子对于当时政治之见解为守旧的，但在道德哲学方面，则有甚新的见解，自成一系统，为后来儒家学说之基础。此方面孔子之主要学说，为其对于仁之见解。《论语》中言仁处甚多，总而言之，仁者，即人之性情之真的及合礼的流露，而即本同情心以推己及人者也。《论语》云："巧言令色，鲜矣仁。"（《学而》）又云："刚毅木讷近仁。"（《子路》）巧言令色矫饰以媚悦人，非性情之真的流露，故"鲜矣仁"。"刚毅木讷"之人，质朴有真性情，故"近仁"也。《论语》又云："樊迟问仁。子曰：'爱人。'"（《颜渊》）仁以同情心为本，故爱人为仁也。《论语》又云："宪问：'……克，伐，怨，欲，不行焉，可以为仁矣？'子曰：'可以为难矣，仁则吾不知也。'"（《宪问》）焦循曰："孟子称公刘好货，太王好色，与百姓同之，使有积仓而无怨旷。孟子之学，全得诸孔子。此即己达达人，己立立人之义。必屏妃妾，减服食，而于百姓之饥寒仳离，漠不关心，则坚瓠也。故克伐怨欲不行，苦心絜身之士，孔子所不取；不如因己之欲，推以知人之欲。即己之不欲，推以知人之不欲。絜矩取譬不难，而仁乃至矣。绝己之欲则不能通天下之志，非所以为仁也。"（《论语补疏》）

孔子又云："民之过也，各于其党，观过斯知仁矣。"（《论语·里仁》）人之性情之真的流露或有所偏而为过，然要之为性情之真的流露，故"观过斯知仁矣"。《论语》又云："颜渊问仁，子曰：'克己复礼为仁。一日克己复礼，天下归仁焉。为仁由己，而由人乎哉？'颜渊曰：'请问其目。'子曰：'非礼勿视，非礼勿听，非礼勿言，非礼勿动。'"（《颜渊》）仁为人之性情之真的，而又须为合礼的，流露也。

《论语》又云："仲弓问仁。子曰：'出门如见大宾，使民如承大祭。己所不欲，勿施于人，在邦无怨，在家无怨。'仲弓曰：'雍虽不敏，请事斯语矣。'"（《雍也》）又云："子贡曰：'如有博施于民，而能济众，何如？可谓仁乎？'子曰：'何事于仁？必也圣乎！尧舜其犹病诸！夫仁者，己欲立而立人，己欲达而达人，能近取譬，可为仁之方也矣。'"（《雍也》）"为仁之方"在于"能近取譬"，即谓为仁之方法在于推己以及人也。"因己之欲，推以知人之欲"，即"己欲立而立人，己欲达而达人"，即所谓忠也。"即己之不欲，推以知人之不欲"，即"己所不欲，勿施于人"，即所谓恕也。实行忠恕即实行仁。《论语》云："子曰：'参乎，吾道一以贯之。'曾子曰：'唯！'子出，门人问曰：'何谓也？'曾子曰：'夫子之道，忠恕而已矣。'"（《里仁》）孔子一贯之道为忠恕，亦即谓孔子一贯之道为仁也。为仁之方法如此简易。故孔子曰："仁远乎哉？我欲仁，斯仁至矣。"

宋明哲学家陆王一派，假定人本有完全的良知，假定"满街都是圣人",故以为人只须顺其良知而行,即万不致误。孔子初无此意,人之性情之真的流露,本不必即可顺之而行而无不通。故孔子注重"克己复礼为仁"。然礼犹为外部之规范,除此外部之规范外,吾人内部尚自有可为行为之标准者。若"能近取譬",推己及人,则吾人之性情之流露,自合乎适当的分际。故仁为孔子"一贯"之道,中心之学说。故《论语》中亦常以仁为人之全德之代名词。曰:"求仁而得仁,又何怨?"(《论语·述而》)曰:"若圣与仁,则吾岂敢?"(同上)曰:"有杀身以成仁。无求生以害仁。"(《论语·卫灵公》)此所谓仁皆指人之全德而言也。

惟仁亦为全德之名,故孔子常以之统摄诸德。宰予以三年之丧为期已久,孔子谓为不仁,是仁可包孝也。以后孟子言"未有仁而遗其亲者",《中庸》言"所求乎子以事父",皆谓仁人或行忠恕之人自然孝也。孔子以"微子去之,箕子为之奴,比干谏而死",为"殷有三仁"。是仁可包忠也。以后孟子言"未有仁而后其君者",《中庸》言"所求乎臣以事君",皆谓仁人或行忠恕之人自然忠也。孔子谓令尹子文及陈文子:"未知,焉得仁?"(《论语·公冶长》)是仁可包智也。"仁者必有勇"(《宪问》),是仁可包勇也。

观上所述,可知孔子亦注重人之性情之自由。人之性情之真的流露,只须其合礼,即是至好,吾人亦即可顺之而行矣。《论语》曰:"子绝四:毋意,毋必,毋固,毋我。"(《子罕》)又曰:"子曰:'可与共学,未可与适道。可与适道,未可与立。可与立,未可与权。'"(同上)"我则异于是,无可无不可。"(《微子》)

盖依上所述,吾人行为之标准,至少一部分是在内的而非在外的,是活的而非死的,是可变的而非固定的。故吾人之行为,可因时因地,随吾人性情之所之,而有相当的不同。此所谓"毋意,毋必,毋固,毋我"也。此所谓"我则异于是,无可无不可"也。若对于一切,皆执一定之规则，则即所谓"可与立，未可与权"者也。

人之性情之真的流露，只须其合礼，即是至好。至其发于行为，果为有利于社会或个人与否，不必问也。事实上凡人性情之真的及合礼的流露之发于行为者，对于社会多有利，或至少亦无害，但孔子则不十分注意于此。如三年之丧制，本可以曾子所谓"慎终追远，民德归厚"（《论语·述而》）之说，与以理论的根据；但孔子则只谓不行三年之丧，则吾心不安，行之则吾心安。（《论语·阳货》）此制虽亦有使"民德归厚"之有利的结果，但孔子不以之作三年之丧之制之理论的根据也。孔子不注重行为之结果，其一生行事，亦是如此。子路为孔子辩护云："君子之仕也，行其义也，道之不行，已知之矣。"（《论语·微子》）"道之不行，已知之矣"，而犹席不暇暖，以求行道，所以石门晨门谓孔子为"知其不可而为之者"也（《论语·卫灵公》）。董仲舒谓："正其谊不谋其利，明其道不计其功。""君子之仕也，行其义也"，即"正其谊""明其道"也。至于道之果行与否，其结果之"利"也，"功"也，不必"谋"，不必"计"矣。《论语》云："子罕言利。"（《子罕》）孔子云："君子喻于义，小人喻于利。"（《论语·里仁》）此孔子及孟子一贯之主张，亦即其与墨家根本不同处也。

观上所述，又可知孔子之哲学，极注重人之心理方面。故后来儒家皆注重心理学。孔子云："性相近也，习相远也。"（《论语·阳货》）对于性虽未有明确的学说，然以注重心理学之故，性善性恶，遂成为后来儒家之大问题矣。

二、墨子

墨子（西历纪元前479年？—前381年？）在孔子后，其学为继承孔子之儒家之反对派。墨子书中反对儒家之处甚多，盖墨家哲学与儒家哲学之根本观念不同。儒家"正其谊不谋其利；明其道不计其功"。而墨家则专注重"利"，专注重"功"。试就孔子个人及墨子个人之行为考之，"孔席不暇暖，墨突不暇黔"，二人皆栖栖皇皇以救世之弊。然二人对于其自己行为之解释，则绝不相同。子路为孔子解释云："君子之仕也，行其义也；道之不行，已知之矣。"（《论语·微子》）此谓孔子之所以欲干预政治，乃以"应该"如此。至于如此之必无结果，"道之不行"则"已知之矣"。但墨子对于其自己之行为之意见则不然。《贵义篇》云："子墨子自鲁即齐，遇故人谓子墨子曰：'今天下莫为义，子独自苦而为义，不若已。'子墨子曰：'今有人于此，有子十人，一人耕而九人处，则耕者不可以不益急矣。何故？食者众而耕者寡也。今天下莫为义，则子为劝我者也。何故止我？'"此谓为义者虽少，然有一二人为之，其"功"犹胜于无人为之，其结果终是天下之"利"也。孔子乃无所为而为；墨子则有所为而为。

"功""利"乃墨家哲学之根本意思。《墨子·非命上》云："子墨子言曰：'必立仪。言而毋仪，譬犹运钧之上而立朝夕者也；是非利害之辨，不可得而明知也。故言必有三表。'何谓三表？子墨子言曰：'有本之者，有原之者，有用之者。于何本之？上本之于古者圣王之事。于何原之？下原察百姓耳目之实。于何用之？发以为刑政，观其中国家百姓人民之利。此所谓言有三表也。'"此三表中，最重要者乃其第三，"国家百姓人民之利"，乃墨子估定一切价值之标准。凡事物必中国家百姓人民之利，方有价值。国家百姓人民之利，即是人民之"富"与"庶"。凡能使人民富庶之事物，皆为有用，否者皆为无益或有害；一切价值，皆依此估定。

人民之富庶，即为国家百姓人民之大利。故凡对之无直接用处或对之有害者，皆当废弃。所以吾人应尚节俭，反对奢侈。故墨子主张节用，节葬，短丧，非乐。

一切奢侈文饰，固皆不中国家人民之利，然犹非其大害。国家人民之大害，在于国家人民之互相争斗，无有宁息；而其所以互相争斗之原因，则起于人之不相爱。故墨子以兼爱之说救之。以为兼爱之道不惟于他人有利，且于行兼爱之道者亦有利；不惟"利他"，亦且"利自"。墨子之《兼爱篇》纯就功利方面证兼爱之必要。此墨家兼爱之说所以与儒家之主张仁不同也。

天下之大利，在于人之兼爱；天下之大害，在于人之互争；故吾人应非攻。墨子非攻；孟子亦曰："善战者服上刑。"但墨子之非攻，因其不利。孟子之反对战争，则因其不义。观孟子与宋牼辩论之言可见矣。(《孟子·告子下》)宋牼欲见秦楚之王，说构兵之"不利"，而使之"罢之"。孟子则主张以仁义说秦楚之王。宋牼不必即一墨者，但此点实亦孟子与墨子所以不同也。

墨子虽以为兼爱之道乃惟一救世之法，而却未以为人本能相爱。墨子以人性为素丝，其善恶全在"所染"(《墨子·所染》)。吾人固应以兼爱之道染人，使交相利而不交相害；然普通人民，所见甚近，不易使其皆有见于兼爱之利，"交别"之害。故墨子注重种种制裁，以使人交相爱。墨子书中有《天志》、《明鬼》、《非命》诸篇。以为有上帝鬼神之存在，赏兼爱者而罚交别者。上帝神鬼及国家之赏罚，乃人之行为所自招，非命定也。若以此为命定，则诸种赏罚，皆失其效力矣。故墨子"非命"。

墨子之政治哲学，见于墨子书中《尚同》诸篇。在西洋近代哲学史中，霍布士(Thomas Hobbes)以为人之初生，无有国家，在所谓"天然状态"之中；于其时人人皆是一切人之仇敌，互相争夺，终日战争。人不满意于此状态，故不得已而设一绝对的统治者而相约服从之。国家之起源如此，故其威权，应须绝大；不然则国家解体而人复返于"天然状态"中矣。国家威权之绝对，有如上帝，不过上帝永存，而国家有死而已（Leviathan, Pt.ii.chap.17）。墨子之政治哲学，正与霍布士所说极相似。

在未有国家刑政之时，既因是非标准之无定而大乱；故国家既立之后，天子之号令，即应为绝对的是非标准。天子上同于天；国君上同于天子；家长上同于国君；个人上同于家长。在下者皆须同于上，而在上者又惟以兼相爱交相利为令，如此则天下之人，必皆兼相爱，交相利矣。荀子云："墨子有见于齐，无见于畸。"（《天论篇》）其所以"无见于畸"，止因其太"有见于齐"也。所尤可注意者，墨子虽谓人皆须从天志，然依"尚同"之等级，则惟天子可上同于天。天子代天发号施令，人民只可服从天子。故依墨子之意，不但除政治的制裁外无有社会的制裁，即宗教的制裁亦必为政治的制裁之附庸。此意亦复与霍布士之说相合。霍布士亦以为教会不能立于国家之外而有独立的主权；否则国家分裂，国即不存。他又以为若人民只奉个人的信仰而不服从法律，则国亦必亡。（Leviathan, Pt.ii.chap. 29）依墨子天子上同于天之说，则上帝及主权者之意志，相合为一，无复冲突；盖其所说之天子，已君主而兼教皇矣。

三、孟子

孔子开以讲学为职业之风气，其弟子及以后儒者，多以讲学为职业，所谓"大者为师傅卿相，小者友教士大夫"也。然能"以学显于当世"者，则推孟子（西历纪元前371年？—前289年？）、荀卿。二人实孔子后儒家二大师也。孔子在中国历史中之地位如苏格拉底之在西洋历史。孟子在中国历史中之地位，如柏拉图之在西洋历史，其气象之高明亢爽亦似之。荀子在中国历史之地位如亚里士多德之在西洋历史，其气象之笃实沉博亦似之。

就一面言，孟子对于周制仍持拥护态度，自又一方面言之，则孟子自有其新的政治哲学。孟子之理想的政治制度中仍有天子诸侯等阶级，但以为政治上之高位，必以有德者居之。其理想的政治制度，为以有圣人之德者居天子之位。此圣人既老，则在其死以前预选一年较少之圣人，先使为相以试之。及其成效卓著，则荐之于天，以为其自己之替代者。及老圣人既死，此少圣人即代之而为天子。然天之意不可知，可知者民意而已。民果归之，即天以天下与之，故荐之于天，即荐之于民也。"匹夫有天下，德必若舜禹，而又有天子荐之者。"（《孟子·万章上》）盖无天子荐之，则不能先为相以自试，不能施泽于民，民不归之也。此理想与柏拉图《共和国》之主张极相似。

孟子之理想的经济制度即所讲井田制度是也。其所讲井田制度，即就原有之井田制度，转移观点，将其变为含有社会主义性质的经济制度也。所谓转移观点者，盖古代土地为国君及贵族所私有，农民受土地于贵族，为之做"助耕之氓"，为之做农奴。故原有之井田制度，乃为贵族之利益。依孟子之理想，乃土地为国家所公有，人民受土地于国家而自由耕种之。其每井中公田之出产，虽仍可为国君卿大夫之禄，"以代其耕"，但农民之助耕公田，乃如纳税于国家之性质，非如农奴为地主服役之性质。此理想中之制度，乃使民"养生送死无憾"，乃为人民之利益。故谓孟子所说之井田制度，即古代所实行者，非也。谓孟子所说之井田制度，纯乎为理想，为创造，亦非也。二者均有焉。

以上所述之各种理想的制度，即孟子所谓王道、王政或仁政也。仁政何以必须行；仁政何以能行？孟子曰："人皆有不忍人之心，先王有不忍人之心，斯有不忍人之政矣。"（《公孙丑上》）"不忍人之政"，即仁政也。"人皆有不忍人之心",不忍见人之困苦,此即仁政之所以必须行也。人既皆有此心为仁政之根据,此即仁政之所以能行也。孟子因齐宣王不忍一牛之"觳觫而就死地",断其必能行王政。曰:"老吾老以及人之老,幼吾幼以及人之幼,天下可运于掌。诗云:'刑于寡妻,至于兄弟,以御于家邦。'言举斯心加诸彼而已。故推恩,足以保四海;不推恩,无以保妻子。古之人所以大过人者无他焉,善推其所为而已矣。"(《孟子·梁惠王上》)齐宣王谓己好货好色,不能行王政。孟子言:"王如好货","王如好色","与百姓同之,于王何有"?(《梁惠王下》)因己之好货好色,即推而与百姓同之,即"举斯心加诸彼"也。若实现此心于政事,则其政事即仁政矣。"善推其所为",即仁也,即忠恕也。孔子讲仁及忠恕,多限于个人之修养方面。孟子则应用之于政治及社会哲学。孔子讲仁及忠恕,只及于"内圣";孟子则更及于"外王"。

"人皆有不忍人之心",即所谓人性皆善也。陈澧曰:"孟子所谓性善者,谓人人之性皆有善也,非谓人人之性,皆纯乎善也。"(《东塾读书记》卷三)孟子所谓性善,只谓人皆有仁义礼智之四"端",此四"端"若能扩而充之,则为圣人。人之不善,皆不能即此四"端"扩而充之,非其性本与善人殊也。故曰:"若夫为不善,非才之罪也。"(《告子上》)

人何以必须扩充此善端?此亦一问题也。若依功利主义说,则人之扩充善端于社会有利,否则有害,此即墨子主张兼爱之理由也。惟依孟子之意:则人之必须扩充此善端者,因此乃人之所以为人也。孟子曰:"人之所以为人者几希,庶民去之,君子存之。"(《离娄下》)人之所以为人,即人之要素,人之名之定义,亦即人之所以别于禽兽者也。人之所以为人者,即人之有人心。《孟子》云:"从其大体为大人,从其小体为小人。……耳目之官,不思而蔽于物,物交物则引之而已矣。心之官则思,思则得之,不思则不得也。此天之所与我者,先立乎其大者,则其小者不能夺也。此为大人而已矣。"(《告子下》)亚里士多德《伦理学》谓饮食及情欲乃人与禽兽所共有，人之所以别于禽兽者，惟在其有理性耳。"心之官则思"，能思即有理性也。能思之心为人所特有，乃"天之所以与我"者，所以为大体也。耳目之官，乃人与禽兽所同有，所以为小体也。若只"从其小体"，则不惟为小人，且为禽兽矣。"耳目之官，不思而蔽于物，物交物则引之而已"。若听其自然，则能"陷溺其心"(《告子上》)，人之所以有不善者，即以此也。能思之心，所好者为礼义。故人必有礼义，乃为"从其大体"。从其大体，乃得保人之所以为人，乃合乎人之定义。否则人即失其所以为人，而与禽兽同。"人见其禽兽也，而以为未尝有才焉者，是岂人之情也哉？"(《告子上》)

人性中皆有善端，如扩而充之，则人人皆可以为圣人，此人所皆可以自期许者也。至于人生中他方面之成败利钝，则不能计，亦不必计。孟子曰："若夫成功则天也，君如彼何哉，强为善而已矣。"(《梁惠王下》)又曰："哭死而哀，非为生者也。经德不回，非以干禄也。言诸必信，非以正行也。君子行法以俟命而已矣。"(《尽心下》)此所谓天，所谓命，皆指人力所无奈何之事，所谓"莫之为而为者天也，莫之致而致者命也"。

于此亦可知孟子所以反对利之故矣。孟子以为人皆有恻隐、羞恶、辞让、是非之四端。扩而充之，则为仁、义、礼、智之四德。四德为人性发展之自然结果，而人之所以须发展人性，因必如此方为尽"人之所以为人者"，非因四德为有利而始行之也。四德之行，当然可生于社会有利之结果，此结果虽极可贵，然亦系附带结果。犹之艺术家之作品，固可使人愉悦，然此乃附带的结果，彼艺术家之创作，则所以表现其理想与情感，非为求人悦乐愉快也。

不过孟子虽主张义，反对利，然对于义利之辨，未有详细说明，故颇受后人之驳诘。惟孟子与墨者夷之辩薄葬之说，颇可显其非功利主义之态度。彼云："盖上世尝有不葬其亲者，其亲死则举而委之于壑。他日过之，狐狸食之，蝇蚋姑嘬之，其颡有泚，睨而不视。夫泚也，非为人泚，中心达于面目。盖归反虆梩而掩之，掩之诚是也，则孝子仁人之掩其亲，亦必有道矣。"(《滕文公上》)又曰："古者棺椁无度。中古棺七寸，椁称之。自天子达于庶人。非直为观美也，然后尽于人心。"(《公孙丑下》)墨家之攻击儒家厚葬久丧，主节葬短丧，纯从功利主义立论。而孟子则不纯从功利主义立论。厚葬久丧，对社会固亦有利。"慎终追远，民德归厚矣。"此从功利主义立论以主张厚葬久丧者也。然孟子则但谓厚葬为"尽于人心"，此儒家之精神也。

孟子之所谓天，有时似指主宰之天，如"尧荐舜于天"之天。有时似指运命之天，如上所说者。有时则指义理之天。孟子因人皆有仁、义、礼、智之四端而言性善。人之所以有此四端，性之所以善，正因性乃"天之所与我者"，人之所得于天者。此性善说之形上学的根据也。孟子云："尽其心者，知其性也。知其性则知天矣。存其心，养其性，所以事天也。夭寿不贰，修身以俟之，所以立命也。"(《尽心上》)心为人之"大体"；故"尽其心者""知其性"。此乃"天之所与我者"，故"尽其心""知其性"，亦"知天"矣。孟子又云："夫君子所过者化，所存者神，上下与天地同流，岂曰小补之哉？"(《尽心上》)又云："万物皆备于我矣，反身而诚，乐莫大焉。强恕而行，求仁莫近焉。"(《尽心上》)"万物皆备于我"，"上下与天地同流"等语，颇有神秘主义之倾向。其本意如何，孟子所言简略，不能详也。

[注] 神秘主义一名，有种种不同的意义。此所谓神秘主义，乃专指一种哲学，承认有所谓"万物一体"之境界。在此境界中，个人与"全"（宇宙之全）合而为一，所谓人我内外之分，俱已不存。普通多

谓此神秘主义必与唯心论的宇宙论相关连。宇宙必为唯心论的，宇宙之全体，与个人之心灵，有内部的关系；个人之精神，与宇宙之大精神，本为一体，特以有后起的隔阂，以致人与宇宙，似乎分离。佛家所说之无明，宋儒所说之私欲，皆指此后起的隔阂也。若去此隔阂，则个人与宇宙复合而为一，佛教所说之证真如，宋儒所说"人欲尽处，天理流行"，皆指此境界也。不过此神秘主义，亦不必与唯心论的宇宙论相连。如庄子之哲学，其宇宙论非必为唯心论的，然亦注重神秘主义也。中国哲学中，孟子派之儒家，及庄子派之道家，皆以神秘境界为最高境界，以神秘经验为个人修养之最高成就。但两家之所用以达此最高境界、最高目的之方法不同。道家所用之方法，乃以纯粹经验忘我；儒家所用之方法，乃以"爱之事业"（叔本华所用名词）去私。无我无私，而个人乃与宇宙合一。如孟子哲学果有神秘主义在内，则万物皆备于我，即我与万物本为一体也。我与万物本为一体，而乃以有隔阂之故，我与万物，似乎分离，此即不"诚"。若"反身而诚"，回复与万物为一体之境界，则"乐莫大焉"。如欲回复与万物为一体之境界，则用"爱之事业"之方法。所谓"强恕而行，求仁莫近焉"。以恕求仁，以仁求诚。盖恕与仁皆注重在取消人我之界限；人我之界限消，则我与万物为一体矣。此解释果合孟子之本意否不可知，要之宋儒之哲学，则皆推衍此意也。

如孟子哲学中果有神秘主义，则孟子所谓浩然之气，即个人在最高境界中之精神状态。故曰："其为气也，至大至刚；以直养而无害，则塞于天地之间。"（《公孙丑上》）至于养此气之方法，孟子云："其为气也，配义与道，无是馁也；是集义所生者，非义袭而取之也。行有不慊于心，则馁矣。我故曰：'告子未尝知义，以其外之也。'必有事焉。而勿正，心勿忘，勿助长也。……"（《公孙丑上》）

此所谓义，大概包括吾人性中所有善"端"。是在内本有，故曰："告子未尝知义，以其外之也。"此诸善"端"皆倾向于取消人我界限。即将此逐渐推扩，亦勿急躁求速，亦勿停止不进（"而勿正"，焦循《孟子正义》引《诗·终风》《序笺》及《庄子·应帝王篇》《释文》谓"正之义通于止"）。"集义"既久，则行无"不慊于心"，而"塞乎天地之间"之精神状态，可得到矣。至此境界，则"居天下之广居，立天下之正位，行天下之大道。得志与民由之，不得志独行其道。富贵不能淫，贫贱不能移，威武不能屈。此之谓大丈夫"（《滕文公下》）。

四、老子

孔子之时，据《论语》所载，有"隐者"之徒，对于孔子之行为，常有讥评。孟子之时，有杨朱之徒，持"全生保真"之学说。此即后来道家者流之前驱也。后来道家者流，分为老庄二派。道家之有老庄，犹儒家之有孟荀也。（《老子》一书出在孟子后，辩论甚多，兹不详举）

古代所谓天，乃主宰之天。孔子因之，墨子提倡之。至孟子则所谓天，有时已为义理之天。所谓义理之天，常含有道德的唯心的意义，特非主持道德律之有人格的上帝耳。《老子》则直谓"天地不仁"，不但取消天之道德的意义，且取消其唯心的意义。古时所谓道，均谓人道；至《老子》乃予道以形上学的意义。以为天地万物之生，必有其所以生之总原理，此原理名之曰道。故《韩非子·解老》云："道者万物之所以成也。"《老子》云："有物混成，先天地生。寂兮寥兮，独立而不改，周行而不殆，可以为天下母。吾不知其名，字之曰道，强为之名曰大。"（《老子》二十五章）道之作用，并非有意志的。只是自然如此。故曰："人法地，地法天，天法道，道法自然。"（二十五章）道即万物所以如此之总原理，道之作用，亦即万物之作用。但万物所以能成万物，亦即由于道。故曰："道常无为而无不为。"（三十七章）道为天地万物所以然之总原理，德为一物所以然之原理，即《韩非子》所谓"万物各异理"之理也。《老子》曰："孔德之容，惟道是从。"（二十一章）又曰："道生之，德畜之，物形之，势成之。是以万物莫不尊道而贵德。道之尊，德之贵，夫莫之命而常自然。"（五十一章）《管子·心术上》云："德者道之舍，物得以生，生得以职道之精。故德者，得也，其谓所得以然也。以无为之谓道，舍之之谓德。故道之与德无间，故言之者无别也。"此解说道与德之关系，其言甚精，由此而言，则德即物之所得于道而以成其物者。《老子》所云"道生之，德畜之"，其意中道与德之关系，似亦如此，特未能以极清楚确定的话说出耳。"物形之，势成之"者，吕吉甫云："及其为物，则特形之而已……已有形矣，则裸者不得不裸，鳞介羽毛者，不得不鳞介羽毛，以至于幼壮老死，不得不幼壮老死，皆其势之必然也。"形之者，即物之具体化也。物固势之所成，即道德之作用，亦是自然的。故曰："道之尊，德之贵，夫莫之命而常自然。"

《老子》以为宇宙间事物之变化，于其中可发现通则。凡通则皆可谓之为"常"。常有普遍永久之义。故道曰常道。所谓："道可道，非常道。"（一章）自常道内出之德，名曰常德。所谓："常德不忒，复归于无极。……常德乃足，复归于朴。"（二十八章）至于人事中可发现之通则，则如："取天下常以无事。"（四十八章）"民之从事，常于几成而败之。"（六十四章）"天道无亲，常与善人。"（七十九章）凡此皆为通则，永久如此。吾人贵能知通则；能知通则为"明"。《老子》中数言"知常曰明"，可知明之可贵。"知常"即依之而行，则谓之"袭明"。（二十七章）（马夷初先生云："袭，习古通。"见《老子覈诂》）或谓为"习常"（五十二章）。若吾人不知宇宙间事物变化之通则，而任意作

为，则必有不利之结果。所谓："不知常，妄作，凶。"（十六章）

事物变化之一最大通则，即一事物若发达至于极点，则必一变而为其反面。此即所谓"反"，所谓"复"。《老子》云："反者道之动。"（四十章）又云："大曰逝，逝曰远，远曰反。"（二十五章）又云："万物并作，吾以观复。"惟"反"为道之动，故"祸兮福之所倚，福兮祸之所伏"。"正复为奇，善复为妖。"（五十八章）惟其如此，故"曲则全，枉则直，洼则盈，敝则新，少则得，多则惑"（二十二章）。惟其如此，故"飘风不终朝，骤雨不终日"。惟其如此，故"以道佐人主者，不以兵强天下，其事好还"。惟其如此，故"天之道其犹张弓欤，高者抑之，下者举之。有余者损之，不足者补之"（七十七章）。惟其如此，故"天下之至柔，驰骋天下之至坚"（四十三章）。"天下莫柔弱于水，而攻坚，强者莫之能胜"（七十八章）。惟其如此，故"物或损之而益，或益之而损"（四十二章）。凡此皆事物变化自然之通则，《老子》特发现而叙述之，并非故为奇论异说。而一般人视之，则以为非常可怪之论。故曰："正言若反。"（七十八章）故曰："玄德深矣远矣，与物反矣，乃至于大顺。"（六十五章）故"下士闻道大笑之，不笑不足以为道"（四十一章）。

事物变化既有上述之通则，则"知常曰明"之人，处世接物，必有一定之方法。大要吾人若欲如何，必先居于此如何之反面。南辕正所以取道北辙。故"将欲歙之，必固张之；将欲弱之，必固强之；将欲废之，必固兴之；将欲夺之，必固与之"（三十六章）。此非《老子》之尚阴谋，《老子》不过叙述其所发现耳。反之，则将欲张之，必固歙之；将欲强之，必固弱之。故"圣人后其身而身先；外其身而身存。非以其无私耶，故能成其私"（七章）。此"知常曰明"之人所以自处之道也。

一事物发展至极点，必变为其反面。其能维持其发展而不致变为其反面者，则其中必先包含其反面之分子，使其发展永不能至极点也。故"大成若缺，其用不弊；大盈若冲，其用不穷；大直若屈，大巧若拙，大辩若讷"（四十五章）。"知常曰明"之人，知事物真相之如此，故"知其雄，守其雌，为天下谿。……知其白，守其黑，为天下式。……知其荣，守其辱，为天下谷"（二十八章）。总之："圣人去甚，去奢，去泰。"（二十九章）其所以如此，盖恐事物之发展若"泰""甚"，则将变为其反面也。黑格尔谓历史进化，常经"正""反""合"三阶级。一事物发展至极点必变而为其反面，即由"正"而"反"也。"大直若屈，大巧若拙。"若只直则必变为屈，若只巧则必"弄巧反拙"。惟包含有屈之直，有拙之巧，是谓大直大巧，即"正"与"反"之"合"也。故大直非屈也，若屈而已，大巧非拙也，若拙而已。"知常曰明"之人，"知其雄，守其雌"，常处于"合"，故能"殁身不殆"矣。

老子理想中之人格，常以婴儿比之；盖婴儿知识欲望皆极简单，合乎"去甚，去奢，去泰"之意也。故曰："含德之厚，比于赤子。"（五十五章）圣人治天下，亦欲使天下人皆如婴儿，故曰："圣人在天下，歙歙然为天下浑其心，圣人皆孩之。"（四十九章）《老子》又以愚形容有修养之人，盖愚人之知识欲望亦极简单也。故曰："我愚人之心也哉！沌沌兮，俗人昭昭，我独昏昏；俗人察察，我独闷闷。澹兮其若海，飂兮若无止。众人皆有以，我独顽似鄙。"（二十章）圣人治天下，亦欲使天下人皆能如此，故曰："古之善为道者非以明民，将以愚之。"（六十五章）"不以智治国"，即欲以"愚"民也。然圣人之愚，乃修养之结果，乃"大智若愚"之愚也。"大智若愚"之愚，乃智愚之"合"，与原来之愚不同。《老子》所谓"圣人之治，虚其心，实其腹，弱其志，强其骨。常使民无知无欲"（三章）。此使民即安于原来之愚也。此民与圣人之不同也。

老子之理想的社会，为"小国寡民"之简单组织，如《老子》八十章所说。此非只是原始社会之野蛮境界；此乃包含有野蛮之文明境界也。非无舟舆也，有而无所乘之而已。非无甲兵也，有而无所陈之而已。"甘其食，美其服"，岂原始社会中所能有者？可套《老子》之言曰："大文明若野蛮。"野蛮的文明乃最能持久之文明也。

五、惠施、公孙龙、《墨经》

诸子中之名家，当时称为"辩者"。其中有惠施、公孙龙二派。惠施之学说见《庄子·天下篇》所述十事。据《天下篇》所述，惠施谓："至大无外，谓之大一；至小无内，谓之小一。""日方中方睨，物方生方死。""大同而与小同异，此之谓小同异；万物毕同毕异，此之谓大同异。""泛爱万物，天地一体也。"其大意乃从"至大无外"之观点，指出一切事物之为变的，有限的，相对的。"日方中方睨，物方生方死"，一切事物之为变的，皆如此也。天下之物，若谓其同，则皆有相同之处，谓万物毕同可也。若谓其异，则皆有相异之处，谓万物毕异可也。至于世俗所谓同异，此物与彼物之同异，乃小同异，非大同异也。世俗所谓同异，是相对的，所谓一体，亦是相对的，故曰："泛爱万物，天地一体也。"庄子谓"天地与我并生，而万物与我为一"（《齐物论》），亦此意也。

惠施之十事，若照上文所解释，与《庄子》之《齐物论》《秋水》等篇中所说，极相近矣。然《庄子·齐物论》甫言"天地与我并生，而万物与我为一"；下文即又言："既已为一矣，且得有言乎？"此一转语，乃庄子与惠施所以不同之处。盖惠施只以知识证明"万物毕同毕异"，"天地一体"之说，而未言若何可以使吾人实际经验"天地一体"

之境界。庄子则于言之外，又言"无言"；于知之外，又言不知；由所谓"心斋""坐忘"，以实际达到忘人我，齐死生，万物一体，绝对逍遥之境界。故《天下篇》谓庄子"上与造物者游，而下与外死生无终始者为友"。至谓惠施，则"弱于德，强于物，其涂隩矣"。由此观之，庄子之学，实自惠施又进一步也。

名家之别一派为公孙龙。公孙龙在当时有名之辩论，为"白马非马"及"离坚白"。"白马非马"者，马之名所指只一切马所共有之性质，只一马 as such，所谓"有马如已耳"（已似当为己，如己即 as such 之意）。其于色皆无"所定"，而白马则于色有"所定"，故白马之名之所指，与马之名之所指，实不同也。白亦有非此白物亦非彼白物之普通的白；此即所谓"不定所白"之白也。若白马之白，则只为白马之白，故曰："白马者，白定所白也。定所白者，非白也。"言已为白马之白，则即非普通之白，白马之名之所指，与白之名之所指，亦不同也（引用符号内乃《公孙龙子·白马论》文）。盖公孙龙作"物"与"指"之区别。物为占空间时间中之位置者，即现在哲学中所谓具体的个体也。如此马，彼马，此白物，彼白物，是也。指者，名之所指也。就一方面说，名之所指为个体，所谓："名者，实谓也。"（《公孙龙子·名实论》）就又一方面说，名之所指为共相。如此马彼马之外，尚有"有马如已耳"之马。此白物彼白物之外，尚有一"白者不定所白"之白。此"马"与"白"即现在哲学中所谓"共相"或"要素"也。公孙龙之立论，多就共相说。故自常识观之，多为诡论。

"离坚白"者，《公孙龙子》有《坚白论》，谢希深注云："坚者不独坚于石，而亦坚于万物，故曰：'未与石为坚而物兼'也。亦不与万物为坚而固当自坚，故曰：'未与物为坚而坚必坚'也。天下未有若此独立之坚可见，然亦不可谓之无坚，故曰：'而坚藏也。'"独立之白，虽亦不可见，然白实能自白。盖假使白而不能自白，即不能使石与物白。若白而能自白，则不借他物而亦自存焉。黄黑各色亦然。白可无石，白无石则无坚白石矣。由此可见坚白可离而独存也。此就形上学上言"坚"及"白"之共相皆有独立的潜存。"坚"及"白"之共相，虽能独立的自坚自白，然人之感觉之则只限于其表现于具体的物者。即人只能感觉其与物为坚与物为白者。然即其不表现于物，亦非无有，不过不能使人感觉之耳。此即《坚白论》所谓"藏"也。其"藏"乃其自藏，非有藏之者；故《坚白论》曰："有自藏也，非藏而藏也。"柏拉图谓个体可见而不可思，概念可思而不可见，即此义也。于此更可见"坚""白"之"离"矣。岂独"坚""白"离，一切共相皆分离而有独立的存在，故《坚白论》曰："离也者，天下皆独而正。"

《庄子·德充符》曰："自其异者视之，肝胆楚越也；自其同者视之，万物皆一也。"盖或自物之异以立论，则见万物莫不异；或自物之同以立论，则见万物莫不同。然此特就个体的物言之耳。一个体本有许多性质，而其所有之性质又皆非绝对的。故泰山可谓为小，而秋毫可谓为大。若共相则不然。共相只是共相，其性质亦是绝对的。如大之共相只是大。小之共相只是小。惠施之观点注重于个体的物，故曰"万物毕同毕异"，而归结于"泛爱万物，天地一体也"。公孙龙之观点，则注重于共相，故"离坚白"而归结于"天下皆独而正"。二派之观点异，故其学说亦完全不同。战国时论及辩者之学，皆总而言之曰："合同异，离坚白。"或总指其学为"坚白同异之辩"。此乃笼统言之。其实辩者之中，当分二派：一派为"合同异"；一派为"离坚白"。前者以惠施为首领；后者以公孙龙为首领。

辩者之说行后，儒墨二家，对之俱有反动。盖辩者所持之论，皆与吾人之常识违反。儒墨之学，皆注重实用，对于宇宙之见解，多根据常识。见辩者之"然不然，可不可"，皆以为"怪说琦辞"而竞起驳之。然辩者立论，皆有名理的根据，故驳之者之立论，亦须根据名理。所以墨家有《墨经》，儒家有《荀子》之《正名篇》，皆拥护常识，驳辩者之说。儒墨不同，而对于反辩者则立于同一观点。盖儒墨乃从感觉之观点以解释宇宙；而辩者则从理智之观点以解释宇宙也。

《墨经》为欲拥护常识，反对辩者，特立论就知识论（Epistemology）方面，说知识之性质及其起源。《经上》云："知，材也。"此知乃吾人所以能知之才能。有此才能，不必即有知识。如眼能视物，乃眼之"明"；但眼有此"明"，不必即有见。盖能见之眼须有所见，方可有见，能知之知须有所知，方可有知也。《经上》又云："知，接也。"此知乃"能知"遇"所知"所生之知识，人之能知之官能，遇外物即所知，即可感觉其态貌。如能见之眼，见所见之物，即可有见之知识。《经上》又云："智，明也。"

吾人能知之官能，遇外物即所知，不但能感觉其态貌，且能知其为何物。如见一树，不但感觉其态貌，且知其为树。知其为树，即将此个体的物列于吾人经验中之树之类中，此《经说》所谓"以知论物"也。如此则凡树所有之性质，吾虽尚未见此树有，亦敢断其必有。于是吾人对于此个体的物之知识乃明确，《经说》所谓"其知之也著"也。

此外《墨经》又就逻辑方面，论吾人知识之来源及其种类。《经上》云："知：闻，说，亲，名，实，合，为。"《经说》云："知：传受之，闻也。方不㢮，说也。身观焉，亲也。所以谓，名也。所谓，实也。名实耦，合也。志行，为也。""闻，说，亲"，谓吾人知识之来源。"名，实，合，为"，谓吾人知识之种类。"闻"谓吾人由"传受"而得之知识。"说"谓吾人由推论而得之知识。"亲"谓吾人亲身经历所得之知识，即吾人能知之才能与所知之事物相接而得之知识也。所谓"身观焉"是也。一切知识,推究其源,皆以亲知为本。如历史上所述诸事情,吾人对之,惟有闻知而已。然最初"传"此知识之人,必对于此事有"身观焉"之亲知也。虽吾人未见之物,若知其名,即可推知其大概有何性质,为何形貌,然吾人最始必对此名所指之物之有些个体,有"身观焉"之亲知也。知识论所论之知识即此等知识也。

次论吾人知识之种类有四。"名"谓对于名之知识。名所以谓实也;所谓"所以谓"也。"实"谓吾人对于实之知识。实为名之"所谓",即名之所指之个体也。"合"谓吾人对于名实相合即所谓"名实偶"之知识。"为"谓吾人知所以做一事情之知识。"志,行,为也。"吾人做一事情,必有做此事情之目的,及做此事情之行为;前者谓之"志",后者谓之"行"。合"志"与"行",总名曰"为"。

《墨子·小取篇》对于"辩"又有详细的讨论,以为辩之用有六:(一)"明是非";(二)"审治乱";(三)"明同异";(四)"察名实";(五)"处利害";(六)"决嫌疑"。其方法为"以名举实,以辞抒意,以说出故"。又论立说之方法有七,即:或,假,效,辟,侔,援,推。

《墨经》中之同异之辩,以为所谓同及异,均有四种。故谓此物与彼物同,彼物与此物同,其同同而所以同不必同也。如墨子与墨翟,二名俱指一人,是谓"重同",手足头目,同为一人之一体,是谓"体同"。同国之人同为一国之人,是谓"合同"。同类之物,皆有相同之性质,是谓"类同"。异亦有四种。必先知所谓同物之同,果为何种之同,所谓异物之异,果为何种之异,然后方可对之有所推论而不致陷于误谬也。此"同异之辩"与"合同异"一派辩者之"同异之辩",宗旨不同。此虽不必为驳彼而发,然依《墨经》之观点,则惠施与庄子"合同异"之说,实为误谬。惠施谓"万物毕同毕异"。盖因万物虽异,皆

"有以同"；万物虽同，皆"有以异"也。然万物"有以同"，谓为类同可也。因此而即曰"万物一体"，是以类同为体同也，其误甚矣。异亦有四种。谓万物毕异，亦应指出其异为何种，不能混言之也。

故辩者主张"合同异"，而《墨经》则主张离同异。辩者主张"离坚白"，《墨经》则主张合坚白。所谓合坚白，即《经上》所谓"坚白不相外"，以驳公孙龙"离坚白"，即坚白必相外之说也。《公孙龙子·坚白论》谓："视不得其所坚，而得其所白者，无坚也。拊不得其所白，而得其所坚。得其坚也，无白也。……得其白，得其坚，见与不见离，见不见离，一一不相盈，故离。"《坚白论》中又述难者之言曰："目不能坚，手不能白，不可谓无坚，不可谓无白。……坚白域于石，恶乎离？""石之白，石之坚，见与不见，二与三，若广修而相盈也，其非举乎？"《墨经》所说，正彼难者之言，以为坚白相盈，不相外，同在于石。吾人视石，得白不得坚；吾人拊石，得坚不得白；然此自是吾人之知与不知耳，非关石之有无坚与白也。坚一也，白二也，因见不见离，而谓一二不相盈。然见与不见，与石之有无坚白无关。坚自在石，实如广修之纵横相涵也。《经说》所谓"不可偏去而二"也。坚白若不在一处，如白雪中之白，与坚石中之坚，坚非白，白亦非坚，坚白可谓为"相外"。若坚白石，则坚白俱"域于石"，合而同体，则坚内有白，白内有坚；《经说》上所谓"坚白之撄相尽"；所谓"坚得白，必相盈也"；是"坚白不相外也"。

六、庄子

庄子（西历纪元前369年？—前286年？）哲学中之道德二观念，与《老子》同。其对于幸福之观念，则以为凡物皆由道，而各得其德，即是凡物各有其自然之性。苟顺其自然之性，则幸福当下即是，不须外求。《庄子·逍遥游》篇，故设为极大极小之物，鲲鹏极大，蜩鸠极小。"鹏之徙于南冥也，水击三千里，抟扶摇而上者九万里，去以六月息者也。""蜩与学鸠笑之"曰："我决起而飞，抢榆枋，时则不至而控于地而已矣，奚以之九万里而南为？"此所谓"故极小大之致，以明性分之适。……苟足于其性，则虽大鹏无以自贵于小鸟，小鸟无羡于天池，而荣愿有余矣。故小大虽殊，逍遥一也"（郭象《注》）。

政治上社会上各种之制度，由庄学之观点观之，均只足以予人以痛苦。盖物之性至不相同。一物有一物所认为之好，不必强同，亦不可强同。物之不齐，宜即听其不齐，所谓以不齐齐之也，一切政治上社会上之制度，皆定一好以为行为之标准，使人从之。此是强不齐以使之齐，爱之适所以害之也。圣人作规矩准绳，制定政治上及社会上各种制度，使天下之人皆服从之。其用意虽未尝不善，其用心未尝不为爱人，然其结果则如鲁侯爱鸟，爱之适所以害之。故庄学最反对以治治天下，以为欲使天下治，则莫如以不治治之。《应帝王篇》云："汝游心于淡，合气于漠，顺物自然而无容私焉，而天下治矣。"

庄学中之社会政治哲学，主张绝对的自由，盖惟人皆有绝对的自由，乃可皆顺其自然之性而得幸福也。主张绝对的自由者，必主张绝对的平等，盖若承认人与人，物与物间，有若何彼善于此，或此善于彼者，则善者应改造不善者使归于善，而即亦不能主张凡物皆应有绝对的自由矣。庄学以为人与物皆应有绝对的自由，故亦以为凡天下之物，皆无不好，凡天下之意见，皆无不对。此庄学与佛学根本不同之处。盖佛学以为凡天下之物皆不好，凡天下之意见皆不对也。盖人之意见，万有不齐，如必执一以为是，则天下人之意见，果孰为是？正与《齐物论》所问之孰为正处、正味、正色，同一不能决定也。若不执一以为是，则天下人之意见皆是也。惟其皆是，故听其自尔，而无须辩矣。《齐物论》篇云："果且无彼是乎哉？彼是莫得其偶，谓之道枢。枢始得其环中，以应无穷。是亦一无穷，非亦一无穷也。故曰，莫若以明。"有所是则有所非，有所非则有所是；故是非乃相对待的，所谓"偶"也。若听是非之自尔而无所是非，则无偶矣。故曰："彼是莫得其偶，谓之道枢"也。"是亦一无穷，非亦一无穷"，如一环然。不与有所是非者为循环之辩论，而立于环中以听其自尔。则所谓"枢始得环中，以应无穷"也。《齐物论》篇又曰："是以圣人和之以是非，而休于天钧；是之谓两行。""天钧"者，《寓言》篇云："万物皆种也，以不同形相禅，始卒若环，莫得其伦，是谓天钧。天钧者，天倪也。""天钧""天倪"若谓万物自然之变化；"休于天钧"，即听万物之自然也。圣人对于物之互相是非，听其自尔。故其态度，即是不废是非而超过之，"是之谓两行"。

凡物皆无不好，凡意见皆无不对，此《齐物论》之宗旨也。推而言之，则一切存在之形式，亦皆无不好。所谓死者，不过吾人自一存在之形式转为别一存在之形式而已。如吾人以现在所有之存在形式为可喜，则死后吾人所得之新形式，亦未尝不可喜。《大宗师》篇曰："特犯（同逢）人之形而犹喜之。若人之形者，万化而未始有极也。其为乐可胜计耶？"知此理也，则可齐生死矣。《大宗师》篇曰："浸假而化予之左臂以为鸡，予因以求时夜。浸假而化予之右臂以为弹，予因以求鸮炙。浸假而化予之尻以为轮，以神为马，予因而乘之，岂更驾哉？且夫得者，时也（郭云："当所遇之时，世所谓得"）；失者，顺也（郭云："时不暂停，随顺而往，世谓之失"）。安时而处顺，哀乐不能入也。此古之所谓悬解也。"哀乐不能入，即以理化情也。斯宾诺莎（Spinoza）以情感为"人之束缚"（Human Bondage）。若有知识之人，知宇宙之真相，知事物之发生为必然，则遇事不动情感，不为所束缚，而得"人之自由"(Human Freedom)矣。譬如飘风坠瓦,击一小儿与一成人之头。此小儿必愤怒而恨此瓦。成人则不动情感,而所受之痛苦亦轻。盖成人之知识,知瓦落之事实之真相,故"哀乐不能入"也。《养生主》篇谓秦失谓哭老聃之死者云:"是遁天倍情,忘其所受,古者谓之遁天之刑。"死为生之天然的结果,对此而有悲痛愁苦,是"遁天倍情"也。"遁天"者必受刑,即其悲哀时所受之痛苦是也。若知"得者,时也;失者,顺也。安时而处顺",则"哀乐不能入",不受"遁天之刑"而如悬之解矣。其所以能如此者,则以理化情也。

自又一方面言之,则死生不但可齐,吾人实亦可至于无死生之地位。《田子方》篇云:"草食之兽,不疾易薮;水生之虫,不疾易水;行小变而不失其大常也。……夫天下者,万物之所一也。得其所一而同焉,则四肢百体将为尘垢,而死生终始将为昼夜,而莫之能滑,而况得丧祸福之所介乎?"《大宗师》篇云:"夫藏舟于壑,藏山于泽,谓之固矣。然而夜半有力者负之而走,昧者不知也。藏小大有宜,犹有所遁,若夫藏天下于天下,而不得所遁,是恒物之大情也……故圣人将游于物之所不得遁而皆存。善夭善老,善始善终,人犹效之,又况万物之所系而一化之所待乎?"如能以吾与宇宙合一,"得其所一而同焉",则宇宙无死生,吾亦无死生;宇宙永久,吾亦永久矣。

然若何方能使个体与宇宙合一耶?曰,在纯粹经验中,个体即可与宇宙合一。所谓纯粹经验 Pure experience 即无知识之经验。在有纯粹经验之际,经验者,对于所经验,只觉其是"如此"(詹姆士所谓"that"),而不知其是"什么"(詹姆士所谓"What")。詹姆士谓纯粹经验,即是经验之"票面价值"(face value),即是纯粹所觉,不杂以名言分别(见詹姆士《急进的经验主义》Essays in Radical Empiricism 三十九页)。佛家所谓现量,似即是此。庄学所谓真人所有之经验,即是此种。其所处之世界,亦即此种经验之世界也。《齐物论》篇云:"古之人其知有所至矣。恶乎至?有以为未始有物者,至矣尽矣,不可加矣。其次以为有物矣,而未始有封也。其次以为有封矣,而未始有是非也。是非之彰也,道之所以亏也。道之所以亏,爱之所为成。"有经验而不知有物,不知有封(即分别),不知有是非,愈不知则其经验愈纯粹。在经验之中,所经验之物,是具体的,而名之所指,是抽象的。所以名言所指,实只经验之一部。譬如"人"之名之所指,仅系人类之共同性质。至于每个具体的人之特点个性,皆所不能包括。故一有名言,似有所成而实则有所亏也。凡一切名言区别,皆是如此。故吾人宜只要经验之"票面价值",而不须杂以名言区别。

有名言区别即有成,有成即有毁。若纯粹经验,则无成与毁也。故达人不用区别,而止于纯粹经验,则庶几矣。其极境虽止而又不知其为止。至此则物虽万殊,而于吾之知识上实已无区别。至此则真可觉"天地与我并生,而万物与我为一"矣。

人至此境界,始可绝对的逍遥矣。盖一切之物,苟顺其性,虽皆可以逍遥,然一切物之活动,皆有所倚赖,即《逍遥游》篇中所谓"待"。《逍遥游》篇曰:"列子御风而行,泠然善也。旬有五日而后返。彼于致福者,未数数然也。此虽免乎行,犹有所待者也。"列子御风而行,无风则不得行,故其逍遥有待于风。推之世上一般人或必有富贵而后快,或必有名誉而后快,或必有爱情而后快。是其逍遥有待于富贵、名誉或爱情也。有所待则必得其所待,然后逍遥。故其逍遥亦为其所待所限制,而不能为绝对的。若至人既已"以死生为一条,可不可为一贯"(《德充符》篇中语)其逍遥即无所待,为无限制的,绝对的。故《逍遥游》篇曰:"若夫乘天地之正,御六气之辩,以游无穷者,彼且恶乎待哉?故曰:至人无己;神人无功;圣人无名。"(同上)"乘天地之正,御六气之辩,以游无穷者",即与宇宙合一者也。其所以能达此境界者,则因其无己,无功,无名,而尤因其无己。

此庄学中之神秘主义也。神秘主义一名词之意义,上文已详。上文谓如孟子哲学中有神秘主义,其所用以达到神秘主义的境界之方法,为以"强恕""求仁",以至于"万物皆备于我矣,反身而诚,乐莫大焉"之境界。庄学所用之方法,乃在知识方面取消一切分别,而至于"天地与我并生,而万物与我为一"之境界。此二方法,在中国哲学史中,分流并峙,颇呈奇观。不过庄学之方法,自魏晋而后,即无人再讲。而孟子之方法,则有宋明诸哲学家,为之发挥提倡,此其际遇之不同也。

七、荀子

先秦儒家最后之大师为荀子(西历纪元前298年?—前238年?)。自孟子以后,儒家中无杰出之士。至荀子而儒家壁垒,始又一新。孟子荀子俱尊孔子,而荀子对于孟子,则攻击甚力。西人谓人或生而为柏拉图,或生而为亚里士多德。詹姆士谓:哲学家,可依其气质,分为硬心的及软心的二派。柏拉图即软心派之代表;亚里士多德即硬心派之代表也。孟子乃软心的哲学家,其哲学有唯心论的倾向。荀子为硬心的哲学家,其哲学有唯物论的倾向。孟子尽性则知天,及"万物皆备于我"之言,由荀子之近于唯物论的观点视之,诚为"僻违而无类,幽隐而无说,闭约而无解"(《非十二子》篇)也。荀子攻孟子,盖二人之气质学说,本不同也。战国时儒家中有孟荀二学派之争,亦犹宋明时代道学家中有程朱、陆王二学派之争也。

孔子所言之天为主宰之天,孟子所言之天,有时为主宰之天,有时为运命之天,有时为义理之天。荀子所言之天,则为自然之天。此盖亦由于老庄之影响也。《庄子·天运》篇谓天地日月之运行，"其有机缄而不得已"，"其运转而不能自止"，即持自然主义的宇宙观者之言也。荀子之宇宙观，亦为自然主义的。"列星随旋，日月递照"，皆自然之运行；其所以然之故，圣人不求知之也。"不求知天"（《天论》）即尽人力以"自求多福"也。

孟子言义理之天，以性为天之部分；此孟子言性善之形上学的根据也。荀子所言之天，是自然之天，其中并无道德的原理，与孟子异；其言性亦与孟子正相反对。《性恶》篇曰："人之性恶，其善者伪也。"所谓性及伪者，《性恶》篇曰："不可学，不可事，而在人者谓之性。可学而能，可事而成之在人者，谓之伪。是性伪之分也。""生之所以然者谓之性。"（《正名》篇）性乃属于天者。荀子所言之天，既为自然之天，其中无理想，无道德的原理，则性中亦不能有道德的原理。道德乃人为的，即所谓伪也。《性恶》篇曰："今人之性，生而有好利焉，顺是故争夺生，而辞让亡焉。……故必将有师法之化，礼义之道，然后出于辞让，合于文理，而归于治。用此观之，然则人之性恶明矣，其善者伪也。"人性虽恶，而人人可以为善。《性恶》篇曰："途之人可以为禹，曷谓也？曰：凡禹之所以为禹者，以其为仁义法正也。然则仁义法正，有可知可能之理。然而途之人也，皆有可以知仁义法正之质，皆有可以能仁义法正之具，然则其可以为禹明矣……今使途之人，伏术为学，专心一志，思索熟察，加日悬久，积善而不息，则通于神明，参于天地矣。故圣人者，人之所积而致矣。"陈澧曰："戴东原曰：'此与性善之说，不惟不相悖，而且若相发明。'（《孟子字义疏证》）澧谓途之人可以为禹，即孟子所谓人皆可以为尧舜，但改尧舜为禹耳。如此则何必自立一说乎？"（《东塾读书记》卷三）然荀子以为人皆有可以知仁义法正之质，能仁义法正之具，孟子则以为人即有仁义法正。孟子所谓性善，乃谓人性中本有善端，人即此善端，"扩而充之"，即为尧舜。荀子谓人之性恶，乃谓人性中本无善端。但人性中虽无善端，人却有相当之聪明才力。人有此才力，若告之以"父子之义"、"君臣之正"，则亦可学而能之。积学既久，成为习惯，圣即可积而致也。途之人"皆有可以知仁义法正之质，皆有可以能仁义法正之具"，乃就人之聪明才力方面说，非谓人原有道德的性质也。人之积礼义而为君子，与其积耨耕而为农夫等同（见《儒效》篇），盖皆知识习惯方面事也。故荀子性恶之说，实与孟子性善之说不同也。

荀子曰："人之欲善者，其性恶也。"黄百家驳之云："如果性恶，安有欲为善之心乎？"（《宋元学案》卷一）观以上所说，亦可知黄百家此驳，不足以难荀子。所谓善者，礼仪文理也，仁义法正也，人本不欲此，不过不得不欲此耳。荀子曰："人伦并处，同求而异道，同欲而异知，生也。皆有可也，知愚同。所以异也，知愚分。势同而知异，行私而无祸。纵欲而不穷，则民心奋而不可说也。……无君以制臣，无上以制下。天下害生纵欲，欲恶同物，欲多而物寡，寡则必争矣。故百技所成，所以养一人也。而能不能兼技，人不能兼官。离居不相待则穷；群而无分则争。穷者，患也；争者，祸也。救患除祸，则莫若明分使群矣。……故知者为之分也。"（《富国》篇）此以功利主义说明社会国家之起源，而与一切礼教制度以理论的根据；与《墨子·尚同》篇所说同。盖人有聪明才知，知人无群之不能生存，又知人无道德之不能为群，故知者制为道德制度，而人亦受之。"故知者为之分也"，"知者"二字极可注意。盖人之为此，乃以其有知识之故，非以其性中本有道德之故也。

以同一理由，荀子论礼之起源云："礼起于何也？曰，人生而有欲；欲而不得，则不能无求；求而无度量分界，则不能不争。争则乱，乱则穷。先王恶其乱也，故制礼义以分之，以养人之欲，给人之求，使欲必不能穷乎物，物必不屈于欲，两者相持而长，是礼之所起也。"（《礼论》篇）盖荀子以为"人之性恶，其善者伪也"，故不能不注重礼以矫人之性也。

礼之用除定分以节人之欲外，又为文以饰人之情。此方面荀子言之甚精。荀子亦重功利，与墨子有相同处。但荀子对于情感之态度，与墨子大不相同。墨子以其极端的功利主义之观点，以人之许多情感为无用无意义而压抑之，其结果为荀子所谓"蔽于用而不知文"。荀子虽亦主功利，然不如墨子之极端，故亦重视情感，重用亦重文。此可于荀子论丧祭礼中见之。荀子论丧礼云："丧礼者，以生者饰死者也，大象其生以送其死也，故事死如生，事亡如存（据郝懿行校），始终一也。……故丧礼者，无它焉，明死生之义，送以哀敬而终周藏也。……事生，饰始也。送死，饰终也。终始具而孝之事毕，圣人之道备矣。"（《礼论》篇）衣衾棺椁，皆"大象其生以送其死也"，理智明知死者之已死，而情感仍望死者之犹生。于此际专依理智则不仁，专依情感则不智，故"大象其生以送其死"，则理智情感兼顾，仁而且智之道也。

荀子论祭礼云："祭者，志意思慕之情也。忠信爱敬之至矣，礼节文貌之盛矣，苟非圣人，莫之能知也。圣人明知之，君子安行之，官人以为守，百姓以成俗。其在君子以为人道也，其在百姓以为鬼事也。……卜筮视日，斋戒修涂，几筵馈荐告祝，如或飨之。物取而皆祭之，如或尝之。……哀夫敬夫，事死如事生，事亡如事存，状乎无形影，然而成文。"（《礼论》篇）因生人主观方面对死者有"志意思慕之情"，故祭之。然其所祭之对象，则"无形影"，只"如或飨之""如或尝之"而已。一方面郑重其事以祭祀，一方面又知其为"状乎无形影"；"然而成文"。丧祭礼之原始，皆起于人之迷信。荀子以其自然主义的哲学，与丧祭礼以新意义，此荀子之一大贡献也。

荀子有《正名》篇。孔子言"正名"，欲使"君君，臣臣，父父，子子"。孟子言："无父无君，是禽兽也。"孟子正人之名而排无父无君者于人之外，是亦孟子之正名主义也。不过孔孟之正名，仅从道德着想，故其正名主义，仅有伦理的兴趣，而无逻辑的兴趣。犹之苏格拉底之"以归纳法求定义"，亦原只有伦理的兴趣也。柏拉图讲概念，其伦理的兴趣，亦较其逻辑的兴趣为大。至亚里士多德始有纯讲逻辑之著作。荀子生当"辩者"正盛时代，故其所讲正名，逻辑的兴趣亦甚大。

上文谓《墨经》及《荀子·正名》篇皆拥护常识，驳辩者之说。《正名》篇所讲之知识论与《墨经》大致相同，兹不具述。

荀子对于当时诸家学说，俱有辩驳。《正名》篇更就正名之观点，将当时流行彼所认为误谬之学说，分为三科。其第一科为惑于用名以乱名者，第二科为惑于用实以乱名者，第三科为惑于用名以乱实者。

八、五行八卦

古代有所谓术数之学，注意于天人之际，以为天道人事互相影响。及乎战国，人更将此等思想加以推衍，并将其理论化，使成为一贯的宇宙观，并骋其想像之力，对于天然界及人事界，作种种推测。此等人即汉人所称为阴阳家者。此派在战国末年之首领为驺衍。驺衍有大九州之说，"以为儒者所谓中国者，于天下乃八十一分居其一分耳"（《史记·孟子荀卿列传》）。又有"五德转移"之说，其说大概以水、火、木、金、土之五行为五种天然的势力，即所谓五德也。每种势力，皆有盛衰之时。在其盛而当运之时，天道人事，皆受其支配。及其运尽而衰，则能胜而克之者，继之盛而当运。木能胜土，金能胜木，火能胜金，水能胜火，土能胜水。如是循环，无有止息。所谓"自天地剖判以来，五德转移，治各有宜"也。吾人历史上之事变，亦皆此诸天然的势力之表现，每一朝代，皆代表一"德"，其服色制度，皆受此"德"之支配焉。依此观点，则所谓天道人事，打成一片。历史乃一"神圣的喜剧（divine comedy）"，汉人之历史哲学，皆根据此观点也。

与五行说相对待者为八卦说。《易》之八卦，相传为伏羲所画。六十四卦，或云为伏羲所自重（王弼等说），或云为文王所重（司马迁等说）。卦辞爻辞，或云系文王所作（司马迁等说），或云卦辞文王作，爻辞周公作（马融等说）。"《彖》《象》《系辞》《文言》《序卦》之属十篇"，即所谓十翼者，相传皆孔子作。然此等传说，俱乏根据。商代无八卦，商人有卜而无筮。筮法乃周人所创，以替代或补助卜法者。卦及卦爻等于龟卜之兆。卦辞爻辞等于龟卜之繇辞。繇辞乃掌卜之人，视兆而占者。此等临时占辞，有时出于新造，有时亦沿用旧辞。如有与以前所卜相同之事，卜时又有与以前相同之兆，则占辞即可沿用其旧；如前无此兆，则须新造。灼龟自然的兆象，既多繁难不易辨识；而以前之占辞，又多繁难不易记忆。筮法之兴，即所以解决此种困难者。卦爻仿自兆而数有一定，每卦爻之下又系有一定之辞。筮时遇何卦何爻，即可依卦辞爻辞，引申推论。比之龟卜，实为简易（自商代无八卦以下至此，余永梁先生说，见《中央研究院历史语言研究所集刊》第一本第一分）。《周易》之名，或即由此起。因其为周人所作，故冠曰周；因其用法简易，故名曰《易》。

周人为八卦，又重之为六十四卦，以仿龟兆。其初八卦本不必有何意义，及后日益附演，八卦乃各有其所代表之事物。如《说卦》云：

"乾，天也，故称乎父；坤，地也，故称乎母。震一索而得男，故谓之长男。巽一索而得女，故谓之长女。坎再索而得男，故谓之中男。离再索而得女，故谓之中女。艮三索而得男，故谓之少男。兑三索而得女，故谓之少女。乾为天，为圆，为君，为父。……坤为地，为母。……震为雷。……巽为木，为风。……坎为水，为月。……离为火，为日……艮为山。……兑为泽。……"

《说卦》《序卦》《杂卦》三篇，在所谓十翼中，尤为晚出。然据《左传》《国语》所记，春秋时人亦已以乾为天，坤为土，巽为风（见《左传》庄公二十二年），离为火，艮为山（见《左传》昭公十五年），震为雷，坎为水（见《国语·晋语》）。又以震为长男，坤为母（同上）。可见《说卦》所说，亦本前人所已言者而整齐排比之耳。八卦已有此诸种意义时，讲《周易》者之宇宙论，系以个人生命之来源为根据，而类推及其他事物之来源。《易·系辞》云："天地䌓缊，万物化醇；男女构精，万物化生。"男女交合而生人，为类推而以为宇宙间亦有二原理。其男性的原理为阳，其卦为乾；其女性的原理为阴，其卦为坤；而天地乃其具体的代表。乾坤相交：乾一之坤为震，为长男，而雷为其具体的代表；坤一之乾为巽，为长女，而风为其具体的代表；乾二之坤为坎，为中男，而水为其具体的代表；坤二之乾为离，为中女，而火为其具体的代表；乾三之坤为艮，为少男，而山为其具体的代表；坤三之乾为兑，为少女，而泽为其具体的代表。总之，宇宙间之最大者为天地，天上之最惹人注意者为日月风雷，地上之最惹人注意者为山泽，人生之最切用者为水火，古人以此数者为宇宙之根本，于是以八卦配之；而又依人间父母子女之关系，而推定其间之关系焉。

此以八卦所代表者为宇宙之根本。此八卦说，与前所述之五行说，在先秦似为两独立的系统。其时讲五行者不讲八卦，讲八卦者不讲五行。至汉，此二说始相混合。汉人称驺衍为阴阳家。其实阴阳乃八卦说之系统中所讲，驺衍等不讲八卦也。

所谓十翼，盖战国秦汉时人就《易》推衍之著作。其中之宇宙论皆以个人生命之来源为根据，类推万物之来源。以"男女构精，万物化生"之事实，类推而定为"天地絪缊，万物化醇"之原理。"天施地生，其益无方"（《益·彖》），天地即乾坤阴阳之具体代表也。此二原理，一刚一柔，一施一受，一为万物之所"资始"，一为万物之所"资生"（《彖辞》）。"夫乾，其静也专，其动也直"；"夫坤，其静也翕，其动也辟"。"阖户谓之坤，辟户谓之乾"（《系辞》上）。皆根据男女两性对于生殖之活动，以说明乾坤。

因乾坤之交感，而乃有万物，而乃有发展变化。《系辞》上云："阖户谓之坤；辟户谓之乾；一阖一辟谓之变；往来不穷谓之通。"宇宙间诸事物时时革新，时时变化，所谓"日新之谓盛德"（《系辞》上）也。宇宙间诸事物之变化，皆依一定之秩序，永久进行。故云："天地以顺动，故日月不过，而四时不忒。"（《豫·彖》）"天地之道，恒久而不已也。利有攸往，终则有始也。日月得天而能久照，四时变化而能久成。……观其所恒，而天地万物之情可见矣。"（《恒·彖》）惟其如此，故宇宙演化，永无止期，故《序卦》云："物不可以终穷也，故受之以未济终焉。"

宇宙间事物时时变化。其变化是循环的，故云："无往不复，天地际也。"（《泰·象》）"反复其道，七日来复。……复其见天地之心乎！"（《复·彖》）"日往则月来，月往则日来，日月相推，而明生焉。寒往则暑来，暑往则寒来，寒暑相推，而岁成焉。往者，屈也；来者，信也；屈信相感而利生焉。"（《系辞》下）"反复其道"，"无往不复"，宇宙间事物之"往来""屈信"，皆如日月寒暑之循环往来，此所谓"复"。此为宇宙间事物变化所依之一大通则。故曰："复，其见天地之心乎！"

惟其如此，所以宇宙间任何事物，若发展至一定程度，则即变而为其反面。"日中则昃，月盈则食"。故乾卦六爻，以九五为最善。至于乾之上九，则为"亢龙有悔"，有"穷之灾"矣。孔子于此云："亢之为言也，知进而不知退，知存而不知亡，知得而不知丧。其唯圣人乎！知进退存亡而不失其正者，其惟圣人乎！""物极必反"，此《易》理，亦《老子》所持之理也。依《序卦》所解释，六十四卦之次序，亦表示物极必反之义。故相反之卦，常在一处。昔人谓《易》《老》相通，盖就此等处说也。

汉代阴阳家之言最盛。依当时经师之说，则阴阳五行，为天道运行之支配者。如董仲舒（西历纪元前179年？—前104年？）论五行云："五行之随，各如其序；五行之官，各致其能。是故木居东方而主春气；火居南方而主夏气；金居西方而主秋气；水居北方而主冬气。是故木主生而金主杀；火主暑而水主寒……土居中央，谓之天润。土者，天之股肱也。其德茂美，不可名以一时之事，故五行而四时者，土兼之也。"（《春秋繁露·五行之义》）木，火，金，水，各主四时之一气，而土居中以策应之。因四时之气，代为盛衰，所以有四时之循环变化；四时之气之所以代为盛衰，则因有阴阳以使之然。董仲舒曰："如金木水火，各奉其所主，以从阴阳，相与一力而并功。其实非独阴阳也，然而阴阳因之以起助其所主。故少阳因木而起助，春之生也。太阳因火而起助，夏之养也。少阴因金而起助，秋之成也。太阴因冬而起助，冬之藏也。"（同上《天辨在人》）故四时之变化，实因阴阳消长流动之所致也。阳盛则助木火为春夏，而万物生长；阴盛则助金水为秋冬，而万物收藏。

阴阳五行不惟为天道运行之支配者，并为人事界中各种制度道德所取法。如对于社会伦理，董仲舒有三纲五纪之说（见《深察名号》篇）。所谓三纲者，董仲舒曰："君臣父子夫妇之义，皆取诸阴阳之道。君为阳，臣为阴。父为阳，子为阴。夫为阳，妻为阴。……仁义制度之数，尽取之天。天为君而覆露之，地为臣而持载之。阳为夫而生之，阴为妇而助之。春为父而生之，夏为子而养之。王道之三纲，可求于天。"（《基义》）此于儒家所说人伦之中，特别提出三伦为纲。而"君为臣纲，父为子纲，夫为妻纲"之说，在中国社会伦理上，尤有势力。依向来之传统的见解，批评人物，多注意于其"忠孝大节"：若大节有亏，则其余皆不足观。至于批评妇人，则只多注意于贞节问题，即其对于夫妇一伦之行为。"饿死事小，失节事大"，苟一失节，则一切皆不足论矣。"君为臣纲，父为子纲，夫为妻纲"，于是臣、子、妻，即成为君、父、夫之附属品。董仲舒以为"君臣父子夫妇之义，皆取诸阴阳之道"。盖《易》本以当时君臣、男女、父子之关系，类推以说阴阳之关系；及阴阳之关系如彼所说，而当时君臣、男女、父子之关系，乃更见其合理矣。《白虎通义》更引申以为社会上一切制度，皆取法于五行。《白虎通义》曰："行有五，时有四，何？四时为时，五行为节。故木王即谓之春，金王即谓之秋，土尊不任职，君不居部，故时有四也。子不肯禅何法？法四时火不兴土而兴金也。父死子继何法？法木终火王也。兄死弟及何法？夏之承春也。"（《白虎通义·五行》）

《易》学中之象数一派，亦发达于汉，如《易纬》中所讲之易理，即宋儒所谓"象数之学"之发端。《左传》僖公十五年，韩简曰："龟，象也；筮，数也。物生而后有象，象而后有滋，滋而后有数。"此谓先有物而后有象，有象而后有数，此乃与常识相合之说。上所讲《易》亦言象，如《系辞》云："八卦成列，象在其中矣。""以制器者尚其象。"亦言数，如云："天一，地二，天三，地四，天五，地六，天七，地八，天九，地十。"但彼系以为有物而后有象。八卦之象，乃伏羲仰观俯察所得。既有此象，人乃取之以制器。故象虽在人为的物之先，而实在天然的物之后也。此后八卦之地位日益高。讲《易》者，渐以为先有数，后有象，最后有物。此点汉人尚未明言，至宋儒始明言之。故所谓象数之学，发达于汉，而大成于宋。

所谓象数之学，初视之似为一大堆迷信，然其用意，亦在于对于宇宙及其中各方面之事物，作一有系统的解释。其注重"数""象"，与希腊之毕达哥拉斯学派，极多相同之点。毕氏举出各种物之数，并以小石排为某种形式以表示之。所谓"以数入象"。中国易学之讲"象""数"，正是如此。毕氏以为天是一个和声，在天文与音乐中，最可见数之功用。中国自汉以后讲律吕与历法者，皆以《易》之"数"为本。此仅举中国易学与毕氏学派大端相同之点，然即此亦足令人惊异矣。

阴阳家之学，虽杂有许多迷信，而中国科学萌芽，则多在其中。盖阴阳家之主要的动机，在于立一整个的系统，以包罗宇宙之万象而解释之。其方法虽误，其知识虽疏，然其欲将宇宙间诸事物系统化，欲知宇宙间诸事物之所以然，则固有科学之精神也。秦汉之政治，统一中国，秦汉之学术，亦欲统一宇宙。盖秦汉之统一，为中国以前未有之局。其时人觉此尚可能，他有何不可能者。故其在各面使事物整齐化，系统化之努力，可谓几于热狂。吾人必知汉人之环境，然后能明汉人之伟大。上文谓中国之讲历法音乐者，大都皆用阴阳家言。此外如讲医学及算学者亦多用阴阳家言。试观《黄帝内经》及《周髀算经》等书，即可知之。阴阳家在此各方面之势力，直至最近，始渐消失。

九、佛教、道教与道学

及乎魏晋，道家之学又盛。盖古代思想中之最与术数无关者为道家。汉代阴阳家与儒家混合，盛行一时。其反动即为魏晋时代道家之复兴。南北朝时人以《老》《庄》《易》为三玄，故讲此方面之学，有玄学之称。

南北朝时，中国思想界又有新分子加入。盖于是时佛教思想有系统地输入。而中国人对之，亦能有甚深了解。隋唐之时，中国之第一流思想家，皆为佛学家。佛学本为印度之产物，但中国人讲之，多将其加入中国人思想之倾向，以使成为中国的佛学。所谓中国人思想之倾向者，可分数点论之。

（一）原来之佛学中，派别虽多，然其大体之倾向，则在于说明"诸行无常，诸法无我"。所谓外界，乃系心现，虚妄不实，所谓空也。中国人对于世界之见解，皆为实在论。即以为吾人主观之外，实有客观的外界。谓外界必依吾人之心始有存在，在中国人视之，乃非常可怪之论。故中国人之讲佛学者，多与佛学所谓空者以一种解释，使外界为"不真空"（用僧肇语）。

（二）"诸行无常，诸法无我，涅槃寂静"，乃佛教中之"三法印"。涅槃译言圆寂，佛之最高境界，乃永寂不动者。但中国人又最注重人之活动。儒家所说人之最高境界，亦即在活动中。如《易》乾《象辞》所说"天行健，君子以自强不息"，即教人于活动中求最高境界也。即庄学最富有出世色彩，然其理想中之真人至人，亦非无活动者。故中国人之讲佛学者，多以为佛之境界，非永寂不动。佛之净心，亦能"繁兴大用"。虽"不为世染"，而亦"不为寂滞"（《大乘止观法门》语）。所谓"寂而恒照，照而恒寂"（僧肇语）也。

（三）印度社会中阶级之分甚严。故佛学中有一部分谓，有一种人无有佛性，永不能成佛。但中国人以为"人皆可以为尧舜"。即荀子以为人之性恶，亦以为"途之人可以为禹"。故中国之讲佛学者，多以为人人皆有佛性，甚至草木亦有佛性。又佛教中有轮回之说。一生物此生所有修行之成就，即为来生继续修行之根基。如此历劫修行，积渐始能成佛。如此说则并世之人，其成佛之可能，均不相同。但中国人所说

"人皆可以为尧舜"之义,乃谓人人皆于此生可为尧舜。无论何人,苟"服尧之服,行尧之行,言尧之言",皆即是尧。而人之可以为此,又皆有其自由意志也。故中国人之讲佛学者,又为"顿悟成佛"(道生语)之说。以为无论何人,"一念相应,便成正觉"(神会语)。

凡此诸倾向,非为印度之佛学家所必无有;但中国之佛学家则多就诸方面发挥也。中国佛学家就此诸方面发挥,即成为天台、华严、禅诸新宗派,盛行于隋唐。

佛学与中国原有之儒家之学之融合,即成为宋明之道学。道学虽盛于宋明,而在唐代已发其端。如韩愈(西历824年卒)作《原道》,极推尊孟子,以为得孔子之正传。此为宋明以来之传统的见解,而韩愈倡之。周秦之际,儒家中孟荀二派并峙。西汉时荀学为盛。仅扬雄对孟子有相当的推崇,此后直至韩愈,无有力的后继。韩愈一倡,此说大行。而《孟子》一书,遂为宋明道学家所根据之重要典籍焉。盖因孟子之学,本有神秘主义之倾向,其谈心谈性,谈"万物皆备于我,反身而诚",以及"养心""寡欲"之修养方法,可认为可与佛学中所讨论,当时人所认为有兴趣之问题,作相当的解答。故如在儒家典籍中,求与当时人所认为有兴趣之问题有关之书,《孟子》一书,实其选也。

韩愈于《原道》又特引《大学》。《大学》本为《礼记》中之一篇,自汉以后至唐,无特别称道之者。韩愈以其中有"明明德""正心""诚意"之说,亦可认为与当时所认为有兴趣之问题有关,故特提出,而又指出"古之所谓正心而诚意者,将以有为也,今也治其心而外天下国家",以见儒佛虽同一"治心"而用意不同,结果亦异。此后至宋明,《大学》遂亦为宋明道学家所根据之重要典籍焉。韩愈提出"道"字,又为道统之说。此说孟子本已略言之,经韩愈提倡,宋明道学家皆持之,而宋明道学家亦有道学家之名。由此三点言之,韩愈实可谓宋明道学家之先河也。

与韩愈同时，又有李翱。李翱作《复性书》，其中可注意之点甚多，略举之，则有：

（一）《中庸》本为《礼记》中一篇，《复性书》中特别提出之。此后《中庸》遂为宋明道学家所根据之重要典籍。《易·系辞传》亦特别提出，后亦为宋明道学家所根据之重要典籍。（二）礼乐之功用，在原来儒家之学中，本所以使人之欲望与感情，皆发而有节而得中。《复性书》则谓系"所以教人忘嗜欲而归性命之道"。礼乐之意义，在原来儒家之学中，系伦理的。在此则系宗教的，或神秘的。即在原来儒家之学中，礼乐乃所以养成道德完全之人格；在此则礼乐乃所以使人得到其所谓"诚"之一种方法也。（三）《复性书》谓："性命之书虽存，学者莫能明，是故皆入于庄列老释。不知者谓夫子之徒不足以穷性命之道，信之者皆是也。"此言可总代表宋明道学家讲学之动机。宋明道学家皆认为当时所认为有兴趣的问题，在儒家典籍中，亦可得相当的解答。宋明道学家皆在儒家典籍中寻求当时所认为有兴趣的问题之解答者也。李翱及宋明道学家所说之圣人，皆非伦理的，而为宗教的或神秘的。盖其所说之圣人，非只如孟子所说之"人伦之至"之人，而乃是以尽人伦，行礼乐，以达到其修养至高之境界，即与宇宙合一之境界。盖如何乃能成佛，乃当时所认为有兴趣的问题。李翱及宋明道学家之学，皆欲与此问题以儒家的答案，欲使人以儒家的方法成儒家的佛也。

及乎北宋，此种融合儒释之新儒学，又有道教中一部分之思想加入。此为构成道学之一新成分。西汉之际，阴阳家之言，混入儒家。此混合产品，即董仲舒等今文经学家之学说。及玄学家起，阴阳家之言，一时为所压倒。但同时阴阳家言即又挟儒家一部分之经典，附会入道家之学说，而成所谓道教。阴阳家言，可以与道家学说混合，似系奇事。

然《老子》之书，言辞过简，本可予以种种的解释。其中又有"善摄生者，陆行不避兕虎"，"死而不亡者寿"，"深根固蒂，长生久视之道"等言，更可与讲长生不死者以附会之机会。以阴阳家之宇宙观，加入此等希望长生之人生观，并以阴阳家对于宇宙间事物之解释，作为求长生方法之理论，即成所谓道教。自东汉之末，道教大兴。在南北朝隋唐，道教与佛教立于对等地位，且时互为盛衰。

上述《纬书》中之《易》说，亦附在道教中，传授不绝。及北宋而此种《易》说，又为人引入道学中，即所谓象数之学是也。刘牧《易数钩隐图序》云："象者，形上之应。原其本则形由象生，象由数设。舍其数则无以见四象所由之宗矣。""形由象生；象由数设。"天下之物皆形也。有数而后有象，有象而后有形。数为最根本的。上述《易纬》中之《易》说，虽亦有此倾向，然此倾向至此得有明白的表示。

上文谓阴阳家之学，有科学之成分。

道教中之思想，亦有可注意者，则道教中至少有一部分人，以为其所作为，乃欲战胜天然。盖有生则有死，乃天然的程序，今欲不死，是逆天而行也。葛洪曰："夫陶冶造化，莫灵于人。故达其浅者，则能役使万物；得其深者，则能长生久视。"(《抱朴子》卷三)俞琰曰："盖人在天地间，不过天地间一物耳。以其灵于物，故特谓之人，岂能与天地并哉？若夫窃天地之机，以修成金液大丹，则与天地相为终始，乃谓之真人。"(《周易参同契发挥》卷三)又引《翠虚篇》云："每当天地交合时，夺取阴阳造化机。"(同上，卷五)

"窃天地之机"，"夺取阴阳造化机"，"役使万物"，以为吾用，以达吾之目的。此其注重权力之意，亦可谓为有科学精神。尝谓科学有二方面，一方面注重确切，一方面注重权力。惟对事物有确切的知识，故能有统治之之权力。道教欲统治天然，而对于天然，无确切的知识

（虽彼自以为有确切的知识），故其对于宇宙事物之解释，不免为神话；其所用以统治事物之方法，不免为魔术。然魔术尝为科学之先驱矣。Alchemy为化学之先驱，而道教中炼外丹者，所讲黄白之术（即炼别种物质为金银之术）即中国之Alchemy也。

十、周濂溪、邵康节

引道教中之思想入道学者，周濂溪、邵康节其尤著者也。周濂溪，名敦颐（西历1073年卒），作《太极图说》（其图略[注]）。

《太极图说》云："无极而太极。太极动而生阳，动极而静，静而生阴。静极复动。一动一静，互为其根。分阴分阳，两仪立焉。阳变阴合而生水火木金土，五气顺布，四时行焉。五行一阴阳也，阴阳一太极也，太极本无极也。五行之生也，各一其性。无极之真，二五之精，妙合而凝。乾道成男，坤道成女。二气交感，化生万物。万物生生，而变化无穷焉。惟人也，得其秀而最灵。形既生矣，神发知矣。五性感动，而善恶分，万事出矣。圣人定之以中正仁义（自注：圣人之道仁义中正而已矣）而主静（自注：无欲故静），立人极焉。"（全集卷一）《易·系辞》云："易有太极，是生两仪，两仪生四象，四象生八卦，八卦定吉凶，吉凶生大业。"此图前段用太极生两仪之说，后则不用八卦而用五行。虽图说末尾赞《易》，而此图则非根据于《易》也。周濂溪盖取道士所用以讲修炼之图，而与之以新解释，新意义。此图说为宋明道学中有系统著作之一，宋明道学家讲宇宙发生论者，多就此推衍。

濂溪之太极图，即其象学也。濂溪有象学而无数学。康节则兼有

[注] 即《中国哲学史》下册第十一章第一图，见本卷第二三六页。——编者注。

象学及数学。康节名雍（西历1077年卒）。其宇宙论，大概亦即上所引《系辞》推衍，而又以图象明之。蔡元定《经世指要》中有经世衍易图：

此图有三层，看第二层（即中层）时，须连第一层（即右层）观之。如"阳"之"—"，合"动"右之"—"为"⚌"，此即阳之象也。"阴"右之"--"，合"动"右之"—"为"⚎"，此即阴之象也。看第三层（即左层）时，须连第二层、第一层观之。如第三层"太阳"右之"—"，合第二层"阳"右之"—"及第一层"动"右之"—"，即为一乾卦☰，乾即太阳之象也。如第三层"太阴"右之"--"，合第二层"阳"右之"—"及第一层"动"右之"—"，即成一兑卦☱，兑即太阴之象也。第三层"少阳"右之"—"合第二层"阴"右之"--"及第一层"动"右之"—"，即成一离卦☲，离即少阳之象也。如是八卦之次序：乾一，兑二，离三，震四，巽五，坎六，艮七，坤八。

康节云："太极不动，性也。发则神，神则数，数则象，象则器。器之变，复归于神也。"（《观物外篇》下）太极不动，是性也。发而为动静，是神也。代表两仪之—及--，及四象之⚌ ⚍ ⚎ ⚏，及八卦之☰ ☱ ☲ ☳ ☴ ☵ ☶ ☷，是象也。一、二、四、八等，是数也。天、地、日、月、土、石等，是器也。康节云："神无方而易无体。滞于一方，则不能变化，非神也。有定体则不能变通，非易也。易虽有体，体者象也。假象以见体，而本无体也。"（《观物外篇》下）"器"即具体的事物，即所谓物也。"器"与"神"不同之处，其一即是"器"是决定的。如，此物既是此物，即不能是彼物，所谓"滞于一方"之"定体"也。故易只言象，"假象以见体"。盖象为公式，而具体的事物，则依此等公式以生长进行者也。康节所说之图，皆所以表示事物生长进行之公式者也。

"一分为二，二分为四，四分为八，八分为十六，十六分为三十二，三十二分为六十四。"（《观物外篇》上）此数也。一至八之数

太阳 —	阳 —	
太阴 --		动 —
少阳 —	阴 --	
少阴 --		
少刚 —	刚 —	
少柔 --		静 --
太刚 —	柔 --	
太柔 --		

所生之象，即上图所表示。八至六十四所生之象，若以图表示之，即为六十四卦次序之图（图略）。[注一]若将六十四卦次序图横排之六十四卦，自中间断之，复将此两半各折成半圆，更将两半圆合为一圆，即得六十四卦圆图方位图（图略）。[注二]

此圆图为一切事物生长进行之公式。如就一年四时之变化而言，则六十四卦圆图中"复"之初爻，为一阳生，即冬至夜半子时也。阳东行至南方之"乾"，即于时为夏。此时阳极盛，而阴亦即生矣。此图中"姤"之初爻，即为一阴生，于时即夏至也。阴西行至北方之"坤"，即于时为冬。此时阴极盛，而阳亦即又生矣。此即汉人所为卦气之说，而汉人所说十二辟卦，亦恰皆依序排列。所谓十二辟卦者，《易纬·稽览图》以"复""临""泰""大壮""夬""乾""姤""遁""否""观""剥""坤"十二卦为十二月主卦，称"天子卦"，亦称"辟卦"，"辟"亦"君"也。所以以此十二卦为十二月之主卦者，六十四卦中，上五爻皆阴，独下一爻为阳者为"复卦"䷗；上四爻皆阴，下二爻皆阳者为"临

[注一] 即《中国哲学史》下册第十一章第四图，见本卷第二四六页。
　　——编者注

[注二] 即《中国哲学史》下册第十一章第六图，见本卷第二四七页。
　　——编者注

卦"☷；上三爻皆阴，下三爻皆阳者为"泰卦"䷊；上二爻皆阴，下四爻皆阳者为"大壮卦"䷡；上一爻为阴，下五爻皆阳者为"夬卦"䷪；六爻皆阳者为"乾卦"䷀；上五爻皆阳，下一爻为阴者为"姤卦"䷫；上四爻皆阳，下二爻皆阴者为"遁卦"䷠；上三爻皆阳，下三爻皆阴者为"否卦"䷋；上二爻皆阳，下四爻皆阴者为"观卦"䷓：上一爻为阳，下五爻皆阴者为"剥卦"䷖；六爻皆阴者为"坤卦"䷁。若以此十二卦分配于十二月：以复卦当一月，以乾卦当四月，以姤卦当六月，以坤卦当十月，则十二月中阴阳盛衰之象，显然可见。故以此十二卦为辟卦，表示一年中阴阳消长之象。就一事物之成毁言，以一花为例，"复"为花之始欲开，"乾"为盛开，"姤"为花之始谢，而"坤"则为花之谢。一切事物有成即有毁，有盛即有衰，皆依此公式进行也。

十一、张横渠及二程

与周、邵同时而略后者，有张横渠及程明道、程伊川兄弟。横渠名载（西历1077年卒），其学以气为万物之本体。在其散而未聚之状态中，此气即所谓太虚。故横渠谓："太虚无形，气之本体。"（《正蒙·太和》）又云："气之聚散于太虚，犹冰凝释于水。知太虚即气则无无。"（同上）吾人所见空若无物之太虚，实非无物，不过气散而未聚耳，无所谓无也。故曰："知太虚即气则无无。"气中所"涵浮沉升降动静相感之性"（《太和》），简言之，即阴阳二性也。一气之中，有此二性，故横渠云："一物两体，气也。一故神，两故化。"（《正蒙·参两篇》）一气之中，有阴阳二性，故为"一物两体"。当其为"一"之时，"则清通而不可象为神"（《太和》）。所谓"一故神"也。因其中有阴阳此二性,故"生絪缊相荡,胜负屈伸之始"(《太和》)。絪缊相荡,即二性之表现也。"二"既表现,则絪缊相荡,聚而为万物。所谓"两故化"也。横渠又云:"气坱然太虚,升降飞扬,未尝止息,《易》所谓絪缊,庄生所谓生物以息相吹野马者欤?此虚实动静之机,阴阳刚柔之始。浮而上者阳之清,降而下者阴之浊。其感遇聚散,为风雨,为雪霜。万品之流形,山川之融结,糟粕煨烬,无非教也。"(同上)气中有阴阳可相感之二性,故气即不能停于太虚之状态中,而"升降飞扬,未尝止息"。其涵有二性之气,"絪缊相荡",或胜或负,或屈或伸。如其聚合,则即能为吾人所见而为物。气聚即物成,气散即物毁。横渠云:"气聚则离明得施而有形。气不聚则离明不得施而无形。方其聚也,安得不谓之客?方其散也,安得遽谓之无?故圣人仰观俯察,但云知幽明之故,不云知有无之故。"(同上)离为目,离明得施者,即吾人目之明所能见者。气聚则能为吾人所见而为有形;气散则不能为吾人所见而为无形。气聚为万物;万物乃气聚之现象。以气聚散不定,故谓之为"客形"。所谓"太虚无形,气之本体,其聚其散,变化之客形尔"(同上)。横渠之伦理学,或其所讲修养之方法,注重于除我与非我之界限而使个体与宇宙合一。横渠云:"大其心则能体天下之物。物有未体,则心为有外。世人之心,止于闻见之狭。圣人尽性,不以闻见梏其心。其视天下,无一物非我。孟子谓尽心则知性知天以此。天大无外,故有外之心,不足以名天心。"(《正蒙·大心篇》)以个体之我为我,其余为非我,即"以闻见梏其心"者也。圣人破除此梏,以天下之物与己为一体,即"能体天下之物"者也。"其视天下,无一物非我",即破除我与非我之界限,以我及其余之非我为一,亦即以全宇宙为一大我。天大无外;我之修养若至此境界,则我与天合而为一矣。横渠又云:"性者,万物之一源,非有我之得私也。惟大人为能尽其道。是故立必俱立,知必周知,爱必兼爱，成不独成，彼自蔽塞而不知顺吾理者，则亦未如之何矣。"（《正蒙·诚明篇》）此以"爱之事业"之工夫，破除"我"之蔽塞，而达到万物一体之境界。盖就孟子哲学中神秘主义之倾向，加以推衍也。《正蒙·乾称篇》中有一段，后人所称为《西铭》者，亦发挥此旨。

明道名颢（西历1086年卒），伊川名颐（西历1108年卒），兄弟二人之学说，旧日多视为一家之学。但二人之学，开此后宋明道学家所谓程朱、陆王之二派，亦可称为理学、心学之二派。程伊川为程朱一派之中坚人物，而程明道则陆王一派之先驱也。理学、心学之哲学的系统及其所以不同，当于下文中述之，兹仅就修养方法方面述二程之不同。

明道以为吾人实本来与天地万物为一体。不过吾人多执个体以为我，遂将我与世界分开。吾人修养之目的，即在于破除此界限而回复于万物一体之境界。明道云："医书言手足痿痹为不仁；此言最善名状。仁者以天地万物为一体，莫非己也。认得为己，何所不至。若不有诸己，自不与己相干。如手足不仁，气已不贯，皆不属己。故博施济众，乃圣人之功用。"（《遗书》卷二上）宇宙乃一生之大流，乃一大仁。人之有仁之德者，即能以天地万物为一体者也。至所以达此境界之方法，明道云："学者须先识仁，仁者浑然与物同体，义礼智信皆仁也。识得此理，以诚敬存之而已；不须防检，不须穷索。……此道与物无对，大不足以明之。天地之用，皆我之用。孟子言万物皆备于我，须反身而诚，乃为大乐。若反身未诚，则犹是二物有对，以己合彼，终未有之，又安得乐？……必有事焉，而勿正，心勿忘，勿助长，未尝致纤毫之力，此其存之之道。……此理至约，惟患不能守。既能体之而乐，亦不患不能守也。"（《遗书》卷二上）吾人但知天地万物本与我为一体，"识得此理"之后，即常记而不忘。一切行事，皆本此心作之。此即所谓以"诚敬存之"，亦即所谓"必有事焉"。只此久而久之，自可达到万物一体之境界。此外更不必防检，不必穷索。再有防检穷索，即是"助长"。有心求速效之心仍是私心，仍须除之。只"必有事焉"，勿忘之，亦勿助之。此外不致纤毫之力。久之自能达到万物一体之境界。此实"至约"之方法也。

行此工夫之久，心空虚如明镜。一物之来，其形容状态，镜中之影，各如其状。镜虽不废照物，而其本身不动。吾人之心之应外物，亦应如此。明道《答张横渠书》云："夫天地之常，以其心普万物而无心；圣人之常，以其情顺万物而无情。故君子之学，莫若廓然而大公，物来而顺应。……人之情各有所蔽，故不能适道，大率患在于自私而用智。自私则不能以有为为应迹；用智则不能以明觉为自然。……圣人之喜，以物之当喜；圣人之怒，以物之当怒；是圣人之喜怒，不系于心，而系于物也。"（《明道文集》卷三）

庄子谓："至人之用心若镜，不将不迎，应而不藏，故能胜物而不伤。"道学家亦谓吾人之"用心"应如此。不过道家心所应之物，不包情感在内。道家应付情感之方法，乃以理化情，圣人无情感。道学家主张情感可有，但吾人有情感之时，应以情感为非我有。见可喜可恶之事，圣人亦有喜怒之情感。但非圣人喜怒，乃其事可喜可怒也。惟其如此，故其事既过去，圣人喜怒之情感亦亡。此颜回所以能不迁怒也。若常人则自有其怒，故可怒之事既去，而仍有怒心，见不可怒者亦怒之。此所谓迁怒也。其所以迁怒，即因其不能"情顺万物而无情"也。

伊川所说之修养法，注重穷理。伊川云："涵养须用敬，进学则在致知。"（《遗书》卷十八）涵养须用敬，明道亦如此说。但明道须先"识得此理"，然后以诚敬存之。此即后来陆王一派所说"先立乎其大者"者也。伊川则一方面用敬涵养，勿使非僻之心生，一方面须今日格一物，明日格一物，以求"脱然自有贯通处"（《遗书》卷十八）。此说朱子发挥之。当于下文，更加详论。今所须注意者，即以后道学家中所谓程朱、陆王二大派，实以程氏弟兄分启其端。

十二、朱子

朱子名熹（西历1200年卒），其学系以周濂溪之《太极图说》为骨干，而以康节所讲之数，横渠所说之气，及程氏弟兄所说形上形下及理气之分融合之。故朱子之学，可谓集其以前道学家之大成也。关于形上之道与形下之器之分，朱子云："凡有形有象者，即器也；所以为是器之理者，则道也。"（《与陆子静书》，《文集》卷三十六）所谓道，即指抽象的原理或概念；所谓器，即指具体的事物。故朱子云："形而上者，无形无影是此理。形而下者，有情有状是此器。"（《语类》卷九十五）又云："无极而太极，不是说有个物事，光辉辉地在那里。当初皆无一物，只有此理而已。……惟其理有许多，故物有许多。"（《语类》卷九十四）以现在哲学中之术语言之，则所谓形而上者，超时空而潜存（subsist）者也；所谓形而下者，在时空而存在（exist）者也。超时空者，无形象可见。故所谓太极，"不是说有个物事，光辉辉地在那里"。此所谓"无极而太极"也。朱子云："无极而太极，只是说无形而有理。"（《语类》卷九十四）

"惟其理有许多，故物有许多。"无此理则不能有此物也。朱子云："做出那事，便是这里有那理。凡天地生出那物，便是那里有那理。"（《语类》卷一一〇）不仅天然之物各有其理，即人为之物亦各有其理。朱子云："天下无性外之物。阶砖便有砖之理。竹椅便有竹椅之理。"（《语类》卷四）天下之物，无论其是天然的或人为的，皆有其所以然之理；其理并在其物之先。朱子云："若在理上看，则虽未有物而已有物之理。然亦但有其理而已，未尝实有是物也。"(《答刘叔文》，《文集》卷四十六）如尚未有舟车之时，舟车之理或舟车之概念已先在。然其时只有概念而无实例，所谓"但有其理而已，未尝实有是物也"。所谓发明舟车，不过发现舟车之理而依之以做出实际的舟车，即舟车之概念之实例而已。故凡可能有之物，无论其是天然的或人为的，在形而上之理世界中，本已具有其理。故形而上之理世界，实已极完全之世界也。

一事物之理，即其事物之最完全的形式，亦即其事物之最高的标准；此所谓极也。《语类》云："事事物物，皆有个极，是道理极至。蒋元进曰：'如君之仁，臣之敬，便是极。'先生曰：'此是一事一物之极。总天地万物之理，便是太极。太极本无此名，只是个表德。'"(《语类》卷九十四）太极即天地万物之理之总和，而亦即天地万物之最高标准也。朱子云："太极只是个极好至善的道理。……周子所谓太极，是天地人物万善至好的表德。"(《语类》卷九十四）

由此而言，则太极即如柏拉图所谓好之概念，亚里士多德所谓上帝也。

每一事物，不但具有此事物之所以然之理；其中且具太极之全体。朱子云："人人有一太极，物物有一太极。"(《语类》卷九十四）又云："盖统体是一太极。然又一物各具一太极。"(《语类》卷九十四）

由此而言，则一切事物中，除其自己之所以然之理外，且具太极，即一切理之全体。太极在一切物中，亦"不是割成片去，只如月印万川相似"(《语类》卷九十四）。此与华严宗所谓因陀罗网境界之说相似。朱子想亦受其说之影响。不过彼所谓因陀罗网境界，乃谓一具体的事物中，含有一切具体的事物；所谓"一即一切，一切即一"。此则谓一具体的事物，具有一太极，即一切事物之理。一切事物之理，并非一切事物也。

形而上之理世界中只有理。至于此形而下之具体的世界之构成，则赖于气。理即如希腊哲学中所说之形式（Form），气即如希腊哲学所说之材质（Matter）也。朱子云："天地之间，有理有气。理也者，形而上之道也，生物之本也；气也者，形而下之器也，生物之具也。是以人物之生，必禀此理，然后有性；必禀此气，然后有形。"（《答黄道夫书》，《文集》卷五十八）又云："盖气则能凝结造作；理无情意，无计度，无造作。只此气凝聚处，理便在其中。且如天地间人物草木鸟兽，其生也莫不有种，定不会无种子白地生出一个物事。这个都是气。若理则只是个净洁空阔的世界，无形迹，他却不会造作。气则酝酿凝聚生物也。"（《语类》卷一）理世界为一"无形迹"之"净洁空阔的世界"。理在其中，"无情意，无计度，无造作"。此其所以为超时空而永久（Eternal）也。此具体的世界为气所造作。气之造作，必依理。如人以砖瓦木石建造一房。砖瓦木石虽为必须，然亦必须先有房之形式，而后人方能用此砖瓦木石以建筑此房。砖瓦木石，形下之器，建筑此房之具也；房之形式，形上之理，建筑此房之本也。及此房成，而理即房之形式，亦在其中矣。

依逻辑言，理虽另有一世界；就事实言，则理即在具体的事物之中。《语类》云："理在气中发现处如何？曰：如阴阳五行错综不失条绪，便是理。若气不结聚时，理亦无所附著。"（《语类》卷九十四）气不结聚，则理无所附著，即理不能实现为具体的物也。具体的物中之秩序条理，即理在气中之发现处。至于理气为有之先后，朱子云："或问必有是理，然后有是气。如何？曰：此本无先后之可言。然必欲推其所从来，则须说先有是理。"（同上）盖依事实言，则有理即有气，所谓"动静无端，阴阳无始"。若就逻辑言，则"须说先有是理"。盖理为超时空而永存者；气则为在时空而变化者。就此点言，必"须说先有是理"。

太极中有动静之理，气因此理而有实际的动静。气之动者，即流行而为阳气；气之静者，即凝聚而为阴气。朱子即濂溪《太极图说》言之云:"阳变阴合,而生水、火、木、金、土。阴阳气也,生此五行之质,天地生物,五行独先。地即是土,土便包含许多金木之类。天地之间,何事而非五行?五行阴阳七者滚合,便是生物的材料。则寄旺四季。"(《语类》卷九十四)气即生物的材料。具体的物之生,气为材料,理为形式。材料一名,正柏拉图、亚里士多德所谓Matter之意。

理与气合而成为具体的物。此气中之理,即所谓性也。故不惟人有性,物亦有性。朱子云:"天下无无性之物。盖有此物则有此性,无此物则无此性。"(《语类》卷四)

上文谓一物有一太极。每一物中皆有太极之全体。然在物中,仅其所以为其物之理能表现,而太极之全体所以不能表现者,则因物所禀之气蔽塞之也。此具体的世界中之恶,皆由于此原因。《语类》云:"问:理无不善,则气胡有清浊之殊?曰:才说著气,便自有寒有热,有香有臭。"(同上)又云:"二气五行,始何尝不正。只滚来滚去,便有不正。"(同上)盖理是完全至善的。然当其实现于气,则为气所累而不能完全。如圆之概念本是完全的圆,然及其实现于物质而为一具体圆物,则其圆即不能是一绝对的圆矣。实际世界之不完全,皆由为气所累也。惟气是如此,故即人而言,又亦有得气之清者,有得气之浊者。朱子云:"就人之所禀而言,又有昏明清浊之异。"(同上)禀气清明者为圣人,昏浊者为愚人。朱子以为如此说法,可将自孟荀以来儒家所争论之性善性恶问题,完全解决。

朱子谓:"凡人之能言语动作,思虑营为,皆气也。"(同上)《语类》又云:"问:知觉是心之灵固如此,抑气之为耶?曰:不专是气,是先有知觉之理。先聚成形,理与气合,便能知觉。譬如这烛火是因得这脂膏,便有许多光焰。"(《语类》卷五)一切事物,皆有其理,故知觉亦有知觉之理。然知觉之理,只是理而已。至于知觉之具体的事例,则必"理与气合",始能有之。盖一切之具体的事物,皆合材料与形式而成者也。理必合气,方能实现,如烛火之必依脂膏。吾人之知觉思虑,既皆在此具体的世界之中,故皆是气与理合以后之事也。吾人之知觉思虑,即所谓灵处,"灵处只是心,不是性。性只是理"(同上)。盖心能有具体的活动,理不能如此也。

朱子又论心性与情之关系云:"性,情,心,惟孟子说得好。仁是性,恻隐是情,须从心上发出来。心统性情者也。性只是合如此底,只是理,非有个物事。若是有底物事,则既有善,必有恶。惟其无此物,只有理,故无不善。"(《语类》卷五)性非具体的事物,故无不善。情亦是此具体的世界中之事物,故须从心上发出。性为气中之理,故亦可谓为在于心中。所以谓"心统性情"也。朱子又论心性情与才之关系云:"才是心之力,是有气力去做底;心是营摄主宰者,此心所以为大也,心譬水也,性水之理也。性所以立乎水之静,情所以行乎水之动,欲则水之流而至于滥也。才者水之气力,所以能流者。然其流有急有缓,则是才之不同。伊川谓性禀于天,才禀于气,是也。只有性是一定,情与心与才,便合着气了。"(《语类》卷五)凡人所禀之理皆同;故曰:"只是性有一定。"至于气,则有清浊之不同;故在此方面,人有各种差异也。"欲则水之流而至于滥也",理学家以欲与理,或人欲与天理,对言,详下。

在客观的理中,存有道德的原理。吾人之性,即客观的理之总合。故其中亦自有道德的原理,即仁、义、礼、智是也。吾人之性中,不但有仁、义、礼、智,且有太极之全体。但为气禀所蔽,故不能全然显露。所谓圣人者,即能去此气禀之蔽,使太极之全体完全显露者也。朱子云:"圣人千言万语,只是教人存天理,灭人欲。人性本明,如宝珠沉溷水中,明不可见。去了溷水,则宝珠依旧自明。自家若知得是人欲蔽了,便是明处。只是这上便紧著力主定,一面格物,今日格一物,明日格一物,正如游兵攻围拔守,人欲自销铄去。所以程先生说敬字,只谓我自有一个明底事物在这里,把个敬字抵敌,常常存个敬在这里,则人欲自然来不得。"(《语类》卷十二)人得于其理而后有其性,得于其气而后有其形。性为天理,即所谓"道心"也。而因人之有气禀之形而起情,其"流而至于滥者"者,则皆人欲,即所谓"人心"也。人欲亦称私欲。就其为因人之为具体的人而起之情之流而至于滥者而言,则谓之人欲;就其为因人之为个体而起之情之流而至于滥者而言,则谓之私欲。大理为人欲所蔽,如宝珠在浊水中。人欲终不能全蔽天理,即此知天理为人欲所蔽之知,即是天理之未被蔽处。即此"紧著力主定",努力用工夫。工夫分两方面,即程伊川所谓用敬与致知。只谓我自有一个明底事物,心中常记此点,即用敬之工夫也。所以须致知者,朱子云:"所谓致知在格物者,言欲致吾之知,在即物而穷其理也。盖人心之灵,莫不有知,而天下之物,莫不有理。惟于理有未穷,故其知有不尽也。是以大学始教,必使学者即凡天下之物,莫不因其已知之理而益穷之,以求至乎其极。至于用力之久,而一旦豁然贯通焉。则众物之表里精粗无不到,而吾心之全体大用,无不明矣。"(《大学章句·补格物传》)"格,至也;物,犹事也。穷至事物之理,欲其极处无不到也。"(《大学章句》)此朱子格物之说,大为以后陆、王学派所攻击。陆、王一派,以此工夫为支离。然就朱子之哲学系统整个观之,则此格物之修养方法,自与其全系统相协和。盖朱子以天下事物,皆有其理;而吾心中之性,即天下事物之理之全体。穷天下事物之理,即穷吾性中之理也。今日穷一性中之理,明日穷一性中之理。多穷一理,即使吾气中之性多明一点。穷之既多,则有豁然顿悟之一时。至此时则见万物之理,皆在吾性中。所谓"天下无性外之物"。至此境界,"则众物之表里精粗无不到,而吾心之全体大用无不明矣"。用此修养方法,果否能达到此目的,乃另一问题。不过就朱子之哲学系统言,朱子固可持此说也。

十三、陆象山、王阳明

与朱子同时而在道学中另立心学一派者为陆象山。象山名九渊(西历1139年—1193年),其学以为"宇宙便是吾心;吾心便是宇宙"(《年谱》)。只须一任其自然,此心自能应物而不穷。象山云:"《诗》称文王,'不识不知,顺帝之则'。康衢之歌尧,亦不过如此。《论语》之称舜禹曰:'巍巍乎有天下而不与焉。'人能知'与焉'之过,无'识''知'之病,则此心炯然,此理坦然,物各付物,'会其有极,归其有极'矣。"(《与赵监第二书》,《全集》卷一)此与明道《定性书》之意正同。《定性书》以为苟不自私而用智,则吾人之心,即"廓然而大公,物来而顺应"。象山所谓"与焉之过",即自私也。所谓"识知之病",即用智也。所谓"此心炯然,此理坦然,物各付物",即"廓然而大公,物来而顺应"也。

象山之弟子杨慈湖,以为"直则为心,支则为意"(《绝四记》)。如孟子所谓,"今人乍见孺子将入于井,皆有怵惕恻隐之心。非所以纳交于孺子之父母也。非要誉于乡党朋友也。非恶其声而然也"。乍见孺子将入于井。吾人对此情形之第一反应,即为有怵惕恻隐之心。本此心而往救之,则自发心以至于行为,皆是"直"而为心。若于此时稍有一转念,为欲纳交于孺子之父母,而往救之。或欲要誉于乡党朋友而往救。或因其与其父母有仇而特不救之。经此转念,则即"曲"而为"意"矣。道学家所谓初念是圣贤,转念是禽兽,即此意也。任心直往,则随感而应。则其中无"自私""用智"之余地,所谓"廓然而大公,物来而顺应"也。

一般人之论朱陆异同者，多谓朱子偏重道问学，象山偏重尊德性。此等说法，在当时即已有之。然朱子之学之最终目的，亦在于明吾心之全体大用。此为一般道学家共同之目的。故谓象山不十分注重道问学可；谓朱子不注重尊德性不可。且此点亦只能二人之为学或修养之方法上言之，究竟朱陆之不同，是否即仅在其所讲为学或修养方法之不同；此一极可注意之问题也。

就上所述观之，朱子之学，尚非普通所谓之唯心论，而实近于现在所谓之实在主义。吾人若注意此点，即可见朱陆之不同，实非只其为学或修养方法之不同；二人之哲学，根本上实有差异之处。朱子言性即理。象山言心即理（《与李宰第二书》，《全集》卷十二）。此一言虽只一字之不同，而实代表二人哲学之重要的差异。盖朱子以心乃理与气合而生之具体物，与抽象之理，完全不在同一世界之内。心中之理，即所谓性；心中虽有理而心非理。故依朱子之系统，实只能言性即理，不能言心即理也。象山言心即理。并反对朱子所说心性之区别。如《语录》云："伯敏云：性才心情，如何分别？先生云：如吾友此言，又是枝叶。虽然此非吾友之过，盖举世之蔽。今之学者，读书只是解字，更不求血脉。且为情性心才，都只是一般物事，言偶不同耳。……若必欲说时，则在天者为性，在人者为心。此盖随吾友而言，其实不必如此。"（《全集》卷三十五）依吾人所观察，则朱子所说性与心之区别，实非"只是解字"。盖依朱子之观点，实在上本有与此相当之区别也。象山虽亦以为可说，"在天为性，在人为心"。而又以为系"随吾友而言，其实不必如此"。"都只是一般事物，言偶不同耳。"盖依象山之观点，实在上本无与朱子所说心性区别相当之区别，故说心性只是"一般物事"也。朱陆所见之实在不同。盖朱子所见之实在，有二世界，一不在时空，一在时空。而象山所见之实在，则只有一世界，即在时空者。只有一世界，而此世界即与心为一体，所谓"宇宙便是吾心，吾心便是宇宙"（《年谱》，《全集》卷三十六）也。

象山哲学中，虽只有一世界，而仍言所谓形上形下。至慈湖则直废此分别。慈湖云："又曰：'形而上者谓之道；形而下者谓之器。'裂道与器，谓器在道之外耶？自作《系辞》者，其蔽犹若是，尚何望后世之学者乎？"（《慈湖遗书》卷九）盖所谓形上形下，必依朱子所解释，方可有显著的意义。依朱子之系统，器实与道不在一世界中。此陆派所不能承认。如此则诚宜直指《系辞》所说形上形下为"非孔子之言"（《慈湖遗书》卷七）也。

依上述观之，则朱陆之哲学，实有根本的不同。其能成为道学中之二对峙的派别，实非无故。不过所谓"心学"，象山、慈湖实只开其端。其大成则有待于王阳明，故与朱子对抗之人物，非陆象山、杨慈湖而为二百五十年后之王阳明。

王阳明名守仁（西历1473年—1529年），其学之主要意思，见于其所著《大学问》一篇。此篇解释《大学》明明德、亲民、止至善之三纲领云："大人者，以天地万物为一体者也。其视天下犹一家，中国犹一人焉。若夫间形骸而分尔我者，小人矣。大人之能以天地万物为一体也，非意之也，是其心之仁本若是其与天地万物而为一也。……明明德者，立其天地万物一体之体也；亲民者，达其天地万物一体之用也。故明明德必在于亲民，而亲民乃所以明其明德也。……至善者，明德、亲民之极则也。天命之性，粹然至善，其灵昭不昧者。此其至善之发见，是乃明德之本体，而即所谓良知者也。至善之发见，是而是焉，非而非焉，轻重厚薄，随感随应，变动不居，而亦莫不有天然之中；是乃民彝物则之极，而不容少有拟议增损于其间也。少有拟议增损于其间,则是私意小智,而非至善之谓矣。"(《全书》卷二十六)此亦程明道《识仁篇》之意,但阳明言之,较为明晰确切。象山云:"宇宙不曾限隔人,人自限隔宇宙。"不限隔宇宙者,此所谓大人也;限隔宇宙者,此所谓小人也。然即小人之心,亦有"一体之仁"之本心,孟子所谓恻隐之心,是非之心,等四端,即此本心之发现,亦即所谓良知也。即此而扩充之,实行之,即是"致良知"也。"明德之本体,即所谓良知",故明德、亲民,皆是致良知,亦即是致知。"然欲致其良知,亦岂影响恍惚而悬空无实(此指二氏)之谓乎?是必实有其事矣。故致知必在于格物。物者,事也。"(《大学问》)"心之所发便是意⋯⋯意之所在便是物。如意在于事亲,即事亲便是一物。⋯⋯意在于仁民爱物,即仁民爱物便是一物。意在于视听言动,即视听言动便是一物"(《传习录》上)。"格者,正也,正其不正以归于正也。正其不正者,去恶之谓也;归于正者,为善之谓也"(《大学问》)。良知乃"天命之性,吾心之本体,自然灵昭明觉者也。凡意念之发,吾心之良知,无有不自知者。其善欤,惟吾心之良知自知之;其不善欤,亦惟吾心之良知自知之"。吾人诚能"于良知所知之善恶者,无不诚好而诚恶之,则不自欺良知,而意可诚也已"(并《大学问》)。不自欺其良知,即实行格物,致知,诚意,正心,亦即实行明明德也。格之既久,一切"私欲障碍"皆除,而明德乃复其天地万物一体之本然矣。此王阳明所谓"尧舜之正传""孔子之心印"(《大学问》)也。

依上所引《大学问》,可见阳明之学,彻上彻下,"致良知"三字,实即可包括之。所以阳明自四十三岁以后,即专以"致良知"训学者。以言简易直截,诚简易直捷矣。其所说格物致知之意,实与朱子不同。在二家学说,各就其整个观之,则二家之不同,仍是上所述理学与心学之不同也。阳明自言其自己之学与朱子之学不同之处云:"朱子所谓格物云者，在即物而穷其理。即物穷理，是就事事物物上求其所谓定理是也。是以吾心而求理于事事物物之中，析心与理而为二矣。……若鄙人所谓致知格物者，致吾心之良知于事事物物也。吾心之良知，即所谓天理也。致吾心良知之天理于事事物物，则事事物物皆得其理矣。致吾心之良知者，致知也。事事物物皆得其理者，格物也。是合心与理而为一者也。"(《答顾东桥书》)朱子以为人人具一太极，物物具一太极。太极即众理之全体；故吾人之心，亦"具众理而应万事"。故即物穷理，亦即穷吾心中之理，穷吾性中之理耳。故谓朱子析心与理为二，实未尽确当。惟依朱子之系统，则理若不与气合，则即无心，心虽无而理自常存。虽事实上无无气之理，然逻辑上实可有无心之理。若就此点谓朱子析心与理为二，固亦未尝不可。依阳明之系统，则必致吾心良知之天理于事事物物，则事事物物皆得其理。依此则无心即无理矣。故阳明云："心即理也。天下又有心外之事，心外之理乎？"(《传习录》上)阳明又云："心之体，性也。性即理也。故有孝亲之心，即有孝之理。无孝亲之心，即无孝之理矣。有忠君之心，即有忠之理，无忠君之心，即无忠之理矣。理岂外于吾心耶？"(《答顾东桥书》)依朱子之系统，只能言性即理，不能言心即理。依朱子之系统，只能言有孝之理，故有孝亲之心；有忠之理，故有忠君之心。不能言有孝亲之心，故有孝之理；无孝亲之心，即无孝之理。依朱子之系统，理之离心而独存，虽无此事实，而却有此可能。依阳明之系统，则在事实上与逻辑上，无心即无理。此点实理学与心学之根本不同也。阳明哲学中，无形上世界与形下世界之分，故其语录及著作中，未见此等名词。

"天下无心外之物"；所谓恶者，乃吾人情欲之发之过当者。若不过当，即情欲本身，一般人欲亦不是恶。《传习录》云："七情顺其自然之流行，皆是良知之用，不可分别善恶，但不可有所著。七情有著，俱谓之欲,俱为良知之蔽。然才有著时,良知亦自会觉。觉即蔽去,复其体矣。"(《传习录》下)所谓"不可有所著"者,《传习录》又一条云:"问有忿懥一条。先生曰:'忿懥几件,人心怎能无得?只是不可有耳。凡人忿懥,著了一分意思,便怒得过当,非廓然大公之体了。故有所忿懥,便不得其正也。如今于凡忿懥等件,只是个物来顺应,不要着一分意思,便心体廓然大公,得其本体之正了。且如出外见人相斗,其不是的,我心亦怒,然虽怒却此心廓然不会动些子气。如今怒人,亦得如此,方才是正。'"(《传习录》下)所以七情不能有所著者,盖"著了一分意思,便怒得过当,非廓然大公之体"矣。"圣人之喜,以物之当喜;圣人之怒,以物之当怒"(程明道《定性书》);非"有"喜怒,即非有意于为喜怒也。圣人之心如明镜,"廓然而大公,物来而顺应";当喜者喜之,当怒者怒之,而本体虚明,对于所喜所怒之物,毫无沾滞执著,所以亦不为其所累也。若能如此,则虽终日有为,而心常如无为,所谓动静合一者也。

至于清代,一时之风尚,转向于所谓汉学。所谓汉学家者,以为宋明道学家所讲之经学,乃混有佛老见解者。故欲知孔孟圣贤之道之真意义,则须求之于汉人之经说。阮元云:"两汉经学,所以当遵行者,为其去圣贤最近,而二氏之说,尚未起也。"(《汉学师承记序》)讲汉人之经学者,以宋明人所讲之道学为宋学,以别于其自己所讲之汉学。

宋明人所讲之理学与心学,在清代俱有继续的传述者,即此时代中之所谓宋学家也。但传述者亦只传述而已。理学、心学,在此时代中,俱无显著的新见解加入。此时代之汉学家,若讲及所谓义理之学,其所讨论之问题,如理、气、性、命等,仍是宋明道学家所提出之问题。其所依据之经典,如《论语》《孟子》《大学》《中庸》等,仍是宋明道学家所提出之四书。就此方面言,则所谓汉学家,若讲及所谓义理之学,仍是宋明道学家之继续者。故兹略焉。

物云者,在即物而穷其理。即物穷理,是就事事物物上求其所谓定理是也。是以吾心而求理于事事物物之中,析心与理而为二矣。……若鄙人所谓致知格物者,致吾心之良知于事事物物也。吾心之良知,即所谓天理也。致吾心良知之天理于事事物物,则事事物物皆得其理矣。致吾心之良知者,致知也。事事物物皆得其理者,格物也。是合心与理而为一者也。"(《答顾东桥书》)朱子以为人人具一太极,物物具一太极。太极即众理之全体;故吾人之心,亦"具众理而应万事"。故即物穷理,亦即穷吾心中之理,穷吾性中之理耳。故谓朱子析心与理为二,实未尽确当。惟依朱子之系统,则理若不与气合,则即无心,心虽无而理自常存。虽事实上无无气之理,然逻辑上实可有无心之理也。若就此点谓朱子析心与理为二,固亦未尝不可。依阳明之系统,则必致吾心良知之天理于事事物物,则事事物物皆得其理。依此则无心即无理矣。故阳明云:"心即理也。天下又有心外之事,心外之理乎?"(《传习录》上)阳明又云:"心之体,性也。性即理也。故有孝亲之心,即有孝之理。无孝亲之心,即无孝之理矣。有忠君之心,即有忠之理,无忠君之心,即无忠之理矣。理岂外于吾心耶?"(《答顾东桥书》)依朱子之系统,只能言性即理,不能言心即理。依朱子之系统,只能言有孝之理,故有孝亲之心;有忠之理,故有忠君之心。不能言有孝亲之心,故有孝之理;无孝亲之心,即无孝之理。依朱子之系统,理之离心而独存,虽无此事实,而却有此可能。依阳明之系统,则在事实上与逻辑上,无心即无理。此点实理学与心学之根本不同也。阳明哲学中,无形上世界与形下世界之分,故其语录及著作中,未见此等名词。

"天下无心外之物";所谓恶者,乃吾人情欲之发之过当者。若不过当,即情欲本身,一般人欲亦不是恶。《传习录》云:"七情顺其自然之流行,皆是良知之用,不可分别善恶,但不可有所著。七情有著,俱谓之欲,俱为良知之蔽。然才有著时,良知亦自会觉。觉即蔽去,复其体矣。"(《传习录》下)所谓"不可有所著"者,《传习录》又一条云:"问有忿懥一条。先生曰:'忿懥几件,人心怎能无得?只是不可有耳。凡人忿懥,著了一分意思,便怒得过当,非廓然大公之体了。故有所忿懥,便不得其正也。如今于凡忿懥等件,只是个物来顺应,不要着一分意思,便心体廓然大公,得其本体之正了。且如出外见人相斗,其不是的,我心亦怒,然虽怒却此心廓然不会动些子气。如今怒人,亦得如此,方才是正。'"(《传习录》下)所以七情不能有所著者,盖"著了一分意思,便怒得过当,非廓然大公之体"矣。"圣人之喜,以物之当喜;圣人之怒,以物之当怒"(程明道《定性书》);非"有"喜怒,即非有意于为喜怒也。圣人之心如明镜,"廓然而大公,物来而顺应";当喜者喜之,当怒者怒之,而本体虚明,对于所喜所怒之物,毫无沾滞执著,所以亦不为其所累也。若能如此,则虽终日有为,而心常如无为,所谓动静合一者也。

至于清代,一时之风尚,转向于所谓汉学。所谓汉学家者,以为宋明道学家所讲之经学,乃混有佛老见解者。故欲知孔孟圣贤之道之真意义,则须求之于汉人之经说。阮元云:"两汉经学,所以当遵行者,为其去圣贤最近,而二氏之说,尚未起也。"(《汉学师承记序》)讲汉人之经学者,以宋明人所讲之道学为宋学,以别于其自己所讲之汉学。

宋明人所讲之理学与心学,在清代俱有继续的传述者,即此时代中之所谓宋学家也。但传述者亦只传述而已。理学、心学,在此时代中,俱无显著的新见解加入。此时代之汉学家,若讲及所谓义理之学,其所讨论之问题,如理、气、性、命等,仍是宋明道学家所提出之问题。其所依据之经典,如《论语》《孟子》《大学》《中庸》等,仍是宋明道学家所提出之四书。就此方面言,则所谓汉学家,若讲及所谓义理之学,仍是宋明道学家之继续者。故兹略焉。